Deutsch 12
Oberstufe Bayern

Arbeits- und Methodenbuch

Herausgegeben von Wilhelm Matthiessen und Wieland Zirbs

Erarbeitet von
Stefanie Baumgartner, Thomas Fischer, Gertraud Fuchsberger-Zirbs,
Michael Gollnau, Katja Guhl-Leuchtweis, Martin Hann, Iris Knöpfle,
Wilhelm Matthiessen, Christl Ostertag, Johanna Schlagbauer,
Annegret Schneider, Stephan von Weinrich, Konrad Wieland, Wieland Zirbs

Oldenbourg Schulbuchverlag, München

Redaktion: Annabella Köhrsen, Carola Jeschke, München, Wiebke Herrmann, Lisa Wolf (Assistenz)
Illustration: Dorothee Mahnkopf, Berlin
Umschlaggestaltung: Christiane Gerstung, München
Technische Umsetzung: Christiane Gerstung, München

www.oldenbourg.de

1. Auflage, 2. Druck 2016

Alle Drucke dieser Auflage sind inhaltlich unverändert
und können im Unterricht nebeneinander verwendet werden.

Druck: AZ Druck und Datentechnik GmbH, Kempten

ISBN 978-3-637-00712-3

PEFC/04-31-2260

PEFC zertifiziert
Dieses Produkt stammt aus nachhaltig bewirtschafteten Wäldern und kontrollierten Quellen.

www.pefc.de

Liebe Schülerin, lieber Schüler,
vor Ihnen liegt Ihr neues Arbeits- und Methodenbuch für das Fach Deutsch: Deutsch 12 Oberstufe Bayern. Wie es aufgebaut ist, zeigt Ihnen dieser Überblick: In der Regel wird im **Tandem** gelernt, d. h., es gibt zu jedem **Thema / Lehrplanbereich** zwei Kapitel:

Jedes Kapitel widmet sich einem **thematischen Schwerpunkt**, z. B.: **„‚Was ist modern?' – Von der Jahrhundertwende zum Expressionismus"** (S. 10–45), und beginnt jeweils mit einer **doppelten Auftaktseite**: Bilder und Texte signalisieren Ihnen, worum es geht.

Die **Inhalte** der Kapitel sind in der Regel **verpflichtend** und bereiten Sie auf das **Abitur** vor. Dabei üben Sie die **Kompetenzen** *Sprechen, Sprache untersuchen, Medien nutzen, sich mit Literatur und Sachtexten auseinandersetzen* und insbesondere *Schreiben*.

Das für das Abitur grundlegende **Basiswissen** und wichtige **Methoden** sind übersichtlich in Kästen zusammengefasst.

Basis

Plus

Einige Kapitel bieten jedoch auch **zusätzliche Inhalte („Plus")**, die über den Lehrplanstoff hinausgehen und Ihre Kompetenzen erweitern.

***Weiterführende Aufgaben**, die selbstständiges Informieren und Recherchieren erfordern, sind zum leichteren Auffinden hervorgehoben.*

Beachten Sie besonders die Hinweise auf abiturrelevante Schreibformen.

Jedes Kapitel schließt mit einem Teilkapitel, in dem Sie **Schreibformen** und **Methoden** besonders intensiv trainieren, z. B.: **„‚Sprache ein bloßer Zusammenfluss von Bildern und Empfindungen?' – Ein Gedicht der frühen Moderne erschließen und interpretieren"** (S. 41–45).

Das **zweite Kapitel eines Tandems** knüpft an die epochalen Kontexte bzw. Themen des ersten Kapitels an, z. B. Sprachkrise und moderne Literatur: **„‚Worte: Wirbel ..., in die hinabzusehen mich schwindelt' – Krise und Möglichkeiten der Sprache"** (S. 46–81).

Abgeschlossen wird ein Tandem jeweils durch **Schlusszusammenfassungen**, z. B.: **„Epochenwissen im Überblick: die Literatur der frühen Moderne** (1890–1920)" (S. 82–83).

Am Schluss des Arbeits- und Methodenbuchs finden Sie einen **Serviceteil**: In **„Deutsch kompakt: zum Nachschlagen"** (S. 322–357) sind Basiswissen und Methoden thematisch geordnet zusammengefasst. Außerdem können Sie hier im **Textsortenverzeichnis** (S. 358–359) sowie im **Personen-** und **Sachregister** (S. 360–364) nachschlagen.

Bedeutung der Symbole:

- Basiswissen
- Methoden
- Hinweise auf abiturrelevante Schreibformen
- Hinweise und Tipps
- Lektüreempfehlungen
- Linktipps
- zusätzliche Inhalte
- Selbsttest zur Sicherung des Basiswissens

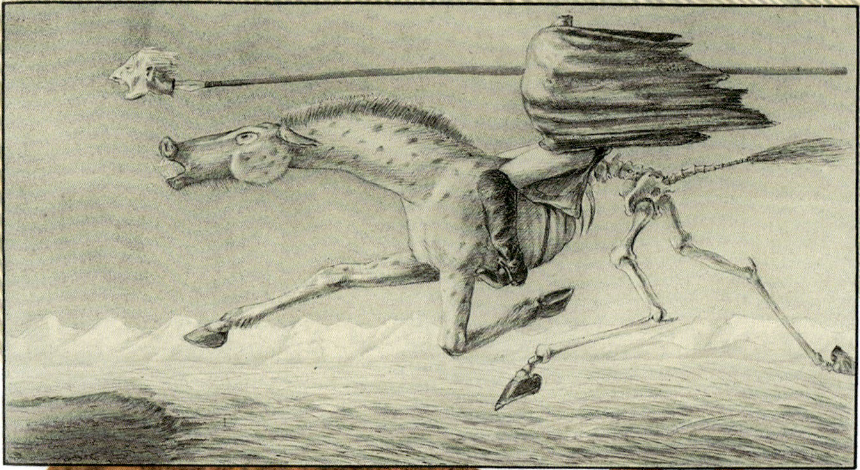

Bild oben links:
Max Liebermann:
„Papageienallee“
(1902)

Bild oben rechts:
Ernst Ludwig
Kirchner:
„Zirkusreiterin“
(1913)

Bild links:
Alfred Kubin:
„Hungersnot“
(1901/02)

„Was ist modern?" – Von der Jahrhundertwende zum Expressionismus

„Die Sprache der jungen Künstler verbirgt mehr, als sie offenbart."
Kafka im Gespräch mit Gustav Janouch

„Die Dichter versuchen es, dem Menschen andere Augen einzusetzen, um dadurch die Wirklichkeit zu verändern."
Kafka im Gespräch mit Gustav Janouch

„Dichtung ist Verdichtung, eine Essenz. Literatur ist dagegen Auflösung, ein Genussmittel, das das unbewusste Leben erleichtert, ein Narkotikum."
Kafka im Gespräch mit Gustav Janouch

„Der Traum enthüllt die Wirklichkeit, hinter der die Vorstellung zurückbleibt. Das ist das Schreckliche des Lebens – das Erschütternde der Kunst."
Kafka im Gespräch mit Gustav Janouch

„Was ist modern?"
Richard von Kralik

„Die Herrschaft des Naturalismus ist vorüber, seine Rolle ist ausgespielt, sein Zauber ist gebrochen."
Hermann Bahr, „Die Überwindung des Naturalismus"

„Wir wollen dich lebendig machen, dich dem Leben des Alltages naherücken, du blut-, du fleischloses Gespenst ‚Kunst'!"
Peter Altenberg, „Kunst"

„Das Ich ist unrettbar."
Ernst Mach, „Antimetaphysische Vorbemerkungen"

„Der Traum ist eine Wunscherfüllung."
Sigmund Freud, „Die Traumdeutung"

1. Aufbruch – moderne Strömungen

1.1 Die Literatur der Wiener Moderne – Décadence und Nervenkunst

Hermann Ubell (1876–1947), österreichischer Kunsthistoriker, Konservator und Museumsdirektor in Linz

Römische Villa (1903) *Hermann Ubell*

Über schwebenden Pinien
Und steilen Zypressen
Im blassblauen Himmel hängt
Die weiße Maske des Mondes.

Ja, hier könnte die Seele
Jahrlang wohnen
Und ihr traumumhangenes Antlitz
Spiegeln im goldüberstreuten Teich.

Fernher weht Musik,
Stärker duftet der Lorbeer,
Lauter plaudern die Brunnendelphine,
Und die weißen Göttinnen lächeln …

Aber mein Herz,
Übersättigt von Schönheit,
Stirbt hin in Wehmut.

Koloman Moser:
„Ver Sacrum", Lithografie (1899)

Felix Dörmann, eigentlicher Name: Felix Biedermann (1870–1928), österreichischer Literat

Intérieur (1892) *Felix Dörmann*

Ein Intérieur von lichter Scharlachseide,
Ein wohldurchwärmtes, traulich-enges Heim.
Aus schlankgeformten Ständerlampen quillt,
Von buntgefärbten Abas-jours gedämpft, –
Ein rosig warmer Lichtstrom zitternd nieder.
Orangen und Narzissen hauchen träumend
Die duftig-schweren Blütenseelen aus –
Und tiefes, tiefes Schweigen. – Hingelagert
Auf üppig weichen Eisbärfellen, ruht
Ein schlankes Weib, die Lippen halberbrochen,
Mit leicht-umblauten, müden Schwärmeraugen, –
Und träumt und träumt von seelenheißer Freude,
Von zügellosem Schwelgen, trunknem Rasen,
Von einem hochgepeitschten Taumelreigen
Der abgestumpften, wurzelwelken Nerven,
Von einem letzten, niegekannten Glück,

Von einer Wonne, die der Wonnen höchste
Und doch nicht Liebe heißt – und träumt und träumt.

Franz von Stuck: „Die Sünde“ (1903)

1 *Wählen Sie ein Gedicht aus und tragen Sie es laut vor.*
2 *Betrachten Sie die Bilder. Beschreiben Sie die von den Bildern ausgehende Stimmung.*
3 *Überlegen Sie, welche inhaltlichen und darstellerischen Gemeinsamkeiten zwischen den Gedichten und den Bildern bestehen.*

Die Décadence (1890/91) *Hermann Bahr*

[…] Freilich, es ist nicht leicht, den Begriff der Décadence[1] zu formulieren. Es ist leicht, das Wesen des Naturalismus auszudrücken: Denn der Naturalismus ist eine einfache Idee. Er will den Menschen aus seiner Welt erklären, als ein Ergebnis der Verhältnisse, welche ihn umgeben und seine Art bestimmen. Das wird an allen Naturalisten gefunden. Die Décadents haben keine solche Idee. Sie sind keine Schule, sie folgen keinem gemeinsamen Gesetz. Man kann nicht einmal sagen, dass sie eine Gruppe sind […].

Eines haben sie alle gemein: den starken Trieb aus dem flachen und rohen Naturalismus weg nach der Tiefe verfeinerter Ideale. Sie suchen die Kunst nicht draußen. Sie wollen keine Abschrift der äußeren Natur. Sie wollen *modeler notre univers intérieur.*[2] Darin sind sie wie neue Romantiker und auch in dem höhnischen Hochmut gegen den gemeinen Geschmack der lauten Menge, in der ehrlichen Verachtung des „Geschäftes“, in dem zähen Trotze gegen alles *ce qui est demandé*[3], auch in dieser geraden Ritterlichkeit der reinen Künstlerschaft sind sie Romantiker. […] Und sie haben auch den nebeligen Dämmerschein, das *vague et obscur*[4], die Rembrandtstimmung der Romantik.

Aber sie sind eine Romantik der Nerven. Das ist das Neue an ihnen. Das ist ihr erstes Merkmal. Nicht Gefühle, nur Stimmungen suchen sie auf. Sie

1 Décadence: Der Begriff bezeichnet eigentlich einen „kulturellen Niedergang“, wird hier aber als Epochenbegriff verwendet, den Bahr zu füllen versucht.

2 *modeler notre univers intérieur:* unser inneres Universum formen

3 *ce qui est demandé:* was verlangt wird

4 *vague et obscur:* das Ungenaue und Unsichtbare

Hermann Bahr (1863–1934) schrieb Lustspiele und Romane. Bekannt ist er bis heute für seine Abhandlungen über bildende Kunst und Dichtung.

verschmähen nicht bloß die äußere Welt, sondern am inneren Menschen selbst verschmähen sie allen Rest, der nicht Stimmung ist. Das Denken, das Fühlen und das Wollen achten sie gering und nur den Vorrat, welchen sie jeweilig auf ihren Nerven finden, wollen sie ausdrücken und mitteilen. Das ist ihre Neuerung. [...] Diese neuen Nerven sind feinfühlig, weithörig und vielfältig und teilen sich untereinander alle Schwingungen mit. Die Töne werden gesehen, Farben singen und Stimmen riechen. [...] Das ist die Poetik der Décadence. Es wird gesagt, dass sie pathologisch sei, eine neue Mode des Wahnsinns. [...]

Das ist das erste Merkmal der Décadence. Sie sucht wieder den inneren Menschen, wie damals die Romantik. Aber es ist nicht der Geist, nicht das Gefühl, es sind die Nerven, welche sie ausdrücken will. Und sie entdeckt nervöse Künste, welche die Väter nicht kannten.

Ein anderes Merkmal ist der Hang nach dem Künstlichen. In der Entfernung vom Natürlichen sehen sie die eigentliche Würde des Menschen und um jeden Preis wollen sie die Natur vermeiden. Der *Roger de Salins*[5] des Maupassant trifft ihre Meinung: „Ich behaupte, dass die Natur unsere Feindin ist und dass wir immer gegen die Natur kämpfen müssen: Denn sie bringt uns unaufhörlich zum Tiere zurück. Wo immer auf der Erde irgendetwas Reines, Schönes, Vornehmes und Ideales ist, das hat nicht Gott, das hat der Mensch geschaffen, das menschliche Gehirn.“ [Huysmans' Romanfigur][6] *Des Esseintes* ist überhaupt das reichste und deutlichste Beispiel der Décadence. Angewidert von der platten, gemeinen und missgeborenen Welt, jeder Hoffnung entschlagen und krank an der Seele und im Leibe, flieht er in ein durchaus künstliches Leben. [...]

Also erstens die Hingabe an das Nervöse. Zweitens die Liebe des Künstlichen, in welchem alle Spur der Natur vertilgt ist. Dazu kommt drittens eine fieberische Sucht nach dem Mystischen. *Exprimer l'inexprimable, saisir l'insaisissable*[7] – das ist immer und überall ihre Losung. Sie suchen Allegorien und schwüle, dunkle Bilder. Jedes soll einen geheimen zweiten Sinn haben, der sich nur dem Eingeweihten ergibt. Die Zaubereien des Mittelalters, die Rätsel der Halluzinierten, die wunderlichen alten Lehren aus der ersten Heimat der Menschheit reizen sie unablässig. [...]

Endlich ist an ihnen immer ein unersättlicher Zug ins Ungeheure und Schrankenlose. Sie wollen immer gleich den ganzen Menschen ausdrücken. [...] Alles Gewöhnliche, Häufige, Alltägliche ist ihnen verhasst. Sie suchen die seltsame Ausnahme mit Fleiß. [...] Das sind die auffälligsten Merkmale der Décadence.

5 Roger de Salins: Hauptfigur in Guy de Maupssants (1830–1893) Novelle „L' Juntile beauté“ (1890)

6 Joris-Karl Huysmans: „Gegen den Strich“ – bedeutender Roman der Décadence

7 *Exprimer l'inexprimable, saisir l'insaisissable:* das Unaussprechbare aussprechen, das Unfassbare fassen

4 ***Fassen Sie die von Hermann Bahr genannten Kennzeichen der Décadence in eigenen Worten zusammen. Erklären Sie die häufige Verwendung französischer Formulierungen.***

Naturalismus → S. 338 f.

5 ***Wiederholen Sie Ihr Wissen zum Naturalismus und arbeiten Sie schriftlich die Unterschiede zur Literatur der Décadence heraus.***

6 ***Ordnen Sie die Gedichte „Römische Villa“ von Hermann Ubell und „Intérieur“ von Felix Dörmann begründet der Décadence-Literatur zu.***

7 ***Zeigen Sie auf, welche der von Bahr aufgeführten Kennzeichen in den Bildern (S. 12/13) wiederzufinden sind.***

www.

Ihren Niederschlag in der bildenden Kunst fanden die neuen Ideen im **„Jugendstil“**, dessen bekanntester Vertreter **Gustav Klimt** (1862–1918) ist.

8 *Informieren Sie sich über den Jugendstil und die Künstler der „Wiener Secession“. Präsentieren Sie Ihre Ergebnisse in ansprechender Form. Die Homepage der Wiener Secession (www.secession.at) bietet Ihnen viele Informationen.*

9 *Beschreiben Sie die in dem Bild „Ver Sacrum“ von Koloman Moser (S. 12) erkennbaren Gestaltungsprinzipien der Jugendstilkunst.*

Leutnant Gustl (1900) *Arthur Schnitzler*

Der österreichische Leutnant Gustl hat ein abendliches Konzert besucht und will nun an der Garderobe seinen Mantel abholen, dort trifft er auf den ihm bekannten Bäckermeister Habetswallner:

Arthur Schnitzler (1862–1931) arbeitete als Facharzt für Nervenkrankheiten in Wien, bevor er als freier Schriftsteller tätig war. Häufig geht es in seinen damals heftig kritisierten Texten (z. B. „Der Reigen“, „Traumnovelle“) um überkommene Moralkonventionen. Auch weisen seine Figuren krankhafte psychische Züge auf, die symptomatisch für den Zustand der Wiener Gesellschaft um 1900 sein sollen.

[...]

So, jetzt heißt's noch zur Garderobe ... Dass mir die Kleine nicht auskommt ... Hat ihm schon! So ein elender Fratz! Lasst sich da von einem Herrn abholen, und jetzt lacht sie noch auf mich herüber! – Es ist doch keine was wert ... Herrgott, ist das ein Gedränge bei der Garderobe! ... Warten wir lieber noch ein bisserl ... So! Ob der Blödist meine Nummer nehmen möcht'? ...

„Sie, zweihundertvierundzwanzig! Da hängt er! Na, hab'n Sie keine Augen? Da hängt er! Na, Gott sei Dank! ... Also bitte!“ ... Der Dicke da verstellt einem schier die ganze Garderobe ... „Bitte sehr!“ ...

„Geduld, Geduld!“

Was sagt der Kerl?

„Nur ein bisserl Geduld!“

Dem muss ich doch antworten ... „Machen Sie doch Platz!“

„Na, Sie werden's auch nicht versäumen!“

Was sagt er da? Sagt er das zu mir? Das ist doch stark! Das kann ich mir nicht gefallen lassen! „Ruhig!“

„Was meinen Sie?“

Ah, so ein Ton? Da hört sich doch alles auf!

„Stoßen Sie nicht!“

„Sie, halten Sie das Maul!“ Das hätt' ich nicht sagen sollen, ich war zu grob ... Na, jetzt ist's schon g'scheh'n!

„Wie meinen?“

Jetzt dreht er sich um ... Den kenn' ich ja! – Donnerwetter, das ist ja der Bäckermeister, der immer ins Kaffeehaus kommt ... Was macht denn der da? Hat sicher auch eine Tochter oder so was bei der Singakademie ... Ja, was ist denn das? Ja, was macht er denn? Mir scheint gar ... Ja, meiner Seel', er hat den Griff von meinem Säbel in der Hand ... Ja, ist der Kerl verrückt? ...

„Sie, Herr ...“

„Sie, Herr Leutnant, sein S' jetzt ganz stad[1].“

Was sagt er da? Um Gottes willen, es hat's doch keiner gehört? Nein, er red't ganz leise ... Ja, warum lasst er denn meinen Säbel net aus? ... Herrgott noch einmal ... Ah, da heißt's rabiat sein ... ich bring' seine Hand vom Griff nicht weg ... nur keinen Skandal jetzt! ... Ist nicht am End' der Major hinter mir? ... Bemerkt's nur niemand, dass er den Griff von meinem Säbel hält? Er red't ja zu mir! Was red't er denn?

„Herr Leutnant, wenn Sie das geringste Aufsehen machen, so zieh' ich den Säbel aus der Scheide, zerbrech' ihn und schick' die Stück' an Ihr Regimentskommando. Versteh'n Sie mich, Sie dummer Bub?“

Was hat er g'sagt? Mir scheint, ich träum'! Red't er wirklich zu mir? Ich sollt' was antworten ... Aber der Kerl macht ja Ernst – der zieht wirklich den Säbel heraus. Herrgott – er tut's! ... Ich spür's, er reißt schon dran! Was red't er denn? ... Um Gottes willen, nur kein' Skandal – – Was red't er denn noch immer?

„Aber ich will Ihnen die Karriere nicht verderben ... Also, schön brav sein! ... So, hab'n S' keine Angst, 's hat niemand was gehört ... es ist schon alles gut ... so! Und damit keiner glaubt, dass wir uns gestritten haben, werd' ich jetzt sehr freundlich mit Ihnen sein! – Habe die Ehre, Herr Leutnant, hat mich sehr gefreut – habe die Ehre!“

Um Gottes willen, hab' ich geträumt? Hat er das wirklich gesagt? ... Wo ist er denn? ... Da geht er ... Ich müsst' ja den Säbel ziehen und ihn zusammenhauen – – Um Gottes willen, es hat's doch niemand gehört? ... Nein, er hat ja nur ganz leise geredet, mir ins Ohr ... Warum geh' ich denn nicht hin und hau' ihm den Schädel auseinander? ... Nein, es geht ja nicht, es geht ja nicht ... gleich hätt' ich's tun müssen ... Warum hab' ich's denn nicht gleich getan? ... Ich hab's ja nicht können ... er hat ja den Griff nicht auslassen, und er ist zehnmal stärker als ich ... Wenn ich noch ein Wort gesagt hätt', hätt' er mir wirklich den Säbel zerbrochen ... Ich muss ja noch froh sein, dass er nicht laut geredet hat! Wenn's ein Mensch gehört hätt', so müsst' ich mich ja *stante pede*[2] erschießen ... Vielleicht ist es doch ein Traum gewesen. [...]

1 stad (österr.): still, leise

2 *stante pede* (lat.): „stehenden Fußes“, sofort

Erzählformen und Erzählverhalten → S. 328

10 ***Bestimmen Sie die verwendete – und damals in der deutschsprachigen Literatur einmalige – Erzähltechnik des Textes (Erzählformen und Erzählverhalten).***

11 ***Arbeiten Sie heraus, welche Möglichkeiten diese Erzähltechnik sowohl dem Autor als auch dem Leser bietet.***

12 ***Charakterisieren Sie Leutnant Gustl.***

Zum weiteren Verlauf der Novelle „Leutnant Gustl“: Die Schmach, die der Bäckermeister Gustl zufügt, kann nicht durch ein Duell getilgt werden, da der Bäckermeister gesellschaftlich unter Gustls Rang fungiert und nicht satisfaktionsfähig ist. Dem militärischen Ehrenkodex entsprechend beschließt Gustl deshalb, am nächsten Morgen Suizid zu begehen. Bei einem letzten Frühstück in einem Kaffeehaus erfährt er jedoch, dass der Bäckermeister in der Nacht unvermittelt an einem Schlaganfall gestorben ist. Da Gustls Ehrverlust nicht publik geworden ist, ist ein Weiterleben nun möglich. Voller Tatendrang beschließt er mit den Worten „Dich hau’ ich zu Krenfleisch!“, sich noch am gleichen Tag mit einem anderen Kontrahenten zu duellieren.

13 ***Begründen Sie anhand Ihrer Charakterisierung Gustls und der kurzen Inhaltszusammenfassung, weshalb die Novelle „Leutnant Gustl“ bei ihrem Erscheinen im Jahr 1900 als Skandal empfunden wurde (Schnitzler, selbst Reserveleutnant der österreichischen Armee, wurde von Zeitungen aufgefordert, sich zur Rehabilitation einem Duell mit einem seiner Kritiker zu stellen; schließlich wurde er zum einfachen Sanitätssoldaten degradiert).***

Plus

Sigmund Freud (1856–1939) gilt als Begründer der Psychoanalyse. Seiner Theorie zufolge handelt es sich bei den menschlichen Träumen um Wunschvorstellungen, die der Mensch nicht auslebt. Er schärfte den Blick für das Unbewusste. Die Psyche wird danach von drei Prinzipien bestimmt: dem Es (Triebe, Affekte), dem Über-Ich (Gewissen, Moral) und dem zwischen dem Es und Über-Ich vermittelnden Ich (selbstkritisches Denken, Erinnern).

Sigmund Freud an Arthur Schnitzler (1922)

[...] Ich meine, ich habe Sie gemieden aus einer Art von Doppelgängerscheu. [...] Ihr Determinismus wie Ihre Skepsis – was die Leute Pessimismus heißen –, Ihr Ergriffensein von den Wahrheiten des Unbewussten, von der Triebnatur des Menschen, Ihre Zersetzung der kulturell-konventionellen Sicherheiten, das Haften Ihrer Gedanken an der Polarität von Lieben und Sterben, das alles berührte mich mit einer unheimlichen Vertrautheit ... Ja ich glaube, im Grunde Ihres Wesens sind Sie ein psychologischer Tiefenforscher [...].

Arthur Schnitzler über die Psychoanalyse (Brief an Theodor Reik, 1913)

[... N]ach dem Dunkel der Seele gehen mehr Wege [...] als die Psychoanalytiker sich träumen und traumdeuten lassen. [...]

14 ***Klären Sie die Begriffe „Determinismus“, „Skepsis“ und „Pessimismus“.***

15 ***Bestimmen Sie anhand der Briefauszüge das Verhältnis Schnitzlers zur Psychoanalyse.***

16 ***Arbeiten Sie heraus, welches Bild Schnitzler, der sich um 1900 nachweislich intensiv mit der Psychoanalyse auseinandersetzte, von der Psyche des Leutnant Gustl in der gleichnamigen Erzählung entwirft.***

17 ***Überlegen Sie, welche Grundgedanken der Freud’schen Psychoanalyse im Gemälde „Die Sünde“ (S. 13) von Franz von Stuck ihren künstlerischen Niederschlag finden.***

Antimetaphysische Vorbemerkungen (1900) *Ernst Mach*

Ernst Mach (1838–1916), österreichischer Physiker und Philosoph, legte die Grundlagen für die Relativitätstheorie Albert Einsteins. Seinem „Empiriokritizismus“ zufolge, stellen die Sinnesempfindungen die Elemente der Wirklichkeit dar.

[...] Somit setzen sich die Wahrnehmungen sowie die Vorstellungen, der Wille, die Gefühle, kurz die ganze innere und äußere Welt, aus einer *geringen Zahl von gleichartigen Elementen* in bald flüchtiger, bald fester Verbindung zusammen. Man nennt diese Elemente *gewöhnlich Empfindungen*. Da aber in diesem *Namen* schon eine einseitige *Theorie* liegt, so ziehen wir vor, kurzweg von *Elementen* zu sprechen, wie wir schon getan haben. [...] Dass aus diesem Elementenkomplex, welcher im Grunde nur *einer* ist, die *Körper* und das *Ich* sich nicht in bestimmter, für alle Fälle zureichender Weise abgrenzen lassen, wurde schon gesagt. Die Zusammenfassung der mit Schmerz und Lust am nächsten zusammenhängenden Elemente in einer ideellen denkökonomischen Einheit, dem Ich, hat die höchste Bedeutung für den im Dienste des schmerzmeidenden und lustsuchenden Willens stehenden Intellekt. Die Abgrenzung des Ich stellt sich daher *instinktiv* her, wird geläufig und befestigt sich vielleicht sogar durch Vererbung. [...] Das Ich ist keine unveränderliche, bestimmte, scharf begrenzte Einheit. [...] Das Ich ist unrettbar. [...]

18 Fassen Sie Ernst Machs Feststellungen in eigenen Worten zusammen und diskutieren Sie deren Bedeutung für das Selbstverständnis des Menschen.

19 Zeigen Sie an der Erzählung „Leutnant Gustl“, dass Ernst Machs Thesen auch in der Literatur der Wiener Moderne ihren Niederschlag fanden.

A. Schnitzler: „Leutnant Gustl“ → S. 15 f.
Erzählformen und Erzählverhalten → S. 328

1.2 Rilke und George – vom Ästhetizismus zur Avantgarde-Literatur

Blaue Hortensie (1907) *Rainer Maria Rilke*

Rainer Maria Rilke (1875–1926) veröffentlichte zahlreiche Gedichtbände und 1910 den Großstadtroman „Die Aufzeichnungen des Malte Laurids Brigge“. Berühmt wurde er durch seine (Dinggedichte).

So wie das letzte Grün in Farbentiegeln
sind diese Blätter, trocken, stumpf und rau,
hinter den Blütendolden, die ein Blau
nicht auf sich tragen, nur von ferne spiegeln.

Sie spiegeln es verweint und ungenau,
als wollten sie es wiederum verlieren,
und wie in alten blauen Briefpapieren
ist Gelb in ihnen, Violett und Grau;

Verwaschnes wie an einer Kinderschürze,
Nichtmehrgetragnes, dem nichts mehr geschieht:
wie fühlt man eines kleinen Lebens Kürze.

Doch plötzlich scheint das Blau sich zu verneuen
in einer von den Dolden, und man sieht
ein rührend Blaues sich vor Grünem freuen.

1 ***Erschließen und deuten Sie mithilfe des Basiswissens zum Dinggedicht Rilkes Gedicht „Blaue Hortensie".***

2 ***Informieren Sie sich im Basiswissen über die Literatur der frühen Moderne und ordnen Sie das Gedicht einer Richtung zu.***

3 *Informieren Sie sich in Nachschlagewerken über die symbolische Bedeutung der Farben, die in Rilkes Gedicht genannt werden. Stellen Sie Ihre Ergebnisse in der Klasse vor und diskutieren Sie, welche Bedeutung die Farbsymbolik für die Interpretation des Textes haben könnte.*

Basis

Dinggedicht

Das Dinggedicht ist eine Gedichtform, bei der ein sinnlich fassbarer Gegenstand, ein Ding, auf sachlich-distanzierte Weise dargestellt und symbolisch gedeutet wird. Das lyrische Ich tritt meist in den Hintergrund. Bedeutende Beispiele sind E. Mörikes Gedicht „Auf eine Lampe" oder die Dinggedichte Rilkes („Der Panther", „Das Karussell").

Basis

Die Literatur der frühen Moderne

Der Begriff der **Moderne** umfasst eine Vielzahl an Strömungen bzw. Neuerungsbestrebungen der Literatur, aber auch der Musik, der Architektur und der bildenden Kunst zwischen 1870 und 1920. Der **Ästhetizismus** (1885–1915) meint eine Geisteshaltung, die dem Schönen einen absoluten Vorrang vor anderen Werten (z. B. Moral, Politik) einräumt und so oft einhergeht mit amoralischen, atheistischen oder nihilistischen Einstellungen. Den Künstlern des Ästhetizismus geht es um Kunst um der Kunst willen ***(l'art pour l'art)***. Die Dichter des eng damit verwandten **Symbolismus** (ca. 1860–1925) lehnen einen aufklärerischen Anspruch der Literatur ab und verlangen stattdessen die sog. *Poésie pure* (= reine Dichtung), die sich als Selbstzweck versteht. Erscheinungen in der Realität werden als Symbole, d. h. Sinnbilder, gedeutet, die zum „Zeichen einer Erkenntnis" werden. Dem nahe stehend ist der **Impressionismus** (1890–1920), der ebenfalls als Abkehr vom Naturalismus zu interpretieren ist. Versucht wird jedoch die präzise und eindringliche Abbildung von Seelenzuständen und sinnlich-subjektiven Eindrücken und Stimmungen. Die Bevorzugung unbeschwerter, heiterer Inhalte und der Verzicht darauf, die komplexe Wirklichkeit darzustellen, brachte dem Impressionismus bald den Vorwurf der Oberflächlichkeit ein. Demgegenüber bezeichnet der (nicht unumstrittene) Begriff **„Avantgarde-Literatur"** alle progressiven Kunstrichtungen, die mit der herkömmlichen Dichtung brechen und Wegbereiter neuer, radikaler Entwicklungen in Literatur, Kunst und Gesellschaft sein wollen.

Neben Berlin und München galt Wien als eines der Zentren der Kunst der frühen Moderne. Die Literatur der sogenannten Wiener Moderne zeichnet sich im Besonderen durch ihre Hinwendung zur Verschlüsselung, zum Unbewussten und zum Ästhetizismus aus.

Archaïscher Torso Apollos (1907) *Rainer Maria Rilke*

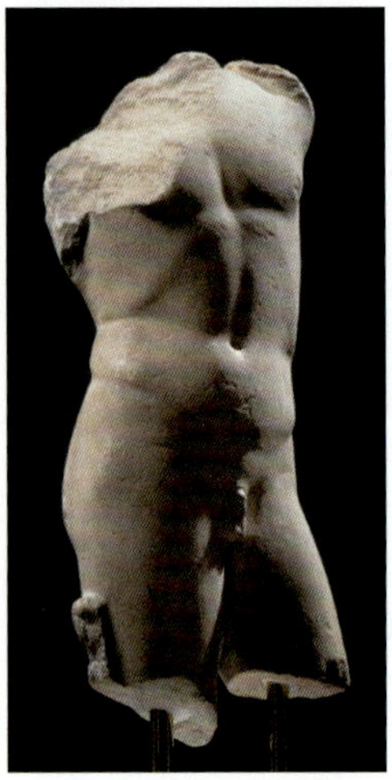

Archaïscher Torso Apollos (Vatikanische Museen)

Wir kannten nicht sein unerhörtes Haupt,
darin die Augenäpfel reiften. Aber
sein Torso glüht noch wie ein Kandelaber,
in dem sein Schauen, nur zurückgeschraubt,

sich hält und glänzt. Sonst könnte nicht der Bug
der Brust dich blenden, und im leisen Drehen
der Lenden könnte nicht ein Lächeln gehen
zu jener Mitte, die die Zeugung trug.

Sonst stünde dieser Stein entstellt und kurz
unter der Schultern durchsichtigem Sturz
und flimmerte nicht so wie Raubtierfelle;

und bräche nicht aus allen seinen Rändern
aus wie ein Stern: denn da ist keine Stelle,
die dich nicht sieht. Du musst dein Leben ändern.

4 ***a) Erschließen Sie Inhalt und gedanklichen Aufbau des Gedichts „Archaïscher Torso Apollos".***
b) Vergleichen Sie Rilkes lyrische Darstellung mit der Fotografie des Originals. Welche Übereinstimmungen werden deutlich? Wo geht das lyrische Ich über die bloße Abbildung eines realen Gegenstandes hinaus?
c) Interpretieren Sie das Gedicht.

www.

5 Rechercheauftrag: Informieren Sie sich im Internet über das „Rilke-Projekt" und stellen Sie Ihre Ergebnisse der Klasse vor.

Mein garten bedarf nicht luft und nicht wärme[1] (1892) *Stefan George*

Mein garten bedarf nicht luft und nicht wärme ·
Der garten den ich mir selber erbaut
Und seiner vögel leblose schwärme
Haben noch nie einen frühling geschaut.

Von kohle die stämme · von kohle die äste
Und düstere felder am düsteren rain ·
Der früchte nimmer gebrochene läste
Glänzen wie lava im pinien-hain.

1 Der Text folgt der originalen Rechtschreibung.

Stefan George (1868–1933) verfolgte in seiner Lyrik konsequent einen elitären Ansatz. Während er sich in einer ersten Schaffensperiode noch ganz dem *l'art pour l'art* verschrieb, versuchte er sich später als geistiger Führer einer neuen Jugend, eines „geheimen Deutschlands". Ausgesuchten jungen Männern, die in den sog. George-Kreis aufgenommen wurden, vermittelte er seine Vorstellungen eines neuen, starken Menschengeschlechts.

blaue Blume: Symbol der Sehnsucht der Romantiker nach dem entgrenzenden Erlebnis kosmischer und geistiger All-Einheit

Ein grauer schein aus verborgener höhle
Verrät nicht wann morgen wann abend naht
Und staubige dünste der mandel-öle
Schweben auf beeten und anger und saat.

Wie zeug ich dich aber im heiligtume
– So fragt ich wenn ich es sinnend durchmass
In kühnen gespinsten der sorge vergass –
Dunkle grosse schwarze blume?

6 a) *Erschließen Sie die Bildlichkeit des Gedichts.*
b) *Interpretieren Sie das Gedicht. Beziehen Sie das romantische Motiv von der Suche nach der blauen Blume mit ein.*
c) *Ordnen Sie den Text einer der im Basiswissen zur Literatur der frühen Moderne (S. 19) genannten Kunstrichtungen zu.*

Die Brüder Berthold (rechts) und Claus von Stauffenberg (Mitte) bei Stefan George (1924). Claus v. Stauffenberg war einer der maßgeblichen Köpfe beim Attentat auf Hitler am 20. Juli 1944.

7 *Beschreiben und deuten Sie Inhalt und Aufbau der Fotografie Georges.*
8 *Interpretieren Sie das Gedicht „Der lezte der getreuen" und vergleichen Sie Ihre Ergebnisse mit denen der Bildinterpretation.*

Der lezte der getreuen[1] (1928) *Stefan George*

Noch weilt der Eine ausser lands
Drum ist auch mir die heimat leer
Ich haus' als fremdling nur in ihr
Bei meines königs banne.

Ich zähle nicht nach freud' und fest
Der Andern und ich warte gleich
Den sommer durch · den winter lang
Bis mich mein könig rufe ..

1 Der Text folgt der originalen Rechtschreibung.

Und kehrt er nie mehr hier zurück
Holt er mich nicht zu seinem dienst –
Gibt mir nur EINES ziel und sinn:
Mit meinem könig sterben!

9 *Informieren Sie sich in geeigneten Nachschlagewerken über den George-Kreis und den Lebensweg Claus von Stauffenbergs. Präsentieren Sie Ihre Ergebnisse in geeigneter Form.*

1.3 Erlebnis des Künstlers – Expressionismus

Literatur als Spiegel der modernen Industriegesellschaft

Weltende (1911) *Jakob van Hoddis*

Jakob van Hoddis wurde 1887 geboren. Psychische Probleme zwangen ihn wiederholt zu Sanatoriumsaufenthalten. 1942 wurde er von den Nationalsozialisten ermordet.

Dem Bürger fliegt vom spitzen Kopf der Hut,
In allen Lüften hallt es wie Geschrei.
Dachdecker stürzen ab und gehn entzwei,
Und an den Küsten – liest man – steigt die Flut.

Der Sturm ist da, die wilden Meere hupfen
An Land, um dicke Dämme zu zerdrücken.
Die meisten Menschen haben einen Schnupfen.
Die Eisenbahnen fallen von den Brücken.

1 ***Lesen Sie das Gedicht „Weltende" von Jakob van Hoddis und fassen Sie die davon ausgehende Stimmung in Worte.***
2 ***Erschließen Sie die sprachlichen und bildlichen Gestaltungsmittel.***
3 ***Interpretieren Sie die deutlich werdende Darstellung der Realität.***
4 ***Lesen und bewerten Sie die Aussage Johannes R. Bechers über das Gedicht „Weltende". Inwieweit ist für Sie seine Begeisterung nachvollziehbar?***

„Meine poetische Kraft reicht nicht aus, um die Wirkung jenes Gedichtes wiederherzustellen, von dem ich jetzt sprechen will. Auch die kühnste Fantasie meiner Leser würde ich überanstrengen bei dem Versuch, ihnen die Zauberhaftigkeit zu schildern, wie sie dieses Gedicht ‚Weltende' von Jakob van Hoddis' für uns in sich barg. Diese zwei Strophen, o diese acht Zeilen schienen uns in andere Menschen verwandelt zu haben, uns emporgehoben zu haben aus einer Welt stumpfer Bürgerlichkeit, die wir verachteten und von der wir nicht wussten, wie wir sie verlassen sollten."
Johannes R. Becher

Die Dämmerung (1911) *Alfred Lichtenstein*

Alfred Lichtenstein (1889–1914) galt als aussichtsreicher junger Autor. Nach seinem frühen Tod geriet er schnell in Vergessenheit. Erst seit den 1960er-Jahren erfährt sein Werk große Wertschätzung.

Ein dicker Junge spielt mit einem Teich.
Der Wind hat sich in einem Baum gefangen.
Der Himmel sieht verbummelt aus und bleich,
Als wäre ihm die Schminke ausgegangen.

Auf lange Krücken schief herabgebückt
Und schwatzend kriechen auf dem Feld zwei Lahme.
Ein blonder Dichter wird vielleicht verrückt.
Ein Pferdchen stolpert über eine Dame.

An einem Fenster klebt ein fetter Mann.
Ein Jüngling will ein weiches Weib besuchen.
Ein grauer Clown zieht sich die Stiefel an.
Ein Kinderwagen schreit und Hunde fluchen.

Die Stadt (1912) *Georg Heym*

Georg Heym (1887–1912) gilt als herausragender Lyriker des frühen Expressionismus.

Sehr weit ist diese Nacht. Und Wolkenschein
Zerreißet vor des Mondes Untergang.
Und tausend Fenster stehn die Nacht entlang
Und blinzeln mit den Lidern, rot und klein.

Wie Aderwerk gehn Straßen durch die Stadt,
Unzählig Menschen schwemmen aus und ein.
Und ewig stumpfer Ton von stumpfem Sein
Eintönig kommt heraus in Stille matt.

Gebären, Tod, gewirktes Einerlei,
Lallen der Wehen, langer Sterbeschrei,
Im blinden Wechsel geht es dumpf vorbei.

Und Schein und Feuer, Fackeln rot und Brand,
Die drohn im Weiten mit gezückter Hand
Und scheinen hoch von dunkler Wolkenwand.

5 ***Erschließen und interpretieren Sie die Gedichte „Die Dämmerung" von Alfred Lichtenstein und „Die Stadt" von Georg Heym in einem Vergleich. Gehen Sie dabei insbesondere auf das Menschenbild und die Darstellung der Stadt als Lebensraum ein.***

Bernhard Kellermann (1879–1951) gelang mit seinem Roman „Der Tunnel“ ein Welterfolg mit einer Gesamtauflage in Millionenhöhe. Erzählt wird die visionäre Geschichte vom Bau eines Tunnels unter dem Atlantik, der Europa mit Amerika verbinden soll. Trotz vieler Widerstände gelingt schließlich das Unternehmen nach 26 Jahren Bauzeit. Die technische Entwicklung hat den Tunnel jedoch längst unnötig gemacht, da nun Luftschiffe und schon bald die ersten Flugzeuge wesentlich schneller den Atlantik überqueren können.

Der Tunnel (1913) *Bernhard Kellermann*

[...] Allans Bohrmaschine. Von Allan ersonnen bis auf die kleinste Einzelheit, glich sie einem ungeheuren, gepanzerten Tintenfisch, Kabel und Elektromotoren als Eingeweide, nackte Menschenleiber im Schädel, einen Schwanz von Drähten und Kabeln hinter sich nachschleifend. Von einer Energie, die der von zwei Schnellzugslokomotiven entsprach, angetrieben, kroch er vorwärts, betastete mit seinen Fühlern, Tastern, Lefzen des vielgespaltenen Maules den Berg, während er helles Licht aus den Kiefern spie. Bebend in urtierischem Zorn, hin- und herschwankend vor Wollust des Zerstörens, fraß er sich heulend und donnernd bis an den Kopf hinein ins Gestein. Er zog die Fühler und Lefzen zurück und spritzte etwas in die Löcher, die er gefressen hatte. Seine Fühler und Lefzen waren Bohrer mit Kronen aus Allanit, hohl, mit Wasser gekühlt, und was er durch die hohlen Bohrer in die Löcher spie, war Sprengstoff. Wie der Tintenfisch des Meeres, so änderte er plötzlich seine Farbe. Aus seinen Kiefern dampfte Blut, seine Rückennarbe funkelte böse drohend, und unheimlich wie der Tintenfisch des Meeres zog er sich zurück, in roten Dunst eingehüllt – und wieder kroch er vorwärts. Vor und zurück, Tag und Nacht, jahrelang, ohne Pause. [...]

Die Schlacht bei der Bohrmaschine war mörderisch und täglich gab es Verwundete und häufig Tote.

Nach einer vierstündigen Raserei wurden die Mannschaften abgelöst. Vollkommen erschöpft, gekocht in ihrem eigenen Schweiß, bleich und halb bewusstlos vor Herzschwäche, warfen sie sich auf das nasse Gestein eines Waggons und schliefen augenblicklich ein, um erst über Tag zu erwachen. [...] Zu Hunderten flohen sie die „Hölle“ und viele brachen nach kurzer Zeit für immer zusammen. Aber es kamen immer neue! [...]

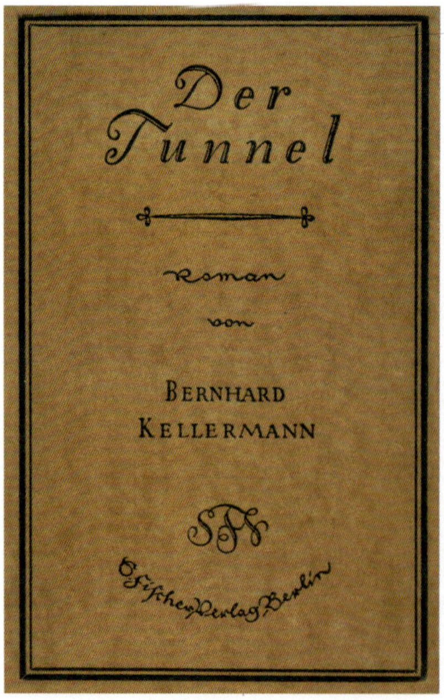

6 Erschließen Sie das Technik- und Menschenbild in Bernhard Kellermanns Roman „Der Tunnel“.

7 Arbeiten Sie die verwendeten sprachlichen und bildlichen Gestaltungsmittel heraus.

8 Versuchen Sie, den Romanausschnitt zeichnerisch umzusetzen.

9 Stellen Sie zusammenfassend das in den bisher behandelten Texten zum Expressionismus deutlich werdende Bild der modernen Industriegesellschaft dar. Wählen Sie eine passende grafische Form der Aufbereitung (Mindmap o. Ä.).

Expressionismus – die Revolution in der Kunst

Paul Hatvani (1892–1975), österreichischer Schriftsteller, Chemiker und Übersetzer aus dem Ungarischen

Versuch über den Expressionismus (1917) *Paul Hatvani*

I

Der Expressionismus ist eine Revolution: [...] Im Impressionismus hatten sich Welt und Ich, Innen und Außen, zu einem Gleichklang verbunden. *Im Expressionismus überflutet das Ich die Welt.* So gibt es auch kein Außen mehr: Der Expressionist verwirklicht die Kunst auf eine bisher unerwartete Weise. [...]

III

Die Form wird beim Expressionismus zum Inhalt: Sie macht einen bedeutungsvollen Schritt über sich selbst hinaus. [...] Diese Transformation der Form in den Inhalt bedingt die ungewöhnliche *Verdichtung* des Expressionismus. [...]

VIII

Der Expressionismus stellt wiederum die Apriorität des Bewusstseins her. Der Künstler spricht: Ich bin das Bewusstsein, die Welt ist mein Ausdruck. [...] *Der Expressionismus macht die Welt bewusst.* Er apperzipiert[1] das Weltall und führt es in das Reich des Geistes ein.–

1 apperzipieren (lat.): bewusst wahrnehmen

Franz Marc: „Der Turm der blauen Pferde“ (1913; verschollen)

1 a) *Erläutern Sie, weshalb Paul Hatvani den Expressionismus als „Revolution“ bezeichnet.*
b) *Bewerten Sie die Tragfähigkeit dieser Aussage. Vergleichen Sie dazu das Kunstverständnis der Expressionisten mit dem des Naturalismus und der Wiener Moderne.*

2 *Betrachten Sie Franz Marcs Gemälde „Der Turm der blauen Pferde“, das der Malerei des Expressionismus zugeordnet werden kann. Arbeiten Sie heraus, welche Thesen Hatvanis auch für dieses Gemälde gelten können.*

Basiswissen: Literatur der frühen Moderne → S. 19

3 *Informieren Sie sich über die Malerei des Expressionismus und stellen Sie Ihre Ergebnisse der Klasse vor.*

4 *Recherchieren Sie literarische Strömungen in der deutschen Literatur, die den Anspruch des Revolutionären formulierten.*

Expressionismus und Krieg

G. Heym → S. 23

Der **Erste Weltkrieg** (1914–1918), der anfangs von der Bevölkerung – und auch von vielen Literaten – euphorisch begrüßt wurde, hatte katastrophale Folgen. Ein bis dato an Grausamkeit unbekannter Stellungskrieg forderte allein aufseiten Deutschlands mehr als zwei Mio. Tote, die Niederlage war mit immensen Reparationszahlungen an die Siegermächte verbunden. Die Nachkriegszeit brachte politische Wirren, Hunger und Epidemien wie die Spanische Grippe mit sich, der weltweit ca. zehn Mio. Menschen zum Opfer fielen.

Tagebuch (Eintrag vom 6. 7. 1910) *Georg Heym*

Ach, es ist furchtbar. [...] Es ist immer das gleiche, so langweilig, langweilig. Es geschieht nichts, nichts, nichts. Wenn doch einmal etwas geschehen wollte, was nicht diesen faden Geschmack von Alltäglichkeit hinterlässt ... Geschähe doch einmal etwas. Würden einmal wieder Barrikaden gebaut. Ich wäre der Erste, der sich darauf stellte, ich wollte noch mit der Kugel im Herzen den Rausch der Begeisterung spüren. Sei es nur, dass man einen Krieg begänne, er kann ungerecht sein, dieser Frieden ist so faul, ölig und schmierig wie eine Leimpolitur auf alten Möbeln.

1 ***Beschreiben Sie die Stimmung, die in Georg Heyms Tagebuchauszug deutlich wird.***

2 ***Beschreiben Sie, in welcher Gemütsverfassung sich der Autor Georg Heym befindet. Diskutieren Sie, inwiefern diese Stimmung auch die Texte der Moderne prägt. Wählen Sie als Ausgangspunkt Ihrer Überlegungen die Gedichte auf S. 12.***

Basis

Expressionismus

Der Expressionismus war eine gesamteuropäische Bewegung zwischen 1910 und 1925, die Kulturschaffende in Malerei, Musik und Literatur gleichermaßen erfasste. Die Dichter des Expressionismus sahen sich in bewusstem Gegensatz zu der als oberflächlich und hohl empfundenen Literatur der Jahrhundertwende. In ihrem Streben nach radikaler Abkehr vom bürgerlichen Selbstverständnis des Wilhelminismus opponierten sie gegen herrschende gesellschaftliche Werte wie Bürokratismus und Militarismus. Gegenstand expressionistischer Dichtung war u. a. der Generationskonflikt, das Wachstum der Städte sowie die Folgen der technischen Entwicklung und der Industrialisierung. Verkündet wird immer wieder der Aufbruch in eine neue Zeit, das Entstehen eines neuen Menschengeschlechts. Im Mittelpunkt steht dabei der Ausdruck des individuellen Empfindens des Einzelnen. Die Dichter bedienen sich zum Teil einer bilderreichen, von rhetorischen Mitteln geprägten, rauschhaften Sprache. Inversionen, Verknappung der Syntax und Reihungsstil kennzeichnen die Lyrik; im Theater dominiert das Stationendrama, in der Prosa die subjektive Erzählführung. Höhe- und Endpunkt des sogenannten expressionistischen Jahrzehnts bildet die von Kurt Pinthus herausgegebene Lyrik-Anthologie „Menschheitsdämmerung" (1919), in der alle Themen und bedeutenden Vertreter des deutschen Expressionismus versammelt sind.

Georg Trakl (1887–1914) nahm 1914 als Sanitätsoffizier an der Schlacht bei Grodek (Galizien / heute Ukraine) teil. Da Schmerz- und Betäubungsmittel fehlten, war er mehrere Tage nicht einmal imstande, die Leiden der vielen Schwerverletzten auch nur zu mildern. Trakl wurde zum psychisch gebrochenen Mann, Drogen- und Alkoholsucht waren die Folge.

August Stramm (1874–1915) wurde in Schriftstellerkreisen erst kurz vor Ausbruch des Weltkrieges bekannt. Seine Gedichte verarbeiten real erlebte Situationen. Stramm fiel bei einem Sturmangriff an der russischen Front.

Grodek (1914) *Georg Trakl*

Am Abend tönen die herbstlichen Wälder
Von tödlichen Waffen, die goldnen Ebenen
Und blauen Seen, darüber die Sonne
Düstrer hinrollt; umfängt die Nacht
Sterbende Krieger, die wilde Klage
Ihrer zerbrochenen Münder.
Doch stille sammelt im Weidengrund
Rotes Gewölk, darin ein zürnender Gott wohnt
Das vergossne Blut sich, mondne Kühle;
Alle Straßen münden in schwarze Verwesung.
Unter goldnem Gezweig der Nacht und Sternen
Es schwankt der Schwester Schatten durch den schweigenden Hain,
Zu grüßen die Geister der Helden, die blutenden Häupter;
Und leise tönen im Rohr die dunkeln Flöten des Herbstes.
O stolzere Trauer! ihr ehernen Altäre
Die heiße Flamme des Geistes nährt heute ein gewaltiger Schmerz,
Die ungebornen Enkel.

Sturmangriff (1914 / 15) *August Stramm*

Aus allen Winkeln gellen Fürchte Wollen
Kreisch
Peitscht
Das Leben
Vor
Sich
Her
Den keuchen Tod
Die Himmel fetzen
Blinde schlächtert wildum das Entsetzen

3 *Erschließen und interpretieren Sie Georg Trakls Gedicht „Grodek":*
   a) *Bestimmen Sie die im Gedicht verwendeten Motive und ordnen Sie diese größeren Motivkomplexen zu.*
   b) *Überlegen Sie, welche Bedeutungen mit diesen Motivkomplexen traditionell assoziiert werden und welche Deutungsmöglichkeiten sich aus der Kombination dieser Motivkomplexe ergeben.*
   c) *Erschließen Sie die sprachliche Gestaltung und versuchen Sie eine zusammenfassende Interpretation des Gedichts.*

4 *Erschließen Sie die Gestaltungsmittel im Gedicht „Sturmangriff".*

5 *Stellen Sie dar, welches Bild vom Krieg die Gedichte zeichnen.*

6 *Arbeiten Sie im Rückgriff auf Paul Hatvani heraus, weshalb diese Gedichte dem Expressionismus zugeordnet werden können.*

P. Hatvani: „Versuch über den Expressionismus"
→ S. 25

2. Franz Kafka – Wegbereiter der Moderne

2.1 Prag – „Die Stadt mit dem heimlichen Herzschlag"

„Kafka war Prag und Prag war Kafka. Nie war es so vollkommen und so typisch Prag gewesen, und nie mehr sollte es dies sein wie zu Kafkas Lebzeiten. Und wir, seine Freunde [...], wir wussten, dass dieses Prag auch überall im Werke Kafkas in feinsten Quanten enthalten war."
Johannes Urzidil

Der 1883 in Prag geborene Franz Kafka war freilich nicht der einzige Literat und Künstler, der von dieser Stadt fasziniert und geprägt war. 1928 schrieb der Dichter Gustav Meyrink (1868–1932):

Die Stadt, die ich meine, ist das alte *Prag*. [...]
Schon damals, als ich über die uralte Steinerne Brücke schritt, die hinüberführt über die ruhevoll fließende Moldau zum Hradschin mit seinem den finsteren Hochmut alter Habsburggeschlechter aushauchenden Schloss, da befiel mich ein tiefes Grauen, für das ich keine Erklärung wusste. Jene Bangigkeit hat mich seit diesem Tage nicht einen Augenblick verlassen, solange ich – ein Menschenalter hindurch – in Prag lebte, der Stadt mit dem heimlichen Herzschlag. [...]

Der Golem[1] (1915) *Gustav Meyrink*

Gustav Meyrink hat bereits Jahre zuvor in seinem berühmten Roman „Der Golem" (1915) die düstere Atmosphäre jener Prager Judenstadt so unnachahmlich wie kein anderer eingefangen. Im Kapitel „Prag" reflektiert der Ich-Erzähler, der Gemmenschneider Athanasius Pernath, über das Wesen der Häuser:

1 Golem: ist das hebräische Wort für „Ungeformtes", aber auch für „Embryo"; die rabbinische Tradition bezeichnet alles Unfertige als Golem. Besonders verbreitet ist der Begriff durch eine jüdische Legende; darin bezeichnet der Golem eine menschenähnliche Gestalt, ein aus Lehm und Ton gestaltetes künstliches Wesen, das besondere Kräfte besitzt und Befehle befolgen, aber nicht sprechen kann.

[... Ich] musterte die missfarbigen Häuser, die da vor meinen Augen wie verdrossene alte Tiere im Regen nebeneinanderhockten. Wie unheimlich und verkommen sie alle aussahen!

Ohne Überlegung hingebaut standen sie da, wie Unkraut, das aus dem Boden dringt.

An eine niedrige, gelbe Steinmauer, den einzigen standhaltenden Überrest eines früheren, langgestreckten Gebäudes, hat man sie angelehnt – vor zwei, drei Jahrhunderten, wie es eben kam, ohne Rücksicht auf die übrigen zu nehmen. Dort ein halbes, schiefwinkliges Haus mit zurückspringender Stirn – ein andres daneben: vorstehend wie ein Eckzahn.

Unter dem trüben Himmel sahen sie aus, als lägen sie im Schlaf, und man spürte nichts von dem tückischen, feindseligen Leben, das zuweilen von

Gustav Meyrink (1868–1932), österreichischer Schriftsteller

„Prag ist kein Wohnort für ästhetische Snobs. Sein Kleinbürgertum und seine Feiertagsbiederkeit, seine Schwermut hinter dicken Nebeln, seine Rufe im Dunkeln, das Fieber seiner Revolten haben nichts gemein mit den eleganten Nichtigkeiten eines gelangweilten Lebens. Es ist eine Stadt für Sonderlinge, die abseits vom Lärm in sich hineinhören wollen, für solche, die auf der Suche nach dem Wunder sind, für ekstatische Klügler. Früher sind es die Traumdeuter und Alchemisten gewesen; zwischen den grotesken Schatten alter Mauern, auf dem Grunde des eingerissenen Gettos ist noch heute etwas von ihrem Geiste zu spüren."
Paul Leppin, 1914

ihnen ausstrahlt, wenn der Nebel der Herbstabende in den Gassen liegt und ihr leises, kaum merkliches Mienenspiel verbergen hilft.

In dem Menschenalter, das ich nun hier wohne, hat sich der Eindruck in mir festgesetzt, den ich nicht loswerden kann, als ob es gewisse Stunden des Nachts und im frühesten Morgengrauen für sie gäbe, wo sie erregt eine lautlose, geheimnisvolle Beratung pflegen. Und manchmal fährt da ein schwaches Beben durch ihre Mauern, das sich nicht erklären lässt, Geräusche laufen über ihre Dächer und fallen in den Regenrinnen nieder – und wir nehmen sie mit stumpfen Sinnen achtlos hin, ohne nach ihrer Ursache zu forschen.

Oft träumte mir, ich hätte diese Häuser belauscht in ihrem spukhaften Treiben und mit angstvollem Staunen erfahren, dass sie die heimlichen eigentlichen Herren der Gasse seien, sich ihres Lebens und Fühlens entäußern und es wieder an sich ziehen können – es tagsüber den Bewohnern, die hier hausen, borgen, um es in kommender Nacht mit Wucherzinsen wieder zurückzufordern. [...]

Dann wacht in mir heimlich die Sage von dem gespenstischen Golem, jenem künstlichen Menschen, wieder auf, den einst hier im Getto ein kabbalakundiger[2] Rabbiner aus dem Elemente formte und ihn zu einem gedankenlosen automatischen Dasein berief, indem er ihm ein magisches Zahlenwort hinter die Zähne schob.

[...]

Unter dem tiefen Eindruck der Romanlektüre hat der Zeichner Hugo Steiner-Prag im Jahre 1916 Meyrinks Roman kongenial mit 25 Steinzeichnungen illustriert.

1 Informieren Sie sich über Leben und Werk des Dichters Gustav Meyrink und recherchieren Sie sein Hauptwerk, den Roman „Der Golem". Stellen Sie Ihre Ergebnisse in der Klasse vor.

2 Arbeiten Sie am Textauszug aus dem Roman „Der Golem" die Metaphorisierung der Häuser heraus. Welches Bild Prags und speziell des jüdischen Gettos entsteht dadurch?

2 Kabbala: Der Begriff ist hebräischen Urspungs und bedeutet „Überlieferung", „Übernahme"; urspünglich bezeichnete das Wort allgemein jede Überlieferung. Die Wurzeln der Kabbala finden sich in der Tora, der heiligen Schrift des Judentums.

Ende des 19. Jahrhunderts beschloss der Prager Stadtrat, die inmitten der Altstadt gelegene alte Judenstadt – das Prager Getto – aus hygienischen und städtebaulichen Erwägungen abzureißen. Kurz nach der Jahrhundertwende begann folgerichtig die sog. Assanierung, mit der diese nahezu tausendjährige Kulturstätte – erhalten blieben nur ein paar Synagogen und Sehenswürdigkeiten – fast vollständig aus dem Prager Stadtbild verschwand. Über die Atmosphäre dieses Stadtteils äußerte sich Kafka im Gespräch mit Gustav Janouch um 1920 so:

Zigeunergasse im ehemaligen jüdischen Getto vor der „Assanierung“ (1902)

„In uns leben noch immer die dunklen Winkel, geheimnisvollen Gänge, blinden Fenster, schmutzigen Höfe, lärmenden Kneipen und verschlossenen Gasthäuser. Wir gehen durch die breiten Straßen der neu erbauten Stadt. Doch unsere Schritte und Blicke sind unsicher. Innerlich zittern wir noch so wie in den alten Gassen des Elends. Unser Herz weiß noch nichts von der durchgeführten Assanation. Die ungesunde alte Judenstadt in uns ist viel wirklicher als die hygienische neue Stadt um uns. Wachend gehen wir durch einen Traum: selbst nur ein Spuk vergangener Zeiten.“

Modell der Prager Altstadt von **Anton Langweil** (1826 bis 1834), auf dem Kafkas Geburtshaus [x] sowie die späteren Wohnhäuser der Familie („Minuta“ [+] und in der Zeltnergasse [o]) gut erkennbar sind.

G. Meyrink: „Der Golem“ → S. 28 f.

3 ***Stellen Sie Kafkas Beobachtungen zur „alten Judenstadt“, wie er sie im Gespräch mit Gustav Janouch äußert, der Beschreibung Meyrinks über das „alte Prag“ gegenüber und erläutern Sie die jeweils unterschiedliche Wirkung der geschilderten Eindrücke.***

www. Weitere Informationen finden Sie z. B. auf: www.franzkafka.de; www.kafka.uni-bonn.de; www.prager-literaturhaus.com

Plus

Zum soziokulturellen Hintergrund der deutschen Oberschicht im Prag der Jahrhundertwende (2007) *Harald Salfellner*

Neues Deutsches Theater in Prag (Vorderansicht um 1900)

[...]

Die etwa 30.000 bis 35.000 Deutschen, die zu Beginn des 20. Jahrhunderts vor allem im Stadtzentrum lebten und etwa 7 % der Gesamtbevölkerung [ca. 500.000] ausmachten, bildeten freilich immer noch eine selbstbewusste und stolze Oberschicht, ein überwiegend wohlhabendes, nicht selten reiches Stadtbürgertum, das sich in prächtigen Villen und herrschaftlichen Wohnungen seiner materiellen und gesellschaftlichen Besitzstände erfreute. [...] Dieser vornehmen Auslese standen zwei großartige Theater, eine Universität, eine technische Hochschule, ein Konzertgebäude, ein halbes Dutzend Gymnasien, einige leistungsstarke Verlage, etwa zweihundert im „Deutschen Haus" beheimatete Vereine und mehrere überregional bedeutende Tageszeitungen zur Verfügung, [...] allen voran das berühmte *Prager Tagblatt*, das zeitweise wochentags in zwei Ausgaben erschien. Das alles waren Relikte einer einst unangefochtenen kulturellen Dominanz, nun trotzig hochgehalten wie eine bedrohte Flagge in einem Meer tschechischer Wimpel. Das „deutsche Prag", unfähig den Anachronismus seiner Traumwelt zu erkennen, gab sich einer von großer Vergangenheit gedüngten Spätblüte hin. [...]

So lebte die Mehrzahl der Deutschen weniger in einem Getto, wie es oft formuliert wird, als vielmehr in einem elitären Elfenbeinturm mit nur geringer sozialer Bodenhaftung. [...] Der böhmisch-österreichische Erzähler Johannes Urzidil hat den Hintergrund umschrieben, vor dem wir uns den Prager deutschen Schriftsteller Franz Kafka vorstellen können und mit ihm nicht wenige seiner Dichterkollegen: „Die Prager deutschen Dichter und Schriftsteller hatten gleichzeitig Zugang zu mindestens vier ethnischen Quellen: dem Deutschtum selbstverständlich, dem sie kulturell und sprachlich angehörten; dem Tschechentum, das sie überall als Lebenselement umgab; dem Judentum, auch wenn sie selbst nicht Juden waren, da es einen geschichtlichen, allenthalben fühlbaren Hauptfaktor der Stadt bildete; und dem Österreichertum, darin sie alle geboren und erzogen waren." [...]

Deutsch-jüdischer Parnass *Willi Jasper*

Willi Jasper (geb. 1945) ist Professor für Neuere deutsche Literatur- und Kulturgeschichte.

Prag – „Dieses Mütterchen hat Krallen"

Das „goldene Prag" mit den hundert Türmen, seinen Brücken, Gassen, Kirchen, Synagogen, Palästen, Klöstern, Friedhöfen und Mythen ist selbst zum vielfach beschriebenen Mythos geworden. Beigetragen dazu hat vor allem „eine deutsche Literatur von unverwechselbarer Eigenart", entstanden zwischen 1890 und 1939 in der Treibhausatmosphäre einer Sprachinsel, in einer Stadt voller steingewordener Chronik und Magie. In diesem „Prager Dunstkreis" (Oskar Wiener) gediehen in kurzer Zeit unerhörte Talente,

„und doch geschah das alles wie auf einer dahinschmelzenden Eisscholle, welche die Schriftsteller deutscher Sprache auf eine immer geringere Fläche zusammendrängte" (Peter Demetz). Mit wenigen Ausnahmen – wie Paul Leppin oder Johannes Urzidil und bis zu seiner Übersiedlung nach München (1897) auch der junge Rainer Maria Rilke – waren es deutsch-jüdische Autoren. Diese Literatur brachte nicht nur Franz Kafka hervor, sondern auch Max Brod, Franz Werfel oder Egon Erwin Kisch. Selbst Kafka, dessen Werk später in allen Weltsprachen erscheinen sollte, musste eingestehen: „Prag lässt nicht los [...] Dieses Mütterchen hat Krallen."

R. M. Rilke → S. 18

E. E. Kisch → S. 98

[...] Max Brod hat in seiner Autobiografie „Ein streitbares Leben" die Prager Juden in drei Gruppen eingeteilt: „solche, die sich als Angehörige des deutschen Volkes fühlten", „dann andere, die mit sehr ähnlichen Beweisgründen für den Satz kämpften, dass sie zur tschechischen Nation gehörten – und schließlich Juden, die sich einfach und ohne Ziererei zum Judentum bekannten."

[...]

4 ***Erläutern Sie mit eigenen Worten das Besondere und Typische, das die Stadt Prag um die Wende vom 19. zum 20. Jahrhundert ausgezeichnet hat.***

H. Salfellner: „Zum soziokulturellen Hintergrund der deutschen Oberschicht im Prag der Jahrhundertwende" → S. 31

5 ***Arbeiten Sie das von Johannes Urzidil abgesteckte „Bezugsquadrat" (Z. 24 ff.) heraus, das die ethnisch-sozialen Hintergründe Kafkas und anderer Prager Schriftsteller um 1900 bestimmt hat, und diskutieren Sie die Problematik einer solch mehrdimensionalen geistig-kulturellen Verwurzelung.***

6 *Recherchieren Sie zur Thematik „Judentum und Kafka" die Frage nach der Verankerung des Dichters in der Glaubens- und Ideenwelt des Judentums.*

2.2 Zur Person: der Dichter Franz Kafka und seine literarische Selbstfindung

Max Brod (1884–1968)

Der Dichter Max Brod war Franz Kafkas lebenslanger und engster Freund. In seinem Testament bestimmte ihn Kafka zu seinem Nachlassverwalter, der alle unveröffentlichten Werke und sonstigen Schriftstücke – also das Gros von Kafkas Œuvre (darunter die Romanmanuskripte „Der Verschollene", „Der Prozess" und „Das Schloss", Erzählungen wie etwa „Hochzeitsvorbereitungen auf dem Lande", „Blumfeld, ein älterer Junggeselle" und „Der Bau" sowie seine Tagebücher und sämtlichen Briefe) – vernichten sollte. Brod hat diesem letzten Willen Kafkas nicht entsprochen und so eines der bedeutendsten und tiefgründigsten literarischen Werke der Weltliteratur für die Nachwelt erhalten.

Persönliches (1946) *Max Brod*

Franz Kafka (geb. 1883 in Prag, gest. 1924 bei Wien) war jüdischer Herkunft und lebte zeitlebens unter dem Eindruck des gefürchteten Vaters. Von 1901–1906 studierte er Jura und Germanistik an der deutschen Universität in Prag; ab 1908 war er als Angestellter einer Arbeiter-Unfall-Versicherung tätig. 1917 erkrankte Kafka an Lungentuberkulose.

Foto um 1910

Das letzte Bild von Franz Kafka, Porträt 1923/24

Wenn du mich also in die Schar der Dichter und Seher einreihst
Werde ich mit erhobenem Scheitel an die Sterne schlagen.

Diese Worte des Horaz an Maecenas nachzufühlen, nachzusprechen, würde sich Kafka niemandem gegenüber bewogen sehen. [...] Nein, mein Freund hätte nie und unter keinen Umständen an die Sterne schlagen wollen. Das Leitwort seines Lebens war: im Hintergrund bleiben – unauffällig sein. Unauffällig in allem war sein Benehmen, selten verstärkte er seine leise Stimme, – war er in einer Gesellschaft von mehreren Leuten, so verstummte er meist ganz. Und nur in einem Beisammensein zu zweit oder zu dritt verlor er seine Schüchternheit, – dann allerdings brach mit staunenswerter Kraft eine Fülle von Einfällen aus ihm hervor, die ahnen ließ, dass dieser stille Mensch eine ungeheure Welt von noch nicht gestalteten Figuren und Gedanken mit sich herumtrug. Nie wieder habe ich solch hurtig in fernste Ferne springende Assoziationen, solch lustig bizarre Einfälle, solch ungezwungene Fantastereien erlebt. [...] – Und dieser Riese ging als ein Zwerg unter uns herum. Er gab sich nicht zu erkennen. „Nur die Lumpe sind bescheiden", sagt Goethe – lebte man aber mit Kafka, so war man eher versucht, diesen Satz in sein freilich ebenso extremes Gegenteil umzudrehen: „Jeder Unbescheidene ist ein Lump."

Ich will hier nochmals die Gestalt meines Freundes heraufbeschwören: Schlank, groß, etwas vorgebeugt – die Augen kühn, blitzend-grau, die Gesichtsfarbe bräunlich, der Haarbusch hoch und pechschwarz, – schöne Zähne, ein freundliches höfliches Lächeln, wenn nicht zuweilen ein geistesabwesend trüber Ausdruck das schöne scharfgeschnittene Gesicht verdüsterte; doch eigentlich fast nie unmutig, meist sehr beherrscht; in seltenen Momenten (die in frühen Jahren, vor der Krankheit, überwogen), in diesen herrlichen Momenten jungenhaft aufgeschlossen, fröhlich, naiv, witzig, mit einer untergründig gutartigen, rasch korrigierten Neigung zu boshaften Wendungen, zu Mystifikationen, die er meist sofort bedauerte, – der Anzug dunkelgrau oder dunkelblau, ohne Muster, glatt, von nicht hervortretender Eleganz, stets sehr sorgfältig und geschmackvoll gekleidet, die schmalen Hände ausdrucksvoll, doch sparsam in ihren Bewegungen. [...]

1 ***Entwerfen Sie mithilfe der Beschreibung von Max Brod eine Charakteristik der Persönlichkeit Franz Kafkas.***

2 *Erstellen Sie mithilfe von Lexika und Literaturgeschichten eine Kurzbiografie Franz Kafkas und stellen Sie Ihre Ergebnisse in der Klasse vor.*

Hartmut Binder (geb. 1937) ist Literaturwissenschaftler und hat zahlreiche Bücher zu Autoren der Prager deutschen Literatur verfasst. Er ist Herausgeber des zweibändigen „Kafka-Handbuches“ (1979).

Kafkas Welt (2008) *Hartmut Binder*

Felice

Als Kafka am Abend des 13. August 1912 Max Brod aufsuchte, traf er dort überraschend ein Mädchen namens Felice Bauer aus Berlin, das auf Verwandtenbesuch in Prag war. Die Begegnung beschäftigte ihn wochenlang und führte schließlich zu dem Entschluss, Felice, die er nur ein einziges Mal gesehen hatte, für sich zur Frau zu gewinnen. So begann er am 20. September eine Korrespondenz mit ihr, die sich zu einem fünfjährigen Kampf um die Ehe ausweitete und damit endete, dass er in die Krankheit flüchtete, die ihn zum Verzicht zwang. Zwei Tage nachdem sein erster Brief nach Berlin abgegangen war, gelang ihm in der Nacht vom 22. / 23. September mit der Niederschrift der Erzählung „Das Urteil“ der literarische Durchbruch zu einer ihn auch selbst befriedigenden, inspirierten literarischen Gestaltung, der eine längere Schaffensphase einleitete: Schon am 25. September begann er mit der Arbeit am „Verschollenen“, die er am 17. November für drei Wochen unterbrach, um „Die Verwandlung“ zu schreiben. […]

Briefe an Felice (1912) *Franz Kafka*

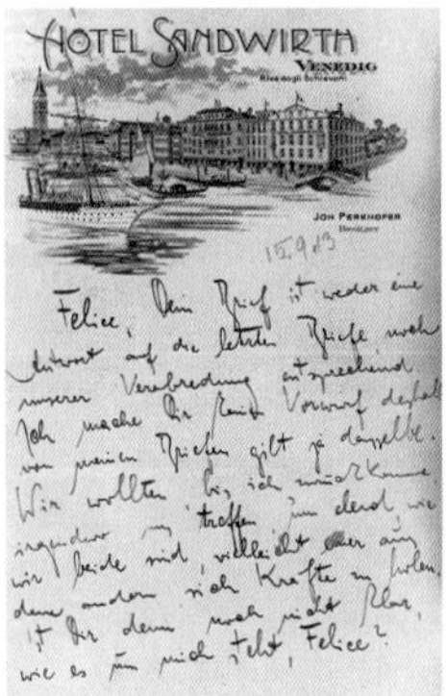
Hotel Sandwirth
Venedig

Nur ein Jahr, nachdem Kafka Felice Bauer in Prag kennengelernt und ihr über 200 Briefe geschrieben hatte, endete der Kontakt mit diesem Brief aus Venedig am 15. 9. 1913 abrupt. Kafka verbrachte die Zeit in Venedig „grenzenlos unglücklich … und traurig, dass es überläuft“.

18. XI. 12 [Nacht vom 17. zum 18. November]

Meine Liebste, es ist ½ 2 nachts, die angekündigte Geschichte ist bei Weitem noch nicht fertig, am Roman [„Der Verschollene“] ist heute keine Zeile geschrieben worden, ich gehe mit wenig Begeisterung ins Bett. Hätte ich die Nacht frei, um sie, ohne die Feder abzusetzen, durchschreiben zu können bis zum Morgen! Es sollte eine schöne Nacht werden. […]

24. XI. 12 [in der Nacht vom 23. zum 24. November 1912 begonnen]

Liebste! Was ist das doch für eine ausnehmend ekelhafte Geschichte [„Die Verwandlung“], die ich jetzt wieder beiseite lege, um mich in den Gedanken an Dich zu erholen. Sie ist jetzt schon ein Stück über ihre Hälfte fortgeschritten und ich bin auch im Allgemeinen mit ihr nicht unzufrieden, aber ekelhaft ist sie grenzenlos und solche Dinge, siehst Du, kommen aus dem gleichen Herzen, in dem Du wohnst und das Du als Wohnung duldest. Sei darüber nicht traurig, denn, wer weiß, je mehr ich schreibe und je mehr ich mich befreie, desto reiner und würdiger werde ich vielleicht für Dich, aber sicher ist noch vieles aus mir hinauszuwerfen und die Nächte können gar nicht lang genug sein für dieses übrigens äußerst wollüstige Geschäft. […]

[Nacht vom 4. zum 5. Dezember 1912]

Ach Liebste, unendlich Geliebte, für meine kleine Geschichte ist nun wirklich schon zu spät, so wie ich es mit Furcht geahnt habe, unvollendet wird sie bis morgen Nacht zum Himmel starren […].

[Prag,] vom 6. zum 7. XII.12

Liebste, also höre, meine kleine Geschichte ist beendet, nur macht mich der heutige Schluss gar nicht froh, er hätte schon besser sein dürfen, das ist kein Zweifel. [...]

3 Arbeiten Sie aus den Briefauszügen an Felice heraus, welche innere Spannung Kafka in dieser Krisensituation beherrscht.
a) Achten Sie dabei auf die literarischen Ansprüche einerseits und die deutlich spürbare Sehnsucht nach dem geliebten Du andererseits.
b) Suchen Sie jene Passagen aus, die vom Genuss des Schreibens handeln. Erwägen Sie, welchen Stellenwert das Schreiben im Kontext aller anderen Lebensäußerungen für Kafka gehabt haben muss.

2.3 Kafkas Werk – Chiffre der Moderne

„‚Kafkaesk' wurde zur Signatur des 20. Jahrhunderts – gewann die Bedeutung einer Formel für jene Welt, deren Zeichen Unbehaustheit, existentialistische Verlorenheit, Bürokratie und Folter, Entmenschlichung und Absurdität zu sein schienen."
Willi Jasper, „Deutsch-jüdischer Parnass"

Kaum ein Dichter des 20. Jahrhunderts hat die von Einsamkeit, Entfremdung und Erlösungssehnsucht geprägte Lebenswelt des modernen Menschen in seinem Werk so treffend beschrieben und verarbeitet wie Franz Kafka. Mit nahezu suggestiver Kraft ins Geschehen gezogen, kann sich der Leser diesen verrätselten und verschlüsselten, meist parabolisch wirkenden Erzähltexten kaum mehr entziehen. In dieser widersprüchlichen Erfahrung von Sinnkrise und tiefer Sinnhaftigkeit wird sein Werk gleichsam zur „Chiffre der Moderne".

Die Verwandlung (1915) *Franz Kafka*

Als Gregor Samsa eines Morgens aus unruhigen Träumen erwachte, fand er sich in seinem Bett zu einem ungeheueren Ungeziefer verwandelt. Er lag auf seinem panzerartig harten Rücken und sah, wenn er den Kopf ein wenig hob, seinen gewölbten, braunen, von bogenförmigen Versteifungen geteilten Bauch, auf dessen Höhe sich die Bettdecke, zum gänzlichen Niedergleiten bereit, kaum noch erhalten konnte. Seine vielen, im Vergleich zu seinem sonstigen Umfang kläglich dünnen Beine flimmerten ihm hilflos vor den Augen.

„Was ist mit mir geschehen?", dachte er. Es war kein Traum. Sein Zimmer, ein richtiges, nur etwas zu kleines Menschenzimmer, lag ruhig zwischen den vier wohlbekannten Wänden. Über dem Tisch, auf dem eine auseinandergepackte Musterkollektion von Tuchwaren ausgebreitet war – Samsa war Reisender –, hing das Bild, das er vor Kurzem aus einer illustrierten Zeitschrift ausgeschnitten und in einem hübschen, vergoldeten Rahmen untergebracht hatte. Es stellte eine Dame dar, die, mit einem Pelzhut und einer Pelzboa versehen, aufrecht dasaß und einen schweren Pelzmuff, in dem ihr ganzer Unterarm verschwunden war, dem Beschauer entgegenhob.

Gregors Blick richtete sich dann zum Fenster, und das trübe Wetter – man hörte Regentropfen auf das Fensterblech aufschlagen – machte ihn ganz melancholisch. „Wie wäre es, wenn ich noch ein wenig weiterschliefe und alle Narrheiten vergäße", dachte er, aber das war gänzlich undurchführbar, denn er war gewöhnt, auf der rechten Seite zu schlafen, konnte sich aber in seinem gegenwärtigen Zustand nicht in diese Lage bringen. Mit welcher Kraft er sich auch auf die rechte Seite warf, immer wieder schaukelte er in die Rückenlage zurück. Er versuchte es wohl hundertmal, schloss die Augen, um die zappelnden Beine nicht sehen zu müssen, und ließ erst ab, als er in der Seite einen noch nie gefühlten, leichten, dumpfen Schmerz zu fühlen begann.

„Ach Gott", dachte er, „was für einen anstrengenden Beruf habe ich gewählt! Tagaus, tagein auf der Reise. Die geschäftlichen Aufregungen sind viel größer als im eigentlichen Geschäft zu Hause, und außerdem ist mir noch diese Plage des Reisens auferlegt, die Sorgen um die Zuganschlüsse, das unregelmäßige, schlechte Essen, ein immer wechselnder, nie andauernder, nie herzlich werdender menschlicher Verkehr. Der Teufel soll das alles holen!" Er fühlte ein leichtes Jucken oben auf dem Bauch; schob sich auf dem Rücken langsam näher zum Bettpfosten, um den Kopf besser heben zu können; fand die juckende Stelle, die mit lauter kleinen weißen Pünktchen besetzt war, die er nicht zu beurteilen verstand; und wollte mit einem Bein die Stelle betasten, zog es aber gleich zurück, denn bei der Berührung umwehten ihn Kälteschauer.

[... Da] – gerade schlug der Wecker drei Viertel sieben – klopfte es vorsichtig an die Tür am Kopfende seines Bettes. „Gregor", rief es – es war die Mutter –, „es ist drei Viertel sieben. Wolltest du nicht wegfahren?" Die sanfte Stimme! Gregor erschrak, als er seine antwortende Stimme hörte, die wohl unverkennbar seine frühere war, in die sich aber, wie von unten her, ein nicht zu unterdrückendes, schmerzliches Piepsen mischte, das die Worte förmlich nur im ersten Augenblick in ihrer Deutlichkeit beließ, um sie im Nachklang derart zu zerstören, dass man nicht wusste, ob man recht gehört hatte. Gregor hatte ausführlich antworten und alles erklären wollen, beschränkte sich aber bei diesen Umständen darauf, zu sagen: „Ja, ja, danke Mutter, ich stehe schon auf." Infolge der Holztür war die Veränderung in Gregors Stimme draußen wohl nicht zu merken, denn die Mutter beruhigte sich mit dieser Erklärung und schlürfte davon. Aber durch das kleine Gespräch waren die anderen Familienmitglieder darauf aufmerksam geworden, dass Gregor wider Erwarten noch zu Hause war, und schon klopfte an der einen Seitentür der Vater, schwach, aber mit der Faust. „Gregor, Gregor", rief er, „was ist denn?" Und nach einer kleinen Weile mahnte er nochmals mit tieferer Stimme: „Gregor! Gregor!" An der anderen Seitentür aber klagte leise die Schwester: „Gregor? Ist dir nicht wohl? Brauchst du etwas?" Nach beiden Seiten hin antwortete Gregor: „Bin schon fertig", und bemühte sich, durch die sorgfältigste Aussprache und durch Einschaltung von langen

Pausen zwischen den einzelnen Worten seiner Stimme alles Auffallende zu nehmen. Der Vater kehrte auch zu seinem Frühstück zurück, die Schwester aber flüsterte: „Gregor, mach auf, ich beschwöre dich." Gregor aber dachte gar nicht daran aufzumachen, sondern lobte die vom Reisen her übernommene Vorsicht, auch zu Hause alle Türen während der Nacht zu versperren. [...]

1 *Diskutieren Sie die Frage, ob – vor dem Hintergrund des vorangehenden Textauszugs – Kafkas Aussage Felice Bauer gegenüber (Brief v. 24. 11. 1912), es handle sich bei der „Verwandlung" um „eine ausnehmend ekelhafte Geschichte", berechtigt ist.*

2 *Untersuchen Sie die vorliegende Anfangspassage der Erzählung hinsichtlich ihrer erzähltechnischen Gestaltung.*

Arbeiten Sie dabei insbesondere die Erzählhaltung, die Erzählperspektive und erzähltechnischen Mittel wie Bewusstseinsstrom, innerer Monolog und erlebte Rede heraus und zeigen Sie, welche Wirkung durch diese Vermittlungsformen erreicht wird.

Erzählformen und Erzählverhalten → S. 328

3 *Informieren Sie sich anschließend in einer Literaturgeschichte über den vollständigen Inhalt der Erzählung „Die Verwandlung" und stellen Sie Ihre Ergebnisse in der Klasse in Form eines Kurzreferats vor.*

a) Gehen Sie dabei vor allem auf die Stellung des Protagonisten in seinem sozialen Umfeld ein.

b) Versuchen Sie für den Text „Die Verwandlung" eine Deutungshypothese, in der Sie die Veränderung des Sohnes Gregor als Ausdruck eines Familienkonflikts erklären.

Viktor Žmegač (geb. 1929) ist Philologe und Literaturhistoriker.

Kleine Geschichte der deutschen Literatur (1986) *Viktor Žmegač*

Auszug aus einer literaturgeschichtlichen Darstellung

[...] Diese ganze fiktionale Wirklichkeit [im Werk Kafkas] ist gestört, defekt, alogisch, doch kommt sie unter dem Anschein von Logik und Natürlichkeit daher, zumal sie die Erfahrungswelt in ihren Einzelheiten so treffend simuliert, dass der Eindruck von Vertrautheit entsteht. Die menschlichen Gestalten verhalten sich scheinbar normal, ihre Reaktionen indes sind mechanisch, ähnlich dem Agieren von Marionetten; sie nehmen die Situationen, in die sie hineingeraten, hin, ohne nach Motiven und Ursachen zu fragen. Eines der hervorstechenden Kennzeichen dieser Prosa ist die Struktur des Paradoxons. Das klassische Beispiel liefert die Geschichte von dem Mann, der vor das Tor des Gesetzes gekommen ist, wo ein Türhüter steht, der ihm den Eintritt verwehrt („Vor dem Gesetz").

F. Kafka: „Vor dem Gesetz" → S. 38 f.

Der Mann wartet geduldig, Jahre vergehen: Im Alter fragt der Mann den Türhüter mit letzter Kraft, weshalb die ganze Zeit über kein anderer vor das Tor des Gesetzes gekommen sei, wo doch alle Menschen nach dem Gesetz strebten. Der Türhüter erwidert, dass dieser Eingang nur für ihn bestimmt gewesen sei – und dass er ihn jetzt schließen werde. Das ist eine Komprimierung der unbegreiflichen Situationen, die Kafkas Welt beherrschen. In den mit Eigenheiten des zeitgenössischen Lebens modellierten Texten stiftet die Rätselhaftigkeit der Zustände und Verhältnisse noch größere Verwirrung. Absurde, unmotivierte Verhältnisse sind so dargestellt, als wären sie vollkommen vernünftig und alltäglich: Die pervertierte Welt, beklemmend wie ein schwerer Traum, trägt das Siegel universaler Realität – und löst Schocks von der Art aus, wie sie analog strukturierte surrealistische Bilder erzielen, auf denen eine vertraute, aber unbegreiflich und unheilverheißend gemachte Gegenstandswelt zum Emblem der Entfremdung wird. Wie ein kalter und präziser Pinselstrich ist Kafkas Sprache leidenschaftslos ruhig, objektivistisch, auf das „beschriebene“ Detail gerichtet, dann wiederum erstaunlich karg, nicht metaphorisch, buchstäblich farblos, sodass sie an einen Schwarz-Weiß-Film erinnert. Der Erzählhorizont deckt sich oft mit dem Bewusstsein der Personen, das Geschehen wird immanent dargeboten ohne die Vermittlung eines übergeordneten, allwissenden Erzählerbewusstseins. [...]

Vor dem Gesetz (1915) *Franz Kafka*

Federzeichnungen Kafkas zum Romanmanuskript „Der Prozess“ – Die Parabel „Vor dem Gesetz“ ist Teil des Romans (Kapitel „Im Dom“).

Vor dem Gesetz steht ein Türhüter. Zu diesem Türhüter kommt ein Mann vom Lande und bittet um Eintritt in das Gesetz. Aber der Türhüter sagt, dass er ihm jetzt den Eintritt nicht gewähren könne. Der Mann überlegt und fragt dann, ob er also später werde eintreten dürfen. „Es ist möglich“, sagt der Türhüter, „jetzt aber nicht.“ Da das Tor zum Gesetz offensteht wie immer und der Türhüter beiseite tritt, bückt sich der Mann, um durch das Tor in das Innere zu sehn. Als der Türhüter das merkt, lacht er und sagt: „Wenn es dich so lockt, versuche es doch, trotz meines Verbotes hineinzugehn. Merke aber: Ich bin mächtig. Und ich bin nur der unterste Türhüter. Von Saal zu Saal stehn aber Türhüter, einer mächtiger als der andere. Schon den Anblick des dritten kann nicht einmal ich mehr ertragen.“ Solche Schwierigkeiten hat der Mann vom Lande nicht erwartet; das Gesetz soll doch jedem und immer zugänglich sein, denkt er, aber als er jetzt den Türhüter in seinem Pelzmantel genauer ansieht, seine große Spitznase, den langen, dünnen, schwarzen tatarischen Bart, entschließt er sich, doch lieber zu warten, bis er die Erlaubnis zum Eintritt bekommt. Der Türhüter gibt ihm einen Schemel und lässt ihn seitwärts von der Tür sich niedersetzen. Dort sitzt er Tage und Jahre. Er macht viele Versuche, eingelassen zu werden, und ermüdet den Türhüter durch seine Bitten. Der Türhüter stellt öfters kleine Verhöre mit ihm an, fragt ihn über seine Heimat aus und nach vielem andern, es sind aber teilnahmslose Fragen, wie sie große Herren stellen, und zum Schlusse sagt er ihm immer wieder, dass er ihn noch nicht einlassen könne. Der Mann, der sich für seine Reise mit vielem ausgerüstet hat, verwendet alles, und sei es noch so wertvoll, um den Türhüter zu bestechen. Dieser nimmt zwar alles an, aber sagt dabei: „Ich nehme es nur an, damit du nicht glaubst, etwas versäumt zu haben.“ Während der vielen Jahre beobachtet der Mann den Türhüter fast ununterbrochen. Er vergisst die andern Türhüter, und dieser erste scheint ihm das einzige Hindernis für den Eintritt in das Gesetz. Er verflucht den unglücklichen Zufall, in den ersten Jahren rücksichtslos und laut, später, als er alt wird, brummt er nur noch vor sich hin. Er wird kindisch, und da er in dem jahrelangen Studium des Türhüters auch die Flöhe in seinem Pelzkragen erkannt hat, bittet er auch die Flöhe, ihm zu helfen und den Türhüter umzustimmen. Schließlich wird sein Augenlicht schwach, und er weiß nicht, ob es um ihn wirklich dunkler wird, oder ob ihn nur seine Augen täuschen. Wohl aber erkennt er jetzt im Dunkel einen Glanz, der unverlöschlich aus der Türe des Gesetzes bricht. Nun lebt er nicht mehr lange. Vor seinem Tode sammeln sich in seinem Kopfe alle Erfahrungen der ganzen Zeit zu einer Frage, die er bisher an den Türhüter noch nicht gestellt hat. Er winkt ihm zu, da er seinen erstarrenden Körper nicht mehr aufrichten kann. Der Türhüter muss sich tief zu ihm hinunterneigen, denn der Größenunterschied hat sich sehr zuungunsten des Mannes verändert. „Was willst du denn jetzt noch wissen?“, fragt der Türhüter, „du bist unersättlich.“ „Alle streben doch nach dem Gesetz“, sagt der Mann, „wieso kommt es, dass in den vielen Jahren niemand außer mir Einlass verlangt hat?“ Der Türhüter erkennt, dass der Mann schon an seinem Ende ist, und um sein vergehendes Gehör noch zu erreichen, brüllt er ihn an: „Hier konnte niemand sonst Einlass erhalten, denn dieser Eingang war nur für dich bestimmt. Ich gehe jetzt und schließe ihn.“

„So sind Kafkas Bücher das Geheimnisvollste, was ich kenne. Ohne Fuge sind sie, an der Oberfläche gestählt, sodass man nicht einzudringen vermag, und doch umhüllen sie einen wie ein weicher Gesang, – weit entfernt vom Leben und doch mittendrin, bei aller Fantastik, allem Spuk, voll von Wirklichkeitssinn, voll von Beobachtung, Scharfblick und Takt, – …“
Max Brod

Viktor Žmegač: „Kleine Geschichte der deutschen Literatur“ → S. 37 f.

4 ***Erläutern Sie, mit welchen Kategorien der Literaturgeschichtsauszug die „fiktionale Wirklichkeit“ der Kafka'schen Prosa beschreibt.***

a) Gehen Sie dabei vor allem auf Begriffe wie „parabolisch“, „paradox“, „surreal“, „traumhaft“, „rätselhaft“ und „absurd“ ein.

b) Überprüfen Sie die von Žmegač vorgenommene Analyse von Kafkas Sprache als „leidenschaftslos ruhig, objektivistisch, auf das ‚beschriebene' Detail gerichtet, […] erstaunlich karg, nicht metaphorisch, buchstäblich farblos" (S. 38, Z. 27 ff.) an den abgedruckten Auszügen der Erzählung „Die Verwandlung" und der Parabel „Vor dem Gesetz".

F. Kafka:
„Die Verwandlung" → S. 35 ff.
„Vor dem Gesetz" → S. 38 f.

5 a) Deuten Sie – unter Einbeziehung der im Sekundärtext gegebenen Hinweise zu Gehalt, Form und Sprache von Kafkas Werk – die Parabel „Vor dem Gesetz". Nutzen Sie dazu auch das folgende Basiswissen.

b) Diskutieren Sie die Frage, inwieweit Kafkas Parabel als beispielhaft für die Literatur der frühen Moderne – wie Sie diese im ersten Teilkapitel kennengelernt haben – gelten kann.

Basis

Die Parabel

Der Begriff „Parabel" stammt aus dem Griechischen *(parabolé)* und bedeutet Gleichnis, Nebeneinanderstellen, Vergleich. Als literarische Kleinform ist damit eine kurze, lehrhafte Beispielerzählung gemeint, deren übertragene Bedeutung eine allgemeine Wahrheit oder Weisheit ausspricht. In der abendländischen Literatur hat die Parabel ihren Ursprung in den neutestamentlichen Gleichnissen Jesu, wo etwa im Gleichnis vom verlorenen Sohn das Verhältnis des Sünders zu Gott verdeutlicht wird. In der modernen Literatur dienen Parabeln häufig zur Darstellung einer unerklärbaren, verrätselten Welt, so z. B. im Werk Kafkas:

Kleine Fabel *Franz Kafka*

„Ach", sagte die Maus, „die Welt wird enger mit jedem Tag. Zuerst war sie so breit, dass ich Angst hatte, ich lief weiter und war glücklich, dass ich endlich rechts und links in der Ferne Mauern sah, aber diese langen Mauern eilen so schnell aufeinander zu, dass ich schon im letzten Zimmer bin und dort im Winkel steht die Falle, in die ich laufe." – „Du musst nur die Laufrichtung ändern", sagte die Katze und fraß sie.

6 Im Roman „Der Prozess", in dem „Vor dem Gesetz" eine Schlüsselfunktion hinsichtlich des Verständnisses des Gesamttextes einnimmt, wird die Parabel dem Angeklagten Josef K. im Dom erzählt. An die Erzählung schließt sich ein Streitgespräch zwischen K. und dem Priester an, in dem die beiden um die richtige Auslegung des Textes heftig ringen.

a) Lesen Sie dieses Streitgespräch in der Klasse mit verteilten Rollen oder hören Sie sich – falls verfügbar – eine Audiofassung der Szene an.

b) Diskutieren Sie anschließend über die Stichhaltigkeit der vorgetragenen Argumente. Welcher Auslegung – der des Priesters oder derjenigen K.s – würden Sie sich anschließen?

3. „Sprache ein bloßer Zusammenfluss von Bildern und Empfindungen?“ – Ein Gedicht der frühen Moderne erschließen und interpretieren

Ernst Stadler (1883–1914), elsässischer Lyriker

Fahrt über die Kölner Rheinbrücke bei Nacht (1913) *Ernst Stadler*

Der Schnellzug tastet sich
und stößt die Dunkelheit entlang.
Kein Stern will vor. Die ganze Welt ist nur ein enger,
nachtumschienter Minengang,
Darein zuweilen Förderstellen
blauen Lichtes jähe Horizonte reißen: Feuerkreis
Von Kugellampen, Dächern, Schloten,
dampfend, strömend . . nur sekundenweis . .
Und wieder alles schwarz.
Als führen wir ins Eingeweid der Nacht zur Schicht.
Nun taumeln Lichter her . . verirrt, trostlos vereinsamt . .
mehr . . und sammeln sich . . und werden dicht.
Gerippe grauer Häuserfronten liegen bloß,
im Zwielicht bleichend, tot –
etwas muss kommen . . o, ich fühl es schwer
Im Hirn. Eine Beklemmung singt im Blut.
Dann dröhnt der Boden plötzlich wie ein Meer:
Wir fliegen, aufgehoben
königlich durch nachtentrissne Luft, hoch übern Strom.
O Biegung der Millionen Lichter, stumme Wacht,
Vor deren blitzender Parade
schwer die Wasser abwärts rollen.
Endloses Spalier, zum Gruß gestellt bei Nacht!
Wie Fackeln stürmend! Freudiges!
Salut von Schiffen
über blauer See! Bestirntes Fest!
Wimmelnd, mit hellen Augen hingedrängt!
Bis wo die Stadt
mit letzten Häusern ihren Gast entlässt.
Und dann die langen Einsamkeiten. Nackte Ufer.
Stille. Nacht. Besinnung. Einkehr. Kommunion.
Und Glut und Drang
Zum Letzten, Segnenden. Zum Zeugungsfest.
Zur Wollust. Zum Gebet. Zum Meer.
Zum Untergang.

Schritt 1: den Inhalt des Gedichts erfassen

Arbeiten Sie mit einer Kopie des Gedichts. Markieren Sie Wörter und Begriffe, denen Sie besondere Bedeutung beimessen. Notieren Sie Ihre Beobachtungen, Eindrücke und Gedanken zu Inhalt, Form und Deutung am Rand.

1 ***Lesen Sie das Gedicht mehrmals, einmal im Ganzen, dann abschnittweise. Erarbeiten Sie dabei vor dem Hintergrund des Titels den Handlungsverlauf im Gedicht und die jeweils dargestellte Situation.***

2 ***Beschreiben Sie die im Gedicht erzeugte Stimmung und gegebenenfalls den Stimmungswechsel. Berücksichtigen Sie dazu die vom Zug zurückgelegte Wegstrecke, woher er kommt, das Ziel und welche Funktion die Überquerung der Brücke hat.***

3 ***Fassen Sie Ihre Ergebnisse zusammen, indem Sie den Inhalt des Gedichts in eigenen Worten wiedergeben und eine Kernaussage zu dem Gedicht formulieren.***

Schritt 2: die sprachliche Gestaltung und die Form bestimmen und in Beziehung zum Inhalt setzen

4 ***Gehen Sie das Gedicht erneut Abschnitt für Abschnitt durch: Untersuchen Sie die Wortwahl, lösen Sie die Bilder und Metaphern auf, indem Sie ihre Bedeutung in Zusammenhang mit dem Inhalt bzw. dem Handlungsverlauf betrachten.***

5 ***Arbeiten Sie die im Gedicht angelegten Gegensätze (z. B. Technik – Mensch, Dynamik – Ruhe, hell – dunkel) heraus: Legen Sie dazu Listen an und tragen Sie die entsprechenden Wörter aus dem Text (mit Versangabe) ein.***

Beispiel:

hell	**dunkel**
Stern (V. 3)	Dunkelheit (V. 2)
blaues Licht (V. 6)	nachtumschient (V. 4)
…	…

– ***Ordnen Sie die Gegensätze in den Handlungszusammenhang ein und überlegen Sie, welche Bereiche der Gegensätze eher positiv und welche negativ wirken.***

6 Überprüfen Sie im Gedicht häufig gebrauchte Wortarten, vor allem Verben. Gehen Sie dabei insbesondere auf folgende Fragen ein:
- *Was sagen sie inhaltlich aus?*
- *Welche Assoziationen rufen sie hervor?*
- *Wirken sie angenehm oder unangenehm?*
- *Welchen Stationen der Handlung sind sie zuzuordnen?*

Lyrik → S. 331 ff.

7 Untersuchen Sie die formale Gestaltung des Gedichts (Reim, Metrum, Rhythmus). Beziehen Sie Ihre Feststellungen auf den Inhalt des Gedichts.

8 Fassen Sie Ihre Ergebnisse der Aufgaben 4 bis 7 zusammen und zeigen Sie, wie die sprachliche und formale Gestaltung den Inhalt und die Aussage des Gedichts unterstützt.

Schritt 3: das Gedicht unter Berücksichtigung eines zeitgenössischen poetologischen Textes literarhistorisch einordnen

9 Lesen Sie den Text „Revolution der Sprache“ von Oswald Pander und erarbeiten Sie Abschnitt für Abschnitt dessen Kernthesen.
Einige Leitfragen:
- *Wie haben sich Sprache und Begriffe entwickelt?*
- *In welcher Beziehung stehen Sprache und Welt?*
- *Warum wendet sich der Expressionismus von der formal geregelten Sprache ab?*
- *Wie stellen sich die Expressionisten die „neue Sprache“ vor?*

10 Übertragen Sie die Thesen Oswald Panders zur „Revolution der Sprache“ (1918) auf das Gedicht „Fahrt über die Kölner Rheinbrücke bei Nacht“ von Ernst Stadler. Zeigen Sie, wie Stadler sie formal und inhaltlich umsetzt.

Revolution der Sprache (1918) *Oswald Pander*

Wind und Gestirne, Blumen und Tiere haben Sprache. Aber: Die Sprache erfand sich der Mensch. Gehör nahm Schall auf vom Tönenden. Stimme ahmte Tönendem nach. Erinnerung setzte die Schallplatte in Schwung. – Dem scharfohrigen Naturmenschen ward alles Ton. Selbst das Stumme war doch dem Tönenden irgendwie verbunden, wie dem Donner der Blitz. Wenigstens Verhältnisse (der Farben zum Beispiel) ließen sich in Verhältnissen – ab-tönen. Am Naturwörterbuch solcher Sprache, die nichts war zuerst als Sammlung von Ausrufen, Ausbrüchen, schärfte sich Verstand, ordnete, verband, trennte. Die Worte schossen zu vielen bunten Mustern zusammen, aber jedes Muster kehrte eines Tages wieder und hatte von da an Bedeutung – als Muster. Sammlung der Muster hieß später Grammatik und war Besinnung der Sprache auf eigenes Gesetz.

Als wachsendes Wissen Welt in Schubfächer zwängte, Bewegtes im Geist hemmte, Farbiges schwarz-weiß sah, Heißfließendes kühl erstarren hieß, ward Sprache mechanisiert, schablonisiert. Erinnerungsschälle für den jungen Löwen, für den alten Löwen, für den kämpfenden Löwen, den fressenden Löwen, den brüllenden Löwen, den schlafenden Löwen, den zeugenden Löwen, den verendenden Löwen schmolzen in westlichen Sprachen zum einen Wort: Löwe, als Begriff, Abstraktionshülse. Begriff hat die Nabelschnur des Erlebens abgerissen. Worte sind aus tönendem Erleben leise Zeichen und stumme blasse Bilder für kärglich Gedachtes geworden, – Evolution der Sprache!

Heute lesen wir: „Durch B wird der scheinbare Widerspruch zwischen A und C aufgehoben." Mosaikbild der Begriffe, Mustervorlage aus der Denksprache. Wo ist Anschauung darin, Erleben? Schien je ein Spruch, ward je gehoben? Sprache liegt so in Begriffen versteint. Grammatik ist zweite Folge, zweites Zeugnis des Erstarrens. Psychologische Funktion der Grammatik: Bequemlichkeit fertiger Denkformen für unfertig Gedachtes. Fertige Denkformen machen das Krumme gerade, das Vielfache einfach, geben dem Gestaltlosen Gestalt. Und der Dumme spricht gelehrt, – Evolution der Sprache!

[...]

Expressionismus brachte ihr: Revolution. Beweis: jedes radikal expressionistische Gedicht, das in der bunten Ecke der Zeitungen auf den Scheiterhaufen öffentlicher Lächerlichkeit gezerrt wird: Seht! kein Subjekt, kein Objekt, kein Prädikat, keine Deklination, keine Konjugation, keine Grammatik und, ach! keine Logik; wir verstehen das nicht, es hat keinen Verstand!

Verständige Sprache, Verstandessprache setzt eine ruhende, erstarrte Welt, eine übersichtliche Mosaik voraus, die bloß abzubilden ist in Begriffen und ihrer logischen Verknüpfung. Aber Welt ist nicht starr, sondern fließt. Erlebnisse sind durchaus vieldeutig. Begriff erdrosselt Schauen und Wollen im Schraubstock, die Leiche heißt Klischee. Welt ist nicht logisch, ist nicht bloß logisch, ist alogisch, überlogisch. Sprache, Gedicht, Musik wollen wie Welt nicht durch Verstand aufgenommen sein, der, Narziss, nur eigenes Spiegelbild schaut. Will Sprache tönende Welt auffangen und weitertönen, wird sie nicht Nebel in Netzen fischen.

Neuem Menschen genügt nicht alte Voraussetzung: Erkennbarkeit der Welt. Ihm geht es um mehr und weniger als Erkennen: Er bemächtigt sich der Welt. Durch Wollen, Schauen, Formen. Wie der Urmensch bemächtigt er sich der tönenden Welt in Tönen. Die Irrgänge sprachlicher Evolution liegen hinter ihm. Die Sophismen der Grammatik belächelt er. Das grobmaschige Netz der Logik verwirft er, ohne es übrigens zu zerreißen. Die versteinten Denkformen überlässt er dem Verwittern. Und schafft: Sprache.

Die neue Sprache ist noch nicht da, aber sie ist auf dem Wege. Sie wird Musik und Gebärde sein, vielleicht einmal Tanz und Weissagung. All das ist nicht etwa eine neue, wahnwitzige Erfindung. Lesen wir Herder, „Ursprung der Sprache"[1]: „Aber wie hat eine Sprache ganz ohne Grammatik sein können? Ein bloßer Zusammenfluss von Bildern und Empfindungen, ohne Zusammenhang und Bestimmung? Für beide war gesorgt: Es war lebendige Sprache. Da gab die große Einstimmung der Gebärden gleichsam den Takt und die Sphäre, wohin das, was man sprach, gehörte, und der große Reichtum der Bestimmungen ersetzte die Kunst der Grammatik." Poesie ist älter als Prosa. Gesang älter als Sprache. Gebärde älter als Gesang.

Expressionismus will dem Erleben abgestorbene Sprache aus Erleben neu gebären. Expressionismus ist nicht wilder Ausbruch des Ich. Expressionismus drückt der Welt das Gesicht des Menschen auf.

1 Johann Gottfried Herder: Abhandlung über den Ursprung der Sprache. Berlin: 1772.

Schritt 4: einen Schreibplan erstellen

11 Ordnen Sie Ihre Ergebnisse für die Gliederung einer schriftlichen Gedichtinterpretation unter Berücksichtigung des poetologischen Textes von Oswald Pander. Überlegen Sie, wie Sie den Hauptteil anlegen wollen. Nutzen Sie dazu den folgenden Methodenkasten.

Eine Gedichtinterpretation unter Berücksichtigung eines poetologischen Textes verfassen

Behandeln Sie Inhalt und Form des Gedichts sowie die Hauptthesen des Textes einzeln und führen Sie beides in einer Synthese zusammen.

Oder:

Erschließen Sie Ernst Stadlers Gedicht entlang der Kernthesen Oswald Panders.

Führen Sie in der Einleitung auf den Hauptteil hin, indem Sie einen Gedanken darlegen, der für die Interpretation eine Rolle spielt, z. B. hier die Bedeutung des Themas „Technik im Expressionismus“.

Runden Sie mit dem Schlussteil Ihre Interpretation ab. Greifen Sie beispielsweise einen Gedanken aus dem Hauptteil auf und führen Sie ihn weiter, z. B. hier die Vorstellung, mit einer neuen Sprache auch zu einer neuen Sicht der Welt zu gelangen.

„Literatur als Spiegel der modernen Industriegesellschaft“ → S. 22 ff.

Schritt 5: das Gedicht erschließen und die Interpretation verfassen

12 Formulieren Sie nach den ausführlichen Vorarbeiten die Gedichtinterpretation unter Berücksichtigung des poetologischen Textes aus.

Schritt 6: die schriftliche Interpretation überarbeiten und die endgültige Gliederung ausarbeiten

Rechtschreibung → S. 355 f.
Satzbau → S. 356 f.

13 Überprüfen Sie Ihre schriftliche Arbeit auf Rechtschreibung, Zeichensetzung, angemessenen Ausdruck, Wiederholungen, abwechslungsreichen Satzbau, Satzverknüpfungen, logischen Aufbau und Zusammenhang, sinnvolle Überleitungen.

14 Während der Ausarbeitung der Interpretation können sich Abweichungen vom ursprünglichen Konzept ergeben. Passen Sie die Gliederung Ihrem ausgearbeiteten Aufsatz an.

- Alfred Kubin: Die andere Seite, 1909
- Eduard von Keyserling: Wellen, 1911
- Franz Kafka: Der Verschollene, 1915
- Leonhard Frank: Die Ursache, 1915
- Franz Kafka: Der Prozess, 1925

Theo van Doesburg und **Kurt Schwitters**:
„Kleine Dada Soirée“ (1922)

„Worte: Wirbel …, in die hinabzusehen mich schwindelt" – Krise und Möglichkeiten der Sprache

„Mein Fall ist, in Kürze, dieser: Es ist mir völlig die Fähigkeit abhanden gekommen, über irgendetwas zusammenhängend zu denken und zu schreiben."
Hugo von Hofmannsthal, „Ein Brief", 1901/1902

„Zum Hasse, zum höhnischen Lachen bringt uns die Sprache durch die ihr innewohnende Frechheit."
Fritz Mauthner, „Beiträge zu einer Kritik der Sprache", 1901/02

„*Die Grenzen meiner Sprache* bedeuten die Grenzen meiner Welt."
Ludwig Wittgenstein, „Tractatus logico-philosophicus", 1921

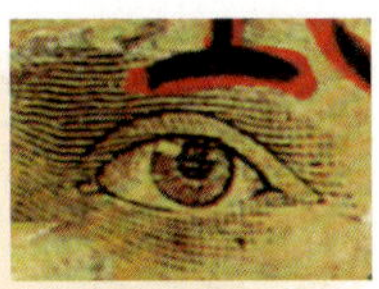

1. „Die Sprache ist die Peitsche" – Sprachkrise in der Moderne

1.1 Hat uns die Sprache „frech verraten"? – Ankläger und Verteidiger der Sprache

Ein Brief (1901 / 1902) *Hugo von Hofmannsthal*

1902 veröffentlichte Hugo von Hofmannsthal den fiktiven Text „Ein Brief". In diesem Brief erklärt der jugendliche Briefschreiber Philipp Lord Chandos (daher wird der Brief oft als Chandos-Brief bezeichnet) seinem Freund Francis Bacon, einer historisch belegten Person (1561–1626), weshalb er nach ersten literarischen Erfolgen plötzlich aufgehört hat, zu schreiben. „Ein Brief" gilt als Signaltext der Moderne, der nicht bloß als individuelle Äußerung, sondern als Ausdruck für eine die Epoche prägende Erfahrung betrachtet werden muss.

Hugo von Hofmannsthal (1874–1929) gilt als einer der bedeutendsten Vertreter der Literatur der Décadence um die Jahrhundertwende. Sein Denken wurde wesentlich von den philosophischen Schriften Nietzsches und den Erkenntnissen der modernen Psychoanalyse geprägt.

Dies ist der Brief, den Philipp Lord Chandos, jüngerer Sohn des Earl of Bath, an Francis Bacon, später Lord Verulam und Viscount St. Albans, schrieb, um sich bei diesem Freunde wegen des gänzlichen Verzichtes auf literarische Betätigung zu entschuldigen.

[...] Aber, mein verehrter Freund, auch die irdischen Begriffe entziehen sich mir in der gleichen Weise. Wie soll ich es versuchen, Ihnen diese seltsamen geistigen Qualen zu schildern, dies Emporschnellen der Fruchtzweige über meinen ausgereckten Händen, dies Zurückweichen des murmelnden Wassers vor meinen dürstenden Lippen?

Mein Fall ist, in Kürze, dieser: Es ist mir völlig die Fähigkeit abhanden gekommen, über irgendetwas zusammenhängend zu denken oder zu sprechen.

Zuerst wurde es mir allmählich unmöglich, ein höheres oder allgemeineres Thema zu besprechen und dabei jene Worte in den Mund zu nehmen, deren sich doch alle Menschen ohne Bedenken geläufig zu bedienen pflegen. Ich empfand ein unerklärliches Unbehagen, die Worte „Geist", „Seele" oder „Körper" nur auszusprechen. Ich fand es innerlich unmöglich, über die Angelegenheiten des Hofes, die Vorkommnisse im Parlament oder was Sie sonst wollen, ein Urteil herauszubringen. Und dies nicht etwa aus Rücksichten irgendwelcher Art, denn Sie kennen meinen bis zur Leichtfertigkeit gehenden Freimut: sondern die abstrakten Worte, deren sich doch die Zunge naturgemäß bedienen muss, um irgendwelches Urteil an den Tag zu geben, zerfielen mir im Munde wie modrige Pilze. Es begegnete mir, dass ich meiner vierjährigen Tochter Katharina Pompilia eine kindische Lüge, deren sie sich schuldig gemacht hatte, verweisen und sie auf die Notwendigkeit, immer wahr zu sein, hinführen wollte, und dabei die mir im Munde zuströmenden Begriffe plötzlich eine solche schillernde Färbung annahmen und so ineinander überflossen, dass ich den Satz, so gut es ging, zu Ende haspelnd, so wie wenn mir unwohl geworden wäre und auch tatsächlich bleich im Gesicht und mit einem heftigen Druck auf der Stirn, das

Hugo von Hofmannsthal am Kastalischen Quell. Foto aus dem Tagebuch von Harry Graf Kessler (1908)

Kastalische Quelle, Quelle am Südabhang des Parnassos bei Delphi in Phokis, wenig östlich von dem Heiligtum; hat ihren Namen von der Nymphe Kastalia. Mit dem Wasser dieser Quelle wuschen und besprengten sich die Wallfahrer; nach der Fiktion der römischen Dichter verlieh es dichterische Begeisterung.

Kind allein ließ, die Tür hinter mir zuschlug und mich erst zu Pferde, auf der einsamen Hutweide einen guten Galopp nehmend, wieder einigermaßen herstellte.

Allmählich aber breitete sich diese Anfechtung aus wie ein um sich fressender Rost. Es wurden mir auch im familiären und hausbackenen Gespräch alle die Urteile, die leichthin und mit schlafwandelnder Sicherheit abgegeben zu werden pflegen, so bedenklich, dass ich aufhören musste, an solchen Gesprächen irgend teilzunehmen. Mit einem unerklärlichen Zorn, den ich nur mit Mühe notdürftig verbarg, erfüllte es mich, dergleichen zu hören, wie: Diese Sache ist für den oder jenen gut oder schlecht ausgegangen; Sheriff N. ist ein böser, Prediger T. ein guter Mensch; Pächter M. ist zu bedauern, seine Söhne sind Verschwender; ein anderer ist zu beneiden, weil seine Töchter haushälterisch sind; eine Familie kommt in die Höhe, eine andere ist im Hinabsinken. Dies alles erschien mir so unbeweisbar, so lügenhaft, so löcherig wie nur möglich. Mein Geist zwang mich, alle Dinge, die in einem solchen Gespräch vorkamen, in einer unheimlichen Nähe zu sehen: So wie ich einmal in einem Vergrößerungsglas ein Stück von der Haut meines kleinen Fingers gesehen hatte, das einem Blachfeld mit Furchen und Höhlen glich, so ging es mir nun mit den Menschen und ihren Handlungen. Es gelang mir nicht mehr, sie mit dem vereinfachenden Blick der Gewohnheit zu erfassen. Es zerfiel mir alles in Teile, die Teile wieder in Teile, und nichts mehr ließ sich mit einem Begriff umspannen. Die einzelnen Worte schwammen um mich; sie gerannen zu Augen, die mich anstarrten und in die ich wieder hineinstarren muss: Wirbel sind sie, in die hinabzusehen mich schwindelt, die sich unaufhaltsam drehen und durch die hindurch man ins Leere kommt. [...]

1 *Fassen Sie den Inhalt des Textes zusammen. Geben Sie dabei in eigenen Worten wieder, vor welches Problem sich Lord Chandos, der Verfasser des Briefs, gestellt sieht.*
2 *Welche Gründe nennt der Sprecher für diese Entwicklung?*
3 *Bewerten Sie die Haltung und die Art der Darbietung des Erzählers kritisch.*
4 *Verknüpfen Sie die hier gewonnenen Einsichten mit dem Epochenwissen zur Wiener Moderne und arbeiten Sie heraus, weshalb es sich bei „Ein Brief" um einen Leittext dieser Literaturepoche handelt.*
5 *Legen Sie dar, inwiefern die hier erkennbare Problematik in einer Entwicklung steht, die schon in der Literatur des bürgerlichen Realismus erkennbar war und im Naturalismus ihre Fortsetzung fand.*

„Die Literatur der Wiener Moderne" → S. 12 ff.
Epochenwissen im Überblick → S. 82 / 83
bürgerlicher Realismus → S. 339
Naturalismus → S. 339

Die soziale Illusion (1979) *Lars Gustafsson*

Die Sprachskepsis der Moderne auf den Bereich der Literatur eingrenzen zu wollen, stellt eine unzulässige Verkürzung des Phänomens dar. So stellt Lars Gustafsson in seinem Buch „Sprache und Lüge" (1979) die Entwicklung in einen gesamtgesellschaftlichen Kontext und geht dabei auch auf die im 19. Jahrhundert begründeten Ursachen des Phänomens ein.

Lars Gustafsson (geb. 1936), schwedischer Philosoph und Schriftsteller, der sich intensiv mit der Frage, wie Sprache und Lüge miteinander verknüpft sind, auseinandergesetzt hat.

[...]

Die wachsende Industriegesellschaft machte Werte *problematisch*, die eben noch selbstverständlich waren, die zu einem derart allgemeinen Konsens gehörten, dass man sich seiner kaum bewusst war. Was eben noch evident war, musste plötzlich verteidigt werden, kodifiziert in einer öffentlichen moralischen Handlungsanleitung. Die selbstverständliche Moral früherer Zeiten, z. B. im Verhältnis zwischen Gläubiger und Schuldner, wurde problematisch, als der Geldmarkt der Industriellen die alte, zurückhaltende Wirtschaftsform der Bauerngesellschaft mit seinem Kredit- und Darlehenswesen ablöst. [...]

In gleich hohem Ausmaß gilt dies selbstverständlich auch für die sexuelle Moral. Der grelle Kontrast zwischen der offiziellen Forderung nach vorehelicher Unberührtheit und der Welt des Bordells schafft den Eindruck einer *doppelten* Gesellschaft, in der ein und dieselbe Person auf beiden Ebenen sehr ungleiche Handlungen ausführt, in der folglich die systematische Trennung der einen Handlungsebene von der anderen unwillkürlich den Eindruck von „Verschwörung", „Geheimgesellschaft" unter der sichtbaren Oberfläche der Gesellschaft entstehen lässt. [...]

Notwendigerweise muss die Verschwörung Stillschweigen und Geheimnisse bewahren, sie muss sich verkleiden. Das Verkleiden ist ipso facto[1] ihr verbindendes Glied. Der Außenwelt muss die Verschwörung ein alltägliches Gesicht zeigen. Sie muss imstande sein, systematisch irrezuführen.

Wenn nach 1830 die Metapher von der *Verschwörung* benutzt wird, um die Diskrepanz zwischen offiziellen Werten der Gesellschaft und tatsächlichem Handeln auszudrücken [...], liegt es auf der Hand, die Sprache, die von allen sozialen Übereinkünften am meisten verbreitet ist, als *die totale Verschwörung* zu betrachten. [...]

1 *ipso facto* (lat.): durch die Tat selbst, eigenmächtig

6 *Fassen Sie zusammen, welche Gründe Lars Gustafsson für die Sprachskepsis im 19. und 20. Jahrhundert anführt.*

7 *Beurteilen Sie, inwieweit Hofmannsthals „Ein Brief" als Reflex auf die von Gustafsson dargestellte Problematik zu verstehen ist.*

H. v. Hofmannsthal: „Ein Brief" → S. 48 f.

8 *Diskutieren Sie, ob die von Gustafsson angeführten Kritikpunkte an der Sprache auch heute noch relevant sind.*

Beiträge zu einer Kritik der Sprache (1901/02) *Fritz Mauthner*

Fritz Mauthner (1849–1923) war Schriftsteller, Journalist und Philosoph. In seinem dreibändigen Werk „Beiträge zu einer Kritik der Sprache" (1901/02) greift er die Diskussion zu sprachphilosophischen Themen auf und führt sie fort. Beeinflusst wurde er ganz wesentlich von den Lehren Ernst Machs, dessen Schüler er in den 1870er-Jahren in Prag war.

E. Mach → S. 18

VI. Wortkunst

[...]

Um es schlagend zu sehen, wie wenig die Sprache als Erkenntniswerkzeug und wie viel sie als Kunstmittel vermag, vergleiche man einmal eine beliebige Dichtung von Goethe mit einem ebenso beliebigen Satze seiner wissenschaftlichen Abhandlungen.

Füllest wieder Busch und Tal
Still mit Nebelglanz

Hier ist kein Begriff, der nicht „außer dem Zusammenhang" oder in einem rein belehrenden Satzgefüge verschiedene Erklärungen oder Definitionen zuließe.

Man achte wohl darauf, dass nicht nur die wenigen Zufallsworte, die die Grammatik anführt (als: Bauer, weiß), mehrdeutig sind, dass vielmehr jeder Begriff, jedes Wort jeder menschlichen Sprache ein Erinnerungszeichen an schwebende, ungleiche, benachbarte Vorstellungen ist, dass also jedes Wort „außer dem Zusammenhang" mehrdeutig ist. Man achte wohl darauf, um meine Bemerkungen nicht für eine Schikane anzusehen.

Die Wörter unseres Beispiels sind doch gewiss nicht aus Bosheit gewählt; und doch weisen sie uns alle solche Mehrdeutigkeit auf.

„Füllen." Das Wort heißt etymologisch „voll machen"; es bekommt aber einen ganz anderen Sinn, wenn die Gartenkunst die Nelken *gefüllt* hat, wenn die Köchin das Fett von der Suppe „füllt". (Im Französischen heißt *emplir* gar „lecken".) Seine Augen füllen = befriedigen. Füllen = Völlerei treiben. Gesang, Licht füllt einen Saal, aber schon metaphorisch. Ein offenes Tal füllen erinnert beinahe an das Füllen im Sinne von Bedecken.

[...]

„Glanz." Das Wort kann das helle Licht selbst bedeuten, dann die Eigenschaft eines Körpers, ein solches Licht auszustrahlen. Endlich die Pracht des Auftretens. Im Französischen bedeutet *éclat* (von Schleißen) auch Knall, Lärm, Skandal.

Es war unmöglich, mit diesen Worten eine unbekannte Kenntnis logisch zu erschließen. Noch einmal, wer diese Unsicherheit der Bedeutung für eine Schikane hält, der steht noch nicht an der Schwelle meines Gedankens.

Wenn mich ein Franzose fragt, wie er *éclat* zu übersetzen habe, so werde ich doch antworten müssen, das richte sich nach dem Zusammenhang. Nun glaubt der, der dieses hier für Schikane hält, leichtes Spiel mit mir zu haben. „Also wird doch der Sinn jedes Wortes durch den Zusammenhang klar?" Gewiss. Aber was heißt das eigentlich, es werde der Sinn der einzelnen Worte durch den Zusammenhang klar?

Wir haben ja bisher geglaubt, der Sinn, der Satz, der Gedanke entstehe oder besser bestehe aus dem logischen Gefüge von Worten oder Begriffen. Wir haben doch der Sprache die Fähigkeit zugeschrieben, das Denken zu vermitteln oder gar zu bereichern. Wie nun, wenn – wie wir jetzt schon erfahren – der Zusammenhang, d.h. der Sinn, der Gedanke, der Satz erst das Wort erklären muss? Ist das nicht das Eingeständnis, dass alles Gesagte Tautologie[1] ist und sein muss, dass wir nichts sagen und verstehen können, als was wir schon wissen, dass das Ganze früher da ist als die Teile, der Satz früher als das Wort? Dass also die gesamte alte Schullogik die Wahrheit auf den Kopf stellt?

[...]

1 Tautologie: gibt einen Sachverhalt doppelt wieder, z. B. „immer und ewig", „voll und ganz"

9 Analysieren Sie Fritz Mauthners Beitrag zur Wortkunst. Bearbeiten Sie dazu die folgenden Fragen mündlich oder schriftlich:
- *a) Arbeiten Sie heraus, welche Thesen Fritz Mauthner aufstellt.*
- *b) Analysieren und bewerten Sie die vom Autor verwendeten Argumentationstechniken.*
- *c) Setzen Sie sich kritisch, auch auf Grundlage eigener Erfahrungen, mit Mauthners Vorstellungen auseinander.*

Beiträge zu einer Kritik der Sprache (1901/02) *Fritz Mauthner*

VI. Fluch der Sprache

Die Einsicht, dass die Sprache wertlos sei für jedes höhere Streben nach Erkenntnis, würde uns nur vorsichtiger in ihrem Gebrauche machen. Zum Hasse, zum höhnischen Lachen bringt uns die Sprache durch die ihr innewohnende Frechheit. Sie hat uns frech verraten; jetzt kennen wir sie. Und in den lichten Augenblicken dieser furchtbaren Einsicht toben wir gegen die Sprache wie gegen den nächsten Menschen, der uns um unseren Glauben, um unsere Liebe, um unsere Hoffnung betrogen hat.

Die Sprache ist die Peitsche, mit der die Menschen sich gegenseitig zur Arbeit peitschen. Jeder ist Fronvogt und jeder Fronknecht. Wer die Peitsche nicht führen und unter ihren Hieben nicht schreien will, der heißt ein stummer Hund und Verbrecher und wird beiseite geschafft. Die Sprache ist der Ziehhund, der die große Trommel in der Musikbande des Menschenheeres zieht. Die Sprache ist der Hundsaffe, der Prostituierte, der missbraucht wird für die drei großen Begierden des Menschen, der sich brüllend vor den Pflug spannt als Arbeiter für den Hunger, der sich und seine Familie verkauft als Kuppler für die Liebe, und der sich all in seiner Scheußlichkeit verhöhnen lässt als Folie für die Eitelkeit [...] Die Sprache ist die große Lehrmeisterin zum Laster. [...] Hätte die Menschheit aber die Sprache lieber den Affen oder den Läusen geschenkt, so hätten die Affen oder die Läuse daran zu tragen, und wir wären nicht allein krank, vergiftet, in der ungeheuren sprachlosen, heilen Natur. Wir wären dann Tiere, wie wir es hochmütig nennen in unserer protzigen Menschensprache, oder wir wären Götter, wie wir es empfinden, wenn ein Blitz uns verstummen macht oder sonst ein Wunder der sprachlosen Natur.

10 Fassen Sie Mauthners Positionen in eigenen Worten zusammen.

11 Arbeiten Sie heraus, welcher argumentativen Techniken er sich bedient.

12 Bewerten Sie diese Positionen, formulieren Sie dabei eigene Standpunkte zur Behauptung Mauthners, der Mensch sei von der Sprache „vergiftet". Diskutieren Sie dabei auch, ob und wie durch den bloßen Gebrauch der Sprache die Wirklichkeit verändert oder Tatsachen sogar geschaffen werden können.

essayistisches Schreiben → S. 345 f.

13 Verfassen Sie einen kurzen Essay. Greifen Sie darin Mauthners Standpunkt auf und beziehen Sie dazu Stellung.

14 Festigen Sie Ihr Wissen, indem Sie – z. B. in einem Schaubild – die Positionen Hofmannsthals und Mauthners zusammenfassend darstellen. Arbeiten Sie dabei Gemeinsamkeiten und Unterschiede der jeweiligen Standpunkte heraus. Nehmen Sie das Basiswissen zu Hilfe.

Basis

Sprachskepsis in der Moderne

Die neuen Erkenntnisse und Denkansätze in der Philosophie und Psychologie um 1900 veränderten die Vorstellung vom Menschen und seiner Identität, seiner (beschränkten) Erkenntnisfähigkeit und damit einhergehend die Antwort auf die Frage, ob der Mensch die Realität, die Wahrheit überhaupt erkennen könne. Für das Menschenbild im 20. Jahrhundert hatte dies weitreichende Folgen. Aber auch im Werk der Literaten jener Zeit – und hier im Besonderen der Wiener Moderne – spiegeln sich diese neuen Erkenntnisse. So werden zum Beispiel die Möglichkeiten und Grenzen der Sprache im Allgemeinen und des Erzählens im Speziellen thematisiert und ausgelotet. Während Hofmannsthals „Chandos-Brief" der allgemeinen Sprachskepsis am deutlichsten zum Ausdruck verhilft, versucht Schnitzler in der Novelle „Leutnant Gustl", die Psyche des Protagonisten unmittelbar erfahrbar zu machen.

Vonseiten der Philosophie leistet Fritz Mauthner in seinem Werk „Beiträge zu einer Kritik der Sprache" (3 Bände, 1901/02) eine systematische Begründung der Sprachskepsis. Er richtet sich gegen den Irrtum, die Sprache könne den Menschen zur Erkenntnis verhelfen. Für ihn ist die Sprache vielmehr ein Mittel zur Täuschung und Unterwerfung der Menschen. Sein Werk wurde viel beachtet und auch scharf kritisiert. Die Philosophie Ludwig Wittgensteins jedoch, wie sie in seiner Schrift „Tractatus logico-philosophicus" (1921) eine Reinigung der philosophischen Sprache anstrebte und die Grundlage für die Schule der analytischen Sprachphilosophie legte, ist ohne Mauthners Abhandlung nicht denkbar.

„Was ist Wahrheit?" → S. 74 ff.
L. Wittgenstein: „Tractatus logico-philosophicus" → S. 79 f.

15 Rechercheauftrag: Informieren Sie sich darüber, ob bzw. wie heutzutage die Sprache und ihre Verwendung zum Gegenstand öffentlicher Diskussionen gemacht wird.

1.2 „Das große Lalulā" – Literatur im Zeichen der Sprachskepsis

Christian Morgensterns „Galgenlieder" – Sprachskepsis als Sprachspiel

Das große Lalulā (1905) *Christian Morgenstern*

Christian Morgenstern (1871–1914) schrieb vor allen Dingen humoristische Gedichte (z. B. die Sammlung „Galgenlieder", 1905–08). Im scheinbar heiter-belanglosen Ton greifen die Texte häufig sprachphilosophisch und geistesgeschichtlich einschlägige Themen auf.

Kroklokwafzi? Sem̄em̄emi!
Seiokrontro – prafriplo:
Bifzi, bafzi; hulalem̄i:
quasti basti bo ...
Lalu lalu lalu lalu la!

Hontraruru miromente
zasku zes rü rü?
Entepente, leiolente
klekwapufzi lü?
Lalu lalu lalu lalu la!

Simarar kos malzipempu
silzuzankunkrei (;)!
Marjomar dos: Quempu Lempu
Siri Suri Sei []!
Lalu lalu lalu lalu la!

Fisches Nachtgesang (1905) *Christian Morgenstern*

–
⌣ ⌣
– – –
⌣ ⌣ ⌣ ⌣
– – –
⌣ ⌣ ⌣ ⌣
– – –
⌣ ⌣ ⌣ ⌣
– – –
⌣ ⌣ ⌣ ⌣
– – –
⌣ ⌣
–

1 *Arbeiten Sie aus den Gedichten heraus, wie Christian Morgenstern hier mit Sprache umgeht.*
2 *Versuchen Sie eine Deutung der Gedichte und überlegen Sie, wie sich in diesen Texten die Sprachskepsis der Moderne widerspiegelt.*
3 *Inszenieren Sie die Gedichte „Das große Lalulā“ und „Fisches Nachtgesang“. Bereiten Sie den Gedichtvortrag in Gruppen vor.*

Wenn Wörter keinen Sinn mehr ergeben – die Literatur des Dadaismus

Dadaistisches Manifest (1918)

Eine völlig neuartige Art von Literatur, die zugleich auch als Reaktion auf die Sprachkrise der Moderne gedeutet werden kann, ist der Dadaismus, der von Zürich ausgehend schnell in ganz Westeuropa und schließlich auch in den USA für Aufsehen sorgte.
Ihr Programm verkündeten die Dadaisten unter anderem im sog. „Dadaistischen Manifest“ aus dem Jahr 1918. Unterzeichnet wurde das in Berlin verkündete „Manifest“ von nahezu allen namhaften Dadaisten der Anfangsjahre wie etwa Hans Arp, Hugo Ball und Richard Huelsenbeck.

H. Ball → S. 56

[...] Die Unterzeichner dieses Manifests haben sich unter dem Streitruf

DADA!!!!

zur Propaganda einer Kunst gesammelt, von der sie die Verwirklichung neuer Ideale erwarten. Was ist nur den DADAISMUS?

Das Wort Dada symbolisiert das primitivste Verhältnis zur umgebenden Wirklichkeit, mit dem Dadaismus tritt eine neue Realität in ihre Rechte. [...] Der Dadaismus steht zum ersten Mal dem Leben nicht mehr ästhetisch gegenüber, indem er alle Schlagworte von Ethik, Kultur und Innerlichkeit, die nur Mäntel für schwache Muskeln sind, in seine Bestandteile zerfetzt.

Das BRUITISTISCHE Gedicht

schildert eine Trambahn, wie sie ist, die Essenz der Trambahn mit dem Gähnen des Rentiers Schulze und dem Schrei der Bremsen.

Das SIMULTANISTISCHE Gedicht

lehrt den Sinn des Durcheinanderjagens aller Dinge, während Herr Schulze liest, fährt der Balkanzug über die Brücke bei Nisch, ein Schwein jammert im Keller des Schlächters Nuttke.

Das STATISCHE Gedicht

macht die Worte zu Individuen, aus den drei Buchstaben Wald tritt der Wald mit seinen Baumkronen, Försterlivreen und Wildsauen, vielleicht tritt auch eine Pension heraus, vielleicht Bellevue oder Bella vista. Der Dadaismus führt zu unerhörten neuen Möglichkeiten und Ausdrucksformen aller Künste. – [...] – Dadaist sein heißt, sich von den Dingen werfen lassen, gegen jede Sedimentsbildung sein, ein Moment auf einem Stuhl gesessen, heißt, das Leben in Gefahr gebracht haben [...]. Gegen die blutleere Abstrak-

„Erlebnis des Künstlers – Expessionismus“ → S. 22 ff.

tion des Expressionismus! Gegen die weltverbessernden Theorien literarischer Hohlköpfe! Für den Dadaismus in Wort und Bild, für das dadaistische Geschehen in der Welt. Gegen dies Manifest sein heißt, Dadaist sein!

1 *Fassen Sie die Merkmale des Dadaismus in eigenen Worten zusammen.*
2 *Diskutieren Sie, welche Auswirkung ein solches poetologisches Programm für die dichterische Sprache und ihren Gebrauch haben muss.*

Hugo Ball (geb. 1886 in Pirmasens, gest. 1927 in Certenago, Schweiz) studierte Germanistik, Philosophie und Soziologie; 1912–14 war er Dramaturg an den Münchner Kammerspielen, 1915 Emigration in die Schweiz, 1917 bis 1920 Arbeit bei der „Freien Zeitung“, ab 1920 enge Freundschaft mit Hermann Hesse.

Karawane (1917) *Hugo Ball*

KARAWANE
jolifanto bambla ô falli bambla
grossiga m'pfa habla horem
égiga goramen
higo bloiko russula huju
hollaka hollala
anlogo bung
blago bung
blago bung
bosso fataka
ü üü ü
schampa wulla wussa ólobo
hej tatta gôrem
eschige zunbada
wulubu ssubudu uluw ssubudu
tumba ba- umf
kusagauma
ba - umf
(1917)
Hugo Ball

Abbildung rechts: **Hugo Ball** in kubistischem Kostüm im „Cabaret Voltaire“, seine Lautgedichte rezitierend

3 *Bilden Sie Arbeitsgruppen, die unterschiedliche Inszenierungen von Hugo Balls Gedicht „Karawane“ einstudieren und vor der Klasse vortragen. Bewerten Sie im Anschluss die jeweiligen Textvorträge.*
4 *Schreiben Sie den Text um, indem Sie ihn in die heute gebräuchliche Standardsprache übertragen. Vergleichen Sie die Wirkung Ihres Gedichts mit der der dadaistischen Version Balls.*
5 *Betrachten Sie die nebenstehende Abbildung. Welche Absichten könnte Ball mit einer solchen Kostümierung verfolgt haben?*

6 *Rechercheauftrag: Informieren Sie sich anhand des folgenden Basiswissens und mithilfe geeigneter Quellen und Nachschlagewerke über die Literatur des Dadaismus. Stellen Sie die Ergebnisse der Klasse in geeigneter Form vor. Achten Sie dabei darauf, dass die Dadaisten häufig Gesamtkunstwerke schaffen wollten und mit optischen und akustischen Elementen arbeiteten, die in Ihrem Vortrag entsprechend zur Geltung kommen sollten.*

Basis

Die Literatur des Dadaismus (1916–1924)

Am 5.2.1916 gründeten im neutralen Zürich die Deutschen Hugo Ball, Richard Huelsenbeck, der Elsässer Hans Arp, der Rumäne Tristan Tzara zusammen mit einigen Mitstreitern das literarische Kabarett und die Experimentierbühne „Cabaret Voltaire". Angewidert von den Kriegsgräueln in Europa, von der „Verramschung" aller Werte, Worte und Menschen, wollten sie mit ihrer dadaistischen Kunst die gutgläubigen Bürger provozieren, die immer noch am traditionellen Kulturbegriff festhielten. Dabei sollten die überlieferten ästhetischen Normen als hohl und verabscheuungswürdig demaskiert werden. Dada-Kunst – der Begriff „Dada" stammt aus dem Französischen und ist in seiner Bedeutung umstritten (eine Vermutung: „Stecken- oder Holzpferdchen") – ist damit als Versuch, alte Weltordnungen zu widerlegen, und gleichzeitig als Ausdruck einer „Sehnsucht nach Glauben" (Hans Arp), nach einer neuen Ordnung zu verstehen. Zur Bloßstellung der ausgezehrten Vokabel verfassten die Dadaisten reine Lautgedichte. Aber auch im abstrakten Tanz und der bildenden Kunst fand der Dadaismus seinen Niederschlag. In den Kunstwerken Marcel Duchamps (1887–1968) und Kurt Schwitters' (1887–1948) jener Zeit lassen sich deutlich dadaistische Züge erkennen.

2. Sprachkrise und Sprachwandel – Tendenzen der Gegenwartssprache

2.1 Sprachspiele heute – Poetry-Slam und neue Wörter

„,Die Sprache ist die Peitsche' – Sprachkrise in der Moderne" → S. 48 ff.

Auch gegenwärtig beklagen viele Literaten und Sprachwissenschaftler, wie die Autoren und Philosophen der Moderne, eine krisenhafte Situation des Deutschen, auch wenn es dabei weniger um Skepsis bezüglich der Möglichkeiten von Sprache geht, sondern vielmehr um einen angeblich zunehmend schlampigen und undifferenzierten Umgang mit ihr. – Wie sich in der Moderne um 1900 der Dadaismus entwickelte, lassen sich heute in der Literatenszene spielerische Tendenzen im Umgang mit Sprache feststellen, z. B. bei den Anhängern des Poetry-Slam.

Basis

Poetry-Slam

Bei einem Poetry-Slam stehen die Teilnehmer mit ihren Texten, aber auch mit ihrem Vortrag, ihrer „Performance", untereinander im Wettbewerb. In der Regel kürt das Publikum am Ende eines Abends den Sieger. Die Autoren konzipieren ihre Werke oft als reine Bühnentexte, die den besonderen Anforderungen der Aufführungssituation standhalten sollen und deshalb in gedruckter Form einen Teil ihrer Wirkung einbüßen.

Die Ursprünge dieser Art der Literaturveranstaltung liegen in Chicago, wo 1986 der erste Poetry-Slam stattfand. Von dort aus breitete sich das Veranstaltungsformat in Nordamerika aus. Seit Mitte der Neunzigerjahre werden auch in Deutschland regelmäßig Poetry-Slams veranstaltet. So wird mittlerweile jährlich ein Poetry-Slam-Preis für den gesamten deutschsprachigen Raum vergeben.

Anna Kistner (geb. 1981), freie Journalistin

Der Wettstreit der Wortfechter (2004) *Anna Kistner*

Literarische Stilform oder Sport? – Der Poetry-Slam

Ist das noch eine literarische Stilform oder ist es schon Sport?
Ein Streifzug durch die widersprüchliche Welt des „Poetry-Slam"

[...] Der 21-jährige Gabriel Vetter aus Schaffhausen zeigt, wies geht: Die ersten Zeilen seines „Naturgedichts" trägt er noch mit getragener Stimme vor. Dann aber steigert er sich in ein aggressives, furioses Finale und kommt erst zur Ruhe, als der Mikrofonständer am Boden und der Sieg in der Luft liegt. Das Publikum tobt, die Jury ist überzeugt. [...] Durch spontane Kommentare, bissige Beschimpfungen oder aufmunternden Applaus können die Zuschauer den Vortrag des Lesers unterstützen oder torpedieren. Langweilige Kandidaten werden unter andauernden „Gähn"-Geräuschen von der Bühne gedrängt, wer unterhält, kann mit stehenden Ovationen rechnen. [...]

1 a) *Beschreiben Sie die Atmosphäre, die der Ausschnitt aus einer Reportage über den Wettbewerb um den Deutschen Poetry-Slam-Preis 2004 zu vermitteln versucht.*
b) *Vergleichen Sie das Format des Poetry-Slams mit dem, was Sie über die dadaistische Rezitation im „Cabaret Voltaire" erfahren haben.*

„Cabaret Voltaire" → S. 56 f.

Fühlothek (2007) *Bas Böttcher*

Bekommbar auf den Grabbeltischen der Großstadt.
Bekommbar von der Stange der Straßenstände.
Bekommbar in den Restposten der Grossisten.
Bekommbar im Doppelpack.
Bekommbar, bekommbar!

Der Content für die Leere deiner Rohlinge:
Angelina Jolie, Agatha Christie, E. T.,
Winnie Puuh, Winnie Mandela, Windows & Winnetou,
Shaved Bush, George Bush, Bushido, Bullshit.

Bekommbar an der Tanke.
Bekommbar beim Bringdienst.
Bekommbar im Zehnerpack.
Bekommbar, bekommbar!

Daten für das Breitband deiner Glasfaser:
Che Guevara, Manchego, Chihuahua, Chupa Chups,
Wienerwald, Weep Not Child, Gina Wild, Berlinerwald,
Leporello, Labello, Libido, Lido, La Bomba.

Bas Böttcher (geb. 1974) produziert seit Anfang der Neunzigerjahre „Rap-Poesie" als neue Form auf der Bühne vorgetragener Lyrik. Er wurde mit mehreren Poetry-Slam-Preisen ausgezeichnet. 2004 erschien sein erster Roman „Megaherz".

Bekommbar am Schalter.
Bekommbar am Spender.
Bekommbar im Schlussverkauf.
Bekommbar, bekommbar!

Call a Pizza!
Call a Girl!
Call a Taxi!
Call a Gedicht!

2 *Das Gedicht von Bas Böttcher ist ein Beispiel für einen Text, der für die Bühne geschrieben worden ist, der also eigentlich nicht für Leser, sondern für Zuhörer bestimmt ist. Sammeln Sie die Merkmale des Textes, die auf die ursprüngliche Vortragssituation verweisen.*

3 *Erarbeiten Sie einen möglichst effektvollen Vortrag des Gedichts.*

4 *Erläutern Sie die Funktion des Begriffs „bekommbar" in dem Gedicht. Welches Stilmittel setzt Böttcher hier ein?*

5 *Der Text enthält eine Reihe von Begriffen und Wendungen, die erst in den letzten Jahren oder Jahrzehnten entstanden, aber bereits in den allgemeinen Sprachgebrauch eingegangen sind. Beschreiben Sie bei folgenden Beispielen möglichst genau, wie sie gebildet wurden, und überlegen Sie, weshalb sie entstanden sind. Nutzen Sie dazu das Basiswissen.*
- *„im Doppelpack" (V. 4)*
- *„Rohlinge" (V. 6)*
- *„Tanke" (V. 10)*
- *„Glasfaser" (V. 14)*
- *„Call a Pizza" (V. 22)*

Basis

Wortneubildungen

Auch heute werden neue Wörter gebildet, die schnell in den allgemeinen Sprachgebrauch übergehen. Meist handelt es sich dabei um
- Abkürzungen (z. B. „Prof" statt „Professor"),
- Ableitungen (z. B. „Rohling"),
- Komposita (z. B. „Flachbildschirm"),
- Entlehnungen aus einer Gebersprache, gegenwärtig häufig aus dem Amerikanischen. Bei einer lexikalischen Entlehnung wird ein Wort mit seiner Bedeutung übernommen, aber – im Unterschied zum Fremdwort – an Flexion, Aussprache- und Schreibgewohnheiten angepasst (z. B. „babysitten"). Dagegen wird bei der semantischen Entlehnung die Bedeutung eines bereits existierenden Wortes unter dem Einfluss einer anderen Sprache erweitert (z. B. „realisieren": urspr. im Sinne von „etwas in die Tat umsetzen", jetzt auch „etwas begreifen, registrieren"). Einen Sonderfall bilden Scheinentlehnungen wie „Handy" oder „Beamer", die in der Gebersprache mit dieser Bedeutung nicht existieren.

6 *Suchen Sie weitere neu entstandene Begriffe und Wendungen im Text und verfahren Sie in gleicher Weise. (Berücksichtigen Sie dabei nicht die Eigennamen.)*

7 *Diskutieren Sie, ob das Wort „Spender“ (V. 19) ebenfalls in diese Liste einzuordnen ist.*

2.2 „Verlinkung der Gehirne“ – Bedeutungswandel

Auszug aus einem Interview mit Bas Böttcher (2007) *Axel Krommer/ Petra Anders*

Für den Vortrag seiner Texte entwickelte Bas Böttcher anlässlich der Frankfurter Buchmesse 2006 eine sogenannte „Textbox“, die seitdem mehrfach auch im Ausland aufgestellt wurde. Böttcher beschreibt ihre Funktionsweise so:

Die Textbox erinnert optisch an eine DJ-Box. Der Dichter steht hinter Plexiglas. Per Kopfhörer kann das außenstehende Publikum der Lyrik in Studioqualität lauschen. Selbst im lauten und hektischen Umfeld können sich die Zuschauer auf jede Silbe einlassen. Eigentlich ist es paradox: Der Poet kapselt sich ab, um sein Publikum unter Idealbedingungen zu erreichen. Wer den Kopfhörer aufsetzt, klinkt sich in den lyrischen Strom der Worte ein. Durch Sprache und Kabel entsteht eine direkte Verlinkung der Gehirne von Poet und Zuhörer. Da funktioniert die Textbox als universeller Adapter für Poesie in einer „poesiefeindlichen“ Umgebung. […]

Die unterstrichenen Sätze benötigen Sie bei Aufgabe 3.

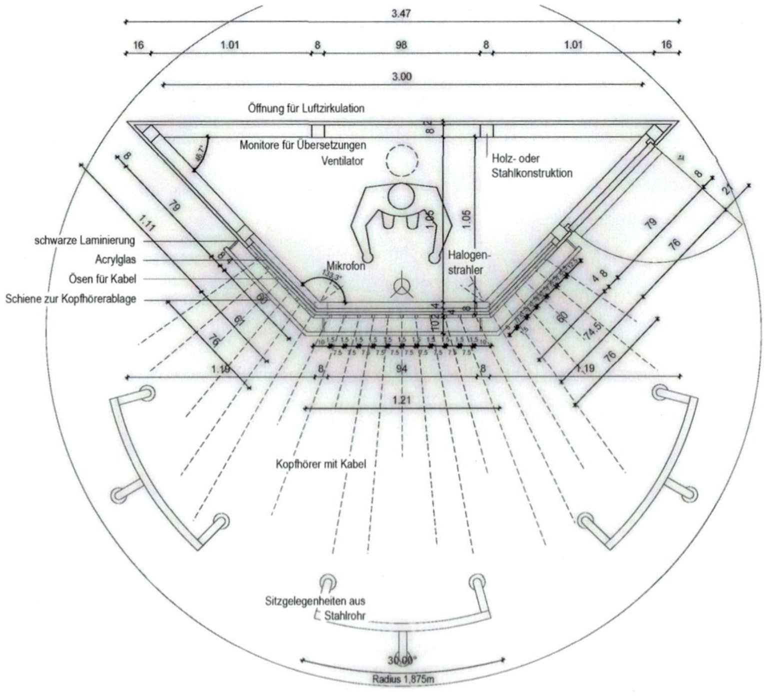

1 *Erläutern Sie das Anliegen, das hinter Böttchers Textbox steckt.*
2 *Informieren Sie sich über die Bedeutung der beiden Begriffe „Verlinkung" (Z. 7) und „Adapter" (Z. 9).*
3 *Formulieren Sie die unterstrichenen Sätze so um, dass die Wörter „Verlinkung" und „Adapter" nicht mehr enthalten sind. Mit welcher Bedeutung werden beide Begriffe von Böttcher hier verwendet?*
4 *Bei den genannten Beispielen in Aufgabe 3 handelt es sich um relativ junge Wörter, deren Bedeutung sich ausgeweitet hat. Über einen langen Zeitraum hinweg können Wörter ihre ursprüngliche Bedeutung aber auch völlig verlieren. Sammeln Sie die Bedeutungsaspekte des Wortes „billig" im heutigen Sprachgebrauch. Überlegen Sie, ob mit diesem Adjektiv etwas eher positiv oder eher negativ bewertet wird.*

Deutsches Wörterbuch[1] (1860) *Brüder Grimm*

BILLIG, *aequus, im 17. jh. tauchte diese falsche schreibung auf und setzte sich im 18. jh. fest, das wort ist aber, wie wir sahen, mit* lich *zusammengesetzt, nicht durch* -ig *abgeleitet; [...] die betonung* bíllig *steht der alten von* billích *entgegen.*

Wichtiger ist, die bedeutungen zu entfalten:

1) die ursprüngliche zeigt sich, wenn wir es mit recht *verbinden, von welchem es sich gleichwol unterscheidet, wie* aequitas *von* jus*:* das ist recht und billig; [...] dein verlangen ist billig; [...] ein billiger zorn, *ein gerechter;* billige rücksicht.

2) oft heiszt es mehr als billig, *wobei man in gedanken „ist" ergänze:* Friedrich, der ausgelassene mensch, der gewöhnlich mehr wein als billig trank. Göthe 20,301; sie freuten sich mehr als billig ihrer scherze. 25, 294; *[...] auch nach andern comparativen:* Nanny erscheint ihm ängstlicher als billig. 17, 404; und sich ungeduldiger dabei bewies als billig sein mochte. 22, 82.

3) ebenso steht auch wie billig: [...] der bischof ist todt und der botanische garten wieder, wie billig, mit kohl und knoblauch bepflanzt. Göthe 27, 81; wir hielten dies wie billig für eine im geist und geschmack des alten wunderthäters erfundene legende. 31, 227.

4) da nun das billige zugleich masz hält, das unbillige masz überschreitet, so wird billig *für mäszig, im handel und wandel für wolfeil gesetzt:* [...] ich kann das pferd nicht billiger kaufen; das ist der billigste preis, zu dem ich ablasse; das ist ein billiges vergnügen.

1 Der Text folgt der originalen Rechtschreibung.

Jacob (1785–1863) und **Wilhelm** (1786–1859) **Grimm**

5 *Formulieren Sie in eigenen Worten die verschiedenen Bedeutungen, die Grimms Wörterbuch für das Wort „billig" feststellt.*
6 *Vergleichen Sie die vier Bestimmungen untereinander und auch mit Ihrer eigenen von Aufgabe 4. Was fällt auf?*

7 *Vollziehen Sie auf der Grundlage des Ausschnitts aus Grimms Wörterbuch nach, auf welche Weise sich die Bedeutung des Wortes „billig" verändert hat. Informieren Sie sich zunächst im Basiswissen über Bedeutungswandel.*

Basis

Bedeutungswandel

Das Bedürfnis nach neuen Begriffen wird in einer Sprache nicht nur durch Wortneubildungen gedeckt, sondern auch, indem sich die Bedeutung bereits bestehender Wörter ausweitet (1), verschiebt (2) oder sich eine ganz neue Bedeutung entwickelt (3).

(1) So verwendet man „vernetzen" längst nicht mehr nur in Bezug auf die Verknüpfung mehrerer Rechner. Das Wort ist somit ein Beispiel für eine Bedeutungserweiterung.

(2) Eine Bedeutungsverschiebung hat das Wort „Weib" vollzogen. War das mittelhochdeutsche „wîp" zunächst die unmarkierte, neutrale Bezeichnung für eine Frau, wird es zunehmend abwertend gebraucht. Seinen Platz nimmt das bis dahin für die adlige Herrin reservierte „frouwe" ein.

(3) Beim heutigen Gebrauch des Wortes „hübsch" ist ein Zusammenhang mit der ursprünglichen Bedeutung kaum mehr erkennbar. So wie „höflich" bezog es sich auf etwas für einen Hof, also einen mittelalterlichen Herrschaftssitz, Typisches.

Bedeutungswandel (2000) *Rudi Keller / Ilja Kirschbaum*

Der folgende Text versucht, die Frage zu beantworten, was eine Sprachgemeinschaft dazu antreibt, Wörter nicht in ihrer ursprünglichen Bedeutung zu belassen.

[...] Bedeutungswandel [...] kommt dadurch zustande, dass viele Sprecher in vielen Situationen auf systematische Weise vom bis dato üblichen Sprachgebrauch abweichen. Warum aber sollten sie dies tun? Dafür kann es sehr viele Gründe geben. Faulheit ist beispielsweise einer davon; oder höflicher ausgedrückt: das Streben nach Energieersparnis. Die meisten von uns artikulieren zum Beispiel „haben" als /ham/; in ein paar hundert Jahren wird man möglicherweise auch *ham* schreiben. Auf ähnliche Weise ist aus dem lateinischen „habent" spanisch „han" geworden. Auch Bedeutungswandel kann durch die Maxime der Energieersparnis erzeugt werden. In der Floskel „von daher gesehen", die die Bedeutung hat „unter dieser Perspektive betrachtet", lassen wir oft „gesehen" einfach weg: „Von daher find ich das ganz gut." In einem solchen Satz hat die Teilfloskel „von daher" den Sinn der gesamten Floskel, obwohl ein Teil ausgelassen wurde. Wenn man dann „daher" durch ein Substantiv ersetzt, bleibt von der ehemaligen Floskel nur noch das „von" übrig: „Von der Farbe gefällt mir der Pullover, aber vom Schnitt find ich ihn nicht so gut." Wenn sich diese Redeweise durchsetzt und als normsprachlich Anerkennung findet, wird eine neue Bedeutung der Präposition „von" entstanden sein, die nicht die Frage „woher?" beantwortet, sondern die Frage „unter welcher Perspektive?“ Neben der Faulheit spielt beispielsweise auch das Streben nach Höflichkeit beim Bedeutungswandel eine große Rolle. Betrachten wir auch hier ein Beispiel: Im Mittelalter wurden nur adlige Damen mit dem Ausdruck „Frau“ (mhd. *frouwe*) bezeichnet; nicht adligen galt der Ausdruck „Weib“ (mhd. *wîp*). Sich höflich ausdrücken, heißt unter anderem, Anredeformen wählen, die dem andern schmeicheln, ihn auf keinen Fall erniedrigen. Das Streben nach Höflichkeit führt also dazu, dass man eher eine „Etage“ zu hoch greift als eine zu nieder. Und daraus folgt langfristig, dass die ehemals höfliche Variante mit der Zeit die Normalform wird. Das ist mit dem deutschen Wort „Frau“ passiert, ebenso wie dem Wort „Fräulein“. Schließlich spielt der verbreitete Wunsch, zu imponieren oder positiv aufzufallen, eine große Rolle als Motor des Bedeutungswandels. [...] Eine Methode zu imponieren – sie ist unter Jugendlichen besonders beliebt –, besteht darin, sich besonders farbig und expressiv auszudrücken. Tabuwörter eignen sich in gewissen Gruppen dazu hervorragend, aber auch Metaphern. Zu sagen „der hat das nicht richtig gepeilt“ klingt „frischer“ und expressiver als die langweilige Normalform „er hat das nicht richtig erkannt“. Wenn aber eine solche Metapher sehr häufig verwendet wird, verliert sie ihre Metaphorizität; mit anderen Worten, man merkt ihr dann gar nicht mehr an, dass es sich um ein sprachliches Bild handelt. Das ist etwa mit den Verben „begreifen“ oder „erfassen“ geschehen. Uns fällt gar nicht mehr auf, dass es sich hier um ehemalige Metaphern des körperlichen Anfassens handelt. „Begreifen“ hat damit seine alte Bedeutung „anfassen“ verloren. Eine Marktfrau kann nicht mehr sagen „Sie dürfen das Obst nicht begreifen.“ [...]

In all diesen Fällen ist das Grundprinzip stets dasselbe: Die einzelnen Sprecher beabsichtigen nicht die Bedeutung zu ändern. Sie befleißigen sich lediglich eines etwas anderen Sprachgebrauchs, um beispielsweise Energie zu sparen, aufzufallen, höflich zu sein etc. Die einzelnen Sprecher haben beim Kommunizieren fast nie das Schicksal der Sprache im Auge, sondern immer nur ihre eigenen kommunikativen Ziele. Wenn dieser Sprachgebrauch von vielen übernommen wird, wird er zum Normalfall und damit zur neuen Konvention. Damit hat sich Bedeutungswandel vollzogen. [...]

8 *Erarbeiten Sie die drei im Text aufgeführten Ursachen für Bedeutungswandel.*

9 *Vergleichen Sie die Ursachen mit den Gründen für Wortneubildungen, die Sie in Aufgabe 5 auf S. 59 und 6 auf S. 60 erarbeitet haben.*

10 *Diskutieren Sie: Handelt es sich bei Bedeutungswandel um einen bewusst gestalteten oder um einen unbewussten, zufälligen Wandlungsprozess?*

11 *Definieren Sie möglichst genau, was der Autor des Textes unter „Gruppen“ (Z. 33) versteht, und klären Sie ihre Rolle im Prozess des Bedeutungswandels.*

2.3 „Nivellierung" oder „Verschiebung im Varietätenspektrum"? – Wandel im Verhältnis zwischen Standardsprache und Varietäten

Mit den im Text zum Bedeutungswandel thematisierten Gruppen (siehe Aufgabe 11) wurde das Verhältnis ihrer jeweils spezifischen sprachlichen Äußerungen, also von Varietäten, zur Standardsprache angesprochen.

Der Kieler Sprachwissenschaftler Friedhelm Debus stellt den Wandel im Verhältnis von Standardsprache und Varietäten in einem Schaubild dar.

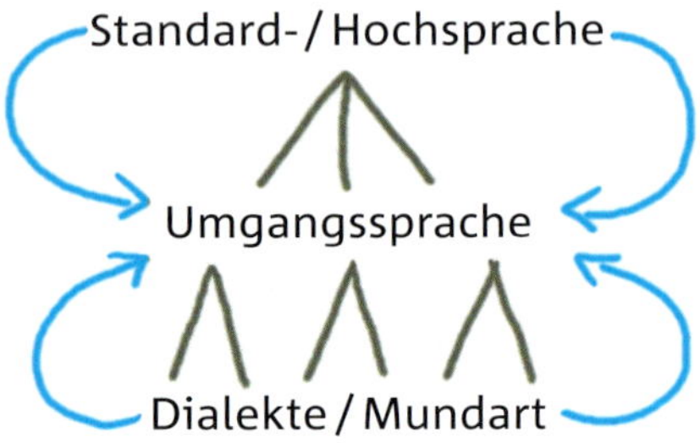

1 ***Formulieren Sie das Dargestellte mit eigenen Worten. Informieren Sie sich zunächst über die Begriffe „Standardsprache" und „Varietäten" im Basiswissen.***

Basis

Standardsprache und Varietäten

Der Begriff Standardsprache ersetzt heute meist die als wertend empfundene Bezeichnung Hochsprache. Ihr Hauptmerkmal ist, dass sie als allgemein verbindlich angesehen wird und deshalb ihre Normen in Grammatiken und Wörterbüchern kodifiziert werden.

Häufig werden Veränderungen der Standardsprache von einer eingegrenzten Sprechergruppe vorgebildet. Diese Gruppe kann sich regional, über ihre Schichtzugehörigkeit oder ihre Lebenssituation definieren. Häufig werden für die jeweiligen Ausformungen der Sprache Bezeichnungen mit dem Grundwort „-lekt" verwendet: So spricht man zum Beispiel vom **Dialekt** (regional bestimmte Gruppe; z. B. bairisch *Joppn* für standardsprachlich *Jacke*) oder **Soziolekt** (über die Schichtzugehörigkeit bestimmte Gruppe; z. B. im Graffitijargon *rocken* für standardsprachlich *malen*).

Diese Sondersprachen bezeichnet man als „Varietäten", zu denen auch die Fachsprachen gezählt werden. Sie grenzen sich durch neuartige Verwendung vorhandener Ausdrücke, durch Wortneubildung oder auch durch Unterschiede in der Aussprache von der Standardsprache ab, bringen aber andererseits diese Neuerungen immer wieder in den allgemeinen Sprachgebrauch ein und befruchten ihn dadurch.

2 ***Überlegen Sie, ob Debus mit seinem Schaubild auch eine Bewertung des Sprachwandels vornimmt. Achten Sie dabei auf die Anordnung der Begriffe.***

Entwicklungen der deutschen Sprache in der Gegenwart – und in der Zukunft? (1999) *Friedhelm Debus*

Friedhelm Debus führt eine Reihe von Belegen für seine im Schaubild dargestellte These an. So untersucht er nicht nur Veränderungen im Wortschatz (Lexik), sondern auch in der Syntax des Deutschen.

[...] Allgemein wird die Hauptsatzwortstellung nach *weil*, d.h. die Zweit- und nicht die Endstellung des finiten Verbs im Nebensatz, als nicht normgerecht bezeichnet. Sie kommt fast nur in der mündlichen Rede vor und erklärt sich wesentlich aus der funktionalen Nähe zur kausalen Konjunktion *denn*, nach der obligatorisch ein Hauptsatz folgt. Die Konjunktion *denn* wird in der Umgangssprache selten gebraucht, an ihre Stelle ist *weil* getreten unter Beibehaltung der Hauptsatzwortstellung. Da stellt sich die Frage, ob diese Konstruktion in Zukunft auch die Standardsprache erobern wird und die kausale Konjunktion *denn* allmählich verdrängt. Während z.B. Helmut Glück / Wolfgang Werner Sauer eine vorsichtig-offene Haltung einnehmen, erwartet Harald Weinrich, „dass sich die Zweitstellung des Verbs (‚Hauptsatzstellung') nach der Konjunktion *weil* in Zukunft durchsetzen wird." Die neuesten Entwicklungen scheinen dies zu bestätigen, was angesichts der forschreitenden Nivellierung der Unterschiede zwischen geschriebener und gesprochener Sprache nicht verwundert.

3 *Finden Sie Beispielsätze, die das von Debus beschriebene Phänomen illustrieren.*

4 *In einer Hamburger Schulklasse wurde auf Anregung des Deutschlehrers jeder „weil"-Satz mit Verbzweitstellung als „sprachliche Schlamperei" mit einer Geldbuße belegt. Bestimmen Sie Mitschülerinnen und Mitschüler, die den Gebrauch der Konjunktion „weil" in Ihrer Klasse während eines Schultages beobachten und – etwa mithilfe einer Strichliste – festhalten. Diskutieren Sie das Ergebnis im Deutschunterricht.*

Deutsch im Jahr 2000 (2000) *Jochen A. Bär*

Auch Jochen A. Bär geht in einem Überblick über die Tendenzen der Gegenwartssprache auf den Wandel im Verhältnis von Standardsprache und Varietäten ein.

Jochen A. Bär, Heidelberger Sprachwissenschaftler

[... D]as Deutsche [zeigt sich] als eine Sprache, in der zwar keineswegs alle varietätenspezifischen Unterschiede weggefallen sind, die Grenzen zwischen den Varietäten aber insgesamt immer unschärfer werden. Damit soll nicht gesagt sein, dass eine prinzipielle Tendenz zur Nivellierung zu erwarten stünde. Vielmehr handelt es sich um einen Prozess, für den [...] mit Bedacht der Ausdruck „Verschiebung im Varietätenspektrum" gewählt wurde. Um eine räumliche Metapher zu verwenden: Es scheint, als ob in diesem Varietätenspektrum die weitgehend vertikale Ausrichtung des Oben und Unten, Besser und Schlechter, die nach heute gängiger Lehrmeinung die Periode des Neuhochdeutschen bestimmt hat, wieder stärker zu einer horizontalen Ausrichtung des Nebeneinander tendiere, wie sie die vorangegangene Epoche des Frühneuhochdeutschen[1] bestimmt hat. Allerdings ist selbstverständlich weder die Varianzbreite[2] noch der Grad dessen, was allgemein akzeptiert wird, auch nur annähernd so groß wie etwa im 15. und 16. Jahrhundert.

Das allgemeine Fazit dieser Überlegungen lautet: Das Deutsche hat unter veränderten historischen, kulturellen und kommunikationstechnischen Bedingungen zu einer veränderten Form gefunden. Festzustellen sind Modifikationen in Morphologie[3], Lexik[4], Syntax[5] und im Textbereich. Auf all diesen Ebenen des Sprachsystems zeigt sich ein größerer Einfluss der gesprochenen Sprache auf die geschriebene und ein größerer Einfluss der Fachsprachen auf die Allgemeinsprache. Das Varietätenspektrum tendiert von einer vertikalen Ausrichtung, die in den vergangenen drei Jahrhunderten die deutsche Sprachgeschichte prägte, stärker zu einer horizontalen Gliederung. Der Einfluss anderer Sprachen auf das Deutsche ist ein wichtiger Faktor des sprachlichen Wandels. Insbesondere das Englische ist hier von Bedeutung; es hat ganz offensichtlich eine ähnliche Funktion übernommen, wie sie in früheren Jahrhunderten das Latein erfüllte. […]

1 Sprachstufe des Deutschen zwischen dem Mittelhochdeutschen und dem Neuhochdeutschen (ca. 1350–1650)
2 Varianzbreite: mögliche Varianten
3 Morphologie: Art und Weise, wie sich Wörter durch Deklination oder Konjugation verändern
4 Lexik: Wortschatz einer Sprache
5 Syntax: Satzbau

Schaubild: Verhältnis von Standardsprache und Varietäten → S. 64

5 ***Vergleichen Sie Bärs Thesen mit dem Schaubild. Formulieren Sie Gemeinsamkeiten und Unterschiede.***

6 ***Gestalten Sie das Schaubild von Debus so um, dass es zu Bärs Text passt. Überlegen Sie dabei auch, was Bär mit den „veränderten historischen, kulturellen und kommunikationstechnischen Bedingungen“ seit 1945 meinen könnte (Z. 17 f.). Stellen Sie das Ergebnis Ihren Mitschülerinnen und Mitschülern vor.***

2.4 Willkommen im Netz – vom stetigen Einfluss der Medien auf die Gegenwartssprache

Medien und Sprache – eine Skizze

Der Einfluss der digitalen Medien wie auch der Printmedien auf Literatur-, Hoch- und Alltagssprache ist kaum zu überschätzen. Die Sprachgenerierung basiert auf sprachschöpfenden und -wandelnden Faktoren wie kulturellen und subkulturellen Einflüssen, kulturellem Transfer, Migrationsbewegungen sowie gesellschaftlichem und technologischem Wandel. Sprachwandel ist ein unumgänglicher Prozess, der mit gesellschaftlichem Wandel einhergehen muss, um Sprache in ihrer Tauglichkeit als komplexes Kommunikationsmedium zu erhalten. Medien fördern eine Einheitssprache, bewirken

Sprachänderungen, zum Beispiel hinsichtlich Wortneubildungen, und tragen zur raschen Verbreitung von Neuerungen bei.

So verbreitet sich über die Printmedien die englische Sprache als weltweite „lingua franca“, was insbesondere für Fachsprachen gilt (Informatik, Computertechnologie, aber ebenso Sport und Freizeitwelt). Als weiteres wichtiges Medium fungiert die moderne Musikszene, ebenso das Fernsehen, das eine erhebliche Zahl von Sprachvarietäten verbreitet. Bedeutsam sind hier neue Unterhaltungsformate (Casting-, Talk- und Reality-Shows), welche bewusst auf sprachlich-ethische Tabubrüche setzen, um eine möglichst große Popularität zu erzielen. Das Internet mit seinen Kommunikationsmöglichkeiten, seiner steten Präsenz, seiner globalen Verfügbarkeit und der damit monopolähnlichen Stellung hinsichtlich Informationsinhalten nimmt auf andere Medien, auch auf die deutsche Sprache, einen denkbar großen Einfluss. Bei der Vielfalt der Kommunikationsformen werden unterschiedlichste Sprachcharakteristika kommuniziert. Die modernen Formen der Kommunikation, die über Internet und mobile Telefone ihren Siegeszug angetreten haben, wie Twitter, SMS, E-Mail und Blogs, fördern und erfordern kurze elliptische Sprache, Abkürzungen, ein Sich-hinweg-Setzen über grammatikalische Regeln unter Verwendung von Alltags- und Umgangssprache sowie Anglizismen und Modewörter aus den unterschiedlichsten Bereichen.

Auf einige der Gefahren sei verwiesen: Der als problematisch empfundene Einfluss der Medien auf die Sprache ist eng mit der Dominanz des Englischen verbunden, darf jedoch nicht darauf verkürzt werden. Die Häufung von fremdsprachigen Termini stellt zunächst kein großes Problem dar, denn viele dieser Wörter sind kurzlebig. Trotzdem kann die Aufnahme von Fremdwörtern in allen Bereichen der Sprache zunehmend eine allgemeine Verständlichkeit einschränken. Deutlich wird dies vor allem bei der Bewerbung von technischen Produkten und im Bereich des Lebensstils.

Eine nachteilige Entwicklung liegt immer dann vor, wenn eine Sprache an Klarheit verliert, komplexe Sachverhalte nicht wiederzugeben in der Lage oder nur von einem Teil der Sprecher zu verstehen ist.

Ein Beitrag zur Debatte[1] (2009) *Daniel Kehlmann*

1 Der Text folgt der originalen Rechtschreibung.

Seit der Erfindung des Buchdrucks durch Johannes Gutenberg vor mehr als 500 Jahren hat keine andere technische Neuerung einen solch nachhaltigen und tiefgreifenden Einfluss auf Sprechen und Schreiben der Menschen ausgeübt wie die Kommunikationsmöglichkeiten des Internets. Daniel Kehlmanns Erzählung vom einsamen Blogger – einem Abschnitt aus seinem jüngsten Werk „Ruhm. Roman in neun Geschichten“ (2009) – reflektiert auf witzig hellsichtige Weise das Phänomen Sprache in der modernen Medienwelt.

Daniel Kehlmann (geb. 1975) lebt in Wien. Er studierte in München. Aufsehen erregte sein Roman „Die Vermessung der Welt" (2005), in dem er das fiktive Treffen des genialen Naturforschers Alexander von Humboldt mit dem kongenialen Mathematiker Carl Friedrich Gauß schildert. 2005 / 06 Poetikdozentur der FH Wiesbaden, 2006 New-York-Stipendium des Deutschen Literaturfonds und Poetikdozentur an der Universität Göttingen.

Da muß ich erst ausholen. Sorry und: weiß ja, daß lithuania23 und icu_lop sich wieder über die Länge von diesem Posting lustig machen werden, und natürlich lordoftheflakes, der Troll, wie neulich bei seinem Flaming im movieforum, aber kürzer kann ichs nun mal nicht, und wers eilig hat, soll das einfach überspringen. Treffen mit Celebrities? Na aber aufgepaßt!

Vorausschicken muß ich, daß ich ein riesen Hardcore-Fan von diesem Forum bin. Stahlidee. Normale Typen wie ich und du, die Prominente spotten und davon erzählen: Kalte Sache, toll überlegt, interessant für jeden, und außerdem hat das Kontrollfunktion, damit die wissen, daß sie gescannt werden und sich nicht aufführen können wie was weiß ich. Wollte schon lang hier posten, allein woher der Kontent? Dann aber letztes Wochenende, und gleich voller Container.

Ganz kurz Vorgeschichte. (Mein Leben war der volle Container Irrsinn in letzter Zeit, muß man aber fertig werden mit, gibt eben solche und solche Zeiten, Yin und Yang, und für die Freaks, die nie von gehört haben: Das ist Philosophie!) Meinen Usernamen mollwitt kennt ihr aus andren Foren. Ich poste viel bei Supermovies, auch bei den Abendnachrichten, bei literature4YOU und auf Diskussionsseiten, und auch wenn ich Blogger sehe, die Bullshit verzapfen, halt ich mich nicht zurück. Immer Username mollwitt. Im Real Life (dem wirklichen!) bin ich Mitte dreißig, ziemlich sehr groß, vollschlank. Unter der Woche trage ich Krawatte, Officezwang, der Geldverdienmist, macht ihr ja auch. Muß sein, damit man seinen Lifesense realisieren kann. In meinem Fall Schreiben von Analysen, Betrachtungen und Debatten: Kontributionen zu Kultur, Society, Politikzeug.

Ich arbeite in der Zentrale einer Mobiltelefongesellschaft und teile Büro mit Lobenmeier, den ich hasse, wie noch nie einer einen anderen gehaßt hat, da könnt ihr drauf Kies essen. Wünsche ihm den Tod, und gäbs Schlimmeres, dann wünschte ich ihm das statt Tod, und gäbs noch Schlimmeres, dann exaktgenau das statt dessen. Logischer Fall, daß er auch der Lieblings Mann vom Boss ist, immertäglich pünktlich, immerja fleißig, und solange er am Desk ist, macht er sein Workzeug und unterbricht nur, um mir das Auge zu geben und so was zu sagen wie: „Ey, schon wieder Internet?" Manchmal springt er auf, geht um meinen Desk und will mir auf den Screen glancen, aber ich bin fix und klicke immer rechtzeitig zu. Nur einmal mußte ich sehr dringend Restroom, da hab ich aus Versehen paar Fenster offen gelassen, und als ich zurück, saß er mit riesen Smile auf meinem Stuhl. Ich schwörs euch, wär der nicht dauernd Fitneß-Studio, in dem Moment hatt er richtig Fresse gekriegt. [...]

Zurück zum Topic. Begann alles letzten Freitag. Grad wollt ich im Filmforum der Abendnachrichten posten, wegen Ralf Tanner und der Ohrfeige. Bugclap4 meinte, daß da nichts mehr läuft zwischen ihm und Carla Mirelli, während icu_lop dachte, da ist noch was zu retten. Ich wußte wieder mehr, weil hatte auf andrer Website was gelesen, aber als ich damit public gehen wollte, merkte ich, daß ich nicht mehr posten konnte. Ging einfach nicht!

Voller Container Fehlermeldung jedes Mal, und weil es mir plötzlich aber so was von stank, rief ich da einfach an.

Okay, okay, okay, okay, schon klar. Unüberlegt. Weiß ich. [...]

Also: Guckte Nummer nach, wählte. War so wütend, daß ich mein Herz beaten hörte.

Meldete sich eine müde Männer-Stimme. Ich: „Meine Postings werden nicht angezeigt! Ist schon das vierte Mal."

Stimme drauf: Wie, was, wo Postings? Überzog gar nichts.

Ich deshalb: Erklären, erklären, blabla, dann er: „Verbinde weiter!"

Dann zweiter und dritter Techniktyp, und ausgerechnet jetzt kam Lobenmeier zurück und machte ein Smile wie Mooshirn und hörte zu, während der Techniktyp nach Namen und Stand-Ort und IP-Adresse und Ethernet ID fragte. Dann tippte der Typ, gähnte, tippte, stockte. „Geben Sie nochmal die IP!"

Ich: „Probleme?"

Er tippte, stockte, tippte, fragte dann, ob möglich, daß ich schon zwölftausenddreihunderteinundvierzigmal im Abendnachrichten Forum gepostet hatte.

„Und?"

Er noch mal: „Zwölftausenddreihunderteinundvierzig."

„Na und?"

Er zum dritten Mal. Führte alles zu nichts. Ich legte auf.

Ich weiß, daß ihr euch jetzt hochlacht wie Irrsinn. Aber niemand ist immer total auf Alert, und Müllmist passiert eben. Als ich wieder versuchte, ging das Posten gleich, und es gab so viel zu tun, daß ich nicht mal mehr drüber nachdachte. Die Diskussion war schon weit, und höchste Zeit, daß einer Reason reinbrachte. Ralf Tanner und Carla Mirelli, schrieb ich, das wird nie wieder was, der hat doch Müllmist im Hirn und ist häßlich wie Viech, das könnt ihr vergessen!

1 ***Erarbeiten Sie die erzähltechnische Gestaltung des Textes von Daniel Kehlmann. Unterscheiden Sie dabei vor allem die verschiedenen Ebenen der vom Erzähler aufgebauten Kommunikationsformen und erläutern Sie deren Funktion.***

2 ***Legen Sie eine Liste mit den im Text verwendeten Fachtermini an und übersetzen Sie sie. Diskutieren Sie Ihre Ergebnisse.***

3 ***Charakterisieren Sie den Ich-Erzähler. Gehen Sie dabei insbesondere auf seine sozialen Kontakte ein.***

4 ***a) Beschreiben Sie, wie sich die moderne Kommunikation in der sprachlichen Gestaltung der Geschichte widerspiegelt und vergleichen Sie diese Formen mit Ihrem eigenen Sprachverhalten.***

b) Diskutieren Sie – unter Berücksichtigung der Informationen im Einführungstext –, welchen Einfluss Medien auf Ihr Sprechen und Schreiben haben.

5 Schreiben Sie den Text so um, dass ihn auch jemand versteht, der die Sprache der Blogger nicht beherrscht.

6 Leihen Sie sich den Roman „Ruhm" von Kehlmann in Ihrer Bibliothek aus und lesen Sie die vollständige Geschichte „Ein Beitrag zur Debatte" nach.

3. „Alle Philosophie ist Sprachkritik" – philosophische Texte analysieren

3.1 Kommt einem Bild eine Wahrheit zu? – Textsorten und Aufsatzformen

Ein Bild ist schön – oder eben nicht, weniger ansprechend dann, vielleicht sogar hässlich. Und schon sind wir mitten im Problem: Lässt sich das denn eindeutig, objektiv sagen, ob ein Bild schön sei oder nicht? Was dem einen gefällt, missfällt dem anderen. Aber auch wenn wir diese Frage offenlassen, tut sich sofort eine weitere, mindestens genauso schwer zu entscheidende auf: Hat ein Bild eigentlich eine Aussage, eine Bedeutung? Kann es eindeutig verstanden, gleichsam „gelesen" werden? Steht es für „etwas"? Kommt ihm eine Wahrheit zu?

Jan Vermeer: „Das Mädchen mit dem Perlenohrgehänge" (um 1665)

Jan Vermeer (1632–1675), zeitgenössisch Joannis ver Meer oder Joannis van der Meer, einer der bedeutendsten holländischen Maler des Barock. „Das Mädchen mit dem Perlenohrgehänge" zählt zu seinen bekanntesten Gemälden.

Das Mädchen mit dem Perlenohrgehänge (1995)

Ben Broos, Arthur K. Wheelock

Die folgenden beiden Texte stammen aus dem Katalog der Vermeer-Ausstellung von 1995/96 (National Gallery of Art, Washington und Königliche Gemäldegalerie Mauritshuis, Den Haag).

Ben Broos ist Kunsthistoriker und emeritierter Konservator der Königlichen Gemäldegalerie Mauritshuis, Den Haag.

Arthur K. Wheelock ist Professor für Kunstgeschichte an der University of Maryland und Kurator der Abteilung „Northern Baroque Paintings" der National Gallery of Art, Washington.

Text A

Das Mädchen mit seinen feuchten Augen und dem leicht geöffneten Mund strahlt Reinheit aus und bezaubert jeden durch seinen Blick. Die weiche und zarte Haut ist so makellos wie die Oberfläche der großen tropfenförmigen Perle. Wie eine aus der Dunkelheit hervortretende Vision ist sie keiner bestimmten Zeit oder einem bestimmten Ort zuzuordnen. Der exotische kristallblaue Turban, der um ihren Kopf gewickelt ist, hat oben einen gelben Stoffstreifen, der kunstvoll drapiert auf die hintere Schulterpartie hinabgleitet. Das Bild vermittelt dadurch einen Hauch von Mystik. […]

Text B

Der Bildträger ist aus feiner, bespannter Tuchbindung und hat eine Fadendichte von $14{,}7 \times 14{,}3\,/\,\text{cm}^2$. Nur Fragmente der Original-Heftecken sind noch vorhanden. Die Komposition enthält Hell- und Dunkelbereiche. Die Grundierung besteht aus einer dicken, gelblich-weißen Schicht, die Bleiweiß und vielleicht Dunkelbraun enthält.

Der dunkle Hintergrund und die tieferen Schatten auf dem Gesicht des Mädchens, dem Turban und dem Oberteil wurden mit einer Mischung aus Schwarz und Erdpigmenten gemalt und mit einer blasseren Ockerfarbe modelliert. Der Schatten auf der Nase des Mädchens wurde mit einer karminroten Unterschicht gemalt, während die Schlaglichter auf der Nase, der rechten Wange und der Stirn eine dicke, cremefarbige Unterschicht aufweisen. Der Turban wurde nass in nass in unterschiedlichen Schattierungen einer Ultramarin- und Bleiweißmischung gemalt. Darüber wurde, mit Ausnahme der Schlaglichter, eine leichte Blaulasur aufgetragen. Dünne Farbtupfer in gebrochenem Weiß über dem braunen Schatten des Halses lassen die Perle effektvoll erscheinen und sind dort, wo die Perle den weißen Kragen reflektiert, opaker[1] gemalt. Kleine Haare von Vermeers Pinsel findet man in den Halbtönen der Körperbereiche.

1 opak (aus lat. opacus = schattig, dunkel): undurchsichtig, lichtundurchlässig

1. ***Bestimmen Sie die Textsorte der beiden Texte. Begründen Sie Ihre Zuordnung anhand des Inhalts sowie sprachlich-stilistischer Eigenheiten der Texte.***
2. ***Beschreiben Sie die Absicht, den Zweck der beiden Texte.***

Die Ohrringe des Mädchens (2008) [Schluss]

Das im Schuljahr 2007/2008 von einer Sechstklässlerin an einem Münchner Gymnasium als Schulaufgabe geschriebene Märchen (Aufgabe: Verfasse einen erzählenden Text deiner Wahl zu Vermeers Bild „Das Mädchen mit dem Perlenohrgehänge".) erzählt von einem unglücklichen Mädchen, dem seine Ohrringe gestohlen wurden. Mit der Hilfe eines schönen Jünglings kann es sie einer bösen Hexe, die den Schmuck in ihre Gewalt gebracht hat, wieder abnehmen. Für die Befreiung von den Machenschaften der Hexe – allen Dorfbewohnern hatte sie Schmuck gestohlen – war den Rettern Ehre und Gold versprochen worden. Während der ganzen Märchenhandlung ist das Mädchen traurig und zeigt kein Lächeln:

Als sie allen Schmuck in ihren Taschen hatten, gingen sie drei Tage und Nächte, bis sie das Dorf erreicht hatten. Das Mädchen hatte ihren Ohrschmuck wieder angetan und sah noch schöner als zuvor aus. Die Ehre und das Gold jedoch überließ sie dem schönen Jüngling. An diesem Tag hatte das Mädchen ein sehr, sehr kleines Lächeln im Gesicht, und wenn sie nicht gestorben sind, dann leben sie noch heute.

3 a) Beschreiben Sie, an welche Elemente von Vermeers Bild (S. 70) die Sechstklässlerin anknüpft, um von ihnen her ihr Märchen zu entwickeln. Verdeutlichen Sie also Korrespondenzen zwischen Bild und Motiven des Märchentextes.

b) Verfassen Sie selbst eine Geschichte „hinter" Vermeers Bild, die zu Stimmung und Atmosphäre des Gemäldes passt.

www. Gute weitere Informationen zu Vermeer bietet:
www.vermeerdelft.com

Fensterputzen für Vermeer: „Das Mädchen mit dem Perlenohrring" (2004) *Felicitas von Lovenberg*

Auszüge aus einer Besprechung zu Peter Webbers Film „Das Mädchen mit dem Perlenohrring" (2003):

Felicitas von Lovenberg (geb. 1974), nach dem Studium der neueren Geschichte in Bristol und Oxford journalistische Tätigkeit, seit 1998 in der Feuilletonredaktion der „FAZ", deren Literaturressort sie seit 2008 leitet.

Johannes Vermeer wusste Oberflächen so zu malen, dass der Betrachter sie beim Schauen mit den Fingerspitzen zu ertasten meint. Doch so leicht es fällt, sich in seine Bilder zu versenken, so flüchtig und also zu Interpretationen einladend ist bis heute die Gestalt des Malers. Der amerikanischen Autorin Tracy Chevalier war es nicht um die Ausleuchtung der dämmerigen Biografie Vermeers zu tun, sondern sie wollte ohne Umwege sein Geheimnis ergründen. Dazu wählte sie eines seiner beliebtesten Bilder, „Das Mädchen mit dem Perlenohrring“, das im Haager Mauritshuis hängt. In ihrem 1999 erschienenen, gleichnamigen Roman erfand Chevalier mit dem Schicksal des Dienstmädchens Griet im Hause Vermeers eine wunderbar stille und zugleich wirkungsvolle Entstehungsgeschichte des Gemäldes. […]

Jetzt hat sich der junge englische Regisseur Peter Webber des Stoffes für sein Kinodebüt angenommen […].

Die siebzehnjährige Griet (Scarlett Johansson) kommt 1665 ins Haus des Delfter Malers. Zu ihren liebsten Pflichten zählt das Putzen seines Ateliers, wo sie dem Meister durch ihre Umsicht – etwa wenn sie darauf hinweist, dass das Säubern der Fenster das Licht verändern könnte – und ihren Sinn für Proportionen auffällt. Während der Künstler sich so gut von ihr verstanden fühlt, dass er sie sogar seine Farben mischen lässt, bleibt Griet ein von den anderen Bewohnern misstrauisch beäugter Fremdkörper. Doch nicht nur Vermeers Frau Catharina ist eifersüchtig auf die Aufmerksamkeit, die der Hausherr dem hübschen Mädchen entgegenbringt; auch die Tochter Cornelia heckt Bosheiten aus, um Griet in Schwierigkeiten zu bringen. Als dann noch Vermeers Gönner, Pieter van Ruijven (Tom Wilkinson), lautstarken Gefallen an der scheuen Magd mit den runden Augen findet und ein Bild von ihr in Auftrag gibt, löst die notwendige Geheimhaltung dieses Gemäldes ihre Entlassung aus. […]

4 *Schreiben Sie eine strukturierte Inhaltsangabe zu von Lovenbergs Text.*

Inhaltsangabe → S. 346

Was man alles in Vermeers „Mädchen mit dem Perlenohrgehänge“ sehen kann

Ein Bild ist da, ein sehr berühmtes, Jan Vermeers „Mädchen mit dem Perlenohrgehänge“. Hat es eine Bedeutung, eine Wahrheit? – Das Kind, die elfjährige Schülerin, sieht ein Märchengeschehen – im Bild? Hinter dem Bild? Ganz offensichtlich kreist ihr Text um ein Rätsel, ein Mysterium des Bildes: Warum, woher dieses kleine, zaghafte Lächeln des Mädchens? Ist es überhaupt ein Lächeln, das der leicht geöffnete Mund ausbildet? Die Schülerin sieht das Bild, erkennt offensichtlich sofort eines seiner wesentlichen Elemente und erfindet ein Märchen, um dieses eine Element und damit das Geheimnis des Bildes zu verstehen.

Das Bild ist rätselhaft, es regt nicht nur die Schülerin an, ein Märchen zu schreiben, eine Romanautorin erfindet eine große Geschichte hinter dem Bild, die wiederum wird verfilmt … Was findet der Roman, was finden die neuen (Film-)Bilder im Bild? Wieder geht es um die Entschlüsselung eines Geheimnisses. Diesmal wird das Bild als Zeichen genommen für den, der es gemalt hat, Johannes Vermeer. Wer war er? Was bewegte ihn? Was war er für ein Mensch? Weil man so wenig über ihn weiß, kann man trefflich spekulieren. Das berühmte Bild gibt Anlass für eine Geschichte, einen Film, der das Bild versteht als Schlüssel zu seinem Maler. So liegt vielleicht eine Wahrheit des Bildes in seiner Aussage über seinen Schöpfer. Aber was sagt es über ihn aus?

Die Kunstgeschichtler sagen, was sie auf dem Bild sehen, sie beschreiben es. Auch das ist ein Zugang zur Wahrheit des Bildes. Was siehst du? – Nicht einmal den Kunsthistorikern gelingt es, nur zu beschreiben: Vermeers Mädchen „bezaubert“, das „Bild vermittelt [...] einen Hauch von Mystik“. Sofort ist sie wieder da, die Wirkung des Bildes, sein Geheimnis, etwas, das man nicht genau sagen kann, selbst wenn man versucht, nur zu beschreiben, was auf dem Bild zu sehen ist.

Einmal gelingt die Sachlichkeit dann doch: Wenn die Leinwand beschrieben wird, die verwendeten Farben, die angewandten Maltechniken. Eine weitere Wahrheit des Bildes: technische Daten. Auch sie erfassen das Bild, einen Teil des Bildes.

5 ***Fassen Sie mündlich den Inhalt des obigen Textes, der sich auf die voranstehenden bezieht, zusammen.***

6 ***Die Überschrift zu diesen ersten Seiten des Kapitels lautet: „Kommt einem Bild eine Wahrheit zu?“ – Verfassen Sie eine differenzierte Antwort. Werten Sie hierfür die Texte zu Vermeers Bild (S. 71–74) aus.***

materialgestütztes Erörtern → S. 345

3.2 Was ist Wahrheit? – Erörtern im Anschluss an philosophische Texte

Dass einem Objekt viele Wahrheiten zukommen können, je nachdem, was den, der sich mit ihm beschäftigt, daran interessiert, dass möglicherweise dennoch die vielen Wahrheiten um einen zentralen Kern kreisen, sollte die Auseinandersetzung mit Vermeers „Mädchen“ deutlich machen. Nun aber stellt sich die Frage, was denn Wahrheit eigentlich ist: Macht der Mensch, der einer Sache Wahrheit zuspricht, diese Wahrheit, oder trifft der Mensch die Wahrheitsaussage, weil eben die Sache, von der er redet oder schreibt, wahr ist?

Vom Wesen der Wahrheit (1930) *Martin Heidegger*

Kapitel 1: Der geläufige Begriff der Wahrheit (Beginn)

Heidegger macht zunächst deutlich, dass allein dadurch, dass eine Sache existiert, also ***wirklich*** *gegeben ist, diese noch nicht unbedingt „wahr“ zu sein braucht (Beispiel des Scheingolds), dass wir vielmehr etwas erst dann „wahr“ nennen, wenn es auch mit der Vorstellung, die wir davon haben, übereinstimmt.*

Diese Aussage gilt nun nicht nur von Sachen oder Empfindungen (Heidegger nennt das „Seiendes“, Z. 21), sondern v. a. auch von Aussagen über Seiendes. Wahr ist eine

Aussage, wenn ihr Inhalt zutrifft, wenn sie übereinstimmt mit der Sache, über die sie spricht.

Wahrheit bedeutet also immer Übereinstimmung: entweder Übereinstimmung zwischen einer Annahme oder Meinung über eine Sache und der Sache selbst oder Übereinstimmung zwischen einer Sache und der Aussage (der Erkenntnis) über sie.

Martin Heidegger (1889, Meßkirch – 1976, Freiburg i. Breisgau), stark rezipierter, seit geraumer Zeit aber auch sehr kontrovers diskutierter Philosoph des 20. Jahrhunderts – Studium v. a. der Philosophie in Freiburg, Lehrtätigkeit in Marburg, dann – als Nachfolger des auf seine eigene Philosophie wirkenden Edmund Husserl – Professor in Freiburg. Problematische Haltung während der Zeit des Nationalsozialismus. Schwerpunkte seines Schaffens: kritische Auseinandersetzung mit der Metaphysik-Tradition der abendländischen Philosophie, Seinsphilosophie, in späteren Jahren auch intensive Auseinandersetzung mit Sprache. Hauptwerk: „Sein und Zeit" (1927).

Was versteht man denn gewöhnlich unter „Wahrheit"? Dieses hohe und zugleich doch abgeschliffene und fast stumpfe Wort „Wahrheit" meint dasjenige, was ein Wahres zu einem Wahren macht. Was ist ein Wahres? Wir sagen z. B.: „Es ist eine wahre Freude, an der Bewältigung dieser Aufgabe mitzuarbeiten." Wir meinen: Es ist eine reine, wirkliche Freude. Das Wahre ist das Wirkliche. Demgemäß sprechen wir vom wahren Gold im Unterschied zum falschen. Das falsche Gold ist nicht wirklich das, als was es erscheint. Es ist nur ein „Schein" und deshalb unwirklich. Das Unwirkliche gilt als das Gegenteil des Wirklichen. Aber Scheingold ist doch auch etwas Wirkliches. Demgemäß sagen wir deutlicher: Das wirkliche Gold ist das echte Gold. „Wirklich" ist aber doch beides, das echte Gold nicht minder als das umlaufende unechte. Das Wahre des echten Goldes kann also nicht schon durch seine Wirklichkeit bewährt sein. Die Frage kehrt wieder: Was heißt hier echt und wahr? Echtes Gold ist jenes Wirkliche, dessen Wirklichkeit in der Übereinstimmung steht mit dem, was wir mit Gold „eigentlich" im Voraus und stets meinen. Umgekehrt sagen wir dort, wo wir falsches Gold vermuten: „Hier stimmt etwas nicht." Was dagegen so ist, „wie es sich gehört", dazu bemerken wir: Es stimmt. Die S a c h e stimmt.

Wahr nennen wir jedoch nicht nur eine wirkliche Freude, das echte Gold und alles Seiende solcher Art, sondern wahr oder falsch nennen wir auch und vor allem unsere Aussagen über das Seiende, das selbst nach seiner Art echt oder unecht, in seiner Wirklichkeit so oder anders sein kann. Eine Aussage ist wahr, wenn das, was sie meint und sagt, übereinstimmt mit der Sache, worüber sie aussagt. Auch hier sagen wir: Es stimmt. Jetzt aber stimmt nicht die Sache, sondern der S a t z.

Das Wahre, sei es eine wahre Sache oder ein wahrer Satz, ist das, was stimmt, das Stimmende. Wahrsein oder Wahrheit bedeuten hier Stimmen, und zwar in der gedoppelten Weise: einmal die Einstimmigkeit einer Sache mit dem über sie Vorgemeinten und zum andern die Übereinstimmung des in der Aussage Gemeinten mit der Sache.

Diesen Doppelcharakter des Stimmens bringt die überlieferte Wesensumgrenzung der Wahrheit zum Vorschein: veritas est adaequatio rei et intellectus[1]. Das kann bedeuten: Wahrheit ist die Angleichung der Sache an die Erkenntnis. Es kann aber auch sagen: Wahrheit ist die Angleichung der Erkenntnis an die Sache. [...] Beide Wesensbegriffe der veritas meinen stets ein Sichrichten nach ... und denken somit die Wahrheit als R i c h t i g k e i t.

[...]

1 *veritas est adaequatio rei et intellectus* (lat.): Wahrheit ist die Übereinstimmung (Angleichung) von Sache und Erkenntnis.

Sachtexte (nicht fiktionale Texte) analysieren → S. 343

Inhaltsangabe → S. 346

1 *Markieren Sie auf einer Kopie die zentralen Aussagen des Textes, gliedern Sie ihn und formulieren Sie möglichst klar und genau die Hauptinhalte der von Ihnen ausgemachten Abschnitte.*

2 *Verfassen Sie eine detailgenaue strukturierte Inhaltsangabe.*

3 a) *Halten Sie mündlich, ggf. auch schriftlich noch einmal fest: Was meint Heidegger mit „Wahrheit als Richtigkeit"? – Dieselbe Frage, anders formuliert: Was versteht Heidegger unter „Wahrheit als Übereinstimmung von Sache und Erkenntnis"?*

b) *Diskutieren Sie insbesondere: Was könnte Heidegger meinen, wenn er behauptet, Wahrheit sei die Angleichung der Sache an die (menschliche) Erkenntnis (wie umgekehrt auch „Angleichung der Erkenntnis an die Sache")?*

Kritik der reinen Vernunft (1781) *Immanuel Kant*

Vorrede zur zweiten Auflage (1787)

Kant entwirft ein komplexes Modell, das erklären soll, wie menschliche Erkenntnis zustande kommt: Der erkennende Mensch gestaltet seinen Erkenntnisprozess mit. Er verarbeitet die seinen Sinnen gelieferten empirischen Daten (Empirie = sinnlich wahrnehmbare Wirklichkeit) mit seinem Wahrnehmungs- und Erkenntnisapparat, also beispielsweise optische Wahrnehmungen mit den Rezeptoren seiner Augennetzhaut und mit bestimmten Bereichen seines Gehirns. Kant, der solche naturwissenschaftlichen Kenntnisse noch nicht haben konnte, sprach von Wahrnehmung mithilfe der „Anschauungen der Sinnlichkeit". Ferner wendet der erkennende Mensch auf jegliches Material, das ihm seine Sinne liefern, bestimmte logische Ordnungskategorien an. So ordnet er, was er wahrnimmt, zeitlich und kausal, und überträgt es – mit Kant gesprochen – als „Vorstellungen des Verstandes" auf das von ihm Wahrgenommene. Das heißt also, dass die Strukturen des menschlichen Erkenntisapparates selbst die Objekte und Zusammenhänge, die der Mensch erkennt, mitprägen. Was der Mensch erkennt, ist folglich nichts, was unabhängig von diesem erkennenden Menschen existiert. Alle menschliche Erkenntnis wird vielmehr durch seinen Erkenntnisapparat selbst mitbestimmt. Mit anderen Worten: Wie ein Erkenntnisgegenstand außerhalb von uns selbst „wirklich" ist (Kant: „Ding an sich"), erkennen wir nicht; da die von uns in das Erkennen der Dinge eingebunden Erkenntniskategorien für die gewonnene Erkenntnis mitkonstitutiv sind, können wir vielmehr immer nur die uns gegebene „Erscheinung" des „Dings an sich", also das „Ding für uns" erkennen.

In der für die 2. Auflage der „Kritik der reinen Vernunft" (1787) neu verfassten „Vorrede" versucht Kant selbst, den Kern, den zentralen Leitgedanken seines erkenntnistheoretischen Neuansatzes, zu formulieren:

Immanuel Kant (1724, Königsberg – 1804, Königsberg), Denker der Aufklärung, einer der bedeutendsten Philosophen überhaupt. Die „Kritik der reinen Vernunft" kann als philosophiegeschichtlicher Wendepunkt und als Beginn der modernen Philosophie angesehen werden: systematischer Neuansatz in der „Erkenntnistheorie". Auch in vielen anderen Bereichen seines Fachs (z. B. Ethik: „Kritik der praktischen Vernunft") eröffnet Kant eine neue, die Diskussion bis heute bestimmende Perspektive.

[...] Bisher nahm man an, alle unsere Erkenntnis müsse sich nach den Gegenständen richten. [...] Man versuche es [aber] einmal, ob wir nicht in den Aufgaben der Metaphysik damit besser fortkommen, dass wir annehmen, die Gegenstände müssen sich nach unserem Erkenntnis richten. [...] Es ist hiemit eben so, als mit den ersten Gedanken des Kopernikus bewandt, der, nachdem es mit der Erklärung der Himmelsbewegungen nicht gut fort wollte, wenn er annahm, das ganze Sternheer drehe sich um den Zuschauer, versuchte, ob es nicht besser gelingen möchte, wenn er den Zuschauer sich drehen, und dagegen die Sterne in Ruhe ließ. In der Metaphysik kann man nun, was die Anschauung der Gegenstände betrifft, es auf ähnliche Weise versuchen. Wenn die Anschauung sich nach der Beschaffenheit der Gegenstände richten müsste, so sehe ich nicht ein, wie man a priori von ihr etwas wissen könne; richtet sich aber der Gegenstand (als Objekt der Sinne) nach der Beschaffenheit unseres Anschauungsvermögens, so kann ich mir diese Möglichkeit ganz wohl vorstellen. Weil ich aber bei diesen Anschauungen, wenn sie Erkenntnisse werden sollen, nicht stehen bleiben kann, sondern sie als Vorstellungen auf irgendetwas als Gegenstand beziehen und diesen durch jene bestimmen muss, so kann ich entweder annehmen, die Begriffe, wodurch ich diese Bestimmung zu Stande bringe, richten sich auch nach dem Gegenstande, und denn bin ich wiederum in derselben Verlegenheit, wegen der Art, wie ich a priori hievon etwas wissen könne; oder ich nehme an, die Gegenstände, oder, welches einerlei ist, die Erfahrung, in welcher sie allein (als gegebene Gegenstände) erkannt werden, richte sich nach diesen Begriffen, so sehe ich sofort eine leichtere Auskunft, weil Erfahrung selbst eine Erkenntnisart ist, die Verstand erfordert, dessen Regel ich in mir, noch ehe mir Gegenstände gegeben werden, mithin a priori voraussetzen muss, welche in Begriffen a priori ausgedrückt wird, nach denen sich also alle Gegenstände der Erfahrung notwendig richten und mit ihnen übereinstimmen müssen.

[...]

Kleines Kant-Lexikon

A priori (lat.: „vom Früheren her"): philosophischer Fachterminus, bezeichnet, von Aristoteles in anderem Sinn eingeführt, seit Descartes das, was als Bedingung und Grundlage der Erkenntnis von der Erfahrung unabhängig ist; Gegenbegriff: **a posteriori** (lat.: „vom Späteren her"); Urteile a posteriori sind solche, die auch auf Daten der Erfahrung, also empirischen Daten gründen. Erkenntnis a priori ist also Erkenntnis, die vor aller empirischen Erfahrung möglich ist; oder umgekehrt: Wissen, das allein aus Denken resultiert und als solches nicht durch empirische Tatsachenerfahrung gedeckt, sehr wohl aber als Ausgangspunkt zu weiteren, ggf. auch auf Tatsachenerfahrungen Bezug nehmenden Erkenntnissen notwendig ist, ist apriorisches oder a priori gesetztes Wissen.

Metaphysik (griech.: „hinter/jenseits der Natur"): von der Antike her Grundlagendisziplin der Philosophie, seit Kant massive Metaphysikkritik (entweder Bestreitung der

Möglichkeit von Metaphysik überhaupt oder Versuch einer inhaltlichen Neuorientierung der Metaphysik auf Kant'scher Grundlage).

Metaphysik in ihrer **klassischen Ausprägung**: Behandlung der „letzten", grundlegendsten Fragen: Gibt es einen letzten Sinn, warum die Welt überhaupt existiert? („Warum ist überhaupt etwas und nicht vielmehr nichts?") Gibt es Gott und was kann man über ihn wissen? Worin besteht das Wesen des Menschen, insbesondere: Besitzt er eine unsterbliche Seele und verfügt er über einen freien Willen? Gibt es von der Materie klar unterscheidbares Geistiges?

Kants Metaphysikkritik: Da Erkenntnis für Kant Denken und Anschauung voraussetzt, metaphysische Gegenstände wie Gott, Seele, Freiheit oder Weltganzes aber nicht anschaulich gegeben sind, ist die traditionelle Metaphysik undurchführbar. Sie müsste eine Art – faktisch nicht gegebener – „geistiger Anschauung" voraussetzen, ein Erkenntnisvermögen, das ohne sinnliche Anschauung Zugriff auf ideelle Gegenstände hätte. Deshalb ist nach Kant die traditionelle Metaphysik ein bloß spekulatives Konstrukt, das keine gesicherte Erkenntnis bieten kann. Wenn Kant auch aus Gründen, die in seiner Ethik beruhen, davon ausgeht, dass man die Existenz Gottes, der Seele und der menschlichen Freiheit postulieren (!) müsse, so ist es für ihn doch aus erkenntnistheoretischen Gründen prinzipiell nicht möglich, zu einer sicheren Erkenntnis (!) darüber zu kommen, ob es so etwas wie die Seele, Willensfreiheit und Gott gibt.

4 Lesen Sie den Text Kants sowie die beigegebenen lexikalischen Informationen mehrfach und gründlich.

Exzerpieren → S. 349

5 Exzerpieren Sie die Hauptinhalte des Textes von Kant.

6 Formulieren Sie die Hauptaussage des Textes: Wie kommt nach Kant Erkenntnis von Gegenständen als Objekten der Sinne zustande?

7 Erläutern Sie: Worin besteht Kants – gegenüber Heidegger grundsätzlich anderer – Ansatz bezüglich der Frage nach der Wahrheit? Anders formuliert: Worin besteht nach Kant „wahre Erkenntnis"?

Analyse von Sachtexten (nicht fiktionale Texte) → S. 343
textgebundene Erörterung → S. 344

8 Diskutieren Sie: Warum vermeidet Kant im Gegensatz zu Heidegger den Wahrheitsbegriff, obwohl es der Sache nach doch auch bei ihm um wahres, „richtiges" Erkennen geht?

9 Zwei Beispiele für Schulaufgabenthemen der Gattung „Erörterung im Anschluss an einen Text": Beide Themen können zunächst auch mündlich erarbeitet bzw. diskutiert werden.

a) „Wahrheit ist die Angleichung der Erkenntnis an die Sache." (Heidegger, Z. 34 f.) – „[D]ass wir annehmen, die Gegenstände müssen sich nach unserem Erkenntnis richten." (Kant, Z. 3 f.) – Wägen Sie den Wahrheitsbegriff Heideggers und Kants Auffassung von wahrer Erkenntnis kritisch gegeneinander ab.

b) Legen Sie dar, worin für Heidegger und Kant Wahrheit besteht bzw. wie Erkenntnis von Gegenständen als Objekten der Sinne zustande kommt. Erörtern Sie die verschiedenen Aspekte des Begriffs der Wahrheit bzw. der Erkenntnis. Stellen Sie Ihr eigenes Konzept von Wahrheit bzw. wahrer Erkenntnis dar.

Das wird erwartet:
- Darstellung der Eigenart des Wahrheitsbegriffs Heideggers, Darstellung der Kant'schen Auffassung von wahrer Erkenntnis
- Argumente, die für Heideggers und für Kants Auffassung sprechen
- Erörtern: In welchem Verhältnis stehen die beiden Positionen zueinander?
- Bei b): eigenes Verständnis von Wahrheit darlegen. Bezugnahmen auf die Texte sind möglich, ebenso eigene Erwägungen.

Hilfestellungen zur Gliederung der Aufsätze:

- Sinnvoll ist es, zunächst die Positionen Heidegger bzw. Kant in Bezug auf die Wahrheitsfrage darzustellen. Beispiele, die die Positionen illustrieren, können miteinbezogen werden.
- Auf dieser Basis können die beiden Positionen (in sich und in ihrem Verhältnis zueinander) kritisch erörtert / diskutiert werden.

3.3 Sprache und Wirklichkeit: Lässt sich alles sagen?

Tractatus logico-philosophicus (1921) *Ludwig Wittgenstein*

Grundgedanke des „Tractatus": *Philosophische Probleme können nur verstanden oder aufgelöst werden, wenn man begreift, durch welche Fehlanwendung von Sprache diese Probleme hervorgebracht wurden. Ziel philosophischen Denkens ist die Unterscheidung von sinnvollen und unsinnigen Sätzen; zu dieser Unterscheidung trägt eine Klärung der Funktionsweise von Sprache bei („Alle Philosophie ist Sprachkritik." – Tractatus 4.0031).*

Ludwig Wittgenstein (1889, Wien – 1951, Cambridge): einflussreicher österreichisch-britischer Philosoph. Bedeutende Beiträge zur Philosophie der Logik, der Sprache und des Bewusstseins. Die beiden Hauptwerke, „Tractatus logico-philosophicus" (1921) und „Philosophische Untersuchungen" (1953, posthum), wurden jeweils zur Grundlage einer philosophischen Schule, des logischen Positivismus und der analytischen Sprachphilosophie. Die Deutung der „Philosophischen Untersuchungen" ist bis heute sehr umstritten.

(Aus dem „Vorwort":) Das Buch behandelt die philosophischen Probleme und zeigt – wie ich glaube –, dass die Fragestellung dieser Probleme auf dem Missverständnis der Logik unserer Sprache beruht. Man könnte den ganzen Sinn des Buches etwa in die Worte fassen: Was sich überhaupt sagen lässt, lässt sich klar sagen; und wovon man nicht reden kann, darüber muss man schweigen. Das Buch will also dem Denken eine Grenze ziehen, oder vielmehr – nicht dem Denken, sondern dem Ausdruck der Gedanken: Denn um dem Denken eine Grenze zu ziehen, müssten wir beide Seiten dieser Grenze denken können (wir müssten also denken können, was sich nicht denken lässt).

[...]

5.6 *Die Grenzen meiner Sprache* bedeuten die Grenzen meiner Welt.

[...]

6.5 Zu einer Antwort, die man nicht aussprechen kann, kann man auch die Frage nicht aussprechen.
Das Rätsel gibt es nicht.
Wenn sich eine Frage überhaupt stellen lässt, so *kann* sie auch beantwortet werden.

6.51 Skeptizismus ist *nicht* unwiderleglich, sondern offenbar unsinnig, wenn er bezweifeln will, wo nicht gefragt werden kann.
Denn Zweifel kann nur bestehen, wo eine Frage besteht; eine Frage nur, wo eine Antwort besteht, und diese nur, wo etwas *gesagt* werden *kann*.

6.52 Wir fühlen, dass selbst, wenn alle *möglichen* wissenschaftlichen Fragen beantwortet sind, unsere Lebensprobleme noch gar nicht

„Philosoph zu sein ist kein spezifischer Beruf; der Philosoph ist auch kein gestaltetes Ideal, nach dem der Mensch sich formen könnte, um es zu werden; das Sein des Philosophen ist das Selbstwerdenwollen, das in der Breite des Philosophierens sich Raum, Möglichkeit und Ausdruck schafft."
Karl Jaspers

berührt sind. Freilich bleibt dann eben keine Frage mehr; und eben dies ist die Antwort.

6.521 Die Lösung des Problems des Lebens merkt man am Verschwinden dieses Problems. (Ist nicht dies der Grund, warum Menschen, denen der Sinn des Lebens nach langen Zweifeln klar wurde, warum diese dann nicht sagen können, worin dieser Sinn bestand.)

6.522 Es gibt allerdings Unaussprechliches. Dies *zeigt* sich, es ist das Mystische.

6.53 Die richtige Methode der Philosophie wäre eigentlich die: Nichts zu sagen, als was sich sagen lässt, also Sätze der Naturwissenschaft – also etwas, was mit Philosophie nichts zu tun hat –, und dann immer, wenn ein anderer etwas Metaphysisches[1] sagen wollte, ihm nachzuweisen, dass er gewissen Zeichen in seinen Sätzen keine Bedeutung gegeben hat. Diese Methode wäre für den anderen unbefriedigend – er hätte nicht das Gefühl, dass wir ihn Philosophie lehrten – aber *sie* wäre die einzig streng richtige.

6.54 Meine Sätze erläutern dadurch, dass sie der, welcher mich versteht, am Ende als unsinnig erkennt, wenn er durch sie – auf ihnen – über sie hinausgestiegen ist. (Er muss sozusagen die Leiter wegwerfen, nachdem er auf ihr hinaufgestiegen ist.)
Er muss diese Sätze überwinden, dann sieht er die Welt richtig.

7 Wovon man nicht sprechen kann, darüber muss man schweigen.

1 etwas Metaphysisches: vgl. „Metaphysik", v. a. auch „Metaphysikkritik" → S. 77 f.

„Was Philosophie ist, lässt sich nicht in einen eindeutigen Begriff fassen, weil sie sich selbst durch die Weise ihrer Ausübung bestimmt."
Peter Kunzmann, Franz-Peter Burkard, Franz Wiedmann

1. ***Diskutieren Sie: „Die Grenzen meiner Sprache bedeuten die Grenzen meiner Welt." (5.6) – Hört Welterfassung, Welterfahrung dort auf, wo man nichts mehr sagen, sich nicht mehr ausdrücken kann?***
2. ***„Die Grenzen meiner Sprache bedeuten die Grenzen meiner Welt." (5.6) – „Es gibt allerdings Unaussprechliches. Dies zeigt sich, es ist das Mystische." (6.522) – Bedenken Sie und legen Sie dar, was Wittgenstein mit den beiden in einem Spannungsverhältnis zueinander stehenden Aussagen meinen könnte. – Sie müssen in diesem Kontext auch klären, was unter „Mystik", „Mystischem" zu verstehen ist.***
3. ***Vertiefung: Offensichtlich spricht Wittgenstein in den angeführten Passagen des „Tractatus" von zwei verschiedenen Wirklichkeitsbereichen. Beschreiben Sie diese beiden Wirklichkeitsbereiche genauer und erläutern Sie, was Wittgenstein jeweils darüber aussagt, wie über diese Wirklichkeitsbereiche gesprochen werden kann.***
4. ***Diskutieren Sie: Gibt es Offenbleibendes zwischen Sprache und Wirklichkeit? Decken sich Sprache und Wirklichkeit?***
   - ***Verfassen Sie auf der Basis Ihrer Diskussion und weiterer eigener Überlegungen einen freien, essayistischen Text zum genannten Themenkomplex. Denken Sie bei der Frage, wofür oder für wen Sie einen solchen Text schreiben, ans Feuilleton einer Zeitung. Geben Sie Ihrem Text selbst eine passende, griffige Überschrift.***

essayistisches Schreiben → S. 345 f.

5 *Für herausragende Leistungen im Fach Deutsch mit einer Auszeichnung bedacht, sollen Sie bei der Abiturfeier Ihres Jahrgangs eine Rede halten. Thema: „Lob der Sprache. Ihre Möglichkeiten und Grenzen". – Verfassen Sie eine solche Rede. – Berücksichtigen Sie das Basiswissen.*

„Der Mensch nimmt seine Erfahrungswelt nicht einfach hin, wie sie ist, sondern ist verwundert und fragt nach dem Grund: ‚Warum ist überhaupt etwas? Was wirkt hinter den Erscheinungen? Warum leben wir?'"
Peter Kunzmann, Franz-Peter Burkard, Franz Wiedmann

6 *„Denn Staunen veranlasste zuerst wie noch heute die Menschen zum Philosophieren. […] Wer aber fragt und staunt, hat das Gefühl der Unwissenheit. […] Um also der Unwissenheit zu entkommen, begannen sie zu philosophieren." (Aristoteles)*

Rufen Sie sich Situationen in Erinnerung, in denen Sie über sich, Ihre Mitmenschen, die Natur, wissenschaftliche Zusammenhänge ins Staunen geraten sind. Denken Sie an Gefühle und Affekte wie auch an Einsichten und Erkenntnisse. – Verfassen Sie mithilfe des Basiswissens eine kurze, etwa fünfminütige Rede „Lob des Staunens".

Basis

Rede

Eine Rede ist ein „zum mündlichen Vortrag bestimmter didaktischer [lehrhafter], je nach Situation und Zweck meist stilistisch entsprechend ausgearbeiteter Gebrauchstext suasorischen [der Überredung dienender] oder appellativen Charakters. Im Gegensatz etwa zum wissenschaftlichen Vortrag versucht die Rede, nicht nur durch Argumente, sondern auch durch gedankliche und stilistische Kunstgriffe zu überzeugen. Im gesellschaftlichen und politischen Bereich von großer Bedeutung, vgl. z. B. die politische Rede (Wahlrede), die Gerichtsrede […], die Preisrede oder Laudatio (Fest-, Grab- und Gedenkrede) sowie die in den religiösen Bereich gehörende Kanzelrede oder Predigt. – Die wirkungsvolle Rede wird bestimmt von den (bewusst oder unbewusst angewandten) Regeln der Rhetorik […]." (Otto Bantel und Irmgard Schweikle)

Bei der Abfassung einer Rede ist demnach zu beachten:

- Der Redner will seine Hörer zur Übernahme eines Standpunkts bewegen.
- Dabei will der Redner nicht nur argumentativ überzeugen, er will auch überreden.
- Die Rede ist bezüglich ihres Aufbaus und ihrer Struktur dem Essay ähnlich: Ihre Gedankenführung braucht nicht streng logisch organisiert zu sein, sie kann vielmehr auch assoziativen Nebenwegen folgen.
- Für die Rede ist die gezielte rhetorische Ausgestaltung von zentraler Bedeutung. Von besonderer Wichtigkeit sind die rhetorischen Figuren Euphemismus, Hyperbel, Klimax, Litotes, Metapher, Oxymoron, Personifikation, Symbol, Tautologie und Vergleich.
- Ein redentypisches Stilmittel ist die „Captatio benevolentiae", wörtl. „Haschen nach Wohlwollen". Gemeint ist eine Redewendung, durch die sich ein Redner am Beginn des Vortrags die Sympathie seines Publikums sichern will.

essayistisches Schreiben → S. 345 f.
rhetorische Figuren → S. 332 ff.

www. Gute Informationen und weiterführende Hinweise zu Kant: www.web.uni-marburg.de/kant; zu Wittgenstein: www.plato.stanford.edu/entries/wittgenstein/#Oth

Epochenwissen im Überblick: die Literatur der frühen Moderne (1890–1920)

Deutschland erlebte um die **Jahrhundertwende** einen enormen Modernisierungsschub, der sich etwa im rasanten Wachstum der Städte oder in einer Vielzahl technischer Neuerungen (elektrische Straßenbeleuchtung, Radio …) widerspiegelte. Gesellschaftliche Konflikte, die Proletarisierung der Arbeiterschaft und gravierende soziale Missstände u. v. m. stellten die Kehrseite dieser Entwicklungen dar.

Politisch bedeutsam in jener Zeit war das wachsende Selbstbewusstsein Deutschlands als Großmacht auf dem Kontinent. Anders die Situation in Österreich: Die kaiserlich-königliche Monarchie zeigte deutliche Zerfallserscheinungen, die sich in nationalistischen Bestrebungen und sozialen Verwerfungen äußerten. Die Zeit zwischen 1890 und 1910 war von einem tiefen Krisenbewusstsein und einer untrüglichen Untergangsstimmung *(fin de siècle)* geprägt.

Die Werke der Literaten der **Moderne** („Wiener Moderne", „Berliner Moderne", Schwabinger Boheme u. a.) hatten immer wieder das Unbewusste des Individuums und der Gesellschaft zum Thema. Die Darstellung von Empfindungen, Gefühlen, Träumen und Stimmungen stand häufig im Vordergrund. Betont wurde das Schöne, Artifizielle, während die materielle Wirklichkeit kaum Platz fand und politische Agitation und Sozialkritik vehement abgelehnt wurden (Ästhetizismus, *l'art pour l'art*).

Eng damit verbunden war die Literatur des **Symbolismus und Impressionismus**. Auch die Symbolisten forderten eine „reine Dichtung" *(poésie pure)*, die nur zu ihrem Selbstzweck bestand. Ziel war es, die Sprache in die Sphäre des Magischen zu transponieren, in eine Sphäre, in der sich das Individuum mit der Welt vereinen und Seelenfrieden finden konnte. Gegenstände der Realität wurden dem Dichter zum Symbol, zum Sinnbild für eine dahinter verborgene, tiefere Wahrheit. Kennzeichen des Impressionismus war darüber hinaus der Versuch, Seelenempfindungen und individuelle Sinnesreize differenziert zum Ausdruck zu bringen.

Deutlich von den oben genannten Strömungen abzugrenzen ist der **Expressionismus**. Die Expressionisten richteten sich gegen alle sprachlichen und inhaltlichen Konventionen. Sie thematisierten die verheerenden Folgen des Fortschritts auf den Menschen (Selbstentfremdung, Verlust der Individualität in der Masse …), den Generationenkonflikt oder die Erlebnisse des Ersten Weltkriegs. Die Sprache der Expressionisten war häufig rauschhaft, von übersteigerter, visionärer Metaphorik oder extrem verknappt.

Epochenkennzeichen und Literaturtheorie	Forderungen der Literaturtheorie	– *L'art pour l'art* („Kunst um der Kunst willen") – Impressionismus / Symbolismus: Streben nach dem Gleichklang von Innen und Welt, Einheit von Ich und Welt – *Fin de siècle:* Empfindungen, Gefühle, Innenleben, Stimmungen als das Primäre – Abkehr von materieller Wirklichkeit, Hinwendung zum Schönen (Ästhetizismus) – „Der Expressionismus ist eine Revolution" (Hatvani) – Sprengen aller inhaltlichen und sprachlichen Konventionen – künstlerische Protesthaltung
	Vertreter	– **H. Bahr, H. v. Hofmannsthal, K. Kraus, K. Otten, K. Hiller, H. Walden**
	Stoffe und Themen	– Jahrhundertwende: Individuum u. Gesellschaft, Natur – Expressionismus: Stadt, Krieg, Vater-Sohn-Konflikt, Technik, Religion
	literarische Technik	– Jahrhundertwende: Innenperspektive, Bewusstseinsstrom; keine Darstellung der Wirklichkeit, sondern Empfindungen („Eindrücke"); Gedanken- und Stimmungslyrik – Expressionismus: sprachliche Autonomie, „rauschhafte Sprache" – Lyrik: Symbolik, Absurdes, Reihungsstil; Drama: Stationendrama; Prosa: personales Erzählen
Prosa (Genre, Themen und Vertreter)		– Roman als Möglichkeit, Verhältnis von Individuum und Gesellschaft zu reflektieren – Erforschung und Entdeckung des Unbewussten – „Kaffeehausliteratur" – Erzählung, Kurzprosa u. Skizze – parabolisches Erzählen – Vertreter und Werke: **A. Schnitzler:** „Sterben" (Erzählung, 1894), „Leutnant Gustl" (Novelle, 1901); **R. Beer-Hofmann:** „Der Tod Georgs" (Novelle, 1900), **Th. Mann:** „Buddenbrooks" (Roman, 1901), „Tristan" (Erzählung, 1903); **H. Mann:** „Professor Unrat" (Roman, 1905); **R. M. Rilke:** „Die Aufzeichnungen des Malte Laurids Brigge" (Roman, 1910); **F. Kafka:** „Die Verwandlung" (Erzählung, 1915), „Der Prozess" (Roman, 1915), „Ein Landarzt" (Erzählung, 1919)
Lyrik (Genre, Themen und Vertreter)		– Lyrik mit ausdrucksstarker Symbol- und Bildersprache („Magie der Worte") – Großstadt, Technik, Krieg, Religion – Vertreter und Werke: **S. George:** „Hymnen" (1890), „Algabal" (1892), „Das Jahr der Seele" (1897); **G. Heym:** „Der ewige Tag" (1911), „Umbra Vitae" (1912); **R. M. Rilke:** „Stundenbuch" (1905), „Sonette an Orpheus" (1923); **G. Trakl:** „Gedichte" (1912), „Sebastian im Traum" (1915)
Drama (Genre, Themen und Vertreter)		– Vater-Sohn-Konflikt, Krieg, Selbstfindung, Religion, „Der neue Mensch" – Verkündigungsdrama, Heimkehrerdrama, Gesellschaftskomödie – Vertreter und Werke: **H. v. Hofmannsthal:** „Der Tor und der Tod" (1893), „Jedermann" (1911); **G. Kaiser:** „Die Bürger von Calais" (1914); **A. Schnitzler:** „Liebelei" (1895), „Der Reigen" (1896 / 97); **C. Sternheim:** „Die Hose" (1911), „Die Kassette" (1911); **E. Toller:** „Der deutsche Hinkemann" (1923); **F. Wedekind:** „Frühlings Erwachen" (1901), „Lulu" (1913)
Literaturmarkt		– Zeitschriften mit programmatischem Anspruch („Simplicissimus", „Jugend", „Die Schaubühne", „Blätter für die Kunst", „Die Aktion", „Der Sturm") – „Kaffeehausliteratur" in Wien und München (Café Griensteidl, Café Stefanie)
Zeitgeschichtl. Ergeignisse und Entwicklungen	Politik	– Deutschland: Kaiserreich (1871–1918); Revolution 1918 / 19 – Österreich: Habsburger Monarchie (bis 1918)
	Gesellschaft und Wirtschaft	– gewaltiger Modernisierungsschub in Deutschland, gesellschaftliche Verwerfungen (Proletarisierung, Verelendung des Kleinbürgertums) – Nationalismus, Imperialismus und Frauenemanzipation – Militär als „Schule der Nation" (Militarismus), Autoritätsgläubigkeit – Entfremdungsprozesse (Einzelner vs. Gesellschaft) verstärken sich, zunehmende Wissenschaftsgläubigkeit (Entstehung eines neuen, naturwissenschaftlich geprägten Weltbildes), Psychoanalyse

Otto Dix: „Großstadt" (Triptychon, 1927–29)

Christian Schad: „Sonja" (1928)
Kulisse für das Porträt der Sekretärin Sonja ist das „Romanische Café", berühmter Künstler- und Literatentreff im Berlin der Weimarer Zeit, in dem sie verkehrte. Mit Bubikopf und kniekurzem, gerade geschnittenem Hängerkleid, Zigarettenspitze in der Hand und lässig übereinandergeschlagenen Beinen verkörpert die Berliner Angestellte die selbstbewusste „neue Frau" der Weimarer Zeit, die sich von Korsett, Haar- und Stoffmassen befreit hat, berufstätig ist und in ihrem Äußeren die Vorstellung der großstädtischen, sachlich-„coolen", geistig, finanziell und sexuell unabhängigen Frau spiegelt.

Menschen verändern Städte, Städte verändern Menschen – Literatur in der Zeit der Weimarer Republik

Das kunstseidene Mädchen (1932) *Irmgard Keun*

[…]

Das ist die Liebe der Matrosen[1] … und rrrrr macht das Telefon, das ist an allen Tischen. Mit ganz echten Nummern zum Drehen. Berlin ist so schön, ich möchte ein Berliner sein und zugehören. Das ist gar kein Lokal, das „Resi", das hinten in der Blumenstraße ist – das ist lauter Farbe und gedrehtes Licht, das ist ein betrunkener Bauch, der beleuchtet wird, es ist eine ganz enorme Kunst. So was gibt es nur in Berlin. Man denke sich alles rot und schillernd noch und noch und immer mehr und wahnsinnig raffiniert. […] Das ist die Liebe der Matrosen … und die Decke, die man auf die großzügigste Weise dekoriert hat, drehte sich nach rechts, und der Boden, worauf man tanzt, nach links – jawohl Herr Kapitän, jawohl Herr Kapitän … da wirste betrunken, ohne zu trinken.

[…]

1 „Das ist die Liebe der Matrosen" (Heymann / Gilbert), aus dem Film „Die Drei von der Tankstelle" (1930), ist eines der bekanntesten Lieder der „Comedian Harmonists", dem international berühmten Vokalensemble der Jahre 1927–1935. Laut Text ist die „Liebe der Matrosen" eine sehr kurzlebige und wechselhafte.

1. Alltag und Gegenwart im kühlen Blick – „Neue Sachlichkeit“

Krisis und Neuanfang

Krisen prägen die Zeit zwischen den zwei Weltkriegen, politische und wirtschaftliche Krisen ebenso wie gesellschaftliche und moralische. Ein verlustreicher Krieg und eine demütigende Niederlage, verbunden mit harten Friedensbedingungen, erschweren den Weg Deutschlands in die Demokratie; eine durch starke Gegensätze gekennzeichnete Gesellschaft, deren extreme Flügel sich und die junge Republik bekämpfen, kennzeichnet die Zeit der Weimarer Republik ebenso wie der Gegensatz zwischen (außen)politischen, wissenschaftlichen, technischen und wirtschaftlichen Erfolgen einerseits, Hyperinflation, Weltwirtschaftskrise und das Aufkommen radikaler Parteien begünstigender politischer Instabilität andererseits. „Krisis“ bedeutet im Griechischen „Entscheidung, entscheidende Wendung“ und krisenhaft ist die Zeit der Weimarer Republik, weil sie die Menschen nach einem verlorenen Krieg mit einer neuen Staatsform, mit rasant sich verändernden wissenschaftlichen, technischen und wirtschaftlichen Bedingungen und nach der Prüderie der Kaiserzeit mit ungewohnter moralischer Freiheit konfrontiert – und damit immer wieder zu Entscheidungen zwingt, schwierigen Entscheidungen oft, da dem Willen zum Aufbruch und dem Mut zu Neuem die Angst vor Veränderung und Verlust jeglicher Sicherheit entgegensteht.

1.1 „Brennpunkte des Hohlspiegels“ – Großstädte künden vom Anbruch einer neuen Zeit

Ballgeflüster (1928) *Erich Kästner*

Erich Kästner (1899–1974), Schriftsteller, Drehbuchautor und Kabarettist, schrieb humorvolle, scharfsinnige Kinderbücher sowie humoristische und zeitkritische Gedichte.

(Ist sehr sachlich zu sprechen)

Ich bin aus vollster Brust modern
und hoffe, man sieht es mir an.
Ich schlafe mit allen möglichen Herrn,
nur nicht mit dem eigenen Mann.

Ich schwärme für blutige Dramen.
Und wo man mich packt, bin ich echt.
Ich frag nicht nach Stand und Namen
und erst recht nicht nach dem Geschlecht.

Ich liebe nach neuester Mode.
Ich kenne den dernier cri.[1]
Ich beherrsche jede Methode.
Mein Hündchen heißt Annemarie.

1 *dernier cri* (franz.): „letzter Schrei“, neueste Mode

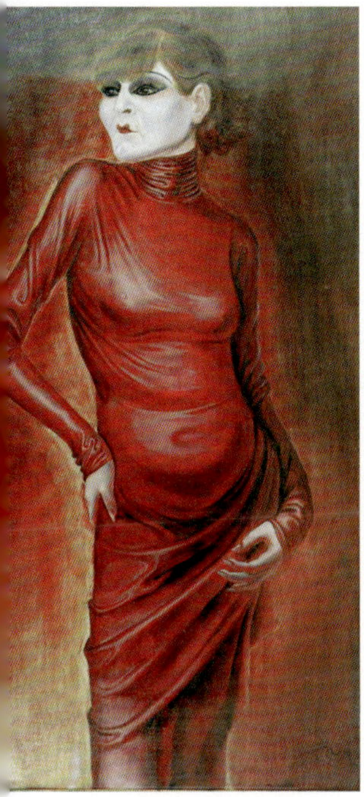

Otto Dix: „Bildnis der Tänzerin Anita Berber" (1925)
Sie wird als schamloseste Frau der Weimarer Republik bezeichnet, die berühmteste Nackttänzerin der Zwanzigerjahre: Anita Berber – sie verkörperte die neue zügellose Freiheit. Sie war die erste Frau, die Herrenhosen trug – und auch damit als Stilikone eine neue Mode begründete –, unzählige Liebschaften hatte, Männer wie Frauen, und deren Tänze Titel trugen wie „Opiumrausch". Als sie mit nur 28 Jahren an „galoppierender Lungenschwindsucht" starb, war das eine Folge ihres auch durch Alkohol- und Drogenexzesse geprägten unmäßigen Lebenswandels.

Ich kenne die tollsten Gebärden.
Ich flüstre das tollste Wort.
Ich liebe, um schlanker zu werden.
Ich liebe, als triebe ich Sport.

Ich haue und lasse mich hauen.
Ich regle den größten Verkehr.
Auf mir kann man Häuser bauen.
Liebchen, was willst du noch mehr?

Gefühl ist mir gänzlich fremd.
Ich leide nicht durch Gebrauch.
Ich hab unterm Kleid kein Hemd.
Und Kinder habe ich auch.

Morgen um fünf hätt ich Zeit.
Da dürften Sie mir was tun.
Mein Bett ist doppelt breit.
Um sechs kommt Mister White. –
Mein Herr, was sagen Sie nun?

1 a) *Charakterisieren Sie das lyrische Ich, wie es sich in dem Gedicht „Ballgeflüster" von Erich Kästner selbst präsentiert.*
b) *Setzen Sie sich mit der Aussage des lyrischen Ich in Vers 21 („Gefühl ist mir gänzlich fremd.") auseinander. Untersuchen Sie dabei auch die formale und sprachliche Gestaltung des Gedichts.*
c) *Diskutieren Sie, ausgehend von Ihren Ergebnissen, über die Deutung des Titels und der im Untertitel vermerkten Anweisung, das Gedicht „sehr sachlich zu sprechen".*

2 a) *Beschreiben Sie in schriftlicher Form die Tänzerin Anita Berber, wie Otto Dix sie auf seinem Gemälde darstellt.*
b) *Setzen Sie Ihre Ergebnisse in Beziehung zum Alter der Tänzerin – geboren 1899 ist sie 26 Jahre alt, als Dix sie porträtiert – und zu den biografischen Angaben.*

3 *Halten Sie erste Kennzeichen der Epoche fest, indem Sie Kästners Gedicht, das Gemälde von Otto Dix und die Angaben zu Anita Berber in Beziehung zueinander setzen.*

Lyrik → S. 331 ff.

4 *Rechercheauftrag: Informieren Sie sich näher über den Verfasser des Gedichts, Erich Kästner.*

Dämmerung (1920) *Kurt Tucholsky*

Der folgende Textauszug, der zuerst in der „Weltbühne“ erschien, ist dem Band „Glossen und Essays“ („Gesammelte Schriften“) entnommen.

Kurt Tucholsky (geb. 1890 in Berlin), einer der bedeutendsten Publizisten der Weimarer Republik, begann 1913 seine Mitarbeit an der linksliberalen Theaterzeitschrift „Die Schaubühne“ (später umbenannt in „Die Weltbühne“), die er nach der Rückkehr aus dem Ersten Weltkrieg als überzeugter Pazifist fortsetzte. Er kritisierte den wilhelminischen Geist der Offiziere und die monarchistischen und nationalistischen Ansichten von Politikern und Richtern, die antidemokratische Tendenzen und die Bedrohung durch den Nationalsozialismus nicht erkannten oder nicht erkennen wollten. Als Korrespondent in Paris verfolgte er ab 1924 vom Ausland aus weiter kritisch die Entwicklung in der Heimat. Resignierend verstummte er ab 1931 zunehmend. Nach der Machtergreifung wurden seine Bücher verbrannt und er selbst ausgebürgert. Er starb 1935 – nach einem Selbstmordversuch – in Göteborg.

Es konnte die Augen aufschlagen: wie ein richtiger Mensch. Es konnte lange Sätze sprechen und die Arme hin- und herschlenkern: wie ein richtiger Mensch. Es konnte sich an- und ausziehen, laufen, springen, tanzen und Kricket spielen, Whisky trinken und Zeitungen lesen: alles wie ein richtiger Mensch.

Diese Zeit hat etwas durchaus Gespensterhaftes. Die Leute gehen täglich ihren Geschäften nach, machen Verordnungen und durchbrechen sie, halten Feste ab und tanzen, heiraten und lesen Bücher –: Aber es ist alles nicht wahr.

Was man so gemeinhin Kunst und Kultur nennt: Sie sind nicht möglich ohne gemeinsame Voraussetzungen. Die sind nicht mehr da. Die Grundfesten wanken. Es ist durchaus nicht allen gemeinsam und selbstverständlich, dass das Vaterland das Höchste ist, woran sich anzuschließen Pflicht und Gewinn sei – sondern das ist sehr bestritten. Es ist durchaus nicht allen gemeinsam, dass die Familie der Endpunkt der Entwicklung und etwas Selbstverständliches sei – das ist sehr bestritten. Es ist durchaus nicht selbstverständlich, dass der Kapitalismus notwendig oder gar nutzbringend sei – das ist sehr bestritten. Sie reden verschiedene Sprachen, die babylonischen Menschen, und sie verstehen einander nicht. Sie sprechen aneinander vorbei, und sie haben weniger gemeinsam denn je.

Seltsam, dieses Bürgertum. (Und in Deutschland sind alle Bürger.) Seltsam dieses starre Festhalten an Formen, die leer sind, an Dingen, die es eigentlich nicht mehr gibt. Vorbei, vorbei – fühlt ihr das nicht?

Berühmtheiten, die kaum welche sind – denn es dämmert eine Zeit herauf, die das nicht mehr anerkennt; Feste, die keine sind – denn es rumort in der Tiefe, und der Boden schwankt leise; Geschäfte, die zwar immer noch nach einem alten „Recht“ abgeschlossen werden – aber die Vorstellungen von diesem Recht lösen sich auf, lösen sich langsam auf wie Kristalle im Wasser und zergehen zu nichts. Wohin führt das alles –?

Wir versuchen, dem gänzlich Neuen mit den alten Mitteln, den alten Witzchen beizukommen. Und werden seiner nicht Herr. Es verfängt alles nicht: Humor nicht, Satire nicht; offener Kampf, Gewalt, Propaganda – die Pfeile fallen matt zu Boden. Wohin führt das alles –?

Wir wissen es nicht. Töricht, sich dagegen zu sträuben. Töricht, die Zerfallssymptome zu leugnen. Eine Welt wankt, und ihr haltet an den alten Vorstellungen fest und wollt euch einreden, sie seien so nötig und natürlich wie die Sonne. Empfinden nur wir in den großen Städten das stärker als andre? Haben wir zu wenig Distanz? Leuchtet hier, in den Brennpunkten des Hohlspiegels, alles stärker auf? Richtig mag sein, dass die Provinz das alles noch nicht fühlt – dass dort noch die Leute über uns und unsern scheinbaren Übereifer lächeln und vermeinen, das gute Alte sei noch nicht tot und werde eines Tages wiederkommen. Es kommt nie wieder, und der erste August 1914 hat nur beschleunigt, was sowieso schon im Rollen war. In leisem Rollen – und nun stürzt es.

Spaßmacher besingen die neue und die alte Zeit; in bürgerlichen Zeitschriften untersucht einer ganz ernsthaft, ob die Exposition in dem neuen Roman des Schriftstellers W. ganz geglückt sei; Theater spielen in viele Akte zerdehnte Aphorismen, die wir ohnehin gewusst haben; Schemen wanken auf der Erde einher – und es ist alles nicht wahr. Der Sinn des Lebens ist in Frage gestellt, und ich glaube fest daran, dass diese grauenvolle Krankheit auch kräftigere Länder als dieses arme Deutschland anfressen wird.

[...]

Das bürgerliche Zeitalter ist dahin. Was jetzt kommt, weiß niemand. Manche ahnen es dumpf und werden verlacht. [...]

Was wissen wir von der Zeit? Wir stehen davor wie der Wanderer vor der roten Felswand, viel zu nah, um ihre Struktur, geschweige denn ihre Schönheit zu sehen! [...]

Wohin treiben wir? Wir lenken schon lange nicht mehr, führen nicht, bestimmen nicht. Ein Lügner, wers glaubt. Schemen und Gespenster wanken um uns herum – taste sie nicht an: Sie geben nach, zerfallen, sinken um. Es dämmert und wir wissen nicht, was das ist: eine Abenddämmerung oder eine Morgendämmerung.

5 Erarbeiten Sie aus dem Text „Dämmerung“ die wesentlichen Merkmale, mit denen Tucholsky zu Beginn der Zwanzigerjahre die Zeit der Weimarer Republik kennzeichnet. Halten Sie Ihre Befunde in Stichpunkten fest und tragen Sie seine Aussagen in Form eines knappen Statements (Zwei-Minuten-Referat) vor.

6 Tauschen Sie sich über Tucholskys Metapher von den Großstädten als „Brennpunkte des Hohlspiegels“ (Z. 38 f.) aus. Beziehen Sie dabei auch das Kästner-Gedicht und die Angaben zu Anita Berber von S. 86 f. mit ein.

E. Kästner: „Ballgeflüster“ → S. 86 f.

7 Untersuchen Sie den Aufbau sowie die sprachliche Gestaltung des Textes und werten Sie Ihre Befunde hinsichtlich der Wirkungsabsicht und des angesprochenen Leserkreises aus. Berücksichtigen Sie dabei auch die biografischen Hinweise zum Autor.

8 Erschließen und interpretieren Sie „Dämmerung“ von Kurt Tucholsky. Stellen Sie dabei auch das zum Ausdruck kommende Zeitgefühl dar. Vergessen Sie nicht, auch eine Gliederung Ihrer Arbeit zu erstellen. Beziehen Sie Ihre bei Aufgabe 5 und 6 erarbeiteten Befunde mit ein.

Interpretation → S. 346 f.

1 Der Text folgt der originalen Rechtschreibung.

Aus dem Lesebuch für Städtebewohner[1] (1926) *Bertolt Brecht*

Trenne dich von deinen Kameraden auf dem Bahnhof
Gehe am Morgen in die Stadt mit zugeknöpfter Jacke
Suche dir Quartier und wenn dein Kamerad anklopft:
Öffne, o öffne die Tür nicht
Sondern
Verwisch die Spuren!

Wenn du deinen Eltern begegnest in der Stadt Hamburg oder sonstwo
Gehe an ihnen fremd vorbei, biege um die Ecke, erkenne sie nicht
Zieh den Hut ins Gesicht, den sie dir schenkten
Zeige, o zeige dein Gesicht nicht
Sondern
Verwisch die Spuren!

Iß das Fleisch, das da ist! Spare nicht!
Gehe in jedes Haus, wenn es regnet, und setze dich auf jeden Stuhl,
der da ist
Aber bleibe nicht sitzen! Und vergiß deinen Hut nicht!
Ich sage dir:
Verwisch die Spuren!

Was immer du sagst, sag es nicht zweimal
Findest du deinen Gedanken bei einem andern: verleugne ihn.
Wer seine Unterschrift nicht gegeben hat, wer kein Bild hinterließ
Wer nicht dabei war, wer nichts gesagt hat
Wie soll der zu fassen sein!
Verwisch die Spuren!

Sorge, wenn du zu sterben gedenkst
Daß kein Grabmal steht und verrät, wo du liegst
Mit einer deutlichen Schrift, die dich anzeigt
Und dem Jahr deines Todes, das dich überführt!
Noch einmal:
Verwisch die Spuren!

(Das wurde mir gesagt.)

Bertolt Brecht (1898–1956), der bereits 1919 mit dem Drama „Trommeln in der Nacht“ erfolgreich war, veränderte das Theater nachhaltig. Seine Studien des Marxismus prägten ihn und seine Werke entscheidend. Die Machtübernahme der Nationalsozialisten veranlasste ihn zur sofortigen Flucht aus Deutschland. Im Exil in Nordeuropa verfasste er u. a. das Drama „Mutter Courage und ihre Kinder“ (1939), das ihm Weltruhm einbrachte. Nach dem Krieg, den er zuletzt von den USA aus verfolgte, ließ sich Brecht in der DDR nieder.

9 a) Halten Sie Ihren ersten Eindruck von Brechts Gedicht „Trenne dich von deinen Kameraden …“ fest und geben Sie den Inhalt dieses ersten Gedichts der Sammlung „Aus dem Lesebuch für Städtebewohner“ knapp zusammengefasst wieder.

b) Erschließen Sie den Aufbau sowie die formale und sprachliche Gestaltung des Gedichts und deuten Sie es hinsichtlich der Aussageabsicht.

Irmgard Keun (geb. 1905), aus wohlhabendem, liberal gesinntem Elternhaus stammend, verbrachte ihre Kindheit in Berlin und Köln. Mit ihren ersten beiden Romanen „Gilgi, eine von uns" (1931) und „Das kunstseidene Mädchen" (1932) erzielte sie beachtliche Erfolge. Von den Nationalsozialisten wurden ihre Bücher verboten. 1936 ging sie ins Exil, kehrte 1940 heimlich nach Deutschland zurück und lebte hier bis 1945 illegal. Nach dem Krieg gelang es ihr nicht, an ihre früheren literarischen Erfolge anzuknüpfen. Erst in den späten Siebzigerjahren wurde sie wiederentdeckt. Sie starb 1982 in Köln.

1 Kunstseide: bezeichnet ein Massenprodukt der Strumpffabrikation; „Kunstseidene" werden in Berlin die vielen Verkäuferinnen und Büroangestellten genannt, die die Wirtschaftskrise in die Gelegenheitsprostitution treibt. Mit dem Romantitel verweist Keun auf ihre Protagonistin aus kleinbürgerlichen Verhältnissen, die aus der Provinz nach Berlin geht und hofft, dass sich dort ihre Sehnsucht nach Glamour erfüllt.

Das kunstseidene Mädchen[1] (1932) *Irmgard Keun*

[...]

Alle sollten nach Berlin. So schön. Aus einem offenen Schaufenster kriegt man Reibkuchen. Und sind doch die Ruhrbeins meine Verwandten, die immer Reibkuchen aßen – und war der Paul, der mein Vetter ist, arbeitslos und trug Anzüge auf von seinem jüngeren Bruder, der verdiente, und er fand nichts und saß da. Und stützt auf den Tisch in der Küche seine Arme, da sagt meine Tante: „Ich bitte dich, Paul, nicht die Arme stützen, um den Anzug zu schonen, denn du hast ihn ja nicht verdient."

Sie haben ihn wohl immer getröstet, wenn er mal verzweifelte und weinte, und haben ihm immer sehr übel genommen, wenn er mal eine gute Laune hat.

Ich gehe und gehe durch Friedrichstraßen und gehe und sehe und glänzende Autos und Menschen, und mein Herz blüht schwer.

Und wir saßen da mal zu vielen bei Ruhrbeins – und ich sehe jetzt eben in einen Kranz, das gibt Freude – und saßen bei Ruhrbeins, und Paul ist ganz fröhlich durch unsere Stimmung, und da sagt er: „Holen wir doch eine Flasche Wein, Mutter!"

Da sieht sie ihn an und macht eine zischende Stimme ganz voll Böse: „Wenn du's selber wieder mal verdienst, kannst du ja auch deinen Freunden Wein spendieren."

Da wurden wir alle rot, es wurde eine Stille im Zimmer. Und Paul ist fortgegangen und hat sich das Leben genommen im Wasser an demselben Abend. Und die Ruhrbeins weinten ganz furchtbar und waren ein Leid und sagten: „Er war doch der beste von unseren Kindern, und wie konnte er uns es antun, wo wir immer gut zu ihm waren."

So ist es immer mit uns Kindern von ärmeren Leuten. Ich liebe ja meine Mutter mit einer Sehnsucht und bin doch so froh, dass ich fort bin in Berlin, und es ist eine Freiheit, ich werde ein Glanz.

Ich gehe abends und morgens – es ist eine volle Stadt mit so viel Blumen und Läden und Licht und Lokalen, mit Türen und filzigem Gehänge dahinter – ich male es mir aus, was drinnen ist, und geh manchmal rein und gucke und tu, als wenn ich jemand suche, der gar nicht da ist – und wieder raus. Und wo es am interessantesten ist, da bleibe ich dann manchmal. Ich habe auch schon mal in Berlin Spargelsalat gegessen.

Und hat mich doch gestern einer nach Hause gebracht im Auto. Weil er nicht rasiert war, habe ich heute ein ganz zerstacheltes Gesicht und bin rot wie eine Tomate und sonnenbrandartig. Da kann man doch also mit Männern nicht vorsichtig genug sein. Aber es ist mir ein Frühling, Berlin ist mir ein Ostern, das auf Weihnachten fällt, wo alles voll schillerndem Betrieb ist. Ich sehe die Männer und denke, das sind so viele, und es wird doch für mich einer sein, der atmet das ganze Berlin aus sich heraus und auf mich ein. Und er hat schwarze Haare und ein Cachenez[2] aus weißer vornehmer Seide.

Ich liebe Berlin mit einer Angst in den Knien und weiß nicht, was morgen essen, aber es ist mir egal – ich sitze bei Josty am Potsdamer Platz, und es sind Säulen von Marmor und eine Weite. Alle Leute lesen Zeitungen und auch ausländische und bedeutend gedruckt, und sie haben so eine Ruhe, indem sie sitzen, als wenn ihnen alles gehört, denn sie können bezahlen. Ich ja auch heute.

Ich bin immer gegangen am Leipziger Platz und Potsdamer. Aus Kinos[3] kommt eine Musik, das sind Platten, auf denen vererbt sich die Stimme von Menschen. Und alles singt.

[...]

2 Cachenez (frz.): „Verbirg die Nase“; Halbmaske als Teintschutz im 16. Jahrhundert; Halstuch seit dem 19. Jahrhundert

3 In der großstädtischen Massenkultur erlebten die modernen Massenmedien, Rundfunk, Printmedien und Kinos, einen ungeheueren Aufschwung. Ende der Zwanzigerjahre besuchten täglich etwa 2 Millionen Menschen die über 5.000 deutschen Kinos.

Interpretation → S. 346 f.

10 ***Erschließen und interpretieren Sie den Auszug aus Irmgard Keuns Roman „Das kunstseidene Mädchen“. Beachten Sie dabei besondes die erzählerische und sprachliche Gestaltung.***

11 ***Ergänzen Sie Ihre Deutung der Aussage der beiden Texte von Brecht und Keun, indem Sie diese zueinander in Beziehung setzen. Erörtern Sie, ausgehend von Ihren Arbeitsergebnissen, die Bedeutung der Großstadt für die Menschen und für die Literatur in der Zeit der Weimarer Republik.***

M. Fleißer → S. 100

12 *Rechercheaufträge zum Thema „Die ‚Neue Frau‘ – Frauen als neusachliche Schriftstellerinnen und ihre Protagonistinnen“: Informieren Sie sich unter dem angegebenen Thema über Leben und Werk von Irmgard Keun, Vicki Baum sowie Marieluise Fleißer und ihre frühe Prosa.*

1.2 Schnörkellos und ohne Pomp – „sachliche“ Liebesgedichte

Bertolt Brecht
(um 1926 / 1927)

1 Der Text folgt der originalen Rechtschreibung.

B. Brecht → S. 90

Immer wieder[1]
Wenn ich diesen Mann ansehe
Er hat nicht getrunken und
Er hat sein altes Lachen
Denke ich: es geht besser.
Der Frühling kommt, eine gute Zeit kommt
Die Zeit, die vergangen ist
Ist zurückgekehrt
Die Liebe beginnt wieder, bald
Ist es wie einst.

Immer wieder
Wenn ich mit ihm geredet habe
Er hat gegessen und geht nicht weg
Er spricht mit mir und
Hat seinen Hut nicht auf
Denke ich: es wird gut
Die gewöhnliche Zeit ist um –
Mit einem Menschen
Kann man sprechen, er hört zu
Die Liebe beginnt wieder, bald
Ist alles wie einst.

Der Regen
Kehrt nicht zurück nach oben
Wenn die Wunde
Nicht mehr schmerzt
Schmerzt die Narbe.

Großstadtliebe (erschienen 1933) *Mascha Kaléko*

Mascha Kaléko (geb. 1907 in Galizien, gest. 1975 in Zürich) floh 1914 mit ihren Eltern nach Deutschland und lebte ab 1918 in Berlin. Sie arbeitete in einem Büro und fand Ende der Zwanzigerjahre Anschluss an die literarische Boheme, die sich im „Romanischen Café" traf. 1933 erschien ihr sehr erfolgreiches erstes Buch „Das lyrische Stenogrammheft". 1935 erhielt sie Berufsverbot, 1938 emigrierte sie und lebte u. a. in den USA und in Israel, wo sie mit ihren neuen Texten kaum noch Erfolg hatte.

Man lernt sich irgendwo ganz flüchtig kennen
Und gibt sich irgendwann ein Rendezvous.
Ein Irgendwas, – 's ist nicht genau zu nennen –
Verführt dazu, sich gar nicht mehr zu trennen.
Beim zweiten Himbeereis sagt man sich „du".

Man hat sich lieb und ahnt im Grau der Tage
Das Leuchten froher Abendstunden schon.
Man teilt die Alltagssorgen und die Plage,
Man teilt die Freuden der Gehaltszulage,
... Das Übrige besorgt das Telefon.

Man trifft sich im Gewühl der Großstadtstraßen.
Zu Hause geht es nicht. Man wohnt möbliert.
– Durch das Gewirr von Lärm und Autorasen,
– Vorbei am Klatsch der Tanten und der Basen
Geht man zu zweien still und unberührt.

Man küsst sich dann und wann auf stillen Bänken,
– Beziehungsweise auf dem Paddelboot.
Erotik muss auf Sonntag sich beschränken.
... Wer denkt daran, an später noch zu denken?
Man spricht konkret und wird nur selten rot.

Man schenkt sich keine Rosen und Narzissen,
Und schickt auch keinen Pagen sich ins Haus.
– Hat man genug von Weekendfahrt und Küssen,
Lässt mans einander durch die Reichspost wissen
Per Stenografenschrift ein Wörtchen: „aus“!

1 *Gruppenarbeit:*
  a) *Erschließen und interpretieren Sie in Gruppen jeweils eines der beiden Gedichte.*
     – *Recherchieren Sie dazu auch Informationen zur Biografie von Brecht, vor allem bezüglich der Zeit der Weimarer Republik, und formulieren Sie jeweils, ausgehend von den biografisch-zeitgeschichtlichen Informationen, eine Einleitung zu einer Interpretation des Gedichts.*
     – *Halten Sie Ihre Befunde zu Inhalt, Aufbau, Form und Sprache des jeweiligen Gedichts in Stichpunkten fest.*
  b) *Informieren Sie sich anhand des nachfolgenden Textes und des Basiswissens näher über den Stil der „Neuen Sachlichkeit“ und beziehen Sie die Informationen in Ihre Arbeitsergebnisse mit ein.*
  c) *Bilden Sie nun neue Gruppen, in denen jeweils zwei „Experten“ für jedes Gedicht vertreten sind. Informieren Sie sich in der Gruppe gegenseitig über Ihre Ergebnisse. Vergleichen Sie die Befunde und erarbeiten Sie Gemeinsamkeiten der Lyrik der „Neuen Sachlichkeit“ sowie charakteristische Merkmale der Autoren, soweit sie aus den Texten erkennbar sind.*
  d) *Stellen Sie Ihre Ergebnisse im Plenum vor und tauschen Sie sich darüber aus.*

Der Stil der „Neuen Sachlichkeit“

„Neue Sachlichkeit“ bezeichnet eine alle Kunstrichtungen umfassende Stilrichtung, die in den Zwanzigerjahren des 20. Jahrhunderts in Deutschland entwickelt wird. Der Begriff, geprägt von Gustav Friedrich Hartlaub, dem Direktor der Mannheimer Kunsthalle, der 1925 dort eine Ausstellung unter dem Titel „Neue Sachlichkeit“ eröffnete, beschreibt das erkennbare charakteristische Merkmal verschiedener Richtungen der modernen Malerei nach dem Ersten Weltkrieg: eine nüchtern-realistische Wiedergabe der Wirklichkeit. In bewusster Abkehr vom vorausgehenden Expressionismus steht bei Künstlern wie George Grosz und Otto Dix (s. S. 84) die Sozialkritik im Vordergrund, während in den klassizistisch-idealisierenden Bildern neusachlicher Maler wie dem Münchner Georg Schrimpf („Rundfunksender“) eher die Sehnsucht nach Idylle zum Ausdruck kommt.

Bedeutende Vertreter der „Neuen Sachlichkeit“ sind auch Christian Schad, der z. B. in Porträts wie „Sonja“ (s. S. 84) den neuen selbstbewussten Frauentyp mit Bubikopf und Zigarette der Zwanzigerjahre darstellt, und Rudolf Schlichter. Von nachhaltiger, ein ganzes Jahrhundert prägender Wirkung ist 1919 die Einrichtung einer staatlichen

Georg Schrimpf: „Runkfunksender“ (1933)

Bauhaus-Möbel von Erich Dieckman (1926), Bauhaus Museum, Weimar

Kunstschule in Weimar, die ihr erster Direktor, der Architekt Walter Gropius, „Bauhaus“ nannte, an die Bauhütten des Mittelalters erinnernd, in denen Handwerker und Künstler gemeinsam an der Errichtung der Kathedralen arbeiteten. Gegen den Pomp der Prunkbauten der wilhelminischen Ära und die verspielte Ornamentik des Jugendstils setzt das „Bauhaus“ klare Linien und konsequent reduzierte Formen in Architektur und Design. Ein Musterhaus in Weimar, an dem alles, das Haus und die gesamte Einrichtung bis hin zu Teppichen und Türklinken, von Mitgliedern des Bauhauses gestaltet ist, präsentiert 1923 das neue Konzept: klare und rechtwinklige Formen, die Ausrichtung des gesamten Hauses auf die Anforderungen des alltäglichen Lebens hin und die Eignung jedes entworfenen Werkstücks als Modell für die industrielle Fertigung. Während die Nationalsozialisten 1933 das Bauhaus schließen, prägt der sachliche Bauhaus-Stil weiterhin das Design der folgenden Jahrzehnte.

Das Meisterhaus von Moholy-Nagy im Bauhausstil, Dessau

Basis

„Neue Sachlichkeit“ in der Literatur

In der Literatur kennzeichnet die „Neue Sachlichkeit“ die Abkehr vom Expressionismus und von einem klassisch-elitären Dichtungsbegriff hin zum Arbeitsleben und zur Alltagswelt, dargestellt in nüchterner Sprache und in ihrem Formenrepertoire beeinflusst durch die neue Alltagswelt: zur Kunstform erhobene journalistische Textsorten (Tucholsky, Kisch), der Einsatz von Filmszenen, Fotografien oder Dokumentarmaterialien auf der Bühne durch Piscator und Brecht und auch u. a. für das Kabarett verfasste Gebrauchslyrik wie Balladen, Couplets (politisches oder satirisches Lied mit markantem Refrain) oder Songs.

Expressionismus → S. 26
L. Moholy-Nagy → S. 118

2 Verfassen Sie eigene „sachliche Liebesgedichte“ nach dem Muster der erschlossenen Texte und überlegen Sie sich eine geeignete Form der Präsentation Ihrer Werke, sei es beispielsweise eine Lyrikseite im Internet, ein Wettbewerb mit Veröffentlichung der Sieger in der Schülerzeitung oder eine Wandzeitung im Klassenzimmer.

1.3 „Und nichts Sensationelleres gibt es in der Welt als die Zeit, in der man lebt“ – der Reporter als Zeitzeuge

„Medienzeit und Medienbilder – …“ → S. 114 ff.

Prägendes Merkmal der Zeit der Weimarer Republik ist das Aufkommen der Massenmedien Film und Hörfunk sowie die Entwicklung der Printmedien.

K. Tucholsky: „Dämmerung“ → S. 88 f.
A. Döblin: „Berlin Alexanderplatz“ → S. 106 ff., 112 f.
B. Brecht: „Die Dreigroschenoper“ → S. 100 f.

Die Entwicklung der neuen Massenmedien beeinflusste auch die Literatur der Zwanzigerjahre und umgekehrt. Beispiele für diese „Intermedialität“ der Literatur sind künstlerisch geprägte journalistische Formen wie die literarischen Reportagen von Egon Erwin Kisch und ein neuer Autorentypus, der in verschiedenen Medien (Rundfunk, Film, Theater, Zeitung) agiert, wie Kurt Tucholsky, Alfred Döblin und Bertolt Brecht.

Der rasende Reporter (1925) *Egon Erwin Kisch*

Elliptische Tretmühle (entstanden 1924)

Mit dem Namen Egon Erwin Kisch verknüpft bleibt der „Rasende Reporter“, der von ihm selbst gewählte Buchtitel, der jedoch einen falschen Eindruck vermittelt von einem literarischen Journalisten, der sorgfältig recherchiert und großen Wert auf die stilistische Gestaltung seiner Texte gelegt hat. Im Vorwort zum „Rasenden Reporter“, aus dem die folgende Reportage vom Berliner Sechstagerennen 1924 entnommen ist, formuliert er, was als Überschrift über seinem Schaffen stehen und als Leitsatz der „Neuen Sachlichkeit“ gelten kann: „Nichts ist verblüffender als die einfache Wahrheit, nichts ist exotischer als unsere Umwelt, nichts ist phantasievoller als die Sachlichkeit. Und nichts Sensationelleres gibt es in der Welt als die Zeit, in der man lebt.“

Berlin 1927.
16. Sechstagerennen am Kaiserdamm

Zum zehnten Male, Jubiläum also, wütet im Sportpalast in der Potsdamer Straße das Sechstagerennen. Dreizehn Radrennfahrer, jeder zu einem Paar gehörend, begannen am Freitag um neun Uhr abends die Pedale zu treten, siebentausend Menschen nahmen ihre teuer bezahlten Plätze ein, und seither tobt Tag und Nacht, Nacht und Tag das wahnwitzige Karussell. An siebenhundert Kilometer legen die Fahrer binnen vierundzwanzig Stunden zurück, man hofft, sie werden den Weltrekord drücken, jenen historischen Weltrekord, als in sechs nächtelosen Tagen von 1914 zu Berlin die Kleinigkeit von 4.260,960 Kilometern zurückgelegt wurde, worauf der Weltkrieg ausbrach.

Sechs Tage und sechs Nächte lang schauen die dreizehn Fahrer nicht nach rechts und nicht nach links, sondern nur nach vorn, sie streben vorwärts, aber sie sind immer auf dem gleichen Fleck, immer in dem Oval der Rennbahn, auf den Längsseiten oder auf den fast senkrecht aufsteigenden Kurven, unheimlich übereinander, manchmal an der Spitze des Schwarmes, manchmal an der Queue[1] und manchmal – und dann brüllt das Publikum: „Hipp, hipp!" – um einige Meter weiter; wenn aber einer eine Runde oder zwei voraushat, ist er wieder dort, wo er war, er klebt wieder in dem Schwarm der dreizehn. So bleiben alle auf demselben Platz, während sie vorwärts hasten, während sie in rasanter Geschwindigkeit Strecken zurücklegen, die ebenso lang sind wie die Diagonalen Europas, wie von Konstantinopel nach London und von Madrid nach Moskau. Aber sie kriegen keinen Bosporus zu sehen und keinen Lloyd George[2], keinen Escorial[3] und keinen Lenin, nichts von einem Harem und nichts von einer Lady, die auf der Rotten Row[4] im Hyde Park reitet, und keine Carmen, die einen Don José[5] verführt, und keine Sozialistin mit kurzem schwarzem Haar und Marxens „Lehre vom Mehrwert" im Paletot[6]. Sie bleiben auf derselben Stelle, im selben Rund, bei denselben Menschen – ein todernstes, mörderisches Ringelspiel. Und wenn es zu Ende, die hundertvierundvierzigste Stunde abgeläutet ist, dann hat der Erste, der, dem Delirium tremens nahe, lallend vom Rade sinkt, den Sieg erfochten, ein Beispiel der Ertüchtigung.

Sechs Tage und sechs Nächte drücken dreizehn Paar Beine auf die Pedale, das rechte Bein auf das rechte Pedal, das linke Bein auf das linke Pedal, sind dreizehn Rücken abwärts gebogen, während der Kopf ununterbrochen nickt, einmal nach rechts, einmal nach links, je nachdem, welcher Fuß gerade tritt, und dreizehn Paar Hände tun nichts als die Lenkstange halten; manchmal holt ein Fahrer unter dem Sitz eine Flasche Limonade hervor und führt sie an den Mund, ohne mit dem Treten aufzuhören, rechts, links, rechts, links. Ihre dreizehn Partner liegen inzwischen erschöpft in unterirdischen Boxen und werden massiert. Sechs Tage und sechs Nächte. Draußen schleppen Austrägerinnen die Morgenblätter aus der Expedition, fahren die ersten Waggons der Straßenbahnen aus der Remise, Arbeiter gehen in die Fabriken, ein Ehemann gibt der jungen Frau den Morgenkuss, ein Polizist löst den anderen an der Straßenecke ab, ins Café kommen Gäste, jemand

1 Queue: Ende einer Kolonne

2 Lloyd George: brit. Staatsmann, 1916–22 Premierminister

3 Escorial: größtes Renaissancebauwerk der Erde, nordwestl. von Madrid gelegen, mit wertvollen Bücher-, Gemälde- und Gobelinsammlungen

4 Rotten Row: eigentlich „route du roi" (Straße des Königs): den Kensington Palace mit St. James's Palace verbindend

5 Carmen, Don José: die beiden Hauptfiguren der Oper „Carmen" von Georges Bizet

6 Paletot: Mantel

überlegt, ob er heute die grau-schwarz gestreifte Krawatte umbinden soll oder die braun gestrickte, der Dollar steigt, ein Verbrecher entschließt sich endlich zum Geständnis, eine Mutter prügelt ihren Knaben, Schreibmaschinen klappern, Fabriksirenen tuten die Mittagspause, im Deutschen Theater wird ein Stück von Georg Kaiser gegeben, das beim Sechstagerennen spielt, der Kellner bringt das Beefsteak nicht, ein Chef entlässt einen Angestellten, der vier Kinder hat, vor der Kinokasse drängen sich hundert Menschen, […] ein Gymnasiast kann nicht schlafen, denn er wird morgen den pythagoräischen Lehrsatz nicht beweisen können, ein Arzt amputiert ein Bein, Menschen werden geboren und Menschen sterben, eine Knospe erblüht und eine Blüte verwelkt, ein Stern fällt und ein Fassadenkletterer steigt eine Häuserwand hinauf, die Sonne leuchtet und Rekruten lernen schießen, es donnert und Bankdirektoren amtieren, im Zoologischen Garten werden Raubtiere gefüttert und eine Hochzeit findet statt, der Mond strahlt und die Botschafterkonferenz fasst Beschlüsse, ein Mühlenrad klappert und Unschuldige sitzen im Kerker, der Mensch ist gut und der Mensch ist schlecht – während die dreizehn, ihren Hintern auf ein sphärisches Dreieck aus Leder gepresst, unausgesetzt rundherum fahren, unaufhörlich rundherum, immerfort mit kahlgeschorenem Kopf und behaarten Beinen nicken, rechts, links, rechts, links.

[…]

Ein Inquisitor, der solche Tortur, etwa „elliptische Tretmühle“ benamst, ausgeheckt hätte, wäre im finstersten Mittelalter selbst aufs Rad geflochten worden – ach, auf welch ein altfränkisches, idyllisches Einrad! Aber im zwanzigsten Jahrhundert muss es Sechstagerennen geben. *Muss!* Denn das Volk verlangt es. Die Rennbahn mit den dreizehn strampelnden Trikots ist Manometerskala einer Menschheit, die mit Wünschen nach äußerlichen Sensationen geheizt ist, mit dem ekstatischen Willen zum Protest gegen Zweckhaftigkeit und Mechanisierung. Und dieser Protest erhebt sich mit der gleichen fanatischen Sinnlosigkeit wie der Erwerbstrieb, gegen den er gerichtet ist. […]

Von morgens bis mitternachts ist das Haus voll, und von mitternachts bis morgens ist der Betrieb noch toller. Eine Brücke überwölbt hoch die Rennbahn und führt in den Innenraum; die Brückenmaut beträgt zweihundert Mark pro Person. Im Innenraum sind zwei Bars mit Jazzbands, ein Glas Champagner kostet dreitausend Papiermark, eine Flasche zwanzigtausend Papiermark. Nackte Damen in Abendtoilette sitzen da, Verbrecher in Berufsanzug (Frack und Ballschuhe), Chauffeure, Neger[7], Ausländer, Offiziere und Juden. Man stiftet Preise. Wenn der Spurt vorbei ist, verwendet man die Aufmerksamkeit nicht mehr auf die Kurve, sondern auf die Nachbarin, die auch eine bildet. Sie lehnt sich in schöner Pose an die Barriere, die Kavaliere schauen ins Dekolleté, rechts, links, rechts, links. Das Sechstagerennen des Nachtlebens ist es. Im Parkett und auf den Tribünen drängt sich das werktätige Volk von Berlin, Deutschvölkische[8], Sozialdemokraten, rechts, links,

Egon Erwin Kisch (geb. 1885 in Prag) stammte aus einer jüdischen Patrizierfamilie und verschaffte sich als Lokalreporter in Prag schnell einen Namen. Nach seinem Fronteinsatz im Ersten Weltkrieg lebte er ab 1921 in Berlin, schrieb für die bürgerliche und die kommunistische Presse und errang mit seinem Buch „Der rasende Reporter“, einer Sammlung literarischer Reportagen, einen beachtlichen Erfolg. Die nationalsozialistische Hetze gegen ihn unterschätzend, blieb er auch nach der Machtergreifung Hitlers in Berlin. Am Tag nach dem Reichstagsbrand verhaftet, rettete ihm sein tschechischer Pass das Leben. Abgeschoben nach Prag und immer wieder auf der Flucht, unterstützte er vom Exil aus Regimegegner. 1946 kehrte er nach Prag zurück und starb dort 1948.

Die farblich hervorgehobene Passage benötigen Sie bei Aufgabe 3 (Material 1).

7 Neger: zur Abfassungszeit üblicher Begriff, heute verpönt, da abwertend verstanden

8 Deutschvölkische: Bezeichnung für rechtsorientierte, nationalistische und zum Teil rassistische Strömung vor 1933

rechts, links, alle Plätze des Sportpalastes sind seit vierzehn Tagen ausverkauft, Logen und Galerien lückenlos besetzt, rechts, links, rechts, links, Bezirke im Norden und Süden müssen entvölkert sein, Häuser leer stehen, oben und unten, rechts und links.

Und mehr als die Hälfte der Plätze sind von Besessenen besessen, die – die Statistik stellt es triumphierend fest – vom Start bis zum Finish der Fahrer in der hundertvierundvierzigsten Stunde ausharren. [...] Es gehört zur Ausnahme, dass ihr Vergnügen vorzeitig unterbrochen wird, wie zum Beispiel das des sportfreudigen Herrn Wilhelm Hahnke, aus dem Hause Nr. 139 der Schönhauser Straße. Am dritten Renntag verkündete nämlich der Sprecher durch das Megafon, rechts, links, rechts, links, den siebentausend Zuschauern: „Herr Wilhelm Hahnke, Schönhauser Straße 139, soll nach Hause kommen, seine Frau ist gestorben!"

1 ***Erstellen Sie anhand der in Kischs Reportage „Elliptische Tretmühle" enthaltenen Fakten einen informierenden Sachtext über das Sechstagerennen im Berlin der Zwanzigerjahre.***

2 ***a) Untersuchen Sie den Aufbau und die sprachliche Gestaltung des Textes.***
b) Setzen Sie sich eingehend mit der Darstellung und Bedeutung des „Ovals" der Rennbahn und der Rechts-links-Bewegung der Fahrer in Kischs Reportage auseinander.

3 ***Bearbeiten Sie eine der beiden folgenden Aufgaben.***
(A) Erschließen und interpretieren Sie die Reportage „Elliptische Tretmühle" von E. E. Kisch. Nehmen Sie kritisch Stellung zu Kischs Aussage im Vorwort zu seiner 1924 herausgegebenen Sammlung von Reportagen „Der rasende Reporter", der auch der Textauszug entnommen ist: „Der Reporter hat keine Tendenz, hat nichts zu rechtfertigen und hat keinen Standpunkt." Begründen Sie Ihre Aussagen anhand des Textes.
(B) Verfassen einer materialgestützten Erörterung: Erörtern Sie die Bedeutung, die dem Sport in der Zeit der Weimarer Republik zukommt und ihn sogar zu d e m Kennzeichen der Zeit werden lässt. Beziehen Sie in Ihre Argumentation die folgenden Materialien mit ein.

materialgestützte Erörterung → S. 345

Material 1 ist im Text hervorgehoben → S. 98

Material 2

Siegfried Kracauer (1889–1966) war Journalist, Publizist, Schriftsteller, Soziologe und Filmwissenschaftler.

Die Angestellten (1929) *Siegfried Kracauer*

Zweifellos erfüllt die systematische Durchbildung des Körpers die Mission, das lebensnotwendige Gleichgewicht gegen die vermehrten Anforderungen der modernen Wirtschaft herzustellen. Die Frage ist aber, ob es beim heutigen Sportbetrieb nur um diese freilich unerlässliche Durchbildung geht. Ob nicht am Ende dem Sport auch darum heute ein so ausgezeichneter Platz in der Hierarchie der Kollektivwerte angewiesen wird, weil er den Massen die willkommene und von ihr voll ausgenutzte Möglichkeit der Zerstreuung bietet.

Material 3

Frank Thiess (geb. 1890 in Livland, gest. 1977 in Darmstadt) war nach dem Ersten Weltkrieg Redakteur am „Berliner Tagblatt“, prägte 1933 den Begriff der „inneren Emigration“. Hierüber kam es nach dem Zweiten Weltkrieg zu einer Auseinandersetzung mit Thomas Mann.

Die Geistigen und der Sport (1927) *Frank Thieß*

Im wilhelminischen Deutschland, das den Autoritätsgedanken in den Mittelpunkt aller Verwaltung stellte, konnte der Sport im anglo-amerikanischen Sinne nur ein sehr dürftiges Aufgabenfeld finden. Es fehlte der Geist des Sports als eines Wettkampfs freier Menschen unter eigengesetzter Disziplin. Solange der Drill in Deutschland als bester Ausdruck körperlicher Zucht angesehen wurde, konnte es keinen Volkssport geben.

Material 4

1 Der Text folgt der originalen Rechtschreibung.

Marieluise Fleißer (1901–1974) erregte in der Weimarer Zeit vor allem durch ihre Dramen („Fegefeuer in Ingolstadt“, uraufgeführt 1926 in Berlin, und „Pioniere in Ingolstadt“, 1928 in Berlin uraufgeführt) Aufsehen; auch mit ihrer Prosa zählte sie zur literarischen Avantgarde der Zeit.

Sportgeist und Zeitkunst. Essay über den modernen Menschentyp[1] (1929) *Marieluise Fleißer*

Wenn heute Personen vor die Aufgabe gestellt werden, jenen Menschentyp zu nennen, der ihnen der Repräsentant des modernen Zeitgefühls zu sein scheint, so nennen die Orientierten unter ihnen den Sportsmann. [...]
Was ist Sportgeist? Echter Sportgeist ist die aggressive Einstellung des Menschen zu seinem eigenen Körper, wobei er an Hand bestimmter schwer zu erreichender Leistungen die Linie seines natürlichen Körperwiderstandes durch seinen Willen zurückzudrängen versucht. [...] Das Resultat ist Entschlußfähigkeit. Sehnen, Muskeln, Nerven, Knochen werden an das Bringen von Kraft, an Kaltblütigkeit, Kontrolle, Tempo, Durchhalten, Steigerung, an wurfartige Verdichtungen des Antriebs und jene plötzlichen Explosionen der Muskelstränge gewöhnt, die den Spurter ausmachen. [...]

1.4 „Erst kommt das Fressen, dann kommt die Moral“ – Theater der Zwanzigerjahre

1 Der Text folgt der originalen Rechtschreibung.

Die Dreigroschenoper[1] *Bertolt Brecht*

Sachlichkeit ist auch der charakteristische Grundzug des Brecht'schen Theaters. „Es ist gewöhnliches Theater. Es sind Bretter und ein Papiermond“, lässt Brecht am Ende seines 1922 in München uraufgeführten Stücks „Trommeln in der Nacht“ den aus dem Krieg heimgekehrten Soldaten sagen und anschließend das Publikum auffordern: „Glotzt nicht so romantisch!“

B. Brecht → S. 90

[...]
Vorhang. Macheath und Spelunkenjenny treten vor den Vorhang und singen bei Songbeleuchtung das

2. Dreigroschen-Finale: Ballade über die Frage: „Wovon lebt der Mensch?“

Mac
Ihr Herrn, die ihr uns lehrt, wie man brav leben
Und Sünd und Missetat vermeiden kann
Zuerst müßt ihr uns was zu fressen geben

„Dreigroschenoper“, Berliner Ensemble 1960, Szene mit Wolf Kaiser als Mackie Messer (Mac) und Felicitas Ritsch als Spelunkenjenny

Dann könnt ihr reden: Damit fängt es an.
Ihr, die ihr euren Wanst und unsre Bravheit liebt
Das eine wisset ein für allemal:
Wie ihr es immer dreht und wie ihr's immer schiebt
Erst kommt das Fressen, dann kommt die Moral.
Erst muß es möglich sein auch armen Leuten
Vom großen Brotlaib sich ihr Teil zu schneiden.
Hinter der Szene
Denn wovon lebt der Mensch?
Mac
Denn wovon lebt der Mensch? Indem er stündlich
Den Menschen peinigt, auszieht, anfällt, abwürgt und frißt.
Nur dadurch lebt der Mensch, daß er so gründlich
Vergessen kann, daß er ein Mensch doch ist.
Chor
Ihr Herren, bildet euch nur da nichts ein
Der Mensch lebt nur von Missetat allein.
Spelunkenjenny
Ihr lehrt uns, wann ein Weib die Röcke heben
Und ihre Augen einwärts drehen kann.
Zuerst müßt ihr uns was zu fressen geben
Dann könnt ihr reden: Damit fängt es an.
Ihr, die auf unsrer Scham und eurer Lust besteht
Das eine wisset ein für allemal:
Wie ihr es immer dreht und wie ihr's immer schiebt
Erst kommt das Fressen, dann kommt die Moral.
Erst muß es möglich sein auch armen Leuten
Vom großen Brotlaib sich ihr Teil zu schneiden.
Hinter der Szene
Denn wovon lebt der Mensch?
Spelunkenjenny
Denn wovon lebt der Mensch? Indem er stündlich
Den Menschen peinigt, auszieht, anfällt, abwürgt und frißt
Nur dadurch lebt der Mensch, daß er so gründlich
Vergessen kann, daß er ein Mensch doch ist.
Chor
Ihr Herren, bildet euch nur da nichts ein
Der Mensch lebt nur von Missetat allein!
Vorhang.

1 ***Geben Sie mit eigenen Worten den Inhalt des „2. Dreigroschen-Finales“ wieder.***

2 Erschließen und interpretieren Sie den Aufbau, die sprachliche Gestaltung und die dramaturgischen Mittel. Berücksichtigen Sie bei der Deutung das Basiswissen zum Theater in der Weimarer Republik.

Basis

Das „Totaltheater" der Zwanzigerjahre

„Neue Sachlichkeit" und Intermedialität kennzeichnen auch das Theater der Zwanzigerjahre. Der Regisseur Erwin Piscator (1893–1966) wollte durch das Theater gesellschaftliche Zusammenhänge bewusst machen und die Menschen aufrütteln. Dafür revolutionierte er die Bühnentechnik, indem er Spruchbänder und Sprechchöre einsetzte, die neuen Medien nutzte, wie Dokumentarfilme und Fotografien, und Musikstücke und Revuen einbaute. In seinem „Totaltheater" sollte der Zuschauer nicht mehr wie im Guckkastentheater durch einen Vorhang getrennt der Bühne gegenübersitzen, sondern in das Geschehen einbezogen werden. Die Realisierung des vom Bauhaus-Architekten Walter Gropius entworfenen „Totaltheaters" scheiterte jedoch an fehlenden finanziellen Mitteln. Durch Drehen der inneren Parkettscheibe mit einer zusätzlichen Darstellungsfläche hätte das Bühnengeschehen mitten in den Zuschauerraum verlagert werden können; die Wände des amphitheaterartigen Raums waren als Projektionsflächen für Fotos, Filme u. Ä. gedacht.

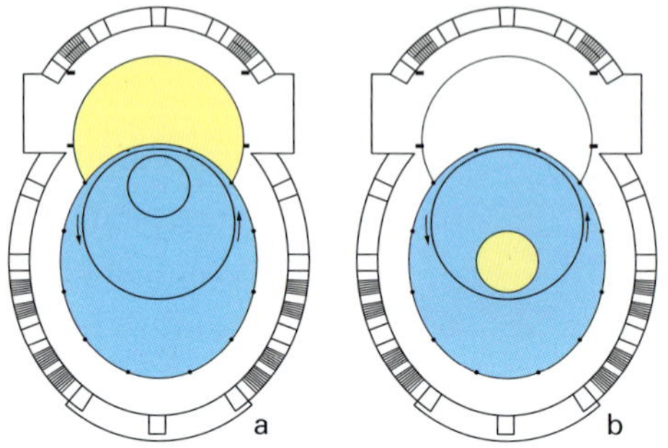

W. Gropius: Totaltheater
a Normalbühne, b Zentralbühne

Bühne — Zuschauerraum

www.

3 Informieren Sie sich arbeitsteilig über den Inhalt von Brechts „Dreigroschenoper", die Biografie Brechts bis zur Emigration und über die Rezeption der „Dreigroschenoper" in der Weimarer Republik. Neben Literaturgeschichten und Sekundärliteratur helfen Ihnen die Seiten des Deutschen Historischen Museums (www.dhm.de). Stellen Sie Ihre Ergebnisse in Kurzreferaten vor.

Referieren → S. 352

2. „Man fängt nicht sein Leben mit guten Worten und Vorsätzen an …" – die Weimarer Republik im zeitgenössischen Roman

Erfolg (1930) *Lion Feuchtwanger*

Der Roman „Erfolg. Drei Jahre Geschichte einer Provinz" erzählt die Geschichte des zu Unrecht verurteilten und inhaftierten Kunsthistorikers Dr. Martin Krüger, um dessen Rehabilitierung und Freilassung seine Freundin Johanna Krain kämpft. Diese Handlung zieht sich als roter Faden durch den Roman, dessen Gegenstand vor allem, wie im Unter-

titel angegeben, „drei Jahre Geschichte einer Provinz“ sind, und zwar die Jahre 1921 bis 1924 in München und dem bayerischen Oberland. Feuchtwanger stützt sich dabei auf eigene Anschauung und Erfahrungen ebenso wie auf umfangreiche Recherchen. Zu den im Roman verarbeiteten historischen Ereignissen gehören der Aufstieg der NSDAP (im Roman die „Wahrhaft Deutschen“ mit ihrem Anführer Rupert Kutzner) und der Hitlerputsch am 8./9. November 1923. In den Figuren des Romans sind unschwer bayerische Minister und Abgeordnete sowie Schriftsteller- und Künstlerkollegen (Brecht, Ganghofer, Thoma, Valentin) zu identifizieren.

Drittes Buch – Spaß. Sport. Spiel
9. Einhundertfünfzig Fleischpuppen und ein Mensch

Ein Gerichtsvollzieher hat wegen einer ausstehenden Forderung in der Wohnung des Schriftstellers Jacques Tüverlin einige Möbelstücke gepfändet. Tüverlin beunruhigt das nicht sehr, da seines Erachtens das Geld, das er derzeit von dem Vergnügungsindustriellen Pfaundler bekommt, für seine Bedürfnisse ausreicht. Er schreibt nämlich an einer Revue, die Pfaundler, der an der steigenden Inflation viel verdient, bei ihm in Auftrag gegeben hat. Tüverlin denkt an eine politische Revue, inspiriert von Aristophanes, unter dem Titel „Kasperl im Klassenkampf“. Pfaundler will mit der Revue „die Berliner an die Wand drücken“ und wünscht den Titel „Höher geht's nimmer“, was er, wie der Erzähler bemerkt, „vornehmlich auf die Kostüme der Frauen bezogen wissen wollte“.

[...] Herr Pfaundler, sowie er von Tüverlins Lage Wind bekam, nutzte seine Überlegenheit. Er strich mit dicken Fingern im Manuskript der Revue herum, und Aristophanes verflüchtigte sich. Kasperl, ein harmloser Hanswurst, musste sich darauf beschränken, statt Klassenkampf gemütlichen Ulk zu machen.

Tüverlin hätte dem Pfaundler am liebsten die Arbeit hingeschmissen, sich dem Hörspiel „Weltgericht“ zugewandt. Aber hatte er nicht die Form der Revue als ernsthafteste Kunstgattung der Zeit bezeichnet? Durfte er sich jetzt, wo man ihm Gelegenheit gab, diese seine Ansicht praktisch zu manifestieren, feig drücken? Mit der Vollendung des Textes war nichts getan. Es kam darauf an, die Worte in Erscheinung umzusetzen, in Szene, in Wirkung. Er war innerlich nicht abhängig von Erfolg oder Misserfolg. Allein in Krieg, Politik, Wirtschaft, Theater entscheidet nichts als die Wirkung, nichts als der Erfolg. Sich in dieses Reich begeben, heißt die Spielregeln, heißt den Wertmesser *Erfolg* anerkennen. Eine szenische Aufführung, die nicht wirkt, ist ein Auto, das nicht funktioniert. Es war nicht angenehm, so viele Monate seiner besten Zeit an eine Sache gesetzt zu haben, die nicht funktioniert. Der Ingenieur Pröckl unterstrich diesen Standpunkt, schaute höhnisch zu. „Ich bin neugierig“, sagte er sachlich, bösartig, „ob Herr Pfaundler oder Aristophanes siegt.“ Tüverlin selbst war schon nicht mehr neugierig.

Lion Feuchtwanger (geb. 1884 in München) verkehrte nach dem Abitur, Distanz zu seinem streng jüdisch geprägten Elternhaus suchend, in Münchner Bohemekreisen. Nach dem Studium arbeitete er als Dramaturg in München, 1925 übersiedelte er nach Berlin und verfasste nach historischen Romanen seinen ersten zeitgeschichtlichen Roman, „Erfolg. Drei Jahre Geschichte einer Provinz“, der 1930 als erster Teil der Trilogie „Der Wartesaal“ erschien. Bereits ein Jahr später drohte ein im „Völkischen Beobachter“ erschienener antisemitischer Hetzartikel, Feuchtwanger habe sich mit dem Roman „einen zukünftigen Emigrantenpass reichlich verdient“. Tatsächlich konnte er 1933 nach einer Lesereise durch die USA nicht mehr zurückkehren, seine Bücher wurden verboten und verbrannt, sein Haus und Vermögen beschlagnahmt. Nach dem Krieg blieb Feuchtwanger im amerikanischen Exil und wandte sich wieder dem historischen Roman zu. Feuchtwanger starb 1958 in Los Angeles.

Oft bei den Debatten mit Pfaundler war der Komiker Balthasar Hierl anwesend. Er stand da, den großen Birnenkopf gesenkt, durch die Nase schnuffelnd, mürrisch, traurig. Er äußerte wenig, Abliegendes, seufzte viel. Um seine Meinung befragt, machte er: „Hm, Na, Ja mein, Herr Nachbar, Es ist halt schwer“, und Ähnliches. Vor seiner Gefährtin schimpfte er heftig über die damischen Rindviecher, die nichts verstünden von einer richtigen Komödie; das Ganze werde ein Reinfall. Wenn sie ihn fragte, warum er dann nicht lieber hinschmeiße, brummte er Unverständliches. [...]

Als man daranging, Tüverlins Buch in die Praxis zu projizieren, mehrten sich Widerstände und Lächerlichkeiten. Freundinnen von Geschäftsfreunden Pfaundlers sollten engagiert werden und verlangten Text. [...] Andern Text, neuen Text. Text, Text, Text wünschten Maler, Musiker, Schneider, Bühnenarchitekten. Eine Flut von Bitten, Beschwörungen, Drohungen schwoll heran. Herr Tüverlin fasste sie alle zusammen unter die gemeinsame Bezeichnung *Ansinnen*. Herausfordernd fragte er jeden, mit dem er zu tun hatte: „Welches Ansinnen haben Sie?“ Mit Pfaundler gab es immer heftigere Auseinandersetzungen, die Pfaundler fett und sieghaft zu beenden pflegte: „Wer zahlt?“

Pfaundler brauchte für „Höher geht's nimmer“ hundertfünfzig nackte Mädchen. Es wurden eine Woche lang täglich Scharen von Mädchen ins Theater bestellt, die an dem Hilfsregisseur, dem Assistenten des bildnerischen Beirats, der Kunstgewerblerin, die dem Kostümwesen vorstand, vorbeidefilierten. Mit leeren Puppengesichtern und ausdruckslosen Gliedern, in fader Geschäftsmäßigkeit, schwitzend, trostlos gelangweilt, warteten die Mädchen herum, dumm kichernd, derb zotend, von den vorbeigehenden Männern plump angefasst. Ganz junge Mädchen waren darunter. Wurden sie hier angenommen, dann hatten sie ihr Zuhause los, einen kahlen Raum, gepfercht mit Menschen, übeln Gerüchen, wüstem Geschimpfe. Girl in der Revue sein, war Freiheit, die große Chance, Eintrittsbillett in eine menschenwürdige Existenz. Einige waren mit ihren Müttern da. Sie sollten nicht werden wie ihre Mütter, sie sollten es gut haben, Girls werden.

Aber auch diese Jungen, Erwartungsvollen waren ohne Reiz. Niemals hätte Tüverlin geglaubt, dass Frauenhaut so armselig, junge Glieder so trist und farblos löschpapieren wirken können. Geruch von Schminke, Schweiß, Fleisch war im Raum. Tüverlin dachte fernher an Musterung von Menschenmaterial, die er während des Krieges erlebt hatte.

Auch sonst wimmelten auf den Proben viele Menschen herum, die mit Tüverlin und seinem Werk nur losen Zusammenhang hatten: Artisten, eine Liliputanertruppe, einer mit einem klavierspielenden Pavian. Zwischen all diesem Volk stand mürrisch, misstrauisch, kritisch der Komiker Hierl herum. Er musterte die nackten Mädchen, sagte zu ihnen: „Was kriegen nachher Sie zahlt, Herzerl?“ Dies nämlich war der Ton, auf den der Komiker Hierl einer Anregung Tüverlins zufolge die ganze Figur des Kasperl stellen wollte. Kasperl interessiert sich für die wirtschaftlichen Verhältnisse seiner Umwelt. Er fragte jeden: „Was kriegen nachher Sie zahlt, Herr Nachbar?“ Einmal lässt er sich die Prinzipien kommunistischer Weltanschauung auseinandersetzen. Der andere bemüht sich umständlich, Kasperl macht: „Aha!“, fragt: „Was kriegen Sie nachher zahlt?“, erklärt schließlich, er werde Kommunist werden. Aber wenn er sein Gerstel beisammen habe, nachher soll, erklärt er giftig, der andere den Kommunisten machen. Später einmal agiert er zusammen mit einem andern einen Stier im Kampf mit dem Torero, und mitten im Kampf stellt sich der Stier hin in der phlegmatischen, beharrlichen Stellung, die der Kasperl-Hierl den ganzen Abend über liebt, und fragt den Torero, der ihn töten soll: „Was kriegen nachher Sie zahlt, Herr Nachbar?“ Wurden diese Szenen probiert, dann war Balthasar Hierl in seiner besten Form. In den meisten anderen Szenen stand er säuerlich verstockt herum, stumpf, bockbeinig, lähmte durch seine Passivität seine Partner.

Je mehr die Proben fortschritten, umso deutlicher zeigte sich, dass Pfaundler den Tüverlin nur einen winzigen Teil dessen ans Licht stellen ließ, was er gemacht hatte. Eigentlich gab von den zweiundvierzig Bildern Pfaundlers ein einziges das, was Tüverlin wollte: jene Szene, in der Kasperl-Hierl den Stier machte. Diese Szene freute Tüverlin im Manuskript und auf der Bühne.

Im Übrigen glich, was da gemixt wurde, von Tag zu Tag mehr den üblichen Revuen der Zeit, sinnlosen Schaustellungen von Flitter, glänzenden Stoffen, nacktem Fleisch. Tüverlin hatte ein paar gute, saftreiche Monate gehabt. War er nicht ungewöhnlich dumm gewesen, seine Fruchtbarkeit in diese Revue zu verschütten? Er dachte an Johanna. Sie würde, wenn er ihr von der Sache erzählte, sicher ihre drei Furchen in der Stirn haben. Er hätte ihr eigentlich gern davon erzählt. [...] Das Gescheiteste wäre, er ließe die verkorkste Sache hier stehen. Soll er ihr schreiben?

Aber er schrieb nicht. Vielmehr setzte er sich hin und feilte an der Stierkampfszene.

[...]

Die Tiller-Girls auf der Bühne eines Berliner Varietetheaters, 1926

1 a) *Informieren Sie sich über den im Text angesprochenen antiken Dichter Aristophanes.*
b) *Erschließen und deuten Sie die Aussage des Ingenieurs Pröckl, er sei neugierig, ob Pfaundler oder Aristophanes siegen werde (Z. 19f.). Gehen Sie dabei auch auf das Verhältnis Tüverlin – Pröckl ein, soweit es hier sichtbar wird.*

Feuchtwanger in einer „Information“, die er in der zweibändigen Erstausgabe an den Anfang des zweiten Bandes setzen ließ: „Kein einziger von den Menschen dieses Buches existierte aktenmäßig in der Stadt München in den Jahren 1921/24: wohl aber ihre Gesamtheit. Um die bildnishafte Wahrheit des Typus zu erreichen, musste der Autor die fotografische Realität des Einzelgesichts tilgen. Das Buch ‚Erfolg‘ gibt nicht *wirkliche*, sondern *historische* Menschen.“ *Lion Feuchtwanger: „Erfolg“*

2 *Rechercheaufträge: Obwohl Feuchtwanger nach eigener Aussage in seinem Roman „nicht wirkliche, sondern historische Menschen“ bietet, sind Ähnlichkeiten mit prominenten Zeitgenossen zu erkennen und auch beabsichtigt. Eindeutig zu identifizieren sind etwa Karl Valentin in der Figur des Balthasar Hierl, Bertolt Brecht im Ingenieur Pröckl sowie Lion und Marta Feuchtwanger in Jacques Tüverlin und Johanna Krain. Recherchieren Sie arbeitsteilig Biografisches zu den genannten Personen vor allem für die Zeit der ersten Hälfte der Zwanzigerjahre und präsentieren Sie Ihre Ergebnisse. Diskutieren Sie in der Klasse über die Darstellung der vorgestellten realen Personen in den Figuren des Romans.*

3 ***„Eigentlich gab von den zweiundvierzig Bildern Pfaundlers ein einziges das, was Tüverlin wollte: jene Szene, in der Kasperl-Hierl den Stier machte.“***

Erschließen Sie aus dem Textauszug, was Tüverlin mit der Revue wollte, und erläutern Sie, inwiefern die angesprochene Szene Tüverlins Absichten entspricht.

4 ***Verfassen eines Kommentars in Verbindung mit einer Texterschließung: Erschließen Sie aus dem vorliegenden Textauszug, welche Merkmale die „üblichen Revuen der Zeit“ (Z. 85 f.) kennzeichnen und welche Haltung der Erzähler solchen Revuen gegenüber einnimmt (Inhalt/sprachliche und erzählerische Gestaltung).***

Schreiben Sie, ausgehend von Ihren Ergebnissen und unter Einbeziehung der Abbildung von Revuegirls, einen inhaltlich und sprachlich eigenständig formulierten essayistischen Kommentar zum Thema „Die große Chance – Frauenträume damals“. Wählen Sie dazu eine passende Überschrift. Ihr Text sollte ca. 750 Wörter umfassen.

Berlin Alexanderplatz (Klappentext, 1929) *Alfred Döblin*

Auf dem Schutzumschlag der Erstausgabe des Romans ist – außer den Angaben zu Autor, Titel und Verlag – folgender Text zu lesen:

Von einem einfachen MANN wird hier erzählt, der in BERLIN am ALEXANDERPLATZ als Straßenhändler steht. Der MANN hat vor, anständig zu sein, da stellt ihm das Leben hinterlistig ein Bein. Er wird betrogen, er wird in Verbrechen reingezogen, zuletzt wird ihm seine BRAUT genommen und auf rohe Weise umgebracht. Ganz aus ist es mit dem MANN FRANZ BIBERKOPF. Am Schluss aber erhält er eine sehr klare Belehrung: MAN FÄNGT NICHT SEIN LEBEN MIT GUTEN WORTEN UND VORSÄTZEN AN, MIT ERKENNEN UND VERSTEHEN FÄNGT MAN ES AN UND MIT DEM RICHTIGEN NEBENMANN. Ramponiert steht er zuletzt wieder am ALEXANDERPLATZ, das Leben hat ihn mächtig angefasst.

Plakat zur Premiere des Films „Berlin Alexanderplatz" (1931)

5 *Tauschen Sie sich darüber aus, welche Erwartungen der Umschlagtext in Bezug auf Döblins Roman bei Ihnen auslöst.*

6 *Betrachten Sie das Plakat zur Uraufführung der ersten Verfilmung des Romans (1931) und setzen Sie es in Beziehung zu dem von Döblin gesetzten Titel („Berlin Alexanderplatz") und Untertitel („Die Geschichte vom Franz Biberkopf") des Romans. Diskutieren Sie über die angedeutete Akzentverschiebung und ihre möglichen Gründe.*

Berlin Alexanderplatz (1929) *Alfred Döblin*

Die Geschichte vom Franz Biberkopf

„Dies Buch berichtet von einem ehemaligen Zement- und Transportarbeiter Franz Biberkopf in Berlin. Er ist aus dem Gefängnis, wo er wegen älterer Vorfälle saß, entlassen und steht nun wieder in Berlin und will anständig sein." So beginnt der Roman und darauf folgen in einem kurzen Überblick Andeutungen über den weiteren Verlauf seiner Lebensgeschichte, bevor nach einer knappen Seite das „Erste Buch" angekündigt wird.

Erstes Buch

Hier im Beginn verlässt Franz Biberkopf das Gefängnis Tegel, in das ihn ein früheres sinnloses Leben geführt hat. Er fasst in Berlin schwer wieder Fuß, aber schließlich gelingt es ihm doch, worüber er sich freut, und er tut nun den Schwur, anständig zu sein.

Mit der 41 in die Stadt

Er stand vor dem Tor des Tegeler Gefängnisses und war frei. Gestern hatte er noch hinten auf den Äckern Kartoffeln geharkt mit den andern, in Sträflingskleidung, jetzt ging er im gelben Sommermantel, sie harkten hinten, er war frei. Er ließ Elektrische auf Elektrische vorbeifahren, drückte den Rücken an die rote Mauer und ging nicht. Der Aufseher am Tor spazierte einige Male an ihm vorbei, zeigte ihm seine Bahn, er ging nicht. Der schreckliche Augenblick war gekommen (schrecklich, Franze, warum schrecklich?), die vier Jahre waren um. Die schwarzen eisernen Torflügel, die er seit einem Jahre mit wachsendem Widerwillen betrachtet hatte

Alfred Döblin, 1878 als Sohn eines jüdischen Schneiders in Stettin geboren, kam 1888, nachdem der Vater die Familie verlassen hat, mit Mutter und vier Geschwistern nach Berlin, wo sie, auf Almosen angewiesen, mühsam ums Überleben kämpften. Diese Erfahrung prägte Döblin auch noch, als ihm über Medizinstudium und Praxisgründung der gesellschaftliche Aufstieg gelang und sich erste künstlerische Erfolge einstellten. Sein 1929 erschienener Roman „Berlin Alexanderplatz“ wurde zu einem sensationellen Erfolg und machte ihn weltberühmt. Nach der Verbrennung seiner Bücher durch die Nationalsozialisten ging er ins Exil, wo er weiterschrieb. Nach dem Krieg kehrte er zurück, fand jedoch literarisch keinen Anschluss mehr. Unzufrieden, auch mit der politischen Entwicklung, und sich „überflüssig“ fühlend, siedelte er 1953 nach Paris um. 1957 starb er nach langer Krankheit.

(Widerwillen, warum Widerwillen), waren hinter ihm geschlossen. Man setzte ihn wieder aus. Drin saßen die andern, tischlerten, lackierten, sortierten, klebten, hatten noch zwei Jahre, fünf Jahre. Er stand an der Haltestelle.

Die Strafe beginnt.

Er schüttelte sich, schluckte. Er trat sich auf den Fuß. Dann nahm er einen Anlauf und saß in der Elektrischen. Mitten unter den Leuten. Los. Das war zuerst, als wenn man beim Zahnarzt sitzt, der eine Wurzel mit der Zange gepackt hat und zieht, der Schmerz wächst, der Kopf will platzen. Er drehte den Kopf zurück nach der roten Mauer, aber die Elektrische sauste mit ihm auf den Schienen weg, dann stand nur noch sein Kopf in der Richtung des Gefängnisses. Der Wagen machte eine Biegung, Bäume, Häuser traten dazwischen. Lebhafte Straßen tauchten auf, die Seestraße, Leute stiegen ein und aus. In ihm schrie es entsetzt: Achtung, Achtung, es geht los. Seine Nasenspitze vereiste, über seine Backe schwirrte es. „Zwölf Uhr Mittagszeitung“, „B. Z.“, „Die neuste Illustrirte“, „Die Funkstunde neu“, „Noch jemand zugestiegen?“ Die Schupos haben jetzt blaue Uniformen. Er stieg unbeachtet wieder aus dem Wagen, war unter Menschen. Was war denn? Nichts. Haltung, ausgehungertes Schwein, reiß dich zusammen, kriegst meine Faust zu riechen. Gewimmel, welch Gewimmel. [...]

Schreck fuhr in ihn, als er die Rosenthaler Straße herunterging und in einer kleinen Kneipe ein Mann und eine Frau dicht am Fenster saßen: Die gossen sich Bier aus Seideln in den Hals, ja was war dabei, sie tranken eben, sie hatten Gabeln und stachen sich damit Fleischstücke in den Mund, dann zogen sie die Gabeln wieder heraus und bluteten nicht. Oh, krampfte sich sein Leib zusammen, ich kriege es nicht weg, wo soll ich hin? Es antwortete: Die Strafe.

Er konnte nicht zurück, er war mit der Elektrischen so weit hierher gefahren, er war aus dem Gefängnis entlassen und musste hier hinein, noch tiefer hinein.

Das weiß ich, seufzte er in sich, dass ich hier rin muss und dass ich aus dem Gefängnis entlassen bin. Sie mussten mich ja entlassen, die Strafe war um, hat seine Ordnung, der Bürokrat tut seine Pflicht. Ich geh auch rin, aber ich möchte nicht, mein Gott, ich kann nicht.

Er wanderte die Rosenthaler Straße am Warenhaus Wertheim vorbei, nach rechts bog er ein in die schmale Sophienstraße. Er dachte, diese Straße ist dunkler, wo es dunkel ist, wird es besser sein. Die Gefangenen werden in Einzelhaft, Zellenhaft und Gemeinschaftshaft untergebracht. Bei Einzelhaft wird der Gefangene bei Tag und Nacht unausgesetzt von andern Gefangenen gesondert gehalten. Bei Zellenhaft wird der Gefangene in einer Zelle untergebracht, jedoch bei Bewegung im Freien, beim Unterricht, Gottesdienst mit andern zusammengebracht. Die Wagen tobten und klingelten weiter, es rann Häuserfront neben Häuserfront ohne Aufhören hin. Und Dächer waren auf den Häusern, die schwebten auf den Häusern, seine Augen irrten nach oben: Wenn die Dächer nur nicht abrutschten, aber die

Häuser standen grade. Wo soll ick armer Deibel hin, er latschte an der Häuserwand lang, es nahm kein Ende damit. Ich bin ein ganz großer Dussel, man wird sich hier doch noch durchschlängeln können, fünf Minuten, zehn Minuten, dann trinkt man einen Kognak und setzt sich. Auf entsprechendes Glockenzeichen ist sofort mit der Arbeit zu beginnen. Sie darf nur unterbrochen werden in der zum Essen, Spaziergang, Unterricht bestimmten Zeit. Beim Spaziergang haben die Gefangenen die Arme ausgestreckt zu halten und sie vor- und rückwärts zu bewegen.

Da war ein Haus, er nahm den Blick weg von dem Pflaster, eine Haustür stieß er auf, und aus seiner Brust kam ein trauriges brummendes oh, oh. Er schlug die Arme umeinander, so mein Junge, hier frierst du nicht.

[...]

7 Erarbeiten Sie den Inhalt des Textauszugs, indem Sie
- *zunächst in Stichpunkten und jeweils mit Zeilenangaben übersichtlich dargestellt Angaben zur äußeren Handlung notieren und dazu die Aussagen zum inneren Geschehen zusammenfassend festhalten*
- *und dann, ausgehend von Ihren Ergebnissen, eine Inhaltsangabe verfassen.*

Inhaltsangabe → S. 346

8 Erschließen Sie bezüglich der erzählerischen Gestaltung folgende Aspekte:

a) Klären Sie den Inhalt des Vorspanns („Erstes Buch") und deuten Sie dessen Funktion.

b) In einem epischen Werk kann ein Erzähler entweder selbst von Ereignissen berichten (epischer Bericht/Erzählerbericht) oder er lässt Figuren sprechen, wobei verschiedene Formen der Figurenrede (direkte, indirekte oder erlebte Rede, innerer Monolog) einsetzbar sind.

Untersuchen Sie den Textauszug hinsichtlich der Anteile der beiden Darstellungsformen sowie der Übergänge von einer Form in die andere und halten Sie fest (mit Zeilenangaben), welche Formen der Figurenrede verwendet werden.

Erzählformen und Erzählverhalten → S. 328

c) Als den Roman „Berlin Alexanderplatz" charakterisierendes narratives Verfahren gilt die „Montagetechnik".
- *Suchen Sie die im Textauszug an zwei Stellen eingebauten teilweise wörtlichen Zitate aus der „Dienst- und Vollzugsordnung für die Gefangenenanstalten der Justizverwaltung in Preußen von 1923", die auch der Hausordnung des Gefängnisses Tegel zugrunde liegen, heraus und begründen Sie Ihre Entscheidung. Stützen Sie sich dabei auf das Basiswissen zur Montagetechnik und zu möglichen Zitatsignalen.*
- *Diskutieren Sie über die Zuordnung des in die Erzählung „montierten" Fremdtextes zur Erzähler- und Figurenrede (Biberkopf) sowie über die Funktion dieser Montage.*

Montagetechnik → S. 110

Basis

Montagetechnik

Bei diesem erzählerischen Verfahren werden Texte wie z. B. Zeitungsausschnitte, Werbesprüche oder Bekanntmachungen als „Wirklichkeitsfragmente" ebenso unvermittelt in den Erzähltext eingebaut wie Bibelstellen, Liedtexte oder literarische Quellen. Unvermittelter Einbau bedeutet: Die Zitate werden weder angekündigt noch als solche gekennzeichnet und in der Regel auch nicht explizit mit dem Kontext verknüpft. Es ist Sache des Lesers, die in die Erzählung „montierten" Fremdtexte als solche zu erkennen, wobei nicht immer „Zitatsignale" wie etwa ein Ladenschild oder ein Wandanschlag im Text erscheinen, sondern die Signalfunktion oft beschränkt ist auf ein Satzzeichen (Doppelpunkt oder Bindestrich) oder darauf, dass das Zitat sprachlich auffällig ist. Es fällt dem Leser zu, aus dem Kontext zu erschließen, ob der in die Erzählung „montierte" Fremdtext dem Erzähler oder einer Figur der Erzählung als Bewusstseinsinhalt zuzuordnen ist, was jedoch oft nicht eindeutig möglich ist. Häufig wird durch die Montage der durchaus vorhandene traditionell-auktoriale Erzähler völlig verdrängt, damit auch ironisiert und in seiner Existenzberechtigung hinterfragt.

- Thomas Mann: Der Zauberberg, 1924
- Hermann Hesse: Der Steppenwolf, 1927
- Jakob Wassermann: Der Fall Maurizius, 1928
- Hermann Broch: Die Schlafwandler, 1931/32
- Robert Musil: Der Mann ohne Eigenschaften, 1931/33
- Joseph Roth: Radetzkymarsch, 1932

3. „Ich weiß schon einiges, vielleicht sehen manche, die dies lesen, schon einiges" – die Erzähltechnik untersuchen

Charakteristisches Merkmal epischer Texte ist die „strukturale Trias des Erzählens, d.h. die Vermittlung eines Geschehens durch einen Erzähler an einen Rezipienten" (Jürgen H. Petersen). Da alles erzählbar ist, Stoff, Thema und Inhalt des Erzählens folglich keinen Anhaltspunkt bieten, die epische Gattung von den beiden anderen zu unterscheiden, ist die Mittelbarkeit epischer Darstellung das entscheidende Kennzeichen der Gattung: Dem Erzähler, der diese Vermittlung leistet, kommt damit in epischen Texten eine entscheidende Rolle zu, weshalb die Erschließung eines epischen Textes auch immer die Auseinandersetzung mit dem jeweiligen Erzähler erfordert.

Erzählformen und Erzählverhalten → S. 328

1 *Wiederholen Sie anhand des folgenden Schaubilds Ihr Wissen zu den Erzählformen und zum Erzählverhalten.*

A. Döblin: „Berlin Alexanderplatz“ → S. 107 ff.

2 *Untersuchen Sie die Rolle des Erzählers in dem Auszug aus „Berlin Alexanderplatz“.*

a) *Erläutern Sie, inwiefern bei diesem Romanbeginn ein Wechsel vom auktorialen zum personalen Erzählverhalten festgestellt werden kann.*

b) *Formulieren Sie den Satz Z. 7 ff. „Gestern hatte er noch hinten …“ so um, wie ihn ein auktorialer Erzähler von seinem Standpunkt aus (nicht aus der Figurenperspektive) formulieren würde.*

c) *Diskutieren Sie darüber, ob der letzte Satz „Die Strafe beginnt.“ der Figurenperspektive zuzuordnen ist oder dem Erzähler, und darüber, was diese Zuordnung für die Interpretation der Textstelle bedeutet.*

3 *Schreiben Sie den Romananfang (S. 107 f., Z. 1–19) um. Entscheiden Sie sich dabei für ein auktoriales, ein personales oder ein neutrales Erzählverhalten (das Sie dann auch konsequent durchhalten) und wählen Sie bezüglich der übrigen Kategorien jeweils eine Möglichkeit aus.*

Tragen Sie Ihre Romananfänge vor und tauschen Sie sich über die unterschiedliche Wirkung der gewählten Erzähltechniken aus.

4 *Erschließen Sie die erzählerische Gestaltung der beiden folgenden Auszüge aus Döblins Roman „Berlin Alexanderplatz". Gehen Sie dabei anhand der im Schaubild dargestellten sechs Kategorien (Erzählverhalten, Erzählhaltung ...) vor und begründen Sie jeweils Ihre Befunde.*

5 *Um von der Erschließung zur Deutung der Texte zu gelangen, probieren Sie aus, wie sich die Wirkung verändert, wenn Sie die erzählerische Gestaltung verändern. Teilen Sie sich dazu in zwei Gruppen auf, die sich jeweils mit einem der beiden Texte befassen.*
   - *a) Arbeiten Sie innerhalb der Gruppen zunächst mit einem Partner zusammen. Gehen Sie aus von Ihren Befunden zu den Erzählkategorien (Aufgabe 4), entscheiden Sie, welche Kategorien Sie wie verändern, und schreiben Sie den Text entsprechend um.*
   - *b) Gehen Sie mit einem weiteren Tandem in einer Vierergruppe zusammen, stellen Sie einander Ihre Arbeitsergebnisse vor und formulieren Sie gemeinsam eine Deutung der vorgelegten Textstelle.*
   - *c) Tauschen Sie sich über Ihre Ergebnisse zunächst innerhalb der beiden großen Gruppen und dann im Plenum aus.*

Berlin Alexanderplatz (1929) *Alfred Döblin*

Text 1

Nach Verbüßen seiner Gefängnisstrafe den Entschluss fassend, in Zukunft „anständig zu sein", sucht Franz Biberkopf die Freundschaft Reinholds, der ihn fasziniert. Um ihm, einem skrupellosen Verbrecher, den Biberkopf jedoch nicht durchschaut, einen Gefallen zu tun, hat Franz Biberkopf ihm schon mehrfach Freundinnen „abgenommen" – zuletzt Cilly –, deren Reinhold jeweils nach kurzer Zeit überdrüssig war. Nun will Reinhold Trude „abstoßen".

Die Geschichte vom Franz Biberkopf

[...] Da möchte Franz doch mal freundschaftlich als Freund zum Freund mit Reinhold reden. Und sagt dann, was er sich überlegt hätte, heut und gestern. Reinhold soll man jetzt die Trude behalten, und wenn sich die Balken biegen. Er soll sich gewöhnen, dann geht et schon. Ein Mensch ist ein Mensch, und ein Weibsstück auch, sonst kann er sich ja eine Hure kaufen für drei Märker, die ist zufrieden, wenn sie gleich weitertraben kann. Aber ein Weibsbild erst einwickeln mit Liebe und Gefühl und dann loofen lassen eine nach der andern, nee.

Reinhold hört sich das auf seine Art an. Er trinkt seinen Kaffee langsam und döst vor sich hin. Er sagt ruhig, wenn Franz die Trude ihm nicht abnehmen will, dann eben nicht. Ist schon vorher ohne ihn gegangen. Dann haut er ab, hat keene Zeit.

In der Nacht wacht Franz auf und schläft bis zum Morgen nicht ein. Es ist eisekalt im Bau. Cilly schläft und schnarcht neben ihm. Warum schlaf ich nicht ein? Jetzt fahren die Gemüsewagen nach der Markthalle. Ich möcht kein Pferd sein, in der Nacht laufen bei die Kälte. Im Stall ja, da ist warm. Schlafen kann son Weib. Die kann schlafen. Ich nicht. Hab mir die Zehen erfroren, das juckt, und es kitzelt. Da ist ein Ding in ihm, ist es das Herz, die Lunge, die Atmung, das innere Gefühl, das ist da und wird gedrückt, gestoßen, von wem denn? Es weiß nicht, das Ding, von wem. Es kann nur sagen, es ist schlaflos.

Sitzt ein Vogel auf seinem Baum, eben im Schlaf ist eine Schlange an ihm vorbeigeglitten, vom Rascheln ist der Vogel erwacht, und nun sitzt der Vogel mit gesträubten Federn, er hat keine Schlange gefühlt. Hah, immer atmen, ruhig Luft holen. Franz wirft sich. Der Hass von Reinhold liegt auf ihm und streitet mit ihm. Der dringt durch die hölzerne Türe und weckt ihn. Auch Reinhold liegt. Er liegt neben der Trude. Er schläft fest, im Traum mordet er, im Traum macht er sich Luft.

[...]

Text 2

Es ist kein Grund zu verzweifeln. Ich werde, wenn ich diese Geschichte weitererzähle und bis zu ihrem harten, schrecklichen, bitteren Ende geführt habe, noch oft das Wort gebrauchen: Es ist kein Grund zu verzweifeln. Denn der Mann, von dem ich berichte, ist zwar kein gewöhnlicher Mann, aber doch insofern ein gewöhnlicher Mann, als wir ihn genau verstehen und manchmal sagen: Wir könnten Schritt um Schritt dasselbe getan haben wie er und dasselbe erlebt haben wie er. Ich habe versprochen, obwohl es nicht üblich ist, zu dieser Geschichte nicht stille zu sein.

Es ist die grausige Wahrheit, was ich berichte von Franz Biberkopf, der ahnungslos von Hause wegging, wider seinen Willen bei einem Einbruch mitmachte und vor ein Auto geworfen wurde. Er liegt unter den Rädern, der unzweifelhaft die redlichsten Bemühungen gemacht hat, seinen ordentlichen erlaubten und gesetzlichen Weg zu gehen. Aber ist das nicht grade, um zu verzweifeln, welcher Sinn soll denn in diesem frechen, ekelhaften und erbärmlichen Unsinn liegen, welcher verlogene Sinn soll denn da hineingelegt werden und vielleicht gar ein Schicksal für Franz Biberkopf daraus gemacht werden?

Ich sage: Es ist kein Grund zu verzweifeln. Ich weiß schon einiges, vielleicht sehen manche, die dies lesen, schon einiges. Eine langsame Enthüllung geht hier vor, man wird sie erleben, wie Franz sie erlebt, und dann wird alles deutlich sein.

Unrecht Gut gedeihet gut

Weil Reinhold so im Zuge war, machte er gleich weiter. Er kam erst Montag mittags nach Hause. Breiten wir, werte Brüder und Brüderinnen, den Schleier der Nächstenliebe 10 Quadratmeter über die zwischenliegende Zeit. Über die vorangehende konnten wir es leider nicht. Wir begnügen uns damit, festzustellen, dass, nachdem Montag früh pünktlich die Sonne aufgegangen war und dann allmählich der bekannte Rummel in Berlin losging – und Schlag ein Uhr mittags, also 13 Uhr, schmiss Reinhold die überfällige Trude aus seiner Stube, die sesshaft war und nicht wollte. Wie wohl ist mir am Wochenend, tulli tulli, wenn der Ziegenbock zur Ziege rennt, tulli tulli[1]. Ein anderer Erzähler hätte dem Reinhold wahrscheinlich jetzt eine Strafe zugedacht, aber ich kann nichts dafür, die erfolgte nicht. [...]

1 „Wie wohl ist mir ... tulli tulli“: Zitat aus einem durch Claire Waldoff bekannt gewordenen Chanson

Willy Pragher: „Am Zeitungskiosk".
Eine Aufnahme vom Sommer 1929

„Bilderjagd" heute:
Sportfotografen bei der Arbeit

Medienzeit und Medienbilder: Fotografie seit den Zwanzigerjahren bis heute

„Die Fotografie ist die Möglichkeit einer Wiedergabe, die den Zusammenhang wegschminkt. Der Marxist Sternberg [...] führt aus, daß aus der (gewissenhaften) Fotografie einer Ford'schen Fabrik keinerlei Ansicht über diese Fabrik gewonnen werden kann."
Bertolt Brecht, „Durch Fotografie keine Einsicht"[1]

1 Der Text folgt der originalen Rechtschreibung.

„Wenn ich mich vor dem Objektiv in Pose setze (will sagen: wenn ich weiß, dass ich posiere, und sei es nur vorübergehend), so riskiere ich damit nicht viel (jedenfalls nicht für den Augenblick). Zweifellos ist die Existenz, die mir der Fotograf verleiht, nur eine metaphorische. Diese Abhängigkeit aber mag noch so imaginär sein (und sie ist reinste Einbildung), so erlebe ich sie gleichwohl mit der Beklommenheit, mit der man einer ungewissen Kindschaft entgegensieht: Ein Bild – mein Bild – wird entstehen: Werde ich ein unsympathisches Individuum zur Welt bringen oder einen „prima Burschen"? Könnte ich doch auf dem Papier „gelingen" wie auf einem klassischen Ölgemälde, mit edler Miene, versonnen, intelligent und so weiter! Kurz, wenn ich doch nur „gemalt" werden könnte (von Tizian) oder „gezeichnet" (von Clouet)!"
Roland Barthes, „Die helle Kammer"

1. „Das Raster zwischen subjektiv und objektiv“ – neues Sehen in veränderter Wirklichkeit

Die Medienlandschaft in der Weimarer Republik

Die Medienlandschaft erfährt in der Weimarer Republik revolutionäre Veränderungen. Der neue Film verschafft deutschen Künstlern wie Fritz Lang („Dr. Mabuse“, „Der Spieler“, 1921/22 oder „Metropolis“, 1927) internationale Anerkennung. Mit dem Rundfunk entstehen nicht nur Versuche einer gesellschaftskritischen Nutzung dieses Mediums (vgl. die Radiotheorie von Bertolt Brecht), sondern ebenso neue Kunstgattungen wie das Hörspiel. Die gegenseitige produktive Beeinflussung von neuen Medien und Literatur, Malerei oder Musik zeichnen die Kultur der Weimarer Republik im Besonderen aus.

Bereits im 19. Jahrhundert entdeckt, nimmt die Fotografie in der Zeit der Weimarer Republik in verschiedener Hinsicht eine herausragende Stellung ein. Neue theoretische Konzeptionen sehen in ihr jene Kunstform, die den veränderten Anforderungen an die menschliche Wahrnehmung in der technisierten und beschleunigten Lebenswirklichkeit am besten begegnen könne und die geeignet sei, überkommene tradierte (künstlerische) Perspektiven zu überwinden. Der programmatische Anspruch einer objektiven Erfassung der Wirklichkeit ohne subjektive Interpretation, das Interesse an alltäglichen, bisweilen banalen Gegenständen weisen verschiedene Richtungen der Fotografie dieser Jahre als künstlerische Ausprägung der „Neuen Sachlichkeit“ aus. Gleichzeitig führt die bis dahin ungeahnte Breitenwirkung als Massenmedium in Form der Pressefotografie, aber auch in der Werbegrafik zu höchst aktueller medienkritischer Diskussion.

„Neue Sachlichkeit“
→ S. 94 f.

Die Verdrängung der Schrift durch das Bild, die die Massenpresse bis heute prägt, beginnt mit der fotografischen Bebilderung der aufkommenden illustrierten Zeitschriften. Die aktuelle Reflexion über den Wirkungsbereich, auch die ambivalente Deutung von (massenhaft verbreiteten) Fotos als objektive Wiedergabe bzw. subjektive Interpretation oder Manipulation haben damit in der Weimarer Zeit einen ersten wichtigen Orientierungspunkt.

„Menschen verändern Städte, Städte verändern Menschen – Literatur in der Zeit der Weimarer Republik" → S. 84 ff.

1 *Sammeln und beurteilen Sie im Rückgriff auf das vorhergehende Kapitel inhaltliche wie gestalterische Beispiele für die Beeinflussung von Literatur durch die neuen Medien Film und Rundfunk.*

Salvador Dalí (1904–1989) gilt als der Hauptvertreter des Surrealismus. Die beinahe fotorealistische Darstellung von illusorischen Traumwelten machte ihn zu einem der bekanntesten Maler des 20. Jahrhunderts. Daneben arbeitete der als exzentrisch eingestufte Künstler als Grafiker, Schriftsteller und Filmregisseur sowie Bühnen- und Kostümbildner.

Die Fotografie, reine Schöpfung des Geistes (1927) *Salvador Dalí*

Klare Objektivität des kleinen Fotoapparats. Objektives Kristall. Glas von authentischer Poesie.

Die Hand greift nicht mehr ein. Feine physikalisch-chemische Harmonien. Platte, die empfänglich ist für die zartesten Nuancen.

Der vollendete und exakte Mechanismus zeigt durch seine ökonomische Struktur die Freude seines poetischen Funktionierens.

Eine leichte Bewegung, ein unmerkliches Senken, eine kluge Verschiebung in räumlicher Hinsicht, damit – unter dem Druck der weichen Fingerspitze und der Nickelfeder – aus der reinen kristallinen Objektivität des Glases die Geistestaube der 36 Grautöne und der 40 neuen Weisen der Inspiration hervortrete. [...]

Sehen zu können, ist ein vollkommen neues System geistiger Feldvermessung. Sehen zu können, ist eine Art des Erfindens. Und keine Erfindung ist so rein gewesen wie diejenige, die den anästhetischen Blick des glasklaren Auges ohne Wimpern von Zeiss geschaffen hat: so destilliert und aufmerksam, dass niemals die rosa Schwellung der Bindehautentzündung auftreten wird.

[...]

2 *Fassen Sie die Bedeutung, die Salvador Dali der Fotografie 1927 zuweist, in eigenen Worten zusammen.*

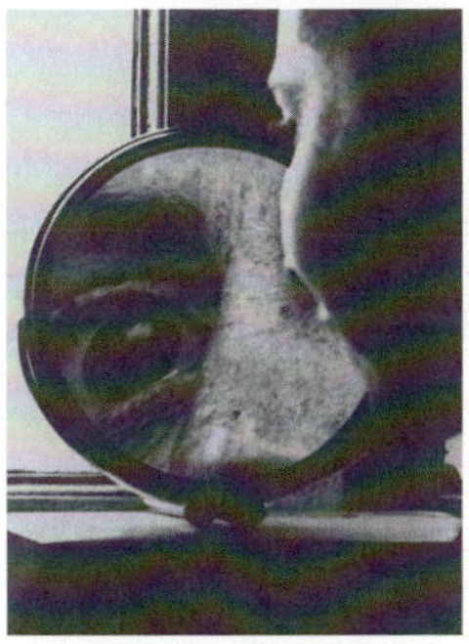

Raoul Hausmann: „Das Auge" (vor 1931)

Der österr.-dt. Künstler **Raoul Hausmann** (1886–1971) gehörte zu den Dadaisten.

Fotomontage (Jahreszahl) *Raoul Hausmann*

Unser Auge hat die Neigung, gewisse optische Beziehungen in eine gewohnte Ordnung zu bringen. Es unterscheidet nicht oder will nicht die Vielfalt der Formen unterscheiden, die nur sichtbar werden, wenn man die Zügel des Bewusstseins lockert. Sehen ist ein gesellschaftlicher Vorgang – wir banalisieren die Dinge durch visuelle Allegorie[1], die ihnen ihre vielförmige Bedeutung nimmt. Das optische Organ Auge ist seinem Bau nach dasselbe wie – sagen wir – im Mittelalter. Aber, welch Unterschied des sozialen Bewusstseins des Blickpunkts! Ebenso eröffnet sich ein Abgrund zwischen dem gewöhnlichen Anblick der täglichen Dinge und dem verfeinerten heutigen Blick, der gelernt hat, ganz neue Verbindungen und Zeichen zu sehen, der von allen möglichen negativen sinnlosen Formen genährt wird, wenn man sie einzeln betrachtet.

1 Allegorie: Ein abstrakter Begriff wird durch ein Bild dargestellt und veranschaulicht (z. B. Justitia als Allegorie für Gerechtigkeit).

3 Erklären Sie, warum Hausmann die („heutige") Wahrnehmungsart verändern will.

4 Überlegen Sie, weshalb gerade die Fotografie als das geeignete Medium erscheint, das „Neue Sehen" zu schulen.

Der geborene Ungar **László Moholy-Nagy** (1895–1946) gehört in künstlerischer und theoretischer Hinsicht zu den wichtigsten Protagonisten des „Neuen Sehens". Sein künstlerisches Betätigungsfeld war sehr vielfältig. Neben einer Lehrtätigkeit am Bauhaus arbeitete er als Maler, Grafikdesigner, Regisseur und Bühnenbildner. 1934 emigrierte er zunächst nach Amsterdam, dann nach England und schließlich in die USA.

Bauhaus → S. 94 f.

„[…] dass die Kenntnis der Fotografie ebenso wichtig ist, wie die Kenntnis der Schrift, sodass in der Zukunft nicht nur der Schrift-, sondern auch der Fotounkundige als Analphabet gelten wird."
László Moholy-Nagy, „Fotografie: die objektive Sehform unserer Zeit"

„Die erstrebenswerte Aktivierung des Betrachters besteht nicht darin, dass ‚Angedeutetes weitergesponnen' wird; sondern vielmehr, dass er angeregt wird zur intuitiv exakten Deutung der wahren Zusammenhänge, wie sie in der Darstellung der Lebenszeichen als objektives Ausgangsmaterial gegeben sind. […] die objektive Fotografie soll uns sehen lernen. Wir wollen nicht das Objektiv der Unzulänglichkeit unseres Seh- und Erkenntnisvermögens unterordnen, sondern es soll uns gerade helfen, unsere Augen aufzuschließen."
László Moholy-Nagy, „Scharf oder unscharf"

Bild links:
László Moholy-Nagy: „Grammofonplatte" (1927)

Bild rechts:
László Moholy-Nagy: „Puppen", 1926

5 Erfassen Sie die Behauptungen, die Moholy-Nagy aufstellt. Konzentrieren Sie sich darauf, welche Funktion und welche Fähigkeiten er der Fotografie in Absetzung zu traditionellen Repräsentationsformen zuweist. Wie beurteilt er die physiologischen und wahrnehmungspsychologischen Anlagen des Körpers?

Ergänzen Sie folgenden Lückentext. Überlegen Sie, welche Bedeutung der Fotografie in der technisierten Umwelt der Moderne im Sinne der Theorie von Moholy-Nagy zugeschrieben werden könnte.

Einführungstext → S. 116

Moholy-Nagy fordert eine Revolution der … Die Fotografie übernimmt dabei im Gegensatz zu …. die Aufgabe der …… des Objektiv-Wahren. Für die Anforderungen der Großstadt scheinen eine radikale Veränderung und eine Erweiterung der menschlichen Wahrnehmung notwendig. Der technische Apparat der Kamera kann …

6 Überlegen Sie, inwieweit die beiden Fotografien von Moholy-Nagy seinen eigenen Anspruch einlösen.

Bernd Stiegler (geb. 1964) ist Professor für Neuere deutsche Literatur mit Schwerpunkt 20. Jahrhundert im medialen Kontext an der Universität Konstanz.

Die digitale Fotografie (2006) *Bernd Stiegler*

[…]

Und was nun ist eine digitale Fotografie? […] Gegenüber der analogen Repräsentation, für die eine kontinuierliche Übersetzung charakteristisch ist, findet bei der digitalen Fotografie eine Codierung des Bildes in ein festgelegtes Raster- oder Gitternetz statt, in dem jeder einzelne Punkt oder Pixel durch einen Zahlenwert bestimmt wird und dadurch beliebig bearbeitet und verändert werden kann. Durch die Ablösung der chemisch-physikalischen durch digitale Produktionssysteme kann „mithilfe des Computers der Künstler [oder auch der einfache Fotograf ohne künstlerische Ambitionen, B. S.] Fotografien morphen, klonen, überlagern, filtern, weichzeichnen, scharfzeichnen, spiegeln, invertieren, drehen, skalieren, zusammenpressen, strecken, kolorieren, mit Rastereffekten versehen und sogar so lange um einen Punkt kreisen lassen, bis es aussieht, als würde das Fotografische von einem schwarzen Punkt verschluckt“.[1] Oder in den Worten von Friedrich A. Kittler „Computerbilder sind […] die Fälschbarkeit schlechthin.“[2]

Des einen Traum, des anderen Graus. Während Emerson[3] und mit ihm die Kunstfotografie der Jahrhundertwende gerade nach solchen Eingriffsmöglichkeiten suchten, um die Fotografie von der Wirklichkeitsabbildung abzulösen und dem Vorstellungsbild näherzubringen, kontaminieren genau diese nun die Fotografie als solche, lösen, so Florian Rötzer, „das Raster zwischen subjektiv und objektiv“[4] auf, oder machen, so William J. Mitchell, die fragile ontologische Unterscheidung zwischen dem Imaginären und dem Realen[5] oder diejenige zwischen künstlerischen und dokumentarischen Fotografien hinfällig, da nun alle Fotografien Werbe- oder Kunstfotografien, den eigentlichen Gewinnern der digitalen Revolution, gleichen würden. […] Es ist nun gerade die subjektive Eingriffsmöglichkeit in die (objektiven) Daten, die den Zweifel ins Herz der Fotografie eingepflanzt hat. Doch wer würde behaupten wollen, dass die Fotografien immer wahr gewesen wären (und: Wer einmal lügt …)? Sie waren immer schon Ausschnitte, die beanspruchten, ein Ganzes zu sein, schwarz-weiße zweidimensionale Abstraktionen, abhängig von Perspektiven, Objektiven, der Lichteinwirkung, Belichtungszeiten, Cadrierungen[6] etc. Die Digitalisierung fügt diesen Faktoren eine Veränderung des Bildträgers hinzu – an der

1 Peter Lunenfeld, Digitale Fotografie. Das dubitative Bild, in: Herta Wolf (Hrsg.), Paradigma Fotografie, S. 158–177, S. 165.

2 Friedrich A. Kittler, Computergrafik. Eine halbtechnische Einführung, in: ebd., S. 178–194, S. 179. – Kittler (geb. 1933) ist Literaturwissenschaftler und Medientheoretiker.

3 Peter Henry Emerson (1856–1936): englischer Fotograf und Arzt kubanischer Herkunft.

4 Florian Rötzer, Betrifft: Fotografie, in: Hubertus von Amelunxen u. a. (Hrsg.), Fotografie nach der Fotografie, S. 13–25, S. 21. – Rötzer (geb. 1953) ist dt. Journalist und Medientheoretiker.

5 William J. Mitchell, The Reconfigured Eye. Visual Truth in the Post-Photographic Era, Cambridge / Mass. 1992,[3] 1998, S. 225. – Mitchell (geb. 1944) ist Professor für Architektur, Medienkunst und -wissenschaften.

6 Cadrierung: Wahl des Bildausschnitts

Optik hat sich ja wenig geändert, außer dass die handelsübliche Digitalkamera selbst mit einer durchschnittlichen Spiegelreflexkamera nicht konkurrieren kann. [...] Die Fotografie ist nicht länger Lichtschrift, sondern Schrift. [...] Die digitale Fotografie erscheint als neue Kulturtechnik, die man wie eine Schrift lernen muss, um sie verstehen und die Gefahr einer Indoktrination bannen zu können. [...] Digitale Fotografien sind eine neue Art von „Body-Snatchers“[7]. Sie zeigen nicht [...] ihre wahre Natur, verleiben sich hingegen jeden anderen Typ von Bildern ein. Erst wenn man die digitalen Fotografien genau analysiert, erkennt man die Raster- oder Pixelstruktur des Bildes, die sie auch von den analogen Bildern unterscheidet, die sich durch kontinuierliche Übergänge auszeichnen. [...]

7 „Body-Snatchers“: Titel eines US-amerikanischen Horrorfilms (übers. „Angriff der Körperfresser“, 1993); Menschen werden in diesem Film, während sie schlafen, durch im Aussehen identische, aber seelenlose außerirdische Invasoren ersetzt.

7 ***Analysieren Sie den Text und erarbeiten Sie Gemeinsamkeiten und Unterschiede zwischen analoger und digitaler Fotografie.***

2. Die „Macht der Bilder“ – Entschlüsselung von Bildmedien

2.1 Bilderjagd und Bilderdeutung – auf der Suche nach dem Wesen eines Mediums

Ohne Pose. Wenn die Großen nicht wissen, dass sie fotografiert werden (1929) *Erich Salomon*

Erich Salomon (1886–1944) zählt zu den ersten und bedeutendsten Fotoreportern. Dem promovierten Juristen jüdischer Herkunft gelangen zahllose ungestellte Momentaufnahmen und Schnappschüsse berühmter Zeitgenossen von Stresemann bis Einstein. Nach der Machtergreifung durch die Nationalsozialisten in den Niederlanden untergetaucht, wurde er verraten und 1944 in Auschwitz ermordet.

Der Mensch ist ein Haustier. Jedenfalls der zivilisierte Durchschnittseuropäer ist eins. Wenn er auch nicht sein ganzes Leben im Hause verbringt, so doch den größten Teil seines Daseins. Die Nacht verbringt er fast ausnahmslos im Bett, also in einem Schlafraum, und soweit nicht Ausflüge oder Reisen besondere Bedingungen schaffen, befindet er sich auch bei Tage im geschlossenen Raume, im Wohnzimmer, im Büro oder in Versammlungsräumen. Selbst auf dem Wege zu diesen Räumen sitzt er meist in geschlossenen Räumen, die nicht minder geschlossen sind, trotzdem sie sich auf Rädern befinden. Wer also den Menschen studieren will, wer seine Leidenschaften kennenlernen, wer sein Gebärdenspiel auf die Platte bannen will, der muss ihm wohl oder übel in die geschlossenen Räume folgen. Man kann zwar auch den Homo sapiens beim Sport und bei anderen Spielen im Freien beobachten. Aber der Sport verleiht seinen Jüngern ganz typische Gesichtsausdrücke [...], und wir wollen ja nicht bloß Typen kennenlernen, sondern Individuen. Und gerade die größten unter den Individuen, die Großen der Nation, tun uns nicht immer den Gefallen, Sport zu treiben, wenn es nicht gerade Engländer oder amerikanische Petroleumkönige sind, und wir interessieren uns auch nicht so sehr für die Stellung ihrer Beine wie für das Spiel ihrer Gesichtsmuskeln.

Wenn sie also nicht gerade damit beschäftigt sind, einen Grundstein zu legen, einen Schiffsrumpf zu taufen oder ein Denkmal zu enthüllen, alles

Dinge, die man bequem im Freien tun kann, dann muss der Jünger der linsenbewehrten Artemis Sitzungs- und Festsäle betreten, um das Edelwild zur Strecke zu bringen.

Doch je edler das Wild, desto scheuer ist es. Es gibt ganz „große Tiere", die als besonders fotoscheu verschrien sind. Da heißt es dann, auf dem Anstand sitzen und Geduld haben. Und wenn das nicht geht, muss man das Wild beschleichen und es unter einem nichtigen Vorwand in eine Falle locken. Zähigkeit und Ausdauer und reichlich Munition sind in vielen Fällen erforderlich. Denn nicht jeder Schuss ist ein Treffer! Doch nicht in jeder Hinsicht gleicht die Linsenjagd der Flintenjagd: Das echte Wild möchte den Jäger, wenn es ihm entgangen ist, am liebsten niemals wiedersehen. Aber die menschlichen Opfer interessieren sich immer nachträglich für die Früchte seiner Tätigkeit und wollen mindestens sehen, wie sie im Augenblick der Opferung ausgesehen haben.

S. Sontag → S. 128

Über Fotografie (1977) *Susan Sontag*

Ähnlich dem Auto wird die Kamera wie eine Räuberwaffe angepriesen – so automatisiert wie möglich und stets einsatzbereit. Dem Publikumsgeschmack entsprechen leicht zu bedienende Geräte mit unsichtbarer Technik. Die Hersteller versichern ihren Kunden, dass Fotografieren keine besonderen Fertigkeiten oder technischen Kenntnisse voraussetzt, dass der Apparat allwissend ist und auf den leisesten Befehl reagiert. Es ist genauso einfach, wie einen Zündschlüssel zu drehen oder eine Schusswaffe abzufeuern.

Wie Schusswaffen und Autos sind auch Kameras Wunsch-Maschinen, deren Benutzung süchtig macht. Aber sie sind, den Übertreibungen der Umgangssprache und der Werbung zum Trotz, nicht von tödlicher Wirkung. Die verstiegenen Formulierungen, mit denen Autos angeboten werden, als seien sie Waffen, entsprechen in gewissem Sinne der Wahrheit: Kriegszeiten ausgenommen, werden mehr Menschen von Autos als von Schusswaffen getötet. Das Kamera-Gewehr tötet nicht, und damit scheint diese ominöse Metapher reiner Bluff zu sein – nicht anders, als wenn ein Mann sich vorstellt, er habe ein Gewehr, ein Messer oder einen Hammer zwischen den Beinen. Dennoch haftet dem Akt des Fotografierens etwas Räuberisches an. Menschen fotografieren heißt ihnen Gewalt antun, indem man sie so sieht, wie sie selbst sich niemals sehen, indem man etwas von ihnen erfährt, was sie selbst nie erfahren; es verwandelt Menschen in Objekte, die man symbolisch besitzen kann. Wie die Kamera eine Sublimierung des Gewehrs ist, so ist das Abfotografieren eines anderen ein sublimierter Mord – ein sanfter, einem traurigen und verängstigten Zeitalter angemessener Mord.

Vielleicht lernen die Menschen eines Tages, ihre Aggressionen häufiger mit der Kamera und seltener mit dem Gewehr abzureagieren, auch wenn dafür eine noch stärkere Überflutung der Welt mit Bildern in Kauf genommen werden müsste. [...]

1 *Fassen Sie die wesentlichen Aussagen der beiden Texte zusammen.*

2 *Vergegenwärtigen Sie sich den technikgeschichtlichen, kulturellen und politischen Kontext des jeweiligen Erscheinungszeitraums. Beurteilen und vergleichen Sie die Aussagen vor diesem Hintergrund.*

3 *Sammeln Sie Bilder und Metaphern für das Medium der Fotografie aus den beiden Texten und erschließen Sie deren Wirkung und Funktion.*

Gemeintes	Beispiele	Wirkung durch aufgerufenen Bildbereich
...	...	...
der Fotograf	„der Jünger der linsen-bewehrten Artemis“ (Z. 22 f.)	Aufwertung und Glorifizierung der fotografischen Tätigkeit, Aufbau eines Berufsethos; Fotograf: dient einer fotografischen Variante („linsenbewehrt“) der Göttin der Jagd
...	...	...

4 *Sammeln Sie Metaphern im Zusammenhang mit dem Medium Internet und erschließen Sie deren Wirkung.*

5 *Überlegen Sie, inwiefern es bevorzugte Bildbereiche (gemeint sind Beispiele, die sich in ähnliche Bedeutungsfelder zusammenfassen lassen) im Rahmen des Mediums Internet gibt.*

6 *Weshalb werden die Medien häufig metaphorisch beschrieben? Können sie Rückschlüsse auf unser Medienverständnis geben? Kann eine Metapher Wesenszüge eines Mediums erfassen? Fassen Sie Ihre Ergebnisse zum Medium der Fotografie und des Internets in Form einer Strukturskizze zusammen.*

7 *Verfassen Sie eine vergleichende Analyse zu den beiden Texten von Salomon (S. 120 f.) und Sontag (S. 121 f.).*

8 *a) Verfassen Sie in Anlehnung an Susan Sontags Ausführungen eine knappe essayistische Replik. Oder:*

b) Stellen Sie Ihre Ergebnisse zum Medium der Fotografie und des Internets in Form eines Kommentars zusammen.

Analyse von Sachtexten (nicht fiktionale Texte) → S. 343
essayistisches Schreiben → S. 345 f.
Kommentar → S. 136 f.

2.2 „Reproduktion der Wirklichkeit“ – Analyse und gesellschaftliche Funktion

Abbilder bringen Denkbilder hervor. Bilder, im Besonderen Fotografien, beeinflussen unsere Vorstellung, prägen unsere Erinnerung anders und oft wirkungsvoller als Texte. Angesichts der Allgegenwart des Bildmaterials in der aktuellen medialen Umwelt scheint aber die Fähigkeit zur kritischen Analyse der Bilder und ihrer Wirkung auf unser Gedächtnis weitgehend unreflektiert und unterentwickelt. Wie ein Bild gesehen wird, hängt unter anderem von der sozialen und kulturellen Disposition des Betrachters ab, gleichzeitig aber auch vom Kontext, der durch das Trägermedium (Fernsehen, Internet, Zeitschrift ...), welches das Bild massenhaft verbreitet, hergestellt wird. Ein Bild verstehen heißt damit vor allem, die Funktion eines solchen „Medienbildes" (Knieper) in diesem Rahmen richtig zu deuten.

Jürgen Reiche (geb. 1954) ist Kunsthistoriker und Historiker.

Macht der Bilder (2003) *Jürgen Reiche*

[...]

Mit der Entwicklung der Fotografie in der ersten Hälfte des 19. Jahrhunderts beginnt eine neue Ära im Umgang mit und der Wahrnehmung von Bildern. War bis zu diesem Zeitpunkt deutlich erkennbar, dass Bilder in Form von Gemälden, Handzeichnungen oder druckgrafischen Darstellungen Artefakte[1] waren [...], so war die Fotografie von Anfang an mit dem Nimbus der Objektivität umgeben.

Mit der Fotokamera schien erstmals eine präzise Reproduktion der Wirklichkeit möglich. Das Foto konnte offenbar bezeugen, dass ein Ereignis sich tatsächlich so und nicht anders zugetragen hatte, dass ein Zustand so und nicht anders gewesen war. Eine neue Welt entstand, die nicht mehr durch Hörensagen und Aufzeichnungen überliefert wurde, sondern sich vermeintlich objektiv reproduzieren ließ. Mit dem Fotojournalismus kam ein zusätzliches Nachrichtenelement auf den Markt, das Zeitungen und Zeitschriften ein neues Erscheinungsbild und eine neue Qualität verlieh. Die Presse wirbt seither mit der Authentizität der Bilder, die Leser werden zu Augenzeugen der Geschichte auf der ganzen Welt.

Die ständige Präsenz ausgewählter Bilder manifestierte Bildikonen und führte über den abgebildeten Gegenstand hinaus zu kollektiven Einsichten. Der Name der jungen Vietnamesin, die während des Vietnamkriegs unbekleidet und schreiend eine von Napalm verwüstete Straße entlangläuft, ist nur wenigen bekannt, das Foto jedoch weltweit unvergessen. Es rückt das Grauen des Krieges von der Vergangenheit in die Gegenwart. Oder ein Beispiel aus der deutschen Zeitgeschichte: Wird nicht der Mauerbau und der Freiheitsdrang der Menschen in der DDR am ehesten durch den Volkspolizisten versinnbildlicht, der über den Stacheldrahtzaun in den Westen springt?

Fortwährende Kommunikation – die Pflege der Bilder – fördert die Erinnerung. In Presse, Funk und Fernsehen werden deshalb immer wieder die gleichen Bilder beschworen. Aus Augen-Blicken werden so Propagandabilder und Metaphern für den Zeitgeist. [...]

Das 20. Jahrhundert ist das Jahrhundert der Bilder. Die tägliche Flut von Bildern, die bewusst oder unbewusst wahrgenommen wird, prägt die Vorstellung von der Realität. So entsteht eine Idee von der Gegenwart und der Vergangenheit. Verblüffend ist, in welchem Ausmaß die Abhängigkeit

1 Artefakt: eigentlich Kunstwerk, hier: künstlich hergestellt bzw. verändert (unecht)

von den Bildern, die vorgegeben werden, gewachsen ist, aber auch die Leichtgläubigkeit, mit der wir ihnen begegnen. […]

Wir sollten es besser wissen. Kein Bild ist authentisch, kein Foto objektiv. Der Fotograf entscheidet subjektiv. Er reißt den Bildausschnitt aus dem Zusammenhang, befindet über Ort und Zeit, bestimmt Blickwinkel und Objekt – er inszeniert. In einem Foto gibt es keine präzise Information, keine objektive Wirklichkeit außer der Tatsache, dass es sich um ein Foto und kein Gemälde oder eine Zeichnung handelt. Seine oft beschworene Unschuld hat das Medium nie besessen. […]

Der allgemein verbreitete Glaube, dass Abbildungen der Wirklichkeit wahr sind, förderte die Manipulation und verleitete dazu, Bilder zu fälschen. […]

Bilder können heilen, sie können krank machen, verführen, aufhetzen und zur Beruhigung beitragen. Der suggestiven Kraft der Bilder, die ihrer scheinbaren Objektivität entspringt, unterliegen wir heute ebenso wie die Menschen vor 50 oder 100 Jahren.

Mit den technischen Möglichkeiten der Bilderproduktion in der hoch technisierten Welt wird die Zahl der Eindrücke und Erfahrungen immer unüberschaubarer. Zehntausende Bilder prasseln heute täglich auf uns ein […]. Die Bilderflut wächst zur Springflut an, und der nahezu ungebrochene Glaube an den Wahrheitsgehalt der Bilder lässt Manipulation und Täuschung besonders wirksam werden. […]

Sinnbild für die Schrecken des Krieges: junge Vietnamesin, die während des Vietnamkriegs unbekleidet und schreiend eine von Napalm verwüstete Straße entlangläuft

Sinnbild für den Freiheitsdrang der Menschen in der DDR: der Volkspolizist, der über den Stacheldrahtzaun in den Westen springt

Die Lösungen der folgenden Aufgaben sind durch einen abschließenden Arbeitsbericht zu erstellen, den Sie schriftlich in einem Portfolio dokumentieren.

Portfolio → S. 350

1 *Erklären Sie den Begriff „Bildikonen" (Z. 18). Sammeln Sie eigene Beispiele und stellen Sie diese in der Klasse vor.*

2 *Überlegen Sie, welche Gefahr in der Rezeption von Bildikonen liegt.*

3 *Welche Probleme spricht Jürgen Reiche an? Beurteilen Sie seine Ausführungen vor dem Hintergrund der aktuellen Medienlandschaft.*

4 *Überlegen Sie, inwiefern sich die Rezeption von Bildern vom Umgang mit Texten unterscheidet.*

5 *Erarbeiten Sie in Gruppenarbeit anhand der folgenden Tabelle jeweils Erscheinungsformen und Gefahren der Bildmanipulation: Benennen Sie das manipulative Vorgehen und zeigen Sie verschiedene Möglichkeiten auf. Überlegen Sie, worin spezifische Gefahren und Probleme liegen. Begründen Sie diese und finden Sie passende Beispiele aus der Medienlandschaft oder -geschichte, die Ihre Einordnung belegen können.*
Präsentieren Sie anschließend Ihre Ergebnisse mediengestützt.

Vier Hauptgruppen von Bildmanipulation *Nach Thomas Knieper*

a) „Eingriffe in die Umwelt"	b) „irreführende Kontextualisierung"	c) „Bildveränderung"	d) „Erzeugung virtueller Welten"
– Inszenierungen und Rekonstruktionen durch planerisches Umfeld (Akteure, Öffentlichkeitsarbeiter, Berater und Spin doctors[1]) → zum Beispiel: Pressekonferenzen … → problematisch, wenn … – Vorentscheidungen durch Bildproduzenten bei Bilderstellung: → zum Beispiel: Wahl der Kamera … → problematisch, wenn … – bewusste Veränderungen des Bildmotivs und des Ereignisses → zum Beispiel: … → fast immer problematisch, da …	– falsche Bildunterschrift oder Bilderklärung → zum Beispiel: … → problematisch, wenn … – mehrdeutige Beschriftungen → zum Beispiel: Einsatz von Archivfotos zu aktuellen Ereignissen (Eventbilder) → problematisch, wenn …	– „korrigierende" Veränderungen im Bildinhalt → zum Beispiel: Helligkeit, Kontrast, Farbton … → problematisch, wenn … – Entfernung von „bildrelevanten" Informationen → zum Beispiel: Freistellen und Entfernen von „ästhetisch störenden" Elementen; Wegretuschieren von Politikern … → problematisch, wenn … – Einbauen von Bildelementen → zum Beispiel … → problematisch, wenn …	– Verschmelzung realer Welten mit virtuellen Elementen → zum Beispiel: Blue-Box-Technik[2] im Hintergrund von Nachrichtensendungen, Infografiken → problematisch, wenn … – Generierung selbstständiger virtueller Welten → zum Beispiel: … → problematisch, wenn …

1 Spin doctors: Berater in Fragen Öffentlichkeitsarbeit und Imagepflege, vor allem in den Bereichen Medien und Politik
2 Blue-Box-Technik: Kombination von räumlich (oft auch zeitlich) getrenntem Vorder- und Hintergrund in Film und Fernsehen. Der Hintergrund kann real (z. B. ein Gebäude) oder als Computergrafik (wie oft bei Nachrichtensendungen) gestaltet sein.

3. Bilder des Krieges – materialgestützte Erörterung und Verfassen eines Kommentars

3.1 „Das Leiden anderer betrachten“ – die materialgestützte Erörterung

In diesem Kapitel erarbeiten Sie eine materialgestützte Erörterung. Das Thema zielt auf eine Fragestellung, die im folgenden Text von Susan Sontag, der gleichzeitig das Material für Ihre Erörterung bietet, aufgeworfen wird. Die nachstehenden Arbeitsaufgaben helfen Ihnen dabei, eine materialgestützte Erörterung zu dem folgenden Thema zu verfassen:

S. Sontag: „Das Leiden anderer betrachten“ → S. 127 ff.

Lesen Sie den Textauszug von Susan Sontag mit Blick auf folgende Aufgabenstellung:
Erörtern Sie – unter Berücksichtigung des angebotenen Materials – die Problematik von medial vermittelten Kriegs- und Gräuelbildern in ihrer Wirkung auf den Betrachter und sein Bewusstsein gegenüber kriegerischen Handlungen.

1 *a) Vergegenwärtigen Sie sich die Merkmale einer materialgestützten Erörterung mithilfe des Basiswissens.*
b) Vergleichen Sie die materialgestützte Erörterung mit der Aufsatzart der Erörterung im Anschluss an einen Text in Form einer Tabelle.

textgebundene Erörterung → S. 344

Basis

Die materialgestützte Erörterung

Die argumentativen Anforderungen an eine materialgestützte Erörterung gleichen den Anforderungen einer freien Erörterung bzw. der Erörterung im Anschluss an einen Text. Die materialgestützte Erörterung greift auf angebotenes Zusatzmaterial (z. B. Interviews, Textauszüge, Tabellen, Statistiken, Bilder …) zurück, ohne aber dessen Argumentationslinien vollständig nachzuzeichnen oder zu analysieren. Hinzu kommt allerdings die Bedeutung der überzeugenden Integration der Materialien durch die Aufgabenstellung. Wie und wo Sie diese Inhalte einbauen, hängt von Ihrer argumentativen Strategie bzw. Ihrer eigenständigen Interpretation ab. Häufig werden sich die Informationen, die Ihnen in Form von Datenmaterial angeboten werden, als Beispiele und Belege für Ihre Argumente einsetzen lassen. Letztlich gibt es aber für die Verwendung keine engen Grenzen. Viel wichtiger ist die eigenständige und freie Integration – denkbar ist auch eine Überprüfung – in der Erörterung. Die durch das Material vermittelten Inhalte wie die Funktion und der Kontext müssen kritisch berücksichtigt werden.

Ob die materialgestützte Erörterung linear oder antithetisch angelegt werden soll, hängt von der jeweiligen Aufgabenstellung ab.

Entscheidend für eine gelungene materialgestützte Erörterung bleibt damit wie bei jeder Erörterung die argumentative und stilistische Prägnanz, mit der ein Thema untersucht und erarbeitet wird.

Schritt 1: das Material erschließen

2 Fassen Sie Susan Sontags folgende Reflexionen über die moderne Wahrnehmung von Kriegsbildern sowie deren Rolle und Funktion stichpunktartig zusammen.

Scannen Sie den Text ein. Zerlegen Sie ihn anschließend in seine zentralen Sinneinheiten. Markieren Sie dafür zunächst die entscheidenden Aussagen und strukturieren Sie Ihre Vorarbeit.

Sie können sich an folgenden Fragen orientieren:

- *Was lösen Leidensbilder beim Betrachter aus?*
- *Welche Einsicht können sie vermitteln?*
- *Welche Forderung ergibt sich für den gesellschaftlichen und persönlichen Umgang mit „Schreckensbildern“?*

Material sichten und bewerten

Die Auseinandersetzung mit vorgegebenen Informationen, wie sie die materialgestützte Erörterung fordert, entbindet Sie nicht von der Leistung der selbstständigen Erfassung, Abgrenzung und Strukturierung des Problems. Es empfiehlt sich, das Material zunächst genau zu lesen, Anregungen für die Stoffsammlung zu entnehmen und bereits zu diesem Zeitpunkt Einsatzmöglichkeiten für die Ausformulierung zu überlegen.

Beginnen Sie aber mit der Klärung von Sachvoraussetzungen und Schlüsselbegriffen des Themas als Grundlage für eine sinnvolle Stoffsammlung und Gliederung.

Argument (Behauptung, Begründung, Beispiel/Beleg) → S. 343 f.

3 Berücksichtigen Sie die Entfaltung des Themas. Achten Sie auf Begründungen und Belege. Beachten Sie aber auch Einschränkungen, Bedingungen und Widersprüche, die in der Darstellung deutlich werden. Ergänzen Sie das in Aufgabe 2 erarbeitete inhaltliche Gerüst und notieren Sie sich die Ergebnisse.

Das Leiden anderer betrachten (2003) *Susan Sontag*

[...] Man kann es für eine Pflicht halten, Fotos zu betrachten, auf denen Grausamkeiten und Verbrechen festgehalten sind. Man sollte es in jedem Falle für eine Pflicht halten, darüber nachzudenken, was es heißt, solche Bilder zu betrachten, und wie es um die Fähigkeit bestellt ist, sich das, was sie zeigen, tatsächlich anzueignen. Nicht alle Reaktionen auf solche Bilder unterstehen der Aufsicht von Vernunft und Gewissen. Die meisten Darstellungen von gequälten, verstümmelten Körpern erwecken auch ein laszives Interesse. [...]

Der Sog dieser allgemein verachteten Regung muss bei der Erörterung der Wirkung von Gräuelbildern unbedingt berücksichtigt werden.

Die New Yorkerin **Susan Sontag** (1933–2004) war Essayistin, Kritikerin, Regisseurin, Dramatikerin, Romanautorin, Hochschuldozentin. Vor allem ihre Essays, darunter „Im Zeichen des Saturn", „Krankheit als Metapher" oder „Aids und seine Metaphern", machten sie berühmt und zur vielfachen Preisträgerin (u. a. ausgezeichnet mit dem Friedenspreis des Deutschen Buchhandels 2003). Zu Susan Sontag gehört aber nicht nur die schriftstellerische Tätigkeit und der unbezwingbar kritische Geist einer Vordenkerin. Sie steht auch für die Forderung, sich persönlich für andere einzusetzen. 1968, während des Vietnamkrieges, zog es sie nach Hanoi. Zur Zeit des Jugoslawienkrieges lebte sie im belagerten Sarajevo. Sie inszenierte, arbeitete für eine Radiostation und unterrichtete in provisorischen Klassenzimmern.

In „Das Leiden anderer betrachten" untersucht sie die Wirkung von Kriegs- und Gräuelbildern. Dieser späte Essay setzt sich damit auch mit Sontags in „Über Fotografie" (1977) entwickelter Auffassung auseinander, der Betrachter stumpfe durch die ständige Präsenz dieser Bilder ab.

S. Sontag: „Über Fotografie" → S. 121 f.

[...] Menschen können für Schrecken unempfänglich werden, weil sie den Eindruck gewinnen, dem Krieg – jedem Krieg – sei kein Ende zu machen. Mitgefühl ist eine instabile Gefühlsregung. Es muss in Handeln umgesetzt werden, sonst verdorrt es. Deshalb stellt sich die Frage, was man mit den geweckten Gefühlen, dem übermittelten Wissen tun soll. Wenn man den Eindruck bekommt, dass es nichts gibt, was „wir" tun könnten – aber wer sind diese „wir"? –, und auch nichts, was „sie" tun könnten – aber wer sind diese „sie"? –, fängt man an, sich zu langweilen, wird zynisch und apathisch.

Rührung ist nicht unbedingt besser. Sentimentalität ist bekanntlich mit einer Neigung zur Brutalität und zu Schlimmerem durchaus vereinbar. [...] Die Menschen verhärten sich – wenn dies der richtige Ausdruck ist – gegen das, was man ihnen zeigt, nicht wegen der *Quantität* der Bilder, die ihnen vorgesetzt werden. Es ist vielmehr die Passivität, die abstumpft. Die Zustände, die man als Apathie, als moralische oder emotionale Taubheit bezeichnet, sind voller Gefühle: voller Wut und Frustration. Wenn wir nun darüber nachdenken, welche Gefühle stattdessen wünschenswert sind, dann wäre es wohl zu einfach, sich für das Mitgefühl zu entscheiden. Die imaginäre Nähe zum Leiden anderer, die uns Bilder verschaffen, suggeriert eine Verbindung zwischen den fernen, in Großaufnahme auf dem Bildschirm erscheinenden Leidenden und dem privilegierten Zuschauer, die in sich einfach unwahr ist – nur eine Täuschung mehr, was unsere wirklichen Beziehungen zur Macht angeht. Solange wir Mitgefühl empfinden, kommen wir uns nicht wie Komplizen dessen vor, wodurch das Leiden verursacht wurde. Unser Mitgefühl beteuert unsere Unschuld und unsere Ohnmacht. Insofern kann es (unseren guten Absichten zum Trotz) zu einer impertinenten – und völlig unangebrachten – Reaktion werden. Das Mitgefühl, das wir für andere, vom Krieg und einer mörderischen Politik betroffene Menschen aufbringen, beiseitezurücken und stattdessen darüber nachzudenken, wie unsere Privilegien und ihr Leiden überhaupt auf der gleichen Landkarte Platz finden und wie diese Privilegien – auf eine Weise, die wir uns vielleicht lieber gar nicht vorstellen mögen – mit ihren Leiden verbunden sind, insofern etwa, als der Wohlstand der einen die Armut der anderen zur Voraussetzung hat – das ist eine Aufgabe, zu deren Bewältigung schmerzliche, aufwühlende Bilder allenfalls die Initialzündung geben können.

[...]

Wer sich ständig davon überraschen lässt, dass es Verderbtheit gibt, wer immer wieder mit erstaunter Enttäuschung (oder gar Unglauben) reagiert, wenn ihm vor Augen geführt wird, welche Grausamkeiten Menschen einander antun können, der ist moralisch oder psychologisch nicht erwachsen geworden.

Von einem gewissen Alter an hat niemand mehr ein Recht auf solche Unschuld oder Oberflächlichkeit, auf so viel Unwissenheit oder Vergesslichkeit.

Es gibt inzwischen einen umfangreichen Bestand an Bildern, die es schwieriger machen, in dieser ethischen Mangellage zu verharren. Lassen wir uns also von den grausigen Bildern heimsuchen. Auch wenn sie nur Markierungen sind und den größeren Teil der Realität, auf die sie sich beziehen, gar nicht erfassen können, kommt ihnen eine wichtige Funktion zu. Die Bilder sagen: Menschen sind imstande, dies hier anderen anzutun – vielleicht sogar freiwillig, begeistert, selbstgerecht. Vergesst das nicht. [...]

Manche Fotos, die zu Sinnbildern des Leidens geworden sind – etwa der Schnappschuss des mit erhobenen Händen dastehenden kleinen Jungen im Warschauer Getto, kurz vor dem Abtransport in ein Todeslager –, können als Memento mori[1] dienen, als Objekte der Kontemplation, die uns helfen, unseren Wirklichkeitssinn zu vertiefen, als weltliche Ikonen. Aber daran scheint sich dann auch die Forderung nach einem Pendant zu einem geweihten, der frommen Andacht gewidmeten Raum zu knüpfen, der zu solcher Betrachtung besonders geeignet wäre. Doch Raum, der dem Ernst vorbehalten bliebe, ist in einer modernen Gesellschaft schwer zu finden, deren wichtigstes Modell für den öffentlichen Raum der Megastore ist (der zugleich auch Flughafen oder Museum sein kann).

Gibt es ein Mittel gegen die so nachhaltig verführerische Wirkung, die vom Krieg ausgeht? Und kann es sein, dass diese Frage von einer Frau eher gestellt wird als von einem Mann? (Wahrscheinlich ja.)

Kann man durch ein Bild (oder eine Gruppe von Bildern) dazu gebracht werden, sich aktiv gegen den Krieg einzusetzen? [...]

1 *Memento mori* (lat.): Bedenke, dass du sterblich bist; gleichzeitig auch Begriff für Vergänglichkeitsmotive in der bildenden Kunst

Der Junge von Warschau – bis heute ist die Identität des Jungen, der zusammen mit anderen Juden von deutschen Soldaten im Sommer 1943 in Warschau festgenommen wurde, nicht vollständig geklärt. Mit hoher Wahrscheinlichkeit handelt es sich um Tsvi Nussbaum, der sich zu erinnern glaubt, dass das Foto am 13. Juli nach einer Razzia im Hotel „Polski" – etwa zwei Monate nach Niederschlagung des Aufstands im Warschauer Getto – entstand.

Schritt 2: das Thema erschließen

4 ***Überlegen Sie (unter Rückgriff auf Ihre Ergebnisse des Textes von Susan Sontag), von welchen Faktoren die Beziehung zwischen Kriegs-/Gräuelfotografien und Betrachter abhängen. Bedenken Sie die Rolle von Bildproduzent, Technik, Verarbeitung, Gebrauch/Funktion und Kontextualisierung.***

Ergänzen und konkretisieren Sie folgendes Schema.

Kontextualisierung → S. 125

Produktion und Verbreitung Fotografen, Journalisten, Politik, Kriegsparteien, Militärs, Medien …	**Kriegsbilder** – kommentieren – emotionalisieren …	**Rezeption** Betrachter (abhängig vom Kulturkreis …)
Subjektivität	⟷	Interpretation
Manipulation	⟷	Erinnern
Vieldeutigkeit	⟷	Abstumpfung, Sensationskitzel
Enthüllung	⟷	Schock (als Konsumanreiz)
Inszenierung	⟷	Anteilnahme, Erschütterung …
Informationsvermittlung	⟷	Assoziationen
…	⟷	…

Schritt 3: Stoffsammlung, Stoffordnung und Gliederung anlegen und ausformulieren

5 ***Erstellen Sie auf der Grundlage Ihrer Überlegungen (Aufgabe 4) eine strukturierte Stoffsammlung, ergänzen Sie vor allem Beispiele.***

6 ***Erarbeiten Sie eine Gliederung. Sie können folgenden Vorschlag ergänzen.***

Gliederung zum Thema: „Die Problematik von medial vermittelten Kriegs- und Gräuelbildern in ihrer Wirkung auf den Betrachter und sein Bewusstsein gegenüber kriegerischen Handlungen“

A Kriegsfotografen als Teil der Kriegshandlungen

B Die Wirkung von medial vermittelten Kriegs- und Gräuelbildern auf den Betrachter und sein Bewusstsein gegenüber kriegerischen Handlungen

- I. Spezifische Problematik des Mediums „Kriegsfotografien“
  - 1. Quantität und Bedeutung von Kriegsfotografien in der aktuellen medialen Berichterstattung
  - 2. Frage nach der Authentizität von Kriegs- und Gräuelbildern
    - a) Rolle des Fotografen und des Kontextes
    - b) Zensur der Kriegsberichterstattung
    - c) …
  - 3. Pietät gegenüber den Opfern
  - …
- II. Kriegsbilder als Appell
  - 1. Visuelle Antikriegsagitation
  - 2. Wirkung auf eine nationalisierte Öffentlichkeit
  - …
- III. Die Wirkung von Kriegsbildern auf der affektiven Ebene
  - 1. „Schocktherapie“
  - 2. Abstumpfung des Betrachters
  - …
- IV. …

C Identitätsstiftende Funktion der Bilder für eine demokratische Öffentlichkeit

7 *Verfassen Sie eine vollständige Erörterung zum Thema auf S. 126, indem Sie Ihre Gliederung ausformulieren, greifen Sie dabei an geeigneten Stellen auf Aspekte aus dem Text von Susan Sontag zurück.*

Vertiefung: weitere Materialien verarbeiten

1 *Sichten und bewerten Sie die Materialien 1–3.*

Material 1

Hermann Meyn (geb. 1934) ist freier Journalist.

Kriegsberichterstattung (2004) *Hermann Meyn*

[...] Psychologische Kriegsführung gehört zum Krieg, und die Medien sind ein Teil davon. Im Golfkrieg Anfang 1991 hatten die Amerikaner aus dem Vietnamkrieg gelernt, in dem es keine Zensur gab. Dies blieb nicht folgenlos. Der Mainzer Publizistikwissenschaftler Jürgen Wilke ist davon überzeugt, „die US-Militärs hätten den Vietnamkrieg weniger aus militärischen Ursachen als verloren gegeben, sondern weil die erschütternden Kriegsbilder über das Fernsehen in die amerikanischen Haushalte gelangten und damit in der Heimat der Soldaten den Durchhaltewillen unterliefen.“[1] Mit dem Argument, den Erfolg militärischer Operationen nicht aufs Spiel zu setzen und Menschenleben nicht gefährden zu dürfen, unterwarfen die Amerikaner im Golfkrieg die Medien einer strikten Zensur. Vor Ort informierten sie ausschließlich amerikanische und britische Journalistengruppen, die mit dem Krieg gegen den Irak sympathisierten, ließen sie aber nicht ins Kampfgebiet. In Washington präsentierte das Verteidigungsministerium den Krieg als unblutiges Videospiel. Die Bilder sollten die Treffsicherheit der amerikanischen Präzisionswaffen belegen.

1 Jürgen Wilke: Krieg als Medienereignis – Konstanten und Wandel eines endlosen Themas, in: Kurt Imhof, Peter Schulz (Hg.): Medien und Krieg – Krieg in den Medien. Zürich: Seismo Verlag 1995.

Material 2

Wolfram Schrag ist Jurist und Journalist. Er arbeitet als freier Mitarbeiter beim Hörfunk des Bayerischen Rundfunks.

Journalisten mit Soldaten („embedded journalism“) (2007)
Wolfram Schrag

Eine Zensur ist aber heute durch die elektronische Kommunikation immer schwieriger. Fotos sind schnell vom eigenen Laptop über ein Satellitentelefon versendet. Dasselbe gilt für Filmberichte. Dies war den US-Strategen bekannt, weshalb im zweiten Golfkrieg im Jahr 2003 eine Form der Berichterstattung erprobt wurde, die „eingebetteter Journalismus“ („embedded journalism“) heißt. Umgesetzt wurde dieses Prinzip, indem Journalisten militärischen Einheiten zugewiesen wurden: „Sie lebten mit der Einheit zusammen, was zur emotionalen Bindung nicht nur zwischen Journalisten und Soldaten, sondern in der Folge auch zwischen Zuschauern und Kämpfern führt. Das Ergebnis könne man ‚Zensur im Kopf‘ nennen. Das Militär hatte gelernt.“[2] [...]

2 Thomas Rid: Maximale Kooperation, in: journalist 5/2003, S. 12

Der NBC-Journalist David Bloom (1963–2003) während des zweiten Golfkriegs

Material 3

Gerhard Paul (geb. 1951) ist Professor für Geschichte.

Bilder des Krieges – Krieg der Bilder (2004) *Gerhard Paul*

[...] In der Rezeption der Kriegsbilder realisiert sich möglicherweise eine spezifische Angstlust des modernen Menschen. Für den Wiener Philosophen Konrad Paul Liessmann gebiert vor allem die offene Gesellschaft eine solche Lust. In der Betrachtung der Bilder des absolut Anderen, ob in der Gesetzlosigkeit des Western oder der Barbarei des modernen Krieges, vergewisserten sich die Angehörigen dieser Gesellschaften aus sicherer Distanz gleichsam ihrer eigenen freiheitlichen und zivilen Identität. Es sei die „Angst vor dem Abgrund seines Selbst und die Lust an einer Freiheit, die einen auch dazu bringen könnte, mit dem Sprung in einen moralischen Abgrund wenigstens virtuell zu kokettieren“[1]. Ähnlich wie Märchen stellen für Clemens Schwender[2] Kriegsfilme Formen des Probehandelns und der gesellschaftlichen Verständigung über Gut und Böse dar. [...]

1 Konrad Paul Liessmann: Das Böse. In: Die offene Gesellschaft und ihre Medien in Zeiten der Bedrohung. Mainz: von Hase u. Koehler 2003, S. 218 – Liessmann (geb. 1953) ist Professor für Philosophie.

2 Clemens Schwender ist Professor für Medien- und Kommunikationswissenschaft (UMC Potsdam, FH).

2 ***Vervollständigen Sie folgende Vorschläge durch Rückgriff auf die Materialien 1–3.***

Verarbeitung des Materials als Argument

Fotografien, im Besonderen Kriegs- und Gräuelfotografien, sind niemals einfach, niemals Tatsachen. Die fließende Grenze zwischen objektivem Abbild und subjektiver Interpretation gehört zur Spezifik des Mediums schlechthin. Beim Anblick dieser Bilder neigt der Betrachter allerdings dazu, die Politik bei der Produktion und Verbreitung dieser Fotos außer Acht zu lassen. Was er für „Wahrheit“ hält, ist oft nichts anderes als gezielte Manipulation. Die Zensur in der Kriegsberichterstattung ...

(Gliederungspunkt I. 2. b: „Zensur der Kriegsberichterstattung“)

Gliederung → S. 130 f.

Verarbeitung des Materials in der Einleitung

Ein Kriegsbild ganz anderer, unblutiger Art erreichte „den Betrachter" während des zweiten Golfkrieges im Jahr 2003: Der NBC-Journalist David Bloom mit Schutzweste und Tarnuniform auf ...

Verarbeitung des Materials im Schluss

Bei der Bestimmung der Wirkung von Kriegs- und Gräuelfotografien auf den Betrachter gilt es also, komplexe wahrnehmungspsychologische und erinnerungsgeschichtliche Zusammenhänge zu berücksichtigen. Eine abschließende Begründung für die nach wie vor ungebrochene Bildersucht der Menschen, gerade auch nach Bildern aus Krisen- und Kriegsgebieten, können sie noch nicht liefern. Der Wiener Philosoph Konrad Paul Liessmann ...

3.2 Wahrheit durch Manipulation? – Einen Kommentar zu einem inszenierten Kriegsbild schreiben

Fotografien sind manipulierbar und instrumentalisierbar. Am bekanntesten ist wohl die Bildpropaganda des Stalinismus, die eifrige Nachahmer fand. Jahrzehnte vor den digitalen Bildbearbeitungsprogrammen versuchte man, mit gefälschten Fotos die Erinnerung an unliebsame Gegner auszulöschen und die eigene Herrschaftspraxis zu legitimieren. Kriegsfotografien des Leidens, des Grauens machen im Besonderen misstrauisch. Es scheint kein Bild zu geben, das wirklich unparteiisch wäre und ungeeignet für propagandistische Zwecke. „Kann man durch ein Bild […] dazu gebracht werden, sich aktiv gegen den Krieg einzusetzen?" Dieser offenen Frage von Susan Sontag müssten Sie im Rückblick auf das Kapitel mit klarer Skepsis begegnen. Mit Blick auf die erörterte Frage hieße das, dass die Instrumentalisierbarkeit von Schreckensbildern akzeptabel wäre, wenn sie Anlass zum Handeln würden.

S. Sontag → S. 128

Das Leiden anderer betrachten (2003) *Susan Sontag*

In ihrem Essay interpretiert Sontag Jeff Walls' Bild „Dead Troops Talk" von 1992 (S. 135). Die Unterhaltung von toten sowjetischen Soldaten in einer Grube an der afghanischen Front ist inszeniert, die Opfer sind Schauspieler, die Kriegslandschaft Kulisse, die einzelnen Szenen am Computer montiert.

[…] Wenn man sich in dieses Bild mit seiner massiven Anklage versenkt, könnte man auf den Gedanken kommen, dass sich die Soldaten uns zuwenden und zu uns sprechen könnten. Aber nein, kein einziger blickt aus dem Bild heraus. Protest droht hier nicht. Sie rufen uns nicht zu, der Scheußlichkeit, die der Krieg ist, ein Ende zu machen. Sie sind nicht ins Leben zurückgekehrt, um weiterzutaumeln und diejenigen anzuprangern, die den Krieg begonnen haben, jene, von denen sie losgeschickt wurden, um zu töten und sich töten zu lassen. Und sie wirken, so wie sie dargestellt sind, auch auf andere nicht erschreckend – bei ihnen (am linken Bildrand) hockt ein afghanischer Plünderer in weißer Bluse, der in aller Ruhe eine Soldatentasche durchsucht und von dem sie keine Notiz nehmen. Und rechts kommen auf dem Weg, der den Hang hinunterführt, zwei Afghanen ins Bild, die vielleicht selbst Soldaten sind und die, nach den in der Nähe liegenden Kalaschnikows zu urteilen, den toten Soldaten ihre Waffen schon abgenommen haben. Diese Toten interessieren sich nicht im Geringsten für die Lebenden: nicht für diejenigen, die ihnen ihr Leben nahmen; nicht für Berichterstatter – und nicht für uns. Warum sollten sie unseren Blick suchen? Was hätten sie uns zu sagen? „Wir“ – zu diesem „Wir“ gehört jeder, der nie etwas von dem erlebt hat, was sie durchgemacht haben – verstehen sie nicht. Wir begreifen nicht. Wir können uns einfach nicht vorstellen, wie das war. Wir können uns nicht vorstellen, wie furchtbar, wie erschreckend der Krieg ist; und wie normal er wird. Können nicht verstehen und können uns nicht vorstellen. Jeder Soldat, jeder Journalist, jeder Mitarbeiter einer Hilfsorganisation, jeder unabhängige Beobachter, der eine Zeit unter Beschuss verbracht hat und das Glück hatte, dem Tod zu entkommen, der andere in seiner Nähe ereilte, denkt so und lässt sich nicht davon abbringen. Und sie haben Recht.

Mithilfe der folgenden Aufgabenstellungen üben Sie, einen Kommentar zu entwickeln und zu formulieren.

Setzen Sie sich mit dem Bild und dem Ansatz von Jeff Wall, wie er im Interview deutlich wird, auseinander und nehmen Sie die Ausstellung dieser strittigen Arbeit als Anlass zum Verfassen eines Kommentars.

Schritt 1: notwendige Vorarbeiten leisten

J. Wall: „Dead Troops Talk“ → S. 135

1 Analysieren Sie zunächst das Bild, indem Sie
- *Bildinhalte und Konstruktion (Manipulation?) erfassen und beschreiben;*
- *die Bedeutung des Bildes und die Intention von Jeff Wall bestimmen;*
- *mögliche Konsequenzen bei der Rezeption und Wirkung des Bildes formulieren.*

Der kanadische Künstler **Jeff Wall** erfuhr bereits Ende der Siebzigerjahre internationale Anerkennung für seine großformatigen Diapositive. Präsentiert in Leuchtkästen steht jedes Bild für sich. Bisweilen investierte Wall mehrere Jahre Vorarbeit für ein Bild, das wie ein Schnappschuss aussieht.

Fragen an Jeff Wall (Interview von 1994) *Frank Wagner*

Frank Wagner: Beim Betrachten Deiner Bilder habe ich das Gefühl, dass Du immer an ein spezifisches Problem denkst, an etwas, das Du erreichen oder in den Griff bekommen möchtest, und dass Du dann so lange daran arbeitest, bis das Problem gelöst oder die Aufgabe so gut wie möglich zu Ende geführt ist. Was war Dein Interesse bei „Dead Troops Talk"?

Jeff Wall: Ich wollte ein pseudo-episches Bild machen, oder vielleicht die Imitation eines epischen Kriegsbildes – aus einer distanzierten Position heraus entstanden. Gleichzeitig sollte es eine Vision der Art von Erfahrung sein, die wir möglicherweise haben, nachdem wir getötet worden sind – die unterschiedlichen Gefühle oder Stimmungen, die wir vielleicht haben. In Begriffen des Genres gesprochen, sollte es ein „Dialog der Toten" sein, eine Art Variation des „danse macabre"[1]. Ich begann 1987 daran zu arbeiten, als ich zum ersten Mal verstärkt die Entwicklungen der digitalen Bildverarbeitung beobachtete. Ich ahnte, dass diese neuen Technologien wesentlich für die Bedeutung dieser Arbeit werden würden. Weil die digitale Montage ein so künstlicher Prozess ist, hatte ich das Gefühl, sie wäre in der Lage, die Art Distanz herzustellen, die ich zwischen den düsteren und grauenvollen Aspekten des Themas und meinem Umgang damit für notwendig hielt. Ich wollte nicht, dass das Bild übermäßig seriös oder zu ernsthaft gerät und deshalb schwülstig oder wichtigtuerisch wirkt. Es trifft zu, dass mich dieses Projekt mehrere Jahre lang beschäftigt hat.

[...]

Frank Wagner: War es Deine spezielle Absicht, einen Vorfall aus dem Krieg in Afghanistan zu verwenden, ein Krieg, der vom eurozentrischen oder westlich-abendländischen Gesichtspunkt aus für nicht so wichtig erachtet wurde?

Jeff Wall: Ich bin der Meinung, dass der Krieg in Afghanistan vom westlichen Gesichtspunkt aus durchaus bedeutsam war, und zwar, wie ich schon angedeutet habe, in Bezug auf die frühere Sowjetunion, aber auch

1 „danse macabre" (frz. Totentanz): Allegorie für die Macht des Todes über den Menschen

Michael Wolgemut: „Totentanz" (1493, Holzschnitt)

Jeff Wall: „Dead Troops Talk" („A Vision After an Ambush of a Red Army Patrol near Moqor, Afghanistan, Winter 1986")

deswegen, weil er ein feindlicher Zusammenstoß zwischen Moslems, dem Islam, und einem gewissen Teil der westlichen Kultur war. Es ist offensichtlich, dass mein besonderes Interesse den Sowjets gilt – die Afghanen sind auf dem Bild fast nicht vorhanden, nur der Junge, der den Rucksack eines Soldaten durchwühlt. Ich nannte das Bild eine „Vision", eine Halluzination. Das bedeutet wohl, dass es meine eigene Halluzination ist, aber ich hoffe, dass der Identifikationsprozess, den die Betrachter beim Anschauen des Bildes durchlaufen, offen genug ist, dass andere Menschen etwas damit anfangen können. [...]

2 ***Vergegenwärtigen Sie sich vor dem Verfassen des Kommentars dessen Aufgaben und Ziele. Ergänzen Sie die allgemeinen Anforderungen der linken Spalte durch konkrete Anweisungen (auch Warnungen), die sich für die praktische Umsetzung eines Kommentars ergeben. Nutzen Sie dazu auch das nachfolgende Basiswissen.***

Funktion eines Kommentars	Mittel, Gefahren, Konsequenzen für die praktische Umsetzung
– greift bewusst in den Erkenntnisprozess des Lesers ein	– rationale Überzeugungstechniken: Begründungen, Fakten, Strukturierung, Problembewusstsein ...
– gibt Orientierung in Wertfragen	– Abwägen unterschiedlicher Werte, Hierarchisierung, Vermitteln ...
– erfüllt konkrete kommunikative Grundbedürfnisse einer demokratisch verfassten Gesellschaft	– Aufdecken, Beleuchten von Plänen unterschiedlicher Interessengruppen ...
– spürt Minderheiten und deren Rechten nach	– Partei ergreifen (punktuell) ...
– formuliert normative Erwartungen an die Leser, will verändern	– ...
– ist ein Vorbild für den gesellschaftlichen Diskurs	– ...

Basis

Der Kommentar

Der Kommentar als Meinungsbeitrag besitzt zwar eine wertende und beurteilende Funktion, grundsätzlich aber erfüllt er auch die Aufgabe, den Leser über einen bestimmten Sachverhalt zu informieren. Vor dem Verfassen des Kommentars müssen Sie demnach Informationen über den Sachverhalt sammeln, ordnen und entwickeln. Ein Kommentar wägt ab, begründet und reflektiert, baut eine Argumentation auf. Analyse und Erklärung dürfen also in Ihrem Beitrag nicht zu kurz kommen. Neben einer anschaulichen sprachlich-stilistischen Gestaltung müssen Sie deshalb ebenso eine konsequente und überzeugende Gliederung verfolgen.

- Der **Einstieg** sollte das Interesse des Lesers wecken. Zwei bis drei Sätze genügen, um das Thema, den Sachverhalt anzureißen. Erste Wertungen können hier bereits formuliert werden, z. B. durch eine provokante These oder eine Sentenz.
- Die **Argumentation** folgt rationalen und logischen Grundsätzen. Berücksichtigen Sie Gegenargumente, liefern Sie Begründungen und Belege. Beziehen Sie Stellung.

- Die **Schlussfolgerung** schließt den Kommentar ab, hier sollten Sie dem Leser ein Orientierungsangebot geben, indem Sie Ihren Standpunkt klar und eindeutig formulieren, auch wenn dieser zum Widerspruch anregen kann.

Der deutsch-jüdische Philosoph **Walter Benjamin** (1892–1940), Gesellschaftstheoretiker, Literaturkritiker und Übersetzer, verfasste zahlreiche bis heute inspirierende medientheoretische Texte. Seine detailgenauen Strukturanalysen zu den (damals) neuen technischen Medien wie Fotografie und Film wirken vorbildhaft.

Schritt 2: Ideen und Argumente strukturieren

3 a) ***Sammeln Sie Ideen und Argumente für Ihren Kommentar und strukturieren Sie diese. Greifen Sie auf Ihre Erkenntnisse zum Thema „Kriegsfotografie" zurück und konzentrieren Sie sich auf die grundsätzliche Problematik eines manipulierten Bildes.***

b) ***Welche Gefahren oder Möglichkeiten birgt Jeff Walls Zugang zum Thema (verstörende „Realisierung" eines Kriegsgeschehens oder groteske Verhöhnung der Opfer, überzeugende Anklage oder Täuschung des Betrachters …)? Folgende Zitate können helfen.***

„Die Wahrheit ist das erste Opfer des Krieges."
Anonym

„Hat nicht der Fotograf – Nachfahr der Augurn und der Haruspexe[1] – die Schuld auf seinen Bildern aufzudecken und den Schuldigen zu bezeichnen?"
Walter Benjamin, „Kleine Geschichte der Fotografie"

1 Augurn und Haruspexe: Teil des Priesterkollegiums im alten Rom, leisteten Vorhersagen aus den Eingeweiden von Schlachtopfern bzw. aus dem Vogelflug

Schritt 3: den Kommentar verfassen

4 ***Verfassen Sie nun den Kommentar. Folgender Einstieg hilft.***

Worüber mögen sie sich wohl unterhalten, die toten sowjetischen Soldaten, 1986, im afghanischen Territorium? Lachen sie über die Sinnlosigkeit ihres Todes in einem – auf beiden Seiten – grausam geführten Krieg, mit dem sie sich selbst ebenso wenig wie ihre Landsleute identifizieren konnten? 15000 sowjetische Soldaten verloren in der knapp zehn Jahre andauernden Intervention ihr Leben. Weitere Zehntausende kehrten physisch und psychisch zerrüttet nach Hause zurück. Von ihren Leiden erfuhr kaum jemand etwas. Die kommunistische Regierung zensierte die Verluste, das Terrain war unabhängigen Journalisten unzugänglich. Doch wer will behaupten, dass es im Krieg „wahre" Bilder gibt? Jeff Walls Foto-Tableau …

www. Weitere Informationen und Bilder z. B. auf: bpb.de (Bundeszentrale für politische Bildung); blm.de (Bayerische Landeszentrale für Neue Medien); Websites von Tageszeitungen / Wochenzeitschriften …

Epochenwissen im Überblick: die Literatur der Weimarer Republik (1918–1933)

Unsicherheit und Krisen kennzeichneten die Zeit der **Weimarer Republik**. Eine weitgehend der Demokratie noch fernstehende Bevölkerung, extreme Flügel, die sich gegenseitig und die junge Republik bekämpften, wirtschaftliche Probleme (Hyperinflation, Weltwirtschaftskrise) und politische Instabilität begünstigten das Aufkommen radikaler Parteien und das frühe Ende der ersten deutschen Demokratie. Verunsichernd auf die Menschen, deren Denken oft noch durch den Obrigkeitsstaat des 19. Jahrhunderts bestimmt war, wirkten neben der ungewohnten politischen und moralischen Freiheit auch die mit dem wissenschaftlichen und technischen Fortschritt verbundenen gesellschaftlichen Veränderungen. Gesellschaft und Kunst wurden stark beeinflusst durch die in der Zeit der Weimarer Republik aufkommenden Massenmedien Film, Telefon und Radio sowie die nun massenhaft verbreiteten und durch Fotos illustrierten Zeitungen und Zeitschriften.

Die Literatur der Jahre zwischen 1918 und 1933 kennzeichneten ebenso wie den politisch-gesellschaftlichen Bereich Vielfalt, Gegensätze und Widersprüchlichkeit. Zur bestimmenden Tendenz entwickelte sich in den Zwanzigerjahren des 20. Jahrhunderts der alle Kunstrichtungen umfassende Stil der „Neuen Sachlichkeit". In ihm kam ein neues Lebensgefühl zum Ausdruck, die nüchtern-realistische Hinwendung zur Alltagswelt, die auch die neusachliche Literatur kennzeichnete. Diese wandte sich vom Expressionismus sowie von einem klassisch-elitären Dichtungsbegriff ab, nahm die Lebenswirklichkeit der Menschen in den Blick und wollte mit der Wendung zur Gebrauchsliteratur ein breiteres Publikum erreichen.

Inhaltlich, formal und sprachlich vollzog die literarische Moderne der Weimarer Zeit die Öffnung zum Alltag der Massengesellschaft, indem sie die Herausforderung durch die **Massenmedien** annahm. Obwohl damals keine neuen Medien erfunden wurden, erlebte das Mediensystem einen grundlegenden Wandel und der vom Stumm- zum Tonfilm entwickelte Film und der Rundfunk als neue Massenmedien sowie die zum Massenorgan ausgebauten Printmedien „hatten einen bis dahin nicht gekannten Einfluss auf die literarischen Kommunikationsstrukturen und -formen als auch auf die Gattungen, Genres und Schreibweisen der Literatur" (S. Becker). Es entstand ein Autorentypus, der in verschiedenen Medien agierte und sich verschiedener Medien bediente, der für den Rundfunk, das Theater oder für den Film arbeitete und für die Zeitung schrieb. Daraus entwickelten sich neue Genres wie die literarische Reportage und Autoren wie Brecht, Döblin und Tucholsky schrieben nach wie vor für das Printmedium Buch, aber ebenso für Zeitungen und Zeitschriften und verfassten auch Hörspiele sowie Drehbücher.

Epochenkennzeichen und Literaturtheorie		– unterschiedliche Stile, Positionen und Themen in der Literatur – **Traditionelles aufgreifende Literatur:** bereits vor dem Krieg hervorgetretene und in der Weimarer Zeit weiter literarisch tätige Autoren wie z. B. **G. Hauptmann, H. Mann, Th. Mann, J. Wassermann, S. George** und **R. M. Rilke** – „Neue Sachlichkeit“ – von G. F. Hartlaub für eine Ausstellung moderner Malerei 1925 geprägter Begriff –, gekennzeichnet durch die Hinwendung zum Alltag der Menschen, Offenheit gegenüber den modernen Massenmedien und eine klare, auf ein breiteres Publikum zielende Sprache – **avantgardistische Literatur:** auch hier kein einheitlicher literarischer Stil
Prosa (Genre, Themen und Vertreter)		– Pluralismus hinsichtlich Themen, Formen und Intentionen bis hin zu extremer Gegensätzlichkeit – Romane der Tradition verpflichteter Autoren wie **H. Mann, Th. Mann** und **H. Hesse** – Impulse durch neue Themen und erzählerische Gestaltungsmittel: **A. Döblin** („Berlin Alexanderplatz“, 1929), **H. Fallada** („Kleiner Mann – was nun?“, 1932), **L. Feuchtwanger** („Erfolg“, 1930), **I. Keun** („Das kunstseidene Mädchen“, 1932), **E. Kästner** („Fabian“, 1931)
Lyrik (Genre, Themen und Vertreter)		– als Gegenpol zur weiterhin verfassten Stimmungs- und Erlebnislyrik: „Gebrauchslyrik“, gekennzeichnet durch sachlich-nüchternen Stil, Nähe zum Alltag – **K. Tucholsky, E. Kästner, J. Ringelnatz** – noch radikaler neu in Form, Sprache und Inhalt: **B. Brecht** mit seinen Balladen und Songs
Drama (Genre, Themen und Vertreter)		– „Neue Sachlichkeit“ auch auf dem Theater und Öffnung gegenüber den neuen Massenmedien durch Nutzung von Dokumentarfilmen, Fotografien u. Ä. auf der Bühne – Bewusstmachen gesellschaftlicher Zusammenhänge, Aufrütteln der Zuschauer durch Einbeziehen in das Geschehen: **E. Piscator, M. Fleißer, B. Brecht** („Dreigroschenoper“, 1928)
Literaturmarkt / Medien und Literatur		– Konkurrenz für das Medium Buch durch die neuen Massenmedien Rundfunk, Kino, Schallplatte – Werbung für Literatur durch Nutzung der neuen Massenmedien: Lesungen von Autoren im Rundfunk, Verfassen von Hörspielen, Verfilmungen literarischer Vorlagen – Schriftsteller zunehmend öffentliche Personen, die sich in Interviews, Reden, Artikeln zu aktuellen gesellschaftlichen, politischen und kulturellen Fragen äußern – Literarisierung journalistischer Formen (Reportage, Glossen, Satiren)
Musik, Malerei, Architektur		– bewusst sich vom Expressionismus absetzende Malerei der „Neuen Sachlichkeit“, sozialkritisch z. B. bei G. Grosz und O. Dix, Sehnsucht nach Idylle ausdrückend wie bei G. Schrimpf – „Neue Sachlichkeit“ in **Architektur und Design**: das 1919 gegründete „Bauhaus“
Zeitgeschichtl. Ereignisse und Entwicklungen	Politik und Wirtschaft	– nach Zusammenbruch der alten Ordnung ein schwieriger Weg Deutschlands in die neue demokratische Staatsform – nach 1923 relativ stabile Phase mit wirtschaftlichem Aufschwung – als Folge der Weltwirtschaftskrise 1929 hohe Arbeitslosigkeit; Aufkommen radikaler Parteien am rechten und linken Rand – 1933 Machtergreifung der Nationalsozialisten; Ende der ersten Demokratie
	Gesellschaft	– ungewohnte moralische Freiheit und eine durch wissenschaftl., technischen und wirtschaftl. Fortschritt rasant sich verändernde Lebenswelt – starke Gegensätze innerhalb der Gesellschaft – „American way of life“ als Vorbild für Orientierung und Entspannung („Kult der Zerstreuung“, S. Kracauer) suchende Menschen vor allem der Großstädte: Sportveranstaltungen, Revuen, Unterhaltungsmusik und -filme

Denkmal in Berlin
zur Bücherverbrennung
am 10. Mai 1933

Bücherverbrennung auf dem
Opernplatz in Berlin am
10. Mai 1933

„Hitler wird die verbrannten Bücher nicht zum Schweigen bringen" – Literatur von 1933 bis 1945

Zur Bücherverbrennung sprach Reichspropagandaleiter und Gauleiter von Berlin, Joseph Goebbels, am 10. Mai 1933 auf dem Opernplatz in Berlin:

„Revolutionen, wenn sie echt sind, machen nirgends halt! [...]. Es darf davon kein Gebiet unberührt bleiben. So wie sie die Menschen revolutioniert, so revolutioniert sie die Dinge. [...] Deshalb tut ihr gut daran, um diese mitternächtliche Stunde den Ungeist der Vergangenheit den Flammen anzuvertrauen. Hier sinkt die geistige Grundlage der Novemberrepublik zu Boden, aber aus diesen Trümmern wird sich siegreich erheben der Phönix eines neuen Geistes – eines Geistes, den wir tragen, den wir fördern und dem wir das entscheidende Gewicht geben. [...] Das Alte liegt in den Flammen, das Neue wird aus der Flamme unseres eigenen Herzens wieder emporsteigen! Wo wir zusammenstehen und wo wir zusammengehen, da fühlen wir uns dem Reich und seiner Zukunft verpflichtet. Wenn ihr Studenten euch das Recht nehmt, den geistigen Unflat in die Flammen hineinzuwerfen, dann müsst ihr auch die Pflicht auf euch nehmen, an die Stelle dieses Unrates einem wirklichen deutschen Geist die Gasse freizumachen."

„Wer einen Menschen tötet, tötet ein vernünftiges Wesen, ein Abbild Gottes; aber der, welcher ein gutes Buch vernichtet, tötet die Vernunft selbst, tötet sozusagen Gottes Abbild im Keime."
John Milton, „Areopagitica. Rede für die Pressefreiheit an das Parlament von England", 1644

„Das war ein Vorspiel nur, dort, wo man Bücher
Verbrennt, verbrennt man auch am Ende Menschen."
Heinrich Heine, „Almansor" (1821): Anspielung auf eine Verbrennung des Korans während der Eroberung des spanischen Granada durch christliche Ritter

1. „Verbrennt mich!" – Literarisches Leben im Deutschland des Nationalsozialismus

1.1 „Der Nazismus erklärte unserem Haus den Krieg" – die Situation verschärft sich

Der Wendepunkt (1942 / dt. 1952) *Klaus Mann*

Klaus Mann arbeitete im Exil Ende der Dreißiger-, Anfang der Vierzigerjahre an seiner Autobiografie „The Turning Point", die 1952 auch unter dem deutschen Titel „Der Wendepunkt" erschien. Sie ist sowohl Lebenszeugnis als auch ein bedeutendes Dokument der Literatur- und Kulturgeschichte, aber auch der politischen Situation in der Weimarer Republik und im „Dritten Reich". Sie gibt Einblicke in das Deutschland der frühen Dreißigerjahre, in dem die Nationalsozialisten zunehmend an Popularität gewannen, und in das Leben im Exil.

Klaus Mann und seine Schwester Erika bezogen schon früh gegen die Nationalsozialisten Stellung. Sie sahen sich beide immer wieder Bedrohungen ausgesetzt. Noch im Frühjahr 1933 verließen sie München und gingen ins Exil.

Der folgende Textauszug bezieht sich auf einen Auftritt Erikas bei einer Versammlung einer pazifistischen Frauenorganisation im Jahr 1931.

Autobiografie (von *autós, bíos* und *gráphein*, griech.: selbst, Leben, schreiben) bezeichnet die literarische Darstellung des eigenen Lebens. Im Gegensatz zu Memoiren steht in der Autobiografie die vertiefte Darstellung des geistig-seelischen Entwicklungsprozesses im Vordergrund, gestaltet aus der Rückschau, von einem abgeklärten Standpunkt aus. Dabei handelt es sich um eine sehr subjektive Textart, deren Wahrheitsgehalt kaum überprüfbar ist. Eine der berühmtesten Autobiografien in der deutschen Literatur stellt Goethes „Aus meinem Leben. Dichtung und Wahrheit" (1811–14/1833) dar; im 20. Jahrhundert gewann die Verknüpfung von Fiktionalem mit Autobiografischem bei Autoren wie z. B. Max Frisch („Montauk", 1979) oder Thomas Bernhard („Der Keller. Eine Entziehung", 1976) große Bedeutung.

[...] Erst bei Erikas Auftritt machte die Nazi-Bande sich bemerkbar. Sie stand auf dem Podium. Schmal, aufrecht, die schöne Flamme im Blick. Zunächst schien sie die heiseren Zurufe gar nicht zu hören, vermittels deren die Eindringlinge sie aus dem Konzept zu bringen hofften. Aber wie konnte ihre dunkle Stimme sich behaupten gegen den Urwaldschrei der Barbaren? „Schluss!", brüllte der Urwald. „Hochverrat! Schmach und Schande! Wir protestieren im Namen der Nation!"

Das Publikum, das für seine Plätze bezahlt hatte, protestierte seinerseits – ohne Erfolg, wie sich denken lässt. Die heroischen Angreifer – nicht im Braunhemd übrigens, sondern als Zivilisten verkleidet – drangen, Gummiknüttel schwingend, gegen die pazifistischen Damen vor. Ein paar sozialistische Studenten suchten die Nazis aufzuhalten. Es gab ein wildes, blutiges Handgemenge mit panischer Massenflucht zum Ausgang, zerbrochenem Mobiliar, Weinkrämpfen und allem Zubehör. Mir ward etwas bange angesichts der violenten Szene, nicht so sehr um mich selbst (sonderbarerweise kam mir die Idee nicht, dass die Mordbuben mir persönlich etwas anhaben könnten), als vielmehr um Erika, die offenbar durchaus nicht begriff, dass sie sich in akuter Gefahr befand. Anstatt sich vom Podium zurückzuziehen, wie die Vorsicht es geboten hätte, trat sie nach vorn, an die Rampe, um den Aufruhr zu ihren Füßen mit grimmig-amüsierter Neugier zu betrachten. Ich weiß weder noch stelle ich mir's gerne vor, was ihr geschehen wäre, wenn die patriotischen Totschläger das Podium erreicht hätten, ehe die Polizei eingriff. Glücklicherweise erschienen im letzten Augenblick einige Schutzleute auf dem Plan, woraufhin die tapferen Antipazifisten sich mit erstaunlicher Geschwindigkeit aus dem Staube machten.

Erika und Klaus Mann waren die Kinder von Thomas Mann und seiner Frau Katia. Beide waren von Anfang an erklärt gegen das Naziregime. In früheren Jahren trat **Klaus Mann** (1906–1949) neben seinen schriftstellerischen Tätigkeiten im Theater auf. Zusätzlich war er Herausgeber mehrerer literarischer regimekritischer Zeitschriften. Seine Schwester **Erika** (1905–1969) agierte u. a. als Leiterin und Mitwirkende am literarischen Kabarett „Die Pfeffermühle“, das vor 1933 in Deutschland und nach der Emigration der beiden Mann-Geschwister im Ausland zu sehen war. In den USA unternahmen beide gemeinsam Vortragsreisen, in denen sie die amerikanische Bevölkerung über die Diktatur in Deutschland informierten.

Nicht ohne Verwunderung las ich am nächsten Morgen die folgende Schlagzeile im „Völkischen Beobachter“[1]: „Terroristische Polizei misshandelt deutsche Jungen, die das ‚Verbrechen‘ begehen, einer öffentlichen Versammlung beizuwohnen.“ So also wird das gemacht! Früher begnügte man sich wohl damit, die Wahrheit ein wenig zu färben, zu retuschieren, sie im Interesse der eigenen Sache zurechtzubiegen; jetzt aber kehrt man sie einfach um, stellt sie glatt auf den Kopf, behauptet das Gegenteil von dem, was richtig ist. Es ist gar nicht schwer, nur Frechheit gehört dazu. „Jüdischer Hausierer beißt deutschen Schäferhund!“ Warum sollte diese viel zitierte Pointe nicht wirklich aus einem Goebbels-Blatt stammen? Die Geschichte von der „terroristischen Polizei“ war ebenso fantastisch.

Der Artikel, den der „Beobachter“ unter einer so frappanten Überschrift präsentierte, strotzte von Beleidigungen gegen Erika, die als „plattfüßige Friedenshyäne“ bezeichnet wurde. Das war zwar drollig, aber nicht ganz ungefährlich, wie sich nur zu bald erweisen sollte. Eine junge Schauspielerin, die sich im Deutschland des Jahres 1931 bei den Nazis unbeliebt machte, war beruflich geschädigt, beinah ruiniert. Der Intendant des Provinztheaters, der Erika für einige Rollen im Rahmen einer sommerlichen Festspielsaison verpflichtet hatte, ließ telegrafisch wissen, dass er den Vertrag zu seinem Bedauern annullieren müsse: „Friedenshyänen“ seien auf seiner Bühne unerwünscht. Dies war nur die erste Reaktion; weitere ließen nicht auf sich warten. Das Bayerische Staatstheater, der Münchener Rundfunk, die Filmgesellschaft „Emelka“, alle zeigten sich plötzlich abgeneigt, Erika weiterhin zu beschäftigen. Es war der Boykott; die politisch Kompromittierte wurde fallengelassen. „Wer hätte das gedacht?“ Sie sagte es kopfschüttelnd, verwundert mehr als empört. „Da rezitiert man so ein harmloses Gedicht, und plötzlich ist man in der Patsche! Ich hatte ja keine Ahnung, worauf ich mich da einließ ... Na, mir soll's recht sein! Wenn das Pack Streit will, ich bin dabei. Eine Friedenshyäne mag ich immerhin sein; aber doch kein Feigling.“

Der Nazismus erklärte unserem Haus den Krieg: Die Familie Mann war ihm ein Dorn im Auge. [...]

1 „Völkischer Beobachter“: Zeitung der NSDAP

1 ***Finden Sie eine Erklärung dafür, weshalb Erika Mann in dieser Situation nicht die Flucht ergreift, sondern das beschriebene Verhalten zeigt.***
2 ***Fassen Sie die Konsequenzen für Erika Mann zusammen.***
3 ***Verfassen Sie einen Brief aus der Sicht Erika Manns an ihren Vater Thomas, in dem sie von dem Vorfall berichtet, Konsequenzen für sich und die Familie thematisiert und Vorschläge zur weiteren Haltung unterbreitet. Beziehen Sie dabei das tatsächliche Verhalten Erika Manns (siehe Randspalte) mit ein.***

4 *Recherchieren Sie Entstehung und inhaltliche Schwerpunkte der Autobiografie „Der Wendepunkt“. Bereiten Sie ein Kurzreferat vor.*

Referieren → S. 163 ff.

L. Feuchtwanger → S. 104

5 Ein weiterer Münchner Schriftsteller, der ebenfalls ins Exil ging, ist Lion Feuchtwanger. Recherchieren Sie zu Leben und Werk dieses Autors. Gehen Sie dabei vor allem auf die Zeit im Exil ein.

1.2 „Gegen Dekadenz und moralischen Verfall" – der totalitäre Organisations- und Kulturbetrieb

Als Reaktion auf frühe kritische Stimmen berühmter Literaten erfolgte kurz nach der Machtergreifung der Nationalsozialisten im Mai 1933 die Aufforderung zur Bücherverbrennung.

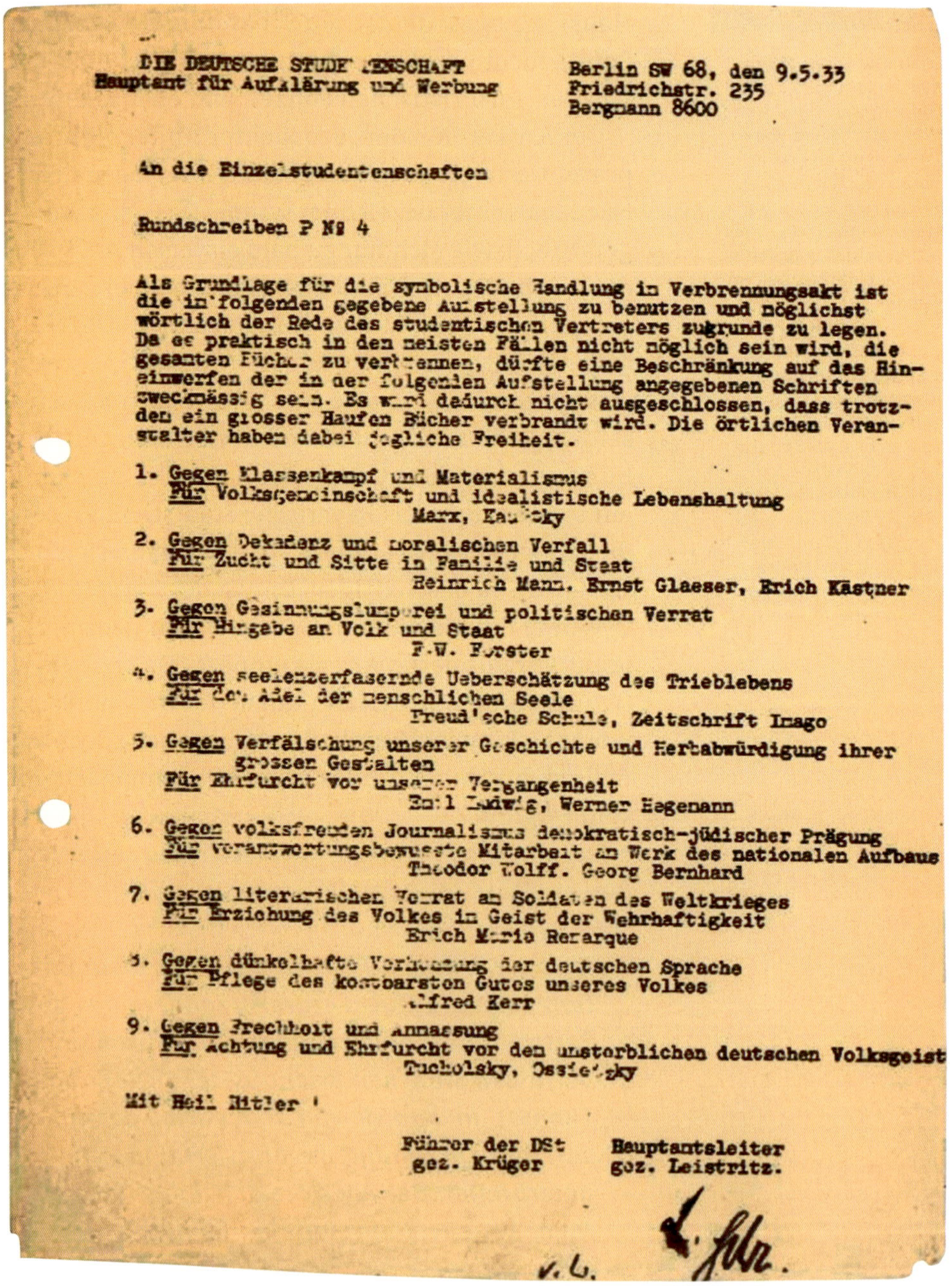

DIE DEUTSCHE STUDENTENSCHAFT
Hauptamt für Aufklärung und Werbung

Berlin SW 68, den 9.5.33
Friedrichstr. 235
Bergmann 8600

An die Einzelstudentenschaften

Rundschreiben P Nr 4

Als Grundlage für die symbolische Handlung im Verbrennungsakt ist die im folgenden gegebene Aufstellung zu benutzen und möglichst wörtlich der Rede des studentischen Vertreters zugrunde zu legen. Da es praktisch in den meisten Fällen nicht möglich sein wird, die gesamten Bücher zu verbrennen, dürfte eine Beschränkung auf das Hineinwerfen der in der folgenden Aufstellung angegebenen Schriften zweckmässig sein. Es wird dadurch nicht ausgeschlossen, dass trotzdem ein grosser Haufen Bücher verbrandt wird. Die örtlichen Veranstalter haben dabei jegliche Freiheit.

1. Gegen Klassenkampf und Materialismus
   Für Volksgemeinschaft und idealistische Lebenshaltung
   Marx, Kautsky
2. Gegen Dekadenz und moralischen Verfall
   Für Zucht und Sitte in Familie und Staat
   Heinrich Mann, Ernst Glaeser, Erich Kästner
3. Gegen Gesinnungslumperei und politischen Verrat
   Für Hingabe an Volk und Staat
   F.W. Förster
4. Gegen seelenzerfasernde Ueberschätzung des Trieblebens
   Für den Adel der menschlichen Seele
   Freud'sche Schule, Zeitschrift Imago
5. Gegen Verfälschung unserer Geschichte und Herabwürdigung ihrer grossen Gestalten
   Für Ehrfurcht vor unserer Vergangenheit
   Emil Ludwig, Werner Hegemann
6. Gegen volksfremden Journalismus demokratisch-jüdischer Prägung
   Für verantwortungsbewusste Mitarbeit am Werk des nationalen Aufbaus
   Theodor Wolff, Georg Bernhard
7. Gegen literarischen Verrat am Soldaten des Weltkrieges
   Für Erziehung des Volkes im Geist der Wehrhaftigkeit
   Erich Maria Remarque
8. Gegen dünkelhafte Verhunzung der deutschen Sprache
   Für Pflege des kostbarsten Gutes unseres Volkes
   Alfred Kerr
9. Gegen Frechheit und Anmassung
   Für Achtung und Ehrfurcht vor dem unsterblichen deutschen Volksgeist
   Tucholsky, Ossietzky

Mit Heil Hitler!

Führer der DSt
gez. Krüger

Hauptamtsleiter
gez. Leistritz.

i.A.

1 *Legen Sie eine Aufstellung zu den genannten Namen an, aus der hervorgeht, was diesen von den Nationalsozialisten vorgeworfen wird.*
   a) *Recherchieren Sie in Kleingruppen arbeitsteilig zu den im Rundschreiben angeführten Autoren, welche Themen und Inhalte ihrer Veröffentlichungen vor 1933 zur Verbrennung ihrer Bücher geführt haben könnten.*
   b) *Diskutieren Sie, welche Bedeutung diesen Autoren heute zukommt.*

Lexikonartikel → S. 347

2 *Informieren Sie sich über den Ablauf der Bücherverbrennung in Berlin und verfassen Sie hierzu einen Lexikonartikel (ca. 250 Wörter) zum Thema „Bücherverbrennung". Folgende Websites können Ihnen bei der Recherche helfen: www.verbrannte-buecher.de; www.euchzumtrotz.de*

Kommentar → S. 330

3 ***Die ausländische Presse reagierte kritisch auf die Bücherverbrennung. Setzen Sie sich in Form eines Kommentars mit folgender Aussage auseinander und beziehen Sie dabei auch die Bedeutung der von der Bücherverbrennung betroffenen Autoren nach 1945 mit ein.***

„Hitler wird die verbrannten Bücher nicht zum Schweigen bringen. Ihre Gedanken werden umso mehr nach dem Gesetz des Widerstandes in den deutschen Köpfen gären und vielleicht erst jetzt wird die Gärung die menschlichen Seelen durchdringen."
Dieser Satz findet sich in der Prager Zeitschrift „Listy pro umění a kritiku", im Artikel „Doppelte Gefahr für die Kultur", 1933

→ S. 141

4 ***Erörtern Sie, ausgehend von der Bücherverbrennung 1933, den Ausspruch des Dichters und Staatsphilosophen John Milton, der sich auf der Kapitelauftaktseite befindet.***

„Verbrennt mich!" (1933)

Ein Protest von Oskar Maria Graf

Die Werke Oskar Maria Grafs wurden aufgrund ihrer heimatlichen Bezüge zu Bayern von den Nationalsozialisten zunächst gutgeheißen und explizit empfohlen. Daher stand sein Name auch nicht auf der Liste der zu verbrennenden Bücher. Als Antwort auf diese „Unehre" und dieses offensichtliche Missverstehen seines Werks publizierte Graf folgenden Text:

Wie fast alle linksgerichteten, entschieden sozialistischen Geistigen in Deutschland habe auch ich etliche Segnungen des neuen Regimes zu spüren bekommen: Während meiner zufälligen Abwesenheit aus München erschien die Polizei in meiner dortigen Wohnung, um mich zu verhaften. Sie beschlagnahmte einen großen Teil unwiederbringlicher Manuskripte,

Oskar Maria Graf (1894–1967) stand sozialistischen Münchner Kreisen nahe. Zur Zeit der Bücherverbrennung befand er sich in Wien und entschied sich dann für die Emigration in die Tschechoslowakei und später in die USA.

mühsam zusammengetragenes Quellenstudienmaterial, meine sämtlichen Geschäftspapiere und einen großen Teil meiner Bücher. Das alles harrt nun der wahrscheinlichen Verbrennung. Ich habe also mein Heim, meine Arbeit und – was vielleicht am schlimmsten ist – die heimatliche Erde verlassen müssen, um dem Konzentrationslager zu entgehen.

Die schönste Überraschung aber ist mir erst jetzt zuteil geworden: Laut „Berliner Börsencourier" stehe ich auf der *weißen* Autorenliste des neuen Deutschland und alle meine Bücher, mit Ausnahme meines Hauptwerkes „Wir sind Gefangene", werden *empfohlen*! Ich bin also dazu berufen, einer der Exponenten des „neuen" deutschen Geistes zu sein! Vergebens frage ich mich, womit ich diese Schmach verdient habe.

Das Dritte Reich hat fast das ganze deutsche Schrifttum von Bedeutung ausgestoßen, hat sich losgesagt von der wirklichen deutschen Dichtung, hat die größte Zahl ihrer wesentlichsten Schriftsteller ins Exil gejagt und das Erscheinen ihrer Werke in Deutschland unmöglich gemacht. Die Ahnungslosigkeit einiger wichtigtuerischer Konjunkturschreiber und der hemmungslose Vandalismus der augenblicklich herrschenden Gewalthaber versuchen all das, was von unserer Dichtung und Kunst Weltgeltung hat, auszurotten, und den Begriff „deutsch" durch engstirnigsten Nationalismus zu ersetzen. Ein Nationalismus, auf dessen Eingebung selbst die geringste freiheitliche Regung unterdrückt wird, ein Nationalismus, auf dessen Befehl alle meine aufrechten sozialistischen Genossen verfolgt, eingekerkert, gefoltert, ermordet oder aus Verzweiflung in den Freitod getrieben werden!

Und die Vertreter dieses barbarischen Nationalismus, der mit Deutschsein nichts, aber auch schon gar nichts zu tun hat, unterstehen sich, mich als einen ihrer „Geistigen" zu beanspruchen, mich auf ihre sogenannte weiße Liste zu setzen, die vor dem Weltgewissen nur eine schwarze Liste sein kann!

Diese Unehre habe ich nicht verdient!

Nach meinem ganzen Leben und nach meinem ganzen Schreiben habe ich das Recht, zu verlangen, dass meine Bücher der reinen Flamme des Scheiterhaufens überantwortet werden und nicht in die blutigen Hände und die verdorbenen Hirne der braunen Mordbanden gelangen!

Verbrennt die Werke des deutschen Geistes! Er selbst wird unauslöschlich sein, wie eure Schmach!

(Alle anständigen Zeitungen werden um Abdruck dieses Protestes ersucht. Oskar Maria Graf.)

5 ***Arbeiten Sie heraus, weshalb Graf die Verbrennung seiner Bücher fordert.***

6 ***Untersuchen Sie, mit welchen stilistischen Mitteln Graf vor allem arbeitet.***

7 *Informieren Sie sich über den Autor Oskar Maria Graf und seine Werke und präsentieren Sie Ihre Ergebnisse im Plenum. Die Website www.oskarmariagraf.de kann Ihnen bei der Recherche helfen.*

Die Bücherverbrennung[1] (Juli 1938) *Bertolt Brecht*

1 Der Text folgt der originalen Rechtschreibung.

Als Reaktion auf Grafs Protest verfasste Bertolt Brecht im Exil folgendes Gedicht. Er hatte Deutschland schon nach dem Reichstagsbrand im Februar 1933 verlassen. Über Prag, Wien, Zürich und Frankreich emigrierte er zunächst nach Dänemark.

B. Brecht → S. 90

Als das Regime befahl, Bücher mit schädlichem Wissen
Öffentlich zu verbrennen, und allenthalben
Ochsen gezwungen wurden, Karren mit Büchern
Zu den Scheiterhaufen zu ziehen, entdeckte
Ein verjagter Dichter, einer der besten, die Liste der
Verbrannten studierend, entsetzt, daß seine
Bücher vergessen waren. Er eilte zum Schreibtisch
Zornbeflügelt, und schrieb einen Brief an die Machthaber.
Verbrennt mich! schrieb er mit fliegender Feder, verbrennt mich!
Tut mir das nicht an! Laßt mich nicht übrig! Habe ich nicht
Immer die Wahrheit berichtet in meinen Büchern? Und jetzt
Werd ich von euch wie ein Lügner behandelt! Ich befehle euch:
Verbrennt mich!

Satire: Spottdichtung, bei der Personen, Ereignisse oder Missstände etc. kritisiert werden. Häufig werden hierzu Übertreibungen, Widersprüche und Verzerrungen eingesetzt.

politische Lyrik → S. 335

8 ***Entwickeln Sie Thesen zu den Intentionen dieses Gedichts.***

9 ***In der Berliner Ausgabe ist das Gedicht unter der Rubrik „Deutsche Satiren" zu finden. Begründen Sie diese Zuordnung Brechts.***

10 ***Erschließen und interpretieren Sie dieses Gedicht. Zeigen Sie auf, weshalb es sich hier um politische Lyrik handelt. Beziehen Sie dabei auch Ihre Kenntnisse zur deutschen Literatur zwischen 1933 und 1945 mit ein.***

11 ***Recherchieren Sie, wie weitere Literaten auf die Bücherverbrennung reagiert haben.***

12 ***Beschreiben Sie den Aufbau der Kulturverwaltung im „Dritten Reich", indem Sie das folgende Schaubild (S. 148) auswerten.***

Ein weiterer Schritt zur Umorganisation des Staates war die Einrichtung der Reichskulturkammer am 22. 9. 1933.

Reichskulturkammer (Körperschaft öffentlichen Rechts)
Dachorganisation zur staatlichen Organisation und Überwachung der Kultur
Präsident: Joseph Goebbels (gleichzeitig Minister für Propaganda und Volksaufklärung)
Aufgaben: Erteilung der Arbeitserlaubnis für Künstler
Festlegung von Arbeitsbedingungen für Kunstschaffende
Vorgabe der inhaltlichen Richtlinien für Gestaltung der künstlerischen Werke

Einzelabteilungen

- **Reichsfilmkammer**
- **Reichsmusikkammer**
- **Reichsrundfunkkammer**
- **Reichstheaterkammer**
- **Reichspressekammer**
- **Reichskammer der bildenden Künste**
- **Reichsschrifttumskammer**

Reichsschrifttumskammer
Präsidenten: Hans Friedrich Blunck, ab 1935 Hanns Johst
Aufgabe: Freihaltung des Schrifttums von „ungeeigneten und schädlichen Elementen"
Pflichtmitgliedschaft aller Tätigen im Literatursektor

Abteilungen

- Verwaltung
- Buchhandel
- Berufliche, rechtliche, soziale Betreuung der Schriftsteller
- Literarische Vereine und Vortragsveranstaltungen
- Bibliotheken
- Handbücher und Nachschlagewerke

O. M. Graf: „Verbrennt mich!" → S. 145 f.
B. Brecht: „Die Bücherverbrennung" → S. 147

13 *Definieren Sie auf Grundlage dieser Skizze, welches Ziel der totalitäre Staat mit dieser Instanz verfolgte.*

14 *Erörtern Sie die Folgen, die sich durch die Instanz der Reichskulturkammer für den einzelnen Dichter ergaben. Berücksichtigen Sie, wie sich Autoren zu dieser Neuordnung stellten.*

2. Literatur im Exil – Exil in der Literatur

2.1 Reaktionen – Wege in die Emigration

Die totalitäre Organisation des NS-Kulturbetriebs blieb nicht ohne Folgen. Schon bei Beginn der Machtergreifung hatten sich erste Schriftsteller wie Bertolt Brecht ins Ausland begeben, weil ein Leben in Deutschland für sie zu gefährlich wurde. Dies war aber nicht der einzige Weg des kritischen Umgangs.

Mit leichtem Gepäck (1959 erschienen) *Hilde Domin*

Hilde Domin (1909–2006) war eine deutsch-jüdische Schriftstellerin. Sie studierte zunächst in Heidelberg und anderen deutschen Städten, bevor sie 1932 zum Auslandsstudium nach Rom und später, als Juden der Aufenthalt in Italien gesetzlich verboten wurde, von dort aus zuerst nach England und dann nach Santo Domingo ins Exil ging. Dort arbeitete sie als Deutschdozentin an der Universität und war auch als Übersetzerin tätig. 1951 begann sie aktiv als Lyrikerin zu wirken. Ihre Gedichte widmen sich unter anderem den Themen „Exil" und „Heimkehr". 1954 kehrte Domin nach Deutschland zurück. Zuletzt lebte sie in Heidelberg.

Gewöhn dich nicht.
Du darfst dich nicht gewöhnen.
Eine Rose ist eine Rose.
Aber ein Heim
ist kein Heim.

Sag dem Schoßhund Gegenstand ab
der dich anwedelt
aus den Schaufenstern.
Er irrt. Du
riechst nicht nach Bleiben.

Ein Löffel ist besser als zwei.
Häng ihn dir um den Hals,
du darfst einen haben,
denn mit der Hand
schöpft sich das Heiße zu schwer.

Es liefe der Zucker dir durch die Finger,
wie der Trost,
wie der Wunsch,
an dem Tag
da er dein wird.

Du darfst einen Löffel haben,
eine Rose,
vielleicht ein Herz
und, vielleicht,
ein Grab.

Das Opfer (1943) *Reinhold Schneider*

Reinhold Schneider (1903, Baden-Baden – 1958, Freiburg / Breisgau): Sohn einer Baden-Badener Hoteliersfamilie; nach dem Bankrott des Unternehmens verließ die Mutter die Familie, wenig später erschoss sich der Vater; ein Selbstmordversuch R. Schneiders misslang. Nach kaufmännischer Ausbildung in Dresden freier Schriftsteller in Berlin und Potsdam.
Fortsetzung → S. 173

Äußere und innere Emigration → S. 153

Nun stirbt das Volk; es sterben hin die Reinen,
Die ohne Schuld am tiefen Fall der Welt;
Wenn nicht ein Licht aus reinen Herzen fällt,
Wird bald kein Licht mehr auf der Erde scheinen.

Die Nacht stürmt fort, und lauter wird das Weinen
Um all der Toten unbeschütztes Zelt
Und all die Schwermut, die kein Trost erhellt,
Und kühne Geister, die sich nie vereinen.

Doch wo ist Hoffnung, wenn im Opfer nicht
Der Unbefleckten, die mit heiligem Mut
In unsrer Sünde Todesnacht gegangen?

Um ihre Gräber dunkelt das Gericht,
Es klagt uns an, es fordert uns ihr Blut,
Bis ihre Bitten uns dereinst empfangen.

1 ***Untersuchen Sie in Gruppen Intention, Form und sprachliche Gestaltung von einem der beiden Gedichte und tragen Sie Ihre Ergebnisse strukturiert vor.***
2 ***Vergleichen Sie die Gedichte hinsichtlich der Ausgangssituation des „Sprechers“ / lyrischen Ich.***
3 ***Erschließen und interpretieren Sie eines der Gedichte. Erarbeiten Sie, wie die Einschränkungen empfunden werden und zu welchen Konsequenzen sie das lyrische Ich führen.***
4 ***Überlegen Sie, welche möglichen Verhaltensweisen sich regimegegnerischen Dichtern boten, mit der neuen politischen und gesellschaftlichen Situation umzugehen. Legen Sie dazu eine Mindmap an und vervollständigen Sie diese in der weiteren Beschäftigung mit der Exilliteratur in den folgenden Unterrichtsstunden.***

Mindmap → S. 349

5 *Recherchieren Sie, welchen Einschränkungen Schneider ausgesetzt war und wie er sich verhielt. Tragen Sie dies in Ihre Mindmap ein.*
Finden Sie heraus, welche inhaltliche Verbindung sein Werk zu seiner politischen Einstellung und seinen Erfahrungen aufzeigt.
Folgende Website kann Ihnen bei der Recherche helfen: www.blb-karlsruhe.de/blb/blbhtml/besondere-bestaende/nachlaesse/schneider.php (= Homepage der Badischen Landesbibliothek Karlsruhe, die Schneiders Nachlass betreut)

www.

Plus

Mein Leben (1960) *Alma Mahler-Werfel*

In ihrer Autobiografie „Mein Leben" berichtet Alma Mahler-Werfel über ihr bewegtes Leben wie auch über ihre Zeit im Exil. In der folgenden Textstelle beschreibt sie ihren letzten Tag in Wien und ihren Aufbruch ins Exil im Jahre 1938.

Alma Mahler-Werfel (1879–1964) gehörte schon früh der Literatur- und Kunstszene in Wien an, da sie die Tochter des bekannten Wiener Malers Schindler war. 1902 heiratete sie den 19 Jahre älteren Komponisten und Dirigenten Gustav Mahler. Aus dieser Verbindung gingen zwei Töchter, Maria und Anna, hervor. Nach Mahlers Tod ging Alma Mahler eine zweite Ehe mit dem Architekten Walter Gropius ein, mit dem sie die gemeinsame Tochter Manon hatte. 1929, nach der Trennung von Gropius, wurde der jüdische Literat Franz Werfel (bedeutender Expressionist) ihr dritter Mann. Sie emigrierten über Frankreich und Spanien in die USA.

[...] „Das Plebiszit ist abgesagt!" Furchtbare Enttäuschung. Wir stürzten einander in die Arme und wussten: Österreich und wir – alle sind verloren. [...]

Anna Mahler wollte nichts von einer Abreise hören. [...] Samstagmorgen beschwor ich sie, am nächsten Tag mit mir nach Prag zu fahren. Jetzt endlich, da sie sich vollkommen allein sah, willigte sie ein und kam mittags mit einem Miniaturköfferchen. Ich schickte sie wieder weg, um ihren Schmuck und etwas Wäsche zu holen; es war bereits gefährlich, mit einem Auto ohne Swastika[1] zu fahren. Auch diesmal brachte sie wieder nur das Allernotwendigste. Sie hatte es sich in den Kopf gesetzt, in zwei Tagen wieder in Wien zu sein.

Ich fuhr auf die Hohe Warte und nahm Abschied von meiner Mutter, von der ich wusste, dass ich sie nie wiedersehen würde. Ich ließ sie glauben, ich käme nach acht Tagen wieder. Ihre Nazi-Umgebung hielt sie im Wahn, Hitler selber wolle nichts Brutales, dies sei nur ein Übergang ... er werde ein Paradies bringen. Ich sei auf keinen Fall in Gefahr! [...]

Wir fuhren am 13. März 1938 sehr früh auf die Bahn [...]. – Wir frühstückten an der Bahn und taten sehr harmlos. Ein alter österreichischer Polizist kam an unseren Tisch und flüsterte der Oberschwester Ida ins Ohr, ich möge keine Wertsachen mitnehmen, da an den Grenzen Leibesvisitation sei. [...]

An der Grenze angekommen, mussten wir zunächst unsere Taufscheine zeigen. Dann wurden wir, jeder einzeln, in ein verhängtes Coupé gebracht und bis auf die Strümpfe nackt ausgezogen. An der tschechischen Grenze wurden alle Juden zurückgeschickt. [...]

Anna Mahler und ich fuhren nach Budapest weiter, wo wir ein paar Stunden ausruhen wollten ... Wir waren in der Nacht eingepfercht zu acht gesessen. [...] So ging es nun weiter, wieder die ganze Nacht eng sitzend, über Agram, Triest nach Mailand.

Aber Mailand gefiel uns diesmal nicht. Franz Werfel war nun, Gott sei Dank, mit uns. Wir nahmen die Einladung von Werfels jüngerer Schwester, Marianne Rieser, an, zu ihnen nach Zürich zu kommen. Dies war die erste traurige Zeit unserer Emigration. Lag's an ihnen oder lag es an uns – ich weiß es nicht. Jedenfalls war die fürchterliche Situation dran schuld.

[...]

Jetzt waren wir Emigranten!

Es war unerträglich für uns, in Zürich zu bleiben, und nach endlosen Pass-Schwierigkeiten, die zu beheben sich mehrere Advokaten bemüht hatten,

1 Swastika: (auch „Svastika"): hier eine andere Bezeichnung für „Hakenkreuz". Die Bezeichnung stammt aus dem Sanskrit, der Sprache der alt-indischen Kultur. Dort tauchen seit 6.000 Jahren verschiedene Formen des Symbols auf, deren Bedeutung nichts mit der Gesinnung der Nationalsozialisten gemeinsam hat.

kamen wir endlich über die Grenze nach Frankreich. Als wir im Zuge aufatmeten, war es der erste Glücksmoment seit der Flucht. […]

Im Mai fuhren wir nach Amsterdam, wohin wir zu einem Gustav-Mahler-Fest[2] eingeladen waren. […]

Als ich dem Unterrichtsminister in Amsterdam von meiner Flucht aus Wien erzählte, sagte er: „Eine Dame wie Sie sollte solche Worte wie Flucht nicht in den Mund nehmen."

Niemand glaubte dort an ein ähnliches Schicksal! Die Leute meinten alle, dass so etwas in Holland absolut unmöglich sei.

Nach wenigen Tagen ging es von Holland direkt nach London, wo wir Anna Mahler wieder trafen, die nicht mit uns nach Amsterdam gekommen war. In London nun bekam ich einen veritablen[3] Nervenzusammenbruch. Es war die weitaus härteste Leidensstation dieser unseligen Flucht. […]

Ich will ein Klavier, Bücher und irgendwo ein kleines Haus oder eine Wohnung … und schreiben …

Alles, was ich in meinem Leben gedacht und verschenkt habe …! Politisch aber behalte ich mir vor, zu denken und zu reden, was ich will. […]

2 Gustav-Mahler-Fest: Aufführung der 8. Symphonie von Gustav Mahler

3 veritabel (franz.): hier: richtig, handfest

6 Erklären Sie, weshalb man an der Grenze seinen Taufschein vorzeigen musste und weshalb Leibesvisitationen durchgeführt wurden.

7 Beschreiben Sie den Stil dieses Textes und zeigen Sie auf, inwiefern er im Gegensatz zu seinem Inhalt steht.

8 Recherchieren Sie zu Franz Werfels Biografie und Werk und tragen Sie ein Gedicht des Autors vor.

Fluchtbewegungen deutscher Literaten nach 1933

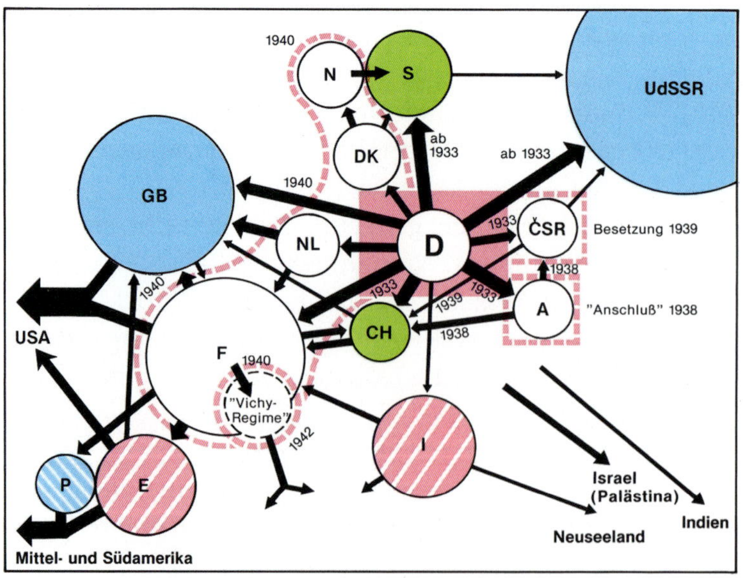

9 a) Stellen Sie mithilfe der folgenden Information und der Grafik dar, welche Länder und Ländergruppen zu welchen Zeiträumen aufgesucht wurden und erklären Sie die Gründe. Vervollständigen Sie Ihre Mindmap.

Aufgabe 4, S. 150

b) Nehmen Sie die Fluchtbewegungen in Ihre Mindmap auf und ergänzen Sie aus den bisher kennengelernten Biografien jeweils passende Beispiele (Brecht, Graf, Mahler-Werfel, Werfel, Thomas Mann, Klaus Mann).

Basis

Äußere und innere Emigration

Im Jahr 1933 entschieden sich viele Intellektuelle, mit der Machtergreifung Hitlers Deutschland zu verlassen und somit ins Exil zu gehen, entweder weil sie sich aufgrund ihrer Einstellung unmittelbar in Gefahr befanden oder aber sich ein Leben in einem von den Nationalsozialisten regierten Land nicht vorstellen konnten.

Die Emigration führte die meisten zuerst in Nachbarländer (Tschechoslowakei, Niederlande, Frankreich, Dänemark). Als diese Länder keinen Schutz mehr boten, gingen viele in die USA oder nach Mittel- oder Südamerika. Über die Zahl der emigrierten Literaten herrscht in der Forschung Uneinigkeit, Annahmen reichen von 4.000 bis 5.500. In ihren Werken thematisierten sie oft die Diktatur und ihre Auswüchse und leisteten damit Widerstand von außen.

Daneben gab es auch einen literarischen Widerstand in Deutschland. Dabei handelt es sich um Autoren, die deutliche Kritik am System äußerten und sich damit in größte Gefahr begaben oder die verdeckt auf die Missstände hinwiesen (Camouflagetechnik). Andere, die ebenfalls der Diktatur kritisch oder ablehnend gegenüberstanden, zogen sich zurück und verfassten thematisch apolitische Werke (z. B. Kinder- oder Filmdrehbücher).

Erst nach dem Krieg begann man, den Rückzug dieser Literaten als **innere Emigration** zu bezeichnen, im Gegensatz zur **äußeren Emigration**, dem tatsächlichen Exil vieler Schriftsteller.

Camouflage → S. 174
R. Schneider: „Las Casas vor Karl V." → S. 172 f., 175, 177 f., 179 f., 180 f.

Ernst Loewy: Exil. Literarische und politische Texte aus dem deutschen Exil 1933–1945, 1979

10 Suchen Sie nach Autoren, die im Deutschen Reich geblieben sind. Finden Sie heraus, wie diese jeweils mit der Situation umgegangen sind und tragen Sie Ihre Ergebnisse in Ihre Mindmap ein.

2.2 Spiegelungen – Schreiben im Exil

Arthur Kaufmann: – „Die geistige Emigration“: (li.) Berthold Viertel, Fritz Lang, Günther Anders, Ernst Toch, Ernst Bloch, Arthur Kaufmann, Elisabeth Musset-Kaufmann, Max Wertheimer, Emanuel Feuermann, Arnold Schönberg, George Grosz, Joseph Floch; (Mi.) Heinrich Mann, Paul Zucker, Luise Rainer, Ulrich Friedemann, Otto Klemperer, Paul Tillich, Arnold Zweig, William Stern, Ferdinand Bruckner, Albert Einstein, Klaus Mann, Thomas Mann, Erika Mann, Ludwig Renn; (re.) Curt Valentin, Hans Jelinek, Bruno Frank, Erwin Piscator, Lotte Goslar, Oskar Maria Graf, Benedikt Fred Dolbin, Kurt Goldstein, Kurt Weill, Max Reinhardt, Helene Thimig, Ernst Toller

1 *Weiterführendes Projekt: Recherchieren Sie arbeitsteilig gezielt Biografien der abgebildeten Autorinnen und Autoren.*

Das siebte Kreuz (1942) *Anna Seghers*

Anna Seghers’ Exilwerk (vor allem die Romane „Transit“ und „Das siebte Kreuz“) nimmt einen bedeutenden Platz in ihrem Gesamt-Œuvre ein. Die Autorin thematisiert die Vorgänge in Nazi-Deutschland und kommt immer wieder auf die Situation der Lagerhäftlinge zurück. In „Das siebte Kreuz“ gelingt Georg Heisler, Ernst Wallau und fünf Mitgefangenen die Flucht aus einem Konzentrationslager. Der Kommandant lässt zur Abschreckung sieben Kreuze für die Flüchtigen errichten. Während die anderen auf der Flucht sterben oder gefasst werden, kann Georg Heisler entkommen.

[…]

Wie lange er auch über die Flucht gegrübelt hatte, allein und mit Wallau, wie viele winzige Einzelheiten er auch erwogen hatte und auch den gewaltigen Ablauf eines neuen Daseins, in den ersten Minuten nach der Flucht war er nur ein Tier, das in die Wildnis ausbricht, die sein Leben ist, und Blut und Haare kleben noch an der Falle. Das Geheul der Sirenen drang seit der Entdeckung der Flucht kilometerweit über das Land und weckte ringsum die kleinen Dörfer, die der dicke Herbstnebel einwickelte. Dieser Nebel dämpfte alles, sogar die mächtigen Scheinwerfer, die sonst die schwärzeste Nacht aufgeblendet hatten. Jetzt gegen sechs Uhr früh erstickten sie in dem watteartigen Nebel, den sie kaum gelblich färbten.

Anna Seghers (1900–1983) war jüdischer Herkunft und Mitglied der KPD. Nach einer vorübergehenden Festnahme durch die Nationalsozialisten ging sie über die Schweiz nach Frankreich ins Exil. Von dort floh sie im Jahr 1941 nach Mexiko. Nach dem Krieg kehrte sie nach Ostdeutschland zurück und beteiligte sich am Kulturleben der DDR.

Georg duckte sich tiefer, obwohl der Boden unter ihm nachgab. Er konnte versinken, bevor er von dieser Stelle wegdurfte. Das dürre Gestrüpp sträubte sich ihm in den Fingern, die blutlos geworden waren und glitschig und eiskalt. Ihm schien es, als sänke er rascher und tiefer, er hätte nach seinem Gefühl bereits verschluckt sein müssen. Obwohl er geflohen war, um dem sichern Tod zu entrinnen – kein Zweifel, dass sie ihn und die andern Sechs in den nächsten Tagen zugrunde gerichtet hätten – erschien ihm der Tod im Sumpf ganz einfach und ohne Schrecken. Als sei er ein andrer Tod als der, vor dem er geflohen war, ein Tod in der Wildnis, ganz frei, nicht von Menschenhand.

Zwei Meter über ihm auf dem Weidendamm rannten die Posten mit den Hunden. Hunde und Posten waren besessen von dem Sirenengeheul und dem dicken nassen Nebel. Georgs Haare sträubten sich und die Härchen auf seiner Haut. Er hörte jemand so nahe fluchen, dass er sogar die Stimme erkannte: Mannsfeld. Der Schlag mit dem Spaten, den ihm vorhin Wallau über den Kopf gegeben hatte, tat ihm also schon nicht mehr weh. [...]

2 ***Beschreiben Sie die Situation, in der Georg sich befindet.***
3 ***Erklären Sie, weshalb der „Tod im Sumpf ganz einfach und ohne Schrecken" erscheint.***

4 *Recherchieren Sie den genauen Inhalt des Romans und finden Sie heraus, weshalb im Titel die Zahl „sieben" vorkommt.*

Declaracão (1942) *Stefan Zweig*

Stefan Zweig lebte für einige Zeit im Exil in Brasilien. Da er mit der Situation aber nicht zurechtkam, nahm er sich am 22. Februar 1942 gemeinsam mit seiner Frau das Leben. Vor dem gemeinsamen Freitod verfasste er folgenden Abschiedsbrief:

Ehe ich aus freiem Willen und mit klaren Sinnen aus dem Leben scheide, drängt es mich, eine letzte Pflicht zu erfüllen: diesem wundervollen Lande Brasilien innig zu danken, das mir und meiner Arbeit so gute und gastliche Rast gegeben. Mit jedem Tage habe ich dies Land mehr lieben gelernt und nirgends hätte ich mir mein Leben lieber vom Grunde aus neu aufgebaut, nachdem die Welt meiner eigenen Sprache für mich untergegangen ist und meine geistige Heimat Europa sich selber vernichtet.

Aber nach dem sechzigsten Jahre bedürfte es besonderer Kräfte, um noch einmal völlig neu zu beginnen. Und die meinen sind durch die langen Jahre heimatlosen Wanderns erschöpft. So halte ich es für besser, rechtzeitig und in aufrechter Haltung ein Leben abzuschließen, dem geistige Arbeit immer

Stefan Zweig (1881–1942), Sohn eines jüdischen Textilunternehmers, war ein österreichischer Schriftsteller und Kosmopolit.

die lauterste Freude und persönliche Freiheit das höchste Gut dieser Erde gewesen.

Ich grüße alle meine Freunde! Mögen sie die Morgenröte noch sehen nach der langen Nacht! Ich, allzu Ungeduldiger, gehe ihnen voraus.

Stefan Zweig
Petropolis, 22.II.1942

5 *Informieren Sie sich über die letzten Lebensjahre Stefan Zweigs, die Umstände seiner Emigration und seine Lebenssituation im Exil.*

6 ***Fassen Sie, ausgehend von den Texten der Exilanten, zusammen, welche Konsequenzen das Leben im Exil für einen Dichter mit sich bringen kann.***

2.3 Opposition im Exil – episches Theater

Schweyk im zweiten Weltkrieg[1] (1943) *Bertolt Brecht*

1 Der Text folgt der originalen Rechtschreibung.

Die frühen Theaterwerke Brechts wurden oft erst nach ihrer Aufführung veröffentlicht. Damit ergab sich eine starke Wechselwirkung von Inszenierung und schriftlicher Fassung. Bis 1933 konnte Brecht auf diese Weise experimentell arbeiten. Als er ins Exil ging, änderte sich die Situation, da er kaum Möglichkeiten zur Inszenierung seiner Stücke mehr hatte. Er entwickelte – am Schreibtisch – das epische Theater. Neben dem „Schweyk im zweiten Weltkrieg" (1943) sind die Werke „Mutter Courage und ihre Kinder" (1939, Uraufführung 1941) und „Das Leben des Galilei" (1939, Uraufführung 1943) hierfür bedeutende Zeugnisse.

Das Stück „Schweyk im zweiten Weltkrieg" ist in Anlehnung an den Roman des tschechischen Autors Jaroslav Hašek (1883–1923) „Die Abenteuer des braven Soldaten Schwejk während des Weltkrieges" (1921–23) entstanden. Der Roman Hašeks handelt von dem Soldaten Schwejk, der während des Ersten Weltkrieges in Prag versucht, durch List und Witz einem Kriegseinsatz zu entkommen. Brecht versetzt diesen Charakter in die Zeit des Zweiten Weltkrieges.

Jaroslav Hašek: Die Abenteuer des braven Soldaten Schwejk, 1926/27 (dt.)

„Schweyk im Zweiten Weltkrieg" – Inszenierung des Berliner Ensembles 2008 mit Dieter Montag als Schweyk und Peter Luppa als Hitler

B. Brecht → S. 90

[...]

NACHSPIEL

Der brave Hitlersoldat Schweyk marschiert unermüdlich nach dem immer gleich weit entfernten Stalingrad, als aus dem Schneetreiben eine wilde Musik hörbar wird und eine überlebensgroße Gestalt auftaucht: Adolf Hitler. Es findet die historische Begegnung zwischen Schweyk und Hitler statt.

Hitler Halt! Freund oder Feind?

Schweyk *salutiert gewohnheitsmäßig:* Heitler!

Hitler *über den Sturm weg:* Was? Ich versteh kein Wort.

Schweyk *lauter:* Ich sag Heitler. Verstehns mich jetzt?

Hitler Ja.

Schweyk Der Wind nimmts mit fort.

Hitler Richtig. Es scheint ein Schneesturm zu sein. Können Sie mich erkennen?

Schweyk Bittschön, das nein.

Hitler Ich bin der Führer.

Schweyk, der mit erhobenem Arm verblieben war, hebt erschreckt, sein Gewehr fallen lassend, auch noch den andern Arm hoch, als ob er sich ergebe.

Schweyk Heiliger Sankt Joseph!

Hitler Ruht! Wer sind Sie?

Im Vorfeld von Brechts „Schweyk" gab es mehrere Projekte und Planungen, diesen Stoff zu verarbeiten:
- 1930 plante Kurt Weill eine „Schweyk-Oper" unter Beteiligung Brechts.
- 1933 hatte Erwin Piscator die Idee, „Schweyk" in der Sowjetunion zu verfilmen.
- Zur Weltausstellung von 1938 in Paris wollte Piscator unter Mitarbeit von Brecht ein aufwändiges „Schweyk-Projekt" inszenieren.

Schweyk Ich bin der Schweyk aus Budweis, wo die Moldau das Knie macht. Und bin hergeeilt, daß ich Ihnen zu Stalingrad helf. Sagns mir jetzt bittschön nur noch: wo is es?

Hitler Wie zum Teufel soll ich das wissen
Bei diesen verrotteten bolschewistischen Verkehrsverhältnissen!
Auf der Karte war die Strecke Rostow-Stalingrad gradaus.
Nicht viel länger als mein kleiner Finger.
Jetzt stellt sie sich als länger heraus.
Außerdem hat der Winter auch in diesem Jahr zu früh eingesetzt.
Anstatt am fünften November schon am dritten, das ist das zweite Jahr jetzt.
Dieser Winter ist eine echt bolschewistische Kriegslist
Im Augenblick weiß ich z. B. überhaupt nicht mehr, wo vorn und hinten ist.
Ich bin davon ausgegangen, daß der Stärkere siegt.

Schweyk Und so ists auch gekommen.

Er hat begonnen, mit den Füßen zu stampfen und schlägt sich jetzt den Rumpf mit den Armen, da es ihn stark friert.

Hitler
Herr Schweyk, wenn das Dritte Reich unterliegt
Waren nur die Naturgewalten schuld an dem Mißgeschick.

Schweyk
Ja, ich her, der Winter und der Bolschewik.

Hitler *setzt zu langer Erklärung an:*
Die Geschichte lehrt, es heißt: Ost oder West.
Schon als Hermann, der Cherusker …

Schweyk
Erklärens mir das lieber aufm Weg, sonst gefriern wir hier noch fest.

Hitler
Schön. Dann vorwärts.

Schweyk
Aber wo soll ich mit Ihnen hin?

Hitler
Versuchen wirs mit dem Norden.

Sie stoßen ein paar Schritte nach Norden vor.

Schweyk
Da is Schnee bis zum Kinn.

Hitler
Dann nach Süden!

Sie stoßen ein paar Schritte nach Süden vor.

Schweyk *bleibt stehen, pfeift:*

Da sind die Berge von Toten.

Hitler

Dann stoß ich nach Osten.

Sie stoßen ein paar Schritte nach Osten vor.

Schweyk *bleibt stehen, pfeift:*

Da stehen die Roten.

Hitler

Richtig.

Schweyk

Vielleicht gehn wir nach Haus? Das hätt doch einen Sinn.

Hitler

Da steht mein deutsches Volk. Da kann ich nicht hin.

Hitler tritt schnell hintereinander nach allen Richtungen. Schweyk pfeift ihn immer zurück.

Hitler

Nach Osten. Nach Westen. Nach Süden. Nach Nord.

Schweyk

Sie können nicht hierbleiben. Und Sie können nicht fort.

Hitlers Bewegungen nach allen Richtungen werden schneller.

Schweyk *fängt an zu singen:*

Ja, du kannst nicht zurick und kannst nicht nach vorn.
Du bist obn bankrott und bist untn verlorn.
Und der Ostwind is dir kalt und der Bodn is dir heiß
Und ich sags dir ganz offen, daß ich nur noch nicht weiß
Ob ich auf dich jetzt schieß oder fort auf dich scheiß.

Hitlers verzweifelte Ausfälle sind in einen wilden Tanz übergegangen.

Chor aller Spieler

die ihre Masken abnehmen und an die Rampe gehen:

Es wechseln die Zeiten. Die riesigen Pläne
Der Mächtigen kommen am Ende zum Halt.
Und gehn sie einher auch wie blutige Hähne
Es wechseln die Zeiten, da hilft kein Gewalt

Am Grunde der Moldau wandern die Steine.
Es liegen drei Kaiser begraben in Prag.
Das Große bleibt groß nicht und klein nicht das Kleine.
Die Nacht hat zwölf Stunden, dann kommt schon der Tag.

Gattungswissen zum Drama im Überblick → S. 324 ff.

1. *Fassen Sie Gesprächsverlauf und Inhalt der obigen Szene zusammen. Erläutern Sie dann die Bedeutung des Chores.*
2. *Erklären Sie, weshalb Hitler nicht zu „seinem“ deutschen Volk kann.*
3. *a) Erstellen Sie eine Übersicht der Ihnen bekannten Theaterformen und ordnen Sie in diese Übersicht Stücke ein, die Sie gelesen haben.*
   b) Erarbeiten Sie die Unterschiede zwischen diesen Ihnen bekannten Theaterformen und Brechts Stück und ermitteln Sie die Wirkung, die von den Abweichungen ausgeht.

Die Straßenszene[1] (1957) *Bertolt Brecht*

1 Der Text folgt der originalen Rechtschreibung.

B. Brecht → S. 90

Grundmodell einer Szene des epischen Theaters

[...]

Es ist verhältnismäßig einfach, ein Grundmodell für episches Theater aufzustellen. Bei praktischen Versuchen wählte ich für gewöhnlich als Beispiel allereinfachsten, sozusagen „natürlichen“ epischen Theaters einen Vorgang, der sich an irgendeiner Straßenecke abspielen kann: der Augenzeuge eines Verkehrsunfalls demonstriert einer Menschenansammlung, wie das Unglück passierte. Die Umstehenden können den Vorgang nicht gesehen haben oder nur nicht seiner Meinung sein, ihn „anders sehen“ – die Hauptsache ist, daß der Demonstrierende das Verhalten des Fahrers oder des Überfahrenen oder beider in einer solchen Weise vormacht, daß die Umstehenden sich über den Unfall ein Urteil bilden können.

Dieses Beispiel epischen Theaters primitivster Art scheint leicht verstehbar. Jedoch bereitet es erfahrungsgemäß dem Hörer oder Leser erstaunliche Schwierigkeiten, sobald von ihm verlangt wird, die Tragweite des Entschlusses zu fassen, eine solche Demonstration an der Straßenecke als Grundform großen Theaters, Theater eines wissenschaftlichen Zeitalters, anzunehmen. [...]

Man bedenke: der Vorgang ist offenbar keineswegs das, was wir unter einem Kunstvorgang verstehen. Der Demonstrierende braucht kein Künstler zu sein. Was er können muß, um seinen Zweck zu erreichen, kann praktisch jeder. Angenommen, er ist nicht imstande, eine so schnelle Bewegung auszuführen, wie der Verunglückte, den er nachahmt, so braucht er nur erläuternd zu sagen: der bewegt sich dreimal so schnell, und seine Demonstration ist nicht wesentlich geschädigt oder entwertet. Eher ist seiner Perfektion eine Grenze gesetzt. Seine Demonstration würde gestört, wenn den Umstehenden seine Verwandlungsfähigkeit auffiele. Er hat es zu vermeiden, sich so aufzuführen, daß jemand ausruft: Wie lebenswahr stellt er doch einen Chauffeur dar! Er hat niemanden „in seinen Bann zu ziehen". Er soll niemanden aus dem Alltag in „eine höhere Sphäre" locken. Er braucht nicht über besondere suggestive Fähigkeiten zu verfügen.

Völlig entscheidend ist es, dass ein Hauptmerkmal des gewöhnlichen Theaters in unserer Straßenszene ausfällt: die Bereitung der Illusion. Die Vorführung des Straßendemonstranten hat den Charakter der Wiederholung. Das Ereignis hat stattgefunden, hier findet die Wiederholung statt. Folgt die Theaterszene hierin der Straßenszene, dann verbirgt das Theater nicht mehr, daß es Theater ist, so wie die Demonstration an der Straßenecke nicht verbirgt, daß sie Demonstration (und nicht vorgibt, daß sie Ereignis) ist. Das Geprobte am Spiel tritt voll in Erscheinung, das auswendig Gelernte am Text, der ganze Apparat und die ganze Vorbereitung. Wo bleibt dann das Erlebnis, wird die dargestellte Wirklichkeit dann überhaupt noch erlebt?

Die Straßenszene bestimmt, welcher Art das Erlebnis zu sein hat, das dem Zuschauer bereitet wird. Der Straßendemonstrant hat ohne Zweifel ein „Erlebnis" hinter sich, aber er ist doch nicht darauf aus, seine Demonstration zu einem „Erlebnis" der Zuschauer zu machen; selbst das Erlebnis des Fahrers und des Überfahrenen vermittelt er nur zum Teil, keinesfalls versucht er, es zu einem genußvollen Erlebnis des Zuschauers zu machen, wie lebendig er immer seine Demonstration gestalten mag. Seine Demonstration verliert zum Beispiel nicht an Wert, wenn er den Schrecken, den der Unfall erregte, nicht reproduziert; ja, sie *verlöre eher an Wert.* Er ist nicht auf Erzeugung purer Emotionen aus. Ein Theater, das ihm hierin folgt, vollzieht geradezu einen Funktionswechsel, wie man verstehen muß.

Ein wesentliches Element der Straßenszene, das sich auch in der Theaterszene vorfinden muß, soll sie episch genannt werden, ist der Umstand, daß die Demonstration gesellschaftlich praktische Bedeutung hat. Ob unser Straßendemonstrant nun zeigen will, daß bei dem und dem Verhalten eines Passanten oder des Fahrers ein Unfall unvermeidlich, bei einem andern vermeidlich ist, oder ob er zur Klärung der Schuldfrage demonstriert – seine Demonstration verfolgt praktische Zwecke, greift gesellschaftlich ein.

[…]

4 ***Erarbeiten Sie die wesentlichen Merkmale des epischen Theaters, wie sie Brecht in seinem „Grundmodell" vorstellt, und vergleichen sie diese mit den von Ihnen vorher zusammengestellten Elementen des Brecht'schen Theaters.***

Aufgabe 3 b → S. 160

5 ***Legen Sie mithilfe des folgenden Textes auf der nächsten Seite eine Übersicht an, welche Merkmale des epischen Theaters in dem Auszug aus Brechts „Schweyk" verwirklicht sind.***

Das moderne Theater ist das epische Theater[1] (1957) *Bertolt Brecht*

1 Der Text folgt der originalen Rechtschreibung.

B. Brecht → S. 90

Dramatische Form des Theaters	Epische Form des Theaters
handelnd	erzählend
verwickelt den Zuschauer in eine Bühnenaktion	macht den Zuschauer zum Betrachter, aber
verbraucht seine Aktivität	weckt seine Aktivität
ermöglicht ihm Gefühle	erzwingt von ihm Entscheidungen
Erlebnis	Weltbild
Der Zuschauer wird in etwas hineinversetzt	er wird gegenübergesetzt
Suggestion	Argument
Die Empfindungen werden konserviert	werden bis zu Erkenntnissen getrieben
Der Zuschauer steht mittendrin, miterlebt	Der Zuschauer steht gegenüber, studiert
Der Mensch als bekannt vorausgesetzt	Der Mensch ist Gegenstand der Untersuchung
Der unveränderliche Mensch	Der veränderliche und verändernde Mensch
Spannung auf den Ausgang	Spannung auf den Gang
Eine Szene für die andere	Jede Szene für sich
Wachstum	Montage[2]
Geschehen linear	in Kurven
Evolutionäre Zwangsläufigkeit	Sprünge
Der Mensch als Fixum	Der Mensch als Prozeß
Das Denken bestimmt das Sein	Das gesellschaftliche Sein bestimmt das Denken
Gefühl	Ratio

2 Montage: Verfahren, bei dem Fremdtexte wie Zeitungsausschnitte, Bekanntmachungen, Bibelstellen, Liedtexte oder literarische Quellen unvermittelt in den Text eingebaut werden.

Montagetechnik → S. 335

***6** Stellen Sie heraus, weshalb ausgerechnet das epische Theater in dieser Zeit als aufklärerisches Instrument dienen kann.*

***7** Schreiben Sie einen kurzen Lexikonartikel zum Begriff „episches Theater“ (ca. 400 Wörter).*

***8** Erschließen und interpretieren Sie die Dramenszene. Gehen Sie dabei auf die Darstellung Hitlers ein. Stellen Sie heraus, welches aufklärerische Ziel Brecht mit einem Stück wie diesem verfolgte.*

***9** Verfassen Sie nun, ausgehend von Ihren Kenntnissen zu Brechts Theatertheorie, eine Fortsetzung der Szene. Achten Sie dabei darauf, dass Ihr Text die Merkmale des epischen Theaters aufweist.*

Interpretation → S. 346 f.
Lexikonartikel → S. 347

10 Informieren Sie sich über den Inhalt von Brechts Stück „Mutter Courage und ihre Kinder“ und zeigen Sie an einem selbst gewählten Textauszug Elemente des epischen Theaters und die entsprechende Wirkung auf.

3. Diskussion über innere und äußere Emigration – Referieren

Bereiten Sie in Gruppen (je drei bis vier Schülerinnen und Schüler bilden eine Gruppe) Referate zum Thema „Plädoyers der inneren und äußeren Emigranten – Beweggründe und Hintergründe“ anhand der folgenden und ggf. weiterer Materialien vor.

Schritt 1: Vorarbeiten für das Referat leisten

Das Thema analysieren, Material sichten, erschließen und bewerten
Um ein Referat vorzubereiten, sind verschiedene Schritte nötig. Zunächst muss das Thema analysiert werden: Aufgabenstellung, ggf. Operatoren, Schlüsselbegriffe, Zielsetzung, Materialbedarf. Wenn Material vorgegeben ist, wird dieses erschlossen und bewertet. Oft ist es nötig, Hintergründe zum vorgegebenen Material zu recherchieren. Falls Ihnen nichts vorliegt, besteht der erste Schritt in der Recherche. Anschließend erstellen Sie ein Exzerpt zu Ihren Materialien. Nach dieser Stoffsammlung sollten Sie Ihre Notizen bewerten und ordnen.

Operatoren → S. 348
Exzerpieren → S. 349

1 *Lesen bzw. betrachten Sie die Materialien (evtl. in einer Kopie) und erschließen Sie den Inhalt und die sprachliche Gestaltung.*
Nachdem jedes Gruppenmitglied ein Exzerpt erstellt hat, bewerten Sie gemeinsam Ihre Ergebnisse und reduzieren sie auf das Wesentliche.

Diese Angaben sollten bei den einzelnen Materialien genannt werden: beteiligte Autoren und Titel, Erscheinungsjahre, wesentliche Inhalte der Texte.

Folgende Fragen sollten bei dieser Arbeit bereits in Thesenform beantwortet werden:

Material 1

- Mit welcher Intention verfasst Klaus Mann seinen Brief?
- Wie versucht er, Gottfried Benn zu einer Antwort zu bewegen?
- Welche Gründe führt Benn Mann gegenüber für sein Verhalten an?
- Welche Anhaltspunkte liefert Ihnen Benns Biografie „Doppelleben“ hinsichtlich seines weiteren Wegs?
- Weshalb war Benn kurzzeitig für die „Sektion für Dichtung“ tätig?

Material 2

- Mit welcher Intention verfasst Walter von Molo seinen Brief?
- Wie versucht er Thomas Mann zur Rückkehr nach Deutschland zu bewegen?
- Welche biografischen Hintergründe (von Molos Stellung im Dritten Reich) könnten von Molos Schritt motiviert haben?
- Was hat von Molo dazu gebracht, das Land nicht zu verlassen?
- Wie begründet Thomas Mann seine Antwort?

Material 1

Briefwechsel zwischen Klaus Mann und Gottfried Benn

Material 1, Text 1

Brief an Gottfried Benn (9.5.1933) *Klaus Mann*

Nach Heinrich Manns Rücktritt als Vorsitzender der „Sektion für Dichtung“ beauftragte der Präsident Max von Schillings kommissarisch Gottfried Benn mit dem Vorsitz, den dieser auch nach dem Ausschluss ihrer 15 (von 31) prominentesten Mitglieder bis zur konstituierenden Sitzung und Vollversammlung einer „Deutschen Akademie der Dichtung“ am 7. und 8. Juni 1933 innehatte.

Auf Zeitungsnotizen, in denen Benns Loyalität gegenüber dem nationalsozialistischen Regime gemeldet wird, bezieht sich folgendes Schreiben des zuvor emigrierten Klaus Mann.

Sektion für Dichtung: Institution der Preußischen Akademie der Künste, welche die Entwicklung der Kunst im deutschsprachigen Raum entscheidend mitbestimmte.

K. Mann → S. 143

Gottfried Benns anfängliches Engagement für die neuen Machthaber brachte ihm viel Unverständnis in Schriftstellerkreisen ein.

Lieber und verehrter Herr Doktor Benn

erlauben Sie einem leidenschaftlichen und treuen Bewunderer Ihrer Schriften mit einer Frage zu Ihnen zu kommen, zu der ihn an sich nichts berechtigt, als eben seine starke Anteilnahme an Ihrer geistigen Existenz? Ich schreibe diese Zeilen nur in der Hoffnung, dass Sie mich als verständnisvollen Leser Ihrer Arbeiten etwas legitimiert finden, eine offene Frage an Sie zu richten. – In den letzten Wochen sind mir verschiedentlich Gerüchte über Ihre Stellungnahme gegenüber den „deutschen Ereignissen“ zu Ohren gekommen, die mich bestürzt hätten, wenn ich mich hätte entschließen können, ihnen Glauben zu schenken. Das wollte ich keinesfalls tun. Eine gewisse Bestätigung erfahren diese Gerüchte durch die Tatsache, die mir bekannt wird, dass Sie – eigentlich als EINZIGER deutscher Autor, mit dem unsereins gerechnet hatte, Ihren Austritt aus der Akademie NICHT erklärt haben. Was mich bei der protestantischen Frau Ricarda Huch[1] nicht verwundert und was ich von Gerhart Hauptmann, der seine Rolle als der Hindenburg der deutschen Literatur mit einer bemerkenswerten Konsequenz zu Ende spielt, nicht anders erwartet hatte, entsetzt mich in Ihrem Falle. In welcher Gesellschaft befinden Sie sich dort? Was konnte Sie dahin bringen, Ihren Namen, der uns der Inbegriff des höchsten Niveaus und einer geradezu fanatischen Reinheit gewesen ist, denen zur Verfügung zu stellen, deren Niveaulosigkeit absolut beispiellos in der europäischen Geschichte ist und vor deren moralischer Unreinheit sich die Welt mit Abscheu abwendet? Wie viel Freunde müssen Sie verlieren, indem Sie solcherart gemeinsame Sache mit den geistig Hassenswürdigen machen – und was für Freunde haben Sie am Ende auf dieser falschen Seite zu gewinnen?

[...]

Ich wäre Ihnen dankbar für jede Antwort.

Meine Adresse:

Hotel de la Tour, Sanary, s.m. (VAR)

Ihr

Klaus Mann

1 Ricarda Huch: deutsche Schriftstellerin (1864 bis 1947). Schon im Jahr 1933 trat sie aus Protest gegen die neue Regierung aus der Preußischen Akademie der Künste aus und galt als offene Gegnerin des nationalsozialistischen Regimes, emigrierte jedoch nicht.

Material 1, Text 2

1 Der Text folgt der originalen Rechtschreibung.

Gottfried Benn (1886–1956) gehört zu den wichtigsten Lyrikern des 20. Jahrhunderts. Aus dem Expressionismus stammend – und nach kurzem Sympathisieren mit den Nationalsozialisten – zieht sich Benn immer mehr auf eine Position zurück, die die Literatur als Fluchtpunkt in einer zerfallenden Welt sieht. Seine „Statischen Gedichte" (1948) predigen die vollkommene lyrische Form als einziges Mittel, einer sinnentleerten Welt zu begegnen.

G. Benn: „Ein Wort" → S. 319

Antwort an die literarischen Emigranten[1] **(24.5.1933)** *Gottfried Benn*

Sie schreiben mir einen Brief aus der Nähe von Marseille. In den kleinen Badeorten am Golf de Lyon, in den Hotels von Zürich, Prag und Paris, schreiben Sie, säßen jetzt als Flüchtlinge die jungen Deutschen, die mich und meine Bücher einst so sehr verehrten. Durch Zeitungsnotizen müßten Sie erfahren, daß ich mich dem neuen Staat zur Verfügung hielte, öffentlich für ihn eintrete, mich als Akademiemitglied seinen kulturellen Plänen nicht entzöge. Sie stellen mich zur Rede, freundschaftlich, aber doch sehr scharf. Sie schreiben: was konnte Sie dahin bringen, Ihren Namen, der uns der Inbegriff des höchsten Niveaus und einer geradezu fanatischen Reinheit gewesen ist, denen zur Verfügung zu stellen, denen das ganze übrige Europa gerade diesen Rang bestreitet? [...] Sie stellen mich zur Rede, Sie warnen mich, Sie fordern von mir eine unzweideutige Antwort [...]. Also hören Sie bitte meine Antwort, und die muß natürlich unzweideutig sein.

Ich muß Ihnen zunächst sagen, daß ich auf Grund vieler Erfahrungen in den letzten Wochen die Überzeugung gewonnen habe, daß man über die deutschen Vorgänge nur mit denen sprechen kann, die sie auch innerhalb Deutschlands selbst erlebten. Nur die, die durch die Spannungen der letzten Monate hindurchgegangen sind, die von Stunde zu Stunde, von Zeitung zu Zeitung, von Umzug zu Umzug, von Rundfunkübertragung zu Rundfunkübertragung alles dies fortlaufend aus unmittelbarer Nähe miterlebten, Tag und Nacht mit ihm rangen, selbst die, die das alles nicht jubelnd begrüßten, sondern es mehr erlitten, mit diesen allen kann man reden, aber mit den Flüchtlingen, die ins Ausland reisten, kann man es nicht. Diese haben nämlich die Gelegenheit versäumt, den ihnen so fremden Begriff des Volkes nicht gedanklich, sondern erlebnismäßig, nicht abstrakt, sondern in gedrungener Natur in sich wachsen zu fühlen, haben es versäumt, den auch in Ihrem Brief wieder so herabsetzend und hochmütig gebrauchten Begriff „das Nationale" in seiner realen Bewegung, in seinen echten überzeugenden Ausdrücken als Erscheinung wahrzunehmen, haben es versäumt, die Geschichte form- und bilderbeladen bei ihrer vielleicht tragischen, aber jedenfalls schicksalbestimmten Arbeit zu sehen. [...]

Schließlich richtet sich aber Ihr Brief auch unmittelbar an meine Person. An diese richten Sie Fragen, Warnungs- und Prüfungsfragen hinsichtlich der Besonderheit ihres radikalen Sprachgefühls, das mir auf der anderen Seite nur Hohn und Spott eintragen würde, schließlich nach ihrer Verehrung bestimmter literarischer Köpfe, die jetzt auf *Ihrer* Seite sich befinden. Ich antworte Ihnen: ich werde weiter verehren, was ich für die deutsche Literatur vorbildlich und erzieherisch fand, ich werde es verehren bis nach Lugano und an das Ligurische Meer, aber ich erkläre mich ganz persönlich für den neuen Staat, weil es mein Volk ist, das sich hier seinen Weg bahnt. [...]

[...] Plötzlich aber öffnen sich Gefahren, plötzlich verdichtet sich die Gemeinschaft, und jeder muß einzeln hervortreten, auch der Literat, und sich entscheiden: Privatliebhaberei oder Richtung auf den Staat. Ich entscheide mich für das letztere und muß es für diesen Staat hinnehmen, wenn Sie mir von Ihrer Küste aus zurufen: Leben Sie wohl.

Material 2

Briefwechsel zwischen Walter von Molo und Thomas Mann

Material 2, Text 1

Über äußere und innere Emigration (1945) *Walter von Molo*

Der Schriftsteller Walter von Molo, der während der Herrschaft der Nationalsozialisten in Deutschland geblieben war, richtet nach Kriegsende in einem offenen Brief in der Münchner Zeitung vom 18. 8. 1945 die Bitte an Thomas Mann, nach Deutschland zurückzukehren.

Walter von Molo (1880–1958) wurde durch seine während und kurz nach dem Ersten Weltkrieg veröffentlichten Werke bekannt. Auch nach 1933 blieb er Mitglied der Preußischen Akademie der Künste. Trotzdem wurde er in den folgenden Jahren wegen der Inhalte seiner Bücher immer wieder von den Nationalsozialisten angegriffen und seine Bücher wurden schließlich verboten, weshalb er sich auf sein Gut in Murnau zurückzog. Nach dem Krieg prägte er mit dem Schriftsteller Frank Thieß (1890–1977, vgl. S. 100) den Begriff der inneren Emigration.

Mit aller, aber wahrhaft aller Zurückhaltung, die uns nach den furchtbaren zwölf Jahren auferlegt ist, möchte ich dennoch heute bereits und in aller Öffentlichkeit ein paar Worte zu Ihnen sprechen: Bitte, kommen Sie bald, sehen Sie in die vom Gram durchfurchten Gesichter, sehen Sie das unsagbare Leid in den Augen der vielen, die nicht die Glorifizierung unserer Schattenseiten mitgemacht haben, die nicht die Heimat verlassen konnten, weil es sich hier um viele Millionen Menschen handelte, für die kein anderer Platz auf der Erde gewesen wäre als daheim, in dem allmählich gewordenen großen Konzentrationslager, in dem es bald nur mehr Bewachende und Bewachte verschiedener Grade gab.

Bitte, kommen Sie bald und zeigen Sie, dass der Mensch die Pflicht hat, an die Mitmenschen zu glauben, immer wieder zu glauben, weil sonst die Menschlichkeit aus der Welt verschwinden müsste. Es gab so viele Schlagworte, so viele Gewissensbedrückungen, und so viele haben alles vor und in diesem Kriege verloren, schlechthin alles, bis auf eines: Sie sind vernünftige Menschen geblieben, ohne Übersteigerung und ohne Anmaßung, deutsche Menschen, die sich nach der Rückkehr dessen sehnten und sehen, was uns einst im Rate der Völker Achtung gab. [...]

Material 2, Text 2

Offener Brief für Deutschland (1945) *Thomas Mann*

Th. Mann → S. 194

Thomas Manns Antwort im Augsburger Anzeiger vom 12. 10. 1945
Nun muss es mich ja freuen, dass Deutschland mich wieder haben will – nicht nur meine Bücher, sondern mich selbst als Mensch und Person. Aber etwas Beunruhigendes, Bedrückendes haben diese Appelle doch auch für mich, und etwas Unlogisches, sogar Ungerechtes. Nicht Wohlüberlegtes spricht mich daraus an. Sie wissen nur zu gut, lieber Herr von Molo, wie teuer Rat und Tat in Deutschland sind bei der fast heillosen Lage, in die unser unglückliches Volk sich gebracht hat. Und ob ein schon alter Mann,

an dessen Herzmuskeln die abenteuerliche Zeit doch auch ihre Anforderungen gestellt hat, direkt, persönlich, im Fleische noch viel dazu beitragen kann, die Menschen dort aus ihrer tiefen Gebeugtheit, die Sie so ergreifend schildern, aufzurichten, scheint mir recht zweifelhaft. Dies nur nebenbei. Nicht recht überlegt aber scheinen mir bei jenen Aufforderungen auch die technischen, bürgerlichen, seelischen Schwierigkeiten, die meiner „Rückwanderung" entgegenstehen. Sind diese zwölf Jahre und ihre Ergebnisse denn von der Tafel zu wischen, und kann man tun, als seien sie nicht gewesen? Schwer genug, atembeklemmend genug war Anno 33 der Schock des Verlustes der gewohnten Lebensbasis von Haus und Land, Büchern, Andenken und Vermögen, begleitet von kläglichen Aktionen daheim, von Ausbootungen, Absagen. Nie vergesse ich die analphabetische und mörderische Radio- und Pressehetze gegen meinen Wagner-Aufsatz. [...] Schwer genug war, was dann folgte: das Wanderleben von Land zu Land, die Passsorgen, das Hoteldasein, während die Ohren klangen von den Schandgeschichten, die täglich aus dem verlorenen, verwildernden, wildfremd gewordenen Lande herüberdrangen. Das haben Sie alle, die Sie dem „charismatischen Führer" (entsetzlich, entsetzlich, die betrunkene Bildung) Treue schworen und unter Goebbels Kultur betrieben, nicht durchgemacht. Ich vergesse nicht, dass Sie später viel Schlimmeres durchgemacht haben, dem ich entging. Aber das haben Sie nicht gekannt: das Herzasthma des Exils, die Entwurzelung, die nervösen Schrecken der Heimatlosigkeit. [...]

Ja, Deutschland ist mir in all diesen Jahren doch recht fremd geworden. Es ist, das müssen Sie zugeben, ein beängstigendes Land. Ich gestehe, dass ich mich vor den deutschen Trümmern fürchte, dass die Verständigung zwischen einem, der den Hexensabbat von außen erlebte, und euch, die ihr mitgetanzt und Herrn Urian aufgewartet habt, immerhin schwierig wäre. [...] Es mag Aberglaube sein, aber in meinen Augen sind Bücher, die von 1933 bis 1945 in Deutschland überhaupt gedruckt werden konnten, weniger als wertlos und nicht gut, in die Hand zu nehmen. Ein Geruch von Blut und Schande haftet ihnen an. Sie sollten alle eingestampft werden. [...]

„Unter Leuten", sagte ich mir, „die zwölf Jahre lang mit diesen Drogen gefüttert worden sind, kann nicht gut leben sein. Du hättest", sagte ich mir, „zweifellos viele gute und treue Freunde dort, alte und junge, aber auch viele lauernde Feinde, geschlagene Feinde wohl, aber das sind die schlimmsten und giftigsten."

Nie werde ich aufhören, mich als deutscher Schriftsteller zu fühlen, und bin auch in den Jahren, als meine Bücher nur auf Englisch ihr Leben fristeten, der deutschen Sprache treu geblieben – nicht nur, weil ich zu alt war, um mich noch sprachlich umzustellen, sondern auch in dem Bewusstsein, dass mein Werk in der deutschen Sprachgeschichte seinen bescheidenen Platz hat.

Vertiefung: ggf. weiteres Material sichten

Es bietet sich an, neben den untersuchten Materialien weitere Materialien zu recherchieren, z. B. verschiedene Zeitschriften zu sichten (siehe Abb.) und dazu folgende Fragen zu beantworten:

- Mit welcher Intention wurden die Zeitschriften verfasst?
- Wo und wann sind sie erschienen?
- Wer sollte damit erreicht werden und wer wurde damit erreicht?

Schritt 2: Vorbereiten des Referats I

Material strukturieren, eine Gliederung erstellen

Überlegen Sie zunächst, wie Sie Ihr Referat aufbauen (Beispiele: anhand von Leitfragen, vom Einfachen zum Schwierigen, chronologisch anhand des Textfortgangs oder anhand von Ereignissen etc.). Ihre aufgestellten Fragen bzw. Thesen sollten dabei beantwortet bzw. diskutiert und ein Ergebnis herausgestellt werden. Erarbeiten Sie eine Ihrem gewählten Aufbau entsprechende Gliederung.

2 *Erstellen Sie im Team für Ihr Referat eine Gliederung. Berücksichtigen Sie dabei die im Methodenkasten angegebenen Punkte.*

Schritt 3: Vorbereiten des Referats II

Das Referat organisieren, Medien einsetzen

Überlegen Sie, ob und wie Sie das Vorzutragende optisch (z. B. durch eine Skizze) und durch entsprechende Medien (Einsatz des Overheadprojektors, des PCs) unterstützen können. Wichtig ist ein übersichtlicher und strukturierter Vortrag. Mithilfe eines Textverarbeitungsprogramms können Sie Handouts erstellen, auch ein Einsatz von Präsentationsprogrammen kann in Betracht gezogen werden (siehe unten). Berücksichtigen Sie, dass Ihre Zuhörer in der Lage sein sollten, die zentralen Aussagen Ihres Vortrags zu behalten und selbstständig wiederzugeben, ohne vorher etwas über das Thema zu wissen.

Nennen Sie auf dem Handout unbedingt Ihre Themenstellung und Ihre Quellen. Organisieren Sie rechtzeitig für den Vortragstermin die entsprechenden Geräte / Räume.

Präsentieren mithilfe eines Präsentationsprogramms

Achten Sie bei der Gestaltung Ihrer Präsentation auf eine große, gut lesbare Schrift. Verzichten Sie auf einen ablenkenden Hintergrund und auf zu viel Animation. Reduzieren Sie Ihren Vortrag auf die wirklich notwendigen Folien und vermeiden Sie zu viel Textinhalt auf den Folien. Achten Sie darauf, dass sich die Folien und das von Ihnen Vorgetragene inhaltlich decken. Vermeiden Sie ganze Sätze auf den Folien und formulieren Sie Stichpunkte. Wenige, ausgewählte Abbildungen und Skizzen sollten Ihre Inhalte illustrieren.

3 ***Erstellen Sie gemeinsam einen Vortragsverlauf, evtl. eine Präsentation und die Handouts.***

Schritt 4: das Referat halten

Adressatengerecht präsentieren

Erstellen Sie für Ihr Referat Karteikarten oder einen Stichwortzettel mit einem übersichtlichen Vortragsverlauf und allen wichtigen Inhalten, sodass Sie ggf. nachschauen können. Auch eine ausgedruckte Übersicht Ihrer einzusetzenden Folien (Overhead oder Präsentationsprogramm) sollten Sie vor sich haben. Üben Sie Ihren Vortrag, sodass Sie möglichst frei sprechen können. Tragen Sie Ihr Referat zur Probe einigen Mitschülern vor und verbessern Sie anschließend, was nicht klar geworden ist. Wenn Sie im Team referieren, ist es wichtig, abzuklären, wer welchen Teil des Vortrags übernimmt. Dazu sollten Sie auch festlegen, wo sich diejenigen aufhalten, die gerade nicht sprechen (einen Schritt zur Seite treten etc.). Achten Sie beim Vortrag selbst auf Ihre Stimme: Verändern Sie – passend zum Inhalt – Lautstärke, Geschwindigkeit und Betonung etwas und setzen Sie bewusst Pausen. Versuchen Sie, Ihre Zuhörer in den Blick zu nehmen und niemanden auszulassen. Stehen Sie aufrecht und setzen Sie auch – in passender Weise – Ihren Körper ein (Körperhaltung, Gestik, Mimik).

4 ***Bereiten Sie alles für Ihr Referat vor und halten Sie es.***

Schritt 5: das Referat auswerten

Feedback geben

Wenn Sie Zuhörer sind, dann machen Sie sich inhaltliche Notizen. Achten Sie aber auch auf die Vortragsweise, die Medien etc. und geben Sie dem / den Referenten abschließend eine Rückmeldung, indem Sie positive Punkte hervorheben und evtl. Verbesserungsvorschläge unterbreiten. Es ist wichtig, dabei sachlich zu bleiben.

Mitschreiben → S. 350

Berücksichtigen Sie Inhalt, Medieneinsatz, Auftritt, Körperhaltung, Stimme, Mimik und Gestik.

5 ***Bereiten Sie gemeinsam ein gegliedertes Auswertungsformular vor. Bringen Sie dieses Blatt bei den Vorträgen zum Einsatz und nehmen Sie anschließend gemeinsam eine Auswertung vor.***

Reinhold Schneider, 1955

Thomas Mann, 1955

Peter Stamm, 2009

Regeln und freies Spiel – Grammatik, Rechtschreibung, Stil

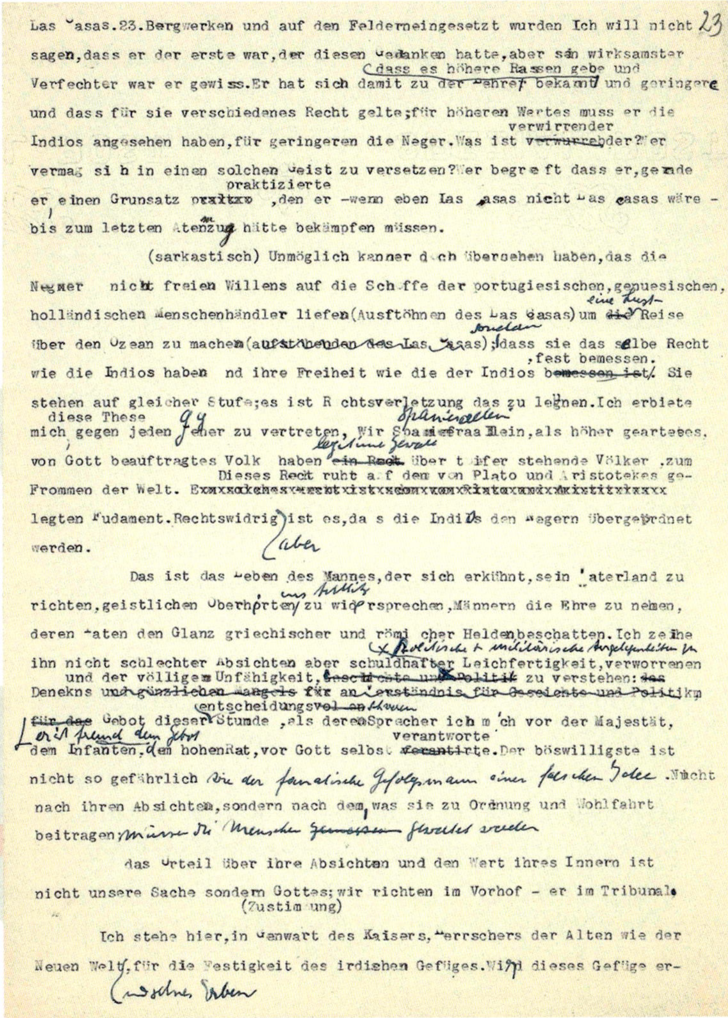

Las Casas.23.Bergwerken und auf den Felderneingesetzt wurden Ich will nicht 23
sagen,dass er der erste war,der diesen Gedanken hatte,aber sein wirksamster
(dass es höhere Rassen gebe und
Verfechter war er gewiss.Er hat sich damit zu der Lehre bekannt und geringere
und dass für sie verschiedenes Recht gelte;für höheren Wertes muss er die
verwirrender
Indios angesehen haben,für geringeren die Neger.Was ist verwurrender?Wer
vermag sich in einen solchen Geist zu versetzen?Wer begreift dass er,gerade
praktizierte
er einen Grunsatz praktzo ,den er -wenn eben Las Casas nicht Las Casas wäre -
bis zum letzten Atemzug hätte bekämpfen müssen.

(sarkastisch) Unmöglich kanner doch übersehen haben,das die
Neger nicht freien Willens auf die Schiffe der portugiesischen,genuesischen,
holländischen Menschenhändler liefen(Ausftöhnen des Las Casas)um eine Lust-Reise
über den Ozean zu machen(aufstöhnenden des Las Casas);dass sie das selbe Recht
,fest bemessen.
wie die Indios haben und ihre Freiheit wie die der Indios bemessen ist. Sie
stehen auf gleicher Stufe;es ist Rechtsverletzung das zu leugnen.Ich erbiete
diese These
mich gegen jeden Gegner zu vertreten, Wir Spanier allein,als höher geartetes,
von Gott beauftragtes Volk haben ein Recht über tiefer stehende Völker .zum
Dieses Recht ruht auf dem von Plato und Aristotekes ge-
Frommen der Welt. Exxxxxxxxxxxxxxxxxxxxxxxxxxxxxxxxxxxxxxxxxxxx
legten Fudament.Rechtswidrig aber ist es,dass die Indios den Negern übergeordnet
werden.

Das ist das Leben des Mannes,der sich erkühnt,sein Vaterland zu
richten,geistlichen Oberhirten zu widersprechen,Männern die Ehre zu nehmen,
deren Taten den Glanz griechischer und römischer Helden beschatten.Ich zeihe
ihn nicht schlechter Absichten aber schuldhafter Leichfertigkeit,verworrenen
und der völligen Unfähigkeit, Geschichte und Politik zu verstehen: des
Denekns und gänzlichen Mangels für an Verständnis für Geschichte und Politik
entscheidungsvol
für das Gebot dieser Stunde ,als deren Sprecher ich mich vor der Majestät,
verantworte
dem Infanten,dem hohenRat,vor Gott selbst verantirte.Der böswilligste ist
nicht so gefährlich wie der fanatische Gefolgsmann einer falschen Idee .Nicht
nach ihren Absichten,sondern nach dem,was sie zu Ordnung und Wohlfahrt
beitragen;müssen die Menschen gemessen gewertet werden

das Urteil über ihre Absichten und den Wert ihres Innern ist
nicht unsere Sache sondern Gottes;wir richten im Vorhof - er im Tribunal.
(Zustimmung)

Ich stehe hier,in Gegenwart des Kaisers,Herrschers der Alten wie der
Neuen Welt,für die Festigkeit des irdischen Gefüges.Wird dieses Gefüge er-

Von Reinhold Schneider handschriftlich überarbeitete Seite aus dem von ihm erstellten Typoskript der Rundfunkfassung (13. 1. 1955) seiner Erzählung „Las Casas vor Karl V." (1938)

1. Reinhold Schneider: „Las Casas vor Karl V." – Aufgaben und Möglichkeiten des Konjunktivs

1.1 Gegen den Nationalsozialismus: innere Emigration

Historische Erzählung: „[K]ürzere erzählende Dichtung [...] über historische (oder zumindest in historisch beglaubigter Umgebung angesiedelte) Gestalten und Vorfälle; meist auf ein zentrales Ereignis aus einem größeren Komplex von Geschehnissen (oder aus einem Lebenslauf) konzentriert und dadurch vom umfang- und figurenreicheren historischen Roman unterschieden. Von der loser gefügten historischen Erzählung unterscheidet sich die historische Novelle durch straffe Handlungs- und Gedankenführung."
Rainer Schönhaar

1 **Sepúlveda**, bei Schneider durchgängig ohne Akzent geschrieben

Zu Reinhold Schneiders Erzählung „Las Casas vor Karl V."

Im Winter 1937/38 geschriebene, 1938 erschienene historische Erzählung.

Schneider schildert den Dominikanerpater Bartolomé de Las Casas (1484–1566), der eine Bekehrung vom spanischen Eroberer zum Priester des Dominikanerordens vollzogen hat, als „Gewissen des Abendlands" und „Vater der Indios" und zeigt ihn als deren leidenschaftlichen Fürsprecher. Las Casas streitet für die Gleichberechtigung der Indios in den amerikanischen Kolonien der Spanier und gegen deren mit einem christlichen Missionsauftrag unvereinbare Ausbeutung durch die Eroberer, ja gegen den von den Spaniern exerzierten Völkermord.

Schneiders Text setzt mit der Einschiffung des Mönchs nach Spanien ein, wo er Karl V., den Herrscher über das spanische Weltreich, in einer Disputation in Valladolid über das Werk des Staatsrechtlers Sepulveda[1], der die Las Casas entgegengesetzte Position vertritt und die bisherige spanische Kolonialpolitik rechtfertigt, für einen grundsätzlichen Wandel in der Kolonialpolitik gewinnen will. Während der Überfahrt nach Spanien lernt Las Casas den heimkehrenden Konquistador Bernardino de Lares kennen. Dieser, bereits voller Zweifel über den Sinn und die moralische Integrität seines dem Ende zugehenden Lebens, freundet sich mit Las Casas an und entsagt schließlich seinem bisherigen Leben. In der Disputation vor dem Kaiser tritt er – körperlich gebrochen – als Zeuge für Las Casas' Sache auf. Der Dominikaner kann zuletzt, nachdem er durch seine Leidenschaftlichkeit sein Anliegen schwer in Gefahr gebracht hat, den Kaiser auf seine Seite ziehen: Karl V. verkündet die „Neuen Gesetze", mit denen die spanische Kolonialpolitik im Sinne der Indios grundlegend revolutioniert wird. Las Casas allerdings wird mit der schier unmenschlichen Aufgabe betraut, als Bischof von Chiapas (Mexiko) für die Durchsetzung der „Neuen Gesetze" zu wirken.

Las Casas vor Karl V. Szenen aus der Konquistadorenzeit (1938)
Reinhold Schneider

Kapitel 2

Der folgende Auszug benennt die Ausgangssituation der Disputation. Las Casas legt seinen Mitbrüdern aus dem Dominikanerorden in Valladolid die Position seines Gegners Sepulveda und seine eigene Überzeugung, für die er sich einsetzen möchte, dar.

Reinhold Schneider (Fortsetzung von S. 150): Die erste Schaffensphase war geprägt von der Auseinandersetzung mit der Geschichte der iberischen Halbinsel und mit einigen ihrer zentralen Gestalten.

Ab 1938 in Freiburg im Breisgau. Wichtiger Autor der inneren Emigration, Schreibverbot ab 1941. 1945 Anklage wegen Hochverrats, die aufgrund des Zusammenbruchs der Nazi-Diktatur nicht mehr zur Verhandlung kam.

Nach 1945 erhielt Reinhold Schneider vielfache Auszeichnungen und wurde als „Gewissen der Nation" geehrt. In den ersten Jahren der Bundesrepublik Einsatz gegen die Remilitarisierung Deutschlands und für eine Wiedervereinigung mit friedlichen Mitteln. 1956 Friedenspreis des Deutschen Buchhandels; andererseits berufliche Isolierung u. a. aufgrund der Veröffentlichung einiger Texte in der KPD nahestehenden Zeitschriften. Schneider starb an den Folgen eines Sturzes 1958 in Freiburg. Posthum erschien eines seiner wichtigsten Bücher, „Winter in Wien. Aus meinen Notizbüchern 1957/58". – Schneiders Werk ist von tiefer Gläubigkeit geprägt, die die Verwurzelung im Katholizismus seiner Zeit spiegelt.

innere Emigration → S. 153

[... Die Disputation] galt zunächst allein dem Rechtsstreite, ob, wie Sepulveda unter dem Beifall der Kolonisten, eines großen Teils der hohen Beamten und selbst der Geistlichen lehrte, die Unterwerfung der Indios der Bekehrung vorausgehen müsse oder ob, wie es die Überzeugung des Las Casas und seines Ordens war, das Bekehrungswerk allein mit den Mitteln des Glaubens und gewissermaßen unabhängig von der Rücksicht auf den Staat die eigentliche Aufgabe der Spanier in den Neuen Indien sei. Um des Rechtes willen, erklärte Las Casas noch einmal den im Kapitelsaal[1] versammelten Brüdern, sei er vor mehr als dreißig Jahren in den Kampf getreten, habe er doch als junger, seiner Pflichten nicht bewusster Mensch in Salamanca das Recht studiert und es bis zum Lizentiaten[2] gebracht, ohne aus der Erkenntnis des Rechtes heraus zu leben. Erst die Predigt frommer und gelehrter Brüder des Ordens habe ihm auf Haiti und Kuba die Augen geöffnet für die Hoheit des Rechts und die grauenvolle Misshandlung, die es erlitt; wie die Sorge um das Los seiner unwürdigen Seele, so verdanke er dem Orden auch den Eifer für das Recht, der etwa in ihm brenne, und er sei geneigt, diesen für eine größere Kraft zu halten als das Mitleid, das eines jeden Christen natürliches Erbe sei. Mit Rechtsgründen denke er mit der Unterstützung und dem gütigen Rate der Brüder dem Doktor Sepulveda entgegenzutreten, der den Staat höher zu schätzen scheine als das ewige Recht und den Dienst an seinem irdischen Herrn höher als den Dienst an Gottes Sache, während doch in Wahrheit keine Ordnung auf Erden bestehen könne und dürfe, die nicht der Vorbereitung auf die Ewigkeit diene und das schwere Tagewerk des Menschen zu einer Arbeit in Gottes Weinberg erhebe. Dies sei sein Glaube; und dieser Glaube müsse gerade jetzt vertreten werden, da das spanische Volk in Gefahr sei, seine Seele an irdische Mächte zu verkaufen. Sollte er aber als ein schwacher unzulänglicher Mensch mit seinen Gründen nicht obsiegen – was ja immer nur an der Vertretung der Sache, niemals an dieser selbst liegen könne –, so sei er entschlossen, von sich selbst zu sprechen, von seinem Kampfe und von dem, was er erfahren und gesehen. [...]

1 Kapitelsaal: Versammlungsraum von Mönchsgemeinschaften. Hier werden Gebete abgehalten, v. a. aber ist der Kapitelsaal der Raum zentraler Beratungen und wichtiger Entscheidungen der Ordensgemeinschaft.
2 Lizentiat: Person, die den letzten akademischen Grad vor der Promotion erworben hat. „Der Lizentiat" (Person, entsprechend: „der Promovierte"), „das Lizentiat" (der akademische Grad).

1 ***Formulieren Sie die Position Sepulvedas und die Position Las Casas' bezüglich des spanischen Vorgehens gegenüber den Ureinwohnern der „Neuen Indien".***

2 ***Erarbeiten Sie mögliche Anspielungen der 1938 veröffentlichten Erzählung auf die damalige Situation in Deutschland: Stellen Sie mithilfe des Basiswissens („Camouflage") auf der nächsten Seite dar, auf welche spezifische Art und Weise Reinhold Schneider Kritik am nationalsozialistischen Denken seiner Zeit übt.***

Basis

Camouflage

(Aus dem Französischen, wörtl. „Irreführung, Täuschung, Tarnung“, etwa zur Bezeichnung militärischer Tarnkleidung) Literarische Technik vieler Vertreter der inneren Emigration, die verdeckt, nicht offen und unmittelbar Kritik am nationalsozialistischen Staat üben wollten. Sie taten dies oft unter dem Deckmantel eines historischen Stoffes, bei dessen Bearbeitung sie Parallelen zum NS-Staat sichtbar machen konnten, ohne diesen direkt nennen zu müssen. Es war ein Versuch, sich dadurch unangreifbar zu machen, da die klar-unmittelbare Kritik vermieden wurde.

Ganz generell meint Camouflage die „sprachliche Verhüllung einer Aussage, die v. a. von eingeweihten, mit dem Verfasser gesinnungsverwandten Lesern oder Hörern“ im vom Verfasser „beabsichtigten Sinn verstanden werden kann […]. Der Begriff ‚Camouflage‘ für dieses seit frühester Zeit geübte literarische Verfahren wurde“ vor allem „für die Schreibstrategien der gegen das ‚Dritte Reich‘ insgeheim opponierenden Publizistik“, später aber „auch für die verschleiernde Schreibpraxis vieler DDR-Schriftsteller verwendet.“

Sprachliche Mittel der Camouflage: „[S]ogenannte Sprachverstecke durch semantische Mehrsinnigkeit, Metaphorik, scheinbar naiv eingebrachte Zitate und v. a. die historische Einkleidung“ der Aussage (oft mit anachronistischen Brechungen als versteckten Hinweisen auf das eigentlich Gemeinte), „kritische Stellungnahmen (in Rezensionen, Essays, Reiseberichten usw.) zu [entsprechenden] historischen oder zeitgenössischen ausländischen Zuständen.“ (Günther Schweikle)

1.2 „Man müsse sich das Unrecht … vergegenwärtigen“ – Konjunktiv I und II

Konjunktiv I: Modus der mittelbaren Redewiedergabe

1 *Schneiders Text ist über weite Strecken im Konjunktiv I verfasst. Beschreiben Sie anhand des unten stehenden Basiswissens die Funktion, die der Konjunktiv I hier erfüllt.*

2 *Geben Sie den ersten Satz (Z. 1–7) indirekt wieder: „Man erzählt, die Disputation habe zunächst allein dem Rechtsstreite gegolten, ob …“ – Führen Sie den Satz zu Ende.*

Basis

Die Bedeutung (Verwendungsweise) des Konjunktivs I

Der Konjunktiv I ist ganz wesentlich der **Modus der mittelbaren, der indirekten Aussage**. Der aktuelle Sprecher (oder auch der nicht direkt in Erscheinung tretende Autor eines Textes) drückt durch den Konjunktiv I aus, dass er die **Äußerung eines anderen nur wiedergibt, nur referiert**. Daher begegnet der Konjunktiv I am häufigsten als Modus der **indirekten Rede**:

(Ein Autor oder – im realen Gespräch – irgendjemand, der nicht Johannes ist, formuliert:)

Johannes sagt, draußen **sei** es kalt.

Darüber, ob es draußen tatsächlich kalt ist, wird hier nichts gesagt. Der Sprecher referiert nur Johannes’ Aussage; zu deren Wahrheitsgehalt kann er nichts aussagen.

Zu beachten ist, dass die Formen des Konjunktivs I, wenn sie sich nicht von denen des Indikativs unterscheiden, durch die des Konjunktivs II ersetzt werden.

Konjunktiv I und II (Bildung)
→ S. 354 f.

Konjunktiv II: Modus der Potenzialität und der Irrealität

Las Casas vor Karl V. Szenen aus der Konquistadorenzeit (1938)

Reinhold Schneider

Kapitel 2

Die Disputation zwischen Las Casas und Sepulveda hat begonnen, ja ist bereits weit fortgeschritten. Das letzte Aufeinandertreffen der beiden Opponenten steht nahe bevor, man rechnet für diesen Schlusstag der Auseinandersetzung mit dem Erscheinen des Kaisers. – Las Casas ist in Sorge; er spürt, dass er müde ist, dass die Strategie der Gegenseite, ihn als verbohrten Illusionisten darzustellen, der Spanien schade, zu verfangen beginnt. So versucht er, Bernardino de Lares, der schwerkrank darniederliegt und den er täglich besucht, zu bewegen, als Zeuge für seine Sache aufzutreten. Er hofft, das persönliche Zeugnis des ehemaligen Konquistadors, der sich von seinem früheren Leben, weil er es nun für unrecht erachtet, distanziert hat, könne den Kaiser für seine, für Las Casas' Gründe, für die Rechtsansprüche der Indios einnehmen:

Damit ergriff er die Schulter des Ritters: „Du könntest dieser Zeuge sein", sagte er erregt, „vielleicht ist das deine Aufgabe, und wenn sie es ist, könntest du mit Gottes Hilfe die Kraft finden, ihr zu dienen."

„Dann", antwortete Bernardino, von dem Feuer des Mönches mitgerissen, „könnte ich aus dem Schutt meines Lebens doch noch ein Kleinod retten; und ich wäre nicht vergeblich all die falschen Wege gegangen. Dann hätte auch die Schuld ihren Sinn, und ich dürfte vielleicht doch bestehen vor der Toten[1]. Aber die Kraft?" Er lächelte schwermütig: „Zu so vielen Verbrechen reichte sie aus, nur zum Guten will sie nicht mehr reichen." – „Du musst ganz rein werden, Bernardino; eine einzige Stunde kann uns den unschuldigen Kindern gleichmachen, und dann wird Gott dir helfen." – „Ach, es ist ja nicht ganz so, wie du in deinem großen Glauben es dir denkst, Vater Las Casas", sagte der Ritter, noch immer traurig lächelnd, „du bist in allem Jammer, den du erfahren, ein Kind geblieben oder wieder geworden, das zu jeder Stunde auf ein Wunder hofft, und vielleicht halten dich darum die Leute für einen Narren. Aber eine Schuld reicht der andern die Hand, und dieser Reigen ist unser Leben. Ich wäre ja auch nicht frei, wenn ich diese Last hier abwürfe", – er wies auf die neben ihm aufgebauten Kästen[2] – „wenigstens noch ein Glied der großen Kette muss ich dir zeigen, damit du verstehst, wie ich gefesselt bin. [...]"

1 Vielleicht als seine größte Schuld erlebt Bernardino den Tod Lucayas, einer eingeborenen Sklavin, die eine Aura der Unantastbarkeit, fast Heiligkeit um sich herum verbreitet hat und die letztlich daran stirbt, dass sie das Leiden und die Unterdrückung ihres Volkes physisch nicht mehr erträgt.

2 Bernardino hat große Mengen von Schätzen aus den Neuen Indien nach Spanien mitgebracht, gleichsam Ergebnis und Ausbeute seines Konquistadorenlebens. Las Casas versucht ihm klarzumachen, dass er sich von diesem Gut trennen, es indirekt den Indios wieder zukommen lassen müsse, da es ungerecht erworben sei. Tue er dies nicht, könne er nicht zu innerer Ruhe und Aussöhnung mit sich selbst finden.

1 *In Abschnitt 1 und zu Beginn von Abschnitt 2 des Auszugs (Z. 1–8) wird der Konjunktiv II nicht als Ersatzform für Konjunktiv I zur Redewiedergabe, sondern in anderer Funktion verwendet. Bestimmen Sie mithilfe des Basiswissens diese Funktion.*

2 *„[V]ielleicht ist das deine Aufgabe“ (Z. 2). Ohne das „vielleicht“ müsste auch hier konjunktivisch formuliert werden: „[D]as könnte deine Aufgabe sein.“*
- *Stellen Sie Möglichkeiten zusammen, wie im Deutschen modale Abschattierungen, die tatsächlich häufig mithilfe des Konjunktivs ausgedrückt werden, formuliert werden können, ohne dass explizit Konjunktiv eingesetzt wird.*
- *Bilden Sie Beispielsätze; kategorisieren Sie die von Ihnen gefundenen Möglichkeiten grammatikalisch sinnvoll.*
- *Informieren Sie sich zunächst in „Deutsch kompakt: zum Nachschlagen“ über die Verwendungsweisen und Anwendungsbereiche des Konjunktivs I und II (S. 353 ff.)*

Basis

Die Bedeutung (Verwendungsweise) des Konjunktivs II

Der Konjunktiv II ist der **Modus der Erwägung**: Etwas wird **als möglich gedacht.** Hierbei ist entscheidend: Das Vorhandensein dessen, was im Denken erwogen wird, ist auch in der Wirklichkeit möglich. Der Konjunktiv II hat hier die Funktion des **Potenzialis.**

Überlegungen:
Mark **könnte** seinen eigenen Schlüssel verloren haben.

Häufig in Konditionalgefügen (Bedingungsgefügen):
Wenn Karl V. jetzt **erschiene**, **könnte** das für Las Casas' Anliegen sehr hilfreich sein.

Zweifelnde Fragen:
Hätte Gabriela so etwas wirklich tun **können**? (Konjunktiv II Perfekt)

Als **Irrealis** ist der Konjunktiv II der **Modus der Unwirklichkeit, der Irrealität, der Nicht-Möglichkeit.** Eine Aussage formuliert ausschließlich einen Gedankeninhalt; das, was der Gedanke vorgibt, **kann in der Realität nicht gegeben sein.**

Irrealer Aussagesatz:
Petra **hätte** das anders **gemacht**. (Petra ist aber jetzt nicht hier.) → Konjunktiv II Perfekt
Uwe **machte** das anders. = Uwe **würde** das anders **machen**. (Aber er ist nicht hier.)
→ Konjunktiv II Präsens

Irreales Konditionalgefüge (Bedingungsgefüge):
Wenn der Einfluss der spanischen Konquistadoren nicht so mächtig **gewesen wäre**, **hätte** Karl V. die „Neuen Gesetze“ nicht wieder **aufgehoben**.

Konjunktiv II (Bildung) → S. 354 f.

Las Casas vor Karl V. Szenen aus der Konquistadorenzeit (1938)

Reinhold Schneider

Kapitel 3

Das dritte der vier Kapitel, in die Schneiders Erzählung gegliedert ist, widmet sich ausschließlich der Darstellung der letzten und entscheidenden Sitzung der Disputation zwischen Las Casas und Sepulveda, der Sitzung, an der auch Kaiser Karl V. teilnimmt. Kardinal Loaisa von Sevilla, der Präsident des Indienrates, eröffnet nach dem Erscheinen des Kaisers, indem er die Positionen der beiden Kontrahenten knapp darstellt; obwohl er dabei immer wieder mehr oder weniger subtil Las Casas' Auffassung angreift, weicht er doch der direkten Positionierung aus und verweist auf die Notwendigkeit einer kaiserlichen Entscheidung bzw. die Befähigung des Kaisers allein, eine Grundsatzentscheidung, wie sie erforderlich sei, zu treffen:

Lambert Sustris: „Kaiser Karl V.", Porträt (1548), Alte Pinakothek München. Das Gemälde wurde lange für ein Werk Tizians gehalten.

[...]

Wenn es wahr sei, dass das Kreuz aus eigener Kraft, nicht unter dem Schutze des Schwertes und des Staates, in dessen Händen das Schwert ruhe, sich ausbreiten solle über die Erde, so hätte Kolumbus, als er den Boden Guanahanis betrat, das Schwert auf dem Schiffe lassen sollen, und die Spanier hätten nur Märtyrer, nicht Krieger über das Meer senden dürfen [...]. Dann geschähe Tag für Tag himmelschreiendes Unrecht unter dem Namen kaiserlicher Majestät; denn noch immer schwängen die Spanier in den wilden Gebirgen Perus und Chiles, wo der Ölbaum nicht eben üppig gedeihe, das Schwert, und man müsse sich das Unrecht, das nach der Meinung des Mönches begangen werde, deutlich vergegenwärtigen in seiner Furchtbarkeit, um die Forderung, die er erhebe, nicht für vermessen, ja für wahnwitzig zu halten.

Ein kühneres Ansinnen sei freilich niemals gestellt worden, und auch die Freunde des Las Casas dürften diesen Umstand nicht verhehlen. Denn Ordnung und Leben in der Neuen Welt müssten, sofern es erfüllt werden sollte, wenn auch vielleicht langsam, so doch völlig umgestoßen werden. Die Indios müssten in die Rechte wieder eingesetzt werden, die sie vor der Entdeckung innegehabt hätten; zu untersuchen, was den Spaniern alsdann noch bliebe, sei in dieser Stunde nicht der Versammelten Sache; er, der Redner, habe nur darauf hinzuweisen, dass der Streit, den Las Casas nach ernster Prüfung aufgenommen, die ungeheuersten Folgen haben könne und an dem Punkte, wo die Verhandlungen angelangt seien, nichts Geringeres fordere als die Entscheidung darüber, ob alle Beziehungen zwischen dem Mutterlande und den Pflanzstaaten und die Lebensverhältnisse jenseits des Meeres von Grund aus verändert werden sollten. Denn die größte aller Veränderungen bringe der Wandel des Geistes hervor; und auf den Eingang einer neuen Idee in die geschichtliche Wirklichkeit ziele die Forderung des Las Casas. Ihm gehe es darum, die völlige Freiheit des Menschen vor Gott im spanischen Weltreich zu begründen und dessen Gefüge im ewigen Recht einzusenken. Vermessen sei es aber, angesichts der kaiserlichen Majestät die Folgen zu erörtern, die ein solcher Wechsel im Lauf der Jahre auf den Wohlstand Spaniens, den Stand der kaiserlichen Kassen, endlich auf die Weltpolitik des Kaisers ausüben müsse; sei doch eben jetzt der Augenblick gekommen, da der Kaiser nach seinem heldischen Kriege gegen die Ungläubigen in Algier sich als Einiger des Glaubens und Wiederhersteller der tief erschütterten alten Ordnung zu erheben gedenke[1]. Und so sei die letzte Frage, die hier erhoben werde, fuhr der Kardinal mit gesenkter Stimme fort, vielleicht an das Gewissen der Majestät gerichtet; ob etwa das Ansinnen des Vaters Las Casas Gottes Gebot näher komme als die Lehre Sepulvedas und welche Opfer an irdischer Macht und vielleicht sogar an irdischer Verpflichtung ein von Gott gesetzter Amtsträger verantworten könne in dem Bemühen, seiner Verpflichtung vor der Ewigkeit gerecht zu werden: dies könne von keinem der berufenen Geistlichen und Gelehrten mit unmittelbarer Wirkung auf die Geschichte entschieden werden. [...]

1 Die kriegerische Auseinandersetzung mit dem muslimischen Osmanischen Reich begleitete als Konstante Karls Regierung. 1541 entsandte Karl Truppen gegen Algier. Die Erfolglosigkeit dieses Kriegszugs verschweigt Schneider, auch stellt er vor dem Hintergrund von Karls Einsatz für die Einigung des Christentums in Europa das Unternehmen in die Nähe des Kampfs gegen den Islam, was historisch kaum zutrifft. Schneider lässt Loaisa so das Bild des „allerchristlichsten“ Kaisers und Einigers des Abendlands zeichnen.

3 ***Erläutern Sie die ethische Fragwürdigkeit von Loaisas Position. Erklären Sie, inwiefern man seine Position, so vorsichtig er sie auch formuliert, als die einer reinen Zweckethik bezeichnen könnte.***

Informationen zur Philosophie des marxistischen Materialismus: Peter Kunzmann, Franz-Peter Burkard, Franz Wiedmann: dtv-Atlas Philosophie. 12. Aufl. München: Deutscher Taschenbuch Verlag 2005, S. 168–171.

4 *„Denn die größte aller Veränderungen bringe der Wandel des Geistes hervor; und auf den Eingang einer neuen Idee in die geschichtliche Wirklichkeit ziele die Forderung des Las Casas.“ (Z. 26–29)*

Informieren Sie sich über die Grundlagen des philosophischen Systems des marxistischen Materialismus und ordnen Sie die Aussage, die Schneider Loaisa treffen lässt, vor dem Hintergrund einer marxistisch-materialistischen Geschichtsdeutung geistesgeschichtlich ein.

5 ***a) Beschreiben Sie den argumentativen Kontext, in dem Loaisa seine Äußerung einsetzt, in welchem Sinne er sie also verstanden wissen will.***

b) Diskutieren Sie Bezüge der Rede Loaisas zur machtpolitischen Situation in Deutschland 1938.

6 ***Der Text stellt die indirekte, die referierte, die mittelbare Wiedergabe der Rede Loaisas dar; diese hat im Konjunktiv I zu erfolgen. Nichtsdestoweniger finden sich insbesondere in der ersten Hälfte des Auszugs (Z. 1–26) viele Konjunktiv-II-Formen.***

Untersuchen Sie: Wo übernehmen die Konjunktiv-II-Formen die Funktion des Ersatzes von nicht als Konjunktivformen erkennbaren Konjunktiv-I-Formen? Wo werden – wohlgemerkt innerhalb des Redereferats – potenziale Zusammenhänge ausgedrückt? Taucht der Konjunktiv II hier auch als Modus der Irrealität auf?

Modi (Aussagearten) → S. 353 ff.

Gutes Handeln, richtiges Handeln: Heiligt der Zweck die Mittel?

Las Casas vor Karl V. Szenen aus der Konquistadorenzeit (1938)

Reinhold Schneider

Kapitel 3

Entscheidende Schlussdisputation vor Karl V. Nach Kardinal Loaisa hat Las Casas gesprochen, nun erwidert Sepulveda:

Bartolomé de Las Casas (1484–1566), Gemälde Ende 17. Jh. (anonym)

Bartolomé de Las Casas (1484–1566): Sohn eines Händlers, der Kolumbus auf dessen zweiter Entdeckungsreise (1493–96) begleitet hatte. 1502 Überfahrt aufs spanische Hispaniola, 1510 Priesterweihe in Santo Domingo, später Eintritt in den Dominikanerorden. 1512 Teilnahme an der Eroberung Kubas; erwarb Land, Goldminen und Indiosklaven. Einsatz für die Rechte der Indios. 1514 Aufgabe seines Besitzes.
1542 Disputation mit dem Juristen Sepúlveda in Valladolid, im Anschluss erließ die spanische Krone auf Las Casas' Betreiben hin Schutzgesetze für die Indios, die jedoch nicht durchgesetzt werden konnten. 1544 Bischof von Chiapas (Mexiko), Rücknahme der Schutzgesetze 1545. Verleumdungen Las Casas' am spanischen Hof, Rückkehr nach Madrid 1547.

[...] Freilich sei – fuhr der Doktor mit einem Blick über die Versammelten fort – im Verlaufe der langen Disputation seine grundlegende Überzeugung nicht erschüttert worden. Der Pater glaube, dass vor allem das Recht vollzogen werden müsse, dem der Mensch von Geburt an, durch sein Menschsein unterstehe; er glaube, dass es kein Recht gebe, das sich nicht auf eine staatliche Ordnung beziehen müsse.

Das erste Gesetz sei, Ordnung auf Erden zu schaffen; erst wenn sie begründet sei, gelte die Forderung des christlichen Lebens, die er im Übrigen in ihrem ganzen Umfange, im Glauben und in der Hoffnung anerkenne. Wolle man aber das Gebot Christi als ein Unbedingtes nehmen und seinen notwendigen Bezug auf die Ordnung des irdischen Lebens übersehen oder hintansetzen, so führe es seiner Einsicht nach zu einer heillosen Verwirrung der menschlichen Existenz, ja, wie der gegenwärtige Streit schon fast beweise, zur Gefährdung eines ganzen mächtigen Volkes. Das Schlimmste aber sei, dass diese beziehungslose Hingabe, die von Gott dem Herrn keinesfalls gewünscht sein könne, am Ende der Erfüllung der Gebote Christi selbst widerstreite; denn es müsse sich herausstellen, dass mit der Gefährdung eines christlichen Staates dem Christentum selbst der schwerste Schaden drohe. Dagegen seien alle Mittel, die dem christlichen Staate dienten, auch dem Christentum selbst förderlich; was zur Festigung dieses Staates beitrage, sei gut; was ihm schade, müsse nicht unbedingt schlecht, aber doch wenigstens falsch und töricht sein. Sei der christliche Staat begründet, so auch das Christentum; und die Neuen Indien von Mexiko bis Peru, von den Lucayos bis zum Isthmus seien dann endlich dem Gesetze Christi gewonnen, wenn sie dem Zepter der spanischen Könige unterworfen seien. Maßnahmen, die dazu führten, dienten dem Glauben; und darum müsse er noch einmal auf das Bestimmteste versichern, dass er die Kriege der Spanier, deren Ziel die Unterwerfung und Bekehrung der Indios sei, für eine gerechte, ja eine heilige Sache halte.

Las Casas hatte in wachsender Erregung zugehört; nun sprang er auf: „Im Namen Gottes erkläre ich die Eroberungskriege der Spanier, die bisher geschehen sind, für rechtswidrig, tyrannisch und höllisch; für schlimmer und grausamer als das, was Türken und Mauren getan haben!" – „Nichts", rief

Sepulveda scharf zurück, „ist ein größerer Gräuel als Unordnung; niemand verderblicher als der Unruhestifter." [...]

1. *„[D]enn es müsse sich herausstellen, dass mit der Gefährdung eines christlichen Staates dem Christentum selbst der schwerste Schaden drohe. Dagegen seien alle Mittel, die dem christlichen Staate dienten, auch dem Christentum selbst förderlich [.]" (Z. 17–20): Der Zweck heiligt also die Mittel! – Ist das so? Diskutieren und erörtern Sie diese Problematik.*
2. *Analysieren Sie den Spannungsaufbau des Abschnitts. Beschreiben Sie die sprachlichen Mittel, mit denen Schneider die Zunahme an Dramatik realisiert.*
3. *Schreiben Sie den Schlussabschnitt so um, dass die Äußerungen Las Casas' und Sepulvedas indirekt wiedergegeben werden.*
4. *Warum präsentiert Schneider in seinem Originaltext zunächst Redereferat, also indirekte Rede, dann, zum Schluss der Szene, direkte Redewiedergabe?*

Rede → S. 351 f.

5. *Vergegenwärtigen Sie sich folgende – nicht die Konstruktion von Schneiders Erzählung wiedergebende – Situation: Nach dem erhitzten Wortwechsel greift Karl V. ein, mahnt zur Mäßigung und bittet Las Casas, auf Sepulvedas Position zu erwidern. Verfassen Sie die Erwiderungsrede und tragen Sie sie Ihrer Klasse vor.*
6. *Die Abschnitte 1 und 2 (Z. 1–29) bieten durchgängig Redereferat, sind also im Konjunktiv I gehalten. Untersuchen Sie, an welchen Stellen Ersatzformen die eigentlichen Konjunktiv-I-Formen vertreten. – An einigen Stellen, an denen Schneider zu Konjunktiv-II-Ersatzformen greift, sind diese formal nicht von Indikativformen zu unterscheiden. Warum benutzt Schneider dennoch nicht die – im Hinblick auf den Konjunktiv „eindeutigeren" – „würde"-Umschreibungen?*

Las Casas vor Karl V. Szenen aus der Konquistadorenzeit (1938)

Reinhold Schneider

Kapitel 3

Entscheidende Schlussdisputation vor Karl V. Äußerung Las Casas' im weiteren Verlauf der Disputation:

Der Mönch beachtete die an der Tafel Sitzenden nicht mehr; er näherte sich um einige Schritte dem Throne: „Denn", fuhr er leidenschaftlich fort, „ich bin es lange müde, mit Gründen zu streiten. Die Gelehrsamkeit lässt sich an ein jedes Ross hängen und von ihm fortziehn. Mehr hatte ich nie zu sagen und werde ich nie sagen können als dieses eine: Wir können mit schlechten

Mitteln Gutes nicht erreichen. Und unsere Mittel sind schlecht. Und wenn ich den Spiegel der Wahrheit hier emporhalten dürfte, hier, vor deinen Augen, Herr und Kaiser, so würde er tausendfach die falschen Mittel spiegeln, und es müssten alle schamrot werden, die hineinblickten."

Der Kaiser hatte sich vorgeneigt und den letzten Teil der Rede mit verstärkter Teilnahme, aber ohne ein Zeichen der Missbilligung angehört; nun machte er eine Geste, kaum hörbar sagte er dazu: „Sprich!" [...]

7 *„Die Gelehrsamkeit lässt sich an ein jedes Ross hängen und von ihm fortziehn." (Z. 3 f.) – Auch diese Aussage kann als zeitkritische Stellungnahme Schneiders verstanden werden; gegen wen würde sich solche Kritik richten?*

8 *Benennen Sie – am Text der voranstehenden Auszüge belegt – die Position Sepulvedas, die Las Casas angreift.*

9 *Beschreiben Sie die Verwendungsweise des Konjunktivs II, die in Las Casas' letztem Satz (Z. 6–9) realisiert wird.*

10 *„[S]o würde er tausendfach die falschen Mittel spiegeln" (Z. 8 f.), formuliert Schneider, nicht, wie vom Formenbestand des Konjunktivs II her eigentlich zu erwarten und regelkonform: „so spiegelte er tausendfach die falschen Mittel". Spekulieren Sie begründet: Warum wählt Schneider mit der „würde"-Umschreibung die Konjunktiv-II-Ersatzform, obwohl „spiegelte" vom Kontext her eindeutig als Konjunktivform zu identifizieren wäre und nicht als Indikativ Präteritum missverstanden werden könnte?*

11 *Formulieren Sie einige Beispielsätze, in denen der Konjunktiv II potenzial und irreal verwendet wird.*

Modi (Aussagearten)
→ S. 353 ff.

12 *a) Erarbeiten Sie umfassend das Grundlagenwissen zu den Modi.*
b) Notieren Sie Unverstandenes. Versuchen Sie, es durch Nachfrage im Deutschunterricht zu klären.

2. „verwogener stirnscheitelunterschwang" – die Regelung der Getrennt- und Zusammenschreibung

2.1 Wörter und Wortgruppen – Getrennt- und Zusammenschreibung

wien: heldenplatz (1962) *Ernst Jandl*

der glanze heldenplatz zirka
versaggerte in maschenhaftem männchenmeere
drunter auch frauen die ans maskelknie
zu heften heftig sich versuchten, hoffensdick.
und brüllzten wesentlich.

Ernst Jandl (1924–2000), österreichischer Lyriker und Verfasser von Hörspielen. Jandl experimentierte seit den Fünfzigerjahren mit Sprache und wurde durch Lesungen seiner „Sprech- und Lautgedichte“ bekannt. Seine Texte arbeiten mit Sprachverformungen, Lautmalerei oder äußerster Verknappung, aber auch visueller Darstellung.

verwogener stirnscheitelunterschwang
nach nöten nördlich, kechelte
mit zu-nummernder aufs bluten feilzer stimme
hinsensend sämmertliche eigenwäscher.

pirsch!
döppelte der gottelbock von Sa-Atz zu Sa-Atz
mit hünig sprenkem stimmstummel.
balzerig würmelte es im männechensee
und den weibern ward so pfingstig ums heil
zumahn: wenn ein knie-ender sie hirschelte.

Auf dem Wiener Heldenplatz verkündete Adolf Hitler am 15. März 1938 den „Anschluss“ Österreichs an Deutschland. Er wurde dafür von der nach Hunderttausenden zählenden Menschenmenge auf dem Platz begeistert gefeiert.

1 *Zeigen Sie, wie der Text die Atmosphäre auf dem Wiener Heldenplatz während der Rede von Adolf Hitler zu vermitteln versucht und wodurch er seine parodistische Wirkung erhält.*

2 *Das Gedicht enthält eine Reihe von Komposita, die trotz ihrer Abweichung von der normierten Sprache gut erkennbar sind. Erläutern Sie, wie diese Wortzusammensetzungen gebildet wurden.*

3 *Einige der Komposita sind mit einem Bindestrich versehen. Begründen Sie den Einsatz dieses Zeichens bei den entsprechenden Wörtern im Gedicht und vergleichen Sie Ihre Ergebnisse mit der normierten Funktion des Bindestrichs. Informieren Sie sich dazu in einem Wörterbuch.*

4 *Versuchen Sie möglichst präzise zu erklären, weshalb im V. 9 „eigenwäscher“ zusammengeschrieben, das vorangestellte „sämmertliche“ jedoch durch eine Leerstelle davon getrennt wird.*

Die nachstehend abgedruckte grundlegende Regel zur Getrennt- und Zusammenschreibung kann Ihnen helfen. Finden Sie ein passendes Beispiel.

Basis

Grundregel zur Getrennt- und Zusammenschreibung
Die Getrennt- und Zusammenschreibung betrifft Einheiten, die im Text unmittelbar benachbart und aufeinander bezogen sind. Handelt es sich um die Bestandteile von Wortgruppen, so schreibt man sie getrennt. Handelt es sich um Bestandteile von Zusammensetzungen, so schreibt man sie zusammen.

5 *Um eine Antwort auf die Frage zu erhalten, ob man Wörter getrennt oder zusammenschreibt, kommt es also darauf an, herauszufinden, ob es sich um ein Wort oder um eine Wortgruppe handelt. Suchen Sie mithilfe der unterstrichenen Gegensatzpaare in der Tabelle Kriterien, mit denen eine solche Unterscheidung gelingen kann. Beschreiben Sie dazu möglichst genau, worin sich die Gegensatzpaare jeweils unterscheiden.*
Ergänzen Sie dann die Tabelle mit den Fachbegriffen aus dem nachstehenden Basiswissen.

In der mittelalterlichen Stadt war es für die angesehenen Bürgerfamilien wichtig, in einem möglichst hohen Haus zu wohnen. Hohe Häuser galten als besonders repräsentativ.	⟷	Am Stadtrand wird gerade ein neues Hochhaus gebaut.
Viele Schüler der „AG Schülerzeitung" können gut schreiben. Manche von ihnen können sogar sehr gut schreiben.	⟷	Bei der Rückgabe der Ware kann ich den Geldbetrag meinem Konto gutschreiben lassen.
Bei Referaten sollte man möglichst frei sprechen.	⟷	Der Angeklagte hofft, dass ihn der Richter freisprechen wird.

Basis

Unterscheidung von Wort und Wortgruppe
Wort und Wortgruppe lassen sich häufig phonologisch voneinander unterscheiden. Trägt bei einer Wortgruppe jedes Wort seinen **Wortakzent**, so verliert ihn häufig der zweite Bestandteil eines zusammengesetzten Wortes, z. B. „zusammenspielen" (= „zusammenwirken") – „zusammen spielen" (= „gemeinsam, gleichzeitig spielen").

Eng damit verbunden sind **grammatikalische Unterscheidungskriterien**, nämlich **morphologische** (der erste Bestandteil eines zusammengesetzten Wortes verliert seine Flexionsfähigkeit, vgl. „dunkelrot") und **syntaktische** (bei einer Wortgruppe kann einer der beiden Bestandteile durch ein Attribut erweitert werden, bei einem zusammengesetzten Wort nicht, z. B. „nahekommen" – „ganz nahe kommen").

Ein weiteres Kriterium ist die sogenannte **Unterscheidungsschreibung**, d. h., es wird zwischen Wort und Wortgruppe differenziert, um einen semantischen Unterschied zu markieren. Entsteht durch eine Zusammensetzung eine im Vergleich zu ihren beiden Bestandteilen neue Bedeutung, so begreift man diese als Wort, z. B. „dabeisitzen" (= „mit in der Runde sitzen") – „dabei sitzen" (= „während eines Vorgangs sitzen").

2.2 Wenn etwas schwerfällt – die Entwicklung der Getrennt- und Zusammenschreibung

Die Grundregel zur Getrennt- und Zusammenschreibung (S. 183) erscheint eindeutig, die konkrete Umsetzung ist mit der Unterscheidung von Wort und Wortgruppe durchaus anspruchsvoll.

Ein Standardwerk zur deutschen Orthografie versucht, den Widerspruch zwischen einfacher Grundregel und schwieriger Umsetzung aufzulösen, indem es die Entwicklung der Getrennt- und Zusammenschreibung nachvollzieht.

Getrennt- und Zusammenschreibung (2007) *Dieter Herberg*[1]

[...]

Die Gliederung von geschriebenen Äußerungen in grafische Wortformen, unter denen wir Graphemfolgen[2] zwischen zwei Spatien (Leerstellen) verstehen, ist ein spezielles Verfahren der Schreibung zur Erfüllung ihrer Erfassungsfunktion, das – zumindest in Ansätzen – so alt ist wie die geschriebene Sprache selbst. Demselben Ziel wie die Gliederung geschriebener Äußerungen in grafische Wortformen, nämlich zur Unterstützung der Sinnentnahme Bedeutungseinheiten formal zu kennzeichnen, dient auch die – scheinbar entgegengesetzt gerichtete – grafische Zusammenziehung von semantisch-syntaktisch aufeinander bezogenen Wörtern, von der das Deutsche in der Wortbildung so reichen Gebrauch macht.

In neuhochdeutscher Zeit wurden die Getrenntschreibung und die Zusammenschreibung über die Markierung des Grundunterschiedes Wortgruppe – Wort hinaus zunehmend mit weiteren semantischen und syntaktischen Informationen verknüpft, die zum Teil nicht aus diesem Unterschied erklärbar sind, mitunter direkt im Widerspruch dazu stehen (konkreter versus übertragener Gebrauch, attributive versus prädikative Funktion). Das führte zu einer insgesamt hochkomplexen und schwer überschaubaren Regelung, die den Wunsch nach Vereinfachung wachsen ließ. Stellt man die angedeutete mehrseitige linguistische Determiniertheit dieses Schreibungsbereichs in Rechnung, so wird schnell deutlich, dass eine sämtliche Aspekte erschöpfend berücksichtigende und zudem didaktisch einfache Regelung der Getrennt- und Zusammenschreibung nicht zu haben ist.

Jeder Versuch einer Regelung der Getrennt- und Zusammenschreibung hat sich damit auseinanderzusetzen, dass im Deutschen seit längerer Zeit die Tendenz zu beobachten ist, bei bestimmten Typen von Wortgruppen [...] die geschriebenen Formative[3] denen von Einwortlexemen[4] anzugleichen und sie in eine geschlossene grafische Wortform zu überführen (grafische Univerbierung[5]): alle Bedenken *„beiseite schieben"* → alle Bedenken *„beiseiteschieben"*; *„auf Grund* der Verhältnisse" → *„aufgrund* der Verhältnisse" usw. Das geschieht jedoch nicht konsequent und häufig bleibt die formale Seite der Sprache und ganz besonders die einmal kodifizierte[6] grafische Form im Laufe der sprachlichen Entwicklung hinter der Veränderung der inhaltlichen Seite zurück.

So gibt es zu jeder Zeit und natürlich auch gegenwärtig eine Übergangszone von Fällen, die zwar (noch) die grafische Form von Wortgruppen, aber (schon) inhaltliche Merkmale eines Kompositums[7] haben. Da es sich hierbei um einen fortwährenden Entwicklungsprozess handelt, geht es im Kern immer um die Entscheidung, ob und wann der Übergang von der grafischen Wortgruppenform mit Spatium (Spatien) zur grafischen Univerbierung vollzogen werden soll.

[...]

1 Dieter Herberg war von 1992–2002 wissenschaftlicher Mitarbeiter am Institut für Deutsche Sprache in Mannheim.

2 Graphem: kleinste segmentale Einheit des Schriftsystems, genauso wie die Phoneme die kleinsten segmentalen Einheiten des Lautsystems sind
3 Formativ: Zeichenform, -gestalt
4 Lexem: Basiseinheit des Lexikons, die in verschiedenen Wortformen realisiert werden kann
5 Univerbierung: Vorgang und Ergebnis des Zusammenwachsens mehrerer Elemente zu einem Wort
6 kodifizieren: normieren, standardisieren
7 Kompositum: Zusammensetzung

1 *Erschließen Sie aus dem Kontext, was mit der „Erfassungsfunktion" der Schreibung (Z. 6 f.) gemeint ist, und machen Sie mithilfe einer grafischen Darstellung den Zusammenhang zwischen „Erfassungsfunktion", „Getrenntschreibung" und „Zusammenschreibung" deutlich.*

2 *Veranschaulichen Sie die Entwicklung der Schreibung, die der Text im zweiten Absatz nachvollzieht, indem Sie folgende Tabelle mit passenden Beispielsätzen vervollständigen.*

Getrenntschreibung			Zusammenschreibung	
konkreter Gebrauch	←	schwer fallen schwerfallen	→	übertragener Gebrauch
prädikative Funktion	←	reich geschmückt reichgeschmückt	→	attributive Funktion

3 *Zeigen Sie, dass der Text einen weiteren Grund dafür angibt, weshalb die Getrennt- und Zusammenschreibung schwer zu systematisieren ist.*

2.3 „Die Aura der Wörter" – Getrennt- und Zusammenschreibung in der Diskussion

Eine systematische Neuregelung der Getrennt- und Zusammenschreibung war einerseits von vielen gewünscht, andererseits war sie bis zur Modifikation der ursprünglich vorgesehenen Regelung durch den Rat zur deutschen Rechtschreibung 2006 der umstrittenste Bereich der Neuregelung.

Die Diskussion zu dieser Problematik dokumentieren die beiden folgenden Texte.

Eine Schifffahrt mit drei f (1998) *Florian Kranz*

[...]

Der generelle Vorwurf, die Reform würde „massiv in die Sprache eingreifen", bezieht sich hauptsächlich auf die Tendenz zu mehr Getrenntschreibung [...]. Die Definition dessen, was als ein Wort gilt, wurde möglichst eng gesetzt und damit die Getrenntschreibung zum Normalfall erklärt. Obwohl diese Tendenz den Schreibgewohnheiten entspricht – es wird eher irrtümlich getrennt als zusammengeschrieben –, führt die Neuregelung im Ergebnis zu vielen Schreibweisen, die den bisherigen Gewohnheiten an einigen Stellen empfindlich zuwiderlaufen können. Hier wird jeder einige Fälle finden, mit denen er nicht einverstanden ist. [...]

Derartige Veränderungen berühren zwar das Sprachgefühl, sind aber kein Eingriff in die Sprache selbst. Wenn wir es gewohnt sind, ein Wort zusammenzuschreiben, dann prägt es sich uns meist auch als ein Wort ein. Was tatsächlich ein Wort ist, kann allerdings nicht immer eindeutig bestimmt werden. [...] Es geht bei dieser Frage nicht allein um sprachliche Tatsachen, sondern in hohem Maße um Konventionen. [...]

Im Duden wurde die Getrennt- und Zusammenschreibung auch dazu verwendet, um in vielen Fällen die konkrete (wörtliche) Bedeutung von der übertragenen zu unterscheiden. Das Standardbeispiel ist „sitzenbleiben“ und „sitzen bleiben“. „Auf dem Stuhl sitzen bleiben“ (konkret, getrennt) „in der Schule sitzenbleiben“ (übertragen, zusammen). Niemand kann behaupten, dass „sitzenbleiben“ nur deshalb ein Wort ist, weil es eine übertragene Bedeutung hat, während „sitzen bleiben“ zwei Wörter sind, weil es sich um eine konkrete Bedeutung handelt. Könnte man also nicht auch behaupten, dass die Duden-Rechtschreibung „massiv in die Sprache eingegriffen hat“? Besser sollte man daraus schließen, dass es um eine Konvention geht, deren Grenzen veränderbar sind, weil sie „von Natur aus“ nicht eindeutig sind.

Die Unterscheidung nach konkreter und übertragener Bedeutung wurde von der Reform aufgehoben und das ist gut so. Abgesehen davon, dass diese Regel nicht konsequent durchgeführt wurde – man schrieb neben anderen Fällen etwa „im Bett liegenbleiben“ trotz konkreter Bedeutung und „mit einem Plan baden gehen“ trotz übertragener Bedeutung – ist die Unterscheidung auch nicht notwendig. Es ist zweifelhaft, ob der Leser bisher die Informationen „konkrete Bedeutung oder übertragene Bedeutung“ tatsächlich der Getrennt- und Zusammenschreibung entnommen hat. Der Kontext und das sprachliche Wissen reichen völlig aus: „Wenn du dich nicht gehörig anstrengst, wirst du sitzen bleiben!“ Die deutsche Sprache wies die bisherige Regel ohnehin in ihre Schranken, denn in der Umstellung des Verbs ist Zusammenschreibung schlechterdings nicht möglich: „Er blieb sitzen“ (in der Schule / auf dem Stuhl). Die alte Regel war nicht notwendig und eine überflüssige Ursache weiterer Rechtschreibprobleme, denn in vielen Fällen lässt sich nicht so eindeutig bestimmen, ob eine konkrete oder eine übertragene Bedeutung vorliegt. [...]

1 ***Florian Kranz attestiert der Rechtschreibreform von 1998 eine „Tendenz zu mehr Getrenntschreibung“. Begründen Sie – ausgehend vom Text – diese Entwicklung.***

2 ***Kranz steht dieser „Tendenz zu mehr Getrenntschreibung“ positiv gegenüber. Zeichnen Sie seine Gründe nach.***

3 ***Überlegen Sie, welches Anliegen hinter dieser Neuregelung stehen könnte.***

Die Aura der Wörter[1] (2004) *Reiner Kunze*[2]

Etwas richtig zu stellen heißt, es richtig hinzustellen, etwas richtigzustellen, es zu korrigieren. Auch eine Aufgabe kann richtig gestellt und richtiggestellt werden. Gelesen wie gehört ist das, was gemeint ist, in jedem Fall eindeutig – gelesen, weil die Wörter „richtig“ und „stellen“ in der Bedeutung von „richtig hinstellen“ auseinander-, in der Bedeutung von „korrigieren“ zusammengeschrieben sind, und gehört, weil das Wort, das durch Zusammenschreiben entstanden ist, anders betont wird als die getrennt geschriebenen Wörter („richtigstellen“ auf der ersten Silbe, die Einzelwörter jedes für sich). Würde verfügt werden, die beiden Wörter nur noch getrennt zu schreiben, wäre es nicht mehr möglich, ohne weiteres zwischen den Bedeutungen zu unterscheiden, und die Wörter verlören einen Teil ihres Ausdrucks- und Verständigungswertes. Wo sich im Geschriebenen nicht mehr auseinanderhalten ließe, was mündlich auseinandergehalten wird, bestünde außerdem die Gefahr, beim Vorlesen sinnwidrig zu betonen. Beträfe die Getrenntschreibung alle zusammengeschriebenen Wörter dieser und ähnlicher Art, ginge der Verlust an Verständigungsmöglichkeiten in die Hunderte, und mindestens das Doppelte an Wörtern könnte für bestimmte eindeutige Aussagen nicht mehr verwendet werden, was einer sprachlichen Teil-Enteignung gleichkäme.

Eine „Handvoll“ bedeutet eine betont kleine Menge, eine „Hand voll“ dagegen eine Hand, voll von etwas. Ein Zusammenschreibverbot würde Wörter wie „Handvoll“ aus der geschriebenen Sprache eliminieren und es künftig unmöglich machen, ähnlich zusammengesetzte Wörter zu bilden (eine der Wortquellen im Deutschen, um die wir beneidet werden).

Wie „nachschauen gehen“ schrieb man auch „spazierengehen“ vor hundert Jahren noch getrennt, heute schreibt man es zusammen. Wer nachschauen geht, begibt sich an einen anderen Ort, um nachzuschauen, wer spazierengeht, geht nicht, um zu spazieren, sondern bewegt sich auf eine bestimmte Art und Weise fort. „Spazierengehen“ steht für einen körperlich-seelischen Akt, der als *Eines* gedacht und empfunden wird, weshalb man das Wort immer öfter zusammengeschrieben haben dürfte, während in dem Absichtsgefüge, zu gehen, um nachzuschauen – einem Geschehen aus zwei selbständigen Handlungen –, die beiden Wörter selbständig blieben. Ähnlich erklärt es sich, daß wir „lesen lernen“ oder „freundlich bleiben“ auseinander-, „kennenlernen“ oder „übrigbleiben“ jedoch zusammenschreiben – wir lernen das Lesen, nicht das Kennen, und wer freundlich bleibt, war zuvor schon freundlich, wer übrigbleibt, war vorher nicht übrig. Die Schreibweise hat sich dem Sinn der Wörter und der ihnen innewohnenden Logik mehr und mehr angeschmiegt, und es ergab sich eine immer vollkommenere Übereinstimmung von Begriffsinhalt und Schriftform. Der Duden vollzog die Entwicklung nach, und heute ist das hohe Niveau der geschriebenen Sprache, unterschiedlich beherrscht, mehr oder weniger Gemeingut. Zu dekretieren, die zusammengeschriebenen Wörter seien wieder getrennt zu schreiben, hieße zu ignorieren, was eine Gemeinschaft von fast hundert Millionen Menschen in hundert Jahren an Sprachgefühl entwickelt und an Sprachintelligenz investiert hat.

Für jeden dieser Eingriffe würde gelten, daß er die Entwicklungsrichtung der Sprache umkehrt – vom Hochentwickelten zum Primitiveren, vom Unmißverständlichen zum Mißverständlicheren, vom Feinen zum Gröberen. [...]

Das Wort besitzt eine Aura, die aus seinem Schriftbild, seinem Klang und den Assoziationen besteht, die es in uns hervorruft, und je wichtiger und gebräuchlicher ein Wort ist, desto intensiver und prägender ist diese Aura. Wer sie zerstört, zerstört etwas in uns, er tastet den Fundus unseres Unbewußten an. Wird man also ständig mit Wörtern konfrontiert, deren Aura zerstört ist, weil sie zerschnitten sind („weit gehend“ statt „weitgehend“), weil sie so, wie sie jetzt geschrieben werden, anders klingen („Anders Denkende“ statt „Andersdenkende“) oder weil man ihnen eine Packung von drei „s“ verpaßt und ihnen dann eine Spreizstange eingezogen hat („Fluss-Senke“), dann ist die Wahrnehmung dieser Zerstörung jedesmal ein Mikrotrauma, eine winzige psychische

Läsion, was auf die Dauer entweder zu Sprachdesensibilisierung, Abstumpfung und Resignation oder zu zunehmend unfreundlicheren Gefühlen denen gegenüber führt, die das alles ohne Not verursacht haben.

[...]

1 Der Text folgt der originalen Rechtschreibung.
2 R. Kunze → S. 239, 244

4 Florian Kranz bezieht sich zu Beginn seines Textes auf den Vorwurf, die Neuregelung der Rechtschreibung würde „massiv in die Sprache eingreifen“ (S. 185, Z. 3).

a) Zeigen Sie, dass Kunze genau dieser Ansicht ist.

b) Führen Sie die einzelnen Argumente auf, mit denen er sich gegen die „Tendenz zu mehr Getrenntschreibung“ (S. 185, Z. 4 f.) wendet.

5 Erläutern Sie, was Kunze damit meint, dass das Wort eine „Aura“ besitze (S. 187, Z. 80). Zeigen Sie den Zusammenhang zwischen dieser Aussage und der Neuregelung der Getrennt- und Zusammenschreibung auf.

6 Veranstalten Sie eine Podiumsdiskussion mit dem folgenden Thema:

„Wie soll der Satz geschrieben werden: ‚Rechtschreibung muss nicht schwer fallen / schwerfallen‘?“

Bilden Sie dazu zwei Gruppen. Gruppe I bereitet sich mithilfe der Argumentation in Florian Kranz’ Text auf die Diskussion vor, Gruppe II orientiert sich am Text von Reiner Kunze.

Beziehen Sie dabei auch Ihr Wissen über die Unterscheidung von Wort und Wortgruppe ein.

F. Kranz: „Eine Schifffahrt mit drei f“ → S. 185 f.
R. Kunze: „Die Aura der Wörter“ → S. 186 ff.

7 Vergleichen Sie noch einmal die beiden Texte von Kranz und Kunze miteinander und zeigen Sie, dass beide nicht nur argumentativ, sondern auch polemisch ihre eigene Position vertreten.

8 Begründen Sie, weshalb die beiden Autoren sich gegenseitig nicht überzeugen konnten, indem Sie deutlich machen, dass sie auf unterschiedlichen Ebenen argumentieren.

9 Beziehen Sie schriftlich Stellung zu den von den beiden Autoren vertretenen Meinungen. Sie können die Form (Stellungnahme, Kommentar, Erörterung) frei wählen.

Kommentar → S. 330
Erörtern → S. 343 ff.

2.4 Regeln kennen + lernen – Zusammensetzungen mit Verben

Bei vielen Beispielen, die Kranz und Kunze in ihren Texten anführen, handelt es sich um Zusammensetzungen, deren letzter Bestandteil ein Verb ist. Tatsächlich ist der verbale Bereich besonders schwer zu regeln und damit auch außerordentlich fehlerträchtig. Das bestätigen Analysen von Schülerarbeiten.

Das folgende Schaubild gibt Ihnen einen Überblick über die modifizierte Neuregelung der Getrennt- und Zusammenschreibung von 2006.

X + Verb

X + Verb als untrennbare Verbindung
(…, wenn man den Satz genau *untersucht*.
Untersuchst du den Satz genau?)

X + Verb als trennbare Verbindung
(…, wenn du morgen *ankommst*.
Kommst du morgen *an*?)

Partikel + Verb

Getrenntschreibung, wenn mithilfe des Adverbs ausgedrückt wird, auf welche Art und Weise das Geschehen vor sich geht *(zusammen laufen* statt *zusammenlaufen)*

Getrenntschreibung
bei Nomen + Verb,
Verb + Verb,
Adjektiv + Verb

Zusammenschreibung

Nomen + Verb

Zusammenschreibung möglich bei folgenden Verbindungen mit „verblassten Nomen“:
Acht geben / achtgeben,
Acht haben / achthaben,
Hall machen / haltmachen,
Maß halten / maßhalten

Zusammenschreibung bei folgenden Verbindungen mit „verblassten Nomen“:
eislaufen, kopfstehen, leidtun, nottun, standhalten, stattfinden, stattgeben, statthaben, teilhaben, teilnehmen, wundernehmen

Verb + Verb

Zusammenschreibung möglich bei *kennen lernen / kennenlernen*

Zusammenschreibung bei übertragener Bedeutung von Verbindungen mit dem zweiten Bestandteil *bleiben* oder *lassen*

Adjektiv + Verb

Zusammenschreibung möglich bei „resultativen“ Adjektiven (ein Ei *hart kochen / hartkochen*)

Zusammenschreibung, wenn Zusammensetzung gegenüber den einzelnen Wörter eine eigene Bedeutung aufweist *(fernsehen* statt *fern sehen)*

Partikel + Verb

Zusammenschreibung mit Ausnahme der oben aufgeführten Fälle

F. Kranz: „Eine Schifffahrt mit drei f" → S. 185 f.
R. Kunze: „Die Aura der Wörter" → S. 186 ff.

1 *Greifen Sie die Zusammensetzungen mit Verben als letztem Bestandteil aus den Texten von Kranz und Kunze heraus und überprüfen Sie ihre Schreibweise nach der Neuregelung.*

2 *Überlegen Sie, ob die Neuregelung der Argumentation einer der beiden Autoren folgt.*

3 *Beurteilen Sie, ob es der Neuregelung geglückt ist, die Getrennt- und Zusammenschreibung zu systematisieren. Verfassen Sie dazu einen Kommentar.*

Kommentar → S. 330

3. Verschwiegen oder ausdrücklich, reduziert oder komplex – Satzbau und Stil

3.1 Still und zurückgenommen: Peter Stamm

Peter Stamm (geb. 1963, Weinfelden, Schweiz): Nach kaufmännischer Lehre und Tätigkeit als Buchhalter Abitur auf dem zweiten Bildungsweg, dann einige Studiensemester in Zürich (Anglistik, Wirtschaftsinformatik, Psychologie, Psychopathologie); Praktika an verschiedenen psychiatrischen Kliniken. Nach längeren Auslandsaufenthalten wieder in der Schweiz lebend (Winterthur), Schriftsteller und Journalist. Romane: „Agnes" (1998, stark beachtetes Prosadebüt), „Ungefähre Landschaft" (2001), „An einem Tag wie diesem" (2006), „Sieben Jahre" (2009). Erzählbände: „Blitzeis" (1999), „In fremden Gärten" (2003), „Wir fliegen" (2008).

Am Eisweiher (1999) *Peter Stamm*

Ich war mit dem Abendzug aus dem Welschland nach Hause gekommen. Damals arbeitete ich in Neuchâtel, aber zu Hause fühlte ich mich noch immer in meinem Dorf im Thurgau. Ich war zwanzig Jahre alt.

Irgendwo war ein Unglück geschehen, ein Brand ausgebrochen, ich weiß es nicht mehr. Jedenfalls kam mit einer halben Stunde Verspätung nicht der Schnellzug aus Genf, sondern ein kurzer Zug mit alten Wagen. Unterwegs blieb er immer wieder auf offener Strecke stehen, und wir Passagiere begannen bald, miteinander zu sprechen und die Fenster zu öffnen. Es war die Zeit der Sommerferien. Draußen roch es nach Heu, und einmal, als der Zug eine Weile gestanden hatte und das Land um uns ganz still war, hörten wir das Zirpen der Grillen.

Es war fast Mitternacht, als ich mein Dorf erreichte. Die Luft war noch warm, und ich trug die Jacke über dem Arm. Meine Eltern waren schon zu Bett gegangen. Das Haus war dunkel, und ich stellte nur schnell meine Sporttasche mit der schmutzigen Wäsche in den Flur. Es war keine Nacht zum Schlafen.

Vor unserem Stammlokal standen meine Freunde und berieten, was sie noch unternehmen sollten. Der Wirt hatte sie nach Hause geschickt, die Polizeistunde war vorüber. Wir redeten eine Weile draußen auf der Straße, bis jemand aus einem Fenster rief, wir sollten endlich ruhig sein und verschwinden. Da sagte Stefanie, die Freundin von Urs: „Warum gehen wir nicht im Eisweiher baden? Das Wasser ist ganz warm."

Die anderen fuhren schon los, und ich sagte, ich würde nur schnell mein Fahrrad holen und dann nachkommen. Zu Hause packte ich meine Badehose und ein Badetuch ein, dann fuhr ich hinter den anderen her. Der Eisweiher lag in einer Mulde zwischen zwei Dörfern. Auf halbem Weg kam mir Urs entgegen.

„Am Eisweiher" eröffnet Peter Stamms Sammlung von Erzählungen „Blitzeis".

„Stefanie hat einen Platten", rief er mir zu. „Ich hole Flickzeug."

Kurz darauf sah ich dann Stefanie, die an der Böschung saß. Ich stieg ab. „Das kann eine Weile dauern, bis Urs zurückkommt", sagte ich. „Ich gehe mit dir, wenn du magst."

Wir schoben unsere Fahrräder langsam den Hügel empor, hinter dem der Weiher lag. Ich hatte Stefanie nie besonders gemocht, vielleicht weil es hieß, sie treibe es mit jedem, vielleicht aus Eifersucht, weil Urs sich nie mehr ohne sie zeigte, seit die beiden zusammen waren. Aber jetzt, als ich zum ersten Mal mit ihr allein war, verstanden wir uns ganz gut und redeten über dies und jenes.

Stefanie hatte im Frühjahr die Matura gemacht und arbeitete bis zum Beginn ihres Studiums im Herbst als Kassiererin in einem Warenhaus. Sie erzählte von Ladendieben und wer im Dorf immer nur die Aktionen und wer Kondome kaufe. Wir lachten den ganzen Weg. Als wir beim Weiher ankamen, waren die anderen schon hinausgeschwommen. Wir zogen uns aus, und als ich sah, dass Stefanie keinen Badeanzug dabeihatte, zog auch ich meine Badehose nicht an und tat, als sei das selbstverständlich. Der Mond war nicht zu sehen, aber unzählige Sterne und nur schwach die Hügel und der Weiher. [...]

1 *Beschreiben Sie die Atmosphäre, die Peter Stamm seinen Erzähler erzeugen lässt. Benennen Sie anhand von Textbeispielen einige der sprachlichen und erzählerischen Mittel, mit deren Hilfe die von Ihnen ausgemachte Atmosphäre entsteht. Achten Sie auf eventuelle Entwicklungen und Verschiebungen.*

2 *Präzisierungen:*

Satzbau → S. 356 f.

a) Charakterisieren Sie Stamms Stil und Satzbau. Setzen Sie dabei auch Fachterminologie ein.

Erzählformen und Erzählverhalten → S. 328

b) Untersuchen Sie Erzählform, Erzählverhalten, Erzählperspektive und Erzählhaltung.

c) Setzen Sie Ihre Beobachtungen zu Stil, Satzbau und Erzähltechnik Stamms in Verbindung zueinander und erläutern Sie zusammenfassend, wie sein Erzählen auf den Leser wirkt und warum es diese Wirkung erzielt.

Im Schnee (2001) *Ulrich Greiner*[1]

Was der Schweizer Schriftsteller Peter Stamm alles kann und weshalb er nicht darauf vertrauen sollte

Das Schwierige an den Büchern des Schweizer Schriftstellers Peter Stamm (Jahrgang 1963) liegt darin, dass sie so einfach sind. Es sind schmale Bände [...], die man widerstandslos und mit seltsamer Gespanntheit bis an ihr Ende liest. Man fühlt sich wie gefangen in dieser stillen Welt, in der sich selbst die Dramen der Leidenschaft so geräuschlos ereignen, als läge überall dichter Schnee.

Schwierig daran sind lediglich zwei Dinge: Zum einen die Frage, wie Peter Stamm das macht, mit welchen Mitteln er die Suggestion erzeugt; dass er ein hochbegabter Erzähler ist, wurde von der Kritik mehrfach bemerkt. Und zum Zweiten die Frage, ob die Suggestion tief und dauerhaft gründet oder ob sie bloß auf einem rasch verlöschenden Effekt beruht. [...]

In der ersten, ebenso kurzen wie unheimlichen Erzählung aus dem Band „Blitzeis" reist ein junger Mann am Wochenende zu den Eltern aufs Land, wie er es auch sonst tut. An diesem Tag ist einiges ungewöhnlich: Der Schnellzug fällt aus, sodass er mit einer Bummelbahn fahren muss, und es ist sehr heiß. Spät kommt er an, geht in die Kneipe, wo er Bekannte trifft, darunter eine attraktive, ihm aber unsympathische frühere Schulkameradin und deren Freund. Man sitzt und trinkt im Freien und beschließt, als die Sperrstunde naht, einen Badesee aufzusuchen. Man bricht mit Rädern auf, und der Zufall fügt es, dass der junge Mann mit dem Mädchen als Erster ans Ziel gelangt. Sie schwimmen nackt im lauen See und legen sich auf die Planken eines Bootshauses. Sie fröstelt und bittet ihn, sie zu wärmen. Nun geschieht, obwohl es nicht gesagt wird, offenbar das Naheliegende. Jedenfalls taucht kurz danach der Freund auf, erfasst die Situation, ruft: „Warum hast du das gemacht?", und springt ins nachtschwarze Wasser.

„Es gab im Wasser Pfähle, die bis an die Oberfläche reichten, als Kinder hatten wir gewusst, wo sie waren. Urs trieb unten im Wasser. Sein Körper leuchtete seltsam weiß im Mondlicht, und Stefanie, die nun neben mir stand, sagte: ‚Der ist tot.'" Am Ende heißt es, der junge Mann habe Stefanie nur einmal noch bei der Beerdigung gesehen und später gehört, sie sei schwanger. Danach sei er ihr aus dem Weg gegangen.

Die Geschichte, gerade mal sechs Seiten lang, ist meisterhaft, sie zeigt, was Peter Stamm kann und was ihn antreibt. Da ist erstens die Kunst der Ellipse. Was andere, selbst die mit Recht gerühmten Amerikaner, ausführen oder zumindest andeuten, lässt er einfach weg, erzählt nur in Bruchstücken den äußeren Hergang, lediglich aus der Sicht des jeweiligen Subjekts, das kaum begreift, was ihm widerfährt, das weniger handelt denn erleidet.

Da ist zweitens der Kunstgriff, dass Stamm als Erzähler scheinbar weniger weiß als seine Personen. Er gibt sich, im Gegensatz zum allwissenden Erzähler, als den unwissenden. Psychologie, also die Erläuterung und Deutung der Geschehnisse, fehlt völlig. Natürlich kann der Leser, wenn er will, die Penetration des unglückseligen Urs durch die Pfähle in Verbindung bringen mit jener anderen Penetration, von der er nicht weiß, ob sie stattgefunden hat, und mit jener Schwangerschaft, von der er nicht weiß, wer ihr Verursacher war. Was bleibt, ist eine trunkene Sommernacht und ein plötzlicher Tod. [...]

Und drittens beherrscht Stamm die Kunst, eine Szene mit wenigen Sätzen so zu skizzieren, dass im Kopf des Lesers ein vollständiges Bild entsteht. Stamms Sprache ist von großer Schlichtheit, die Hauptsätze, kaum unterbrochen durch Einschübe, gehen melodisch ineinander über, mit wenigen Adjektiven koloriert er das Ambiente: Es ist karg, aber geschmackvoll eingerichtet. [...]

1 Ulrich Greiner (geb. 1945): Journalist und Literaturkritiker. Studium der Germanistik, Philosophie und Politikwissenschaft in Frankfurt am Main und Tübingen. Feuilletonredakteur bei der „FAZ", seit 1980 bei der „ZEIT", dort seit 1998 verantwortlicher Redakteur des Literaturressorts.

3 ***Formulieren Sie Greiners Eingangsthese: Worin besteht für ihn die Faszination von Stamms Texten?***

4 *Erläutern Sie die drei Eigenheiten von Stamms Erzählen, die Greiner als Qualitätsmerkmale des Autors anführt, und belegen Sie seine Beobachtungen an der Erzählung „Am Eisweiher".*

5 *Schreiben Sie, ausgehend von Ihrer Kenntnis der ersten Hälfte von Stamms Erzählung und auf der Basis von Greiners Informationen zum weiteren Inhalt von „Am Eisweiher" sowie zur Eigenart von Stamms Stil, die Erzählung zu Ende.*

6 *Vergleichen Sie die von Ihnen selbst verfassten Texte mit der Originalerzählung und diskutieren Sie die Qualität der verschiedenen Lösungen. Achten Sie dabei auf folgende Kriterien: Konsistenz der Handlungsfortführung, Beibehaltung der sprachlichen, stilistischen und erzähltechnischen Besonderheiten des Stamm'schen Erzählens.*

7 *In der Fortsetzung seines Essays kommt Ulrich Greiner auch auf eine Gefahr zu sprechen, der er Peter Stamms Erzählen ausgesetzt sieht. Diskutieren Sie Greiners Kritik, die in dem folgenden Zitat zum Ausdruck kommt.*

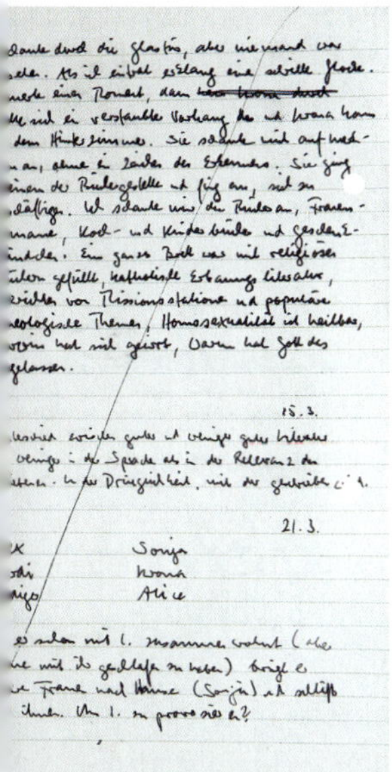

Handschriftliche Entwürfe von Peter Stamm

„Peter Stamms Erzählkunst […] arbeitet, wenngleich virtuos, mit Klischees. [… Der Autor] setzt allzu sehr auf die Überzeugungskraft einer Archaik, die von sich aus noch wenig beweist. Ein Mann und eine Frau; ein Zimmer in Manhattan; eine Liebe, die sich verliert; ein Fjord im Schnee; eine nächtliche Lust am See: Das ist schön, aber es ist auch sentimental.

Sentimental sind die auf simple Weise reproduzierten simplen Gefühle. Das Gefühl für sich ist nie sentimental. Sentimental wird es nur in der wiederholenden Vergegenwärtigung, die den Ablauf der Zeit vergisst."

3.2 Wortreich und mit souveränem Gestus: Thomas Mann

Der Zauberberg (1924) *Thomas Mann*

„Der Zauberberg": Ab 1913 entstandener, 1924 erschienener Roman Thomas Manns. Äußerlich veranlasst durch einen Davoser Sanatoriumsaufenthalt von Manns Frau Katia im Jahr 1912. Geplant als novellistisches „Gegenstück" zum „Tod in Venedig" (1912), wuchs der Stoff zu einem großen Roman.

Vorsatz

Die Geschichte, die wir erzählen wollen, – nicht um seinetwillen (denn der Leser wird einen einfachen, wenn auch ansprechenden jungen Menschen in ihm kennenlernen), sondern um der Geschichte willen, die uns in hohem Grade erzählenswert scheint (wobei zu Hans Castorps Gunsten denn doch erinnert werden sollte, dass es *seine* Geschichte ist, und dass nicht jedem jede Geschichte passiert): Diese Geschichte ist sehr lange her, sie ist sozusagen schon ganz mit historischem Edelrost überzogen und unbedingt in der Zeitform der tiefsten Vergangenheit vorzutragen.

Das wäre kein Nachteil für eine Geschichte, sondern eher ein Vorteil; denn Geschichten müssen vergangen sein, und je vergangener, könnte man

„Der Zauberberg" handelt vom Reifungsprozess des jungen Hans Castorp; während eines siebenjährigen Aufenthalts in einem Tuberkulosesanatorium sieht er sich in den Begegnungen mit anderen Patienten mit zentralen Themen aus Politik, Philosophie, Theologie und Kunst, aber auch existenziellen Fragen um Liebe, Krankheit und Tod konfrontiert. Der Kosmos der auftretenden Figuren repräsentiert eine Vielfalt verschiedenster Positionen. Von großem Gewicht sind die gesellschaftlich-politischen Diskussionen zwischen dem von totalitärem Denken infizierten Jesuiten Naphta und dem humanistisch-aufgeklärten, lebensbejahenden Freigeist Settembrini.

sagen, desto besser für sie in ihrer Eigenschaft als Geschichten und für den Erzähler, den raunenden Beschwörer des Imperfekts. Es steht jedoch so mit ihr, wie es heute auch mit den Menschen und unter diesen nicht zum wenigsten mit den Geschichtenerzählern steht: Sie ist viel älter als ihre Jahre, ihre Betagtheit ist nicht nach Tagen, das Alter, das auf ihr liegt, nicht nach Sonnenumläufen zu berechnen; mit einem Worte: Sie verdankt den Grad ihres Vergangenseins nicht eigentlich der *Zeit*, – eine Aussage, womit auf die Fragwürdigkeit und eigentümliche Zwienatur dieses geheimnisvollen Elementes im Vorbeigehen angespielt und hingewiesen sei.

Um aber einen klaren Sachverhalt nicht künstlich zu verdunkeln: Die hochgradige Verflossenheit unserer Geschichte rührt daher, dass sie *vor* einer gewissen, Leben und Bewusstsein tief zerklüftenden Wende und Grenze spielt ... Sie spielt, oder, um jedes Präsens geflissentlich zu vermeiden, sie spielte und hat gespielt vormals, ehedem, in den alten Tagen, der Welt vor dem großen Kriege, mit dessen Beginn so vieles begann, was zu beginnen wohl kaum schon aufgehört hat. Vorher also spielt sie, wenn auch nicht lange vorher. Aber ist der Vergangenheitscharakter einer Geschichte nicht desto tiefer, vollkommener und märchenhafter, je dichter „vorher" sie spielt? Zudem könnte es sein, dass die unsrige mit dem Märchen auch sonst, ihrer inneren Natur nach, das eine und andre zu schaffen hat.

Wir werden sie ausführlich erzählen, genau und gründlich, – denn wann wäre je die Kurz- oder Langweiligkeit einer Geschichte abhängig gewesen von dem Raum und der Zeit, die sie in Anspruch nahm? Ohne Furcht vor dem Odium der Peinlichkeit, neigen wir vielmehr der Ansicht zu, dass nur das Gründliche wahrhaft unterhaltend sei.

Im Handumdrehen also wird der Erzähler mit Hansens Geschichte nicht fertig werden. Die sieben Tage einer Woche werden dazu nicht reichen und auch sieben Monate nicht. Am besten ist es, er macht sich im Voraus nicht klar, wie viel Erdenzeit ihm verstreichen wird, während sie ihn umsponnen hält. Es werden, in Gottes Namen, ja nicht geradezu sieben Jahre sein!

Und somit fangen wir an.

Thomas Mann (geb. 1875 in Lübeck, gest. 1955 in Kilchberg b. Zürich) gilt als einer der bedeutendsten Schriftsteller des 20. Jahrhunderts (Romane, theoretische Schriften); literarischer Ruhm durch den Familienroman „Buddenbrooks" (1901), für den er den Literaturnobelpreis erhielt; 1939 Emigration in die USA, 1952 Rückkehr in die Schweiz.

Bild links:
Thomas Mann im Juli 1955, Amsterdam

Bild rechts:
Thomas Mann, 1954, Kilchberg bei Zürich

Gebirgsgegend bei Davos (Schweiz), Schauplatz des Romans „Der Zauberberg“

1 *Legen Sie die Aussagen des Romanbeginns zum Verständnis und zur Bedeutung von „Zeit“ dar. Erläutern Sie: ‚Tief vergangen‘ muss nicht bedeuten ‚vor vielen, vielen Jahren‘.*

2 *Versuchen Sie, das jeweilige Verhältnis zu „Zeit“ und zum Erzählen, das die beiden Thomas-Mann-Porträts (links) zum Ausdruck bringen, zu beschreiben. Stellen Sie Bezüge zum Zeitverständnis des „Zauberberg“-Beginns her.*

3 *Bestimmen Sie Elemente des Märchenhaften im Text.*

4 *Diskutieren Sie mögliche Gründe für die vom Erzähler hergestellte Nähe des Romans zum Märchenhaften.*

5 *Untersuchen Sie Besonderheiten des sprachlichen Duktus und der Wortwahl sowie von Satzbau und Stil. Belegen Sie Ihre Beobachtungen am Text.*

Erzählformen und Erzählverhalten → S. 328

6 *Untersuchen Sie Erzählform, Erzählverhalten, Erzählperspektive und Erzählhaltung.*

Satzbau → S. 356 f.

7 *Setzen Sie Ihre Beobachtungen zu Wortwahl, Stil, Satzbau und Erzähltechnik Manns in Verbindung zueinander und erläutern Sie zusammenfassend, wie sein Erzählen auf den Leser wirkt und warum es so wirkt, wie es wirkt.*

Literaturwissenschaftliche Überblicksdarstellungen zu Thomas Manns Roman „Der Zauberberg“:

- Hermann Kurzke: Thomas Mann. Epoche – Werk – Wirkung. München 1991, S. 182–212
- Hans Wysling: Der Zauberberg. In: Thomas-Mann-Handbuch. Hrsg. v. Helmut Koopmann. Stuttgart 1995, S. 397–422

www. Hilfreiche Internetadresse zu Thomas Manns Leben und Werk: www.thomasmann.de

3.3 Satzbau und Stil: Theoretisches

P. Stamm: „Am Eisweiher“ → S. 190 f.
Th. Mann: „Der Zauberberg“ → S. 193 f.
Erzählformen und Erzählverhalten → S. 328

1 *Vergleichen Sie die Texte von Peter Stamm und Thomas Mann im Hinblick auf Wortwahl, Satzbau (vgl. dazu nachstehendes Basiswissen), Stil und Erzähltechnik (Erzählform, Erzählverhalten, Erzählperspektive, Erzählhaltung) sowie im Hinblick auf die durch die genannten sprachlichen und erzählerischen Mittel evozierten Wirkungen. Machen Sie klar, warum bestimmte Mittel ihnen eigentümliche Wirkungen erzielen. Belegen Sie Ihre Aussagen an den Texten.*

Basis

Parataxe

Prägung durch **Reihenbildungen**: Nebeneinanderordnen von sprachlichen Einheiten gleicher Ordnung = **Parataxe**, parataktischer Satzbau, parataktischer Stil (griech. *pará* = bei, neben; *tássein/táttein* = stellen bzw. *táxis* = Ordnung)

(HS 1) Ich war mit dem Abendzug aus dem Welschland nach Hause gekommen. (HS 2) Damals arbeitete ich in Neuchâtel, (HS 3) aber zu Hause fühlte ich mich noch immer in meinem Dorf im Thurgau. (HS 4) Ich war zwanzig Jahre alt.

→ Nebenordnung von **Hauptsätzen**: HS 2: durch Temporaladverbial *(damals)* an HS 1 angeschlossen. HS 3: durch adversative, nebenordnende Konjunktion *(aber)* an HS 2 angeschlossen. HS 4: unverbunden an HS 3 angeschlossen.

Syndese, syndetische Reihung: Einander nebengeordnete Glieder einer Reihe werden untereinander verbunden (durch Konjunktion, durch adverbiale Fügung).
Asyndese, asyndetische Reihung: Reihenglieder bleiben unverbunden.

Nicht nur vollständige Hauptsätze können parataktisch nebeneinandergestellt werden:
Irgendwo war ein Unglück geschehen, ein Brand ausgebrochen.

Hier Reihung (**„Aufzählung“**) der Subjekte und von Teilen der Prädikate. – Nächstes Beispiel: Aufzählung von Infinitivgruppen:
Wir Passagiere begannen bald, miteinander zu sprechen und die Fenster zu öffnen.

„Klassischer Fall“: Reihung, **Aufzählung von Adjektiven** (hier: prädikativ eingesetzt):
Aber ist der Vergangenheitscharakter einer Geschichte nicht desto tiefer, vollkommener und märchenhafter, je dichter „vorher“ sie spielt?

Basis

Hypotaxe

Prägung durch **Unterordnung**: Differenzierung der Aussage eines übergeordneten Satzteils durch den Einschub von der übergeordneten Struktur untergeordneten **Nebensätzen** = **Hypotaxe**, hypotaktischer Satzbau, hypotaktischer Stil (griech. *hýpo* = unter)
Um der Geschichte willen, (NS 1) die uns in hohem Grade erzählenswert scheint ((NS 2) wobei zu Hans Castorps Gunsten denn doch erinnert werden sollte, (NS 3a) dass es *seine* Geschichte ist, (NS 3b) und dass nicht jedem jede Geschichte passiert).

Komplexes System von Unterordnungen: Der relative NS 1 erläutert als Attributsatz den Terminus „Geschichte", der Bestandteil des übergeordneten Hauptsatzes ist; der wiederum relativ angefügte Modalsatz NS 2 stellt zusammen mit den Nebensätzen NS 3a und 3b eine einschränkende Modifizierung der soeben mit dem relativen Attributsatz getroffenen Gesamtaussage dar; NS 3a und NS 3b tragen das Subjekt zu NS 2 nach („Subjektsätze").

Einem HS untergeordneter NS: **NS 1. Grades**; diesem NS untergeordneter weiterer NS: **NS 2. Grades** usw.

Anhand von NS 3a und NS 3b zeigt das Beispiel auch, dass **auch Nebensätze** sich in Reihe, also **parataktisch nebeneinander** finden können, also keineswegs immer in hypotaktischem Verhältnis zueinander stehen.

Differenzierung und Erhöhung des Komplexitätsgrades eines Satzes kann nicht nur durch Nebensatz-Hypotaxe erreicht werden. **Einschübe**, Auffüllung des Satzes durch **attributive bzw. allgemein aufzählende Elemente** leisten Ähnliches:

Die Geschichte, die wir erzählen wollen, – (E 1) nicht um seinetwillen ((E 2) denn der Leser wird einen einfachen, (A 1) wenn auch ansprechenden jungen Menschen in ihm kennenlernen), sondern um der Geschichte willen, die uns in hohem Grade erzählenswert scheint ((E 3) wobei zu Hans Castorps Gunsten denn doch erinnert werden sollte, dass es *seine* Geschichte ist, (A 2) und dass nicht jedem jede Geschichte passiert).

Die Einschübe können – grammatisch gesehen – ganz unterschiedlicher Natur sein: E 2 stellt einen vollständigen Hauptsatz dar, E 3 ein ganzes Nebensatzgefüge. A 1 modifiziert die Aussage über den „einfachen jungen Menschen" durch ein zusätzliches Attribut, A 2 füllt aufzählend in der Form eines zweiten „dass"-Satzes den Erinnerungsgegenstand des „wobei"-Satzes reicher an, als es der erste „dass"-Satz allein zu leisten vermag.

Basis

Zur Verwendung von Parataxe und Hypotaxe

Ein von Elementen der **Hauptsatz-Parataxe** geprägtes Schreiben wird sicher nicht immer und nicht zwangsläufig, aber doch oft ein als **knapp**, **nüchtern**, **distanziert**, vielleicht sogar unterkühlt, lakonisch empfundenes Erzählen produzieren, das auch als stringent, geradlinig, nicht umwegig aufgefasst werden wird.

Hypotaktische Strukturen bewirken reiche inhaltliche Differenzierung; Aussagen werden modifiziert, abgeschattet, relativiert, erweitert, ergänzt. Entsprechendes Schreiben wird als breit, ausladend, langsam voranschreitend, möglicherweise sogar umwegig empfunden werden können. Subjektive Haltungen (der Erzählinstanz, der Figuren) können auf diese Art und Weise vielleicht leichter, direkter, unmittelbarer vermittelt werden. Im extremen Fall – in Bezug auf Thomas Manns Schreiben hört man diesen Vorwurf nicht selten – wird ein solcher Stil als manieriert (übertrieben gekünstelt, artifiziell) empfunden.

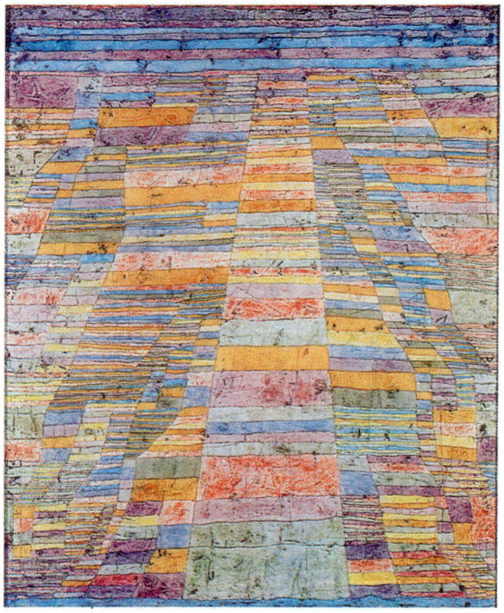

Paul Klee: „Haupt- und Nebenwege" (1929)

2 „Lesen" Sie Paul Klees Bild para- und hypotaktisch.

3 Gestalterisches Schreiben:
Lassen Sie sich von Paul Klees Bild zu einer Geschichte inspirieren.
- *Assoziieren Sie für eine erste Geschichte stärker von den parataktischen Strukturen des Bildes her.*
- *Assoziieren Sie für eine weitere Geschichte stärker von einer hypotaktischen „Lektüre" des Bildes her.*
- *Versuchen Sie Ihre jeweilige Sichtweise oder Bildlektüre in der sprachlichen Gestaltung Ihres Textes umzusetzen.*

3.4 Sprachwissen anwenden: kleine Stillehre

Sie haben in Jahrgangsstufe 11 einige Regeln für einen flüssigen und angenehmen Stil kennengelernt:

Wenn Sie einen Sachverhalt in einfachen Worten und Sätzen ausdrücken können, sollten Sie das auch tun. Schwierige und differenzierte Sachverhalte verlangen nicht immer einen komplizierten oder gar manierierten Satzbau.

Regel 1: So einfach wie möglich, so komplex wie nötig!

Weil jedes seiner Kapitel länger ist als das vorige, das letzte gar nicht anders enden könnte als durch einen Donnerschlag, da es sonst nie aufgehört hätte, ähnelt der „Zauberberg", der ein ausartendes Buch ist, einem auf die Spitze gestellten Dreieck.

Man versteht schon, was hier gesagt werden soll, aber schön klingt das nicht; die hypotaktischen Formulierungen dienen kaum der Klarheit der Aussage. Hermann Kurzke, der den hier umständlich umschriebenen,

Achtung: Die Regeln 2–4 werden anhand einiger Aufgaben, die ebenfalls auf Thomas Manns „Zauberberg" Bezug nehmen, wiederholt. Die umzuschreibenden Texte stellen – den Originaltext stilistisch verschlechternde – Paraphrasen aus Hermann Kurzkes „Thomas Mann. Das Leben als Kunstwerk", München 1999, dar (hellblau hervorgehoben). Sie können also tüfteln und dann vergleichen, wie nahe Sie mit Ihren Rekonstruktionsversuchen Kurzkes Originalversion jeweils kommen.

Thomas Manns „Zauberberg" betreffenden Sachverhalt zum Ausdruck bringen wollte, war sich dessen bewusst und hat deswegen auch völlig anders formuliert: ganz „schlank", in knappen, rasch nebeneinandergesetzten parataktischen Wendungen, gar nicht so sachlich-nüchtern, sondern selbst schon ein wenig literarisch:

Der „Zauberberg" ist ein ausartendes Buch. Er ähnelt einem auf die Spitze gestellten Dreieck. Jedes Kapitel ist länger als das vorige. Das letzte ist geradezu eine Ausschweifung. Es hätte nicht anders enden können als durch einen Donnerschlag. Es hätte sonst nie aufgehört.

Regel 2: Nach Alternativen für „dass"-Sätze suchen!

Weil die Konjunktion „dass" eine Vielzahl von Funktionen übernehmen kann (konsekutives, finales „dass", „dass" als Einleitung eines Objekt- oder eines Subjektsatzes), wird sie recht häufig benötigt. Sie sollten sich jedoch auch alternative Formulierungen überlegen.

Dass Joachim Ziemßen Russisch lernt, dass es nicht etwa Italienisch ist, womit er sich beschäftigt, hat seinen Grund darin, dass das Russische ein Codewort ist, das für allerlei Verlockungen steht.

1 ***Formulieren Sie die Aussage über Joachim Ziemßen um. Vermeiden Sie das zwei- bzw. dreimalige „dass". Beachten Sie: Auch die Doppelung „dass das Russische" klingt nicht unbedingt schön, genauso wenig wie der relative Anschluss „das für allerlei …", der im Kontext der vielen „dass"-Formulierungen als Wiederholung wirkt.***

Regel 3: Mit dem Passiv sparsam umgehen!

Wenn sich Zusammenhänge im Aktiv ausdrücken lassen, sollten Sie von dieser Möglichkeit Gebrauch machen. Da es mehr Wörter, längere Formulierungen benötigt und zudem Zusammenhänge oft nicht genau benennt, erschwert das Passiv oft Sprachfluss und Textverständnis.

Die Handlung kann schnell erzählt werden. Dem Hamburger Kaufmannssohn Hans Castorp wird vor Beginn seiner Ingenieursausbildung ein Erholungsurlaub angeraten. Er reist deshalb zu seinem lungenkranken Vetter Joachim Ziemßen in ein Hochgebirgssanatorium in Davos, zu Besuch auf drei Wochen. Castorp wird von der Welt des Sanatoriums in ihren Bann gezogen. Clawdia Chauchat wird verehrt, mit Naphta und Settembrini wird diskutiert, Mynheer Peeperkorn bewundert.

2 ***Formulieren Sie neu. Vermeiden Sie dabei die Passivwendungen.***

Regel 4: Verbal, nicht nominal formulieren!

Beim Abfassen einer Gliederung lässt es sich oft nicht vermeiden, nominal zu formulieren. Zudem ist Deutsch eine Sprache, die mit Nomina und Nominalisierungen gut und produktiv umgehen kann. Zu viele Nominalisierungen wirken schwerfällig und hemmen den Sprachfluss.

Er *wollte* sein Leben geordnet. Ein „in sich geschlossenes Lebenswerk" sollte es sein. In Wahrheit hat er einen verzweifelten Kampf gegen das Andrängen des Chaos geführt. Die Drohungen des inneren Chaos bestanden in der Faulheit und Traumverlorenheit der frühen Jahre, den unausgelebten homoerotischen Neigungen und dem Wunsch nach einem Sich-gehen-Lassen.

3 Formulieren Sie neu. Versuchen Sie, nominale Fügungen durch verbale Formulierungen zu ersetzen.

Wenn „was?“ als Interrogativpronomen eingesetzt wird (Was tust du gerade?), entstehen in der Regel keine stilistischen Probleme. Schwieriger ist die Verwendung von „was“ als Relativpronomen; es darf sich nämlich nur auf Unbestimmtes oder auf nominalisierte Adjektive beziehen.

Regel 5: „was“ als Relativpronomen: nur auf Unbestimmtes und nominalisierte Adjektive beziehen!

- „was“ nach Indefinit- oder Demonstrativpronomen:
  Alles, was du da angeordnet hast, ist völlig sinnlos.
  Manches, was du sagst, ist durchaus bedenkenswert.
  Das, was ich wirklich weiß, habe ich zu Protokoll gegeben.
- „was“ nach nominalisiertem Adjektiv:
  Das Schönste, was wir erlebt haben, erzählen wir euch jetzt.

Als Relativpronomen, das sich auf ein Substantiv bezieht, ist „was“ nicht möglich. – Auch der (meist nur scheinbare) Bezug auf den Inhalt eines ganzen Satzes ist in vielen Fällen nicht korrekt. Falsch sind also die nebenstehenden Aussagen.

- Das Drama, was wir für Deutsch lesen mussten, war nur schwer zu verstehen.
  → korrekt: Das Drama, das …
- Der Lehrer erklärte den Aufbau der Handlung sorgfältig, was die Schüler gut verstanden.
  → korrekt: Der Lehrer erklärte den Aufbau der Handlung sorgfältig; seine Ausführungen verstanden die Schüler gut.

4 Was der Lehrer uns heute aufgegeben hat, ist kaum zu bewältigen. – Korrekt oder falsch? – Begründen Sie Ihre Einschätzung.
5 Verbessern Sie die folgende Aussage.

Hinweis: Fehlerhafte bzw. stilistisch unschöne Formulierungen sind hellblau hervorgehoben.

Das Buch, was ihm den nachhaltigsten Ruhm einbrachte, war tatsächlich der Roman „Die Buddenbrooks“, ein Werk, was bereits 1901 erschienen war. Noch der Nobelpreis, den Thomas Mann 1929 erhielt, wurde ausdrücklich für diesen Roman verliehen.

6 Diskutieren und begründen Sie: stilistisch korrekter oder falscher „was-Satz“? – Unabhängig von Ihrer Entscheidung: Nehmen Sie eine Umformulierung des „was-Satzes“ vor.

Obwohl er ihn materiell unterstützte, ließ Thomas Mann seinen Bruder Heinrich während der Jahre des amerikanischen Exils innerlich kaum an seinem Leben teilhaben, sondern hielt vielmehr auf Distanz, was Heinrich zu ertragen nicht leicht fiel.

Man verwendet „um zu“ nur dann richtig, wenn zwei Bedingungen zugleich erfüllt sind:
1. Der Infinitv mit „um zu“ drückt entweder die **Absicht** einer im übergeordneten Hauptsatz genannten Person bzw. den **Zweck** des im Hauptsatz genannten Geschehens aus (**finales** „um zu“) oder er bringt die **Folge** einer im Hauptsatz genannten Voraussetzung zum Ausdruck (**konsekutives** „um zu“).
2. Die in der Infinitivgruppe mit „um zu“ zum Ausdruck kommende Aussage bezieht sich immer und ausschließlich auf das **Subjekt** des übergeordneten Satzes.

Regel 6: „um zu“: immer final bzw. konsekutiv und nur in Abhängigkeit vom übergeordneten Subjekt verwenden!

1. Die Schüler üben den Essay, um eine ordentliche Schulaufgabe zu schreiben.
   Absicht der Schüler; Schüler – im Hauptsatz im Subjektstatus – sollen Schulaufgabe schreiben
2. Das Mädchen ist gebildet genug, um diesen Zusammenhang rasch zu verstehen.
   Folge der im Hauptsatz genannten Voraussetzung; das Mädchen – im Hauptsatz im Subjektstatus – kann verstehen

Falsch:

- Hans Castorp besuchte seinen Vetter in Davos, um dort sieben Jahre zu bleiben.
  Sieben Jahre in Davos zu bleiben, ist nicht die Absicht Hans Castorps. Besuch und siebenjähriger Aufenthalt stehen auch nicht in einem Voraussetzung-Folge-Verhältnis zueinander.
- Thomas Mann schickte seinem Bruder Heinrich während des gemeinsamen amerikanischen Exils regelmäßig Geld, um seinen Lebensunterhalt fristen zu können.
  Zwar finaler Gehalt der Infinitivgruppe bei „um zu“. Aber: Der Bruder Heinrich [Dativobjekt!] soll besser leben können! – Also korrekt:
  Thomas Mann schickte seinem Bruder Heinrich während des gemeinsamen amerikanischen Exils Geld, damit der seinen Lebensunterhalt fristen konnte.
- Das Sanatorium war zu sehr eine eigene, in sich abgeschlossene Welt, um Hans Castorp dort wirklich erreichen und aufrütteln zu können.
  Zwar konsekutiver Gehalt der Infinitvgruppe bei „um zu“. Aber: Inhalt der „um zu“-Phrase nicht auf Hauptsatzsubjekt („Sanatorium“) bezogen. – Korrekt:
  Das Sanatorium war zu sehr eine eigene, in sich abgeschlossene Welt, als dass Hans Castorp dort wirklich hätte erreicht und aufgerüttelt werden können.

7 *Verbessern Sie die folgenden Aussagen.*

A) Im Juli 1913 machte sich Thomas Mann an die Arbeit am „Zauberberg“, um den Roman nach vielen Schreibunterbrechungen Ende September 1924 schließlich zu beenden.
B) Der Lehrer unterstützt seine Schüler sehr, um eine bessere Schulaufgabe zu schreiben.
C) Der Wasserfall war zu weit weg, um ihn besichtigen zu können.

Epochenwissen im Überblick: die Literatur zur Zeit des Nationalsozialismus (1933–1945)

Hitlers Machtübernahme setzte am 30. Januar 1933 eine deutliche Zäsur in der deutschen Kultur. Die Entfaltungsmöglichkeiten der Literaturszene wurden besonders durch die **Bücherverbrennung** am 10. Mai 1933 sowie durch die **Bildung der Reichskulturkammer** bzw. der **Reichsschrifttumskammer** stark beeinträchtigt. Der Vorsitzende der Sektion für Dichtkunst der Preußischen Akademie der Künste, Heinrich Mann, musste nach der Unterzeichnung eines Aufrufs zur Bildung einer Einheitsfront gegen den Nationalsozialismus sein Amt aufgeben. Zwischen 1935 und 1942 erschien jährlich eine Liste des schädlichen und unerwünschten Schrifttums von der Reichsschrifttumskammer. Diejenigen Autoren, die sich der Zensur nicht beugten, erhielten Schreibverbot, wurden verfolgt, in Haft genommen und ermordet.

Exilliteratur

Aufgrund der Bedrohung flüchteten viele Literaten, Künstler und Intellektuelle ins Ausland. Bis Herbst 1933 waren bereits viele bedeutende Schriftsteller geflohen. Die Vorgänge der „Reichskristallnacht“ lösten eine zweite Emigrationswelle Ende 1938, Anfang 1939 aus. Insgesamt waren damit mehrere Tausend Autoren und Publizisten emigriert.

Die vorrangigste Problematik des Lebens im Exil lag in der Sicherung der materiellen Existenz. Das Schlimmste jedoch war für die meisten der persönliche Umgang mit der Situation des Exils und den Vorgängen in der Heimat. Sie litten unter dem Verlust ihrer kulturellen Identität, des selbstverständlichen Gebrauchs ihrer Muttersprache und des fehlenden Kontakts zu ihren Lesern. Einsamkeit und Verzweiflung angesichts dieser Probleme mündete oftmals im Suizid.

Die emigrierten Autoren hatten den Anspruch, Deutschland und sein geistiges Vermächtnis im Ausland zu repräsentieren und damit bewusst ein Gegengewicht zur nationalsozialistischen Ideologie zu setzen. Neben dem bürgerlichen Lager (z. B. Thomas Mann) gab es Sozialisten und Linksliberale (z. B. Lion Feuchtwanger, Oskar Maria Graf) und völlig unpolitische Schriftsteller oder solche, die sich besonders dem Christentum verbunden sahen (z. B. Alfred Döblin). Einige Emigranten, so Klaus Mann, bekämpften im Zweiten Weltkrieg auf der Seite der Alliierten das nationalsozialistische Deutschland.

Literatur der inneren Emigration

Der Begriff der „inneren Emigration“ bezieht sich einerseits auf die in Deutschland oft unter Lebensgefahr weiter arbeitenden Autoren (u. a. W. Bergengruen, Reinhold Schneider und Elisabeth Langgässer), die entgegen der Zensur schrieben. Er wird andererseits für jene Autoren verwendet, die auf andere, unpolitische Themen auswichen bzw. sich ganz zurückzogen. Als eines der wichtigsten Organe für solche, die noch publizieren wollten, fungierte lange die „Frankfurter Zeitung“.

Literatur im „Dritten Reich“	– Gleichschaltung aller Kulturarbeit durch Einrichtung der „Reichskulturkammer“ und der „Reichsschrifttumskammer“ – Verbot von Schriftstellerorganisationen – Verhaftung unliebsamer Schriftsteller und Intellektueller (z. B. Ernst Mühsam, Carl von Ossietzky) – Einrichtung des Reichsministeriums für Volksaufklärung und Propaganda (unter der Leitung von Joseph Goebbels) als mächtige Überwachungsinstanz allen literarischen Lebens in Deutschland – es sollte nur noch Literatur erscheinen, die den ideologischen Vorgaben des Regimes entsprach – parallel dazu entstand eine Unterhaltungsliteratur und -kultur (vor allem im Film), die der Ablenkung von der tristen Alltagsrealität dienen sollte
Literatur der inneren Emigration	– bürgerlich-konservative Autoren, die nach der Machtergreifung in Deutschland blieben – Selbstverständnis: geistige Opposition gegen den herrschenden Ungeist – als Technik der verdeckten Schreibweise und zur Verschleierung ihrer wahren Intentionen bedienen sie sich der Camouflage – die wichtigsten Vertreter sind: **S. Andres** (1906–70), **W. Bergengruen** (1892–1964), **G. Britting** (1891–1964), **H. Carossa** (1878–1956), **E. Langgässer** (1899–1950), **G. v. Le Fort** (1876–1971), **W. Lehmann** (1882–1968), **O. Loerke** (1884–1941), **R. Schneider** (1903–58), **R. A. Schröder** (1878–1962) und **E. Wiechert** (1887–1950)
Prosa (Genre, Themen und Vertreter der Exilliteratur)	– **NS-Diktatur und ihre Auswirkungen:** O. M. Graf: „Anton Sittinger“ (Roman, 1937), „Das Leben meiner Mutter“ (1940), Ö. v. Horváth: „Jugend ohne Gott“ (Roman, 1937), L. Feuchtwanger: „Geschwister Oppermann“ (Roman, 1935), E. Weiß: „Ich – der Augenzeuge“ (Roman, 1939), K. Mann: „Mephisto. Roman einer Karriere“ (Roman, 1936), Th. Mann: „Doktor Faustus“ (Roman, 1947), A. Seghers: „Das siebte Kreuz“ (Roman, 1942), A. Zweig: „Das Beil von Wandsbek“ (Roman, 1947) – **Geschichte:** H. Mann: „Die Jugend des Königs Henri Quatre“ (Roman, 1935), „Die Vollendung des Königs Henri Quatre“ (Roman, 1938); Th. Mann: „Joseph und seine Brüder“ (Roman-Tetralogie, 1933–1943); H. Broch: „Der Tod des Vergil“ (Roman, 1945) – **Exil:** L. Feuchtwanger: „Exil“ (Roman, 1940), K. Mann: „Der Vulkan“ (Roman, 1939), A. Seghers: „Transit“ (Roman, 1939/41) – **Utopie:** H. Hesse: „Glasperlenspiel“ (Roman, 1943), F. Werfel: „Stern der Ungeborenen“ (Roman, 1946)
Lyrik (Genre, Themen und Vertreter der Exilliteratur)	– **NS-Diktatur und ihre Auswirkungen:** B. Brecht „Swendborger Gedichte“ (1937), E. Lasker-Schüler, F. Werfel, M. Herrmann-Neiße: „Um uns die Fremde“ (1936)
Drama (Genre, Themen und Vertreter der Exilliteratur)	– NS-Diktatur und ihre Auswirkungen: B. Brecht: „Mutter Courage und ihre Kinder“ (1939), „Schweyk im zweiten Weltkrieg“ (1944); F. Werfel: „Jacobowsky und der Oberst“ (1944) – Geschichte: B. Brecht: „Das Leben des Galilei“ (1939)
Literaturmarkt der Exilliteratur	Zeitschrift als Form des Widerstands: Klaus Mann (Herausgeber): „Die Sammlung“ (1934–35)

…Kein 卐 Reich

STERNMARSCH
AUF
BONN
GEGEN
NOTSTANDSDIKTATUR
11. MAI '68
GRUNDGESETZ

„Wer Augen hat zu sehen, der sehe …“ – Literatur nach 1945

„Die ersten schriftstellerischen Versuche unserer Generation nach 1945 hat man als Trümmerliteratur bezeichnet, man hat sie damit abzutun versucht. Wir haben uns gegen diese Bezeichnung nicht gewehrt, weil sie zu Recht bestand: Tatsächlich, die Menschen, von denen wir schrieben, lebten in Trümmern, sie kamen aus dem Kriege, Männer und Frauen in gleichem Maße verletzt, auch Kinder. Und sie waren scharfäugig: Sie sahen.“
Heinrich Böll, „Bekenntnis zur Trümmerliteratur“

„Ich erwarte von der Literatur ein Zerbrechen aller endgültig scheinenden Weltbilder.“
Peter Handke, „Ich bin ein Bewohner des Elfenbeinturms“

„Gewiss aber ist auch, dass sich die Literatur immer weniger auf eine Formel, einen – gar epochalen – Begriff, in einen historisch begründeten Zusammenhang bringen lässt. Manchmal möchte man meinen, es gäbe sie gar nicht mehr: die Literatur. Sondern nur noch Bücher. Diese These korrespondiert mit der Erfahrung, dass die Achtzigerjahre entschieden keine solidarische Zeit mehr waren, sondern allenfalls eine von Gruppen-solidaritäten. Und sie wird als eine zum Teil bizarre, hypertrophe, genuss- und gewinnsüchtige Zeit der sich selbst feiernden Individualität in Erinnerung bleiben: in der die Individuen im rauschenden Lärm von Geschwätz und Betrieb allerdings zumeist einsam blieben.“
Heinz Ludwig Arnold, 1998

1. Überblick: Formen, Themen, Stile – Auseinandersetzung mit der Literatur der Zeit

1.1 Heimkehr aus dem Krieg – „Trümmerliteratur“

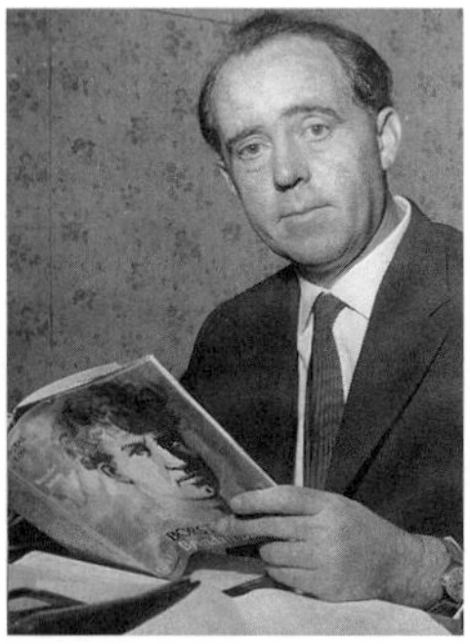

Heinrich Böll (1917–1985) gilt als einer der bedeutendsten deutschen Schriftsteller der Nachkriegszeit. Im Jahr 1972 erhielt er den Nobelpreis für Literatur. 1939 wurde er zur Wehrmacht einberufen. Nach seiner Entlassung aus der amerikanischen Kriegsgefangenschaft im September 1945 gehörte er zu den Mitbegründern der Nachkriegsliteratur bzw. Kriegs-, Trümmer- und Heimkehrliteratur, deren Autoren einen grundlegenden gesellschaftlichen Neuanfang befürworteten. Als Ausgangspunkt für die Auseinandersetzung mit der Vergangenheit und der Schuldfrage galten ihnen die ungeschönte Wirklichkeit der Kriegs- und Gefangenschaftserfahrung und der Heimkehr. Viele Autoren waren selbst als Soldaten am Krieg beteiligt und mussten nun ihre eigene Rolle überprüfen. Später setzte sich Böll auch mit tagespolitischen Fragen auseinander. Er unterstützte z. B. die Friedensbewegung in den Achtzigerjahren und übte scharfe Kritik an der Nachrüstungspolitk der Bundesregierung.

Bekenntnis zur Trümmerliteratur (1952) *Heinrich Böll*

Die ersten schriftstellerischen Versuche unserer Generation nach 1945 hat man als Trümmerliteratur bezeichnet, man hat sie damit abzutun versucht. Wir haben uns gegen diese Bezeichnung nicht gewehrt, weil sie zu Recht bestand: Tatsächlich, die Menschen, von denen wir schrieben, lebten in Trümmern, sie kamen aus dem Kriege, Männer und Frauen in gleichem Maße verletzt, auch Kinder. Und sie waren scharfäugig: Sie sahen. Sie lebten keineswegs in völligem Frieden, ihre Umgebung, ihr Befinden, nichts an ihnen und um sie herum war idyllisch, und wir als Schreibende fühlten uns ihnen so nahe, dass wir uns mit ihnen identifizierten. Mit Schwarzhändlern und den Opfern der Schwarzhändler, mit Flüchtlingen und allen denen, die auf andere Weise heimatlos geworden waren; vor allem natürlich mit der Generation, der wir angehörten und die sich zu einem großen Teil in einer merk- und denkwürdigen Situation befand: Sie kehrte heim. Es war die Heimkehr aus einem Krieg, an dessen Ende kaum noch jemand hatte glauben können.

Wir schrieben also vom Krieg, von der Heimkehr und dem, was wir im Krieg gesehen hatten und bei der Heimkehr vorfanden: von Trümmern; das ergab drei Schlagwörter, die der jungen Literatur angehängt wurden: Kriegs-, Heimkehrer- und Trümmerliteratur.

Die Bezeichnungen als solche sind berechtigt: Es war Krieg gewesen, sechs Jahre lang, wir kehrten heim aus diesem Krieg, wir fanden Trümmer und schrieben darüber. Merkwürdig, fast verdächtig war nur der vorwurfsvolle, fast gekränkte Ton, mit dem man sich dieser Bezeichnung bediente: Man schien uns zwar nicht verantwortlich zu machen dafür, dass Krieg gewesen, dass alles in Trümmern lag, nur nahm man uns offenbar übel, dass wir es gesehen hatten und sahen, aber wir hatten keine Binde vor den Augen und sahen es: Ein gutes Auge gehört zum Handwerkszeug des Schriftstellers.

Die Zeitgenossen in die Idylle zu entführen würde uns allzu grausam erscheinen, das Erwachen daraus wäre schrecklich, oder sollen wir wirklich Blindekuh miteinander spielen?

[...]

Wer Augen hat zu sehen, der sehe! Und in unserer schönen Muttersprache hat Sehen eine Bedeutung, die nicht mit optischen Kategorien allein zu erschöpfen ist: Wer Augen hat, zu sehen, für den werden die Dinge durchsichtig – und es müsste ihm möglich werden, sie zu durchschauen, und man kann versuchen, sie mittels der Sprache zu durchschauen, in sie hineinzusehen. Das Auge des Schriftstellers sollte menschlich und unbestechlich sein: Man braucht nicht gerade Blindekuh zu spielen, es gibt rosarote, blaue, schwarze Brillen – sie färben die Wirklichkeit jeweils so, wie man sie gerade braucht. Rosarot wird gut bezahlt, es ist meistens sehr beliebt – und der Möglichkeiten zur Bestechung gibt es viele –, aber auch Schwarz ist hin und wieder beliebt, und wenn es gerade beliebt ist, wird auch Schwarz gut bezahlt. Aber wir wollen es so sehen, wie es ist, mit einem menschlichen Auge, das normalerweise nicht ganz trocken und nicht ganz nass ist, sondern feucht – und wir wollen daran erinnern, dass das lateinische Wort für Feuchtigkeit Humor ist –, ohne zu vergessen, dass unsere Augen auch trocken werden können oder nass; dass es Dinge gibt, bei denen kein Anlass für Humor besteht. Unsere Augen sehen täglich viel: Sie sehen den Bäcker, der unser Brot backt, sehen das Mädchen in der Fabrik – und unsere Augen erinnern sich der Friedhöfe; und unsere Augen sehen Trümmer: Die Städte sind zerstört, die Städte sind Friedhöfe, und um sie herum sehen unsere Augen Gebäude entstehen, die uns an Kulissen erinnern, Gebäude, in denen keine Menschen wohnen, sondern Menschen verwaltet werden, verwaltet als Versicherte, als Staatsbürger, Bürger einer Stadt, als solche, die Geld einzahlen oder Geld entleihen – es gibt unzählige Gründe, um derentwillen ein Mensch verwaltet werden kann.

Es ist unsere Aufgabe, daran zu erinnern, dass der Mensch nicht nur existiert, um verwaltet zu werden – und dass die Zerstörungen in unserer Welt nicht nur äußerer Art sind und nicht so geringfügiger Natur, dass man sich anmaßen kann, sie in wenigen Jahren zu heilen.

Der Name Homer ist der gesamten abendländischen Bildungswelt unverdächtig: Homer ist der Stammvater europäischer Epik, aber Homer erzählt vom Trojanischen Krieg, von der Zerstörung Trojas und von der Heimkehr des Odysseus – Kriegs-, Trümmer- und Heimkehrerliteratur –, wir haben keinen Grund, uns dieser Bezeichnung zu schämen.

1 ***Welche Aufgabe erfüllt Trümmerliteratur nach Heinrich Böll?***
2 ***Gegen welchen Vorwurf glaubt der Autor, sich wehren zu müssen?***
3 ***Formulieren Sie eine Definition von Trümmerliteratur nach Heinrich Böll. Nutzen Sie dazu auch das Basiswissen.***

Basis

Trümmerliteratur

Die pessimistische, dem Expressionismus verpflichtete deutsche Literatur nach 1945 wird – zunächst abwertend – als „Trümmerliteratur“ bezeichnet. So gegensätzlich und vielfältig die Lebenswege der einzelnen Autoren verliefen, so unterschiedlich waren auch ihre Reaktionen auf die sie umgebende Realität. Vor allem junge Autoren wie die Kriegsheimkehrer Borchert und Böll suchten im Angesicht von Ruinenlandschaften und Flüchtlingslagern den Aufbruch und Neubeginn in der „Stunde Null“. In einer kargen, schmucklosen Sprache setzten sie sich gleichermaßen mit der Krieg- und Naziherrschaft sowie mit den Herausforderungen des Wiederaufbaus auseinander.

Günter Eich (geb. 1907 in Lebus; gest. 1972 in Salzburg) war ein deutscher Hörspielautor und Lyriker. Er gehörte zu den Mitbegründern der Gruppe 47. 1953 heiratete er die österreichische Schriftstellerin Ilse Aichinger. Das Ehepaar lebte in Lenggries, in Breitbrunn am Chiemsee und zuletzt bei Salzburg.

Gruppe 47 → S. 222 f.

Inventur (1948) *Günter Eich*

Dies ist meine Mütze,
dies ist mein Mantel,
hier mein Rasierzeug
im Beutel aus Leinen.

Konservenbüchse:
Mein Teller, mein Becher,
ich hab in das Weißblech
den Namen geritzt.

Geritzt hier mit diesem
kostbaren Nagel,
den vor begehrlichen
Augen ich berge.

Im Brotbeutel sind
ein Paar wollene Socken
und einiges, was ich
niemand verrate,

so dient es als Kissen
nachts meinem Kopf.
Die Pappe hier liegt
zwischen mir und der Erde.

Die Bleistiftmine
lieb ich am meisten:
Tags schreibt sie mir Verse,
die nachts ich erdacht.

Dies ist mein Notizbuch,
dies meine Zeltbahn,
dies ist mein Handtuch,
dies ist mein Zwirn.

4 Ordnen Sie das Gedicht in den historischen Kontext ein.

5 Erläutern Sie die Situation, auf die das lyrische Ich reagiert.

6 Fassen Sie die Aussagen zusammen, die Sie anhand der Bestandsaufnahme über die Lebensumstände herauslesen können.

7 Erschließen und interpretieren Sie das Gedicht schriftlich. Zeigen Sie dabei auch Merkmale der Trümmerliteratur auf.

Interpretation → S. 346 f.

8 *Diskutieren Sie, ausgehend von Ihren Kenntnissen über die sogenannte Trümmerliteratur, ob es in der Literatur einen Neuanfang mit einer „Stunde Null" geben kann.*

9 *Formulieren Sie mögliche Beweggründe für das Bedürfnis nach einer „Stunde Null".*

1.2 Schreiben nach Auschwitz – die Wiederentdeckung des Poetischen

Kulturkritik und Gesellschaft – Gedichte nach Auschwitz[1] (1951)

Theodor W. Adorno

1 Die Textauszüge folgen der originalen Rechtschreibung.

In Los Angeles entstand 1947 als Gemeinschaftsarbeit der beiden Wissenschaftler Theodor W. Adorno und Max Horkheimer (1895–1973) die „Dialektik der Aufklärung". Angesichts der Schoah (hebr. = Verfolgung und Ermordung der Juden zur Zeit des Nationalsozialismus) legten sie eine Geschichtsphilosophie der Gesellschaft nach Auschwitz vor, die über die marxistische Lehre des dialektischen und historischen Materialismus hinausging und eine grundsätzliche Kritik der Aufklärung darstellte, deren Fortschrittsoptimismus obsolet geworden war. Die industrielle Massenvernichtung führte für Adorno und Horkheimer zum Zusammenbruch der bisherigen Kultur. Adornos Thesen zur Literatur nach Auschwitz prägen sein gesamtes Werk:

Theodor W. Adorno (1903–1969), Philosoph, Soziologe, Musiktheoretiker und Komponist

„Der Begriff einer nach Auschwitz auferstandenen Kultur ist scheinhaft und widersinnig, und dafür hat jedes Gebilde, das überhaupt noch entsteht, den bitteren Preis zu bezahlen. Weil jedoch die Welt den eigenen Untergang überlebt hat, bedarf sie gleichwohl der Kunst als ihrer bewußtlosen Geschichtsschreibung. Die authentischen Künstler der Gegenwart sind die, in deren Werken das äußerste Grauen nachzittert."
„Jene zwanziger Jahre", 1962

„[N]ach Auschwitz ein Gedicht zu schreiben, ist barbarisch, und das frißt auch die Erkenntnis an, die ausspricht, warum es möglich ward, heute Gedichte zu schreiben."

„Keine Gesellschaft, die ihrem eigenen Begriff, dem der Menschheit, widerspricht, kann das volle Bewußtsein von sich selber haben."
„Kulturkritik und Gesellschaft", 1951

„Den Satz, nach Auschwitz noch Lyrik zu schreiben, sei barbarisch, möchte ich nicht mildern [...]."

„Das Übermaß an realem Leiden duldet kein Vergessen."

„Durchs ästhetische Stilisationsprinzip [...] erscheint das unausdenkliche Schicksal doch, als hätte es irgend Sinn gehabt; es wird verklärt, etwas von dem Grauen weggenommen; damit allein schon widerfährt den Opfern Unrecht [...]."
„Engagement", 1962

2 perennierend (lat. *perennis*): das ganze Jahr hindurch dauernd, bleibend

„Das perennierende[2] Leiden hat soviel Recht auf Ausdruck wie Gemarterte zu brüllen; darum mag falsch gewesen sein, nach Auschwitz ließe kein Gedicht mehr sich schreiben."
„Negative Dialektik", 1966

Bis heute finden sich Reaktionen auf Adornos Thesen. Viele Schriftsteller, vor allem die Lyriker, reagierten schockiert, provoziert und empört. Der Grundtenor in allen Beiträgen lautet: Die Literatur muss weiter bestehen. Die bekannteste Gegenthese stammt von Hans Magnus Enzensberger:

Hans Magnus Enzensberger (geb. 1929), Schriftsteller, Herausgeber, Übersetzer und Redakteur

„Wenn wir weiterleben wollen, muß dieser Satz widerlegt werden."
„Die Steine der Freiheit", 1959

1 **Diskutieren Sie Adornos Thesen anhand folgender Fragen:**
   - **Ist ein generelles Urteil über Gedichte nach Auschwitz sinnvoll?**
   - **Gilt das Darstellungsverbot auch für Gedichte über Auschwitz?**
   - **Enthält der Widerruf des Satzes vielleicht Aussichten für die Darstellung des Holocaust (Poetik der Holocaust-Lyrik)?**
   - **Gilt diese Aussage nur für die Lyrik oder die Kunst allgemein?**

2 **Nehmen Sie Stellung zu der Notwendigkeit, den Möglichkeiten und den Grenzen der Lyrik. Beziehen Sie sich dabei auch auf die Zitate.**

1 Fuge: musikalischer Begriff, der die gesetzmäßige, streng gebaute Form des mehrstimmigen Kontrapunkts meint

Todesfuge[1] (1948) *Paul Celan*

Schwarze Milch der Frühe wir trinken sie abends
wir trinken sie mittags und morgens wir trinken sie nachts
wir trinken und trinken
wir schaufeln ein Grab in den Lüften da liegt man nicht eng
Ein Mann wohnt im Haus der spielt mit den Schlangen der schreibt
der schreibt wenn es dunkelt nach Deutschland dein goldenes Haar Margarete
er schreibt es und tritt vor das Haus und es blitzen die Sterne er pfeift seine Rüden herbei
er pfeift seine Juden hervor lässt schaufeln ein Grab in der Erde
er befiehlt uns spielt auf nun zum Tanz

Paul Celan (geb. 1920 in der Bukowina, gest. 1970 durch Freitod in Paris)
Seine Eltern waren deutschsprachige Juden, die 1942 in ein Arbeitslager deportiert wurden. Sein Vater starb an Typhus, seine Mutter wurde erschossen. Celan musste wenig später auch in Arbeitslagern Zwangsarbeit leisten. Bereits in jungen Jahren beschäftigte sich Celan ausführlich mit der Lyrik Friedrich Hölderlins, Rainer Maria Rilkes und des französischen Symbolismus. Seit 1948 lebte er in Paris. Im Mai 1948 begegnete er Ingeborg Bachmann, mit der er ein Liebesverhältnis hatte. 1952 heiratete Celan die Künstlerin Gisèle de Lestrange. Im selben Jahr erschien bei der Deutschen Verlags-Anstalt in Stuttgart sein Gedichtband „Mohn und Gedächtnis" mit dem Gedicht „Todesfuge" als Auseinandersetzung mit der Massenvernichtung der Juden während der Zeit des Nationalsozialismus. Er stellte sich gegen das Diktum Theodor W. Adornos, dass nach der Erfahrung von Auschwitz in Deutschland kein Gedicht mehr geschrieben werden könne.

Schwarze Milch der Frühe wir trinken dich nachts
wir trinken dich morgens und mittags wir trinken dich abends
wir trinken und trinken
Ein Mann wohnt im Haus und spielt mit den Schlangen der schreibt
der schreibt wenn es dunkelt nach Deutschland dein goldenes Haar
Margarete
Dein aschenes Haar Sulamith wir schaufeln ein Grab in den Lüften da liegt
man nicht eng

Er ruft stecht tiefer ins Erdreich ihr einen ihr andern singet und spielt
er greift nach dem Eisen im Gurt er schwingts seine Augen sind blau
stecht tiefer die Spaten ihr einen ihr andern spielt weiter zum Tanz auf

Schwarze Milch der Frühe wir trinken dich nachts
wir trinken dich mittags und morgens wir trinken dich abends
wir trinken und trinken
ein Mann wohnt im Haus dein goldenes Haar Margarete
dein aschenes Haar Sulamith er spielt mit den Schlangen

Er ruft spielt süßer den Tod der Tod ist ein Meister aus Deutschland
er ruft streicht dunkler die Geigen dann steigt ihr als Rauch in die Luft
dann habt ihr ein Grab in den Wolken da liegt man nicht eng

Schwarze Milch der Frühe wir trinken dich nachts
wir trinken dich mittags der Tod ist ein Meister aus Deutschland
wir trinken dich abends und morgens wir trinken und trinken
der Tod ist ein Meister aus Deutschland sein Auge ist blau
er trifft dich mit bleierner Kugel er trifft dich genau
ein Mann wohnt im Haus dein goldenes Haar Margarete
er hetzt seine Rüden auf uns er schenkt uns ein Grab in der Luft
er spielt mit den Schlangen und träumet der Tod ist ein Meister aus
Deutschland

dein goldenes Haar Margarete
dein aschenes Haar Sulamith

3 *Erarbeiten Sie gemeinsam in Ihrer Klasse im literarischen Gespräch eine erste Interpretation.*

4 *Um das Gedicht „Todesfuge" aus seiner Zeitbedingtheit heraus zu verstehen, sollten Sie im Vorfeld der Interpretation auch den historischen Kontext einbeziehen: Geschichte des Holocaust, Verhältnisse im Vernichtungslager Auschwitz, Verhalten der Lagerkommandanten (hier vor allem auch: Kommandant in Auschwitz. Autobiografische Aufzeichnungen des Rudolf Höß. Hg. Martin Broszat. München 2006).*

„Neue Sachlichkeit"
→ S. 94 f.

Felix Nussbaum: „Triumph des Todes" („Die Gerippe spielen zum Tanz"), 1944 – **Felix Nussbaum** (geb. 1904, 1944 ermordet in Auschwitz-Birkenau) war ein deutsch-jüdischer Maler der „Neuen Sachlichkeit".

5 *Erschließen Sie Aufbau, Sprache und Motive des Gedichts. Klären Sie dabei auch den Begriff „Chiffre" und wenden Sie ihn auf das Gedicht an. Informieren Sie sich zunächst im Basiswissen über den Begriff „Chiffre".*

Basis

Die rhetorische Figur der Chiffre und hermetische Lyrik

Die **Chiffre** gehört zu den prägenden Stilfiguren der modernen Lyrik. Sie erscheint damit als rätselhafter Ausdruck, dessen Bedeutung allein **aus dem Textzusammenhang** oder durch genaue Kenntnis des Autors zu entschlüsseln ist. Wie in Celans „Schwarze Milch der Frühe" werden dabei Alltagsbegriffen oder einfachen Wortverbindungen neue, bildhafte Bedeutungen mit einem **unabhängigen Sinn** zugewiesen.

Die Chiffre ist ein zentraler Bestandteil der **hermetischen Lyrik**. Zu dieser Form der Lyrik zählen Gedichte, deren Bedeutungsfelder sich einem unmittelbaren Verständnis entziehen. Der Begriff leitet sich aus dem Griechischen her und bedeutet „luftdicht" oder „fest verschlossen". Im hermetischen Gedicht löst sich der Autor von herkömmlichen Sprachstrukturen. Er verschlüsselt die Sprache und formt sie zugleich nach Prinzipien der Lyrik.

6 Recherchieren Sie die Rezeptionsgeschichte der „Todesfuge" und überprüfen Sie die Aussagekraft des Gedichts in der heutigen Zeit.

7 Nehmen Sie vor dem Hintergrund des Urteils von Theodor W. Adorno, es sei unmöglich, nach Auschwitz noch Gedichte zu schreiben, Stellung zu der These, Celan habe mit diesem Gedicht – absichtlich oder unabsichtlich – die furchtbare Wahrheit ästhetisch verharmlost. Beziehen Sie sich bei Ihren Ausführungen auch auf Ihre bisherigen Arbeitsergebnisse.

8 Erarbeiten Sie Möglichkeiten des Vortrags, die der Aussage und Thematik angemessen sein könnten.

1.3 „Die Erinnerung liebt das Versteckspiel der Kinder" – Auseinandersetzung mit der Vergangenheit und Politisierung

Die Ermittlung (1965) *Peter Weiss*

Das Material zu diesem Dokumentarstück stammt aus dem Auschwitz-Prozess in Frankfurt (1963–1965), an dem Peter Weiss als Beobachter teilnahm. Die Aussagen der Zeugen und Angeklagten hat er sprachlich nur leicht überarbeitet und in Verse gesetzt. Das Oratorium[1] beginnt mit dem „Gesang an der Rampe". Über die Ankunft der ins Lager Verbannten und zum Tode Verdammten wird aus zwei verschiedenen Perspektiven berichtet.

1 Oratorium: Ein Oratorium ist ursprünglich ein musikalisches Tonstück, in dem Solostimmen und Chöre eine längere Folge von Geschehnissen aus der Bibel vortragen.

[...]
Zeuge 3 Wir fuhren durch eine flache Gegend
die von Scheinwerfern beleuchtet wurde
Dann näherten wir uns einem langgestreckten
scheunenähnlichen Gebäude
Da war ein Turm
und darunter ein gewölbtes Tor
Ehe wir durch das Tor einfuhren
pfiff die Lokomotive
Der Zug hielt
Die Waggontüren wurden aufgerissen
Häftlinge in gestreiften Anzügen erschienen
und schrien zu uns herein
Los raus schnell schnell
Es waren anderthalb Meter herab zum Boden
Da lag Schotter
Die Alten und Kranken fielen
in die scharfen Steine

Peter Weiss (geb. 1916 in Nowawes bei Berlin als Sohn jüdischer Eltern; gest. 1982 in Stockholm) floh 1934 mit seiner Familie über London und Prag nach Schweden. Bekannt wurde er vor allem durch das Theaterstück „Die Ermittlung" und sein Spätwerk „Ästhetik des Widerstands", an dem er seit 1972 gearbeitet hatte.

„Das dokumentarische Theater ist ein Theater der Berichterstattung; Protokolle, Akten, Briefe, statistische Tabellen, [...] bilden die Grundlage der Aufführung. Das dokumentarische Theater enthält sich jeder Erfindung, es übernimmt authentisches Material und gibt dies, im Inhalt unverändert, in der Form bearbeitet, von der Bühne aus wieder. Im Unterschied zum ungeordneten Charakter des Nachrichtenmaterials, das täglich von allen Seiten auf uns eindringt, wird auf der Bühne eine Auswahl gezeigt, die sich auf ein bestimmtes, zumeist soziales oder politisches Thema konzentriert. Diese kritische Auswahl und das Prinzip, nach dem Ausschnitte der Realität montiert werden, ergeben die Qualität der dokumentarischen Dramatik."
Peter Weiss, „Notizen zum dokumentarischen Theater", 1968

Die Toten und das Gepäck wurden herausgeworfen
Dann hieß es
Alles liegen lassen
Frauen und Kinder rüber
Männer auf die andere Seite
Ich verlor meine Familie aus den Augen
Überall schrien die Menschen
nach ihren Angehörigen
Mit Stöcken wurde auf sie eingeschlagen
Hunde bellten
Von den Wachtürmen waren Scheinwerfer
und Maschinengewehre
auf uns gerichtet
Am Ende der Rampe war der Himmel
rot gefärbt
Die Luft war voll von Rauch
Der Rauch roch süßlich und versengt
Dies war der Rauch
der fortan blieb

Zeugin 4 Ich hörte meinen Mann noch
nach mir rufen
Wir wurden aufgestellt
und durften den Platz nicht mehr wechseln
Wir waren eine Gruppe
von 100 Frauen und Kindern
wir standen zu fünft in einer Reihe
Dann mussten wir an ein paar Offizieren
vorbeigehn
Einer von ihnen hielt die Hand in Brusthöhe
und winkte mit dem Finger
nach links und rechts
Die Kinder und die alten Frauen
kamen nach links
ich kam nach rechts
Die linke Gruppe musste über die Schienen
zu einem Weg gehen
Einen Augenblick lang sah ich meine Mutter
bei den Kindern
da war ich beruhigt und dachte
wir werden uns schon wiederfinden

„Die Stärke des dokumentarischen Theaters liegt darin, dass es aus den Fragmenten der Wirklichkeit ein verwendbares Muster, ein Modell der aktuellen Vorgänge, zusammenzustellen vermag. Es befindet sich nicht im Zentrum des Ereignisses, sondern nimmt die Stellung des Beobachtenden und Analysierenden ein. Mit seiner Schnitttechnik hebt es deutlich Einzelheiten aus dem chaotischen Material der äußeren Realität hervor. […] Was bei der offenen Improvisation, beim politisch gefärbten Happening, zur diffusen Spannung, zur emotionalen Anteilnahme und zur Illusion eines Engagements am Zeitgeschehen führt, wird im dokumentarischen Theater aufmerksam, bewusst und reflektierend behandelt."
Peter Weiss

Richter Hatten Sie bei der Ausübung Ihrer Arbeit Gewalt anzuwenden
Angeklagter 8 Da war immer ein großes Durcheinander
und da hat es natürlich mal
eine Zurechtweisung
oder eine Ohrfeige gegeben
Ich habe nur meinen Dienst gemacht
Wo ich hingestellt werde
mache ich eben meinen Dienst
[…]
Ich persönlich
habe mich immer anständig benommen
Was sollte ich denn machen
Befehle mussten ausgeführt werden
Und dafür habe ich jetzt
dieses Verfahren auf dem Hals
Herr Staatsanwalt
ich habe ruhig gelebt
wie alle andern auch
und da holt man mich
plötzlich raus
und schreit nach Hofmann
Das ist der Hofmann
sagt man
Ich weiß überhaupt nicht
was man von mir will.
[…]

Szenenbild aus „Die Ermittlung", aufgeführt im Sitzungssaal der Volkskammer Berlin (DDR) am 18. 10. 1965

1 *Erläutern Sie die Wirkung des Textes.*
2 *Weisen Sie anhand des Textausschnittes und mithilfe des Basiswissens nach, inwiefern dieses Werk politisiert. Gehen Sie dabei besonders auf Adressaten und Intention des Werkes ein.*

Basis

Politisierung der Literatur

Vor allem in der Zeit des wirtschaftlichen Aufschwungs der Bundesrepublik Deutschland kritisieren viele Schriftsteller und Intellektuelle – insbesondere Autoren der Gruppe 47 –, dass der geistige Aufschwung ausgeblieben sei, eine ernsthafte und ehrliche Auseinandersetzung mit der Vergangenheit nicht stattgefunden habe und teilweise die Schuldigen, Täter und Mitwisser aus der Zeit des Nationalsozialismus in neuen Funktionen weiterarbeiten dürften, ohne dass sie je zur Rechenschaft gezogen worden seien. In der Literatur findet sich vor allem der Vorwurf der Verlogenheit und der Verdrängung. Die Auseinandersetzung mit der sogenannten Vätergeneration beginnt. Diese Literatur will verhindern, dass es sich die Vätergeneration durch gegenseitiges Stillhalten und Schweigen in der neuen Bundesrepublik bequem machen kann. „Seid unbequem, seid Sand, nicht das Öl im

Getriebe der Welt!" (Günter Eich). Autoren wie Peter Weiss versuchen, mit einem scheinbar unverfälschten, jedoch literarisch bearbeiteten Dokumentartheater das Unsagbare fassbar zu machen, indem sie authentisches Material verarbeiten. Günter Grass: „Die Blechtrommel" (1959), Alfred Andersch: „Der Vater eines Mörders" (1980), Heinrich Böll: „Ansichten eines Clowns" (1963), Siegfried Lenz: „Deutschstunde" (1968) behandeln auch politische und gesellschaftskritische Fragen in ihren Werken.

Gruppe 47 → S. 222 f.

3 Verfassen Sie eine Anklageschrift gegen den Angeklagten 8 (Hofmann).

4 Erschließen Sie den Szenenausschnitt, indem Sie Inhalt und Aufbau sowie die dramaturgischen und sprachlich-stilistischen Gestaltungsmittel untersuchen.

5 Erläutern Sie die Funktion der Darstellungsform „Oratorium" für die Gesamtaussage des Textes und im Hinblick auf die Intention des Autors (vgl. Randspalte, S. 214/15).

6 Verfassen Sie eine Interpretation, die Thema, Gestaltungsweise, Zielsetzung des Textes und Leserwirkung berücksichtigt.

Interpretation → S. 346 f.

7 Fassen Sie die Aussagen des Autors zum Dokumentartheater zusammen und diskutieren Sie unter Berücksichtigung Ihrer bisherigen Arbeitsergebnisse Möglichkeiten und Grenzen dieser Theaterform (vgl. Randspalte, S. 214 f.). Nutzen Sie dazu auch das nachfolgende Basiswissen.

Basis

Dokumentartheater

„Das Dokumentartheater ist eine moderne Form des politischen Dramas, dessen Handlung aus der Zusammenstellung von authentischen, nicht fiktionalen Materialien besteht, z. B. Zeitungsartikeln, Gerichtsprotokollen, Akten, Interviews, Reden, Filmausschnitten, Fotos. Die Dokumente erfüllen die Aufgabe, die Wahrhaftigkeit der Bühnenhandlung zu beglaubigen und zeitgeschichtliche Ereignisse zur Diskussion zu stellen. Dies geschieht zumeist in gesellschaftskritischer Absicht." (Christoph Schappert)

Der Versuch, mit Originaltexten zu arbeiten, suggeriert eine größtmögliche Authentizität. Die so entstehenden Texte stellen aber keine Wiedergabe der Realität dar. Ihre Auswahl und Reihenfolge (Kürzung, Zusammenstellung, Konzentration auf das Wesentliche) ist höchst subjektiv, somit liegt ein fiktionaler Text vor. Weitere Beispiele sind Rolf Hochhuth: „Der Stellvertreter" (1963), Heinar Kipphardt: „In der Sache J. Robert Oppenheimer" (1964).

episches Theater → S. 160 ff.

8 Vergleichen Sie das dokumentarische Theater mit dem epischen Theater Brechts, indem Sie eine vergleichende Übersicht anlegen. Fassen Sie Ihr Ergebnis in schriftlicher Form zusammen.

1 Der Text folgt der originalen Rechtschreibung.

Die Blechtrommel[1] (1959) *Günter Grass*

Aus der Perspektive Oskar Matzeraths, der aus Protest gegen die Erwachsenenwelt im dritten Lebensjahr sein Wachstum einstellt, werden Lebensschicksale aus der Zeit zwischen 1930 und 1950 erzählt. Oskar distanziert sich bewusst von der Gesellschaft der Fünfzigerjahre.

Günter Grass (geb. 1927 in Danzig-Langfuhr) gilt als einer der bedeutendsten deutschsprachigen Autoren der Gegenwart. Weniger bekannt, aber ebenso aktiv ist er als Bildhauer, Maler und Grafiker tätig. Grass war Mitglied der Gruppe 47. Mit dem Roman „Die Blechtrommel" entwickelte sich Günter Grass zur moralischen Instanz und zum Gewissen der deutschen Gesellschaft, eine Rolle, die er durch seine späten Enthüllungen über sein Verhalten am Ende des Zweiten Weltkriegs zur Diskussion stellte. 1999 erhielt Günter Grass den Literaturnobelpreis.

Textausschnitt 1: Der weite Rock (Romanbeginn)

Zugegeben: ich bin Insasse einer Heil- und Pflegeanstalt, mein Pfleger beobachtet mich, läßt mich kaum aus dem Auge; denn in der Tür ist ein Guckloch, und meines Pflegers Auge ist von jenem Braun, welches mich, den Blauäugigen, nicht durchschauen kann.

Mein Pfleger kann also gar nicht mein Feind sein. Liebgewonnen habe ich ihn, erzähle dem Gucker hinter der Tür, sobald er mein Zimmer betritt, Begebenheiten aus meinem Leben, damit er mich trotz des ihn hindernden Guckloches kennenlernt. Der Gute scheint meine Erzählungen zu schätzen, denn sobald ich ihm etwas vorgelogen habe, zeigt er mir, um sich erkenntlich zu geben, sein neuestes Knotengebilde. Ob er ein Künstler ist, bleibe dahingestellt. Eine Ausstellung seiner Kreationen würde jedoch von der Presse gut aufgenommen werden, auch einige Käufer herbeilocken. Er knotet ordinäre Bindfäden, die er nach den Besuchsstunden in den Zimmern seiner Patienten sammelt und entwirrt, zu vielschichtig verknorpelten Gespenstern, taucht diese dann in Gips, läßt sie erstarren und spießt sie mit Stricknadeln, die auf Holzsöckelchen befestigt sind.

Oft spielt er mit dem Gedanken, seine Werke farbig zu gestalten. Ich rate davon ab, weise auf mein weißlackiertes Metallbett hin und bitte ihn, sich dieses vollkommenste Bett bunt bemalt vorzustellen. Entsetzt schlägt er dann seine Pflegerhände über dem Kopf zusammen, versucht in etwas zu starrem Gesicht allen Schrecken gleichzeitig Ausdruck zu geben und nimmt Abstand von seinen farbigen Plänen.

Mein weißlackiertes metallenes Anstaltsbett ist also ein Maßstab. Mir ist es sogar mehr: Mein Bett ist das endlich erreichte Ziel, mein Trost ist es und könnte mein Glaube werden, wenn mir die Anstaltsleitung erlaubte, einige Änderungen vorzunehmen: Das Bettgitter möchte ich erhöhen lassen, damit mir niemand mehr zu nahe tritt.

[...]

1 Der Text folgt der originalen Rechtschreibung.

Die Blechtrommel[1] (1959) *Günter Grass*

Textausschnitt 2

[... N]ichts gab es da zu essen, und wer was essen wollte, der mußte woanders hingehen, ins „Fischl" und nicht in den Zwiebelkeller, denn da wurden nur Zwiebeln geschnitten. Und warum das? Weil der Keller so hieß

David Bennent als Oskar Matzerath in Volker Schlöndorffs Verfilmung „Die Blechtrommel" (1979)

und was Besonderes war, weil die Zwiebel, die geschnittene Zwiebel, wenn man genau hinschaut ... nein, Schmuhs Gäste sahen nichts mehr oder einige sahen nichts mehr, denen liefen die Augen über, nicht weil die Herzen so voll waren; denn es ist gar nicht gesagt, daß bei vollem Herzen sogleich auch das Auge überlaufen muß, manche schaffen das nie, besonders während der letzten oder verflossenen Jahrzehnte, deshalb wird unser Jahrhundert später einmal das tränenlose Jahrhundert genannt werden, obgleich soviel Leid allenthalben – und genau aus diesem tränenlosen Grunde gingen Leute, die es sich leisten konnten, in Schmuhs Zwiebelkeller, ließen sich vom Wirt ein Hackbrettchen – Schwein oder Fisch –, ein Küchenmesser für achtzig Pfennige und eine ordinäre Feld-Garten-Küchenzwiebel für zwölf Mark servieren, schnitten die klein und kleiner, bis der Saft es schaffte, was schaffte? Schaffte, was die Welt und das Leid dieser Welt nicht schafften: die runde menschliche Träne. Da wurde geweint. Da wurde endlich wieder einmal geweint. Anständig geweint, hemmungslos geweint, freiweg geweint. Da floß es und schwemmte fort. Da kam der Regen. Da fiel der Tau. Schleusen fallen Oskar ein, die geöffnet werden. Dammbrüche bei Springflut. Wie heißt doch der Fluß, der jedes Jahr über die Ufer tritt, und die Regierung tut nichts dagegen? Und nach dem Naturereignis für zwölf Mark achtzig spricht der Mensch, der sich ausgeweint hat. Zögernd noch, erstaunt über die eigene nackte Sprache, überließen sich die Gäste des Zwiebelkellers nach dem Genuß der Zwiebeln ihren Nachbarn auf den unbequemen, rupfenbespannten Kisten, ließen sich ausfragen, wenden, wie man Mäntel wendet. [...]

Beim Häuten der Zwiebel[1] (2006) *Günter Grass*

1 Der Text folgt der originalen Rechtschreibung.

Im Sommer 2006 hat Grass das Motiv der Zwiebel wieder aufgegriffen, und zwar als Titel seines autobiografischen Berichts „Beim Häuten der Zwiebel". In diesem Bericht ist das Geständnis des Autors enthalten, mit 17 Jahren kurz vor Kriegsende zur Waffen-SS eingezogen worden zu sein. Diese späte Mitteilung hat eine breite Mediendebatte entfacht, in deren Mittelpunkt die Frage nach der moralischen Bewertung dieser späten Offenbarung steht.

Textausschnitt 3

[...] Die Erinnerung liebt das Versteckspiel der Kinder. Sie verkriecht sich. Zum Schönreden neigt sie und schmückt gerne, oft ohne Not. Sie widerspricht dem Gedächtnis, das sich pedantisch gibt und zänkisch rechthaben will. Wenn ihr mit Fragen zugesetzt wird, gleicht die Erinnerung einer Zwiebel, die gehäutet sein möchte, damit freigelegt werden kann, was Buchstab nach Buchstab ablesbar steht: selten eindeutig, oft in Spiegelschrift oder sonstwie verrätselt.

[...]

9 *Erläutern Sie die Kernaussage des Romanbeginns (Textausschnitt 1) und deren Bedeutung.*

10 *Erschließen Sie Textausschnitt 2 schriftlich, indem Sie ihn zusammenfassen und anschließend erzählstrukturell sowie sprachlich-stilistisch untersuchen. Erläutern Sie dabei auch die Kritik, die der Erzähler in der Passage äußert.*

11 *Vergleichen Sie die literarischen Bilder (Heilanstalt – Geschehen im Zwiebelkeller) in den beiden Textauszügen der „Blechtrommel". Erklären Sie Unterschiede und Gemeinsamkeiten im Zusammenhang mit der Aussageabsicht der beiden Textstellen.*

12 *In Textausschnitt 3 greift Grass das Bild der Zwiebel wieder auf. Erklären Sie die Bedeutung des Bildes in diesem Text.*

13 *Formulieren Sie die Vorwürfe und die Gesellschaftskritik, die in den Textauszügen von Günter Grass deutlich werden. Vergleichen Sie die Textausschnitte mit dem von Peter Weiss.*

P. Weiss: „Die Ermittlung" → S. 213 ff.

14 *Informieren Sie sich näher über die Biografie des Autors und über die Diskussion, die sein spätes Bekenntnis (2007), bei der Waffen-SS gewesen zu sein, auslöste. Verfassen Sie im Anschluss einen Kommentar, in dem Sie zu öffentlichen Äußerungen über Grass als moralische Instanz und zur Wertung oder Neubewertung seines Werkes Stellung beziehen. Berücksichtigen Sie dabei auch Ihre bisherigen Arbeitsergebnisse.*

Kommentar → S. 330

1.4 „Neue Subjektivität" – Wendung ins Private und Bekenntnishafte

Malina (1971) *Ingeborg Bachmann*

„Malina", der erste Band der unvollendet gebliebenen Romantrilogie „Todesarten", ist der einzige Roman Ingeborg Bachmanns. Die Protagonistin lebt in Wien und reflektiert und beschreibt ihr Leben als Geliebte zwischen zwei Männern, Ivan und Malina. In dieser Dreiecksgeschichte, in der zwei der Beteiligten in Wahrheit eine Person sind, findet das eigentliche Geschehen im Innern der Ich-Erzählerin statt.

[...] und Ivan ruft an, mittags nach dem Büro, seine Stimme ist kaum zu erkennen.

Zu Tod erschöpft, ja erschöpft
Ich bin einfach tot
Nein, ich glaube nicht, gerade habe ich
Ich habe mich hingelegt, ich bin einfach
Endlich einmal, einmal werde ich ausschlafen
Ich werde heute ganz früh schlafen gehen und du

Ingeborg Bachmann (geb. 1926 in Klagenfurt; gest. 1973 in Rom) gilt als eine der bedeutendsten deutschsprachigen Lyrikerinnen und Prosaschriftstellerinnen des 20. Jahrhunderts. 1953 erhielt sie den Literaturpreis der Gruppe 47 für den Gedichtband „Die gestundete Zeit“. Ab 1960 lebte sie mit Max Frisch in Rom zusammen. Ihr erster Erzählband „Das dreißigste Jahr“ erschien 1961 und erhielt den Deutschen Kritikerpreis; 1964 wurde Ingeborg Bachmann der Büchner-Preis verliehen. Die Geschichten „Ein Schritt nach Gomorrha“ und „Undine geht“, die aus einer weiblichen Perspektive erzählt werden, zählen zu den frühesten feministischen Äußerungen der deutschsprachigen Literatur der Nachkriegszeit. Die Trennung von Max Frisch 1962 verkraftete sie nur schwer. Sie zog sich immer mehr aus der Öffentlichkeit zurück und litt unter Tabletten- und Alkoholabhängigkeit.

Ich bin schon am Einschlafen, aber heute Abend
So geh doch einmal früher schlafen
Wie eine tote Fliege, kann ich dir gar nicht beschreiben
Wenn du natürlich so müde bist
Eben war ich noch furchtbar müde, zum Sterben
Dann heute Abend also lieber nicht
Wenn du natürlich jetzt nicht so müde wärst
Ich glaube, ich höre nicht recht
Dann hör einmal genau zu
Du bist doch am Einschlafen
Jetzt natürlich nicht, ich bin doch nur müde
Du musst aber die Müdigkeit ausschlafen
Ich habe das Haustor offen gelassen
Müde bin ich schon, aber du musst ja müder sein
......
Jetzt natürlich, wann denn sonst
......
Ich will dich sofort hier haben!

Ich werfe den Hörer hin, werfe meine Müdigkeit ab, laufe die Stiege hinunter und schräg über die Straße. Das Haustor Nummer 9 ist angelehnt, die Zimmertür angelehnt, und jetzt wiederholt Ivan noch einmal alle Sätze über Müdigkeit und ich auch alle, bis wir zu müde und zu erschöpft sind, um uns das Ausmaß der Erschöpfungen vorklagen zu können, wir hören zu reden auf und machen einander wach, trotz der größten Müdigkeit, und bis der Weckdienst oo anruft, höre ich nicht auf, Ivan, der noch eine Viertelstunde schlafen darf, im Halbdunkel anzusehen, zu hoffen, zu betteln und zu meinen, einen Satz gehört zu haben, der nicht nur von der Müdigkeit gekommen ist, einen Satz, der mich versichert in der Welt, aber um meine Augen zieht sich etwas zusammen, die Absonderung aus den Drüsen ist so gering, sie reicht nicht einmal für eine Träne in jedem Augenwinkel. Genügt ein Satz denn, jemand zu versichern, um den es geschehen ist? Es müsste eine Versicherung geben, die nicht von dieser Welt ist. [...]

Aber da Ivan mich nicht liebt, mich auch nicht braucht, warum sollte er mich eines Tages lieben oder brauchen? Er sieht nur mein glatter werdendes Gesicht und freut sich, wenn er mich zum Lachen bringt, und er wird mir wieder erklären, dass wir gegen alles versichert sind, wie unsere Autos, gegen die Erdbeben und die Hurrikane, gegen die Diebstähle und die Unfälle, gegen die Feuersbrünste und gegen den Hagel, aber ich bin versichert in einem Satz und in sonst nichts. Die Welt kennt keine Versicherung für mich. [...]

Ich sehe Malina unverwandt an, aber er sieht nicht auf. Ich stehe auf und denke, wenn er nicht sofort etwas sagt, wenn er mich nicht aufhält, ist es Mord, und ich entferne mich, weil ich es nicht mehr sagen kann. Es ist nicht

mehr ganz furchtbar, nur unser Auseinandergeraten ist furchtbarer als jedes Aneinandergeraten. Ich habe in Ivan gelebt und ich sterbe in Malina.

Malina trinkt noch immer seinen Kaffee. Es ist ein „Holla“ zu hören vom anderen Hoffenster herüber. Ich bin an die Wand gegangen, ich gehe in die Wand, ich halte den Atem an. Ich hätte noch auf einen Zettel schreiben müssen: Es war nicht Malina. Aber die Wand tut sich auf, ich bin in der Wand und für Malina kann nur der Riss zu sehen sein, den wir schon lange gesehen haben. Er wird denken, dass ich aus dem Zimmer gegangen bin.

Das Telefon läutet, Malina hebt es ab, er spielt mit meiner Sonnenbrille und zerbricht sie, er spielt dann mit einem blauen Glaswürfel, der doch mir gehört. Nie gedankt dem Absender, Spender unbekannt. Er spielt aber nicht nur, denn er rückt schon meinen Leuchter weg. Er sagt: Hallo! Eine Weile sagt Malina nichts, dann kalt und ungeduldig: Sie haben sich in der Nummer geirrt. Er hat meine Brille zerbrochen, er wirft sie in den Papierkorb, es sind meine Augen, er schleudert den blauen Glaswürfel nach, es ist der zweite Stein aus einem Traum, er lässt meine Kaffeeschale verschwinden, er versucht, eine Schallplatte zu zerbrechen, sie bricht aber nicht, sie biegt sich und leistet den größten Widerstand, und dann kracht es doch, er räumt den Tisch ab, er zerreißt ein paar Briefe, er wirft mein Vermächtnis weg, es fällt alles in den Papierkorb. Er lässt eine Blechbüchse mit Schlaftabletten zwischen die Papierfetzen fallen, sucht noch etwas und schaut um sich, er räumt den Leuchter noch weiter weg, versteckt ihn zuletzt, als könnten die Kinder ihn jemals erreichen, und es ist etwas in der Wand, es kann nicht mehr schreien, aber es schreit doch: Ivan!

Malina sieht genau um sich, er sieht alles, aber er hört nicht mehr. Nur seine kleine grüngerandete Schale steht noch da, sie allein, das Beweisstück, dass er allein ist. Das Telefon läutet wieder. Malina zögert, aber er geht doch wieder hin. Er weiß, es ist Ivan. Malina sagt: Hallo? Und wieder sagt er eine Weile nichts.

Wie bitte?
Nein?
Dann habe ich mich nicht richtig ausgedrückt.
Es muss ein Irrtum sein.
Die Nummer ist 723144.
Ja, Ungargasse 6.
Nein, gibt es nicht.
Hier ist keine Frau.
Ich sage doch, hier war nie jemand dieses Namens.
Es gibt sonst niemand hier.
Meine Nummer ist 723144.

Mein Name?
Malina.

Schritte, immerzu Malinas Schritte, leiser die Schritte, leiseste Schritte. Ein Stillstehen. Kein Alarm, keine Sirenen. Es kommt niemand zu Hilfe. Der Rettungswagen nicht und nicht die Polizei. Es ist eine sehr alte, eine sehr starke Wand, aus der niemand fallen kann, die niemand aufbrechen kann, aus der nie mehr etwas laut werden kann.

Es war Mord.

Interpretation → S. 346 f.

1 *Erschließen und interpretieren Sie den Textausschnitt schriftlich. Beachten Sie, dass der Text zur „Neuen Subjektivität" gezählt wird (vgl. Basiswissen). Erklären Sie die Aussage des Schlusssatzes.*
2 *Erklären Sie die Problematik der Sprachlosigkeit in einer zwischenmenschlichen Beziehung und zeigen Sie vergleichend, wie dieses Thema in einem weiteren literarischen Werk gestaltet wird.*

Basis

„Neue Subjektivität"
Der Begriff „Neue Subjektivität" kennzeichnet eine Tendenzwende in der westdeutschen Literatur der Siebzigerjahre, die sowohl als Gegenbewegung zu kulturellen und politischen Positionen aus dem Umkreis der Studentenproteste der späten Sechzigerjahre verstanden werden kann als auch als deren Weiterentwicklung. Die „Neue Subjektivität" ist geprägt vom Unbehagen an gesellschaftstheoretischen Abstraktionen und politischen Aktionismen, welche die Befindlichkeit des Einzelnen vernachlässigt.

2. Ein Phänomen des literarischen Lebens – die Gruppe 47

2.1 Die Gruppe 47 – Mythos und Fakten

Die Gruppe 47
Die Gruppe 47 war ein offener Kreis von Schriftstellern und Publizisten, der sich nach den Verwüstungen durch Nationalsozialismus und Krieg 1947 um Hans Werner Richter bildete. Die Gruppe, zu deren Gründungsmitgliedern Autoren wie Alfred Andersch und Wolfdietrich Schnurre gehörten, suchte nach geistiger und moralischer Neuorientierung und trat für ein anderes demokratisches Deutschland ein. Sie hatte aber kein festes Programm. Sie traf sich jährlich an wechselnden

Orten zu Tagungen, an denen unveröffentlichte Werke gelesen und besprochen wurden. Der beste Tagungsbeitrag erhielt jeweils den Preis der Gruppe 47. Zu den Preisträgern gehören Günter Eich, Heinrich Böll, Ilse Aichinger, Ingeborg Bachmann, Martin Walser, Günter Grass, Johannes Bobrowski, Peter Bichsel, Jurek Becker.

Lesen auf dem elektrischen Stuhl (2007)

Für manche war sie ein „deutsches Wunder", andere nannten ihre Mitglieder „Meinungsterroristen" – vor 60 Jahren gründete sich die Gruppe 47

Es war weder ein Club noch ein Verein und eine Satzung hatte die Gruppe 47 erst recht nicht.

H. W. Richter → S. 224

„Zwanzig Jahre lang hat die ‚Gruppe 47' existiert, zwanzig Jahre lang hat dieses ambulante Romanische Café einen außerordentlich starken und alles in allem segensreichen Einfluss auf die deutschsprachige Literatur der Gegenwart ausgeübt."
Marcel Reich-Ranicki

[...] Eine Gruppe, die nur aus Postkarten-Einladungen zusammengehalten wurde. Absender war stets Hans Werner Richter (1908–1993), der die jungen Autoren und die etablierten Kollegen zu den Runden einlud. Dort nahmen sie Platz auf dem „elektrischen Stuhl", um aus ihren neuen Texten vorzulesen, sich kritisieren oder manchmal auch loben zu lassen.

Zwischen der ersten Tagung am 6. und 7. September 1947 am Bannwaldsee in Füssen bis zum letzten Gefecht im Gasthof „Pulvermühle" bei Waischenfeld in Oberfranken zog die Gruppe als wandelndes Romanisches Café vor allem durch Süddeutschland. Jeweils einmal wurden Begegnungen auch in Schweden, in Italien und trotz heftiger Proteste einiger Mitglieder auch im US-amerikanischen Princeton abgehalten.

[...]

Martin Walser
(geb. 1927)

Marcel Reich-Ranicki
(geb. 1920 in Polen) ist Publizist, der aus einer jüdischen deutsch-polnischen Mittelstandsfamilie stammt. Er gilt als der einflussreichste deutschsprachige Literaturkritiker der Gegenwart.

Die rund 30 Treffen in 20 Jahren waren „Theaterstücke mit einem unbekannten Text", wie sich jüngst Martin Walser erinnerte. Auch „Szenen äußerster Peinlichkeit" habe es gegeben. Und die Intrigen seien „auf keine Kuhhaut" gegangen, schrieb Reich-Ranicki. Die Gruppe wurde allmählich auch für eine größere Öffentlichkeit interessant und auch jenseits des Literaturbetriebs wahrgenommen. „Viele Jahre hatten die Verleger skeptisch abseits gestanden. Nun kauften sie fast alles, was auf einer Tagung gelesen wurde, oft auch Manuskripte, die nur einen mäßigen Erfolg hatten", erinnerte sich Richter später. Die Tagungen drohten zu „Massenveranstaltungen" zu werden.

Hans Christoph Buch
(geb. 1944)

Hubert Fichte
(1933–1986)

Gisela Elsner
(1937–1992)

Zu einem Wendepunkt wurde die Tagung 1958 in Großholzleute im Allgäu. Bis dahin hatte die „Generation der Kriegskinder" die Szene beherrscht. Nun wurden erste Risse deutlich. Viele Autoren begannen, sich politisch zu engagieren, vor allem für die SPD. Und die vorgetragenen Texte wurden immer mehr zu einer „Literatur der reinen Form", wie Richter in seinen Erinnerungen schrieb. Zu ihren Sprechern gehörten junge Autoren wie Hans Christoph Buch, Hubert Fichte und Gisela Elsner.

Hans Mayer (1907–2001)

Mit dem Einstieg des Literaturwissenschaftlers Hans Mayer, der nach einem Westbesuch nicht mehr in die DDR zurückkehrte, gewannen langsam die Kritiker die Oberhand. „Der Autor las nicht mehr anderen Autoren seine Arbeit vor", sondern einer „geschlossenen Gruppe von Berufskritikern", die die Texte wie „kostbare Edelsteine" behandelten. Nicht mehr die Debatte stand im Vordergrund, sondern das Urteil von Fachleuten. Zu den großen Verdiensten Richters gehört wohl die Entdeckung Ingeborg Bachmanns. Übersehen wurde dagegen Paul Celan, der wegen seiner pathetischen Sprachmelodie bei den Kollegen durchfiel.

I. Bachmann → S. 220
P. Celan → S. 211

Verschleißerscheinungen traten auf. Von konservativer Seite wurde der Gruppe „Meinungsterror" vorgeworfen, die CSU sprach gar von einer „linken Reichsschrifttumskammer". Die 68er-Protestgeneration warf der Gruppe „Elitenbildung" vor, wie die Journalistin Ulrike Meinhof in der Zeitschrift „konkret" schrieb. Die offizielle Auflösung folgte erst zehn Jahre nach der letzten Tagung, 1977 in Saulgau. Und ein letztes Treffen 1990 auf Schloss Dobrii bei Prag war nur noch eine Begegnung langjähriger Mitglieder mit den Autoren einer neuen Generation, die die Gruppe nur aus den Geschichtsbüchern kannte. Auch wenn Elfriede Jelinek die Gruppe einmal „eine Sadisten-Vereinigung" nannte. Kritiker Joachim Kaiser sagte im Rückblick, es sei alles „ein enormer Spaß" gewesen.

(ZEIT online, 7.9.2007)

Ulrike Meinhof (1934–1976), Journalistin, die aus politischer Überzeugung Gewalt befürwortete und der ersten Generation der RAF angehörte

E. Jelinek → S. 276

Joachim Kaiser (geb. 1928)

Wie entstand und was war die Gruppe 47? (1979) *Hans Werner Richter*

Hans Werner Richter (geb. 1908 auf Usedom, gest. 1993 in München) genoss als Initiator und geistiger Kopf der einflussreichen Gruppe 47 große Anerkennung. Als Schriftsteller blieb er weitgehend unbedeutend.

Ich bin achtunddreißig Jahre alt, Andersch immerhin auch schon dreiunddreißig, unsere Jugend liegt unter den Jahren des Dritten Reiches und des Krieges begraben. Doch wir fangen ganz von vorn an. Jetzt, meinen wir, sind wir die junge Generation. So beginnen wir unbekümmert für jene zu schreiben, die jünger sind als wir, eine Generation, die dezimiert und zerschlagen von den Schlachtfeldern des Zweiten Weltkrieges zurückgekehrt ist. Diese Generation ist unsere Hoffnung. Was wir verlangen, ist eine radikale Demokratie, ein freiheitlicher Sozialismus und ein vereintes Europa. Was wir kritisieren, sind die Reste des Nationalsozialismus, die sich abzeichnenden Ansätze zur Restauration und die Umerziehungspolitik der Besatzungsmächte. [...]

Sie [die Literatur] war für uns ein Instrument zur Bewältigung der Vergangenheit, zur Überwindung einer trostlosen Gegenwart und zur Gestaltung der Zukunft.

Wir glaubten nicht an die Wiederkehr des Alten. Und so wie wir die politischen Konzepte der Vergangenheit für nicht mehr realisierbar hielten, so waren auch die literarischen Schulen der Vergangenheit für uns veraltet. Ja, ich selbst hielt die Zeit der literarischen Revolutionen, vom Naturalismus bis zum Expressionismus, für endgültig abgeschlossen. Eine neue Literatur musste nach diesem Zusammenbruch entstehen, nicht aber eine neue

Schule, die nur die Formexperimente der alten fortsetzte. Diese Literatur musste realitätsnah, realitätsbezogen sein, ähnlich dem Neo-Verismus, der zu dieser Zeit in Italien entstand, eine Literatur also, die dem politischen Engagement und der Wahrheit dienen sollte. Wir glaubten an den indirekten, wenn auch langfristigen Einfluss einer solchen Literatur auf die gesellschaftspolitische Entwicklung. Doch was wir nicht wollten, war eine Agitationsliteratur. Sie erschien uns als Un-Literatur, als Propaganda, mit der uns das Dritte Reich und vorher die Parteien überfüttert hatten.

[...]

Die „Gruppe 47" wurde von den Impulsen der ersten Nachkriegsjahre getragen, von ihren Hoffnungen, von ihren Utopien, von ihren Illusionen und ihrem Optimismus. Es ist für mich erstaunlich, dass sie von diesen Impulsen bis zu der letzten Tagung 1977 in Saulgau gelebt hat, obwohl die eigentlichen Nachkriegsjahre längst vorüber waren. Trotzdem: Die „Gruppe 47" konnte niemals etwas anderes werden, als sie von Anfang an war. In der Veränderung zu einer Institution mit der dazugehörigen Bürokratie, mit Statuten und Vereinsregister wäre ihre Mentalität gestorben. Übrig geblieben wäre ein Fossil, das sich schließlich bis zur völligen Bedeutungslosigkeit entwickelt hätte.

Drei Generationen konnte die „Gruppe 47" integrieren, alle, die noch vom Krieg und von der Nachkriegszeit mitgeprägt worden waren. Der Sprung bis zur heutigen jungen Generation wäre zu weit und zu groß gewesen. Zu unterschiedlich sind Erfahrungen und Erlebnisse, Absichten und Ziele und ist vor allen Dingen die Einschätzung der Literatur, ihrer Bedeutung und ihres Wirkens. Dazu kommt: In einer vorwiegend kommerziellen Gesellschaft, ganz gleich, ob als Befürworter oder als Opponent, hatte die „Gruppe 47" keinen Platz mehr. Ihre Ausgangspositionen mussten von Jahr zu Jahr mehr verloren gehen und schließlich wäre etwas daraus entstanden, was ich unter gar keinen Umständen wollte: eine Institution, ein Interessenverband vielleicht, eine Art Lobby, wofür ja Verbände oder andere Organisationen zuständig sind. Die „Gruppe 47" hatte es nur mit der Literatur zu tun. Alles andere, was in den vielen Jahren geschrieben wurde, ist Unsinn.

Noch eines ist hier zu klären: Die „Gruppe 47" ist nicht elend zugrunde gegangen. Auf der letzten Tagung in Saulgau zeigte sie sich noch völlig intakt. Ich selbst habe diesen Schlussstein gesetzt, und zwar aus der gleichen Überzeugung, mit der ich diese Arbeit dreißig Jahre zuvor, 1947 in Bannwaldsee, begonnen hatte.

„Aber generell blieb die Literatur der 47er cum grano salis viele Jahre blind gegenüber jener Geschichte des Terrors und des Holocaust, in der ihre Autoren ja anwesend waren, manche als Soldaten, andere als bloße Mitläufer, und deren mangelnde Aufarbeitung zu ihrer Zeit dann die Eruptionen einer neuen Generation zur Folge hatte, die in den späten 1960er-Jahren die deutsche Gesellschaft erschütterten und in deren Sog auch die Gruppe 47 verschwand."
Heinz Ludwig Arnold

„Lesen auf dem elektrischen Stuhl" → S. 223 f.
H. W. Richter: „Wie entstand und was war die Gruppe 47?" → S. 224 f.

1 *Verfassen Sie eine vergleichende Analyse der beiden Texte.*
   a) *Analysieren Sie vergleichend die beiden Textausschnitte hinsichtlich ihrer Argumentation und ihrer sprachlichen Gestaltung.*
   b) *Erarbeiten Sie die unterschiedlichen Einschätzungen der Gruppe 47. Setzen Sie sich kritisch mit den Erklärungen für das Ende der Gruppe 47 auseinander und beurteilen Sie die Unterschiede.*

2 *Erklären Sie die Bedeutung der historischen Auseinandersetzung mit der NS-Vergangenheit für die Gruppe 47. Beziehen Sie das Zitat von Heinz Ludwig Arnold (Randspalte, S. 225) mit ein.*

3 *Ordnen Sie die Biografie von Günter Grass in den Kontext der Gruppe 47 ein und versuchen Sie eine sachliche und objektive Zusammenschau über sein Werk und über seine politische und gesellschaftliche Rolle.*

2.2 „... wo ihnen die Sprache Weite versprochen ..." – Günter Grass: „Das Treffen in Telgte"

Das Treffen in Telgte[1] (1979) *Günter Grass*

1 Der Text folgt der originalen Rechtschreibung.

Zum 70. Geburtstag des Gründers und Kopfes der Gruppe 47, Hans Werner Richter, verfasste Günter Grass als Hommage an Richter und die Gruppe 47 die Erzählung „Das Treffen in Telgte". Er verlegt die Handlung – die Protagonisten sind Poeten der Barock-Zeit – ans Ende des Dreißigjährigen Krieges. Das Treffen verläuft weitgehend nach den Gepflogenheiten der Gruppe 47, einige Mitglieder sind zu erkennen.

Im abgedruckten Textabschnitt hält Simon Dach am Ende dieses Treffens in Telgte eine Abschiedsrede, die durch ein ausbrechendes Feuer jäh beendet wird.

G. Grass → S. 217

Kapitel 22

[...]

Er stand, überblickte lächelnd den langen Tisch, sah die gehäuften, zwischen Kopf und Schwanz blanken Fischgräten, hielt links das gerollte und mittlerweile versiegelte Manifest und war zu Beginn seiner Rede nicht frei von Rührung. Doch dann, nachdem er dem Scheiden, Sichtrennenmüssen, dem dauerhaften Freundschaftsbund genug wehmütige und sich nur mühsam bildende Wörter gegeben hatte, sprach er, von Lasten befreit, leichthin und eher so, als wollte er die Bedeutung ihres Treffens mindern, dessen Gewicht wegplaudern: Es stimme ihn froh, daß Greflingers Fisch sie alle wieder ehrlich gemacht habe. Ob man das Ganze zu günstiger Zeit wiederholen solle, wisse er nicht oder noch nicht, sosehr man ihn dränge, einen Ort und den Tag künftiger Anreise zu nennen. Mancherlei Anfechtung sei ihnen widerfahren. Er wolle die Ärgernisse nicht zählen. Doch gelohnt habe sich der Aufwand am Ende wohl doch. Fortan könne sich jeder weniger vereinzelt begreifen. Und wen zu Haus Enge zu bedrücken, neuer Jammer einzuholen, der falsche Glanz zu täuschen, wem das Vaterland zu schwinden drohe, der möge sich der heilgebliebenen Distel im Brückenhof vor Telgtes Emstor erinnern, wo ihnen die Sprache Weite versprochen, Glanz abgegeben, das Vaterland ersetzt und allen Jammer dieser Welt benannt habe. Kein Fürst könne ihnen gleich. Ihr Vermögen sei nicht zu erkaufen. Und wenn man sie steinigen, mit Haß verschütten wollte, würde noch aus dem Geröll die Hand mit der Feder ragen. Einzig bei ihnen sei, was deutsch zu nennen sich lohne, ewiglich aufgehoben: „Denn wilt vns, liebwerthe Freunde, noch so kurtz vergönnet die Zeit seyn, hie auf Erden zu bleiben, wird sich doch jeder Reim, wofern ihn vnser Geist nach dem Leben gesetzet, der Dauer vermengen …“

Da sagte in Dachs sich nun aufschwingende, die versammelten Dichter der Unsterblichkeit einverleibende Rede, in seinen Satz vom bleibenden Vers, wobei er den gerollten Friedensaufruf hob und gleichfalls dem Überdauern weihte, die Wirtin vom Fenster her leise und doch zum Aufruf gespitzt: „Feurio!“

Dann erst kamen die Mägde mit ihrem Geschrei gelaufen. Und erst jetzt – noch immer stand Simon Dach, als wollte er seine Rede dennoch zu Ende bringen – rochen wir alle den Brand.

[…]

Das Treffen in Telgte[1] (1979) *Günter Grass*

1 Der Text folgt der originalen Rechtschreibung.

G. Grass → S. 217

„[… Es geht] um die Einheit von Sprache und Dichtkunst als Vorgriff auf die Einheit des zerrissenen Vaterlands, und so äußern sich die Versammelten von Telgte schließlich in einem gemeinsamen Manifest. Aber Grass lässt das Dokument am Ende in Flammen aufgehen, mitsamt der Tagungsstätte; die deutschen Literaten laufen unwiederbringlich auseinander und in alle Winde. In solcher melancholischen Allegorie aber vereint sich die Vanitas[2]-Empfindung des modernen Poeten mit dem politischen Kummer eines deutschen Patrioten.“
Rolf Schneider über Günter Grass: „Das Treffen in Telgte“

2 Vanitas (lat. leerer Schein, Nichtigkeit, Eitelkeit); jüd.-christl. Vorstellung von der Vergänglichkeit alles Irdischen; zentraler Begriff des Barock

Kapitel 23 – das Ende

[…] Das Manifest! rief Rist. Wo ist? Wer hat? Dach stand mit leeren Händen. Zwischen den Gräten des Fischgerichtes war auf dem langen Tisch der Friedensaufruf der deutschen Poeten vergessen worden. Gegen jede Vernunft wollte Logau zurück in die Wirtsstube: Retten den Schrieb! Czepko mußte ihn halten. So blieb ungesagt, was doch nicht gehört worden wäre.

Als das Dachgestühl des Brückenhofes in sich zusammenbrach und funkenstiebendes Gebälk mit glühenden Reetplacken in den Hof stürzte, rafften die versammelten Dichter und Verleger ihr Gepäck und flüchteten in die Planwagen. […]

Keiner ging uns verloren. Alle kamen wir an. Doch hat uns in jenem Jahrhundert nie wieder jemand in Telgte oder an anderem Ort versammelt. Ich weiß, wie sehr uns weitere Treffen gefehlt haben. Ich weiß, wer ich damals gewesen bin. Ich weiß noch mehr. Nur wer den Brückenhof hat in Flammen aufgehen lassen, weiß ich nicht, weiß ich nicht …

1 a) *Arbeiten Sie das zentrale Thema der Abschnitte heraus.*
b) *Erschließen Sie die Textauszüge, indem Sie den Inhalt zusammenfassen und sprachlich-stilistisch untersuchen.*

2 *Informieren Sie sich über die angesprochenen Autoren des Barock. Stellen Sie Ihre Ergebnisse in der Klasse vor.*

3 *Stellen Sie die Aussagen zusammen, die über die Arbeit und die Zusammentreffen der Gruppe 47 anhand dieser Erzählung möglich sind.*

Grundlage: Texte aus Teilkapitel 2.1 → S. 222 ff.

4 *Erarbeiten Sie aufgrund der Texte eine ausführliche Definition der Gruppe 47 und verfassen Sie einen informativen Text zur Gruppe 47. Die redaktionellen Vorgaben sind: Der Umfang soll ca. 1.000 Wörter umfassen. Der Aufbau eines informativen Textes ist zu beachten.*

essayistisches Schreiben → S. 345 f.

5 *Verfassen Sie, ausgehend von der These der Rezension von Rolf Schneider (Randspalte, S. 227): „Aber Grass lässt das Dokument am Ende in Flammen aufgehen …" –, einen Essay über das Selbstverständnis von Schriftstellern und die sich wandelnden Erwartungen an das literarische Leben und die der Literaturschaffenden selbst. Wagen Sie einen Ausblick. Ziehen Sie dabei Schriftsteller der Gruppe 47 als auch zeitgenössische Autoren mit ein.*

3. Über das Brecht'sche Theater hinaus – ein modernes Drama erschließen

3.1 „Uns kommt nur noch die Komödie bei" – Komödie und absurdes Theater

Dürrenmatts Dramentheorie

Der Schweizer **Max Frisch** (1911–1991) war Architekt und Schriftsteller. Er zählt zu den wichtigsten deutschsprachigen Schriftstellern der Nachkriegszeit.

„Als Stückeschreiber hielte ich meine Aufgabe als durchaus erfüllt, wenn es einem Stück jemals gelänge, eine Frage dermaßen zu stellen, dass die Zuschauer von dieser Stunde an ohne eine Antwort nicht mehr leben könnten – ohne ihre Antwort, ihre eigene, die sie nur mit dem Leben selber geben könnten."
Max Frisch, Tagebuch 1946

1 *Diskutieren Sie, welche Voraussetzungen gegeben sein müssen, damit ein Theaterstück eine Wirkung zeigen kann, wie sie Frisch beschreibt.*

Theaterprobleme[1] (1955) *Friedrich Dürrenmatt*

1 Der Text folgt der originalen Rechtschreibung.

Friedrich Dürrenmatt hat in „Theaterprobleme" eine Dramentheorie entwickelt, die davon ausgeht, dass im modernen Drama den heute – im Vergleich zur Weimarer Klassik – deutlich veränderten gesellschaftlichen Gegebenheiten Rechnung zu tragen sei. Demnach sei der Wechsel von der Tragödie zur Komödie zwingend geboten.

[…] Läßt sich die heutige Welt etwa, um konkret zu fragen, mit der Dramatik Schillers gestalten, wie einige Schriftsteller behaupten, da ja Schiller das Publikum immer noch packe? Gewiß, in der Kunst ist alles möglich, wenn sie stimmt, die Frage ist nur, ob eine Kunst, die einmal stimmte, auch heute noch möglich ist. Die Kunst ist nie wiederholbar, wäre sie es, wäre es töricht, nun nicht einfach mit den Regeln Schillers zu schreiben.

Friedrich Dürrenmatt (geb. 1921 in Konolfingen (Bern), gest. 1990 in Neuenburg) war ein Schweizer Schriftsteller, Dramatiker und Maler. Sein erstes veröffentlichtes Stück entstand 1945/46: „Es steht geschrieben". 1946 heiratete er die Schauspielerin Lotti Geißler. 1950 schrieb er den Kriminalroman „Der Richter und sein Henker". Seine Komödien „Der Besuch der alten Dame" und „Die Physiker" wurden zu Welterfolgen. 1969 erhielt er die Ehrendoktorwürde der Temple University in Philadelphia, später den Österreichischen Staatspreis für europäische Literatur und den Georg-Büchner-Preis.

Schiller schrieb so, wie er schrieb, weil die Welt, in der er lebte, sich noch in der Welt, die er schrieb, die er sich als Historiker erschuf, spiegeln konnte. Gerade noch. War doch Napoleon vielleicht der letzte Held im alten Sinne. Die heutige Welt, wie sie uns erscheint, läßt sich dagegen schwerlich in der Form des geschichtlichen Dramas Schillers bewältigen, allein aus dem Grunde, weil wir keine tragischen Helden, sondern nur Tragödien vorfinden, die von Weltmetzgern inszeniert und von Hackmaschinen ausgeführt werden. Aus Hitler und Stalin lassen sich keine Wallensteine mehr machen. Ihre Macht ist so riesenhaft, daß sie selber nur noch zufällige, äußere Ausdrucksformen dieser Macht sind, beliebig zu ersetzen, und das Unglück, das man besonders mit dem ersten und ziemlich mit dem zweiten verbindet, ist zu weitverzweigt, zu verworren, zu grausam, zu mechanisch geworden und oft einfach auch allzu sinnlos. Die Macht Wallensteins ist eine noch sichtbare Macht, die heutige Macht ist nur zum kleinsten Teil sichtbar, wie bei einem Eisberg ist der größte Teil im Gesichtslosen, Abstrakten versunken. Das Drama Schillers setzt eine sichtbare Welt voraus, die echte Staatsaktion, wie ja auch die griechische Tragödie. Sichtbar in der Kunst ist das Überschaubare. Der heutige Staat ist jedoch unüberschaubar, anonym, bürokratisch geworden [...]. Die echten Repräsentanten fehlen, und die tragischen Helden sind ohne Namen. Mit einem kleinen Schieber, mit einem Kanzlisten, mit einem Polizisten läßt sich die heutige Welt besser wiedergeben als mit einem Bundesrat, als mit einem Bundeskanzler. Die Kunst dringt nur noch bis zu den Opfern vor, dringt sie überhaupt zu Menschen, die Mächtigen erreicht sie nicht mehr. [...] Sichtbar, Gestalt wird die heutige Macht nur etwa da, wo sie explodiert, in der Atombombe, in diesem wundervollen Pilz, der da aufsteigt und sich ausbreitet, makellos wie die Sonne, bei dem Massenmord und Schönheit eins werden. Die Atombombe kann man nicht mehr darstellen, seit man sie herstellen kann. Vor ihr versagt jede Kunst als eine Schöpfung des Menschen, weil sie selbst eine Schöpfung des Menschen ist. Zwei Spiegel, die sich ineinander spiegeln, bleiben leer.

Doch die Aufgabe der Kunst, soweit sie überhaupt eine Aufgabe haben kann, und somit die Aufgabe der heutigen Dramatik ist, Gestalt, Konkretes zu schaffen. Dies vermag vor allem die Komödie. Die Tragödie, als die gestrengste Kunstgattung, setzt eine gestaltete Welt voraus. Die Komödie – sofern sie nicht Gesellschaftskomödie ist wie bei Molière[2] – eine ungestaltete, im Werden, im Umsturz begriffene, eine Welt, die am Zusammenpacken ist wie die unsrige. *Die Tragödie überwindet die Distanz.* Die in grauer Vorzeit liegenden Mythen macht sie den Athenern zur Gegenwart. *Die Komödie schafft Distanz,* den Versuch der Athener, in Sizilien Fuß zu fassen, verwandelt sie in das Unternehmen der Vögel, ihr Reich zu errichten, vor dem Götter und Menschen kapitulieren müssen. [...]

Das Mittel nun, mit dem die Komödie Distanz schafft, ist der Einfall. [...] Die Tragödie setzt Schuld, Not, Maß, Übersicht, Verantwortung voraus.

2 Molière (1622–1673): franz. Schauspieler, Theaterdirektor und Dramatiker

„Eine **Komödie** (griech. *komodía* = Komödie, Lustspiel), im Deutschen auch Lustspiel genannt, ist ein Drama, das einen Konflikt gestaltet, der mit Komik, Humor und Witz glücklich gelöst werden kann." (Christoph Schappert) Neben der Belustigung des Publikums hat die Komödie auch Gesellschaftskritik zum Ziel. Ende des 19. Jahrhunderts erschuf Alfred Jarry eine groteske Figur (ein König, der „merdre" schreit) und leitete damit die Ära des **grotesken Theaters** ein. Jarry beeinflusste zahlreiche Autoren wie z. B. Antonin Artaud, André Breton und Eugène Ionesco.

Eine gesellschaftskritische Schweizer Variante der Komödie etablierte sich durch die Schriftsteller Max Frisch (1911–1991) und Friedrich Dürrenmatt.

In der Wurstelei unseres Jahrhunderts, in diesem Kehraus der weißen Rasse, gibt es keine Schuldigen und auch keine Verantwortlichen mehr. Alle können nichts dafür und haben es nicht gewollt. Es geht wirklich ohne jeden. Alles wird mitgerissen und bleibt in irgendeinem Rechen hängen. Wir sind zu kollektiv schuldig, zu kollektiv gebettet in die Sünden unserer Väter und Vorväter. Wir sind nur noch Kindeskinder. Das ist unser Pech, nicht unsere Schuld: Schuld gibt es nur noch als persönliche Leistung, als religiöse Tat. Uns kommt nur noch die Komödie bei. [...]

Doch ist das Tragische immer noch möglich, auch wenn die reine Tragödie nicht mehr möglich ist. Wir können das Tragische aus der Komödie heraus erzielen, hervorbringen als einen schrecklichen Moment, als einen sich öffnenden Abgrund, so sind ja schon viele Tragödien Shakespeares Komödien, aus denen heraus das Tragische aufsteigt.

Nun liegt der Schluß nahe, die Komödie sei der Ausdruck der Verzweiflung, doch ist dieser Schluß nicht zwingend. [...]. Es ist immer noch möglich, den mutigen Menschen zu zeigen.

Dies ist denn auch eines meiner Hauptanliegen [...] Die Welt (die Bühne somit, die diese Welt bedeutet) steht für mich als ein Ungeheures da, als ein Rätsel an Unheil, das hingenommen werden muß, vor dem es jedoch kein Kapitulieren geben darf. Die Welt ist größer denn der Mensch, zwangsläufig nimmt sie so bedrohliche Züge an, die von einem Punkt außerhalb nicht bedrohlich wären, doch habe ich kein Recht und keine Fähigkeit, mich außerhalb zu stellen. Trost in der Dichtung ist oft nur allzubillig, ehrlicher ist es wohl, den menschlichen Blickwinkel beizubehalten. Die Brechtsche These, die er in seiner Straßenszene entwickelt, die Welt als Unfall hinzustellen und nun zu zeigen, wie es zu diesem Unfall gekommen sei, mag großartiges Theater geben, was ja Brecht bewiesen hat, doch muß das meiste bei der Beweisführung unterschlagen werden: Brecht denkt unerbittlich, weil er an vieles unerbittlich nicht denkt.

B. Brecht: „Die Straßenszene" → S. 160 f.

Endlich: Durch den Einfall, durch die Komödie wird das anonyme Publikum als Publikum erst möglich, eine Wirklichkeit, mit der zu rechnen, die aber auch zu berechnen ist. Der Einfall verwandelt die Menge der Theaterbesucher besonders leicht in eine Masse, die nun angegriffen, verführt, überlistet werden kann, sich Dinge anzuhören, die sie sich sonst nicht so leicht anhören würde. Die Komödie ist eine Mausefalle, in die das Publikum immer wieder gerät und immer noch geraten wird. [...]

Inhaltsangabe → S. 346

2 *Verfassen Sie eine strukturierte Inhaltsangabe zu dem Textausschnitt „Theaterprobleme" von Dürrenmatt und zeigen Sie auf, wie Dürrenmatt die Unmöglichkeit begründet, Mitte des 20. Jahrhunderts noch Tragödien im klassischen oder gar klassisch-griechischen Stil zu gestalten. Schreiben Sie weitere Gründe für die Bevorzugung der Komödie heraus.*

3 *Setzen Sie sich kritisch mit dem Ansatz Dürrenmatts zur Aufgabe der Bühne auseinander und grenzen Sie seine Position von der Brechts ab.*

episches Theater → S. 160 ff.

Plus

Das Modell Scott[1] (1966) *Friedrich Dürrenmatt*

Dürrenmatt hat am Fall des großen Polarforschers Scott einige seiner zentralen Thesen zur Dramentheorie prägnant zusammengefasst. (Robert Falcon Scott kam 1912 im Wettlauf um den Pol erst nach Amundsen dort an und erfror auf dem Heimweg.)

1 Der Text folgt der originalen Rechtschreibung.

Shakespeare hätte das Schicksal des unglücklichen Robert Falcon Scott wohl so dramatisiert, daß der tragische Untergang des Forschers durchaus dessen Charakter entsprungen wäre, Ehrgeiz hätte Scott blind gegen die Gefahren gemacht, Eifersucht und Verrat unter den anderen Expeditionsteilnehmern hätten das Übrige hinzugetan, die Katastrophe herbeizuführen; bei Brecht wäre die Expedition aus wirtschaftlichen Gründen und Klassendenken gescheitert, die englische Erziehung hätte Scott gehindert, sich Polarhunden anzuvertrauen, er hätte zwangsläufig standesgemäße Ponys gewählt, der höhere Preis wiederum dieser Tiere hätte ihn genötigt, an der Ausrüstung zu sparen. Bei Beckett wäre der Vorgang auf das Ende reduziert. Endspiel, letzte Konfrontation, schon in einen Eisblock verwandelt, säße Scott anderen Eisblöcken gegenüber, vor sich hin redend ohne Antwort von seinen Kameraden zu erhalten, ohne Gewissheit, von ihnen noch gehört zu werden. Doch wäre auch eine Dramatik denkbar, die Scott beim Einkaufen der für die Expedition benötigten Lebensmittel aus Versehen in einen Kühlraum einschlösse und in ihm erfrieren ließe. Scott gefangen in der Antarktis, entfernt durch unüberwindliche Distanzen von jeder Hilfe stirbt tragisch, Scott, eingeschlossen im Kühlraum durch ein läppisches Missgeschick, mitten in der Großstadt, nur wenige Meter von einer belebten Straße entfernt, zuerst fast höflich an die Türe klopfend, wartend, dann polternd, schreiend, hämmernd, immer wieder während sich die Kälte eisiger um ihn legt. Scott herumgehend, um sich Wärme zu verschaffen, hüpfend, turnend, Rad schlagend, endlich verzweifelt Tiefgefrorenes gegen die Tür schmetternd, Scott wieder innehaltend im Kreise herum zirkelnd auf kleinstem Raum, schlotternd zähneklappernd, zornig und ohnmächtig, dieser Scott nimmt ein noch schrecklicheres Ende: aus einer tragischen Gestalt ist eine komische geworden, eine Gestalt komisch allein durch ihr Geschick: die schlimmstmögliche Wendung, die eine Geschichte nehmen kann, ist die Wendung in die Komödie.

4 *Erarbeiten Sie Dürrenmatts dramaturgische Grundüberzeugungen und zeigen Sie auf, was ihn von Shakespeare, Brecht und Beckett trennt. Berücksichtigen Sie für diese Erörterung Ihre bisherigen Arbeitsergebnisse.*

Drama → S. 323 ff.

5 *Stellen Sie die Unterschiede zwischen dem aristotelischen und dem epischen Theater dar und erläutern Sie, inwiefern Dürrenmatts Komödienkonzeption darüber hinausweist.*

6 *Schaffen Sie – in Anlehnung an eine Figur oder einen Funktionsträger des öffentlichen Lebens – eine Theaterfigur für die verschiedenen Theatermodelle. Ihre Figur soll beispielhaft die Veränderungen und Unterschiede in den einzelnen von Dürrenmatt beschriebenen Modellen verkörpern. Begründen Sie Ihre Umsetzung schriftlich.*

Absurdes Theater

Erlanger Rede über das absurde Theater (1960) *Wolfgang Hildesheimer*

Wolfgang Hildesheimer (1916–1991) war Schriftsteller und Maler, der besonders durch seine Hörspiele und Dramen bekannt geworden ist.

[...] Das absurde Theater dient der Konfrontation des Publikums mit dem Absurden, indem es ihm seine eigene Absurdität vor Augen führt. Da jedoch das Publikum im Allgemeinen nicht ohne Weiteres gewillt ist, die Philosophie des Absurden hinzunehmen, geschweige denn, auf sich selbst zu beziehen und sich selbst als absurd zu betrachten, so betrachtet es die Konfrontation auf dem Theater als absurd. Es entsteht also eine anregende Wechselbeziehung. Theater und Publikum erscheinen einander gegenseitig als absurd. [...]

Das absurde Stück konfrontiert den Zuschauer mit der Unverständlichkeit, der Fragwürdigkeit des Lebens. Die Unverständlichkeit des Lebens kann aber nicht durch den Versuch einer Antwort dargestellt werden, denn das würde bedeuten, dass sie interpretierbar, das Leben also verständlich wäre. Sie kann nur dadurch dargestellt werden, dass sie sich in ihrer ganzen Größe und Erbarmungslosigkeit enthüllt und quasi als rhetorische Frage im Raum steht: Wer auf eine Deutung wartet, wartet vergebens. Er wird sie nicht erhalten, bis er von kompetenter Seite den Sinn der Schöpfung erklärt bekommt, also nie. Das absurde Stück stellt daher einen Zustand dar, der, wie immer er auch auf der Bühne enden mag, in der Frage verharrt. Und darin liegt einer der wesentlichsten Unterschiede zum aristotelischen und zum epischen Theater, die stets die Antwort geben oder zumindest nahelegen. Unter den rezeptiven Fähigkeiten, die das absurde Stück beim Publikum voraussetzt, ist demnach die elementarste: dass es – das Publikum – den Schritt von der Antwort zur Frage dem Autor nachvollziehe.

„Das Absurde“ so sagt Camus[1] „entsteht aus der Gegenüberstellung des Menschen, der fragt, mit der Welt, die vernunftwidrig schweigt.“

So wird das Theater des Absurden quasi zur Stätte eines symbolischen Zeremoniells, bei dem der Zuschauer die Rolle des Menschen übernimmt, der fragt, und das Stück die Welt darstellt, die vernunftwidrig schweigt, das heißt in diesem Falle: absurde Ersatzantworten gibt, die nichts anderes zu besagen haben, als die schmerzliche Tatsache, dass es keine wirkliche Antwort gibt.

Denn das absurde Stück fordert von seinem Publikum – wie ja jede Kunst – aktiven Mitvollzug. Das Publikum ist selten gewillt, dem Autor in dieser seiner Forderung zu folgen. Das Bühnengeschehen erscheint ihm

1 Albert Camus (1913–1969), franz. Philosoph und Schriftsteller

zusammenhanglos und unlogisch. Der Tatsache, dass das Leben selbst zusammenhanglos und unlogisch sei, wird sich der Zuschauer nicht bewusst, da sich vielleicht sein Leben innerhalb der Grenzen eines logischen Systems vollzieht, er daher größerer Zusammenhänge nicht bedarf und sie infolgedessen nicht sucht. Im Theater erwartet er Ausschnitte aus seinem System: Probleme der Zeit, Menschen in der Zeit, historisches Geschehen, Beziehungen zwischen Menschen. Er belächelt mitunter auch gerne eine Satire. Selbst einen fantastischen Bühnenablauf mag er goutieren, wenn er sich scharf und entschieden von der Wirklichkeit – wie sie ihm erscheint – distanziert. Das Absurde aber steht für ihn außerhalb seiner gewohnten Begriffswelt. Das Absurde ist für ihn absurd. Wobei er das Wort „absurd“ als Synonym für „verrückt“ oder „unzumutbar“ gebrauchen würde. Jeden Berührungspunkt, jeden Anhaltspunkt einer Identifikation weist er entrüstet von sich.

Wird ihm die Sache gar *zu* absurd – zum Beispiel wenn zwei menschliche Wesen aus dem Mülleimer hervorkommen, – so fühlt er sich verspottet. Und gerade das völlig zu unrecht. Denn das Gegenteil ist beabsichtigt. Er, der Zuschauer, soll das Bühnengeschehen verspotten – es mit dem „tragischen Spott“ belegen, von dem Ionesco[2] spricht –, das heißt: nicht das Bühnengeschehen selbst – nicht die Parabel, sondern ihr Objekt: das Leben. Und damit freilich auch sich selbst, als einen, der fragt und keine Antwort erhält. Aber er schafft es nicht, die verschiedenen Ebenen der Transposition zu erklimmen. Er stößt sich schon am scheinbar Vordergründigen, etwa den auf der Bühne geäußerten Sprachklischees. Er merkt nicht, dass es sich bei ihnen mitunter um kunstvolle Vortäuschungen, die nur auf denjenigen als Gemeinplatz wirken, der selbst auf den Gemeinplätzen des Lebens zu Hause ist. [...]

Ich kann nicht durch eine Demonstration auf der Bühne eine Katharsis[3] auslösen wollen, indem ich mich der Mittel des Absurden bediene. Denn der Wille zur Katharsis bedeutet: Glaube an die Sendung des Theaters. Absurdes Theater aber bedeutet: Eingeständnis der Ohnmacht des Theaters, den Menschen läutern zu können und sich dieser Ohnmacht als Vorwand des Theaterspiels zu bedienen. Ohnmacht und Zweifel, die Fremdheit der Welt, sind Sinn und Tendenz jedes absurden Stückes, das somit ein Beitrag zur Klarstellung der Situation des Menschen wird. Es verschmäht die Darstellung der Realität, da auf dem Theater ohnehin nur ein winziger Teil der Realität dargestellt werden kann, der niemals stellvertretend für ihre Gesamtheit steht, und naturgemäß in keinem Verhältnis zur Stellung des Menschen in der Welt. Es will daher nicht mit verteilten Rollen eine Geschichte erzählen oder eine These belegen. Es will nicht anhand eines historischen oder fiktiven Einzelfalles etwas Typisches demonstrieren. Es liegt ihm nichts an der Verfechtung eines Prinzips, das durch Helden vertreten oder – schlimmer noch – symbolisiert wird. Der absurde Dramatiker vertritt die Ansicht, dass kein Kampf der Welt jemals auf dem Theater

2 Eugène Ionesco (1909–1994) war ein franz.-rumänischer Autor und führender Vertreter des absurden Theaters.

3 Katharsis (griech. Reinigung): bezeichnet in der aristotelischen Tragödie die körperliche, geistige und religiöse Reinigung durch Durchleben von Mitleid und Furcht.

ausgefochten worden ist. Dass das Theater noch keinen Menschen geläutert und keinen Zustand verbessert hat, und sein Werk zieht – je nach Veranlagung seines Autors – bittere oder komische Konsequenz aus dieser Tatsache. Erfahrung hat ihn gelehrt, dass etwa der Politiker A sich im Theater selbst unter dem Holzhammer nicht erkennen wird und meinen wird, es handle sich um den Politiker B, den er für korrupter hält als sich selbst, und dass beide Politiker vor allem dort herzlich lachen werden, wo ein Autor bitter wird oder gar – wie man es nennt – mit Herzblut schreibt. [...]

1 ***Arbeiten Sie Merkmale des absurden Theaters thesenartig heraus z. B.: Voraussetzung des absurden Theaters ist eine als „absurd" erkannte Welt ...***

2 ***Setzen Sie sich kritisch mit der hier vertretenen Ansicht über das Theaterpublikum auseinander.***

Referieren → S. 352

3 *Bereiten Sie ein Referat über eines der folgenden Theaterstücke vor: Samuel Beckett „Warten auf Godot", Eugène Ionesco „Die Nashörner", Wolfgang Hildesheimer „Die Verspätung". Beziehen Sie in Ihren Vortrag auch Hintergrundinformationen zum jeweiligen Autor und zur Entwicklung des absurden Theaters mit ein.*

4 ***Zur Wiederholung / Systematisierung: Erstellen Sie tabellarisch und in Stichworten einen Überblick über die verschiedenen Theatermodelle bzw. Dramenformen im 20. Jahrhundert.***

Drama → S. 323 ff.

5 ***Zur Abiturvorbereitung: Setzen Sie sich unter Einbeziehung Ihrer in diesem Kapitel gewonnenen Erkenntnisse mit folgender These auseinander: „Das epische Theater ist die Grundlage des modernen Theaters." Belegen Sie Ihre Argumentation, indem Sie sich auf ein Theaterstück Ihrer Wahl beziehen.***

episches Theater → S. 160 ff.

- Patrick Süskind: Der Kontrabaß, 1984
- Thomas Bernhard: Der Theatermacher, 1985
- Elfriede Jelinek: Totenauberg, 1991
- Helmut Krausser: Haltestelle. Geister, 2000
- Yasmina Reza: Der Gott des Gemetzels, 2006 – möglicher Vergleich mit „Die Zimmerschlacht" (1961–67) von Martin Walser

www. Wenn Sie sich weiter informieren wollen, bieten sich folgende Websites an: www.perlentaucher.de (Rezensionen); www.literaturcafe.de

3.2 „Fort mit der Isolationsfolter" – einen dramatischen Dialog erschließen und interpretieren

Fort mit der Isolationsfolter (1982) *Herbert Rosendorfer*

Personen: A, B

Am Bahndamm einer Vorortstrecke. Schotter und Unkraut. A und B, beide von stark anarchistischem Aussehen, kommen an eine große, weiß getünchte Mauer. Nacht, spärliches Licht. B trägt einen Farbkübel, einen Pinsel und eine Leiter. A trägt nichts.

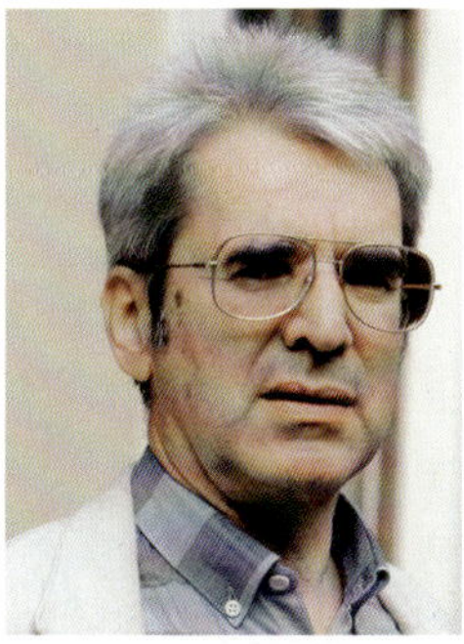

Herbert Rosendorfer (geb. 1934 in Bozen) siedelte 1939 nach München über und besuchte vor seinem Jurastudium ein Jahr lang die Kunstakademie. Von Beruf Richter nahm er gleichwohl Lehraufträge für Gegenwartsliteratur an der Universität München wahr. Sein Werk steht in der Tradition der Romantik und des fantastisch-skurrilen Erzählens im frühen 20. Jahrhundert.

A: Wenn ein Zug kommt, müssen wir uns hier in den Graben werfen.

B: Kommen so spät noch Züge?

A: Das weiß ich nicht. Aber wenn ein Zug kommt, müssen wir uns in den Graben werfen.

B: Neben das Geleis?

A: Selbstverständlich, da ist es am sichersten.

B: Am Bahnhof würde ich mich lieber neben das Geleis werfen.

A: Wir können doch nicht am Bahnhof die Aktion machen. Da kommt sofort ein Bulle.

B: Aber während des Aufenthalts an Bahnhöfen ist die Benützung der Toiletten verboten. Deswegen würde ich mich dort lieber neben das Geleis werfen, wenn es schon sein muss.

A: Hier fährt nur die S-Bahn, die hat keine Toiletten.

B: Die S-Bahn hat keine Toiletten?

A: Ich will mit dir jetzt nicht diskutieren. Du sollst jetzt endlich anfangen.

B: Ja – Ja. Ist schon gut.

B stellt seine Leiter hin und steigt mit Farbtopf und Pinsel hinauf.

B: Was soll ich jetzt schreiben?

A: Als ob wir das nicht hunderttausendmal besprochen hätten: „Fort mit der Isolationsfolter."

B: „Fort mit der Isolationsfolter." *Er taucht umständlich den Pinsel ein, hebt ihn – malt aber nicht.* Du: – äh – mit Ausrufezeichen?

A: Mit was? Ach so – wie du willst – nein, ja, selbstverständlich mit Ausrufezeichen. Das ist ja schließlich ein Aufruf. Mit zwei.

B: Mit zwei. Ist das jetzt ein Aufruf oder ein –

A: Jetzt quatsch nicht so endlos – mach endlich weiter!

B: Nur, weil du gesagt hast: ein Aufruf, und es ist doch ein Ausrufezeichen. Gibt es auch ein Aufrufezeichen …

A: Ich werde wahnsinnig.

B: Ist schon gut, ist schon gut. *Er taucht wieder den Pinsel ein.* Du, sag einmal – darf ich dich etwas fragen, ohne dass du gleich bös wirst?

A: Ja, was denn?

B: Was ist denn das, die Isolationsfolter?

A: Nein! Ich werde irre. Ich werde total irre. Ja, sag einmal, weißt du nicht –

B: Du hast versprochen, dass du nicht bös wirst.

A: Du weißt nicht, was die Isolationsfolter ist?

B: Nein.

A: Du hast dir also nie Gedanken darüber gemacht, was die Isolationsfolter darstellt?

B: Gedanken gemacht schon. Aber davon allein ist es mir nicht gekommen.

A: Die Isolationsfolter ist ein repressives Mittel des herrschenden Systems innerhalb scheinlegaler Gegebenheiten, politische Häftlinge im Sinn der Erhaltung bestehender Zustände massiv zu beeinflussen.

B: Ah, so. Ich habe geglaubt, es ist was Elektrisches. *Er setzt wieder an zu malen.* Die Isolationsfolter ist also schlecht.

[...]

B: Ich fahre ja nicht so oft mit der S-Bahn, aber ich stelle mir das scheußlich vor, wenn ich so da drin sitze und müsste dringend.

A: Wie?

B: Ja, du sagst doch, dass sie in der S-Bahn keine Toiletten haben.

A: Weiß ich, vielleicht aus Sparsamkeit. Aber mach jetzt weiter.

B: Sollen wir nicht auch gleich dazuschreiben: „Und schafft in der S-Bahn Toiletten!"?

A: Das hat doch wirklich nichts miteinander zu tun.

B: Nicht direkt, aber – es würde vielleicht den Wünschen der Leute entgegenkommen, und dann wären sie auch aufgeschlossener –

A: Nein. Das schreibst du nicht.

B: Ich schreibe: „Seid alle, die ihr das lest ..." oder besser: „Seid alle, die ihr hier vorbeifahrt und das lest, gegen die Isolationsfolter. Dafür sind wir dafür, dass in der S-Bahn Toiletten –"

A: „Dafür sind wir dafür" ist sprachlich schlecht.

B: Dann formulieren wir es umgekehrt. „Dafür sind wir dagegen, dass in der S-Bahn immer noch keine Toiletten –"

A: Da haben die gar nichts davon, dass wir dagegen sind, dass es in der S-Bahn keine Toiletten gibt. Wenn wir uns dafür einsetzen –

B: Dann habe ich einen anderen Vorschlag. Ich schreibe: „Wir machen euch einen Vorschlag: Wir, die wir das geschrieben haben, sind dagegen, dass es in der S-Bahn keine Toiletten gibt. Wir werden uns in Zukunft dafür einsetzen, dass in der S-Bahn Toiletten angeschafft werden. Dafür seid ihr, die ihr hier vorbeifahrt und das lest, im Ausgleich dafür gegen die Isolationsfolter."

A: Das ist ja ein ganzer Roman.

[...]

Ein Zug rast vorbei. A und B werfen sich in Deckung.

B: Scheiße.

A: Wieso? Sind doch Toiletten –

B: Nein. Ich meine: Hast du nichts gemerkt?

A: Nein, was? Eine S-Bahn ist vorbeigefahren.

B: Ja. Von hier nach dort. *Zeigt von rechts nach links.* Und ich wollte das Schriftband von da nach dort schreiben. *Zeigt von links nach rechts.* Wenn eine S-Bahn aus dieser Richtung kommt, dann können die Leute das Schriftband nicht lesen.

A: Dann schreib es andersherum.

B: Dann können es die aus der andern Richtung nicht lesen.

A: Dann schreib oben in der einen Richtung, drunter in der andern.

B: Du wolltest doch große Buchstaben, über die ganze Mauer, wenn ich dich recht verstanden habe?

A: Dann gibt es nur eine Möglichkeit. Der Text muss von vorn und hinten lesbar sein.

B: „Isolationsfolter" kann man von hinten nicht lesen.

A: „Ein Neger mit Gazelle zagt im Regen nie."

B: Ich versteh' dich nicht?

A: „Ein Neger mit Gazelle zagt im Regen nie."! Das kann man von vorn und hinten lesen.

B: Ehrlich?

A: Gib dein Gedicht her. Hast du einen Bleistift?

A schreibt den Satz auf die Rückseite des Gedichtes. B liest und prüft.

B: Tatsächlich. *Er wendet sich seinem Farbtopf und dem Pinsel zu und beginnt zu schreiben.* „EIN NEGER MIT GAZELLE ZAGT IM REGEN NIE."

1. ***Erschließen Sie den Dramentext, indem Sie Inhalt und Aufbau sowie die dramaturgischen und sprachlich-stilistischen Gestaltungsmittel untersuchen. Arbeiten Sie dabei vor allem die Gesprächsführung der Protagonisten heraus.***
2. ***Erklären Sie unter Bezug auf entsprechende Textpassagen, inwiefern dieses Theaterstück komödienhaft-groteske und absurde Elemente aufweist.***

„Komödie und absurdes Theater" → S. 228 ff.

3. ***Verfassen Sie eine Interpretation, die Thema, Gestaltungsweise, Zielsetzung des Textes und Leserwirkung berücksichtigt.***

Interpretation → S. 346 f.

4. ***Vergleichen Sie die hier deutlich werdende Gesellschaftskritik mit deren Gestaltung in einem anderen literarischen Werk.***
5. ***Erarbeiten Sie den Text als Rollenspiel.***
   a) ***Beschreiben Sie die unterschiedlichen Wesenszüge, die im Dialog deutlich werden, möglichst genau.***
   b) ***Ergänzen Sie passende Regieanweisungen für Gestik und Mimik der beiden Figuren.***
   c) ***Führen Sie den Dialog in einem Rollenspiel auf.***

NOV·9-89

„Der Himmel teilt sich zuallererst" – Literatur in der DDR

1 Der Text folgt der originalen Rechtschreibung.

Die mauer[1] **(1998)** *Reiner Kunze*

Als wir sie schleiften, ahnten wir nicht,
wie hoch sie ist
in uns.

Wir hatten uns gewöhnt
an ihren horizont

Und an die windstille

In ihrem schatten warfen
alle keinen schatten

Nun stehen wir entblößt
jeder entschuldigung

„Reiner Kunze verkörpert die deutsch-deutsche Geschichte wie nur wenige Künstler. In der DDR wurde der regimekritische Schriftsteller bespitzelt und gegängelt, bis er 1977 in die Bundesrepublik übersiedelte."
Kölnische Rundschau, 15. 8. 2008

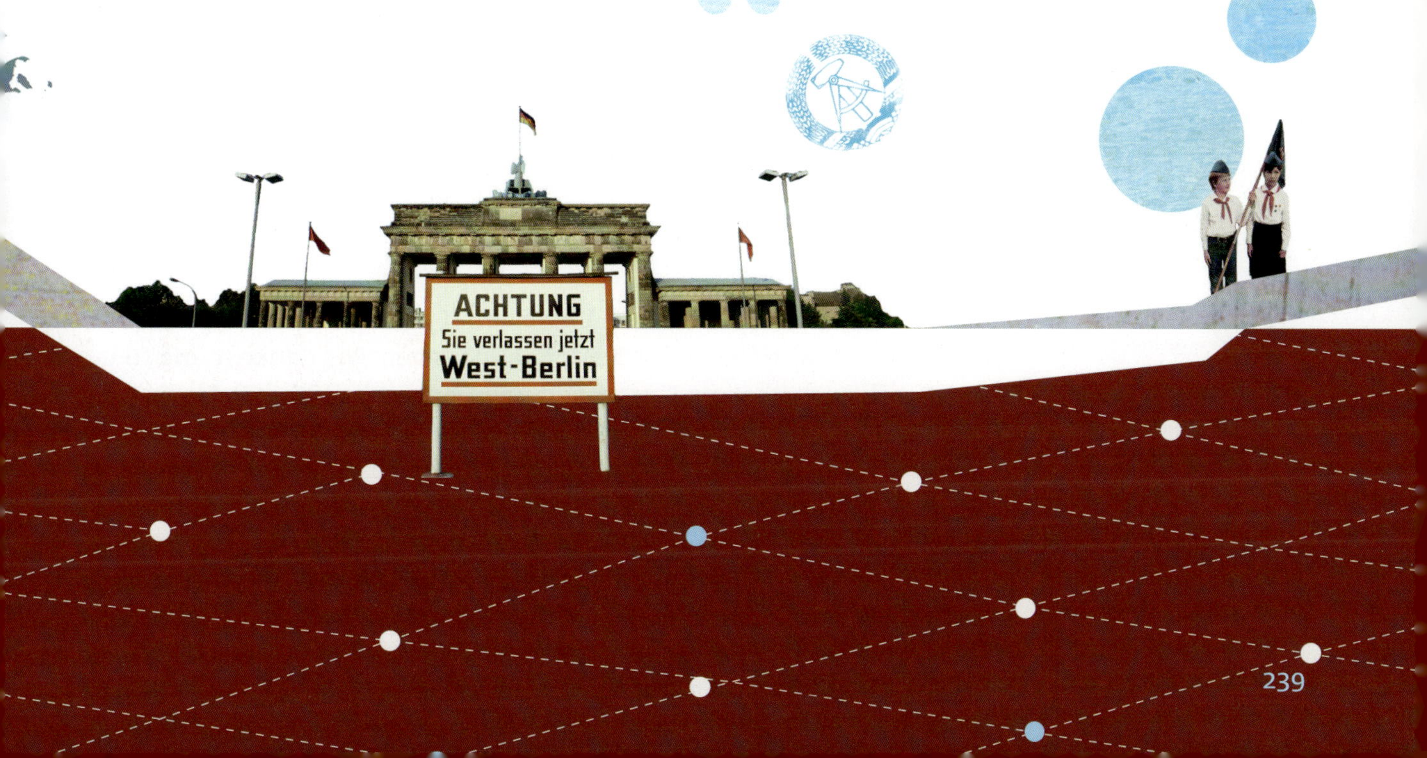

1. „Gute Leute sind überall gut" – Literaten zwischen Ost und West

Mit der Gründung der Bundesrepublik Deutschland und der Deutschen Demokratischen Republik 1949 entwickelten sich die beiden deutschen Staaten und das literarische Leben unterschiedlich. Gleichwohl beeinflussten sie sich gegenseitig von Anfang an bis zur Wiedervereinigung 1990.

B. Brecht → S. 90

An Bertolt Brecht *Peter Hacks*

Peter Hacks, der zu dieser Zeit in München als Literat und Redakteur arbeitete, bat Bertolt Brecht am 30.10.1951 in einem Brief um Rat:

Peter Hacks (geb. 1928 in Breslau – heute Wroclaw, gest. 2003 in Berlin) siedelte 1955 mithilfe Bertolt Brechts nach Ostberlin über und wurde Mitglied des Berliner Ensembles. In der DDR erhielt er 1956 den Lessingpreis und 1981 den Heinrich-Mann-Preis der Akademie der Künste der DDR.

Sehr verehrter Herr Brecht, [...]. Ich habe im Frühjahr in Soziologie, Philosophie, Theater- und Literaturwissenschaft promoviert und lebe seither vom Verfassen von Singspielchen und Liedergeschichten für den bayerischen Kinderfunk, welcher eines der freisinnigsten Kulturinstitute Münchens ist. Freilich ist alles das, milde gesagt, unbefriedigend; [...] ich hätte weit mehr Lust, mich mit einem ästhetischen Thema, das sicherlich Ihre Zustimmung fände, zu habilitieren. Ergo laborieren wir, wie alle marxistischen Intellektuellen ohnehin, an dem Problem, in die Ostzone zu gehen, und natürlich können wir uns, ohne Möglichkeiten, die Sache selbst zu übersehen, nicht recht entschließen. Mögen Sie uns nicht raten?

Denn in der Tat sind Sie für uns so etwas wie ein Papst und infallibel[1], und wenn ich Ihnen je etwas verargt hätte, so Ihre Gewohnheit, meine sämtlichen Einfälle schon gehabt oder angedeutet zu haben [...]. Ihr beständiger Diener

Peter Hacks

1 infallibel (lat.): unfehlbar

An Bertolt Brecht *Peter Hacks*

Bertolt Brecht antwortete auf den Brief von Peter Hacks: „Gute Leute sind überall gut." Darauf schrieb Hacks am 1.2.1952 folgenden Brief:

Sehr verehrter Herr Brecht, ohne Ihnen damit eine größere Menge Ihrer Muße rauben zu wollen, muss ich Ihnen schreiben, wie dankbar und freudig betroffen ich über die Einfachheit und Deutlichkeit Ihres Rates war. Ich glaube nicht, dass die Ereignisse mir gestatten werden, ihn zu befolgen. Aber es ist immer ein Unterschied, ob man, wenn man über den Bodensee reitet, eine Laterne bei sich führt oder nicht. Ich versichere Ihnen, dass Ihr Brief in ganz ausnehmendem Maße dazu geholfen hat, meine Vorurteile zu lockern und meine Kenntnis von der Welt zu befestigen, und ich habe Ihnen

Peter Hacks war bis 1991 Mitglied des PEN-Zentrums der DDR (eine der Schriftstellervereinigungen, die im internationalen P. E. N. = Poets, Essayists, Novelists vereint sind) und Mitglied der Akademie der Darstellenden Künste in der DDR. 1998 wurde ihm der deutsche Jugendliteraturpreis verliehen.

mehr zu danken als eine Auskunft in einer Frage – auch wenn man diese mit Recht als die wichtigste unter den stellbaren bezeichnen kann.
Ich bin mit dem Ausdruck jeder möglichen Verbundenheit Ihr getreu ergebener
Peter Hacks
P. S. Meine mitgesandten Manuskripte haben Sie nicht eigens erwähnt. Wenn das auch ein Rat war, werde ich ihn auch nicht befolgen.

1 *Formulieren und beurteilen Sie mögliche Beweggründe von Künstlern und Intellektuellen für den Wechsel von West nach Ost.*

Die Neugründung des Literaturinstituts war eine Steißgeburt (2007)

Bernd Jentzsch im Gespräch mit André Hille

Im Gegensatz zu Hacks hatte der Schriftsteller Bernd Jentzsch nicht seine Hoffnungen auf das sozialistische System explizit gerichtet. Für ihn stand das „Nie wieder" einer NS-Zeit im Vordergrund.

Erich Honecker (geb. 1912 in Neunkirchen (Saar), gest. 1994 in Santiago de Chile), langjähriger Generalsekretär des Zentralkomitees der SED und Staatsratsvorsitzender der DDR sowie Vorsitzender des Nationalen Verteidigungsrates hat die sozialistische Diktatur in der DDR und das System der Unterdrückung getragen und perfektioniert. 1989 verteidigte Honecker erneut die Mauer, die „bei Fortbestehen der Gründe noch 50 oder 100 Jahre bestehen werde".

B. Jentzsch: […]
Zunächst hatte Honecker jene Ämterfülle wieder auf sich gezogen, die er beim Wechsel von Ulbricht auf sich selbst abgegeben hatte. Das löste bei mir schon ein nachdenkliches Stirnrunzeln aus. Dann kam die Nachricht: Reiner Kunze aus dem Schriftstellerverband ausgeschlossen. Uns verband eine sehr lange und sehr enge Freundschaft. Das hat mir einen starken Stich ins Herz gegeben. Und das dritte war die Biermann-Sache. Ich saß nach einem langen Lesetag in der Schweizer Landesbibliothek. Da kam jemand hereingestürzt und rief: Biermann ausgebürgert! Das wollte ich erst nicht glauben. […] Ich hatte die Hoffnung, dass, wenn viele Leute sehr energisch protestieren, und da dachte ich auch an Leute außerhalb der DDR, die Masse der Proteste auf die Parteiführung einen Eindruck machen könnte. Das war ein schwerwiegender Denkfehler. Auf Honecker hat alles, was mit Kultur zusammenhängt, nie einen Eindruck gemacht. Er war wohl unter den führenden Persönlichkeiten der DDR die dümmste. […]

Zweiter Offener Brief an Erich Honecker (1976) *Bernd Jentzsch*

1976 schrieb Bernd Jentzsch während eines Auslandsaufenthalts an den Staatsratsvorsitzenden Erich Honecker, weil er erfahren hatte, dass Wolf Biermann, Autor und kritischer Liedermacher, ausgebürgert werden sollte. Aus dem Auslandsaufenthalt im Auftrag der DDR wurde Exil. Bernd Jentzsch schrieb ein zweites Mal an Erich Honecker.

Bernd Jentzsch (geb. 1940 in Plauen) studierte von 1960 bis 1965 Germanistik und Kunstgeschichte in Leipzig und Jena. Jentzsch war Initiator und Herausgeber der Lyrikreihe „Poesiealbum", in der junge DDR-Autoren erstmals publiziert und zeitgenössische internationale Lyriker dem DDR-Publikum vorgestellt wurden. 1976 kehrte Jentzsch nach einem Studienaufenthalt in der Schweiz nicht in die DDR zurück, nachdem ihn Strafandrohungen wegen seines Protests gegen die Ausbürgerung Wolf Biermanns erreichten.

Im Westen arbeitete er als Lektor des Walter-Verlages in Olten, hatte kurz eine Gastprofessur in den USA. Von 1995 bis 1999 leitete er das Deutsche Literaturinstitut Leipzig. Jentzsch ist Mitglied der Sächsischen Akademie der Künste. Er lebt heute in Euskirchen.

Küsnacht bei Zürich, September 1979

Herr Honecker,

im November 1976 habe ich aus Bern, wo ich mich zu einem Arbeitsaufenthalt befand, in einem Offenen Brief an Sie gegen die Ausbürgerung Wolf Biermanns aus der DDR protestiert.

Der Gedanke, dass Sie mit dieser heimtückischen Maßnahme den bedeutendsten deutschen Liederdichter seit Heinrich Heine des Landes verwiesen und damit die finstersten Praktiken der deutschen Reaktion fortgesetzt haben, scheint Ihnen nie gekommen zu sein. Sie, ein Kommunist, der den physischen und psychischen Terror der Hitler-Zeit am eigenen Leib verspürt hat, schreckten nicht davor zurück, dem Sohn eines Ihrer Genossen, der in einem faschistischen Konzentrationslager zu Tode geprügelt wurde, die Heimat zu entziehen, für die er sich bereits als Halbwüchsiger auf seinem Weg von Hamburg nach Berlin entschieden hatte. Zur Bemäntelung dieser Unglaublichkeit bedurfte es lediglich einer nicht der Wahrheit entsprechenden Meldung im „Neuen Deutschland". Bekanntlich hatte Wolf Biermann während des durch Sie so berühmt gewordenen Kölner Konzerts auf einen Zwischenruf eine Zugabe zu machen, geantwortet, er werde sie geben, wenn er sein Programm beendet habe. Der nächste Satz lautete wörtlich: „Ich bin zu jeder Schandtat bereit." Die Zuhörer im Saal haben das richtig verstanden. Es blieb dem „Neuen Deutschland" vorbehalten, daraus die Lüge zu fabrizieren, Wolf Biermann habe „in den Medien der imperialistischen BRD" erklärt, er sei „zu jeder Schandtat gegen die DDR bereit". Es fällt in diesem Zusammenhang schwer, die Erinnerung an ein bestimmtes Ministerium und dessen Umgang mit der Wahrheit zu verdrängen. Mit diesem „Staats"streich haben Sie die schwerste innenpolitische Krise seit Bestehen der DDR eingeleitet, die auch in der Bevölkerung, wie die Aktivitäten des Staatssicherheitsdienstes schon bald bewiesen, breite Kreise zog. Dutzende von Künstlern, darunter solche mit Millionenpublikum verließen daraufhin die DDR. Doch der Eklat war Ihnen offenbar noch nicht groß genug: Sie ließen das Haus von Robert Havemann, der mit Ihnen zusammen im Zuchthaus Brandenburg gesessen hat, in ein Gefängnis verwandeln und ihn schließlich, weil er außerhalb der DDR aussprach, was er gern in der DDR sagen würde, aber nicht sagen darf, mit einer hohen Geldstrafe belegen. Sie ließen den jüdischen Kommunisten Stefan Heym, der als Offizier der westalliierten Antihitlerkoalition die Schule befreit hat, die ich später vier Jahre besucht habe, mit dem diffamierenden Epitheton[1] „ehemaliger amerikanischer Staatsbürger" titulieren. Sie ließen neun Autoren aus dem Schriftstellerverband der DDR ausschließen, weil sie die Parole „DDR konkret" ernst genommen hatten. Sie ließen in der Volkskammer ohne Aussprache Strafgesetze ergehen, die selbst den politisch nur durchschnittlich interessierten Bürgern die Augen öffnen werden. Dieser nun seit drei Jahren lodernde innenpolitische Flächenbrand, verschärft durch wachsende wirtschaftliche Schwierigkeiten, wird Ihnen noch viel Kopfzerbrechen be-

1 Epitheton: das Hinzufügen eines im Satzzusammenhang nicht unbedingt erforderlichen Attributs

Wolf Biermann, Heinrich Böll und Günter Wallraff (von li. nach re.) – **Wolf Biermann** (geb. 1936) hat auf einer Pressekonferenz am 19. November 1976 in Köln erklärt, er halte es „nicht für aussichtslos, dass die DDR-Regierung die panische Maßnahme, mich auszuburgern“ korrigiere.

reiten, und das sage ich ohne die geringste Genugtuung; im Gegenteil, ich sage es mit großer Angst, denn ich habe aus Ihrem eigenen Mund gehört, dass Sie „einen neuen Höhepunkt anstreben“. Wenn sich Ihre Bemerkung auch auf die Ökonomie bezog, so weiß ich doch aus meiner Unterrichtung in marxistisch-leninistischer Philosophie, dass Basis (Ökonomie) und Überbau (Kulturpolitik) ein unteilbares Ganzes sind, und deshalb schaudert es mich bei Ihren Worten. Neben diesen wahrhaft spektakulären Ereignissen gibt es auch kleine, ganz und gar unspektakuläre Geschehnisse, über die Sie vielleicht nicht in vollem Umfang unterrichtet sind. Es wird Ihnen läppisch erscheinen, dass mir, nachdem ich von meinem in der Verfassung der DDR verbrieften Recht auf Meinungsäußerung Gebrauch gemacht hatte, über Dritte von einem Mitarbeiter des Ministeriums für Staatsicherheit bei meiner Rückkehr in die DDR ein Strafverfahren in Aussicht gestellt wurde (drei oder vier Jahre, urteilte der schnelle Richter, und mildernde Umstände, weil ich ja keine Grenzsicherungsanlagen beschädigt habe), sodass ich mich zwischen Bautzen und Zürich zu entscheiden hatte, und ich habe mich für die Stadt Thomas Manns entschieden, dessen Werk in der DDR vorzüglich gepflegt wird.

Nun wurde ich, und auch das wird Sie kaum berühren, als „Republikflüchtling“ kriminalisiert und ins Fahndungsbuch eingetragen, und meine Bücher traten in einigen Bezirken den Weg in den Reißwolf an. […]

2 ***Ordnen Sie die voranstehenden Briefe in den historischen Kontext ein. Erstellen Sie dazu eine Grafik.***

3 ***a) Fassen Sie den Inhalt des Briefes von Jentzsch thesenartig zusammen und arbeiten Sie die Hoffnungen und Enttäuschungen heraus, die dieser Intellektuelle in den neuen sozialistischen Staat setzte.***
b) Analysieren Sie schriftlich Aufbau und Sprache des Briefes.
c) Was könnte Jentzsch zum Schreiben dieses Briefes bewogen haben?

4 ***Diskutieren Sie schriftlich, auch unter Berücksichtigung Ihrer bisherigen Arbeitsergebnisse, Möglichkeiten und Grenzen eines solchen Briefes.***
Beziehen Sie dabei auch die Bewertung des Autors aus der Retrospektive (Interview, S. 241) mit ein. Erklären Sie den Satz: „Das war ein schwerwiegender Denkfehler.“ (Z. 13)

Die wunderbaren Jahre[1] (1976) *Reiner Kunze*

1 Der Text folgt der originalen Rechtschreibung.

Nach zwei Lyrik-Bänden veröffentlichte der DDR-Schriftsteller Reiner Kunze im September 1976 im Frankfurter S. Fischer Verlag unter dem Titel „Die wunderbaren Jahre“ eine Sammlung von Prosatexten und hatte damit innerhalb kürzester Zeit in der Bundesrepublik großen Erfolg. Noch im gleichen Monat wurde Kunze aus dem Schriftstellerverband der DDR ausgeschlossen und schließlich so unter Druck gesetzt, dass er 1977 in die Bundesrepublik übersiedelte.

Reiner Kunze (geb. 1933) studierte Philosophie und Journalistik. Aus politischen Gründen Abbruch der Universitätslaufbahn, Arbeit als Hilfschlosser. 1976 wurde er aus dem Schriftstellerverband der DDR ausgeschlossen und übersiedelte in die Bundesrepublik.

Draht

Sie bedauert es, nicht an einer Sehstörung zu leiden. Wenn sie an einer Sehstörung litte, könnte sie eine Nickelbrille tragen. Die Eltern eines Schülers, der in der Schule eine Nickelbrille getragen hatte, sind verwarnt worden. Nickelbrillen seien imperialistischer Modeeinfluss, Dekadenz. Zum Beweis hatte der Klassenlehrer Bilder aus einer Westillustrierten vorgelegt, die langhaarige männliche Nickelbrillenträger zeigten.

An dem Morgen, an dem sie mit Nickelbrille zur Schule gehen könnte, würde sie gern gehen. Ihr Urgroßvater trug eine Nickelbrille. Er war Bergarbeiter. Ihr Großvater trug eine Nickelbrille. Er war Bergarbeiter. Zum Beweis würde sie die Fotos hinblättern.

5 ***Erläutern Sie die Kernaussage des Textes.***

6 ***Vergleichen Sie die sprachlichen Bilder des Textes (Sehstörung als Augenproblem, als politisch festgelegte „falsche Sichtweise" im Sinne des DDR-Regimes; Nickelbrille als Sinnbild für „imperialistischen Modeeinfluss" in DDR-Diktion, für die Jugend als Identifikation mit John Lennon). Erklären Sie die Unterschiede und Gemeinsamkeiten im Zusammenhang mit der Aussageabsicht des Textes.***

Kommentar → S. 330

7 *Informieren Sie sich näher über die Biografie des Autors. Verfassen Sie im Anschluss einen Kommentar, in dem Sie zu Meinungsfreiheit und zur Aufgabe von Literatur am Beispiel Kunzes Stellung beziehen. Berücksichtigen Sie dabei auch Ihre bisherigen Arbeitsergebnisse. Folgende Website kann Ihnen bei der Recherche helfen: www.reiner-kunze.com*

8 *Recherchieren Sie die Ursachen und Beweggründe, warum viele Intellektuelle und Künstler die DDR verließen und in den Westen übersiedelten.*

2. Im Überblick: literarische Strömungen in der DDR

2.1 „Zurückgekehrt nach fünfzehnjährigem Exil" – Auseinandersetzung mit dem Faschismus

Die Auseinandersetzung mit der Vergangenheit bestimmte zunächst die Literatur in der DDR. – Einige der aus dem nationalsozialistischen Exil nach Deutschland zurückgekehrten Autoren wählten die sowjetische Besatzungszone und damit die spätere DDR als neue Heimat. Autoren wie Anna Seghers, Bertolt Brecht, Arnold Zweig und Johannes R. Becher genossen in den Anfangsjahren der Republik große Anerkennung.

Johannes Bobrowski (re.) und Günter Grass bei einer Tagung der Gruppe 47, Stockholm 1964

Johannes Bobrowski (1917–1965) nahm als Gefreiter in einem Nachrichtenregiment am gesamten Zweiten Weltkrieg teil. Nach der Kriegsgefangenschaft lebte er in Ostberlin. Veröffentlichungen erschienen in west- und ostdeutschen Zeitschriften, er publizierte sowohl in Verlagen der Bundesrepublik Deutschland als auch in der DDR. Bobrowski sah sich als gesamtdeutscher Dichter, der eine Trennung in ost- und westdeutsche Literatur ablehnte. Im Oktober 1962 erhielt Bobrowski den Preis der Gruppe 47 und wurde auch international bekannt. In den letzten Jahren seines Lebens wurde er zunehmend von der Staatssicherheit observiert.

G. Grass → S. 217

Die ersten beiden Sätze für ein Deutschlandbuch (1964)

Johannes Bobrowski

Als die ersten Nachrichten von den Massenmorden an Juden in die Stadt gelangten und jedermann meinte, sie seien übertrieben, so schlimm könne es ja wohl nicht sein, und jeder dennoch ganz genau wusste, dass sich das alles tatsächlich so verhielt, dass keine noch so ungeheuren Zahlen, keine noch so grässlichen Methoden und raffinierten Techniken, von denen man hörte, übertrieben waren, dass wirklich alles so sein musste, weil es gar nicht anders sein konnte, und dass es längst nicht mehr die Zeit war, davon zu reden, ob es nicht doch noch andere, mildere, menschlichere Verfahren gegeben hätte, Ausweisungen ja wohl nicht mehr, jetzt im Kriege, aber doch garantierte Reservationen, mit Eigenverwaltung und so weiter, als das völlige Schweigen an der Reihe war, als man sich selber schon hinweggeschwiegen hatte, wer weiß wovon und wer weiß wohin, gegen nichts mehr einen Widerspruch aufsteigen spürte, nur so daherredete, zwischen einem nachlässig stilisierten Witz und dem feierlich-feuchten Gefühl, in einen Schicksalskampf von mythischem Rang einbezogen zu sein, wider Willen, zugegeben, als es so weit war mit denen, die frei herumliefen in Deutschland und frei herumlebten, unter den erschwerten Bedingungen des Krieges, zugegeben, als sie so weit gekommen waren, – was nichts heißen soll, denn so weit waren sie ja dann wohl schon seit je gewesen, wenn es jetzt so gut klappte, als es also war wie schon immer, als das so war, läuteten die Glocken – für gar nichts Besonderes: die Hochzeit eines Hirnverletzten, dem man in Anbetracht seiner militärischen Auszeichnungen diesen Wunsch nicht hatte abschlagen können, eines garnisonsverwendungsfähig geschriebenen, aber für die nächsten Jahre vorerst beurlaubten Oberleutnants der Pioniere, mit einer Krankenschwester namens Erika, die ihn im Sanatorium vom Fensterkreuz, an dem er sich aufgeknüpft, mit eigner Hand abgeschnitten hatte und die er am Abend der Hochzeit noch erwürgte, in einem sogar vermuteten Anfall von Geistesgestörtheit, was auch nichts heißt, denn geistesgestört zu sein war ohnehin sein behördlicher Zustand gewesen seither, das heißt seit zwei Jahren, seit seiner Verletzung. Das eine also seit zwei Jahren, das andere seit wann?

Parabel → S. 336

1. *Untersuchen Sie den Satzbau dieser Parabel und erschließen Sie sie, indem Sie Thema, Gestaltungsweise, Zielsetzung und die Leserwirkung untersuchen. Gehen Sie dabei insbesondere der Frage nach, warum in diesem Text zwei scheinbar unabhängige Prozesse nebeneinandergestellt werden, von denen der eine verschwiegen und der andere bagatellisiert wird.*
2. *Interpretieren Sie vor dem Hintergrund Ihrer bisherigen Arbeitsergebnisse und Ihrer historischen Kenntnisse den letzten Satz der Parabel.*

1 Der Text folgt der originalen Rechtschreibung.

Ein neues Haus[1] (1949) *Bertolt Brecht*

Bertolt Brecht selbst hatte sich nach seinem Exil in den USA und seiner Zeit in Zürich entschieden, 1949 nach Deutschland zurückzukehren. Brecht zog es vor, in Ostberlin zu arbeiten. Hauptgründe für seinen Entschluss waren wohl, dass er so seinen Anteil am Aufbau einer sozialistischen Gesellschaft leisten wollte, darüber hinaus gab es aber auch die Frage der praktischen Theaterarbeit. Brecht, 1933 aus Deutschland geflohen, hatte in den vergangenen 15 Jahren kaum Möglichkeiten gehabt, als Regisseur zu arbeiten. Hier in Ostberlin bot sich ihm die Gelegenheit, eine Gruppe aufzubauen und ein eigenes Theater zur Verfügung zu haben: das „Berliner Ensemble" im Theater am Schiffbauerdamm.

B. Brecht → S. 90

Zurückgekehrt nach fünfzehnjährigem Exil
Bin ich eingezogen in ein schönes Haus.
Meine No-Masken und mein Rollbild, den Zweifler zeigend
Habe ich aufgehängt hier. Fahrend durch die Trümmer
Werde ich tagtäglich an die Privilegien erinnert
Die mir dies Haus verschafften. Ich hoffe
Es macht mich nicht geduldig mit den Löchern
In denen so viele Tausende sitzen. Immer noch
Liegt auf dem Schrank mit den Manuskripten
Mein Koffer.

1 Der Text folgt der originalen Rechtschreibung.

Die Lösung[1] (1953) *Bertolt Brecht*

Nach den harten Erfahrungen im Exil nutzte der Theatermann Brecht die ihm von der DDR-Staatsführung eingeräumten Möglichkeiten, endlich künstlerisch frei arbeiten zu können. So entstanden mit dem „Berliner Ensemble" zahlreiche, auch umstrittene Inszenierungen von klassischen wie eigenen Stücken. Dem alten Illusionstheater wollte Brecht bewusst sein politisches Konzept des epischen Theaters entgegensetzen: „die Ästhetisierung der Politik durch eine Politisierung der Ästhetik" (Jan Knopf). Versuche vonseiten der Staatsmacht, ihn durch Verleihung des Nationalpreises (1951) oder des Stalin-Friedenspreises (1954) gänzlich für die dogmatische Kulturpolitik der SED zu vereinnahmen, scheiterten jedoch. Dass sich Brecht trotz widersprüchlichen Verhaltens eine gesellschaftskritische Haltung bis zuletzt bewahrte, belegt u. a. seine Einstellung zum Volksaufstand vom 17. Juni 1953. Sie wird deutlich in den „Buckower Elegien" (Fragment gebliebene Gedichtsammlung), woraus auch das folgende Gedicht stammt.

episches Theater → S. 160 ff.

Nach dem Aufstand des 17. Juni[2]
Ließ der Sekretär des Schriftstellerverbands
In der Stalinallee Flugblätter verteilen
Auf denen zu lesen war, daß das Volk
Das Vertrauen der Regierung verscherzt habe

2 17. Juni: Um den 17. Juni 1953 kam es in der DDR zu einer Welle von Streiks und Demonstrationen (sog. Aufstand des 17. Juni).

Demonstranten in Ostberlin am 17. Juni 1953

Und es nur durch verdoppelte Arbeit
Zurückerobern könne. Wäre es da
Nicht doch einfacher, die Regierung
Löste das Volk auf und
Wählte ein anderes?

3 *Erschließen und interpretieren Sie vergleichend die beiden Gedichte von Bertolt Brecht im historischen Kontext und erklären Sie den Zusammenhang zur Auseinandersetzung mit dem Faschismus und den Erwartungen des lyrischen Ich.*

4 *Erläutern Sie die Kritik des lyrischen Ich, die in den Gedichten deutlich wird.*

2.2 „Greif zur Feder, Kumpel!" – Aufbauliteratur und sozialistischer Realismus

1 SED: Sozialistische Einheitspartei Deutschlands, 1946 in der sowjetischen Besatzungszone aus SPD und KPD hervorgegangen, die sich zur führenden Partei („Staatspartei") entwickelte

Sozialistische Nationalkultur (aus dem Programm der SED[1] 1976)

Die Sozialistische Einheitspartei Deutschlands fördert die sozialistische Kultur in allen materiellen Bereichen und geistigen Sphären der Gesellschaft. Sie setzt sich dafür ein, den Reichtum materieller und geistiger Werte der sozialistischen Kultur umfassend zu mehren und ein vielseitiges, anregendes kulturelles Leben zu entfalten. Ein wichtiges Anliegen ist die systematische Erhöhung der sozialistischen Arbeitskultur in allen Stätten der Arbeit und des Lernens [...]

Die entwickelte sozialistische Gesellschaft wird durch eine hohe geistige Kultur gekennzeichnet. Das persönliche Bedürfnis nach künstlerischem und ästhetischem Genuss verbindet sich immer mehr mit der schöpferischen Entfaltung der eigenen künstlerischen Fähigkeiten. Die Partei erweist daher dem kulturellen Schöpfertum des Volkes und dem künstlerischen Volksschaffen allseitige Unterstützung.

Die Sozialistische Einheitspartei Deutschlands unterstützt alle Bemühungen, die auf das Aufblühen einer sozialistisch-realistischen Kunst gerichtet sind. Eine solche Kunst beruht auf tiefer innerer Verbundenheit mit der Wirklichkeit des Sozialismus und dem Leben des Volkes, auf konsequenter Parteinahme für Frieden, Demokratie und Sozialismus, gegen Imperialismus, Aggression und Reaktion. Durch seine künstlerische Kraft, seine Parteilichkeit und Volksverbundenheit, durch seine Weite und Vielfalt vermag das sozialistische-realistische Kunstschaffen einprägsam auf das Leben des Volkes zu wirken, sozialistische Überzeugungen, Lebenseinstellungen und -beziehungen, den Sinn für Schönheit und die Ideale der Arbeiterklasse zu formen. Die Partei setzt sich für die Vertiefung des sozialistischen Ideengehaltes in den Künsten ein. Sie fördert das Streben nach künstlerischen Entdeckungen, die zur Bereicherung der sozialistischen Kunst und der gesellschaftlichen Wirklichkeit beitragen. Die künstlerische Entwicklung erfordert eine Atmosphäre, die durch hohe ideelle, moralische und ästhetische und Ansprüche an die Kunstschaffenden, durch verständnisvolles Verhalten gegenüber den Künstlern sowie durch die Förderung aller Talente charakterisiert wird. [...]

1 *Notieren Sie, welche ästhetischen und politischen Förderungen die SED an die Künstler in der DDR stellt.*

1 Der Text folgt der originalen Rechtschreibung.

Werner Bräunig wurde 1934 in Chemnitz geboren. Nach umtriebigen Jugendjahren, u. a. als Gelegenheitsarbeiter in Westdeutschland, arbeitete er in Fabriken und Bergwerken, darunter im Uranbergbau der Wismut-AG. Als schreibender Arbeiter trug er auf der Bitterfelder Konferenz den Aufruf „Greif zur Feder, Kumpel!" vor. Nach dem Studium am Literaturinstitut Johannes R. Becher war er dort Oberassistent. 1965 wurde auf dem berüchtigten 11. Plenum der SED ein Vorabdruck aus dem Roman „Rummelplatz" so heftig angegriffen, dass der Roman der Zensur zum Opfer fiel und sein Erscheinen verboten wurde. 1976 starb Werner Bräunig in Halle mit 42 Jahren. Wichtigste Veröffentlichungen: „Prosa schreiben" (Essays, 1968), „Gewöhnliche Leute" (Erzählungen, 1969, erweiterte Ausgabe 1971), „Ein Kranich am Himmel. Unbekanntes und Bekanntes" (1981), „Rummelplatz" (Roman, 2007).

Rummelplatz[1] (1965 verfasst, erschienen 2007) *Werner Bräunig*

1. Kapitel

Die Nacht des zwölften zum dreizehnten Oktober schwieg in den deutschen Wäldern; ein müder Wind schlich über die Äcker, schlurfte durch die finsteren Städte des Jahres vier nach Hitler, kroch im Morgengrauen ostwärts über die Elbe, stieg über die Erzgebirgskämme, zupfte an den Transparenten, die schlaff in den Ruinen Magdeburgs hingen, ging behutsam durch die Buchenwälder des Ettersberges hinab zum Standbild der beiden großen Denker und den Häusern der noch größeren Vergesser, kräuselte den Staub der Braunkohlengruben, legte sich einen Augenblick in das riesige Fahnentuch vor der Berliner Universität Unter den Linden, rieselte über die märkischen Sandebenen und verlor sich schließlich in den Niederungen östlich der Oder.

Es war eine kühle Nacht, und die Menschen in den schlecht geheizten Wohnungen fröstelten. Die Herbstkälte schlich sich in ihre Umarmungen und ihr Alleinsein, ihre Hoffnungen und ihre Gleichgültigkeit, ihre Träume und ihre Zweifel.

Nun waren die Reden verstummt, die Kundgebungen geschlossen, die Proklamationen rotierten zwischen den Druckzylindern der Zeitungsmaschinen. Straßen und Plätze dampften im Morgenlicht. Die ersten Schichtarbeiter zogen in die Fabriken. Die Plakate welkten im Wind.

Hermann Fischer war am Morgen dieses dreizehnten Oktober früher erwacht als gewöhnlich. Zuerst dachte er, die Kälte habe ihn geweckt. Dann aber hörte er das überanstrengte Fauchen der SIS-Omnibusse, die sich im zweiten Gang den Rabenberg heraufquälten, und er dachte plötzlich ganz wach: Die Neuen kommen. Diese dreißig, vierzig Mann, ohne die sie den Schacht vielleicht noch zwei, drei Tage in Betrieb gehalten hätten, vielleicht auch noch eine Woche, falls ausnahmsweise einmal nichts passiert wäre, kein Streckeneinbruch, kein Straßenrutsch, kein Förderausfall. Seit vierzehn Tagen schrien, schrieben und telefonierten sie; Fischer hatte die Hoffnung schon fast aufgegeben. Gestern abend aber hatte ihn plötzlich der Objektleiter angerufen. Und Fischer wußte jetzt auch, daß er nicht nur der Kälte wegen so zerschlagen war, so unausgeschlafen, sondern vielmehr wegen der Ungewißheit, ob sie auch wirklich kämen, ob sie ihm nicht noch im letzten Moment irgendein anderer vor der Nase wegorganisierte.

Fischer stand auf. Wie jeden Morgen schaltete er, ohne hinzusehen, das Radio an. Er ging zum Waschraum, goß sich hastig eine Kanne Wasser über den Hals, rieb sich mit dem Leinenhandtuch ab. Als er ins Zimmer zurückkam, dröhnte der Lautsprecher die Morgennachrichten durch die Baracke. Wie wir heute arbeiten, hatte jemand gesagt, werden wir morgen leben. Nebenan klopfte jemand an die Wand. Fischer drehte etwas leiser.

Die Gummistiefel waren noch feucht, obwohl er sie gestern abend mit alten Zeitungen ausgestopft hatte. Auch die Lederjoppe roch noch nach muffigem Brackwasser. Im Vorübergehen betrachtete er sich einen Augenblick in dem alten Rasierspiegel neben der Tür, die eingefallenen, stoppeligen Wangen, die müden Augen. Dann ging er hinaus.

Der Lagerverwalter stand schon vor der Tür, er war mürrisch wie immer und erwiderte Fischers Gruß nur mit einem gleichgültigen Kopfnicken. Die Luft war weniger feucht als gestern. Fischer hörte wieder das Grollen der Sprengungen, das in den letzten Tagen vom Regen verschluckt worden war. Drüben in der Teufelsschlucht schossen sie Mundlöcher auf. Es war bereits so hell, daß er bis ins Tal hinabsehen konnte. Er erkannte den Umriß des Schornsteins der Papierfabrik, über dem die hellgrauen Wolken sehr langsam aus Böhmen herüberzogen. Es war eine der größten Papierfabriken Europas, aber davon nahm hier oben kaum jemand Notiz. Die Größenverhältnisse waren durcheinandergeraten, seit dieser unübersehbare Bergbaubetrieb, der sich über das ganze Gebirge bis hinein in das Vogtland, bis hinüber nach Thüringen zog, beinahe über Nacht in die Berge hineingestampft worden war: Wismut-AG.

In den vergangenen Regentagen war der letzte Kilometer der provisorischen Autostraße, die sie vor zwei Jahren in den Wald geschlagen hatten, unterspült worden. Die SIS hielten tausend Meter hangabwärts.

Vom Rande des Barackenlagers aus sah Fischer die Kolonne der Neuen den Berg heraufkriechen. Sie trotteten müde dahin, mit übernächtigten Gesichtern, die von hier aus bedrückend gleichförmig erschienen; gingen gebückt und manchmal strauchelnd unter der Last ihrer Koffer und Rucksäcke. Viele trugen Halbschuhe; manchmal, wenn sie von dem schmalen Schlackestreifen abkamen, der von der Straße übrig war, blieben sie im Morast stecken. Die Mäntel waren zerdrückt und grau. Grau wie dieser Oktobermorgen mit seinem kalten Himmel, mit den reglosen Fichten und dem dumpfigen Geruch der faulenden Baumstümpfe. Fischer versuchte zu zählen, aber die Köpfe tanzten auf und nieder, gerieten immer wieder durcheinander, er gab es schließlich auf.

Er dachte: So bin ich auch einmal hier angekommen. Er sah die farblosen, lautlosen Gestalten herantrotten, und mit einem Male beschlich ihn die Müdigkeit seines halben Jahrhunderts. Er konnte ein Lied singen von diesen Aufbrüchen ins Ungewisse. Diesen Morgendämmerungen, die nicht wußten, was der Abend bringt. Gestern, als er neben Zacharias im Demonstrationszug marschiert war, hatte er sich für einen Augenblick frei und voller Kraft gefühlt. Er war für ein paar Stunden jung gewesen und ungebeugt von der Last der Prüfungen, der bestandenen und der nicht bestandenen. Aber heute war wieder Alltag. Heute war er wieder Steiger und für die Produktion verantwortlich, die schon auf 92 Prozent herunter war. Wieder Parteisekretär und für die Neuen dort verantwortlich; hoffentlich waren wenigstens ein, zwei Genossen unter ihnen.

[...]

2 *Informieren Sie sich über den historischen Hintergrund des Romangeschehens. Stellen Sie Ihre Ergebnisse in der Klasse vor (Kurzreferat).*

3 ***Stellen Sie die Aussagen zusammen, die über die Arbeit und die gesellschaftlichen Verhältnisse anhand dieses Textausschnitts möglich sind.***

4 ***Erklären Sie anhand des Textausschnitts unter Bezugnahme auf das Programm der SED (S. 247 f.), warum dieses Werk der SED gefährlich erschien.***

Tipp: Dafür empfiehlt sich die Lektüre des gesamten Romans oder die Rezeption der Hörbuchfassung, gelesen von Jörg Gudzuhn (2007). Referieren → S. 352

www.

5 *Da der Roman zunächst in Auszügen erschien und dann verboten wurde, hatte Bräunig die Arbeit an dem Buch offiziell eingestellt. Erst seine Erben stellten das Werk nach der Wende dem Aufbau Verlag zur Verfügung, sodass es posthum 2007 erscheinen konnte.*

a) Informieren Sie sich über den Skandal, den die ersten Vorabdrucke auslösten; www.perlentaucher.de hilft Ihnen weiter.

b) Erarbeiten Sie ein Referat, in dem Sie die Klasse über Ihre Ergebnisse informieren. Versuchen Sie eine eigenständige Wertung.

6 ***Erschließen und interpretieren Sie den Textausschnitt schriftlich. Nehmen Sie die Erklärungen des Basiswissens zu Hilfe.***

Basis

Sozialistischer Realismus und Aufbauliteratur

Die – zumeist jedoch schon vor 1945 entstandenen – Werke der Exilautoren bildeten den Grundstock der DDR-Literatur. Auf dieser Basis und unter dem direkten Einfluss der „Partei der Arbeiterklasse“ sollte sich die „sozialistische Nationalliteratur der DDR“ entwickeln. 1949 wurde die DDR gegründet, die Nationale Volksarmee (NVA) aufgebaut und der **Aufbau des Sozialismus** planmäßig in Angriff genommen. Gefordert wurde von der alleinherrschenden SED eine Literatur, die für die Ziele des Sozialismus und den Aufbau der sozialistischen Produktion Partei („Parteilichkeit“) ergreift, keine modernistischen und formalistischen Experimente durchführt („Volkstümlichkeit“) und den Lesern Identifikationsfiguren („proletarischer Held“) liefert: Diese Forderungen der SED-Kulturpolitik wurden unter dem Begriff **„sozialistischer Realismus“** zusammengefasst – **als einzige Darstellungsform der Realität.**

Im Zentrum der staatlich geförderten Literatur dieser Jahre stand neben der antifaschistisch orientierten Literatur der Vergangenheitsbewältigung die Auseinandersetzung mit der neuen Gesellschaft, mit der sozialistischen Produktion. **„Aufbauliteratur" beschreibt den Kampf der Menschen für eine bessere Gesellschaft.** Sie zeigt Helden der Arbeit bei der Meisterung schwieriger Produktionsaufgaben, beim Wiederaufbau von Industrie und Landwirtschaft und bei der Entlarvung des Klassenfeindes. Die starke Durchdringung der Themen „Politik", „Arbeit" und „Literatur" wurde in der ersten Konferenz (1959) in Bitterfeld abgesteckt: der sogenannte **„Bitterfelder Weg".** Dieser Weg war ein zentrales Kulturprogramm der DDR und sollte dafür sorgen, dass Werktätige ihre Erlebnisse in der Literatur verarbeiten. Die Schriftsteller wurden aufgefordert, in die Betriebe zu gehen, um dort die Situation der Arbeiterklasse praktisch kennenzulernen, die Arbeiter sollten in „Brigadetagebüchern" ihren Alltag beschreiben. Die Parolen lauteten: „Greif zur Feder, Kumpel!" und „Stürmt die Höhen der Kultur!" Die traditionelle Trennung von Kunst und Arbeit, Künstler und Volk sollte aufgehoben werden.

2.3 „Warum soll sich ein Mensch nicht ändern können?" – Ankunftsliteratur

Der geteilte Himmel[1] (1963) *Christa Wolf*

1 Der Text folgt der originalen Rechtschreibung.

Die Erzählung „Der geteilte Himmel" handelt von der 19-jährigen Rita Seidel und ihrem Freund Manfred Herrfurth, der den Glauben an das sozialistische Wirtschaftssystem verliert und über Ostberlin in den Westen geht. Rita reist ihm nach und versucht vergeblich, ihn zur Rückkehr zu bewegen. Rita fährt allein nach Halle zurück. Als kurz darauf die Mauer gebaut wird, sind die beiden für immer getrennt. Nach einem Selbstmordversuch erzählt Rita rückblickend ihre Geschichte.

[...] Es war der erste Augustsonntag. In aller Herrgottsfrühe saß Rita im Schnellzug nach Berlin. Seit gestern hatte sie einen Brief bei sich, in dem stand: „Es ist nun soweit. Ich erwarte Dich jetzt jeden Tag. Denk immer daran ..." Niemand wußte, wohin sie fuhr – das war der Vorteil, wenn man allein lebte, keinem Rechenschaft schuldig. Und niemand, auch sie selbst nicht, konnte sagen, ob sie zurückkehren würde. Zwar war ihr Köfferchen leicht. Ohne Gepäck kam sie zu ihm. Aber wie zur Probe richtete sie Abschiedsblicke auf die Schornsteine, die den Horizont hinunterglitten, auf Dörfer, Waldstücke, einen einzelnen Baum, Gruppen von Menschen, die auf den Feldern Getreide ernteten. Vor einer Woche noch war sie mit Hänschen und anderen Waggonbauern dabeigewesen, sogar in dieser Gegend. Sie wußte: Die Ernte war schlecht, und sogar das wenige, was gewachsen war, einzubringen, machte Sorgen. Aber waren das noch ihre Sorgen? Überall auf der Welt wachsen Bäume, Schornsteine und Getreidefelder ... [...]

Nun also: Was fehlt dir jetzt noch? Hat er nicht so geschrieben, daß kein Zweifel blieb: Er wartet auf dich wie auf Befreiung nach langer Gefangenschaft, wie auf Speise und Trank nach Hunger und Durst? Also nimmst du

Christa Wolf (geb. 1929) trat 1949 mit dem Abitur in die SED ein und blieb ihr Mitglied bis Juni 1989. Von 1955 bis 1977 war sie Mitglied im Vorstand des Schriftstellerverbands der DDR. Sie wurde jedoch 1976 aufgrund der Mitunterzeichnung des „Offenen Briefes gegen die Ausbürgerung Wolf Biermanns“ aus dem Schriftstellerverband der DDR ausgeschlossen. Dennoch konnte sie viele Lesereisen, unter anderem nach Schweden, Finnland, Frankreich und in die USA unternehmen, wo sie das Ehrendoktorat der Ohio State University erhielt. 1989/90 glaubte sie – wie etliche DDR-Intellektuelle – noch an die Reformierbarkeit des Sozialismus unter anderer Führung. Am 26. November 1989 trat sie im Aufruf „Für unser Land“ für die DDR und gegen den „Ausverkauf unserer materiellen und moralischen Werte“ ein. Christa Wolf befürwortete die Fortentwicklung des Sozialismus.

dein Köfferchen – leicht oder schwer, darauf kommt es nun wirklich nicht an – und gehst zu ihm. Zwei Stunden Fahrt, das ist lächerlich wenig. Und es ist die natürlichste, richtigste Sache von der Welt. Also was ist? Dieses wehe Gefühl, das nicht nachläßt? Danach darfst du dich nicht richten. Es ist kein Maßstab.

„Bist du glücklich, mein Kind?“ Ach Mutter, darum geht es nun nicht mehr. […]

Sie wußte auf einmal, was sie an dem Brief gestört hatte. Dieselben Worte, die immer gut gewesen waren, für eine Verstimmung, für einen Schatten zwischen ihnen, die reichten jetzt auf einmal nicht mehr aus. Hätte sie nur deutlicher empfunden: Er weiß genau, was er von mir verlangt, aber es bleibt ihm keine andere Wahl. Aber dieses zufällige Wegbleiben („man hat mir hier Chancen geboten, die ich einfach nicht versäumen darf …“), dieses Abhängigsein von irgendwelchen ganz neuen Bekannten, die auf einmal seine Freunde sein sollen … So tut man nichts, was man tun muß. So treibt man dahin, wenn man das Steuer verloren hat und alles gleichgültig wird.

Und ob er überhaupt ahnt, was diese elf Wochen aus mir gemacht haben? Es wäre gut, er dächte nicht, alles sei entschieden, wenn er mich ankommen sieht. Er sollte mich nachdenken lassen, mit ihm gemeinsam. Wenn ich endlich die Besinnung wiederhabe, die er mir geraubt hat mit seinem Weggehen. […]

Sie trat an den Fahrkartenschalter. Zum erstenmal mußte sie preisgeben, was sie tun wollte.

„Zoologischer Garten“, sagte sie.

Gleichmütig wurde ihr eine kleine gelbe Pappkarte zugeschoben. „Zwanzig“, sagte die Frau hinter der Glasscheibe.

„Und wenn man – zurückkommen will?“ fragte Rita zaghaft.

„Also vierzig“, sagte die Frau ungeduldig, nahm die Karte zurück und schob eine andere durch das Fensterchen.

Darin also unterschied diese Stadt sich von allen anderen Städten der Welt: Für vierzig Pfennig hielt sie zwei verschiedene Leben in der Hand.

[…]

„Worauf trinken wir?“ fragte er. Da von ihr keine Antwort kam, hob er sein Glas. „Auf dich. Auf deine kleinen Irrtümer und ihre großen Folgen.“

„Ich trink auf gar nichts“, sagte sie. Sie trank auf gar nichts mehr.

Als die Flasche leer war, verließen sie das Café, […]. Sie gingen die Straße hinunter bis an einen großen runden Platz, der, fernab vom Verkehr, um diese Zeit fast einsam war. Sie blieben an seinem Rand stehen, als scheuten sie sich, seine Ruhe zu verletzen. Eine merkwürdige, aus vielen Farben gemischte Tönung, die über dem Platz lag, lenkte ihre Blicke nach oben. Genau über ihnen verlief, quer über dem großen Platz, die Grenze zwischen Tag- und Nachthimmel. Wolkenschleier zogen von der schon nachtgrauen Hälfte hinüber zu der noch hellen Tagseite, die in unirdischen Farben verging. Darunter – oder darüber? – war Glasgrün, und an den tiefen Stellen sogar

Renate Blume als Rita Seidel und Eberhard Esche als Manfred Herrfurth in der Verfilmung „Der geteilte Himmel", Regie Konrad Wolf (DDR, 1964)

noch Blau. Das Stückchen Erde, auf dem sie standen – eine Steinplatte des Bürgersteigs, nicht größer als ein Meter im Quadrat –, drehte sich der Nachtseite zu.

Früher suchten sich Liebespaare vor der Trennung einen Stern, an dem sich abends ihre Blicke treffen konnten. Was sollen wir uns suchen?

„Den Himmel wenigstens können sie nicht zerteilen", sagte Manfred spöttisch.

Den Himmel? Dieses ganze Gewölbe von Hoffnung und Sehnsucht, von Liebe und Trauer? „Doch", sagte sie leise. „Der Himmel teilt sich zuallererst."

Der Bahnhof war nahe. Sie gingen durch eine schmale Seitenstraße und hatten ihn vor sich. Manfred blieb stehen. „Dein Koffer!" Er sah, daß sie nicht mehr zurückgehen würde. „Ich schick ihn dir." Alles, was sie brauchte, hatte sie in der Handtasche. […]

Manfred sah auf die Uhr. Ihre Zeit war genau bemessen. „Geh jetzt", sagte er. Er ging mit ihr bis zur Sperre. Da blieben sie wieder stehen. Rechts zog der Strom zum Bahnsteig hoch an ihnen vorbei, links der Strom zurück in die Stadt. Sie konnten sich auf ihrem Inselchen nicht lange halten. „Geh", sagte Manfred. „Geh!"

Sie sah ihn weiter an. Er lächelte (sie soll ihn lächeln sehen, wenn sie an ihn denkt). „Leb wohl, braunes Fräulein", sagte er zärtlich. Rita legte ihren Kopf eine Sekunde lang an seine Brust. Noch Wochen später fühlte er den federleichten Druck, wenn er die Augen schloß.

Sie muß dann wohl durch die Sperre und die Treppe hinaufgegangen sein. Sie muß mit einer Bahn gefahren sein, die sie zum richtigen Bahnhof brachte. Es wunderte sie nicht, daß nun alles leicht und schnell ineinandergriff. […]

1 a) *Erklären Sie anhand des Textausschnitts und mithilfe des Basiswissens, warum dieser Roman der sogenannten Ankunftsliteratur zugerechnet wird. Berücksichtigen Sie den historischen Hintergrund.*
   b) *Formulieren Sie schriftlich, ausgehend von Ihren Ergebnissen, die Ziele, die diese Ankunftsliteratur verfolgte. Beziehen Sie geeignete Textstellen aus dem Roman als Belege mit ein.*

Basis

Ankunftsliteratur

Auf der zweiten Bitterfelder Konferenz 1964 wurde der **Bitterfelder Weg** modifiziert. Literatur sollte nun darstellen, wie der sozialistische Mensch sich in der DDR zum gebildeten, geistig und moralisch hochstehenden Menschen entfaltet, der Natur, Technik, Wissenschaft und Produktion beherrscht. Ankunftsliteratur handelt von der Ankunft des neuen, sozialistischen Menschen. Die Formulierung rührt aus Brigitte Reimanns „Ankunft im Alltag" von 1961 her, einem Prosatext, der Erfahrungen dreier junger Praktikanten in der Arbeitswelt beschreibt. Die Bezeichnung „Ankunftsliteratur" bezieht sich insgesamt auf die Frühzeit der DDR, in der die Menschen gezwungen waren, sich mit dem System des

Sozialismus auseinanderzusetzen. Diese Gattung existiert vorwiegend bis in die Sechzigerjahre hinein. Vertreter sind u. a. Christa Wolf mit „Der geteilte Himmel“ (1963), Erwin Strittmatter mit „Ole Bienkopp“ (1963) oder Hermann Kant mit „Die Aula“ (1965).

2 *Erschließen und interpretieren Sie den Textausschnitt schriftlich, indem Sie ihn zusammenfassen und erzählstrukturell sowie sprachlich-stilistisch untersuchen. Erläutern Sie die Bedeutung für die Wirkung und die Gesamtaussage. Deuten Sie Aussage und Aussageabsicht des Satzes „‚Doch‘, sagte sie leise. ‚Der Himmel teilt sich zuallererst.‘“*

3 *Erklären Sie die Problematik der Entscheidung zwischen Gefühlen und ideologischer Überzeugung in einer zwischenmenschlichen Beziehung und zeigen Sie, ausgehend von Ihren Ergebnissen, vergleichend, wie dieses Thema in einem weiteren literarischen Werk gestaltet wird.*

4 *a) Zeigen Sie die Botschaft der Autorin und deren Intention.*
b) Setzen Sie sich mit der Frage auseinander, ob dieses Werk Christa Wolf tatsächlich nur als „Staatsdichterin“, die das System stützen wollte, ausweist. Wagen Sie eine differenziertere Betrachtung.

2.4 „… in den Zwängen einer Doktrin …“ – scheinbare Liberalisierungstendenzen und neue Repressalien

Suche nach innerer Autonomie

Die Situation der DDR in den Siebzigerjahren war politisch, wirtschaftlich und sozial äußerst heikel. Auf der einen Seite hatte sich nach dem Bau der Berliner Mauer (1961) die ökonomische Lage stabilisiert, weil die Arbeitskräfte und die jungen Menschen im Land bleiben mussten. Auf der anderen Seite aber hatte die Unzufriedenheit der Bevölkerung wegen der ständigen Schikanen, der fehlenden Reisefreiheit und der eingeschränkten Konsummöglichkeiten stark zugenommen. Auf dem VIII. Parteitag der SED wurde Walter Ulbricht durch Erich Honecker abgelöst und die **„entwickelte sozialistische Gesellschaft“** proklamiert. Es folgte eine Korrektur des Kurses hin zu mehr Selbstständigkeit und Eigenverantwortung im Arbeitsprozess. Für die Kultur bedeutete dies nur ein scheinbares Liberalisierungsprogramm. In den Sechziger- und Siebzigerjahren entstand deshalb eine Literatur, die nur vordergründig den Aufbau und die Ausgestaltung des Sozialismus thematisierte, tatsächlich aber das Private und Alltägliche, Probleme der Menschen in der sozialistischen Gesellschaftsordnung aufgriff. Literatur suchte in dieser Zeit nach innerer Autonomie und einem „gewissenhaften“ literarischen Ausdruck: Ulrich Plenzdorf („Die neuen Leiden des jungen W.“, 1973), Brigitte Reimann („Franziska Linkerhand“, 1974). Die engen Grenzen, unter denen Literaten arbeiten mussten, zeigten sich 1976 mit der Ausweisung Wolf Biermanns.

Ausweisung Wolf Biermanns → S. 241 ff.

Franziska Linkerhand (1974) *Brigitte Reimann*

In ihrem Roman, der stark autobiografische Züge trägt, erzählt Brigitte Reimann die Geschichte der jungen Architektin Franziska Linkerhand, die eine Stelle in Neustadt annimmt, um dort beim Aufbau der schnell wachsenden Stadt mitzuwirken. Voller Enthusiasmus will sie dort ihre Ideen eines modernen, menschenfreundlichen Wohnungs- und Städtebaus verwirklichen. Doch die industrialisierte Plattenbauweise lässt wenig Raum für Kreativität. Ihre Kollegen haben resigniert und sich vermeintlichen Sachzwängen ergeben. Parallel zu Franziskas Auseinandersetzungen mit einer erstarrten Partei- und Staatsbürokratie ist der Roman auch eine Liebesgeschichte zwischen ihr und dem Bauarbeiter Ben Trojanowicz.

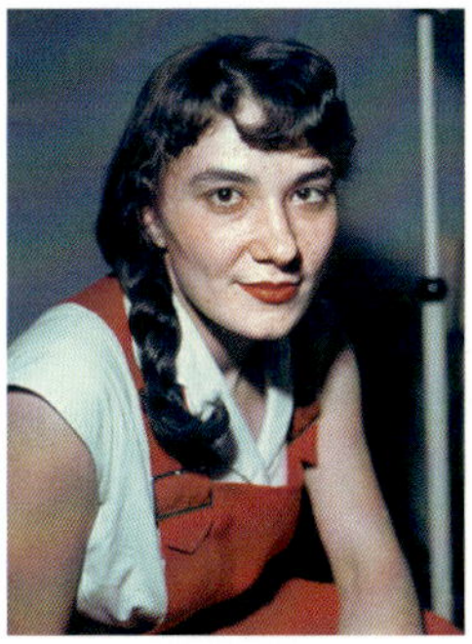

Brigitte Reimann (1933–1973) vertrat als Schriftstellerin den sogenannten Bitterfelder Weg. In Hoyerswerda arbeitete sie im Kombinat Schwarze Pumpe. Hier entstand 1961 der Prosatext „Ankunft im Alltag".

Brigitte Reimann konnte den Roman „Franziska Linkerhand" nicht mehr vollenden: Anfang 1973 erlag sie im Krankenhaus Berlin-Buch einem Krebsleiden. Wahrscheinlich stand sie zu diesem Zeitpunkt kurz vor dem Abschluss ihres Buches. Der Roman, der mit vierzehn vollständigen Kapiteln schon hunderte Seiten umfasste, wurde posthum, vor allem durch die Initiative ihrer Schriftstellerkollegen wie Christa Wolf, 1974 im Verlag Neues Leben veröffentlicht.

Als Brigitte Reimann im Alter von 39 Jahren starb, stand sie dem Regime sehr kritisch gegenüber.

[...]

... Beteiligt, sagte sie zu Trojanowicz, der sich mit Zündhölzchen plagte und ihr den Rücken zukehrte, beteiligt sei sie allerdings: mit Zeichnungen, das sowieso (Routinearbeit, Anpassung von Typenprojekten), ferner mit einem Vorschlag (den Schafheutlin aufgenommen hat wie Anstiftung zum Brandlegen), ferner mit Gedanken, die sich nicht abschalten lassen, obgleich der Plan abgeschlossen, Änderung nicht möglich ist, auch nicht erwünscht.

Sie beugte den Kopf über das flackernde Hölzchen [...]. „Aber das meine ich nicht", sagte sie, etwas kurzatmig. „Beteiligt, ja, aber nicht als Mittäter bei diesen architektonischen Verbrechen. Zu Hause ... wissen Sie, Professor Reger sagte immer, der Bau muss uns mehr sein als eine Geliebte ..." Er schwieg und rauchte. „Wir hier, in diesem Konfektionsbetrieb –" sagte sie verächtlich und wiederholte, da er zwar schwieg, aber nickte wie im Einverständnis: Konfektion. Bauen heute? Die Fabrikation eines Massenartikels. Der Architekt heute? Zulieferer ohne Beziehung zur fertigen Ware. Sein Arbeitsethos: vorgegebene Kennziffern einhalten; sein Ehrgeiz: Zeichnungen termingerecht abliefern. Habe er, fragte sie Trojanowicz, habe er jemals einen Architekten auf der Baustelle gesehen? und antwortete selbst, obgleich er nickte, mit nein. Im Büro blüht keine Passion. Er warf seine Kippe weg. Konservativ, sagte er. Franziska riss die Augen auf. „Konservativ, Sie und Ihr Professor, dessen Ausspruch hübsch klingt – klingelt", verbesserte er sich, „aber nichts enthält außer einem irrationalen Moment: das eben macht ihn so attraktiv, und die Jünger, die ihn zitieren, so untauglich für die Arbeit in einem modernen Industriezweig." Sie glaubte Schafheutlin zu hören. Ja, Schafheutlin, sagte auch Trojanowicz, nicht abschätzig wie Franziska, schade drum, dass ein Mann wie Schafheutlin auf der Strecke geblieben ist, konservierter Neuerer, unfähig, sich gegen Leute wie Reger (und Sie, Lady!) zu behaupten, daher mitschuldig, wenn der Bau in zwanzig Jahren die letzte Bastion des Traditionalismus und Zunftwesens ist.

Das konnte sie nicht einfach hinnehmen; er sah sich zu Erklärungen genötigt, in eine Diskussion verwickelt, an der ihm nichts lag (statt unverbindlichem Wiegehtsdennoch, Zigarettenpause, Gespräch übers Wetter,

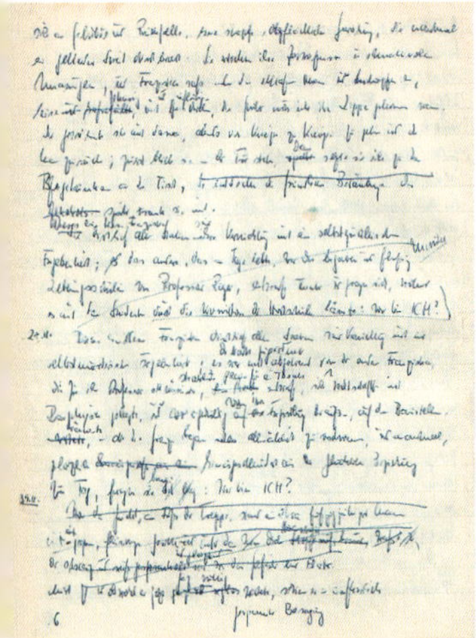

Handschriftliche Manuskriptseite aus „Franziska Linkerhand“

Bei der ersten Veröffentlichung von „Franziska Linkerhand“ 1974 bestand der Verdacht, dass der Text im Auftrag von SED-Funktionären teilweise verändert worden war. 1998 erschien eine nach dem überlieferten Typoskript herausgegebene vollständige Ausgabe, deren Nachwort auf die Abweichungen zwischen der Ausgabe von 1974 und dem Typoskript hinweist. Demnach sind vier Prozent des Gesamttextes gestrichen worden, darunter viele Passagen, die sich kritisch mit der DDR auseinandersetzen.

das prächtig ist, obgleich Trockenheit, Brandgefahr, und bei dem Wind, letztes Jahr die Waldbrände, aber davon können Sie ja nicht wissen) und ihr nichts liegen sollte, dachte er und sagte: Nehmen Sie das nicht ernst, es lohnt nicht. Er hob die Schultern, er duchkältete Sie mit einem Blick auf die Uhr. Man hat seine Arbeit. Der Bau, nun ja. Man ist Kipperfahrer, Kleiner Mann, der sich ab und zu den Luxus leistet zu denken, dabei mäßig interessiert, keinesfalls erpicht auf Debatten.

[...] Wen versucht er zu täuschen? Mich? Sich selbst? Jedenfalls ein Außenstehender, nicht durch Gefühle, meinetwegen Sentiments, gehemmt oder beflügelt.

Sie sind nicht vom Bau, sagte sie. Ihre Arbeit, Ihr Kipper mit Kies und Beton, Ihr Lenkrad? Requisiten für ein Legendenstück ... Trojanowicz gähnte und klopfte sich auf den Mund. Sie besaß die Kühnheit, gegen eine verriegelte Tür zu hämmern. „Sie spielen eine Rolle und halten sie nicht durch. Schon Ihre Art zu reden, die Wörter, die Sie gebrauchen ... alles zu gekonnt, zu selbstverständlich, das hört man, nicht mit der respektvollen Freude wie ein Autodidakt. Halten Sie mich für blöd? Mir den kleinen Mann vorspielen, der sich so seine Gedanken macht ... Das ist w-widerlich ...“

„Widerlich“, sagte Trojanowicz. „Na gut. Sonst noch was?“

Sie zog die Füße auf den Fenstersims. Er wollte gehen, er blieb: wegen einer Kindersandale, in der sich die Zehen, die Scheren eines wunderlichen Meertiers, öffneten und schlossen. „Schafheutlin kennt Sie.“ Sie log ohne Stottern. „Zuerst war er nicht sicher ... er sagt, Sie haben sich verändert.“

Trojanowicz grinste. „Nicht ich, – verändert hat mich ein Gummiknüppel.“ [...]

Sie stellte keine Fragen. Als Tojanowicz, ungefragt, versicherte, dass er zufrieden sei, weil unabhängig, Herr auf seinem Kipper, und ohne Wunsch außer dem einen: an Vergangenes nicht erinnert zu werden, schwieg sie bedrückt, wie durch einen Verlust betroffen. Ein Ehemaliger.

[...]

Interpretation → S. 346 f.

1 *Erschließen und interpretieren Sie den Textausschnitt. Arbeiten Sie vor allem die Gesprächsstrategie der Protagonistin heraus. Formulieren Sie den konkreten Vorwurf und die generelle Gesellschaftskritik, die hier deutlich wird.*

Unvollendete Geschichte[1] (1975) *Volker Braun*

1 Der Text folgt der originalen Rechtschreibung.

Die gesellschaftskritische Erzählung „Unvollendete Geschichte“ erschien in der Zeitschrift „Sinn und Form“. Die DDR-Kulturpolitik beanstandete damals, dass sich die Schriftsteller des Landes nicht mehr an den für alle Künstler propagierten „sozialistischen Realismus“ hielten. Bereits 1972 stellte Ulrich Plenzdorf in seinem Roman „Die neuen Leiden des jungen W.“ keinen positiven sozialistischen Helden mehr in den Mittelpunkt und interes-

sierte sich auch mehr für den unerfreulichen Alltag der Jugendlichen als für Fragen der Produktion. Auf ähnliche Weise rückt auch Volker Braun subjektive Probleme der Staatsbürger statt Verherrlichung sozialistischer Errungenschaften in den Vordergrund und nimmt eine kritische Analyse der DDR-Gesellschaft vor. Volker Braun versucht, in seinem Werk den Handlungsspielraum der Menschen unter neuen Verhältnissen auszuloten und die angeblich objektiven Gegebenheiten kritisch zu beleuchten.

Die achtzehnjährige Funktionärstochter Karin und ihr Freund Frank wünschen sich nur, dass sich niemand in ihr persönliches Glück einmischt, sie wollen lediglich ihr Leben leben. In der „Unvollendeten Geschichte“ wird Karin, aus für sie nicht ersichtlichen Gründen, von Familie und Vorgesetzten gedrängt, die Beziehung mit ihrem Freund Frank zu beenden. Schließlich gibt sie dem Druck nach, woraufhin Frank einen Selbstmordversuch unternimmt.

[...] Die Ärzte hatten ihm erzählt, er sei *verunglückt* bei einem Verkehrsunfall. Jetzt bekam sie Angst, er würde sie gar nicht mehr richtig kennen. Wußte er, was vorher mit ihnen war? Wollte ers nicht wissen, oder was nicht? Sie saß neben ihm und sah auffällig auf ihren Bauch. Sie war im vierten Monat, er sprach nie davon. Was sollte denn nun werden? Sie hatte den Eindruck, daß er es vergessen hatte.

Was habt ihr mit ihm gemacht! dachte sie. Wie habt ihr ihn entstellt! Warum geht ihr so um mit ihm. Warum habt ihr uns nicht gefragt? Es hätte sich alles leicht erklären lassen! Wir hatten nur beide nicht gewußt, was euer Verdacht war, wir sind nicht darauf gekommen. Warum mißtraut ihr einander, statt zu sagen, was euch Sorge macht? Diese dicken oder dünnen Beamten, denen der Schweiß ausbricht, wenn sie etwas verantworten sollen! Denen ihr Amt lieber ist, als Gebrauch davon zu machen. Die lieber auf der Zunge sitzen, als den Stuhl zu räumen. Die ihre PFLICHTEN verteidigen, statt daran zu denken, sie allen zu verschaffen! Warum bleibt das so?

Dann war es wieder wie Regen in ihrem Kopf, der gegen ihren Willen hereinfiel, es brauste in den Ohren, es schwemmte alles weg in einer unbestimmten Wut.

Was für NICHT DRUCKBARE Stimmungen!

„Was ist denn nun das für ein gewaltiges Ding: der Staat?“ (Georg Büchner)

Sie traf ihre Eltern zufällig in der Stadt. [...] Mitten in der Unterhaltung erfuhr sie, daß sie „ja von der Zeitung wegmuß“. Sie verstand nicht gleich, warum weg? sie wolle jetzt wieder arbeiten. Der Vater sagte, sie sei doch entlassen. – „Wer sagt denn das?“ Sie wußte von nichts. Sie erfuhr das so nebenbei!

Volker Braun, 1939 in Dresden geboren, arbeitete nach dem Abitur einige Jahre im Bergbau und Tiefbau, bevor er in Leipzig Philosophie studierte. Seit 1960 war er Mitglied der SED. Anfangs spiegelte sein Werk einen kritischen Enthusiasmus für den Aufbau des Sozialismus wider. Von 1965 bis 1967 arbeitete Braun als Dramaturg am Berliner Ensemble. Nach den Ereignissen des Prager Frühlings (1968 beendeten die Truppen des Warschauer Paktes Liberalisierungstendenzen und Reformversuche – Sozialismus mit menschlichem Antlitz – in der Tschechoslowakei gewaltsam) beschäftigte er sich zunehmend kritisch mit dem Leben im Sozialismus und den Möglichkeiten der Reform; Braun wurde von der Stasi überwacht. 1976 unterzeichnete er die Petition gegen die Ausbürgerung Biermanns. 1982 verließ er den Schriftstellerverband der DDR. Dennoch erhielt er 1981 den Lessing-Preis der DDR und 1988 den Nationalpreis der DDR. Während der Wende gehörte Braun zu den Befürwortern eines eigenständigen „dritten Weges“ für die DDR. Nach der Wiedervereinigung beschäftigte sich Braun kritisch mit den Gründen für das Scheitern der DDR. Volker Braun lebt heute in Berlin.

Das verblüffte auch den Vater. Er ging sofort mit ihr zur Redaktion. In der Kaderleitung hörten sie: das Arbeitsverhältnis sei beendet aus den *genannten Gründen*. Die Genossen, die sie dann ansprach, konnten nichts sagen oder gingen nicht auf sie ein. Sie kannten sie ja kaum; sie sahn an ihr hinab, auf ihre Knie, und gingen gleich davon. Es war (dachte Karin) wie mit einer Meldung, die HERAUSGENOMMEN WIRD, weil sie KEINEM NÜTZT. (Sie erinnerte sich, wie erstaunt eine Kollegin gewesen war, daß sie Frank nicht seinlasse, obwohl sie da ein Risiko eingehe, daß sie nicht studieren könne. Eine andere hatte gemeint: die ist dickköpfig, die will unbedingt „mit dem Kerl zusammenbleiben“.) Auf dem Gang kam F. ihr hinterher. Er gab ihr fest die Hand und sagte: „Ich versteh es nicht. Hab keine Angst. Ich laß das nicht auf sich beruhn.“ Er nahm sie plötzlich um die Schulter und drückte sie an sich.

Der Vater ging mit ihr zum Chefredakteur. Der berichtete, daß man sich beraten habe. Karins Verhalten sei nicht sehr überlegt gewesen. Ihr fehle noch etwas Festigkeit, das könne er begreifen. In ihrem ZUSTAND (er meinte nicht das Kind) wär sie nicht sehr geeignet. Vielleicht seis doch erst besser, für sie, in der Produktion.

Karin sah den Vater an. Er nickte immerzu. Er fand die Beurteilung richtig. Er sagte: Nach allem, was vorgefallen ist, ist es doch DAS BESTE, wenn sie erst etwas andres macht.

Karin war bestürzt. Er gab dem Mann recht! Sie konnte nun gar nichts sagen.

Der Chefredakteur legte noch was dar wie: daß sie den Fall niederschlagen wollen, das sei DAS BESTE. Er bitte sie nur eins: nicht über die Sache zu reden, mit keinem darüber zu reden. Ob sie verstehe? Nie mehr davon zu reden.

Das Verhalten des Vaters kränkte Karin sehr. Zuhause war ihr schlecht, sie legte sich hin. Er hatte nicht für sie Partei ergriffen! Das also war konsequent. Er, der so groß und selbstbewußt redete, gab gleich nach. Der „König von K.“. Es war unfaßbar. Und sie war doch auf ihre Eltern stolz, wenn sie sie mit anderen verglich. Zum Beispiel mit Franks Eltern. Weil sie jede Möglichkeit wahrgenommen hatten, die Gesellschaft mit aufzubaun. (Die „neuen Möglichkeiten“, von denen die Arbeiterin gesprochen hatte.) Das war schwer gewesen. Es war alles langsam gegangen, jeder Erfolg mühsam ORGANISIERT. („Die Revolution, das Fahrrad der Geschichte“, sagte der Vater: da hatte er noch keinen Wagen.) Sie hatten sich in die Arbeit gestürzt, DIE JA SONST KEINER MACHT. Und sich selbst getrieben, bis sie nichts andres mehr konnten. Sie dachten nur noch POLITISCH. ANDERE LEUTE dachten nur an sich. Die ließ dieses ganze Kämpfen kalt. Das stieß die ab. Die ZOGEN SICH ZURÜCK. Die zogen ihr blödes PRIVATLEBEN vor. Das mußte wohl so sein: Diese zähe Geschichte zerriß die Leute noch, in solche und solche. Die zwei Seiten der Verdienstmedaille. Sie lebten einseitig.

Szenenbild aus „Der Verdacht“ – der Verfilmung der „Unvollendeten Geschichte“ mit Christiane Heinrich als Karin und Nikolaus Gröbe als Frank, Regie: Frank Beyer (Deutschland 1990)

Sich politisch entwickeln hieß nicht gleich, sich menschlich entwickeln, das mußte sich widersprechen.

Sie war ganz starr vom Denken. Ihr Kopf schmerzte. Sie fröstelte im Fieber, die Frau [Franks Mutter] deckte sie zu.

Was war die Lösung? Wenn sie der Vater nicht wußte, und die Frau auch nicht? Wenn man nicht mal gründlich miteinander sprach? Wenn das Wichtigste, was den Widerspruch erträglich machen konnte, nicht ernstgenommen wurde?

Der Vater berichtete der Mutter von dem Gang. Er war bedrückt, daß er Karin nicht geholfen hatte. Daß ers nicht versucht hatte, wenigstens zum Schein. Er hatte, vor dem Redakteur, gar nicht an *sie* gedacht! Die Mutter fand sein Verhalten sofort richtig. Sie standen im Korridor, sie hatte die Klinke in der Hand. Er sah ihr selbstbewußtes sicheres Gesicht und ihm brach der Schweiß aus. Für sie war die Sache klar. Sie fand nichts mehr zu fragen. Sie stand da, ihm schien auf einmal: breit und schwammig, abstoßend; er ertappte sich dabei, daß er überlegte, wie er sie kränken könnte, verletzen, und kam auf das Wort Kuh: *du Kuh*. Er lächelte, und erschrak über sich und schwieg, er konnte sie nicht ansehn. Sie zog die Tür auf und ging los zum Dienst.

Er war wütend über sich, er fühlte die Schwäche seiner Haltung: daß er noch fragte – oder daß er nur fragte. Bis wohin sah ers ein, und wo wurde es dumm? War er denn AUF DEM POSTEN, wenn er sich selbst nicht leiden konnte? Die Wachsamkeit, ja – aber was hatte er bewacht, wenn er ein Kind verlor, und ein andrer wirklich draufging? Er hatte so sehr aufgepaßt, daß er nicht aufpaßte, was wirklich passierte. Sein Mittel vernichtete den Zweck, womöglich, die Sorge um den Menschen brachte den Menschen um – oder um was, wer fragt schon *was*?

Die gute Tat, oder ein Verbrechen.

Er stand im Wohnzimmer, aufgerichtet, und starrte in das Zeug in dem Buffet. […]

2 *Beschreiben Sie die Beziehung zwischen Tochter und Vater, indem Sie beide Figuren charakterisieren. Berücksichtigen Sie dabei auch die späte Einsicht des Vaters.*

3 *Vergleichen Sie diesen Textausschnitt mit dem Ausschnitt aus „Franziska Linkerhand“.*
   a) Untersuchen Sie, wie Gesellschaftskritik geübt wird.
   b) Berücksichtigen Sie dabei auch die unterschiedliche Wirkung und setzen Sie sich kritisch mit der Intention auseinander.

Rede → S. 351 f.

4 *Verfassen Sie eine Rede, die aus heutiger Sicht zur Verteidigung Karins und als Appell an die Menschlichkeit gehalten werden könnte. Thema: „Im Mittelpunkt von Politik und Gesellschaft sollte der Mensch stehen, nicht das System und nicht irgendeine Ideologie.“*

2.5 „Ohne Rückgrat ist Schreiben nicht möglich" – Kritik an Staat und Gesellschaft

Protest der Schriftsteller

In der Folge der Ausbürgerung von Wolf Biermann unterzeichneten mehr als 100 Schriftsteller und andere Intellektuelle einen „Offenen Brief" gegen die Ausbürgerung und zeigten sich solidarisch mit Biermann. Zahlreiche Schriftsteller verließen die DDR: Sarah Kirsch (1977), Reiner Kunze (1977), Jurek Becker (1977). Gegen Stefan Heym, der neben seinem bereits 1953 geschriebenen Roman „5 Tage im Juni" nun auch den in hohen Funktionärskreisen spielenden Roman „Collin" in einem westdeutschen Verlag veröffentlichte (in der DDR war die Veröffentlichung abgelehnt worden), wurde im Zusammenhang mit dem durch den Verkauf gemachten Gewinn unter dem Vorwurf eines Devisenvergehens eine Geldstrafe verhängt. Autoren wandten sich in einem offenen und in der westdeutschen Presse veröffentlichten Brief wegen der „Koppelung von Zensur und Strafgesetzen" an den Vorsitzenden des Staatsrates der DDR, Erich Honecker. Nach weiteren Ausschlüssen aus dem Schriftstellerverband, Publikationsbeschränkungen und -verboten kam es zu weiteren Ausbürgerungen und Emigrationen von ca. 100 DDR-Schriftstellern, so z. B. von Günter Kunert (1979).

Gleichzeitig wurde Literatur zunehmend zum Ersatzort für anderweitig kaum mögliche innergesellschaftliche Kritik. Ohne staatliche Förderung verband sich Literatur auch mit der Kleinkunst- und Liedermacherszene. In Dresden, Erfurt, Halle und Leipzig, auch in Kleinstädten, besonders aber in Berlin (am Prenzlauer Berg) entstanden heterogene Künstlergemeinden, die aber – wie heute bekannt ist – von Mitarbeitern der Staatssicherheit unterwandert waren. In der Lyrik wandte sich eine junge Generation mit eigener Sprache immer deutlicher vom herrschenden Kulturregime ab, so u. a. zunächst Lutz Rathenow, später Durs Grünbein. 1987 forderten de Bruyn und Hein schließlich öffentlich die Aufhebung der Zensur[1].

1 Die Zensur in der DDR sollte die freie Information der Bevölkerung unterbinden, Oppositionsarbeit und eine freie öffentliche Auseinandersetzung unmöglich machen und dazu beitragen, das System zu stabilisieren. Beispiel: Eine Hauptverwaltung aller Verlage hatte ein vollständiges Monopol über alle Verlage der DDR. Neben der Zuweisung von Papier und Druckkapazitäten konnte die HV direkt auf Verlagsleiter und Lektoren zugreifen. Schriftsteller der DDR durften ihre Werke im Westen nicht ohne Genehmigung eines Büros für Urheberrechte veröffentlichen.

Zivilisatorisches Gespräch (1980 erschienen) *Günter Kunert*

In dem 1980 erschienenen Gedichtband „Abtötungsverfahren", in dem ersten, nach Kunerts Ausreise in die Bundesrepublik veröffentlichten, findet sich das Gedicht „Zivilisatorisches Gespräch", das er schon vorher geschrieben hatte.

Eine Tablette und noch eine
Tablette: schon verwehen die Jahre
erträglicher. Der Schmerz
über der linken Braue: Eingeständnis
der Sterblichkeit. Unendlicher Fall

Günter Kunert (geb. 1929 in Berlin) trat 1948 der SED bei. 1976 unterzeichnete er als einer der ersten die Petition gegen die Ausbürgerung von Wolf Biermann. Daraufhin wurde er 1977 aus der SED ausgeschlossen. 1979 konnte er wegen eines mehrjährigen Visums die DDR verlassen. Kunert lebt heute bei Itzehoe als freier Schriftsteller.

grüner Blätter: die Menschheit
auf dem Marsch und du
sprichst von einem Leuchten
fünfzehn Milliarden Lichtjahre fern
und welche Bedeutung wir dem zumessen
in Hinsicht darauf
dass es wieder keine Orangen gibt
keine Freundlichkeit keine Freiheit
und keine Bücher über den Anlass
solchen Mangels

Mein Lieber
die größten Dichter kamen
aus dem Neandertal weil sie
nichts hinterließen als Rätsel
Wir stattdessen
haben die Schrift
uns zu beklagen.

1. *Ordnen Sie das Gedicht in den historischen Kontext ein.*
2. *Erläutern Sie die Situation, auf die das lyrische Ich reagiert.*
3. *Fassen Sie die Aussagen zusammen, die Sie anhand des Gedichts über die Lebensumstände und die Gesellschaft herauslesen können.*
4. *Erschließen und interpretieren Sie das vorliegende Gedicht schriftlich. Erörtern Sie, ausgehend von einer Definition „politische Lyrik", inwieweit der Text dieser Gedichtform zuzuordnen ist.*

politische Lyrik → S. 335

1 Der Text folgt der originalen Rechtschreibung.

Besinnung[1] **(1974)** *Sarah Kirsch*

Was bin ich für ein vollkommener weißgesichtiger Clown
Am Anfang war meine Natur sorglos und fröhlich
Aber was ich gesehen habe zog mir den Mund
In Richtung der Füße

Erst glaubte ich das eine dann an das andere
Nun schneide ich mein Haar nicht mehr und horche
Wie dir und mir die Nägel wachsen, Hühnchen
Die Daunen ausgehn, sie Fett gewinnen

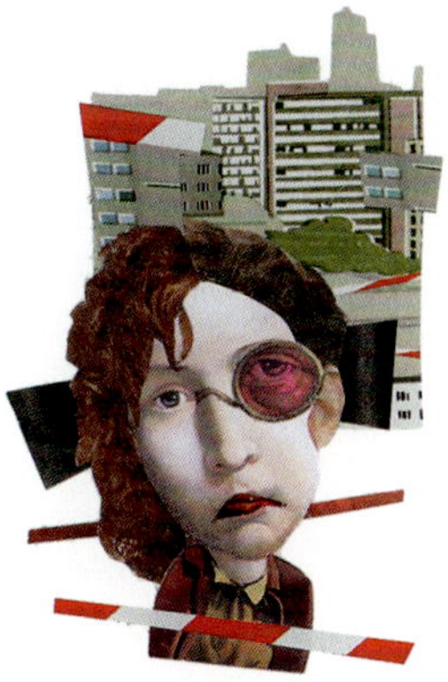

Ich sage was ich gesehen habe merkwürdig genug
Die Leute verkennen es geht um ernsthafte Dinge
Wie komisch sagen sie erzähl ich ein Unglück
Wenn sie lachen müssten, erschrecken sie

Sarah Kirsch (geb. 1935 im Harz) nannte sich aus Protest gegen den Holocaust im „Dritten Reich“ Sarah. Weil sie die Protesterklärung gegen die Ausbürgerung Wolf Biermanns unterzeichnete, wurde sie 1976 aus der SED und dem Schriftstellerverband der DDR ausgeschlossen.

Nur Matrosen und Schofföre nicken bei meiner Rede
Die in den blauen Jacken können alles mit Beispielen belegen
Haben die Koordinaten im Kopf, und
Was man trank vorher und nachher und dann
Schweigen sie

5 *Informieren Sie sich näher über die Biografie der Autorin und ordnen Sie das Gedicht in den historischen Kontext ein.*

6 ***Erläutern Sie die Situation, auf die das lyrische Ich reagiert.***

7 ***Erschließen und interpretieren Sie das Gedicht schriftlich. Gehen Sie dabei auf die Auffassung des lyrischen Ich bezüglich seiner gesellschaftlichen Wirkung ein.***

8 ***Vergleichen Sie anhand zweier Texte Ihrer Wahl die unterschiedlichen Vorstellungen von der Bedeutung gesellschaftlicher Relevanz von Autorinnen und Autoren.***

P. Hacks → S. 240

Die Sorgen und die Macht (1960) *Peter Hacks*

Wie andere Kulturinstitutionen auch hatte das Theater in der DDR eine klare gesellschaftspolitische Aufgabe, die der SED-Funktionär Kurt Hager 1963 so formulierte: „Es gibt für uns […] in der Literatur und Kunst nur eine Parteilichkeit, das ist die konsequente Parteinahme für den Sieg des Sozialismus.“

Was diese Maßgabe der staatlichen Kulturpolitik für die Arbeit eines kritischen Schriftstellers bedeuten konnte, musste Peter Hacks an seinem ersten Industrie-Drama „Die Sorgen und die Macht“ schmerzlich erfahren. Erst nach zweimaligem Umschreiben des Textes erlebte das Stück 1960 am Deutschen Theater in Ostberlin seine Uraufführung. Und selbst diese von der Zensur akzeptierte Inszenierung blieb nicht ohne Konsequenzen: Das Stück wurde bald wieder abgesetzt, der Intendant Wolfgang Langhoff musste das Theater ebenso verlassen wie der als Dramturg tätige Peter Hacks selbst.

Parteibüro des Werks

Sekretär der Glasfabrik, Twardowski

Sekretär Ich bin Parteiseketär der Glasfabrik. Mein Amt ist die Erziehung der Menschen und der Plan. Aber der Hebel ist die Heizgasanlage; wenn die versagt, ist für mich nichts drin, mit dem Plan nichts und nichts mit der Erziehung. Das Versagen hat eine Ursache, Briketts. Gestern ist es aufgekommen, durch einen namens Fidorra. Was ich nicht weiß, in den Tanzsälen schreien sie's herum. *Zu Twardowski:* Ich bin hier, damit wir die Frage erörtern.

Twardowski Erörtern wir sie, Genosse.

Sekretär Ich frage dich, wie konnte eure Parteileitung das zulassen?

„Die Parteiorganisation des Deutschen Theaters hat in vielen Diskussionen zur Kritik der Partei und der Öffentlichkeit an Stück und Aufführung ‚Die Sorgen und die Macht' von Peter Hacks und zu der kulturpolitischen Konzeption des Deutschen Theaters Stellung genommen. Sie hat die Kritik der Partei anerkannt und betrachtet sie als Verpflichtung, konsequent für die Durchführung der Beschlüsse des Parteitages zu kämpfen. Sie beschloss kurz vor dem Parteitag mit Mehrheit, der Theaterleitung vorzuschlagen, das Stück von Hacks vom Spielplan abzusetzen."
Kurt Hager, „Parteilichkeit und Volksverbundenheit unserer Literatur und Kunst". Rede zur DDR-Kulturpolitik 1963

Twardowski Ich frage dich, warum sagst du mir das erst heute?

Sekretär Ist das Antwort auf Kritik?

Twardowski Was ist die Antwort? Schau aus dem Fenster. Der Boden ist schwarz bis zum Horizont, das ist das Werk Roter Hammer. Grube, Abraum, Tiefbau, Werkbahn, Verwaltung. Du kommst zu Fuß nicht von einer Abteilung zur anderen, aber du leitest sie alle mit einem Kopf. Wenn du gut denkst, verdient das Werk Tausende. Wenn du eine Stunde lang schlecht verdaust, das kann Millionen kosten. Wir haben auch, irgendwo am Rand der Welt, eine kleine Brikettfabrik. Die Fabrik ist unsere beste Abteilung, sagten wir. Der Stolz des Werks.

Sekretär Du hast nicht genau hingesehen.

Twardowski Habe ich tausend Augen?

Sekretär Wolltest du genau hinsehen?

Twardowski Wer hält denn das aus, alles sehen, alle Übel? Es sind ja zu viel. Zum Glück sind die meisten verborgen. Und die anderen verbirgst du selbst, durch Wegsehen. Eins oder zwei, die nimmst du wahr. Die greifst du an und wirst mit ihnen fertig und redest dir ein, du hast das Übel aus der Welt geschafft. Die Widersprüche in der Brikettfabrik haben ja nicht geschrien bis gestern. Was nicht schreit, ist kein Widerspruch. Also, Genosse, hätte ich tausend Augen, ich schlösse sie alle bis auf eins, mit dem würde ich vorsichtig blinzeln. Also, ich wollte die Brikettfabrik nicht sehen.

Sekretär Ich habe gegen die Kollegen an den Generatoren gekämpft. Sie sagen, ohne andere Briketts ist nichts zu machen. Ich sage, ohne andere Moral ist nichts zu machen. Die Genossen Arbeiter schuften sich zu Tode, und Moral heizt nicht.

Twardowski Das war schlimmer als Nichthinsehn.

Sekretär Aber schwere Mühe.

Twardowski Die du dir aber besser nicht gemacht hättest.

Sekretär *denkt nach, sagt:* Vielleicht taugen wir einfach nicht mehr genug. Die Zeit braucht neue Kader. Junge Leute mit Hochschule und Produktionserfahrung. Eine große Zeit. *Steht auf.* Ich verlasse mich darauf, dass ihr sofort etwas unternehmt.

Twardowski Draußen wartet der Sekretär Kunze.

Sekretär Ein guter Kommunist? *Twardowski zuckt die Achseln:* Gibt es das überhaupt, gute Kommunisten?

Twardowski Mehr als man glaubt. Aber natürlich weniger, als man sagt.

Sekretär Du kannst die Sache nicht selbst in die Hand nehmen?

Twardowski Nein. Das ist Sache der Organisation in der Fabrik. *Steht auf.* Du warst hier, du wirst nicht wiederzukommen brauchen.

Sekretär Genosse, wir haben um einen anderen Lieferbetrieb nachgesucht, operativ in Leipzig. Wir haben es dringend gemacht wie bei der Feuerwehr. Das heißt, dass es drei Wochen dauert, bis wir brauchbare Kohle bekommen. Oder ein halbes Jahr. Wie wir Glück haben. Wenn du uns helfen willst, hilf uns schnell. *Ab* [...]

9 Erarbeiten Sie die Dialogführung des Szenenausschnitts.
   a) Gehen Sie dabei zunächst auf die Argumentation des Sekretärs und die Verteidigungsstrategie Twardowskis ein.
   b) Zeigen Sie an diesem Dialog, in welcher Form und mit welchen Argumenten Kritik am Sozialismus geübt wird.

10 Kurt Hager behauptet, dass sich Kunst und Literatur seit der Bitterfelder Konferenz dem „sozialistischen Leben“ zugewandt hätten.
   a) Arbeiten Sie an obigem Szenenausschnitt heraus, wo Hacks gegen diese Maximen verstößt.
   b) Diskutieren Sie in der Klasse die Frage, welche Motive der überzeugte Kommunist Hacks für seine provokante künstlerische Gestaltung gehabt haben könnte.

11 Hacks hatte eine eher kritische Haltung zum staatlich verordneten „Realismuskonzept“ im DDR-Kulturbetrieb. Seiner Ansicht nach bestand die Aufgabe des Künstlers vor allem darin, die vorgefundene Wirklichkeit in eine „Form“ zu bringen.

Deuten Sie von daher Hacks' folgende Aussage und stellen Sie sie in die Nachfolge von Brechts epischem Theater: „Der Künstler, der es wagt, viel und wichtige Wirklichkeit formal zu bewältigen, glaubt an die Humanisierbarkeit der Gesellschaft.“

3. „Was bleibt“: ein Literaturstreit – literarisches Erörtern anhand von Texten

Ch. Wolf → S. 252

Was bleibt[1] (1979/1989) *Christa Wolf*

Die Erzählung von Christa Wolf „Was bleibt“ erschien 1990 mit dem Hinweis, bereits 1979 geschrieben worden zu sein, und löste einen heftigen Literaturstreit aus. Rezensionen von Frank Schirrmacher in der „Frankfurter Allgemeinen Zeitung“ und von Ulrich Greiner in der „ZEIT“ sind der Beginn dieser Auseinandersetzung um Art und Umfang einer Aufarbeitung des DDR-Kulturbetriebs. So glaubte man, in der Erzählung den misslungenen Versuch einer Staatsdichterin der DDR und Propagandistin des sozialistischen Systems zu sehen, sich nachträglich zu einem Opfer des Regimes zu stilisieren.

1 Der Text folgt der originalen Rechtschreibung.

Nur keine Angst. In jener anderen Sprache, die ich im Ohr, noch nicht auf der Zunge habe, werde ich eines Tages auch darüber reden. Heute, das wußte ich, wäre es noch zu früh. Aber würde ich spüren, wenn es an der Zeit ist? Würde ich meine Sprache je finden? Einmal würde ich alt sein. Und wie würde ich mich dieser Tage dann erinnern? Der Schrecken zog etwas in mir zusammen, das sich bei Freude ausdehnt. Wann war ich zuletzt froh gewesen? Das wollte ich jetzt nicht wissen. Wissen wollte ich – es war ein Morgen im März, kühl, grau, auch nicht mehr allzu früh –, wie ich in zehn, zwanzig Jahren an diesen noch frischen, noch nicht abgelebten Tag zurückdenken würde. Alarmiert, als läute in mir eine Glocke Sturm, sprang ich auf und fand mich schon barfuß auf dem schön gemusterten Teppich im Berliner Zimmer, sah mich die Vorhänge zurückreißen, das Fenster zum Hinterhof öffnen, der von überquellenden Mülltonnen und Bauschutt besetzt, aber menschenleer war [...]. Wie hartnäckig die Stimme die Tonhöhe hält, auf die sie sich einmal eingepegelt hat, und welche Anstrengung es kostet, auch nur Nuancen zu ändern. Von den Wörtern gar nicht zu reden, dachte ich, während ich anfing, mich zu duschen – den Wörtern, die, sich beflissen überstürzend, hervorquellen, wenn ich den Mund aufmache, angeschwollen von Überzeugungen, Vorurteilen, Eitelkeit, Zorn, Enttäuschung und Selbstmitleid.

Wissen möchte ich bloß, warum sie gestern bis nach Mitternacht dastanden und heute früh einfach verschwunden sind.

Ich putzte mir die Zähne, kämmte mich, benutzte gedankenlos, doch gewissenhaft verschiedene Sprays, zog mich an, die Sachen von gestern, Hosen, Pullover, ich erwartete keinen Menschen und würde allein sein dürfen, das war die beste Aussicht des Tages. Noch einmal mußte ich schnell zum Fenster laufen, wieder ergebnislos. Eine gewisse Erleichterung war das natürlich auch, sagte ich mir, oder wollte ich etwa behaupten, daß ich auf sie wartete? Möglich, daß ich mich gestern abend lächerlich gemacht hatte; einmal würde es mir wohl peinlich sein, daran zu denken, daß ich mich alle halbe Stunde im dunklen Zimmer zum Fenster vorgetastet und durch den Vorhangspalt gespäht hatte; peinlich, zugegeben.

Aber zu welchem Zweck saßen drei junge Herren viele Stunden lang beharrlich in einem weißen Wartburg direkt gegenüber unserem Fenster.

Fragezeichen. Die Zeichensetzung in Zukunft gefälligst ernster nehmen, sagte ich mir. Überhaupt: sich mehr an die harmlosen Übereinkünfte halten. Das ging doch, früher. Wann? Als hinter den Sätzen mehr Ausrufe-Zeichen als Fragezeichen standen? Aber mit simplen Selbstbezichtigungen würde ich diesmal nicht davonkommen. [...]

Sie standen wieder da.

Es war neun Uhr fünf. Seit drei Minuten standen sie wieder da, ich hatte es sofort bemerkt. Ich hatte einen Ruck gespürt, den Ausschlag eines Zeigers in mir, der nachzitterte. Ein Blick, beinahe überflüssig, bestätigte es. Die Farbe des Autos war heute ein gedecktes Grün, seine Besatzung bestand aus drei jungen Herren. Ob diese Herren ausgewechselt wurden wie die Autos? Und was wäre mir lieber gewesen – daß es immer dieselben waren oder immer andere? Ich kannte sie nicht, das heißt, doch, einen kannte ich: den, der neulich ausgestiegen und über die Straße auf mich zugekommen war, allerdings nur, um sich an dem Bockwurststand unter unserem Fenster anzustellen, und der mit drei Bockwürsten auf einem großen Pappteller und mit drei Schrippen in den Taschen seiner graugrünen Kutte zu dem Auto zurückgekehrt war. Zu einem *blauen* Auto, übrigens, mit der Nummer ...

Ich suchte den Zettel, auf dem ich die Autonummern notierte, wenn ich sie erkennen konnte. Dieser junge Herr oder Genosse hatte dunkles Haar gehabt, das sich am Scheitel zu lichten begann, das hatte ich von oben sehen können. Einen Augenblick lang hatte ich mir in der Vorstellung gefallen, daß ich als erste die beginnende Glatze des jungen Herrn bemerkte, eher als seine eigene Frau, die womöglich nie derart aufmerksam auf ihn herabsah. [...]

Unsere Empfindungen bei solchen Gelegenheiten sind kompliziert. Und die richtigen Wörter hatte ich immer noch nicht, immer noch waren es Wörter aus dem äußeren Kreis, sie trafen zu, aber sie trafen nicht, sie griffen Tatsachen auf, um das Tatsächliche zu vertuschen, so unbekümmert würde ich nicht mehr lange drauflos reden können, aber was ist einer, der nicht unbekümmert ist? Bekümmert? Kummervoll? „Kummer", las ich in Hermann Pauls Deutschem Wörterbuch, immer tiefer hineintreibend in meine Besessenheit: „Kummer" habe im Mittelhochdeutschen „Schutt, Beschlagnahme, Not", in der älteren Rechtssprache sogar „Arrest" bedeuten können. Beschlagnahme, ja, das traf es, in Beschlag genommen dahinkümmern. [...]

Schritt 1: den Inhalt des Textauszugs erfassen

1 *Lesen Sie den Textauszug aufmerksam. Notieren Sie sich dabei bekannte Informationen und erste Eindrücke wie Textsorte, inhaltlicher Kern, Erzählform, außerliterarische Bezüge, historisch-politische Verortung und Aussageabsicht.*

2 *Schlagen Sie Ihnen unbekannte Begriffe in einem Lexikon nach. Nutzen Sie insbesondere das im Text genannte Paul'sche Wörterbuch (Z. 66 f.), um den vollständigen Eintrag zu „Kummer" nachzulesen.*

Hermann Paul: Deutsches Wörterbuch. Bedeutungsgeschichte und Aufbau unseres Wortschatzes. Tübingen: Niemeyer 2002

3 *Fassen Sie Ihre Ergebnisse zusammen, indem Sie den Text gliedern, für diese Abschnitte Überschriften finden und daraus eine Kernaussage formulieren.*

Schritt 2: die erzählerische Gestaltung in Beziehung zum Inhalt setzen

4 *Erarbeiten Sie die erzähltechnische Gestaltung des Textauszugs. Erschließen Sie dabei insbesondere die Erzählform, das Erzählverhalten, die Erzählperspektive, die Erzählhaltung und die Darbietungsform.*

Erzählformen und Erzählverhalten → S. 328

5 *Deuten Sie vor dem Hintergrund der erzählerischen Vermittlung das Verhältnis der Beobachteten zu ihren Beobachtern.*

Schritt 3: eine literarische Erörterung (anhand von Texten) im Anschluss an eine Texterschließung verfassen

***Aufgabenstellung:** „‚Was bleibt' nennt sich Erzählung, soll also Literatur sein. Fiktion, die wir nicht verwechseln sollten mit einem wahrheitsgetreuen Bericht." (U. Greiner) Erörtern Sie – vor dem Hintergrund dieser Position gegenüber Wolfs Text – die Frage nach der Berechtigung, in einer Diktatur erlittenes Unrecht künstlerisch zu verarbeiten.*

Chr. Wolf: „Was bleibt" → S. 264 ff.
Analyse von Sachtexten (nicht fiktionalen Texten) → S. 343

6 Lesen Sie den folgenden Text „Mangel an Feingefühl" von Ulrich Greiner und erarbeiten Sie seine Kernthesen. Mögliche Leitfragen:
- *Wie wird der jeweilige historisch-politische Kontext (1979 / 1989) bewertet?*
- *Welche Vorwürfe erhebt Greiner gegenüber dem Verhalten von Christa Wolf?*
- *Wie baut der Autor Zitate aus der Erzählung „Was bleibt" in seine Argumentation ein?*
- *Wie beschreibt Greiner die Sprache der Dichterin?*
- *Welche Absicht steckt hinter dem Gebrauch von Ironie und Polemik?*

U. Greiner → S. 192

Mangel an Feingefühl (1990) *Ulrich Greiner*

Das ist ja ein Ding: Die Staatsdichterin der DDR soll vom Staatssicherheitsdienst der DDR überwacht worden sein? Christa Wolf, die Nationalpreisträgerin, die prominenteste Autorin ihres Landes, SED-Mitglied bis zum letzten Augenblick, ein Opfer der Stasi? Sie berichtet es uns in ihrer neuen Erzählung. „Ende der Siebzigerjahre", so teilt der Verlag uns mit, sei sie „wochenlang" überwacht worden. Aufgeschrieben habe sie den Text 1979, überarbeitet „im Herbst 1989". Wann genau? In diesem Herbst ist viel passiert, da kommt es auf das Datum an. Christa Wolf ist ein bisschen genauer. Am Ende der Erzählung steht: Juni / Juli 1979 / November 1989. Nun gut. Was will die Dichterin uns damit sagen? Will sie sagen: Die Stasi war so blöde, dass sie sogar eine Staatsdichterin bespitzelt hat? Oder will sie sagen: Seht her, ihr armen, von der Stasi um Ansehen und Zukunft gebrachten Mitbürger und ehemaligen Genossen, auch ich wurde überwacht, auch ich war ein Opfer, ich bin keine Staatsdichterin, ich bin eine von euch?

Das Unglück will es, das wir inzwischen sehr viel über die Stasi wissen, dass wir sozusagen täglich mehr über diesen monströsen Apparat erfahren, über seine Rolle als Staat im Staat und über die Opfer, manchmal waren es Leichen, über die er hinwegging. Daran gemessen ist die Nachricht, Christa Wolf sei „wochenlang" überwacht worden, einigermaßen komisch. Es mag zwar die Tatsache, dass damals ein Wartburg mit drei jungen Staatssicherheitsbeamten vor ihrer Wohnung in der Ostberliner Friedrichstraße stand, durchaus lästig und vielleicht bedrückend gewesen sein, aber wäre es nicht richtiger gewesen, eingedenk des wirklich lebensbedrohenden Terrors der

Stasi, über diese Bagatelle stillschweigend hinwegzugehen? Vor allem jetzt? Denn der 9. November ist doch mindestens in dieser Hinsicht eine historische Wasserscheide. *Davor* wäre die Publikation dieses Textes eine Sensation gewesen, die sicherlich das Ende der Staatsdichterin Christa Wolf und vermutlich ihre Emigration zur Folge gehabt hätte. *Danach* ist die Veröffentlichung nur noch peinlich. Peinlich wie ihr Parteiaustritt zu einem Zeitpunkt, der keine Risiken mehr barg.

Christa Wolf erzählt uns, wie sie am Bahnhof Friedrichstraße vorbeigeht, „in dem die Umwandlung von Bürgern verschiedener Staaten, auch meines Staates, in Transitäre, Touristen, Aus- und Einreisende vollzogen wurde". Sie sagt uns, sie habe „den Argwohn" gegen diese „Objekte" lernen müssen (und meint offenbar die Amtsgebäude staatlicher Kontrolle), sie habe begriffen (und nun bitte genau hinhören), „dass sie alle dem Herrn gehörten, der unangefochten meine Stadt beherrschte: der rücksichtslose Augenblicksvorteil".

Ist das nicht schön gesagt? Ja, es ist dieser angenehme Christa-Wolf-Sound, diese flaue Unverbindlichkeits-Melodie in der apart formulierten Sprache, es ist diese für Christa Wolf typische Unschärfe-Relation zwischen der wirklichen Welt, die als ferne Ahnung herüberschimmert, und der poetischen Welt ihrer Texte. Aus dieser Unschärfe-Relation hat sie schon immer ästhetischen Mehrwert geschlagen, nur war der Mehrwert noch nie so gering und so schäbig erkauft wie in diesem Text. Erkauft durch vorgebliches Nichtwissen, durch sträflich naives Erstauntsein. Denn hat nicht, soweit müsste Christa Wolf doch ihren Brecht kennen, das Verbrechen Namen und Anschrift? Der „Herr", der ihre Stadt beherrscht, hat einprägsame Namen: Vopo, Stasi, SED. Sie weiß es, und sie schreibt „der rücksichtslose Augenblicksvorteil". Und was heißt „Umwandlung von Bürgern"? Sollen wir auch diese Wendung als Mittel ironischer Distanzierung betrachten? Eine miese Ironie, die von „Umwandlung" spricht, wo es die Wahl gab zwischen Ausbürgerung und Ausreiseverbot.

Aber missachten wir nicht, wenn wir so mit Christa Wolf ins Gericht gehen, ein elementares Gebot, das wir schon im Proseminar gelernt haben? „Was bleibt" nennt sich Erzählung, soll also Literatur sein. Fiktion, die wir nicht verwechseln sollten mit einem wahrheitsgetreuen Bericht. In der Tat: Der vorliegende Text vermeidet jede Konkretion. Weder von Stasi ist die Rede noch von Berlin. [...]

Aufgabe 6 → S. 267

7 Analysieren Sie mithilfe der Antworten auf die Leitfragen den Text.
- ***a) Werten Sie dazu den Text nach gehaltlichen, argumentativen und sprachlich-stilistischen Gesichtspunkten aus.***
- ***b) Berücksichtigen Sie dabei vor allem die Vorwürfe des Verfassers an die Autorin und die Aussagen zur künstlerischen Qualität ihrer Erzählung.***

Schritt 4: die Themenstellung analysieren und Schreibplan erstellen

8 Rekapitulieren Sie Ihre Ergebnisse der Texterschließung („Was bleibt“) und der Textanalyse („Mangel an Feingefühl“) mithilfe einer Mindmap.

9 Untersuchen Sie die Aufgabenstellung der literarischen Erörterung (S. 267), indem Sie die Leitbegriffe erfassen und die Fragestellung wie deren Zielsetzung mit eigenen Worten formulieren. Stellen Sie heraus,
- *was in dem Zitat Greiners behauptet wird,*
- *wie die Thematik „in einer Diktatur erlittenes Unrecht“ einzugrenzen und zu bewerten ist und*
- *was unter „künstlerischer Verarbeitung“ zu verstehen ist.*

10 Erstellen Sie einen vorläufigen Schreibplan, indem Sie alle Ergebnisse aus den Aufgaben 8 und 9 zusammenführen.
Stellen Sie Überlegungen für die Gestaltung von Einleitung und Schluss an. Denken Sie dabei vor allem an poetologische, biografische oder historische Ansätze.

11 Integrieren Sie im Hauptteil Ihres Schreibplans die Ergebnisse der Texterschließung und der Textanalyse.

Basis

Die literarische Erörterung
Jede literarische Erörterung kann als textgebundene oder textungebundene Erörterung angelegt sein. Die Erörterung ist eine Schreibform, die es ermöglicht, sich mit einem oder mehreren literarischen Werken oder Sachverhalten auseinanderzusetzen, Meinungen, Thesen und Standpunkte zu überprüfen und dabei ein Ergebnis zu erzielen. Dieses Ergebnis muss aufgrund von Argumenten in seiner Aussagekraft überprüfbar sein und die Auseinandersetzung mit dem Thema nachvollziehbar dokumentieren. Die Fragestellung kann als Wertungsfrage, Entscheidungsfrage oder als Sachfrage formuliert sein. Eine vollständig ausformulierte literarische Erörterung enthält Einleitung, Hauptteil und Schluss.

Die freie literarische Erörterung erfordert die Auseinandersetzung mit einer Sachfrage oder Wertungsfrage mit Bezug auf selbstgewählte literarische Werke, die die Argumentation stützen und durch geeignete Belege nachvollziehbar werden lassen.

Das literarische Erörtern anhand von Texten erfordert zunächst eine genaue Erschließung und Interpretation des vorliegenden fiktionalen Textes und in einem zweiten Schritt die kritische Auseinandersetzung mit einer These, einem Aspekt, einer Fragestellung zu diesem Text oder darüber hinausweisend. Hier ist eine Erörterung im Anschluss verlangt, die sich in ihrer Argumentation auf den literarischen Text bezieht.

Schritt 5: eine literarische Erörterung anhand von Texten verfassen

12 Formulieren Sie die literarische Erörterung aus.

13 Überarbeiten Sie anschließend Ihre Arbeit nach der bekannten Vorgehensweise.

Epochenwissen im Überblick: Literatur nach 1945 im geteilten Land

Die Literatur nach 1945 im Westen

In der deutschen Geschichte verursachte der Nationalsozialismus eine Zäsur von einzigartigem Ausmaß. Die Vorstellung von einem völligen Neubeginn, einer „Stunde Null", in der Folge erwies sich als Illusion. Eine junge, selbstbewusste Generation von Autorinnen und Autoren wagte den Neuanfang, zunächst noch unter der Kontrolle des alliierten Lizenzierungsrechts. Thema dieser Kahlschlagliteratur waren die Erfahrungen aus Kriegszeit und Totalitarismus sowie die unmittelbare Gegenwart. Wichtige, die Wertausrichtung der Literatur bestimmende Diskussionen fanden zwischen den Vertretern der sogenannten inneren und denen der äußeren Emigration statt. Herausragende Bedeutung erreichte unter der klugen Führung von Hans Werner Richter die „Gruppe 47", eine unregelmäßig einberufene Versammlung von Schriftstellern, die bald zu Protagonisten des entstehenden literarischen Markts wurden.

Die von Theodor W. Adorno formulierte These von der Unmöglichkeit, nach Auschwitz noch Lyrik zu verfassen, führte zu intensiven Diskussionen. In der restaurativen Adenauer-Ära war Literatur von Beginn an ein kritisches Medium gegenüber Politik und Gesellschaft. Als noch junge Gattungen gewannen Hörspiel und Kurzgeschichte an Bedeutung.

Zu Beginn der Sechzigerjahre radikalisierte sich die Literatur, es entstanden das Dokumentartheater, die konkrete Poesie oder Arno Schmidts diskontinuierliche Prosa. Mit der Studentenbewegung (1967–1969) zerbrach der gesellschaftliche Konsens der Nachkriegszeit. In der Folge der zunehmenden Pluralisierung der Gesellschaft entwickelten sich seit den Siebzigerjahren vielfältige literarische Strömungen: Dominant wurde der literarische Subjektivismus, in dessen Zusammenhang sich eine Literatur herausbildete, die, oft von Frauen verfasst, zu einem Podium für Selbstdarstellung wurde. Das neue Volksstück thematisierte soziale Verhältnisse und Sprachlosigkeit. Die über die Neunzigerjahre hinausreichende „Postmoderne" ermöglichte eine Abkehr von der Literatur der Nachkriegszeit. Im Rückgriff auf die Romantradition durfte wieder erzählt werden, die Mischung von herkömmlichen und avantgardistischen Erzähltechniken wurde salonfähig.

Im Bewusstsein sollte immer bleiben, dass in der DDR eine eigenständige Literatur entstand, die, auch bedingt durch den Wechsel von Autoren in den und Veröffentlichungen im Westen, deutlichen Einfluss auf die westdeutsche Literatur nahm; beide Literaturen standen über die Jahre der deutschen Teilung hinweg in einem engen Austausch.

Stichworte zur Literatur	Autoren und ihre Werke	literarisches Leben / Gesellschaft
	1945 bis 1960 – Zeit des Neubeginns und der Restauration	
– Trümmerliteratur – Literatur der „Stunde Null" / Kahlschlagliteratur – Nachkriegsliteratur – Gedichte schreiben nach Auschwitz? – Kurzgeschichte – Hörspiel	– W. Borchert: „Draußen vor der Tür" (Drama, 1947) – G. Eich: „Inventur" (Gedicht, 1948) – G. Benn: „Statische Gedichte" (Gedichte, 1948) – I. Aichinger: „Die größere Hoffnung" (Roman, 1948) – H. Böll: „Kurzgeschichten" – E. Langgässer: „Markische Argonautenfahrt" (Roman, 1950) – G. Eich: „Träume" (Hörspiel, 1953) – M. Frisch: „Biedermann und die Brandstifter" (Hörspiel, 1955) – F. Dürrenmatt: „Der Besuch der alten Dame" (Komödie, 1956) – G. Grass: „Die Blechtrommel" (Roman, 1959)	– Debatte um Exil und innere Emigration – Gründung der Gruppe 47 – Zeitschriften entstehen: „Die Wandlung", „Die Sammlung", „Aufbau", „Der Ruf"
	1961 bis 1976 – Zeit des Aufbruchs und des Umbruchs	
– experimentelle Lyrik – Dokumentartheater – Politisierung der Literatur („… seid Sand … im Getriebe …") – Literatur als Reportage – Auseinandersetzung mit d. Vätergeneration – Literatur der Arbeitswelt – „Neue Subjektivität" – neue Frauenliteratur	– F. Dürrenmatt: „Die Physiker" (Komödie, 1961) – H. Böll: „Ansichten eines Clowns" (Roman, 1963) – R. Hochhuth: „Der Stellvertreter" (Drama, 1963) – H. Kipphardt: „In der Sache J. Robert Oppenheimer" (Drama, 1964) – P. Weiss: „Die Ermittlung" (Drama, 1965) – W. Hildesheimer: „Tynset" (Roman, 1965) – S. Lenz: „Deutschstunde" (Roman, 1968) – D. Brinkmann: „Keiner weiß mehr" (Roman, 1968) – A. Schmidt: „Zettels Traum" (Roman, 1970) – G. Wohmann: „Ernste Absicht" (Roman, 1970) – F. X. Kroetz: „Wildwechsel" (Drama, 1971) – I. Bachmann: „Malina" (Roman, 1971) – W. Kempowski: „Tadellöser & Wolf" (Roman, 1971) – G. Grass: „Aus dem Tagebuch einer Schnecke" (Roman, 1972) – H. Böll: „Die verlorene Ehre der Katharina Blum" (Erzählung, 1974) – A. Muschg: „Albissers Grund" (Roman, 1974) – V. Stefan: „Häutungen" (1975)	– Blüte des Kabaretts – 1967 vorläufig letztes Treffen der Gruppe 47 – Frankfurter Schule – Einfluss der Studentenbewegung – Gruppe 61 („Arbeiterliteratur") – Entstehung der APO (außerparlamentarische Opposition) – Frauen-Emanzipationsbewegung – Pop-Kultur
	1977 bis 1990 – Zeit des Protests und der Selbstfindung	
– Zeitkritik – Erfahrung der eigenen Sprachlosigkeit – „Poesie der Provinz" (Mundarten-Colloquium in Berlin) – Mundartlyrik – Volksstück – Identitätssuche – postmodernes Schreiben – die Wiederentdeckung der Geschichte – Antipornografie	– E. Canetti: „Die gerettete Zunge" (Autobiografie, 1977) – M. Walser: „Ein fliehendes Pferd" (Novelle, 1978) – G. Grass: „Das Treffen in Telgte" (Erzählung, 1979) – H. Rosendorfer: „Das Messingherz" (Roman, 1979) – B. Kronauer: „Frau Mühlenbeck im Gehäus" (Roman, 1980) – B. Strauß: „Paare Passanten" (Drama, 1981) – St. Nadolny: „Die Entdeckung der Langsamkeit" (Roman, 1983) – E. Herhaus: „Der Wolfsmantel" (Roman, 1983) – G. Wallraff: „Ganz unten" (Reportage, 1985) – P. Süskind: „Das Parfum" (Roman, 1985) – S. Kirsch: „Hundert Gedichte" (1985) – Th. Bernhard: „Heldenplatz" (Drama, 1988) – E. Jelinek: „Lust" (Roman, 1989)	– 1977 offizielle Auflösung der Gruppe 47 – Friedensbewegung – 1981 Treffen west- u. ostdeutscher Autoren – der neue deutsche Film (Fassbinder) – Punk- u. Rock-Kultur – neue Medien – Literaturkritik im Fernsehen („Das literarische Quartett")

Literatur der DDR

Nach Kriegsende prägten aus dem Exil zurückkehrende Autoren die literarische Szene. Mit der Gründung der DDR 1949 wurde der gesamte Kulturbetrieb zunehmend den gesellschaftspolitischen Ideen des Sozialismus untergeordnet. Zahlreiche Behörden überwachten die Institutionen des kulturellen Lebens. Die Werke sollten Helden der Arbeit beim Aufbau des Sozialismus beschwören (Produktionsromane).

Als der gewünschte Erfolg ausblieb, wurden 1959 die Werktätigen im Rahmen des sogenannten Bitterfelder Weges mit dem Slogan „Greif zur Feder, Kumpel!“ zum Schreiben angeregt; gleichzeitig sollten Schriftsteller in den Betrieben arbeiten. Die Ergebnisse blieben mager, sodass 1964 mit der sogenannten Ankunftsliteratur der Blick auf den Alltag gerichtet wurde und im Stil des Bildungsromans die Integration oft jugendlicher Helden in die Gesellschaft erzählt wurde.

Gleichzeitig versuchten Autoren wie Johannes Bobrowski, Werner Bräunig, Günter de Bruyn oder Jurek Becker sich mit neuen erzählerischen Formen von den starren Vorgaben des sozialistischen Realismus zu befreien, was in einigen Fällen dazu führte, dass die Texte nicht oder erst viel später erscheinen konnten. Schwierigkeiten mit der Zensur hatten auch die Dramatiker Peter Hacks, Volker Braun und Heiner Müller. Nicht geringeren Widerspruch ernteten Lyriker wie Sarah Kirsch, Karl Mickel, Bernd Jentzsch, Wulf Kirsten, Günter Kunert, Christa Reinig, Reiner Kunze u. a. mit ihrer fortschrittsskeptischen Haltung und dem Beharren auf stilistische Eigentümlichkeiten bis hin zu provokanten Schreibweisen.

Mit dem Machtwechsel von Walter Ulbricht zu Erich Honecker kam es Anfang der Siebzigerjahre zu einer gewissen Liberalisierung in der Kulturpolitik, von der zahlreiche Schriftsteller, wie z. B. Irmtraud Morgner, Brigitte Reimann oder Stefan Heym, profitierten.

Die liberale Phase endete 1976 mit der Ausbürgerung des Liedermachers Wolf Biermann. Zahlreiche Intellektuelle und Schriftsteller, die in der Folge gegen diese Maßnahme protestierten, wurden mit Publikationsverbot, Hausarrest und sogar Verhaftung belegt. Im Anschluss verließen mehr als 100 Schriftsteller die DDR (u. a. Kunert, Becker, Hans-Joachim Schädlich, Monika Maron, Erich Loest).

In der Zeit bis zum Mauerfall 1989 setzten sich die im Land verbliebenen Autoren wieder verstärkt mit der gesellschaftlichen Gegenwart wie mit der oft in den Mythos gekleideten Vergangenheit auseinander.

von West nach Ost

- Anna Seghers
- Bertolt Brecht
- Johannes R. Becher
- Arnold Zweig
- Stefan Heym
- Peter Hacks
- Wolf Biermann

1945: Deutschland wird in vier Besatzungszonen eingeteilt
1949: Aus der SBZ entsteht die DDR

Dichtung vor dem Hintergund einer gemeinsamen Geschichte und Literatur:

- Johannes Bobrowski
- Peter Huchel
- Uwe Johnson

B. Brecht gründet mit H. Weigel das Berliner Ensemble (Inszenierungen eigener und klassischer Werke)

Fünfziger- und Sechzigerjahre: Aufbauliteratur

1953: Volksaufstand

Bitterfelder Weg

- U. Johnson: „Ingrid Babendererde“ (Erzählung, 1956)
- B. Brecht: „Die Geschäfte des Herrn Julius Cäsar“ (Roman, 1956)
- P. Hacks: „Die Sorgen und die Macht“ (Drama, 1960)

Sechzigerjahre: Ankunftsliteratur

1961: Bau der Berliner Mauer

Sozialistischer Realismus

- B. Reimann: „Ankunft im Alltag“ (Erzählung, 1961)
- J. Bobrowski: „Sarmatische Zeit“ (Gedichte, 1961)
- W. Bräunig: „Rummelplatz“ (Roman, 1965)
- H. Kant: „Die Aula“ (Roman, 1965)
- J. Becker: „Jakob der Lügner“ (Roman, 1968)
- U. Plenzdorf: „Die neuen Leiden des jungen W.“ (Roman, Drama, 1972)
- B. Reimann: „Franziska Linkerhand“ (Roman, 1973)
- I. Morgner: „Leben und Abenteuer der Trobadora Beatriz“ (Roman, 1974)

Siebzigerjahre: Scheinliberalisierung

1976: Ausbürgerung von Wolf Biermann

Gesellschaftskritik

- Chr. Wolf: „Kindheitsmuster“ (Roman, 1976)
- H. Müller: „Die Bauern“ (Drama, 1984)
- V. Braun: „Hinze-Kunze-Roman“ (Roman, 1985)
- Chr. Hein: „Die Ritter der Tafelrunde“ (Drama, 1989)

- B. Jentzsch: „Offener Brief an Erich Honecker“
- H. J. Schädlich: „Versuchte Nähe“
- Sarah Kirsch: „Besinnung“
- Günter Kunert: „Zivilisatorisches Gespräch“
- Reiner Kunze: „Die wunderbaren Jahre“

von Ost nach West

Kritische Auseinandersetzung mit Staat u. Gesellschaft:

- Chr. Hein: „Drachenblut“
- Christa Wolf: „Was bleibt“

Ausschluss weiterer kritischer Autoren aus DDR-Schriftstellerverband: z. B. Kunert u. Heym

Achtzigerjahre: Kritik am Staat, Forderung nach Aufhebung der Zensur

1989: Ausreisewelle und friedliche Demonstrationen – 11. Nov. Fall der Mauer
1990: Beitritt der wieder gegründeten Länder zur Bundesrepublik

Geld & Gedichte (2002) *Kurt Drawert*

1.) Darf sich das Geld dem Gedicht
zum Geschenk anbieten, andererseits,
darf das Gedicht Geld als Geschenk
überhaupt nehmen? 2.) Geld stinkt nicht,
richtig, aber, nicht mit allem, was nicht
stinkt, geht Fräulein Müller ins Bett.
3.) und andererseits wütet unter der Haut
der Gedichte ein barbarischer Früh-
kapitalismus. Die schwächeren Worte,
etwas verwachsen im Rhythmus,
verschwinden von der Schreiboberfläche
wie die Arbeiterschaft in ihre eigene
Masse verschwindet, wenn sich das Tor
zur Fabrik und die klirrende Nacht
über Manchester schließen. 4.)
und eigentliches Problem: der Mehrwert,
hier wie da, unermesslich. Die Reichen
werden immer reicher, und die,
die sich die Sprache auf die Geschlechts-
teile legen und für eine einzige Perle
ganze Berge von Muscheln zerschlagen,
transzendieren mit nur wenigen Sätzen
zur unendlichen Geschichte des Glücks.
Andere schwitzen, sitzen unter Tage
und schreiben und schreiben für fast
nichts. Das Gedicht aber, indem es s. o.
gnadenlos kurz ist und rausschmeißt,
was über die Ränder der Brauch-
barkeit fällt, nein, mit Gerechtigkeit
und Sozialbaracke hat das gar nichts
am Stecken, wiederum andererseits
ist es die Verwandlung des Hässlichen
in einen besonderen Fall. Ich würde raten
darum 5.) darf das Gedicht auch
die Schamlosigkeit seiner Umwelt
kopieren und Geld, wenn es schon da ist,
um verbrannt zu werden, nehmen, wiederum
andererseits 6.) aber nur als Geschenk.

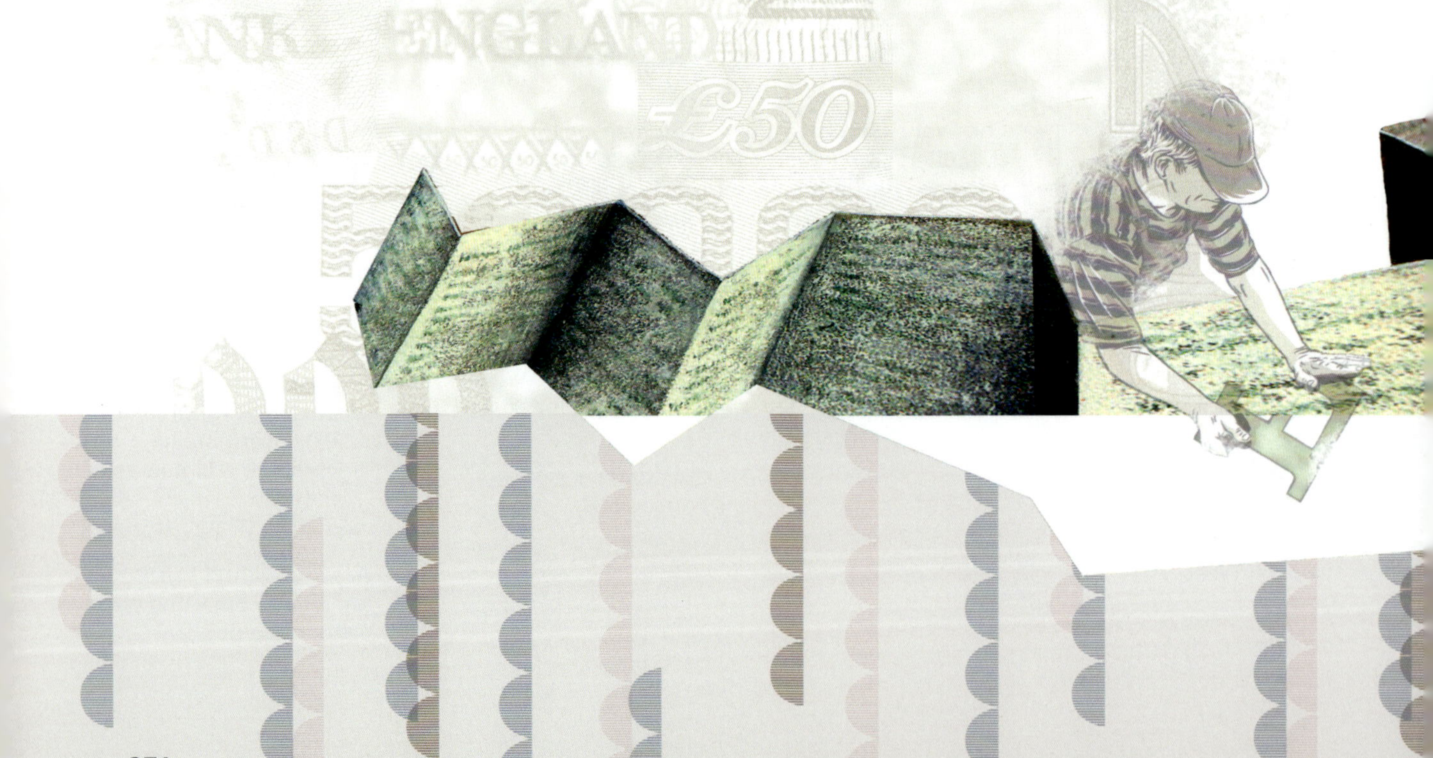

Jenseits der Wende – zeitgenössische Literatur

Die **Gegenwartslyrik** tritt nicht in einheitlicher Form auf. Es zeichnen sich jedoch einige spezifische Tendenzen zeitgenössischer Lyrik ab, ohne dass diese Phänomene eine völlige Neuheit bedeuten. Die Lyrik

- stellt Gegensätze einander gegenüber;
- thematisiert auch das Unangenehme, Problematische, Hässliche;
- verstößt dabei gegen Form- und Sprachästhetik: Abschnitte statt Strophen, Fehlen eines einheitlichen Metrums, harte Enjambements bis zur Zerstörung der Verszeilen-Einheit;
- greift auf verschiedene Sprachebenen und Soziolekte, auch auf die Umgangssprache zurück;
- thematisiert auch gesellschaftliche Erscheinungen, gesellschaftliche Probleme und Tabus;
- bildet ungewöhnliche grammatikalische Zusammensetzungen oder Formulierungen mit ungewöhnlicher Bedeutung;
- neigt zu Ellipsen und zum Aufbrechen verständlicher Satzkonstruktionen.

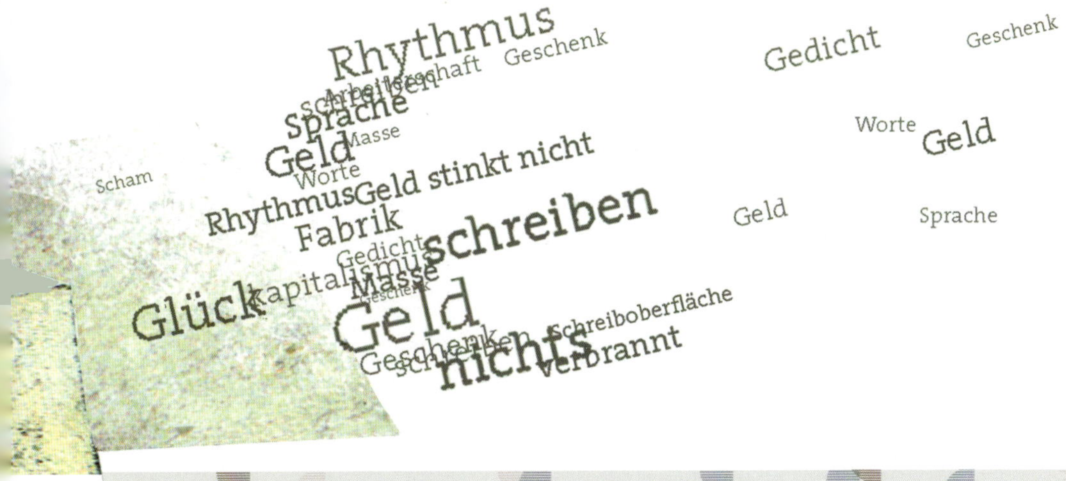

1. Beziehungsmuster – Familie und Gesellschaft in der Literatur der Gegenwart

Zur Literatur der Gegenwart

Seit den Neunzigerjahren wird Literatur in den deutschsprachigen Ländern zum Massenereignis: „Das literarische Quartett“ (1988–2001) erreicht mit seiner dominanten Figur Marcel Reich-Ranicki ein breites Publikum. Pop-Autoren wie Benjamin von Stuckrad-Barre wirken mit ihren Lesungen in Hör- und Konzertsälen wie Zuschauermagneten. Poetry-Slam, eine aus den USA stammende Form des Dichterwettstreits, popularisiert öffentliche Autorenauftritte und bezieht das Publikum mit ein. Mit der Verleihung des Literaturnobelpreises an Günter Grass (1999) und die Österreicherin Elfriede Jelinek (2004) rückt die deutschsprachige Literatur wieder deutlicher ins Bewusstsein einer kulturell interessierten Öffentlichkeit, nachdem ihr vormals bestenfalls Mittelmaß zugestanden wurde. Nach wie vor sind die Kassenschlager deutscher Verlage aber zumeist Bücher ausländischer, vor allem englischsprachiger Autoren.

Seit 1990 lassen sich, wie in vielen anderen Phasen der deutschen Literatur auch, verschiedene parallele, oftmals auch miteinander verzahnte Richtungen unterscheiden. Von großer Bedeutung ist die Postmoderne. Sie umfasst jedoch eine nur schwer zu fassende literarische Strömung, die seit den Achtzigerjahren mit Sten Nadolnys Roman „Die Entdeckung der Langsamkeit“ (1983), Patrick Süskinds „Das Parfum. Die Geschichte eines Mörders“ (1985), Christoph Ransmayrs „Die letzte Welt“ (1988), Robert Schneiders „Schlafes Bruder“ (1992) oder Uwe Timms Novelle „Die Entdeckung der Currywurst“ (1993) vor allem auch eine große Breitenwirkung erzielte. Aber auch Daniel Kehlmanns Roman „Die Vermessung der Welt“ (2005) und Ilija Trojanows Roman „Der Weltensucher“ (2006) stehen in der Tradition des postmodernen Erzählens. Ebenso wird Botho Strauß’ dramatisches Werk der Postmoderne zugerechnet.

Am Ende des Jahrtausends wird die deutsche Literatur zusehends auch von Autoren migrantischer Herkunft, wie dem türkischstämmigen Feridun Zaimoglu, dem Moskauer Wladimir Kaminer oder dem Syrer Rafik Schami, bestimmt. Dabei stellen sich in dieser Literatur vor allem die Fragen vom Leben der Migranten in Deutschland.

Die neue Popliteratur, nicht zu verwechseln mit der in den USA in den Sechzigerjahren entwickelten Strömung, hat ihre Vertreter in den Autoren Benjamin von Stuckrad-Barre („Remix“, 1999), Christian Kracht („Faserland“, 1995) oder Sibylle Berg („Ein paar Leute suchen das Glück und lachen sich tot“, 1995). Die Popliteratur bildet durchaus lustvoll eine konsumorientierte Mediengesellschaft ab, ohne sie abzuwerten; diese Literatur trifft den Puls ihrer Zeit, setzt auf Wiedererkennung von Trends, Marken und Lebensgefühl einer Generation und steht in der Tradition der Musikmedien. Der Höhepunkt dieser Bewegung scheint allerdings überschritten zu sein.

M. Reich-Ranicki → S. 223

Benjamin von Stuckrad-Barre: Schriftsteller und Journalist (geb. 1975)

Poetry-Slam → S. 57

G. Grass → S. 217

Elfriede Jelinek: österr. Schriftstellerin (geb. 1946)

Postmoderne → S. 293 f.

Sten Nadolny: Schriftsteller (geb. 1942)

Patrick Süskind: aus Bayern stammender Schriftsteller und Drehbuchautor (geb. 1949)

Christoph Ransmayr: österr. Schriftsteller (geb. 1954)

Robert Schneider: österr. Schriftsteller (geb. 1961)

U. Timm → S. 282

D. Kehlmann → S. 68

Ilija Trojanow: aus Bulgarien stammender dt. Schriftsteller, Übersetzer und Verleger (geb. 1965)

B. Strauß → S. 279

F. Zaimoglu → S. 292

Wladimir Kaminer: dt. Schriftsteller russ.-jüd. Herkunft (geb. 1967)

Rafik Schami: syrisch-dt. Schriftsteller (geb. 1946)

Christian Kracht: Schweizer Schriftsteller und Journalist (geb. 1966)

Sibylle Berg: Schriftstellerin und Dramatikerin (geb. 1962)

Von großer Bedeutung und mit einer erstaunlich vitalen Produktion stehen die „Großautoren“ Günter Grass mit „Mein Jahrhundert“ (1999), „Im Krebsgang“ (2002), „Beim Häuten der Zwiebel“ (2006) und Martin Walser („Ein springender Brunnen“, 1998), die sich in ihrem autobiografisch geprägten Alterswerk mit der nationalsozialistischen Vergangenheit auseinandersetzen. Dieses ist nach wie vor zentrales Thema der deutschen Literatur, so auch in Bernhard Schlinks Roman „Der Vorleser“ (1995).

G. Grass: „Beim Häuten der Zwiebel“ → S. 218

M. Walser → S. 223

Bernhard Schlink: Rechtswissenschaftler und Romanautor (geb. 1944)

Mit der Wende wird die Auseinandersetzung mit der DDR zum Gegenstand der deutschen Literatur, so in Helga Königsdorf Erzählung „Ungelegener Befund“ (1992), verschlüsselt in Christa Wolfs Roman „Medea“ (1996), in Erich Loests Roman „Nikolaikirche“ (1996), Christoph Heins „Landnahme“ (2004) und „Frau Paula Trousseau“ (2007), Uwe Tellkamps jüngst erschienenem Opus magnum „Der Turm“ (2008) oder Susanne Schädlichs autobiografischer Familiengeschichte „Immer wieder Dezember“ (2009).

Helga Königsdorf: thüringische Mathematikerin und Schriftstellerin (geb. 1938)

Ch. Wolf → S. 252

Erich Loest: Schriftsteller (geb. 1926)

Christoph Hein: Schriftsteller, Übersetzer und Essayist (geb. 1944)

Uwe Tellkamp: Arzt und Schriftsteller (geb. 1968)

Susanne Schädlich: Autorin aus Jena (geb. 1965)

Liebe und Liebesverlust bleiben, auch im Sinne einer neuen Subjektivität, große Themen: so in Monika Marons Roman „Animal triste“ (1996), Gerhard Kellings „Beckersons Buch“ (1999), Julia Francks „Liebediener“ (1999) oder Juli Zehs „Spieltrieb“ (2004).

neue Subjektiviät → S. 222

Monika Maron: Schriftstellerin (geb. 1941)

Gerhard Kelling: Schriftsteller (geb. 1941)

Julia Franck: Schriftstellerin (geb. 1970)

Juli Zeh: Schriftstellerin (geb. 1974)

Daneben scheinen in jüngster Zeit wieder mehr Autoren (gesellschafts-) politische Themen aufzugreifen: Ulrich Peltzers Roman „Teil der Lösung“ (2007) erzählt vom Widerstand junger Globalisierungsgegner gegen zunehmende staatliche Überwachung, Bernhard Schlink („Nachricht an alle“, 2008) behandelt den Terrorismus der Gegenwart.

Ulrich Peltzer: Schriftsteller (geb. 1965)

Von den Schwierigkeiten, sich mit zeitgenössischer Literatur auseinanderzusetzen

Die Auseinandersetzung mit zeitgenössischer Literatur fällt schwer, da die Einteilung nach gängigen literarhistorischen Kategorien wenig greift. Und inwieweit einzelne Werke auch in zwanzig Jahren einen literarischen Wert haben, weiß heute keiner – auch wenn ein Autor und ein Werk von der gegenwärtigen Kritik wohlwollend aufgenommen werden. Letztlich muss der Leser auf seinen eigenen Geschmack, sein literarisches Wissen und sein eigenes Urteil vertrauen.

Anderseits besteht der Reiz der Beschäftigung mit Gegenwartsliteratur gerade darin, dass zwischen Leser und Text noch nicht die Barrieren einer durch die Literaturkritik weitgehend festgelegten Bewertung und Einstufung bestehen. Mit den eigenen Erschließungs- und Wertungskriterien kann man sich einem Text erfolgreich nähern und ihn deuten. Es gibt zudem viel zu entdecken: neue Ideen, neue Schreibweisen, aber auch Altbekanntes und natürlich die Bezüge zur früheren Literatur.

Geprägt ist die Literatur ab 1989/90 zunächst durch die „Wende“, den Zusammenbruch der DDR und die Überwindung der Teilung Deutschlands. Erlebte die Bundesrepublik bis zur Jahrtausendwende trotz der Probleme im Zusammenhang mit der Wiedervereinigung einen beispiellosen Aufschwung, so zeigen sich seit der Jahrtausendwende vermehrt wirtschaftliche Schwierigkeiten und gesellschaftliche Verwerfungen, die Schattenseiten der Globalisierung. Der Terroranschlag vom 11. September 2001 auf das World-Trade-Center und die globale Finanzkrise 2008/09 markieren weitere tiefe Zäsuren. Vielleicht ist nicht zuletzt auch deshalb Persönliches, Privates, ja Familiäres ein zentrales Thema zeitgenössischer Prosa, auch politische und gesellschaftskritische Fragen artikuliert die neueste Literatur häufig in ihrer Wirkung auf den Einzelnen.

1 ***Welche der aufgeführten Autoren und Werke kennen Sie? Sprechen Sie in der Klasse über Ihre Leseerfahrungen.***

2 *Führen Sie eine Recherche zur Literaturnobelpreisträgerin Elfriede Jelinek durch. Ermitteln Sie dazu besonders:*
- *vorrangige Themen in den Werken Elfriede Jelineks,*
- *Rezeption der Werke,*
- *Diskussion um die Vergabe des Literaturnobelpreises: Begründung des Nobelpreiskomitees, kontroverse Reaktionen in der Öffentlichkeit, Position der Nobelpreisträgerin selbst.*

  Folgende Websites können Ihnen bei der Recherche helfen: www.elfriede-jelinek-forschungszentrum.com/; www.literaturhaus.at/autoren/J/jelinek/

Stellen Sie Ihre Ergebnisse in der Klasse vor. Integrieren Sie dabei auch die Lesung eines kurzen Auszugs aus einem Text Elfriede Jelineks, um ihre Mitschüler mit der Sprache dieser Autorin bekannt zu machen.

3 *Wählen Sie aus den genannten Autorinnen und Autoren eine/einen aus und stellen Sie einen ihrer/seiner Romane in der Klasse vor.*

Mikado (2006) *Botho Strauß*

Zu einem Fabrikanten, dessen Gattin ihm während eines Messebesuchs entführt worden war, kehrte nach Zahlung eines hohen Lösegelds eine Frau zurück, die er nicht kannte und die ihm nicht entführt worden war. Als die Beamten sie ihm erleichtert und stolz nach Hause brachten, stutzte er und erklärte: Es ist Ihnen ein Fehler unterlaufen. Dies ist nicht meine Frau.

Die ihm Zu-, jedoch nicht Zurückgeführte stand indessen hübsch und ungezwungen vor ihm, wachsam und eben ganz neu. Außerdem schien sie schlagfertig und geistesgegenwärtig zu sein. Den Beamten, die betreten unter sich blickten, gab sie zu verstehen, ihr Mann habe unter den Strapazen der vergangenen Wochen allzusehr gelitten, er sei von der Ungewissheit über das Schicksal seiner Frau noch immer so durchdrungen und besetzt, dass er sie nicht auf Anhieb wiedererkenne. Solch eine Verstörung sei

Botho Strauß (geb. 1944) studierte zunächst Germanistik, Soziologie und Theaterwissenschaft. Er arbeitete dann als Redakteur und Kritiker bei der Zeitschrift „Theater heute". 1970 wurde er Mitarbeiter bei Peter Stein an der Berliner „Schaubühne am Halleschen Ufer". Neben Theaterstücken verfasst Strauß Kurzgeschichten, Essays und Aphorismen. Botho Strauß gehört mittlerweile zu den bekanntesten zeitgenössischen deutschen Dramenautoren, dem zahlreiche Literaturpreise, darunter der Georg-Büchner-Preis, verliehen wurden. Strauß lebt als freier Schriftsteller in Berlin und in der Uckermark.

bei Opfern einer Entführung und ihren Angehörigen nichts Ungewöhnliches und werde sich bald wieder geben. Darauf nickten die Beamten verständnisvoll, und auch der tatsächlich verwirrte Mann nickte ein wenig mit.

Aus seinen dunkelsten Stunden war also unversehens diese völlig Fremde, diese helle und muntere Person aufgetaucht, die den übernächtigten Fabrikanten von seinen schlimmsten Befürchtungen zwar ablenkte, diese aber keinesfalls zerstreute.

Schon am nächsten Morgen – sie schlief im Gästezimmer – fand er sie in der Garage vor einem am Drahtseil aufgehängten Fahrrad, dem kaum benutzten Fahrrad ihrer Vorgängerin. Sie hatte die Reifen abmontiert, die Schläuche geflickt, die Felgen geputzt und die Pedale geölt. Eine Fahrradflickerin!, dachte der Mann, der ihr eine Weile bei den Verrichtungen zusah. Eine gelehrte Frau habe ich verloren und dafür eine Fahrradflickerin bekommen!

Aber dann spekulierte er für den Bruchteil einer Sekunde, was die Zukunft wohl für sie beide bereithalte und ob er je mit ihr auf große Tour gehen werde. Neben den flüchtigen erbaulichen Momenten bewegten ihn aber Zweifel, ob die Anwesenheit dieser einfühlsamen Unbekannten nicht ein tückischer Hinterhalt sein könnte. Ob die Entführer nicht aus reinem Zynismus und nur um die Liebe zu seiner geraubten Frau, der gelehrten, zu verhöhnen, ihm diese naive, bedenkenlos patente Heimwerkerin geschickt hätten. Als zusätzliche Marter, aber auch zur Vorbereitung neuer Erpressungen.

Ganz verstehe ich es immer noch nicht, sagte er auf einmal mit entwaffnender Unbeholfenheit.

Sie lächelte hinter flimmernden Speichen und sagte: Genau wie seinerzeit in Madrid. Du erinnerst dich? Ich hatte doch immer dies lähmende Vorausgefühl.

In Madrid?, fragte der Mann, schon mit einem Anklang von gewöhnlicher Ehegattennachfrage.

Ja, als wir mit deinem ganzen Club, unseren besten Freunden auf der Plaza Mayor –

Natürlich. Ich erinnere mich.

Meine Handtasche war gerade noch da. Und hätte mich nicht dies lähmende Vorausgefühl ergriffen, dass sie mir im nächsten Augenblick gestohlen würde, dann hätte ich besser aufgepasst. Schon war sie weg!

Und das am Morgen deines dreißigsten Geburtstags!

Ausgerechnet. Man lädt die besten Freunde ein, und irgendein Dieb ist immer darunter.

Aufhören!, rief der Mann ungehalten. Schluss mit dem Falschspiel! Du kannst das nicht wissen. Nicht du!

Na, so war's aber. War's nicht so? So war's doch aber.

Am Nachmittag war er mit einem guten Freund verabredet. Er traf ihn in der Hoffnung, einen Zeugen dafür zu gewinnen, dass man ihm die falsche Frau nach Hause gebracht hatte. Es stellte sich jedoch heraus, dass dieser echauffierte Mensch auf einmal über alles anders dachte, als er bisher gedacht hatte – über Politik, Geld, seine Kinder und seine Vergangenheit. Mit einem Schlag hatte sein Geist die Farbe, den Geschmack, die Richtung und sogar die Geschwindigkeit gewechselt. Da dachte der Mann der Entführten: Es muss doch wohl an mir liegen. Die Menschen wechseln offenbar ihr Inneres genauso schnell wie ihr Äußeres. Sie stülpen sich um und bleiben doch dieselben! Mir scheint, ich habe da eine bestimmte Entwicklung nicht ganz mitbekommen. Also wäre die junge Fahrradflickerin am Ende doch niemand anderes als meine umgestülpte Frau, ja, sie ist wohl die meine, wie sie's immer war. Ich habe weit mehr als mein Vermögen für sie geopfert. Da sitzt sie nun auf meinem Bett, hübsch und rund: mein Schuldenberg. Es bleibt mir keine andere Wahl, ich muss nehmen, was sich bietet, ich könnte nie ein zweites Lösegeld bezahlen.

Da trat aus seinem Inneren ein Bild hervor, und er sah die Entführte in ihrem Kellerloch, in ihrer Haft. Ein Stuhl, ein Schlafsack und ein Campingklo. Und gänzlich ohne Bücher. So sah er die Gelehrte, und so verharrte sie in der Gefangenschaft.

Eines Tages würde sich alles klären. Oder aber es würde sich niemals klären. Zu beidem war er bereit: zu des Rätsels Lösung wie auch das Rätsel zu leben. Nur eine Entscheidung zwischen dem einen und dem anderen konnte er sich nicht abringen.

Am Abend lud er die Geschickte zu einem Mikadospiel mit kostbaren, uralten japanischen Stäben, die er seit Jahren einmal am Tag auswarf und zusammen mit seiner Frau auflas. *Nur um füreinander die Fingerspitzen ein wenig zu sensibilisieren* – so hatte es stets geheißen, wenn seine Frau ihn zum Spiel bat und sich mit dem schiefen Lächeln der Gelehrten eine dezente Anzüglichkeit erlaubte. Dieselbe Bemerkung kam nun von der Geschickten, und sie lächelte dazu vollkommen ungezwungen.

Die Stäbchen aus lackiertem Zedernholz lagen auseinandergefallen auf dem hellen Birnbaumtisch. Da rieb sich der Mann die Hände und sagte in einem veränderten, aufgeräumten Ton: Nur zu, du kleines Rätsel. Nun zeig, was du kannst!

Dazu gab er ihr einen burschikosen Klaps auf die Schulter. Sie entgegnete mit einem unterdrückten Fluch, da sie den Arm gerade zum Spiel ausgestreckt hatte. Ihre ruhige Hand löste nun etliche Stäbe aus labilster Lage, ohne andere zu bewegen. Seine unruhige hingegen war nicht einmal fähig, freiliegende Spitzen zu drücken, ohne dass sich im Stapel etwas rührte.

Schließlich lüpfte die ruhige Hand den ranghöchsten Stab ohne die geringste Einwirkung auf die kreuzenden und überliegenden. Sie nahm ihn in beide Hände und zerbrach den Mikado in stillem Unfrieden. Das Spiel mit den wertvollen Stäben war für immer zerstört. Die unruhige Hand ergriff zitternd einen der untergeordneten Stäbe und hielt ihn wie einen Spieß umklammert. Der Mann betrachtete die nadelfeine Spitze. Er hatte kein anderes Empfinden mehr, als diese Spitze durch die linke Wange der Frau zu stoßen, durch ihre Zunge zu bohren und aus der rechten Wange wieder hinaus. Gestoßen und gestochen. Nicht jetzt. Aber eines Morgens, ja. Eines Morgens bestimmt. Eines Morgens wird es zu einigen sich überstürzenden Ereignissen kommen ... Man wird sich im Nachhinein fragen, wie es überhaupt so lange hat dauern können, dass nichts geschah.

4 Erschließen Sie den Text, auch unter Berücksichtigung seiner sprachlich-stilistischen Gestaltung.

5 Interpretieren Sie, ausgehend von Ihren Ergebnissen, den Text.

Interpretation → S. 346 f.

Hilfestellung: Beachten Sie das Verhältnis der beiden Figuren zueinander.

Aus welcher Perspektive erfahren wir das Geschehen?

Erinnert Sie der Text an andere, ihnen bekannte Texte? Hinweis: Wenden Sie Ihnen bekannte Decodierungsmuster an, wie Sie Ihnen bei der Literatur der Moderne (zum Beispiel bei Kafka) geläufig sind.

6 Bestimmen Sie die Textsorte. Begründen Sie Ihre Meinung.

F. Kafka: „Kleine Fabel“ → S. 40

7 Vergleichen Sie den Text „Mikado“ mit einer Parabel von Franz Kafka. Stellen Sie Gemeinsamkeiten und Unterschiede fest. Referieren Sie die Ergebnisse.

8 Zur Abiturvorbereitung:
Verfassen Sie eine Literaturkritik, in der Sie „Mikado“ und einen Text Ihrer Wahl vergleichend besprechen. Die Kritik sollte 5.000 Wörter nicht überschreiten.

Am Beispiel meines Bruders (2003) *Uwe Timm*

above the battle's fury –
clouds and trees and grass –

William Carlos Williams

William Carlos Williams (1883–1963), amerikanischer Schriftsteller und Arzt

Uwe Timm wurde 1940 in Hamburg geboren. Nach einer Kürschnerlehre machte er das Abitur und studierte Philosophie und Germanistik. Uwe Timms literarisches Werk setzt mit der Studentenbewegung ein und ist sowohl vom gesellschaftlichen und politischen Engagement des Autors wie von der Frankfurter Schule (Gruppe neomarxistischer Wissenschaftler und Vertreter der im Institut für Sozialforschung in Frankfurt a. M. begründeten „Kritischen Theorie") beeinflusst. Seit den Neunzigerjahren ist Timm einer der führenden Autoren der Postmoderne.

Erhoben werden – Lachen, Jubel, eine unbändige Freude – diese Empfindung begleitet die Erinnerung an ein Erlebnis, ein Bild, das erste, das sich mir eingeprägt hat, mit ihm beginnt für mich das Wissen von mir selbst, das Gedächtnis: Ich komme aus dem Garten in die Küche, wo die Erwachsenen stehen, meine Mutter, mein Vater, meine Schwester. Sie stehen da und sehen mich an. Sie werden etwas gesagt haben, woran ich mich nicht mehr erinnere, vielleicht: Schau mal, oder sie werden gefragt haben: Siehst du etwas? Und sie werden zu dem weißen Schrank geblickt haben, von dem mir später erzählt wurde, es sei ein Besenschrank gewesen. Dort, das hat sich als Bild mir genau eingeprägt, über dem Schrank, sind Haare zu sehen, blonde Haare. Dahinter hat sich jemand versteckt – und dann kommt er hervor, der Bruder, und hebt mich hoch. An sein Gesicht kann ich mich nicht erinnern, auch nicht an das, was er trug, wahrscheinlich Uniform, aber ganz deutlich ist diese Situation: Wie mich alle ansehen, wie ich das blonde Haar hinter dem Schrank entdecke, und dann dieses Gefühl, ich werde hochgehoben – ich schwebe.

Es ist die einzige Erinnerung an den 16 Jahre älteren Bruder, der einige Monate später, Ende September, in der Ukraine schwer verwundet wurde.

30.9.1943
Mein Lieber Papi
Leider bin ich am 19. schwer verwundet ich bekam ein Panzerbüchsenschuss durch beide Beine die sie mir nun abgenommen haben. Daß rechte Bein haben sie unterm Knie abgenommen und daß linke Bein wurde am Oberschenkel abgenommen sehr große Schmerzen hab ich nicht mehr tröste die Mutti es geht alles vorbei in ein paar Wochen bin ich in Deutschland dann kanns Du Mich besuchen ich bin nicht waghalsig gewesen
Nun will ich schließen
Es Grüßt Dich und Mama, Uwe und alle
Dein Kurdel

Am 16.10.1943 um 20 Uhr starb er in dem Feldlazarett 623.

Abwesend und doch anwesend hat er mich durch meine Kindheit begleitet, in der Trauer der Mutter, den Zweifeln des Vaters, den Andeutungen zwischen den Eltern. Von ihm wurde erzählt, das waren kleine, immer ähnliche Situationen, die ihn als mutig und anständig auswiesen. Auch wenn nicht von ihm die Rede war, war er doch gegenwärtig, gegenwärtiger als andere Tote, durch Erzählungen, Fotos und in den Vergleichen des Vaters, die mich, den *Nachkömmling*, einbezogen.

Mehrmals habe ich den Versuch gemacht, über den Bruder zu schreiben. Aber es blieb jedesmal bei dem Versuch. Ich las in seinen Feldpostbriefen und in dem Tagebuch, das er während seines Einsatzes in Russland geführt hat. Ein kleines Heft in einem hellbraunen Einband mit der Aufschrift *Notizen*.

Ich wollte die Eintragungen des Bruders mit dem Kriegstagebuch seiner Division, der *SS-Totenkopfdivision*, vergleichen, um so Genaueres und über seine Stichworte Hinausgehendes zu erfahren. Aber jedesmal, wenn ich in das Tagebuch oder in die Briefe hineinlas, brach ich die Lektüre schon bald wieder ab.

Ein ängstliches Zurückweichen, wie ich es als Kind von einem Märchen her kannte, der Geschichte von Ritter Blaubart. Die Mutter las mir abends die Märchen der Brüder Grimm vor, viele mehrmals, auch das Märchen von Blaubart, doch nur bei diesem mochte ich den Schluss nie hören. So unheimlich war es, wenn Blaubarts Frau nach dessen Abreise, trotz des Verbots, in das verschlossene Zimmer eindringen will. An der Stelle bat ich die Mutter, nicht weiterzulesen. Erst Jahre später, ich war schon erwachsen, habe ich das Märchen zu Ende gelesen.

Da schloss sie auf, und wie die Türe aufging, schwomm ihr ein Strom Blut entgegen, und an den Wänden herum sah sie tote Weiber hängen, und von einigen waren nur die Gerippe noch übrig. Sie erschrak so heftig, dass sie die Türe gleich wieder zuschlug, aber der Schlüssel sprang dabei heraus und fiel in das Blut. Geschwind hob sie ihn auf und wollte das Blut abwaschen, aber es war umsonst, wenn sie es auf der einen Seite abgewischt, kam es auf der anderen Seite wieder zum Vorschein.

Ein anderer Grund war die Mutter. Solange sie lebte, war es mir nicht möglich, über den Bruder zu schreiben. Ich hätte im Voraus gewusst, was sie auf meine Fragen geantwortet hätte. Tote soll man ruhen lassen.
Erst als auch die Schwester gestorben war, die Letzte, die ihn kannte, war ich frei, über ihn zu schreiben, und frei meint, alle Fragen stellen zu können, auf nichts, auf niemanden Rücksicht nehmen zu müssen.

[...]

März 14.
Flieger. Iwans greifen an. Mein überschweres Beute Fahr-MG schießt wie toll ich kann die Spritze kaum halten, paar Treffer
März 15.
Wir gehen auf Charkow vor kleine reste der Russen.
März 16.
In Charkow
März 17.
ruhiger Tag
März 18.
unaufhörliche Bombenangriffe der Russen 1 Bombe in unser Quartier 3 Verw.

Mein Fahr MG schießt nicht ich nehme mein MG 42 und knalle drauf 40 H Schuss Dauerfeuer

So geht es weiter, kleine Eintragungen, mit Bleistift, in einer unregelmäßigen Schrift, vielleicht auf einem Lastwagen geschrieben, in der Unterkunft, vor dem neuen Einsatz, Tag für Tag: *Waffenmusterung, Regen und Matsch, Ausbildung MG Scharfschießen, Exerzieren Flammenwerfer 42.*

März 21.
Donez
Brückenkopf über den Donez. 75 m raucht Iwan Zigaretten, ein Fressen für mein MG.

Das war die Stelle, bei der ich, stieß ich früher darauf – sie sprang mir oben links auf der Seite regelrecht ins Auge –, nicht weiterlas, sondern das Heft wegschloss. Und erst mit dem Entschluss, über den Bruder, also auch über mich, zu schreiben, das Erinnern zuzulassen, war ich befreit, dem dort *Festgeschriebenen* nachzugehen.

Ein Fressen für mein MG: ein russischer Soldat, vielleicht in seinem Alter. Ein junger Mann, der sich eben die Zigarette angezündet hatte – der erste Zug, das Ausatmen, dieses Genießen des Rauchs, der von der brennenden Zigarette aufsteigt, vor dem nächsten Zug. An was wird er gedacht haben? An die Ablösung, die bald kommen musste? An den Tee, etwas Brot, an die Freundin, die Mutter, den Vater? Ein sich zerfaserndes Rauchwölkchen in dieser von Feuchtigkeit getränkten Landschaft, Schneereste, Schmelzwasser hatte sich im Schützengraben gesammelt, das zarte Grün an den Weiden. An was wird er gedacht haben, der Russe, der Iwan, in dem Moment? *Ein Fressen für mein MG.*

Er war ein Kind, das lange gekränkelt hatte. Unerklärlich hohes Fieber. Scharlach. Ein Foto zeigt ihn im Bett, das verwuschelte blonde Haar. Die Mutter erzählt, dass er trotz Schmerzen so erstaunlich gefasst war, ein geduldiges Kind. Ein Kind, das viel mit dem Vater zusammen war. Die Fotos zeigen den Vater mit dem Jungen, auf dem Schoß, auf dem Motorrad, im Auto. Die Schwester, die zwei Jahre älter war als der Bruder, steht unbeachtet daneben.

Seine Kosenamen, die er als Kind sich selbst gegeben hatte: Daddum, Kurdelbumbum.

Von mir, dem Nachkömmling, glaubte der Vater, ich sei zu viel unter Frauen. In einem Brief, den mein Vater, der damals bei der Luftwaffe diente und in Frankfurt an der Oder stationiert war, an meinen Bruder in Russland geschrieben hat, steht der Satz: *Uwe ist ein ganz netter kleiner Pimpf,*

aber etwas verzogen, na, wenn wir erst wieder im Hause sind, dann wird es schon wieder –.

Ich war das, was man damals ein *Muttersöhnchen* nannte. Ich mochte den Duft der Frauen, diesen Geruch nach Seife und Parfum, ich mochte und suchte – eine frühe Empfindung – die Weichheit der Brüste und der Schenkel. Während er, der große Bruder, schon als kleiner Junge immer am Vater hing. Und dann gab es noch die Schwester, 18 Jahre älter als ich, die vom Vater wenig Aufmerksamkeit und kaum Zuwendung erfuhr, sodass sie etwas Sprödes, Brummiges bekam, was der Vater wiederum als muffig bezeichnete und was sie ihm nur abermals fernrückte.

Der Karl-Heinz, der große Junge, warum ausgerechnet der. Und dann schwieg er, und man sah ihm das an, den Verlust und die Überlegung, wen er wohl lieber an dessen Stelle vermisst hätte.

Der Bruder, das war der Junge, der nicht log, der immer aufrecht war, der nicht weinte, der tapfer war, der gehorchte. Das Vorbild. [...]

9 Fassen Sie den Auszug aus Uwe Timms autobiografischem Roman „Am Beispiel meines Bruders“ (2003) thesenartig zusammen.

10 Bestimmen Sie das Thema des Textes.

Autobiografie → S. 322

11 Zeigen Sie am Text die Merkmale autobiografischen Schreibens.

12 Zur Abiturvorbereitung: Erschließen und interpretieren Sie den Text schriftlich. Informieren Sie sich zunächst im Basiswissen über die Merkmale zeitgenössischen Erzählens.

Interpretation → S. 346 f.

Basis

Tendenzen zeitgenössischer Prosa

Die zeitgenössische Prosa weist häufig folgende Merkmale auf:

- Referenzen auf andere literarische Werke
- Stilmischungen; komplexe Erzählstrukturen
- Thematisierung des Privaten als Abbild von Gesellschaft, Öffentlichkeit und Geschichte
- Auseinandersetzung mit der eigenen (familiären) Geschichte in Bezug auf Nationalsozialismus oder die DDR-Vergangenheit
- epische Protagonisten als „Helden“ (mit Zügen der Alltäglichkeit)
- manchmal Erzählen in postmoderner Tradition

„Und kein Ende – postmodernes Schreiben“ → S. 293 ff.

13 Zur Abiturvorbereitung:

a) Stellen Sie die Autorin Julia Franck und ihren Roman „Die Mittagsfrau“ vor. Vergleichen Sie auch, wie die Themenbereiche „Nationalsozialismus“ und „Familie“ hier – im Vergleich zu Timms „Am Beispiel meines Bruders“ – gestaltet und verknüpft werden.

b) Erstellen Sie eine Übersicht zur Auseinandersetzung der Literatur nach 1989/90 mit der deutschen Geschichte von 1933 bis 1945.

norway.today (2000) *Igor Bauersima*

Dem Theaterstück „norway.today“ liegt ein reales Ereignis zugrunde: Im Magazin „DER SPIEGEL“ war im Februar 2000 zu lesen, dass ein junger Norweger und eine junge Österreicherin in einem Chatroom beschlossen hatten, gemeinsam Selbstmord zu begehen. Sie reisten nach Norwegen und sprangen von dem 610 Meter hohen „Prediger-stuhl“ in einen Fjord. Die Gründe dafür bleiben rätselhaft. Igor Bauersima lässt seine Figuren Julie und August, die sich in einem Chatroom begegnen, Ähnliches planen; beide sprechen davon, sich gemeinsam töten zu wollen, wofür sie nach Norwegen reisen. Dabei betont Julie, bereits alles erlebt zu haben. Gleichzeitig beginnt aber eine vorsichtige, tastende Annäherung der beiden. Im abgedruckten Dramenschluss versuchen beide immer wieder, eine Abschiedsbotschaft an ihre Eltern, Verwandten und Freunde zu filmen.

Igor Bauersima (1964 in Prag geboren) lebt und arbeitet in der Schweiz als Architekt, Musiker und Theaterautor.

Ende

[...]

Julie stellt die Kamera hin und stellt auf Aufnahme. Sie stellen sich beide davor und halten sich an den Händen.

JULIE Ich liebe euch.

AUGUST Ich auch.

Sie gehen, Hände haltend, auf den Abgrund zu. Kurz vor der Kante:

JULIE Das ist pathetisch.

AUGUST Irgendwie, ja.

JULIE Außerdem ist das ganze Zeug von vorher noch drauf.

AUGUST Ja. *August macht die Kamera wieder aus.* Vielleicht wär ein wenig Musik was?

JULIE Musik?

AUGUST Ich weiß nicht, zum Untermalen. Im Hintergrund?

JULIE Warte, ich hab was mit. Das hat mich immer getröstet, wenn ich traurig war. *Julie holt den Gettoblaster aus dem Zelt.* Das Ding ist, ich hab gar nicht alles gehabt. Das ist das Ding. Ich weiß nicht. Ich glaub mir kein Wort mehr, irgendwie. Das Nordlicht[1] heute Nacht. Ich hatte noch nie ein Nordlicht gesehen. Scheiße. Ich meine, wären wir gestern gesprungen, wir hätten's voll verpasst, das blöde Licht. Gar nichts hab ich gesehen. Da. Warte. Da. Die sechs. Bereit?

AUGUST Ja.

JULIE Okay, lass laufen.

Kamera läuft. Julie tut eine CD rein und lässt sie laufen („egg radio“ von BILL FRISELL). Sie will was sagen, schaut lange in die Kamera, schließlich weint sie nur. Das Lied spielt weiter. Julie stellt den Gettoblaster ab.

Tut mir leid.

AUGUST Willst du nochmal?

JULIE Nein. Ich glaube, ich bin unfähig. Das kann doch nicht so schwierig sein, sich zu verabschieden.

1 Nordlicht (auch Polarlicht): Leuchterscheinung, die beim Auftreffen geladener Teilchen des Sonnenwindes auf die Erdatmosphäre an den Polen der Erde hervorgerufen wird.

AUGUST Lass mich nochmal versuchen. *Er gibt Julie die Kamera.* Okay? *Julie nickt. August nachdenklich:*

Wenn der Tod etwas Furchtbares ist, und das ist er vielleicht, wie kommt es, dass wir nach einiger Zeit jeden unserer Freunde für glücklich erachten, der aufgehört hat zu leben?

--

Leben ist für mich ein Problem, das ich jeden Tag von Neuem lösen muss. Wenn ich meinen tiefsten Instinkten folgen würde, ich würde von morgens bis abends um Hilfe schreien.

--

Alle meine Widersprüche kommen daher, dass es unmöglich ist, das Leben mehr zu lieben, als ich es liebe, und gleichzeitig und fast ununterbrochen ein Gefühl von Ausgestoßensein und Verlassenheit zu haben.

--

Ich lebe seit Jahren unter mir und bin unglücklich. Aber heute, heute bin ich glücklich. Vielleicht liegt das wahre Glück nur in der Erkenntnis, sich selbst nicht mehr zu brauchen.

--

Kamera aus. Julie ist begeistert.

JULIE Amen. Das war genial!

AUGUST Scheiße …

JULIE Du bist ein Poet. Woher nimmst du so was? *August holt ein Buch aus dem Zelt hervor*[2]. Das klang so echt. Ich war ganz gerührt.

AUGUST Nee. War geklaut.

JULIE Ist doch egal, nein?

AUGUST Ich weiß nicht.

JULIE Das können wir so stehen lassen.

AUGUST Du meinst, das war's?

JULIE Ja. Nein?

2 Texte von E. M. Cioran. E. M. Cioran (geb. 1911 im heutigen Rumänien; gest. 1995 in Paris), Philosoph, beeinflusste mit seiner pessimistischen, kulturkritischen, nihilistischen Haltung die französischen Nihilisten wie Albert Camus und Jean Paul Sartre.

„norway.today" in einer Inszenierung von Andreas Döring im Jungen Theater Göttingen (2007) mit Sonja Elena Schroeder als Julie und Felix Frederik Frenken als August

August Nein. Das war geklaut, das zählt nicht. Ich will was Eigenes sagen.

Julie Okay. Aber du musst so tun wie eben, so nachdenklich. Das kommt super.

August Ich muss irgendwie tun?

Julie Ja. Das war total glaubwürdig, glaub's mir.

August Du meinst, ich muss was faken?

Julie Sieht so aus.

August Damit es glaubwürdig ist?

Julie So sieht's aus, von hier aus.

August Echt?

Julie Sag ich doch.

August Ich muss faken?

Julie Wenn das eben fake war, ja, dann ja.

August Das war fake. Ich hab total gefaked.

Julie Sah aber echt aus.

August Aber wenn das ... Das war fake!

Julie Na und? Fake muss offenbar nicht immer fake sein. Fake kann total echt sein, manchmal.

August Fake kann echt sein?

Julie Ja. Fake ist nur, was nichts ist. Das ist fake.

August Das sagst du.

Julie Das sag ich.

August Fake ist nur, was nichts ist.

Julie Ja.

August Aber nichts ist doch ganz nichts.

Julie Ja.

August Also ist nichts fake.

Julie Ja.

August Also wäre das alles ernst zu nehmen, hier? Plötzlich?

Julie So sieht's aus. *Lacht.*

August Du machst Witze.

Julie Nein. Jetzt gerade nicht. Jetzt gerade nicht. *Lacht.*

August Das ist alles ernst zu nehmen hier?

Julie Du zitterst.

August Ja. Ich hab Angst.

Julie Weswegen denn?

August Wegen der Zukunft.

Julie Welche Zukunft?

August Meine Zukunft. Ich weiß nicht. Meine Zukunft hat mir bisher nie Angst gemacht, weil ich wusste, ich kann mich umbringen jederzeit. Verstehst du? Aber jetzt ...

Julie Aber jetzt?

August Ich bin mir plötzlich nicht mehr sicher ... dass ich mich noch umbringen kann. Verstehst du?

--

Julie Los.

August Okay.

Kamera läuft.

Hallo, Leute. Ich bin hier in Norwegen heute. Ich hab euch gesagt, dass ich zu Mats wohnen gehe übers Wochenende. Aber das war gelogen. Ihr hättet mich nicht gehen lassen. Also hab ich euch voll was vorgelogen. Julie hier hat mir den Flug bezahlt. Ja. Und es hat sich gelohnt. Ich meine, wir springen jetzt gleich hier runter ... Ich meine, das ist, warum wir hier sind. Um zu gehen. Aber es hat sich auch sonst echt gelohnt, weil die kurze Zeit hier, die war richtig gut. Ich meine, ich hab mich hier richtig lebendig gefühlt, eigentlich. Also eigentlich zum ersten Mal, vielleicht. Gestern Nacht haben wir ein Nordlicht gesehen. Wir haben es gefilmt. Ihr könnt es euch anschauen. Es war ein wunderschönes, riesiges Licht. Es hat fast den ganzen Himmel bedeckt. Und ich hab an euch gedacht, auch, warum ihr dieses Licht nicht sehen könnt zu Hause, weil's doch so groß ist. Das Ding ist, auf dem Video sieht's viel kleiner aus, und dunkler. Sieht irgendwie aus wie durch 'n Nebel durch. Man muss das echt erlebt haben. Ich kann euch das nur empfehlen. Julie hier hatte auch noch nie eins gesehen. Wir standen da wie die Irren. Ja. Das solltet ihr mal sehen. Aber es soll sehr selten sein, sagt Julie. Ja. Ja und ... Julie ist ein Freund. Julie. Ich ... Sie ist ... Also ich bin ... eigentlich ... ja. Also ich wollte eigentlich ... Ich wollte euch eigentlich sagen, warum ich das tue, was ich gleich tun werde, aber ... ehrlich gesagt, ich weiß es gerade nicht mehr. Ich hab keine Ahnung. Tut mir leid.

Kamera aus.

Weißt du's?

Julie Nee.

August Ja, dann.

Julie Ja.

--

August Warte mal.

August packt die Kassetten alle zusammen in eine Tasche und geht damit zum Abgrund. Julie steht neben ihm. Sie schauen sich an. August schmeißt die Tasche runter. Sie schauen ihr nach.

--

Julie Ist hängen geblieben.

--

August Es könnte sein, dass wir soeben von einem Glück getroffen wurden, von dem wir uns nicht so schnell erholen werden.

--

Julie Ich will weg hier.

August Ich auch.

Beide ab.

14 Setzen Sie sich in einem ersten Schritt mit dem Text auseinander, indem Sie im Sinne gestalterischen Schreibens – als Juli oder August – eine Nachricht (Brief, E-Mail, längere SMS) an einen guten Freund schreiben. Sprechen Sie in der Klasse über die Ergebnisse und entwickeln Sie daraus Ansätze einer Deutung des Dramenschlusses.

15 Erläutern Sie, weshalb Julie und August am Ende dieses Stücks den geplanten Selbstmord nicht ausführen.

Klären Sie dabei, welche Bedeutung ihr Erlebnis mit dem Nordlicht hatte und wie die Erkenntnis Julies und Augusts zum Thema „Abschiedsvideo“ und „fake“ damit zusammenhängt.

16 Stellen Sie inhaltliche und sprachliche Charakteristika des Dramas zusammen und bewerten Sie die Befunde vor dem Hintergrund Ihrer Kenntnisse der Gattung Drama. Nehmen Sie dazu das Basiswissen zur zeitgenössischen Dramatik zu Hilfe.

Basis

Tendenzen zeitgenössischer Dramatik

In der Gegenwart herrscht kein einheitlicher Dramentyp vor, aber es sind Tendenzen feststellbar. Am Beispiel „norway.today“:

- Aufgreifen und Fortsetzung der Dramenformen der Moderne, beispielsweise des epischen Theaters
- „Entdramatisierung“ der Handlung
- Abkehr vom Lesedrama mit seiner gewählten Kunstsprache: z. B. Alltagssprache, Jugendjargon
- Aufgreifen von Alltagssprache und Soziolekten; sprachskeptische Intentionen: z. B. Anglizismen, Schlagwörter, unklare Begriffe
- Hervorheben nonverbaler Ausdrucksmittel, z. B. Videoaufnahmen, Projektionen
- Orientierung an der Theateraufführung des Dramas; Spiel mit den unterschiedlichen Realisationsmöglichkeiten auf der Bühne
- Aufgreifen privater und gesellschaftsrelevanter Themen: z. B. Sinnsuche, Öffentlichkeits- und Medienbezug
- Brechen von sprachlichen und thematischen Tabus: z. B. Selbstmordabsichten

episches Theater → S. 160 ff.

17 Erarbeiten Sie Dialogführung und -inhalt des Szenenausschnitts.

www.

18 Recherchieren Sie zu Juli Zeh und stellen Sie ihren Roman „Spieltrieb“ vor. Vergleichen Sie die jugendlichen Hauptfiguren in diesem Roman und deren Verhältnis zur Erwachsenenwelt mit der Gestaltung dieser Thematik im Auszug aus dem Theaterstück „norway.today“. Folgende Website kann Ihnen bei der Recherche helfen: www.juli-zeh.de

19 Stellen Sie ein Theaterstück von Botho Strauß vor. Beziehen Sie in das Referat die Biografie des Autors mit ein.

B. Strauß → S. 279

„Was ist normal in diesem Land?“ – Zusammenleben von Deutschen und Migranten

Ein inhaltlich neuer Aspekt der Gegenwartsliteratur ist die Thematisierung von Aspekten der Migration bzw. des Lebens von Menschen mit Migrationshintergrund in Deutschland.

Was ist normal in diesem Land? (1998) *Feridun Zaimoglu*

Devrim, 24, Kunstgeschichtsstudentin

Ich lernte sie auf einer Veranstaltung kennen, zu der mich eine türkische Akademikervereinigung eingeladen hatte. Im Diskussionsteil stimmte sie meiner harschen Kritik an der türkischen Vereinsmeierei begeistert zu. Unsere Gespräche fanden ausschließlich in Restaurants und Cafés statt.

Der Nutzeffekt, immer wieder der Nutzeffekt: Hat etwas einen Nutzeffekt, oder hat es keinen Nutzeffekt? Ist der Nutzeffekt von Nutzen, hat er einen Kern, oder ist er hohl, oder ist der Nutzeffekt irgendeine Prickelerregung, sodass einer sagen kann, wenn er denn den Nutzeffekt meint: „Ich hatte plötzlich eine Gänsehaut“?

Ich lese im Prosaalbum, im Abfallalbum einer Bekannten: „Auf dem Berggipfel stehen, unter meinen Füßen schmilzt die Eiskappe dahin. Ich spüre eine Art Wohlsein, mein Herz ist nicht mehr so verhalten ...“ Das ist wohl eine bescheuerte Damenmauligkeit, und im nächsten Moment, den ersten Kulturschock habe ich weggeschluckt, denke ich: Ist sie das wirklich, was da auf dem Papier steht, oder ist der Nutzeffekt drin? Was ist denn los in diesem Land? Und die Antwort: Gläserrücken und pendeln, Memoiren schreiben und Pillen reinpfeifen, Veganer sein und Hausvater sein ist los. Ein Astrobuch in Großdruck kaufen ist los. So kaputt sein, dass man Liebe als eine Wärmebeschaffungsmaßnahme versteht. Kinderwagenschieben finde ich dufte ist los in diesem Land. Ein Latexkostüm aus der Sommersadomasokollektion, eine indische Tamtamerrettung, eine Magermilchkur. Alles fährt die Einbahnstraße. Alle reißen den kleindeutschen Mundraum auf, und ich sehe ein kotzweißes Kukidentgebiss. Frauenkeulenschwinger krähen wimmernd nach der letzten Ölung. Was ist normal in diesem Land? Eine Schulfreundin läuft seit ein paar Wochen mit einer Grinse herum, als hätte man sie quer durchs Gesicht geschlitzt. Sie ist natürlich, wie denn auch anders, in diese Weihrauchsekte eingetreten und belegt ein teures Seminar nach dem anderen. Sie spricht von Sris und Babas, von Sartori und dem mystischen Land der weißen Elefanten. Aha. Geht mich das was an? Nein. Aber sie lässt nicht locker. Geschwätzig mitteilsam ist sie geworden. Den Missionskillerblick hat sie gekriegt. Und ich bin das geborene Opfer.

Feridun Zaimoglu (geb. 1964 im anatolischen Bolu) gehört zu der jungen Generation von deutschen Autoren mit ausländischer Herkunft. Nach der Geburt des Sohnes ging die Familie nach Deutschland, der Vater, eigentlich von Beruf ein Gerber, wurde als Dolmetscher Konsulatsangestellter in Bonn. Dort machte Zaimoglu das Abitur. In Kiel studierte er Kunst und Medizin. Er arbeitete als Kolumnist. Bald betätigte er sich als Dramaturg und wurde Autor im Nationaltheater Mannheim.

Der erste Roman des Autors „Abschaum. Die wahre Geschichte von Ertan Ongun“ wurde unter dem Titel „Kanak Attack“ 2000 verfilmt. Zaimoglu schuf in seinem Debüt „Kanak Sprak – 24 Misstöne vom Rande der Gesellschaft“ eine Kunstsprache aus deutschem, türkischem und amerikanischem Slang, die das Lebensgefühl und die Ansichten der Jugend mit Migrationshintergrund in Deutschland aufzeigte, indem er Interviews mit Vertretern der Einwanderergeneration bearbeitete. Dieses Verfahren verwendete er auch in seinem Buch „Koppstoff. Kanaka Sprak vom Rande der Gesellschaft“.

Klar: Die blöde Muselmanin gehört bekehrt, gehört angemuffelt, weil sie meint, dass sie sich auch selbst verarschen kann. Ich mache keinen Hehl aus meinem Unbehagen an ihrem Behagen an Lametta. Deutsche Mittelstandskinder werfen ihr zerbombtes Hirn über Bord, und sie strahlen so krank und zuversichtlich, als hätten sie soeben ein paar Juden in den Ofen geschoben. Ein schlimmer Vergleich, ich weiß. Was ist also normal in diesem Land?

Deutsche nennen ihr eigenes Land das sinkende Schiff und verlassen Alemania in Scharen. Sie gehen entdecken, wo ihnen das Glück blüht. Lassen liegen, was in ihren Augen keinen Pfifferling wert ist. Der Rest glaubt an ein Deutschland, das aus drei Puzzleteilen besteht: braunes Sofakissen mit Borte, Solarium und Alpenglühen. Im Getto brüllt das Kanak-Kid nach more future. Na und? Kratzt es jemanden? In der Provinz-McDo-Filiale ist ein Türke „Unser Mitarbeiter des Monats“. Das ist ja der helle Wahnsinn! Mein Gott, sind wir angekommen und richtig beteiligt! Wir klopfen uns gegenseitig auf die Schulter. Das nenne ich Sensationsintegration. Ein Vollwertköstler beschreibt mir Müslicocktails: „Den Sprießkornhafer muss man erst mal keimen lassen. Bitte achte darauf, sei mit Geist und Körper bei der Sache.“ Bei welcher Sache bitte schön? Aber er fährt fort: „Akazienhonig, Mohn und Rosinen, Korinthen und Kokosraspeln …“ blablabla. Also ja, der Nutzeffekt, hat er einen Kern, oder ist er hohl? Und sie reden und reden und reden. Meinetwegen über tibetanische Levitation. Über Claudia Schiffer. Über indianische Schwitzhütten. Fahren nach Florenz. In die Toskana. Sie haben billige Hochadrenalingefühle und führen Prozesse. Erschlagen ihren Nachbarn, weil dessen Wellensittich nachts trillert. Sie faseln über Standortbestimmung, die Deutschen, und sie haben plötzlich vorgereckte Kinne, wenn sie über Geschichte wichtigklügeln. Der Geschichtsunterricht endet im KZ-Dilemma. Wir können ja nicht ewig büßen, so hört man von ihnen. What's Deutschland? What's Moral? Das ist denn das Gegenteil von Babylon: Da greift Gott herunter, fegt den Boden sauber von Unrat und setzt der Verwirrung ein Ende. Immer greift der herunter, ausgerechnet immer dann, wenn dem Deutschen danach ist, etwas mehr Raum zu haben. Und der Türke hat n Gettobody und brüllt und brüllt. Nix und niemand erhört ihn. Man lässt ihn nicht raus, mein Gott, wenn er aus dem Getto herauskäme, wäre ja der Mongole los. Und dann der Schuhattentäter: Ein Zwanzigjähriger gesteht, zehnmal Heftzwecken, Angelhaken oder Skalpellspitzen in Schuhe gelegt zu haben. Couch-Potatoes vorm Fernseher. Fressen Fett an und meinen unaufhörlich, es mische sich vieles mit zu vielem. Es gehe nicht an, dass der Neger auf „unsere Frauen“ ein Auge werfe. Dass der Türke frech werde: der mit seinen Messerstechereien. Ob Beletage oder Parterre, die Leute verlausen im Kopf, weil das Gemetzel ausbleibt, weil der Videorekorder im Arsch ist, weil Muttis Eintopf heut nicht so richtig schmecken mag, weil es keine Freikarten mehr gibt, weil die anderen Loser und überhaupt Schweine sind, weil das Wetter nicht mitmacht, weil zu viele Penner vor dem Kaufhaus herumlungern, weil Frau Meyers neue Haartönung wirklich verboten gehört, weil Frau Jürgensen in Straßenköterblond herumlatscht, weil es sich so geziemt, weil man eine teure laufmaschenhemmende Strumpfhosenmarke gekauft hat und sich Kaufreue einstellt, weil Tekkno nur Discomusik mit anderen Mitteln ist. Blablabla.

1 *Lesen Sie den Text auf verschiedene Weise vor, zum Beispiel betont unterkühlt oder mit viel Gefühl.*
2 *Untersuchen Sie Aufbau und Sprache des Textes und zeigen Sie auf, dass eine Kunstsprache verwendet wird. Ziehen Sie Rückschlüsse auf die Authentizität des Textes.*
3 *Erarbeiten Sie die Charakterisierung der Deutschen, ihres Denkens und ihrer Verhaltensweisen durch die Sprecherin.*
4 *Diskutieren Sie darüber, welche Wirkung dieser Text erreichen kann. Differenzieren Sie dabei zwischen verschiedenen Leserschichten.*
5 *Verfassen Sie eine Kurzkritik zu dem Text von Zaimoglu (eine DIN-A4-Seite).*

6 *Informieren Sie sich über das Werk Zaimoglus und seine Ansichten über das Zusammenleben von Deutschen und Migranten.*

2. Und kein Ende – postmodernes Schreiben

Die Postmoderne

Die „Postmoderne" ist ein schwer zu fassender literarischer Begriff mit einer langen Entwicklung. Verwendet wurde er erstmals von John Watkins Chapman im Zusammenhang mit einem Malstil (1870), der im Gegensatz zum Impressionismus stand. Bis in die Siebzigerjahre des letzten Jahrhunderts wurde der Begriff in philosophischem (Rudolf Pannwitz, 1917), in poetologischem (Federico de Onis, 1934) und auch religiös-spirituellem Zusammenhang (Arnold J. Toynbee, 1947) immer als Gegenbegriff zu bestehenden entsprechenden Strömungen verwendet. Im „Playboy" erschien 1969 der programmatische Artikel „Cross the Border – Close the Gap", in dem der Literaturwissenschaftler Leslie Fiedler für die Aufhebung der Unterscheidung zwischen Elite- und Massenkultur sowie zwischen anspruchsvoller und populärer Kunst plädierte. Er reagierte damit auf aktuelle Tendenzen in der US-amerikanischen Kunst der Sechzigerjahre, die von Pop Art und Aktionskunst geprägt war. I. Hassan hat die Idee 1971 aufgenommen und Kategorien zusammengestellt, die bis heute zu den zentralen Merkmalen der Postmoderne zählen: Auflösung des Kanons, Fragmentarisierung, Pluralisierung, Ironie, Karnevalisierung, Verlust von „Ich" und „Tiefe" (nach Ralf Schnell).

Der Begriff als Ausdruck einer geistig-kulturellen Bewegung geht in seiner Popularisierung auf den französischen Philosophen Jean-François Lyotard (1924–1998) zurück. In seinem Bericht „Das postmoderne Wissen" (1979) erläutert er das Scheitern der philosophischen Systeme der Moderne. Lyotard spricht vom Ende der großen Erzählungen und meint damit die verschiedenen philosophischen Ansätze der Welterklärung. Den unterschiedlichen Modellen unterstellt Lyotard Monokausalität in ihren Erklärungen. Aus Lyotards Ausführungen ist ein Pluralismuspostulat abzuleiten, das für ihn auch das Kennzeichen der Postmoderne darstellt. Lyotard setzt auf eine Vielzahl von Sprachspielen, die mit ihren unterschiedlichen „Erzählungen" Erklärungsmodelle anbieten und absolute Erklärungsprinzipien (Gott, Subjekt, Vernunft) ablehnen. In der Kunst gilt für Lyotard eine Vielfalt der Realisationen: Kein Kunstwerk ist *das* Kunstwerk. Daraus ergibt sich auch die Pluralität der Stilrichtungen.

Der Begriff der Postmoderne bedeutet eine Frontstellung gegenüber den Errungenschaften der Moderne, ein Misstrauen gegenüber der Technik und der Rationalität. Der Begriff hielt Einzug in die Architektur, dann unter anderem auch in die Literatur. Die Postmoderne wendet sich ab von den Leitfiguren der literarischen Moderne wie Kafka, Joyce, Proust oder Beckett. Die Distanzierung von der Avantgarde hatte eine Hinwendung zu traditionellen Erzählstrukturen zur Folge.

Dies birgt die Gefahr in sich, dass postmodernes Schreiben epigonale Ästhetik und rückwärtsgewandtes Denken transportiert. Anstatt die Moderne weiterzuführen, fällt es mit z. T. traditionellen Themen und literarischen Mitteln hinter die Moderne zurück. Somit gerät es mit seiner apolitischen Haltung sehr schnell in den Geruch eines neuen Biedermeier. Andererseits appelliert die postmoderne Literatur wieder an Leselust und schafft einen unkomplizierten Zugang zur Literatur, setzt auf Helden und aktionsreiche Handlung.

Eine der bedeutendsten postmodernen Bauten in Deutschland: die Staatsgalerie in Stuttgart von James Stirling (1984 eröffnet)

Lexikonartikel → S. 347

1 Recherchieren Sie im Internet den Begriff „Postmoderne“ und verfassen Sie, unter Benutzung des vorliegenden Beitrags, einen Lexikonbeitrag zur Literatur der Postmoderne.

D. Kehlmann → S. 68

Die Vermessung der Welt (2005) *Daniel Kehlmann*

Die Reise

Im September 1828 verließ der größte Mathematiker des Landes zum ersten Mal seit Jahren seine Heimatstadt, um am Deutschen Naturforscherkongress in Berlin teilzunehmen. Selbstverständlich wollte er nicht dorthin. Monatelang hatte er sich geweigert, aber Alexander von Humboldt war hartnäckig geblieben, bis er in einem schwachen Moment und in der Hoffnung, der Tag käme nie, zugesagt hatte.

Nun also versteckte sich Professor Gauß im Bett. Als Minna ihn aufforderte aufzustehen, die Kutsche warte und der Weg sei weit, klammerte er sich ans Kissen und versuchte seine Frau zum Verschwinden zu bringen, indem er die Augen schloss. Als er sie wieder öffnete und Minna noch immer da war, nannte er sie lästig, beschränkt und das Unglück seiner späten Jahre. Da auch das nicht half, streifte er die Decke ab und setzte die Füße auf den Boden.

Grimmig und notdürftig gewaschen ging er die Treppe hinunter. Im Wohnzimmer wartete sein Sohn Eugen mit gepackter Reisetasche. Als Gauß ihn sah, bekam er einen Wutanfall: Er zerbrach einen auf dem Fensterbrett stehenden Krug, stampfte mit dem Fuß und schlug um sich. Er beruhigte sich nicht einmal, als Eugen von der einen und Minna von der anderen Seite ihre Hände auf seine Schultern legten und beteuerten, man werde gut für ihn sorgen, er werde bald wieder daheim sein, es werde so schnell vorbeigehen wie ein böser Traum. Erst als seine uralte Mutter, aufgestört vom Lärm, aus ihrem Zimmer kam, ihn in die Wange kniff und fragte, wo denn ihr tapferer Junge sei, fasste er sich. Ohne Herzlichkeit verabschiedete er sich von Minna; seiner Tochter und dem jüngsten Sohn strich er geistesabwesend über den Kopf. Dann ließ er sich in die Kutsche helfen.

Die Fahrt war qualvoll. Er nannte Eugen einen Versager, nahm ihm den Knotenstock ab und stieß mit aller Kraft nach seinem Fuß. Eine Weile sah er mit gerunzelten Brauen aus dem Fenster, dann fragte er, wann seine Tochter endlich heiraten werde. Warum wolle die denn keiner, wo sei das Problem?

Eugen strich sich die langen Haare zurück, knetete mit beiden Händen seine rote Mütze und wollte nicht antworten.

Raus mit der Sprache, sagte Gauß.

Um ehrlich zu sein, sagte Eugen, die Schwester sei nicht eben hübsch.

Gauß nickte, die Antwort kam ihm plausibel vor. Er verlangte ein Buch.

Eugen gab ihm das, welches er gerade aufgeschlagen hatte: Friedrich Jahns *Deutsche Turnkunst*. Es war eines seiner Lieblingsbücher.

Gauß versuchte zu lesen, sah jedoch schon Sekunden später auf und beklagte sich über die neumodische Lederfederung der Kutsche; da werde einem ja noch übler, als man es gewohnt sei. Bald, erklärte er, würden Maschinen die Menschen mit der Geschwindigkeit eines abgeschossenen Projektils von Stadt zu Stadt tragen. Dann komme man von Göttingen in einer halben Stunde nach Berlin.

Eugen wiegte zweifelnd den Kopf.

Seltsam sei es und ungerecht, sagte Gauß, so recht ein Beispiel für die erbärmliche Zufälligkeit der Existenz, dass man in einer bestimmten Zeit geboren und ihr verhaftet sei, ob man wolle oder nicht. Es verschaffe einem einen unziemlichen Vorteil vor der Vergangenheit und mache einen zum Clown der Zukunft.

Eugen nickte schläfrig.

Sogar ein Verstand wie der seine, sagte Gauß, hätte in frühen Menschheitsaltern oder an den Ufern des Orinoko nichts zu leisten vermocht, wohingegen jeder Dummkopf in zweihundert Jahren sich über ihn lustig machen und absurden Unsinn über seine Person erfinden könne. Er überlegte, nannte Eugen noch einmal einen Versager und widmete sich dem Buch. Während er las, starrte Eugen angestrengt aus dem Kutschenfenster, um sein vor Kränkung und Wut verzerrtes Gesicht zu verbergen.

In der *Deutschen Turnkunst* ging es um Gymnastikgeräte. Ausführlich beschrieb der Autor Vorrichtungen, die er sich ausgedacht hatte, damit man auf ihnen herumklimmen könne. Eine nannte er Pferd, eine andere den Balken, wieder eine andere den Bock.

Der Kerl sei von Sinnen, sagte Gauß, öffnete das Fenster und warf das Buch hinaus.

Das sei seines gewesen, rief Eugen.

[...]

Das Meer

Alexander von Humboldt war in ganz Europa berühmt wegen einer Expedition in die Tropen, die er fünfundzwanzig Jahre zuvor unternommen hatte. Er war in Neuspanien, Neugranada, Neubarcelona, Neuandalusien und den Vereinigten Staaten gewesen, hatte den natürlichen Kanal zwischen Orinoko und Amazonas entdeckt, den höchsten Berg der bekannten Welt bestiegen, Tausende Pflanzen und Hunderte Tiere, manche lebend, die meisten tot, gesammelt, hatte mit Papageien gesprochen, Leichen ausgegraben, jeden Fluss, Berg und See auf seinem Weg vermessen, war in jedes Erdloch gekrochen und hatte mehr Beeren gekostet und Bäume erklettert, als sich irgendjemand vorstellen mochte.

Er war der jüngere von zwei Brüdern. Ihr Vater, ein wohlhabender Mann von niederem Adel, war früh gestorben. Seine Mutter hatte sich bei niemand anderem als Goethe erkundigt, wie sie ihre Söhne ausbilden solle.

Ein Brüderpaar, antwortete dieser, in welchem sich so recht die Vielfalt menschlicher Bestrebungen ausdrücke, wo also die reichen Möglichkeiten zu Tat und Genuss auf das Vorbildlichste Wirklichkeit geworden, das sei in der Tat ein Schauspiel, angetan, den Sinn mit Hoffnung und den Geist mit mancherlei Überlegung zu erfüllen.

Diesen Satz verstand keiner. Nicht die Mutter, nicht ihr Majordomus Kunth, ein magerer Herr mit großen Ohren. Er meine zu begreifen, sagte Kunth schließlich, es handle sich um ein Experiment. Der eine solle zum Mann der Kultur ausgebildet werden, der andere zum Mann der Wissenschaft.

Und welcher wozu?

Kunth überlegte. Dann zuckte er die Schultern und schlug vor, eine Münze zu werfen.

Fünfzehn hoch bezahlte Experten hielten ihnen Vorlesungen auf Universitätsniveau. Für den jüngeren Bruder Chemie, Physik, Mathematik, für den älteren Sprachen und Literatur, für beide Griechisch, Latein und Philosophie. Zwölf Stunden am Tag, jeden Tag der Woche, ohne Pause oder Ferien.

Der jüngere Bruder, Alexander, war wortkarg und schwächlich, man musste ihn zu allem ermutigen, seine Noten waren mittelmäßig. Wenn man ihn sich selbst überließ, strich er durch die Wälder, sammelte Käfer und ordnete sie nach selbst erdachten Systemen. Mit neun Jahren baute er den von Benjamin Franklin erfundenen Blitzableiter nach und befestigte ihn auf dem Dach des Schlosses, das sie nahe der Hauptstadt bewohnten. Es war der zweite in Deutschland überhaupt; der andere stand in Göttingen auf dem Dach des Physikprofessors Lichtenberg. Nur an diesen zwei Orten war man vor dem Himmel sicher.

Der ältere Bruder sah aus wie ein Engel. Er konnte reden wie ein Dichter und schrieb früh altkluge Briefe an die berühmtesten Männer des Landes. Wer immer ihn traf, wusste sich vor Begeisterung kaum zu fassen. Mit dreizehn beherrschte er zwei Sprachen, mit vierzehn vier mit fünfzehn sieben. Er war noch nie bestraft worden, keiner konnte sich erinnern, dass er je etwas falsch gemacht hätte. Mit dem englischen Gesandten sprach er über Handelspolitik, mit dem französischen über die Gefahr des Aufruhrs. Einmal sperrte er den jüngeren Bruder in einen Schrank in einem entlegenen Zimmer. Als ein Diener den Kleinen dort am nächsten Tag halb ohnmächtig fand, behauptete der, sich selbst eingeschlossen zu haben; er wusste, die Wahrheit hätte keiner geglaubt. Ein anderes Mal entdeckte er weißes Pulver in seinem Essen. Er verstand genug von Chemie, um zu erkennen, dass es Rattengift war. Mit zitternden Händen schob er den Teller weg. Von der anderen Seite des Tisches sah ihn der ältere anerkennend mit unergründlich hellen Augen an.

Niemand konnte leugnen, dass es im Schloss spukte. Nichts Spektakuläres, bloß Schritte in leeren Gängen, Kinderweinen ohne Ursprung und manchmal ein schemenhafter Herr, der mit schnarrender Stimme darum bat, ihm Schuhbänder, kleine Spielzeugmagneten oder ein Glas Limonade abzukaufen. Unheimlicher als die Geister aber waren die Geschichten über sie: Kunth gab den beiden Jungen Bücher zu lesen, in denen es um Mönche ging, um offene Gräber, Hände, die aus der Tiefe ragten, in der Unterwelt gebraute Elixiere und Séancen, bei denen Tote zu schreckensstarren Zuhörern sprachen. Solches kam gerade in Mode und war noch so neu, dass keine Gewohnheit gegen das Grauen half. Das sei nötig, erklärte Kunth, die Begegnung mit dem Dunkel sei Teil des Heranwachsens, wer metaphysische Angst nicht kenne, werde nie ein deutscher Mann. Einmal stießen sie auf eine Geschichte über Aguirre den Wahnsinnigen, der seinem König abgeschworen und sich selbst zum Kaiser ernannt hatte. In einer Albtraumfahrt ohnegleichen waren er und seine Männer den Orinoko entlanggefahren, an dessen Ufern das Unterholz so dicht war, dass man nicht an Land gehen konnte. Vögel schrien in den Sprachen ausgestorbener Völker, und wenn man aufblickte, spiegelte der Himmel Städte, deren Architektur offenbarte, dass ihre Erbauer keine Menschen waren. Noch immer waren kaum Forscher in diese Gegend vorgedrungen, und eine verlässliche Karte gab es nicht.

Aber er werde es tun, sagte der jüngere Bruder. Er werde dorthin reisen.

Sicherlich, antwortete der Ältere.

2 Erschließen und interpretieren Sie den Textausschnitt.

3 Weisen Sie den Text der Postmoderne zu. Nutzen Sie dazu das nachstehende Basiswissen.

Erzählformen und Erzählverhalten → S. 328

Basis

Merkmale postmodernen Erzählens

- **Narrative Grundmuster:** Ein häufig detektivischer Ich-Erzähler oder eine Hauptfigur befindet sich auf der Suche nach der zu konstruierenden, aber letztendlich unauffindbaren Wahrheit. So gelingt es dem Ich-Erzähler in Uwe Timms „Johannisnacht" (1996), weder die Geschichte der Kartoffel noch die abenteuerlichen Verwicklungen, in die er in Berlin einbezogen wird, genau aufzuklären. Auch die Kriminalromane des österreichischen Autors Wolf Haas mit der Hauptfigur Kommissar Brenner spielen mit diesem Grundmuster.
- **Ironisierung als narratives Prinzip:** Die Handlung wird immer wieder ironisch gebrochen. Beispiel: In der Novelle „Die Entdeckung der Currywurst" (2000) von Uwe Timm wird die angebliche Erfindung der Currywurst durch eine chaotische Situation befördert. Der unter Liebeskummer leidenden Heldin fallen die „erhandelten" Bestandteile Curry, Tomatensauce und Würste aus der Hand; die Currywurst war „erfunden". –

Elias Elder, der Held in Robert Schneiders Roman „Schlafes Bruder“ (1992), besitzt das absolute Gehör, ohne dass er sein musikalisches Genie ausleben kann.

- **Spielcharakter der Handlung, auch als Ironie:** Die erzählte Handlung beansprucht, Geschichte zu erzählen bzw. zu rekonstruieren, ohne dass dies zutrifft. Beispiel: Die Begegnung zwischen dem Naturforscher Alexander von Humboldt und dem Mathematiker Carl Friedrich Gauß in Daniel Kehlmanns Roman „Die Vermessung der Welt“ (2005) ist eine fiktive, in vielen Teilen erfundene Doppelbiografie. Aber die Geschichte hätte sich so ereignen können. Auch Christoph Ransmayrs Roman „Die Schrecken des Eises und der Finsternis“ (1984) führt Reales um eine österreichische Polarexpedition mit Fiktivem zusammen. Und „Ein liebender Mann“ (2008) von Martin Walser verknüpft Biografisches um Johann Wolfgang Goethes letzte Liebesbeziehung mit autobiografischen Anspielungen und Fiktivem.
- **Verwendung der Mis-en-abyme-Struktur** (franz., ursprünglich aus dem Griechischen „ohne Boden, unendlich“; der Begriff wird in der Wappenkunde verwendet und bedeutet Wappen im Wappen): Das Erzählte wird auf den verschiedenen Ebenen widergespiegelt. Beispiel: Die Aufklärung der Morde im Kloster in Umberto Ecos Roman „Der Name der Rose“ (1980/82) erweist sich als ebenso verwickelt wie die tatsächliche Ergründung der labyrinthhaften Klosterbibliothek, die wiederum verschlüsselt ist.
- **Aufgreifen verschiedener Motive und Anführen literarischer Zitate:** Postmoderne Literatur greift zahlreiche literarische Motive auf und präsentiert ein umfangreiches literarisches Wissen. Auch dieses Verfahren führt zur Ironisierung. Beispiel: In Patrick Süskinds Roman „Das Parfum“ (1986) werden Motive von Kleist und E.T.A. Hoffmann aufgegriffen, es finden sich u.a. Zitate aus der Bibel, aus Gedichten von Eichendorff, aus Rabelais’ „Gargantua et Pantagruel“ (1532–64; dt. 1575, 1880), aber auch Anleihen bei dem Musical „Das Phantom der Oper“ (1986/87) und Roman Polanskis Film „Rosemaries Baby“ (1968).
- **Neuetablierung des Helden:** Obwohl die Romanhelden der Postmoderne ihre Schwächen haben, verfügen sie meist über außergewöhnliche Talente. Beispiel: Grenouille (Süskind, „Das Parfum“) ist ein Genie des Geruchs, Elias Elder (Schneider, „Schlafes Bruder“) ein Musikgenie, Burton (Trojanow, „Der Weltensammler“, 2006) ein genialer Forscher, Kommissar Brenner (Hauptfigur der Detektivromane von Wolf Haas) ein Meisterdetektiv, der aber auch viele menschliche Schwächen besitzt.
- **Aufgreifen verschiedener Erzählstile:** In postmoderner Literatur werden häufig verschiedene Erzählstile miteinander verbunden. Beispiel: In Robert Schneiders Roman „Schlafes Bruder“ wird der Stil der Dorfchronistik verbunden mit Kantaten, Schilderungen, Aufzählungen, Dialektworten und Synästhesien.

Synästhesie → S. 334

4 *Zur Abiturvorbereitung:*

a) Erstellen Sie eine Übersicht über die Tendenzen der Gegenwartsliteratur. Ordnen Sie die Texte dieses Kapitels sowie weitere Ihnen bekannte Literatur (auch Klassenlektüren) zu.

b) Legen Sie sich allein oder als Lerngruppe eine Liste Ihnen gut bekannter Werke der Gegenwartsliteratur an, die Sie bei einem (im Abitur immer wieder geforderten) Vergleich literarischer Werke heranziehen können. Gliedern Sie dabei nach folgenden Aspekten:
Autor – Titel – Gattung – Themen / Motive – Figuren / Figurenkonstellation – Sprache – Interpretationsansätze – Wirkung / Rezeption

5 ***Untersuchen Sie anhand von Bestsellerlisten wie z. B. der „SPIEGEL"-Bestsellerliste oder der entsprechenden Liste in der Wochenzeitung „DIE ZEIT" sowie von Literaturbeilagen renommierter Zeitungen und Zeitschriften, welchen Stellenwert die Werke von Autorinnen in der zeitgenössischen Literatur einnehmen.***

- Patrick Süskind: Das Parfum. Die Geschichte eines Mörders, 1985
- Uwe Timm: Die Entdeckung der Currywurst, 1993

3. Auseinandersetzung mit Gegenwartsliteratur – Sachtexte vergleichen

Bearbeiten Sie die folgende Aufgabe.

*a) Analysieren Sie **vergleichend** die beiden folgenden Textausschnitte hinsichtlich ihrer **Argumentation** und ihrer **sprachlichen Gestaltung**.*

*b) Erarbeiten Sie, ausgehend von Ihren Ergebnissen, die unterschiedlichen **Schwerpunkte** bei der Einschätzung von Gegenwartsliteratur. **Nehmen Sie** auf der **Basis Ihrer Kenntnisse** der zeitgenössischen Literatur zu beiden Texten **Stellung**.*

Zunächst sollten Sie die Aufgabenstellung genau analysieren. Dazu helfen Ihnen die hervorgehobenen Passagen:

- Was meint „vergleichend" hier? Inwiefern ist diese Formulierung auch ein Hinweis, wie Sie gliedern könnten?
- Was bedeutet „Argumentation"? Wie genau sind Inhalte und Textstrukturen zu erarbeiten?
- Was sagt der Begriff „Schwerpunkte" aus? Inwiefern dürfen Sie nicht einfach die „Argumentation" aus beiden Texten (also die Inhalte) referieren?
- Was wird verlangt, wenn Sie „Stellung" nehmen sollen? Wo ist dieser Teil in Ihrer Arbeit zu platzieren?

Operatoren → S. 348

Lesen Sie, es ist herrlich! (2008) *Florian Kessler*

Pflichtlektüren: Gegenwartsliteratur im Deutschunterricht

Das niedersächsische Deutschabitur findet zwar schon im April 2008 statt, ganz durchgesetzt ist der Prüfungsstoff aber noch nicht. „Wer ist denn eigentlich Tellkamp???", fragt ein Abiturient in einem Schüler-Diskussionsforum im Internet verzweifelt. Und erhält postwendend die Antwort: „Uwe Tellkamp hat den Romanauszug ‚Schlaf in den Uhren' geschrieben. Der Text gehört zu den Pflichtlektüren."

Mit „Der Schlaf in den Uhren" hat Uwe Tellkamp 2004 den Ingeborg-Bachmann-Wettbewerb gewonnen. Jury und Publikum waren hellauf begeistert von dem reißenden Langsatz, mit dem Tellkamp eine Tramfahrt durch das Dresden der Vorwendezeit in einen Strudel von Erinnerungen an das vergangene Jahrhundert umschlagen ließ. Tellkamps Auftritt riss Löcher in die Routine des Wettbewerbs, seine Satzkaskade war ein Höhepunkt der Gegenwartsliteratur der vergangenen Jahre. Und ist jetzt vier Jahre später im Deutschunterricht angekommen: „Nun ist es für uns, als Nichtjuroren und Unprofessionelle, an der Zeit, den Text zu lesen, für uns, die wir nur mit Popliteratur, Schulliteratur und Filmuntertiteln vertraut sind", schreibt freimütig ein Abiturient in einer Rezensions-Hausaufgabe auf der Homepage seines Gymnasiums.

An seiner und vielen weiteren im Internet einsehbaren Schüler-Rezensionen lässt sich gut ablesen, wie angespannt und tastend die niedersächsischen Abiturklassen zurzeit versuchen, einen stilistisch hoch ambitionierten Text der Gegenwart in den Griff zu bekommen, zu dem noch keinerlei abrufbares Sekundärwissen vorliegt. Nach dem Schock der ersten Lektüre können die Schüler sich dem Text meist zunehmend annähern; in ihren Internet-Rezensionen finden sie häufig zu überraschend ganzheitlichen Deutungsmodellen für Tellkamps Langsatz. So schreibt eine Schülerin etwa über seine artistischen und häufig verwirrenden Verschachtelungen mehrerer Erzählzeiten: „Das soll den Ablauf der Gedanken darstellen. Wir denken ja selbst nicht strukturiert, sondern springen in den verschiedenen Zeiten hin und her."

Trotz solcher selbstständig erschlossener Zugänge wird in Niedersachsen nun darüber spekuliert, was sich das Hannoveraner Kultusministerium bei seiner Aufgabenstellung gedacht haben könnte. „Unchronologisch! Verwirrend! Postmodern!", heißt es in einer Rezension – wozu, stellt sich die Frage, braucht es in diesen Jahren derart ambitionierte Gegenwartskunst im Deutschabitur? Gegenwartsliteratur nämlich hat zwar der Form nach schon lange in den Unterricht Einzug gehalten, ist dort aber zumeist auf nur wenige leicht einzuordnende Texte beschränkt geblieben. Eine Studie von 1998 zeigt, dass die in den fünfundzwanzig Vorjahren als Gegenwartsliteratur am häufigsten bearbeiteten Texte Max Frischs „Homo Faber" und Friedrich Dürrenmatts „Die Physiker" waren. Seither kamen höchstens noch einige wenige Romane hinzu, die sowohl Massen- als auch Feuilletonerfolge waren – neben Patrick Süskinds „Das Parfum" und Robert Schneiders „Schlafes Bruder" vor allem Bernhard Schlinks „Der Vorleser".

Bereits seit einigen Jahren aber diskutiert die Deutschdidaktik den Unterrichtseinsatz anders verorteter, unterschwelliger wirksamer Texte der unmittelbaren Gegenwart. Das Diktat der Breitenakzeptanz literarisch ambitionierter Bestseller soll aufgebrochen, andere Potenziale der Beschäftigung mit Gegenwartsliteratur eröffnet werden.

Wie alles und jedes in der bundesdeutschen Didaktik ist auch diese neue Fokussierung eine Reaktion auf die PISA-Studie, die deutliche Verbindungen zwischen mangelnder Lesemotivation und mangelnder Lesekompetenz bei Jugendlichen nachgewiesen hat. Um Pennäler und Bücher zusammenzubringen, wird nun diskutiert, wie schiere Leselust geweckt werden könnte. Die Didaktiker plädieren dabei für die Verwendung aktueller Texte, die die Schüler in besonderem Maße zur Identifikation einladen und, in einer Formulierung des Erziehungswissenschaftlers Ulf Abraham, „Weltwissen in Lebenszusammenhängen vergegenwärtigen“ sollen.

Zum Tramfahren nach Dresden

Wie diese Forderung aber in den Deutschunterricht eingeht, ist von Bundesland zu Bundesland unterschiedlich. Akute Gegenwartsliteratur wird nur von wenigen Kultusministerien verbindlich vorgeschrieben und kann dann häufig merkwürdige Ergebnisse zeitigen: Wenn etwa der Brandenburger Oberstufe 2003 mit Benjamin von Stuckrad-Barre, Sibylle Berg und Tanja Dückers ausschließlich Autoren weitestgehend popliterarischer Provenienz vorgesetzt wurden, wird der Akzent vielleicht allzu stark auf möglichst leichte Konsumierbarkeit gelegt. Dem Unterrichtseinsatz von Gegenwartsliteratur ist aber mehr zuzutrauen, als dass die Schüler bloß per Identifikation da abgeholt werden könnten, wo sie schon sind. Schwierigere, nicht leicht zu deutende Texte erlauben kontroverse Sichtweisen auf Form und Inhalt und fördern engagiertere Auseinandersetzungen im Unterricht. Und das geht besser mit neuen, noch nicht kanonisierten Texten, die nicht schon von ganzen Schülergenerationen durchgekaut wurden.

Mit dem Gegenstand ihrer Irritation freilich sind die niedersächsischen Tellkamp-Exegeten höchstens teilweise glücklich, die vom Kultusministerium über sie verhängte Pflichtlektüre bietet ihnen allzu wenig andockbare Lebenszusammenhänge. Im Internet kann man etwa nachlesen, wie eine Deutschlehrerin eigens vor der Unterrichtseinheit nach Dresden gereist sei: Die im Text beschriebene Straßenbahnroute nachfahren, dadurch vielleicht wenigstens etwas mehr verstehen von der kunstvollen DDR-Saga. In ihren kleinteiligen Beobachtungen verraten viele Internet-Einträge aber doch, dass beim Aufeinanderprall von Schülern und ambitionierter Gegenwartsliteratur etwas hängenbleiben kann. „Ich denke, dass es vor allem um die Zeit geht“, fasst eine Schülerin eigenständig zusammen. Und einer ihrer Mitschüler bilanziert seinen Zugangsversuch charmant: „Auch wenn ein wirklicher Sinn für mich als Ottonormalleser nur spekulativ zu erschließen ist, hat der Text einen Charme, der nicht loslässt. Lesen Sie, es ist herrlich!“

(Süddeutsche Zeitung vom 18. 1. 2008)

Sachtexte (nicht fiktionale Texte) analysieren → S. 343

1 ***Fassen Sie die Aussagen zur Gegenwartsliteratur sowie zu deren Relevanz im Deutschunterricht thesenartig zusammen.***

2 ***Beschreiben Sie die Art und Weise, wie hier argumentiert wird, sowie die Intention des Textes.***

3 ***Ermitteln Sie auffällige sprachlich-stilistische Mittel und deren Wirkung.***

4 ***Erstellen Sie eine kurze Übersicht, in der Sie sich mit der kommunikativen Absicht des Artikels von Florian Kessler auseinandersetzen. Berücksichtigen Sie hierbei folgende Aspekte: Informationsgehalt – Unvoreingenommenheit – Nachprüfbarkeit – Anschaulichkeit – Folgerichtigkeit – Anspruchsniveau.***

Mittlere Bücher, mittlere Gefühle (2007) *Ulrich Greiner*[1]

Die aktuelle deutsche Literatur wird von Handwerkerinnen bestimmt, die selten Fehler machen. Vielleicht ist das ihr größter Fehler.

Unsere großen Alten sind nicht mehr die Jüngsten. Grass und Walser und Lenz und Harig sind um die 80, und ihr Altersgenosse Kempowski, der unbestechliche Chronist des 20. Jahrhunderts, ist eben gestorben. Eine literarische Epoche neigt sich dem Ende zu.

Aber während die Generation der Kriegskinder langsam von der Bühne abtritt, hat die übernächste sie ganz entspannt betreten. Es sind die Enkel (meist die Enkelinnen), die mit schönem Enthusiasmus an jenem Stoff weiterweben, der schon immer der Anfang allen Schreibens war: die Erzählung vom Schicksal des Menschen. Diese Erzählung stiftet einen Zusammenhang selbst dort, wo keiner zu sein scheint, wo Gewalt und Sinnlosigkeit die Erinnerung bedrohen. Ein erzähltes Leben, selbst das mit unglücklichem Ausgang, ist immer noch tröstlicher als ein unerzähltes, vergessenes, verlorenes Leben, und es kann gut sein, dass viele Leser diese neuen Bücher gerade deshalb mögen. Man findet sie ja seit einiger Zeit auf den Bestsellerlisten, mitten unter den Amerikanern.

Der ewige Vorwurf an die deutschen Dichter, sie dächten so olympisch hoch, dass ihnen kaum jemand folgen könne, hat schon lange keinen Grund mehr. Die heute Dreißig- bis Vierzigjährigen schreiben immer verständlicher. Sie erzählen Familiengeschichten wie Julia Franck in der „Mittagsfrau" (sie hat dafür eben den Deutschen Buchpreis gewonnen), sie erzählen Liebesgeschichten wie Katja Lange-Müller in „Böse Schafe" oder Alltagsgeschichten wie Annette Pehnt in „Mobbing", Geschichten also, die jeder Leser erlebt hat oder sich vorstellen könnte. Ihre Sprache ist zugänglich und frei von Zweifeln.

Die philosophische Frage nach der Triftigkeit und Wahrheit der Worte scheint die Enkel nicht in derselben Weise zu beschäftigen wie die Generation der Söhne, wie Peter Handke und Botho Strauß etwa, die immer, wenn sie erzählen, auch von den Bedingungen und der Geschichte des Erzählens erzählen. Oder wie Brigitte Kronauer und Martin Mosebach, bei denen die literarische Überlieferung immer mitklingt. In diesen Büchern sind die erzählte Geschichte und die Erzählung nicht identisch. Es gibt eine zweite Ebene. Das findet man in der neuen Verständlichkeitsprosa zu selten.

Unzweifelhaft sind Bücher, in denen unbefangen und frei heraus erzählt wird, allemal bekömmlicher. Aber nicht immer sind sie auch besser. Vielleicht muss man daran erinnern, dass wir Hölderlin oder Kafka oder Kleist nicht deshalb zu den Großen der Welt rechnen, weil sie uns das erzählen, was wir schon mal gehört haben, sondern weil ihre Literatur wahrhaft unerhört ist.

Wahrscheinlich hat es nie eine so große Zahl begabter und intelligenter junger Autoren gegeben wie heute. Die Verlagsprogramme in diesem Herbst, die Titel auf der Frankfurter Buchmesse geben Zeugnis davon. Wir haben in der deutschsprachigen Literatur, um es sportlich zu sagen, ein breites und starkes Mittelfeld, und das ist insofern eine gute Nachricht, als nur daraus Spitzenleistungen entstehen können. Wo aber sind die? Verständlichkeit allein ist kein literarisches Kriterium. Eine Gebrauchsanweisung in poetischer Sprache kann Unglück bringen. Ein literarischer Text in der Sprache einer Gebrauchsanweisung kann kein Glück bringen.

Die deutschen Verlage, das sollte ihnen niemand verübeln, suchen nicht das Glück, sondern zufriedene Leser und einträgliche Auflagen. Deshalb bevorzugen sie das mittlere Buch von mittlerer Länge, das von jenen mittleren Dingen berichtet, die uns vertraut sind. Aber die deutsche Literatur (und nicht nur sie) sprengte, wenn sie gelang, das Maß. Sie brachte das Unerhörte zu Gehör, sie suchte die blaue Blume, sie fand das Zauberwort. Und die Welt hob an zu singen. In Rüdiger Safranskis jüngstem Buch über die Romantik kann man nachlesen, wie sich in den letzten Jahren des 18. Jahrhunderts eine geistige Explosion ereignete, die alles zum Tanzen brachte. Die Texte der Romantiker waren keineswegs alle verständlich (zuweilen konnten die Autoren sich nicht einmal untereinander begreiflich machen), aber sie waren kühn und wollten nicht weniger als alles.

Wollen allein genügt bekanntlich nicht, und man muss den jüngeren Autoren in ihrer Mehrzahl zugutehalten, dass sie ihr Handwerk recht ordentlich beherrschen. Sie können erzählen, und das ist nicht wenig. Aber es ist nicht genug. Sie machen selten Fehler. Das könnte ein Fehler sein.

(Die Zeit vom 11.10.2007)

1 Ulrich Greiner → S. 192

blaue Blume → S. 21

5 Erarbeiten Sie die zentralen Thesen zur Gegenwartsliteratur.

6 Vergleichen Sie diese Thesen mit den Aussagen zur Gegenwartsliteratur in Florian Kesslers Text „Lesen Sie, es ist herrlich!“. Ordnen Sie Ihre Gegenüberstellung nach selbst ermittelten Kriterien und fertigen Sie daraus eine Grafik an.

7 Beschreiben Sie die Art der Argumentation bei Ulrich Greiner. Vergleichen Sie diese mit Ihren Ergebnissen zum Text von Florian Kessler.

8 Ordnen Sie die auffälligen sprachlich-stilistischen Mittel dieser Art der Argumentation zu.

9 Nach diesen (mündlichen, aber auch schriftlichen) Vorarbeiten können Sie nun eine vergleichende Sachtextanalyse zu der auf S. 300 vorgegebenen Themenstellung anfertigen.

Zunächst sollten Sie eine Grobgliederung erstellen. Gehen Sie dabei von dem folgenden Gliederungsraster aus:

A Zum Beispiel Gegenwartsliteratur als Streitobjekt: Offenheit statt literaturgeschichtliche Zuschreibungen
[z. B. widersprüchliche eigene Erfahrungen mit Gegenwartsliteratur]

B Sachtextvergleich und persönliche Stellungnahme: „Lesen Sie, es ist herrlich!“ von Florian Kessler und „Mittlere Bücher, mittlere Gefühle“ von Ulrich Greiner

I. Vergleich der Argumentation in den beiden zu analysierenden Texten
1. Differenzierte, weitgehend positive Haltung zur Gegenwartsliteratur sowie deskriptive und argumentative Vorgehensweise in Kesslers Text
a) Verweis auf die Leseanreize von Gegenwartsliteratur
b) …
…

2. Einseitige, weitgehend negative Haltung zur Gegenwartsliteratur sowie …
   a) Marginalisierung der Gegenwartsliteratur gegenüber älteren literarischen Traditionen
   b) …

II. Vergleich der sprachlichen Gestaltung
   1. …
   2. Ironisch-journalistischer Stil beim Feuilletonisten Ulrich Greiner

III. Unterschiedliche Schwerpunkte bei der Einschätzung der Gegenwartsliteratur
   1. Didaktische Überlegungen im Vordergrund von Florian Kesslers Einschätzung
   2.

IV. Stellungnahme zu den beiden Texten:
   …

C …

10 Verfassen Sie nun anhand der von Ihnen erarbeiteten Gliederung den Aufsatz. Beachten Sie: Wenn Sie im Aufsatz Gliederungspunkte umstellen, müssen Sie später auch Ihre Gliederung diesen Umstellungen anpassen.

Sprachbetrachtung → S. 352 ff.

11 Stellen Sie sich gegenseitig in der Klasse Ihre Ergebnisse vor. Überarbeiten Sie die Aufsätze, ggf. auch in einer Schreibkonferenz.

www. Wenn Sie sich weiter zu zeitgenössischer Literatur informieren wollen, bieten sich folgende Websites an: www.perlentaucher.de (Rezensionen); www.literaturcafe.de

Johann Wolfgang Goethe: „Zeichnungen aus Italien“ (1786–88)

Philipp Otto Runge: „Der Morgen“ (1808)

Wilhelm Leibl: „Drei Frauen in der Kirche“ (1878–1882)

Wiederholungskurs Abiturvorbereitung – von der Klassik bis zur frühen Moderne

Der Wiederholungskurs zur Abiturvorbereitung ist so angelegt, dass Sie selbstständig die wesentlichen Merkmale und Kennzeichen der literarischen Epochen und Strömungen von der Weimarer Klassik bis zur frühen Moderne erarbeiten und vertiefen.

1. Ausgangspunkt für die Erarbeitung einer jeden Epoche ist ein Gedicht, das für die jeweilige Zeitströmung typisch ist und von dessen Betrachtung ausgehend die Merkmale dieser Epoche rekapituliert werden können. Dabei machen Sie sich mit sehr berühmten Gedichten vertraut, die einem deutschen Literaturkanon zugeordnet werden.
2. In die einzelnen Teilkapitel sind immer wieder Basiswissensfragen eingebaut, mit deren Hilfe Sie Ihre Kenntnisse zu zentralen Texten der jeweiligen Epoche oder allgemein literaturgeschichtliches Wissen überprüfen können.
3. Auf den blau unterlegten Doppelseiten finden Sie jeweils Übungen zur schriftlichen Abiturvorbereitung.

1. Das Wahre, Gute, Schöne – Weimarer Klassik (1786–1805)

Iphigenie auf Tauris. Ein Schauspiel (1786) *Johann Wolfgang Goethe*

Das folgende Gedicht kennen Sie vielleicht schon aus Goethes Drama „Iphigenie auf Tauris". Dieses Stück gilt als *das* Humanitätsdrama schlechthin, manchen ist es Inbegriff der Weimarer Klassik. Die Wiederholung dieser Epoche und seines Menschenbildes soll hier in der Situation ihrer Gefährdung, eines möglichen Scheiterns der Humanitätsidee ihren Ausgang nehmen.

Johann Heinrich Wilhelm Tischbein: „Goethe in der Campagna" (1788)

Johann Wolfgang Goethe (1749–1832)

Hinweis zum methodischen Vorgehen: Sollten Sie mit **Karteikarten** arbeiten, legen Sie für jede Fragestellung eine eigene Karte an, die Sie entsprechend beschriften. Beim **Portfolio** können Sie zunächst den Gedichttext übertragen und anschließend die Fragen nach selbst gewählten Stichpunkten schriftlich beantworten. Portfolio → S. 350

[...] Rettet mich
Und rettet euer Bild in meiner Seele!

Vor meinen Ohren tönt das alte Lied –
Vergessen hatt' ich's und vergaß es gern –,
Das Lied der Parzen, das sie grausend sangen,
Als Tantalus vom goldnen Stuhle fiel:
Sie litten mit dem edlen Freunde; grimmig
War ihre Brust, und furchtbar ihr Gesang.
In unsrer Jugend sang's die Amme mir
Und den Geschwistern vor, ich merkt' es wohl.

Es fürchte die Götter
Das Menschengeschlecht!
Sie halten die Herrschaft
In ewigen Händen,
Und können sie brauchen,
Wie's ihnen gefällt.

Der fürchte sie doppelt,
Den je sie erheben!
Auf Klippen und Wolken
Sind Stühle bereitet
Um goldene Tische.

Erhebet ein Zwist sich,
So stürzen die Gäste,
Geschmäht und geschändet,
In nächtliche Tiefen
Und harren vergebens,
Im Finstern gebunden,
Gerechten Gerichtes.

Sie aber, sie bleiben
In ewigen Festen
An goldenen Tischen.
Sie schreiten vom Berge
Zu Bergen hinüber:
Aus Schlünden der Tiefe
Dampft ihnen der Atem
Erstickter Titanen,
Gleich Opfergerüchen,
Ein leichtes Gewölke.

Es wenden die Herrscher
Ihr segnendes Auge
Von ganzen Geschlechtern
Und meiden, im Enkel
Die ehmals geliebten,
Still redenden Züge
Des Ahnherrn zu sehn.

So sangen die Parzen;
Es horcht der Verbannte
In nächtlichen Höhlen,
Der Alte, die Lieder,
Denkt Kinder und Enkel
Und schüttelt das Haupt.

[...]

1 ***Erschließen Sie das Gedicht zunächst unabhängig vom Kontext. Stellen Sie dabei die zentralen Gegensatzbegriffe heraus.***

2 ***Klären Sie die anders geartete Sprechsituation der letzten Strophe, die gleichwohl Teil des Ganzen ist. Wo endet das „Lied der Parzen"?***

3 *Informieren Sie sich mithilfe eines Literaturlexikons über Handlung, Figurenkonstellation, Aufbau und Gestaltung von Goethes Drama „Iphigenie auf Tauris" sowie über dessen Entstehungsgeschichte. Anschließend sollten Sie die folgenden Fragen zur „Iphigenie" beantworten können:*

Test

Testen Sie sich selbst: Johann Wolfgang Goethe, „Iphigenie auf Tauris"

1. Wer ist Orest, für welche erlösungsbedürftige Generation steht er?
2. Wodurch wird Orest geheilt?
3. Was kennzeichnet Pylades?
4. Auch die Humanität hat ihren Preis, das Drama seine tragische Figur: Deuten Sie unter diesem Aspekt die Rolle des Thoas.
5. Die Entstehungsgeschichte der „Iphigenie" ist wesentlich an das Italienerlebnis Goethes gebunden. Was suchte und fand Goethe in Italien? Beziehen Sie auch die beiden Ihnen schon bekannten Bilder Goethes (siehe Randspalte) mit ein.

4 ***Überprüfen Sie Ihre Schreibkompetenz: Erstellen Sie einen kurzen Text, in dem Sie Orest unter Einbeziehung der Fragen 1 bis 4 aus dem Selbsttest charakterisieren.***

Drama → S. 323 ff.

5 ***Klären Sie die Funktion des Gedichts im Zusammenhang des Dramas. Wiederholen Sie hierfür Grundlegendes aus der Dramentheorie der Klassik. Gehen Sie zur Beantwortung der Frage von der Kommunikationssituation aus: Iphigenie (allein) zitiert diesen Text.***

6 ***Es gibt hier am Höhepunkt der Gefährdung keinen wirklichen sog. Entscheidungsmonolog. Warum erscheint jedoch dieses „Ausweichen in die Lyrik" als stimmig?***

7 ***„Rettet mich / Und rettet euer Bild in meiner Seele." Erklären Sie diesen Satz mit Blick auf das Menschenbild der „Iphigenie".***

8 ***Im 5. Aufzug, 3. Auftritt fragt Iphigenie König Thoas „(nach einigem Stillschweigen): ‚Hat denn zur unerhörten Tat der Mann / Allein das Recht?'" Was geschieht in diesem Stillschweigen? Worin besteht die unerhörte Tat?***

Johann Heinrich Wilhelm Tischbein: „Goethe am Fenster der Wohnung am Corso Nr. 20" (1787)

Ziehen Sie zur Bearbeitung von Aufgabe 8 den originalen Dramentext heran.

9 *Der Mensch kann und darf seinem Herzen folgen, der göttlichen Instanz in ihm. Beschreiben Sie unter diesem Gesichtspunkt die Lösung des Dramas im Unterschied zur Iphigenie des Euripides. Informieren Sie sich zunächst über das Drama „Iphigenie bei den Taurern" von Euripides.*

Weimarer Klassik → S. 342

10 Wiederholen Sie das Epochenwissen zur Literatur der Weimarer Klassik.

11 Nach der Erarbeitung der Aufgaben und der Wiederholung des Epochenwissens sollten Sie die folgenden Fragen beantworten können:

Test

Testen Sie sich selbst: Weimarer Klassik

1. „Das Land der Griechen mit der Seele suchend." Welche Bedeutung hat die Antike für die Klassik?
2. Welche Rolle spielt die Kunst für die Bildung des Menschen?
3. Harmonie zwischen Herz und Verstand – erläutern Sie dieses Ideal in Abgrenzung zu Aufklärung und Sturm und Drang.
4. Freiheit, Autonomie und das Göttliche im Menschen – welche philosophischen Wurzeln hat das Menschenbild der Klassik? Erläutern Sie die Bedeutung der Französischen Revolution für dieses Menschenbild.

essayistisches Schreiben → S. 346

12 Überprüfen Sie Ihre Schreibkompetenz, indem Sie zu einer der vier Aufgaben aus dem Selbsttest einen kurzen Essay verfassen.

2. „Entgrenzung" in der Kunst – Romantik (1795–1830)

Heinrich von Ofterdingen (1802) *Novalis*

Heinrich, der Sohn bürgerlicher Eltern, fühlt sich nach einem Traumerlebnis (von der „blauen Blume") dazu bestimmt, Dichter zu werden, und begibt sich – in Begleitung einiger Kaufleute – auf eine Reise nach Augsburg zu seiner Mutter. Auf dieser Reise werden Märchen und Geschichten von der Macht der Poesie erzählt. Der nachfolgende Ausschnitt entstammt dem „Märchen von Atlantis": Der Erzählzusammenhang, in dem das zu erschließende Gedicht steht, zeigt, welchen Stellenwert die Poesie in der Romantik hat, wie sie entsteht, was sie ist, was sie bewirkt, wie die Welt sich verwandelt.

blaue Blume → S. 21

[...] Die Prinzessin hatte sich nie in einem ähnlichen Zustande befunden, wie der war, in welchem sie langsam nach Hause ritt. Es konnte vor der einzigen helldunklen wunderbar beweglichen Empfindung einer neuen Welt, kein eigentlicher Gedanke in ihr entstehen. Ein magischer Schleier dehnte sich in weiten Falten um ihr klares Bewusstsein. Es war ihr, als würde sie sich, wenn er aufgeschlagen würde, in einer überirdischen Welt befinden. Die Erinnerung an die Dichtkunst, die bisher ihre ganze Seele beschäftigt hatte, war zu einem fernen Gesange geworden, der ihren seltsam lieblichen Traum mit den ehemaligen Zeiten verband. Wie sie zurück

Novalis war der Künstlername des jung verstorbenen Juristen, Bergwerksingenieurs und romantischen Dichters Friedrich von Hardenberg (1772–1801). Novalis bedeutet: der, der Neuland bestellt. Das Pseudonym wählte er wohl auch aus Rücksicht auf seinen Verwandten, Minister Karl August von Hardenberg. In einer unglaublichen Bandbreite beschäftigte er sich mit Mathematik und Philosophie, Musik und Physik, Philosophie und Religion ebenso wie mit Fragen der Dichtung.

in den Palast kam, erschrak sie beinah über seine Pracht und sein buntes Leben, noch mehr aber bei der Bewillkommung ihres Vaters, dessen Gesicht zum ersten Male in ihrem Leben eine scheue Ehrfurcht in ihr erregte. Es schien ihr eine unabänderliche Notwendigkeit, nichts von ihrem Abenteuer zu erwähnen. Man war ihre schwärmerische Ernsthaftigkeit, ihren in Phantasien und tiefes Sinnen verlornen Blick schon zu gewohnt, um etwas Außerordentliches darin zu bemerken. Es war ihr jetzt nicht mehr so lieblich zumute; sie schien sich unter lauter Fremden, und eine sonderbare Bänglichkeit begleitete sie bis an den Abend, wo das frohe Lied eines Dichters, der die Hoffnung pries und von den Wundern des Glaubens an die Erfüllung unsrer Wünsche mit hinreißender Begeisterung sang, sie mit süßem Trost erfüllte und in die angenehmsten Träume wiegte. Der Jüngling hatte sich gleich nach ihrem Abschiede in den Wald verloren. An der Seite des Weges war er in Gebüschen bis an die Pforten des Gartens ihr gefolgt und dann auf dem Wege zurückgegangen. Wie er so ging, sah er vor seinen Füßen einen hellen Glanz. Er bückte sich danach und hob einen dunkelroten Stein auf, der auf einer Seite außerordentlich funkelte und auf der andern eingegrabene unverständliche Chiffren zeigte. Er erkannte ihn für einen kostbaren Karfunkel und glaubte ihn in der Mitte des Halsbandes an der Unbekannten bemerkt zu haben. Er eilte mit beflügelten Schritten nach Hause, als wäre sie noch dort, und brachte den Stein seinem Vater. Sie wurden einig, dass der Sohn den andern Morgen auf den Weg zurückgehn und warten sollte, ob der Stein gesucht würde, wo er ihn dann zurückgeben könnte; sonst wollten sie ihn bis zu einem zweiten Besuche der Unbekannten aufheben, um ihr selbst ihn zu überreichen. Der Jüngling betrachtete fast die ganze Nacht den Karfunkel und fühlte gegen Morgen ein unwiderstehliches Verlangen, einige Worte auf den Zettel zu schreiben, in welchen er den Stein einwickelte. Er wusste selbst nicht genau, was er sich bei den Worten dachte, die er hinschrieb.

Es ist dem Stein ein rätselhaftes Zeichen
Tief eingegraben in sein glühend Blut,
Er ist mit einem Herzen zu vergleichen,
In dem das Bild der Unbekannten ruht.
Man sieht um jenen tausend Funken streichen,
Um dieses woget eine lichte Flut.
In jenem liegt des Glanzes Licht begraben,
Wird dieses auch das Herz des Herzens haben?

Kaum dass der Morgen anbrach, so begab er sich schon auf den Weg und eilte der Pforte des Gartens zu. [...]

1 *Erschließen und interpretieren Sie zunächst das Gedicht ohne Erzählzusammenhang.*
Beschreiben Sie seine einfache und doch artifizielle Form. Berücksichtigen Sie dabei, wie Bedeutsamkeit erzeugt wird. Warum bleibt vieles uneindeutig, gleichsam schwebend zwischen Konkretem und Allgemeinem? Welche Funktion erfüllt der Stein für Jüngling und Mädchen? Was erfahren wir über die Welt, in der sie leben?

2 *Interpretieren Sie das Gedicht unter Einbeziehung des narrativen Kontextes.*

3 *„Von der Wahrheit des Herzens." Vergleichen Sie unter diesem Aspekt Z. 41 f. mit Ihrer Lösung der Aufgabe 7 auf S. 309.*

Blütenstaub (1798) *Novalis*

Novalis hat (ähnlich wie Goethe) in „Blütenstaub" Maximen und Reflexionen verfasst. Sie zeigen, dass hinter den scheinbar so einfachen Geschichten und Gedichten doch ein sehr reflektierter Blick auf Welt, Geschichte und Mensch gerichtet ist. Im Folgenden finden Sie eine Auswahl besonders prägnanter Aphorismen:

5. Ganz begreifen werden wir uns nie, aber wir werden und können uns weit mehr als begreifen.

15. Leben ist der Anfang des Todes. Das Leben ist um des Todes willen. Der Tod ist Endigung und Anfang zugleich. […]

17. Die Phantasie setzt die künftige Welt entweder in die Höhe oder in die Tiefe […]. Wir träumen von Reisen durch das Weltall – ist denn das Weltall nicht in uns? Die Tiefen unsers Geistes kennen wir nicht – nach innen geht der geheimnisvolle Weg. In uns oder nirgends ist die Ewigkeit mit ihren Welten – die Vergangenheit und Zukunft. Die Außenwelt ist die Schattenwelt – sie wirft ihren Schatten in das Lichtreich. Jetzt scheint's uns freilich innerlich so dunkel, einsam, gestaltlos – aber wie ganz anders wird es uns dünken – wenn diese Verfinsterung vorbei und der Schattenkörper hinweggerückt ist – wir werden mehr genießen als je, denn unser Geist hat entbehrt.

19. Wie kann ein Mensch Sinn für etwas haben, wenn er nicht den Keim davon in sich hat. […]

4 *Welche dieser Maximen erscheint Ihnen auch heute noch bedenkenswert? Was bedeutet Romantik jenseits der Bezeichnung einer Epoche?*

5 *Lesen Sie in Kenntnis dieser Aphorismen noch einmal das Gedicht in seinem Kontext. Wo bieten sich Ihnen nun Ansatzpunkte für eine*

weitergehende Interpretation? Zeigen Sie epochenspezifische Merkmale am Text.

Romantik → S. 340 f.

6 *Wiederholen Sie das Epochenwissen zur Romantik.*

7 *Nach der Erarbeitung der Aufgaben und der Wiederholung des Epochenwissens sollten Sie folgende Fragen beantworten können:*

Test

Testen Sie sich selbst: Romantik

1. Klären Sie Grundzüge romantischer Poetologie: Kritik an der Regelpoetik der Klassik, Kritik an der rationalistischen Aufklärung. Was versteht man unter „progressiver Universalpoesie“? Was unter „romantischer Ironie“? Was bedeutet Synästhesie?
2. Wofür stehen Traum, Sehnsucht, Zauberwort, blaue Blume?
3. Welche Bedeutung haben Geschichte, besonders das Mittelalter, das Volkstümliche, das Märchen, die Natur, Kunst und Künstler? Was sind die bevorzugten literarischen Gattungen? Was versteht man unter einem Gesamtkunstwerk?
4. Welche Rolle spielten die Frauen in der Romantik?
5. Wodurch unterscheiden sich Früh- bzw. Hochromantik von Spätromantik?
6. Wie zeigte sich das neue Lebensgefühl in Musik und Malerei? Beziehen Sie auch die beiden folgenden Bilder Caspar David Friedrichs mit ein.

„Klassisch ist das Gesunde, romantisch das Kranke.“
J. W. Goethe

Zwei Gemälde zwischen Klassik und Romantik:
Caspar David Friedrich: „Landschaft mit Regenbogen“ (1810, seit 1945 verschollen) – C. D. Friedrich malte dieses Bild noch im Sinne der Klassik.

Caspar David Friedrich: „Gebirgslandschaft mit Regenbogen“ (1810) – Mit diesem Bild in romantischer Kunstkonzeption war Goethe nicht einverstanden.

8 *Überprüfen Sie Ihre Schreibkompetenz:*

a) Verfassen Sie zu einer der sechs Aufgaben aus dem Selbsttest einen Lexikonartikel für ein Jugendlexikon.

Lexikonartikel → S. 347

Erörtern → S. 343 ff.

b) Schreiben Sie zu einer der sechs Aufgaben eine lineare Erörterung. Formulieren Sie dazu selbstständig eine adäquate Themafrage.

Friedrich Hölderlin
(1770–1843)

Abituraufgabe: Klassik / Romantik

Erschließen und interpretieren Sie das 1805 entstandene Gedicht „Hälfte des Lebens“ von Friedrich Hölderlin unter poetologischem Gesichtspunkt. Integrieren Sie hierbei auch die Informationen, die Sie dem beigefügten Kommentar von Jochen Schmidt entnehmen können. Überlegen Sie, ob man das Gedicht der Weimarer Klassik zuordnen könnte.

Hälfte des Lebens (1805) *Friedrich Hölderlin*

Mit gelben Birnen hänget
Und voll mit wilden Rosen
Das Land in den See,
Ihr holden Schwäne,
Und trunken von Küssen
Tunkt ihr das Haupt
Ins heilignüchterne Wasser.

Weh mir, wo nehm' ich, wenn
Es Winter ist, die Blumen, und wo
Den Sonnenschein,
Und Schatten der Erde?
Die Mauern stehn
Sprachlos und kalt, im Winde
Klirren die Fahnen.

Kommentar zu „Hälfte des Lebens“ (1992) *Jochen Schmidt*

V. 4, Ihr holden Schwäne: Von der Antike bis in die Dichtung des 19. Jahrhunderts hinein und noch bis zu Baudelaire […] erscheint der Schwan als Sinnbild des Dichters. Anders als die gewöhnlichen Schwäne vermag der sogenannte Singschwan ausdrucksvoll zu singen. Von diesem Naturphänomen leitet sich die metaphorische Gleichsetzung des Schwans mit dem Dichter her. Nach Platon („Staat“ X 620a) hat sich Orpheus in der Unterwelt in einen Schwan verwandelt […]. Für Kallimachos sind deshalb die Schwäne „Vögel der Musen“ (Delos-Hymnos, v. 249 ff.). Die Metapher war noch zu Hölderlins Zeit allgemein verbreitet und daher ohne Weiteres verständlich. […]

V. 5–7, Und trunken […] Ins heilignüchterne Wasser: Die Entgegensetzung dieser beiden Begriffe gilt wiederum, wie die Schwanen-Metapher, der dichterischen Sphäre. Die „nüchterne Trunkenheit“ […] ist die spezifisch dichterische Verfassung. Wahres Dichtertum entsteht aus der Verbindung von Begeisterung und Besonnenheit – von Trunkenheit und Nüchternheit. Eine für Hölderlin relevante Quelle dieser Lehre ist die von ihm gelesene und für die Ästhetik des ganzen 18. Jahrhunderts kanonische Schrift des Pseudo-Longinus „Vom Erhabenen“ […]. Ihr Verfasser sieht […] die Vereinigung von Enthusiasmus und klarem Bewusstsein als das Wesen poetischer und rhetorischer Vollendung an. Es sei, so schreibt er, „notwendig, auch in der Trunkenheit nüchtern zu bleiben“ […]. In der Goethezeit ist die tradierte Vorstellung der „nüchternen Trunkenheit“ lebendig, durchweg in poetologisch-psychologischer Bedeutung. […] Sowohl aus der poetologischen Tradition wie aus Hölderlins eigenen Aussagen ergibt sich also, dass das Bild der Schwäne, die trunken von Küssen ihr Haupt ins heilignüchterne Wasser tunken, auch als eine Metapher des vollkommenen dichterischen Zustands zu verstehen ist.

V. 9, die Blumen: Schon seit der Antike hat die Blume auch eine metaphorische Bedeutung als „Blume der Rede“ […].

V. 10 f., Sonnenschein, / Und Schatten der Erde: Dass das – erst in der zweiten Strophe hervortretende – lyrische Ich im „Winter“ nicht nur nach dem „Sonnenschein“, sondern auch nach dem „Schatten der Erde“ fragt, ist nur scheinbar paradox. […] Nicht auf Sonnenschein und Schatten an sich kommt es an, sondern auf die Harmonie des Einigentgegengesetzten: des Sonnenlichts und des Schattens. […]

Lösungshinweise

Hinweise zur formalen Gestaltung

- zwei Strophen mit jeweils sieben Versen, überwiegend jambisches Metrum mit vielen Daktylen
- Wechsel von betonten und unbetonten Versen
- Lautgestaltung: Es entwickelt sich ein Netz von O-A-Verbindungen (O-Verbindungen: „Rosen“, „hold“, A-Verbindungen: z. B. „Land“, „Wasser“)
- alliterative Verbindungen (W-Verbindungen: „wild“, „Wasser“, „weh“, M-Verbindungen: z. B. „mit“, „mir“, S-Sch-Struktur: z. B. „Schwäne“, „Sonnenschein“, K-Verbindungen: „klirren“, „kalt“)
- zahlreiche Enjambements

Hinweise zur syntaktischen, kommunikativen, argumentativen Struktur

- Aussagesatz, Anrede, Ausruf (Emphase), Frage, wieder Aussagesatz: symmetrischer, antithetischer (Anrede, Frage) und syntaktischer Aufbau
- Argumentation: zeitliches Gegenüber von zwei Jahreszeiten, in der Zeitstruktur von Gegenwart und Zukunft, wobei das Zukünftige der Gegenwart gegenüber defizitär erscheint. Das lyrische Ich antizipiert im Jetzt das Künftige.
- zwei semantische Räume in oppositioneller Beziehung: semantischer Raum 1 („Birnen“, „Rosen“, „See“, „Schwäne“, „Blumen“, „Sonnenschein“ und „Schatten“) versus semantischer Raum 2 („Winter“, „Mauern“, „Wind“, „Fahnen“)

Hinweise zur Interpretation

- Hier sollen die Informationen des Kommentars genutzt werden.
- Erste Strophe: Gegensätzliches, Getrenntes findet Vereinigung in den Sommerbildern: Das Land hängt in den See, blühende wilde Rosen verbinden sich im Bild mit Birnen, Früchten des Herbstes; Bewegungen von oben nach unten.
- Mittelstellung der „holden Schwäne“: Schwan als Sinnbild, Emblem des Dichters; Bezug zur Antike: Platons Orpheus in der Unterwelt
- „Nüchterne Trunkenheit“: Synthese von Enthusiasmus und klarem Bewusstsein als Zustand des Dichtens; poetologische Deutung; das Geheimnis der Poesie
- Zweite Strophe: Mauer als Bild der Trennung, des Statischen, als Todesstarre (im Gegensatz des In-sich-Ruhens der Vollkommenheit, Negation, Abwesenheit auch der Harmonie der Gegensätze von Sonnenschein und Schatten; Sprachlosigkeit; Klirren der Fahnen als Gegenbild der Schwäne im See der ersten Strophe
- Problematisieren der Zugehörigkeit zur Weimarer Klassik: Zwar auch hier Wunsch nach einem Idealzustand der Einheit, jedoch im Gegenbild ein Wissen um den Abgrund. Inwieweit das Gedicht selbst im Akt der Rezeption die Synthesis leistet, kann als Frage formuliert werden: Ist die Kunst eine Kraft, die – wie die Religion – alles versöhnen wird?

3. Der Wirklichkeit auf der Spur – Realismus (1815–1900)

„Ein Tännlein grünet wo …“ – Biedermeier (1815–1848)

Mozart auf der Reise nach Prag (1856) *Eduard Mörike*

Eduard Mörike (1804–1875) wirkte als evangelischer Pfarrer und Lehrer im Schwäbischen. Sein Werk umfasst Gedichte, Balladen, Novellen und einen Roman.

Geschildert wird in dieser noch dem Biedermeier zugehörigen Novelle ein Tag im Leben Mozarts. Dabei wird jedoch das ganze Leben Mozarts in den Blick genommen. Diese Reduktion der Zeit und auch das Todesmotiv – Mozart wird in Prag seinen „Don Giovanni“ aufführen – kulminieren in dem im Text enthaltenen Gedicht, mit dem die Novelle endet. Erzählt wird dieses Ende aus der Perspektive Eugenies. Mozart war unbeabsichtigt in ihre Verlobungsfeier geraten, freundlich begrüßt und gefeiert worden. Nun, nach Mozarts Weiterreise, bilden Eugenies Gedanken und Gefühle einen Kontrast zur Heiterkeit des Festes. Die erlebte Idylle bekommt als memento mori einen doppelten Boden.

Ende der Novelle

[… A]m Abend schon […] war sie von leiser Furcht für ihn, an dessen liebenswertem Bild sie sich ergötzte, geheim beschlichen worden, diese Ahnung wirkte nachher, die ganze Zeit als Mozart spielte, hinter allem unsäglichen Reiz, durch alle das geheimnisvolle Grauen der Musik hindurch, im Grund ihres Bewusstseins fort, und endlich überraschte, erschütterte sie das, was er selbst in der nämlichen Richtung gelegentlich von sich erzählte. Es ward ihr so gewiss, so ganz gewiss, dass dieser Mann sich schnell und unaufhaltsam in seiner eigenen Glut verzehre, dass er nur eine flüchtige Erscheinung auf der Erde sein könne, weil sie den Überfluss, den er verströmen würde, in Wahrheit nicht ertrüge.

Dies, neben vielem andern, ging, nachdem sie sich gestern niedergelegt, in ihrem Busen auf und ab, während der Nachhall „Don Juans“ verworren noch lange fort ihr inneres Gehör einnahm. Erst gegen Tag schlief sie ermüdet ein.

[…]

Durchaus war es ihr wie ein Traum, zu denken, wer noch vor wenigen Stunden davor gesessen habe. Lang blickte sie gedankenvoll die Tasten an, die er zuletzt berührt, dann drückte sie leise den Deckel zu und zog den Schlüssel ab, in eifersüchtiger Sorge, dass so bald keine andere Hand wieder öffne. Im Weggehn stellte sie beiläufig einige Liederhefte an ihren Ort zurück; es fiel ein älteres Blatt heraus, die Abschrift eines böhmischen Volksliedchens, das Franziska früher, auch wohl sie selbst, manchmal gesungen. Sie nahm es auf, nicht ohne darüber betreten zu sein. In einer Stimmung wie die ihrige wird der natürlichste Zufall leicht zum Orakel. Wie sie es aber auch verstehen wollte, der Inhalt war der Art, dass ihr, indem sie die einfachen Verse wieder durchlas, heiße Tränen entfielen.

Ein Tännlein grünet wo,
Wer weiß, im Walde;
Ein Rosenstrauch, wer sagt,
In welchem Garten?
Sie sind erlesen schon,
Denk es, o Seele,
Auf deinem Grab zu wurzeln
Und zu wachsen.

Zwei schwarze Rösslein weiden
Auf der Wiese,
Sie kehren heim zur Stadt
In muntern Sprüngen.
Sie werden schrittweis gehn
Mit deiner Leiche;
Vielleicht, vielleicht noch eh
An ihren Hufen
Das Eisen los wird,
Das ich blitzen sehe!

J. W. Goethe: „Iphigenie auf Tauris" → S. 308
Novalis: „Heinrich von Ofterdingen" → S. 310 f.
E. Mörike: „Mozart auf der Reise nach Prag" → S. 316

1 *Interpretieren Sie das Gedicht unter dem Aspekt des Todesmotivs. Gehen Sie hierbei auch auf den Kontext der Erzählung ein.*
2 *Charakterisieren Sie das Lebensgefühl des Biedermeier.*
3 *Vergleichen Sie die Einbettung der Gedichte im jeweiligen Handlungs- bzw. Erzählzusammenhang bei Goethe, Novalis und Mörike.*

„Die Stadt am grauen Strand, am grauen Meer" – bürgerlicher Realismus (1848–1890)

Die Stadt (1851/52) *Theodor Storm*

Theodor Storm (1817–1888) entstammte einer wohlhabenden Patrizierfamilie aus Schleswig. Bereits zu Lebzeiten machten ihn seine Werke (Lyrik, Prosa) bei breiten Leserschichten bekannt.

Am grauen Strand, am grauen Meer
Und seitab liegt die Stadt;
Der Nebel drückt die Dächer schwer,
Und durch die Stille braust das Meer
Eintönig um die Stadt.

Es rauscht kein Wald, es schlägt im Mai
Kein Vogel ohn Unterlass;
Die Wandergans mit hartem Schrei
Nur fliegt in Herbstesnacht vorbei
Am Strande weht das Gras.

Doch hängt mein ganzes Herz an dir,
Du graue Stadt am Meer;
Der Jugend Zauber für und für
Ruht lächelnd doch auf dir, auf dir,
Du graue Stadt am Meer.

Der Husumer Binnenhafen, Schleswig Holstein

Lyrik → S. 331 ff.

1 *Beschreiben Sie die formale Gestaltung des Gedichts.*
2 *Erstellen Sie eine Liste der Kennzeichen (= Merkmalsmatrix) der Stadt (des semantischen Raumes Stadt).*
   – *Was ist gemeinsamer Nenner dieser Elemente bzw. dieses Raumes?*
   – *Stellen Sie die Merkmale zusammen, die in der zweiten Strophe negiert werden, und erschließen Sie aus diesen Negationen weitere Merkmale der Stadt, ergänzen Sie so die Merkmalsmatrix.*
3 *Was ändert sich in der dritten Strophe, warum ändert es sich?*
4 *Wiederholen Sie das Epochenwissen zu den Strömungen des Realismus.*
5 *Dieses Gedicht kann auch als ein Programmgedicht des bürgerlichen bzw. poetischen Realismus gelesen werden. Dies ergibt sich vor allem aus einer Abstraktion der negierten Merkmale der zweiten Strophe. Welche weiteren Merkmale können Sie aus dem, was positiv von der Stadt mitgeteilt wird, ergänzen?*

6 ***Formulieren Sie, ausgehend von diesem Gedicht, wie sich im Realismus die Subjekt-Objekt-Relation im Unterschied zur Romantik gestaltet.***

7 ***Erläutern Sie vor diesem Hintergrund die Begriffsbildung „bürgerlicher bzw. poetischer Realismus".***

Realismus → S. 338 f.

8 *Informieren Sie sich über die Theorien, die für diese Zeit bestimmend sind: Evolutionstheorie, Sozialdarwinismus, Marxismus.*

9 ***Nach der Erarbeitung der Aufgaben sowie der Wiederholung des Epochenwissens sollten Sie die folgenden Fragen beantworten können:***

Test

Testen Sie sich selbst: Realismus

1. Beschreiben Sie den sozialen Wandel im 19. Jahrhundert.
2. Wissenschaft und Technik gehen einher mit großen Änderungen im Welt- und Menschenbild. Erstellen Sie zu beiden Bereichen eine Karteikarte mit „Schlaglichtern".
3. Kennzeichnen Sie knapp die unter dem Oberbegriff „Realismus" zusammengefassten Strömungen (Biedermeier, Vormärz / Junges Deutschland, bürgerlicher Realismus).
4. Erstellen Sie dazu einen Überblick: ein Autor, eine literarische Gattung, ein Werk.
5. Erklären Sie die Kunstkonzeption des Naturalismus.

10 ***Überprüfen Sie Ihre Schreibkompetenz: Beantworten Sie die Aufgaben 1, 3 und 5 aus dem Selbsttest in einem zusammenhängenden Text.***

4. „… aus Chiffren steigen erkanntes Leben" – frühe Moderne (1890–1920)

Albert Ehrenstein (1886–1950)

Der Dichter und der Krieg (1915) *Albert Ehrenstein*

Ich sang die Gesänge der rotaufschlitzenden Rache,
Und ich sang die Stille des waldumbuchteten Sees;
Aber zu mir gesellte sich niemand,
Steil, einsam
Wie die Zikade sich singt,
Sang ich mein Lied für mich.
Schon vergeht mein Schritt ermattend
Im Sand der Mühe.
Vor Müdigkeit entfallen mir die Augen,
Müde bin ich der trostlosen Furten,
Des Überschreitens der Gewässer, Mädchen und Straßen.
Am Abgrund gedenke ich nicht
Des Schildes und Speeres.
Von Birken umweht,

Vom Winde umschattet.
Entschlaf' ich zum Klange der Harfe
Anderer,
Denen sie freudig trieft.
Ich rege mich nicht,
Denn alle Gedanken und Taten
Trüben die Reinheit der Welt.

G. Benn → S. 165

Ein Wort (1946) *Gottfried Benn*

Ein Wort, ein Satz –: aus Chiffren steigen
erkanntes Leben, jäher Sinn,
die Sonne steht, die Sphären schweigen
und alles ballt sich zu ihm hin.

Ein Wort – ein Glanz, ein Flug, ein Feuer,
ein Flammenwurf, ein Sternenstrich –
und wieder Dunkel, ungeheuer,
im leeren Raum um Welt und Ich.

Lyrik → S. 331 ff.

„Epochenwissen im Überblick: die Literatur der frühen Moderne (1890–1920)" → S. 82 f.

1. *Arbeiten Sie aus beiden Gedichten die formale Gestaltung und die sprachlichen Bilder heraus.*
2. *Interpretieren Sie Ehrensteins Gedicht vor dem Hintergrund seiner historischen Situation und der darin enthaltenen Zeitkritik.*
3. *Interpretieren Sie Benns Gedicht vor dem Hintergrund von Sprachkrise als Erkenntniskrise und existenzieller Krisenerfahrung.*
4. *Erschließen und interpretieren Sie vergleichend die beiden Gedichte.*
5. *Arbeiten Sie erneut das Epochenwissen zur Moderne gründlich durch.*
6. *Im Anschluss sollten Sie folgende Fragen beantworten können:*

Test

Testen Sie sich selbst: **Literatur der frühen Moderne**

1. Kennzeichnen Sie kurz die literarischen und künstlerischen Richtungen um 1900.
2. Krisenerfahrungen: Sprachkrise, politische, existenzielle Krise, Leben der Großstadt, Masse Mensch, Entfremdung. Konkretisieren Sie diese Schlaglichter.
3. Großstadtkunst, Gebrauchslyrik, L'art pour l'art, „Neue Sachlichkeit", engagierte Lyrik: Nennen Sie zu jedem dieser Stichworte je einen Autor und ein Werk.

L'art pour l'art → S. 322; „Neue Sachlichkeit" → S. 335 f.

7. *Verfassen Sie einen Essay zu Thema 2 des Selbsttests.*

essayistisches Schreiben → S. 345 f.

Abituraufgabe: frühe Moderne

Erschließen Sie die das Gedicht „De profundis" von Georg Trakl. Gehen Sie in Ihrer Interpretation vor allem auf die im Text gestaltete Natur- und Gotteserfahrung ein und nehmen Sie eine begründete literarhistorische Einordnung vor.

G. Trakl → S. 27

De profundis[1] (1912) *Georg Trakl*

Es ist ein Stoppelfeld, in das ein schwarzer Regen fällt.
Es ist ein brauner Baum, der einsam dasteht.
Es ist ein Zischelwind, der leere Hütten umkreist.
Wie traurig dieser Abend.

Am Weiler vorbei
Sammelt die sanfte Waise noch spärliche Ähren ein.
Ihre Augen weiden rund und goldig in der Dämmerung
Und ihr Schoß harrt des himmlischen Bräutigams[2].

Bei der Heimkehr
Fanden die Hirten den süßen Leib[2]
Verwest im Dornenbusch[3].

Ein Schatten bin ich ferne finsteren Dörfern.
Gottes Schweigen
Trank ich aus dem Brunnen des Hains.

Auf meine Stirne tritt kaltes Metall
Spinnen suchen mein Herz.
Es ist ein Licht, das in meinem Mund erlöscht.

Nachts fand ich mich auf einer Heide,
Starrend von Unrat und Staub der Sterne.
Im Haselgebüsch
Klangen wieder kristallne Engel.

1 *De profundis* (lat. aus der Tiefe): Verweis auf den Psalm 130 des Alten Testaments, der mit den Worten beginnt: „Aus der Tiefe rufe ich, Herr, zu dir. Herr, höre meine Stimme!"

2 Bräutigam / süßer Leib: Verweise auf das „Hohelied", eine Sammlung von kunstvollen, kurzen Liebesliedern im Alten Testament

3 Dornenbusch: Verweis auf den „brennenden Dornstrauch", in dem Gott sich Moses offenbarte

Lösungshinweise

Form

- freien Rhythmen: kein regelmäßiges Versmaß, keine regelmäßige Strophik
- Verzicht auf Reim

Aufbau, Inhalt und Sprache

1. Versgruppe: naturlyrische Exposition; Skizzierung einer Herbstlandschaft; Darstellung von Trostlosigkeit und Monotonie; Andeutung einer Bedrohungslage; Gefühlsausdruck in der Situation
2. Versgruppe: Einführung handelnder Person („sanfte Waise"); Verbindung von Natur und religiöser Thematik; Anknüpfung an erste Versgruppe; Enjambements; kühne Metaphorik
3. Versgruppe: Verbleiben im Umfeld der Natur („Hirten"), Todesmetaphorik, Anzitieren des „Alten Testaments", Wechsel zum Dreizeiler in einem Satz, Tempuswechsel
4. Versgruppe: Überraschendes Auftreten des lyrischen Ich; Entpersönlichung; Konfrontation mit vergeblicher Gottsuche; kühne Metaphorik, Alliteration, Assonanzen
5. Versgruppe: Entfremdungs- und Bedrohungserfahrungen des lyrischen Ich; Wiederaufnahme der Satzstrukturen (vgl. 1. Versgruppe); Gegensatzpaare; erneuter Tempuswechsel
6. Versgruppe: Verschärfung der Erfahrung des lyrischen Ich; ambivalente Situation aus irdischer Gebundenheit („Heide") und Entgrenzung („Sterne"); hoffnungsvoller Schluss („Engel"); kühne Metaphorik; erneuter Tempuswechsel; Rückkehr zum Vierzeiler

Naturerfahrung

- Herbstlandschaft mit jahreszeitlichen Anklängen
- Außenprojektion einer „Seelenlandschaft"; Einbettung menschlicher Erfahrungen
- Brechung in Naturbildern als bewusster Gegenentwurf zu religiöser Grundstimmung

Gotteserfahrung

- Einbettung in biblisches Gottesbild
- widersprüchliche Tendenzen: Sehnsucht und Hoffnung vs. Trostlosigkeit und Verzweiflung
- „Gottes Schweigen" (V. 13)
- „traumatische" Erfahrung der Gottesferne des lyrischen Ich

Begründete literarhistorische Zuordnung zum Expressionismus

Form

Wahl freier Rhythmen: Auflösen tradierter lyrischer Formen

Sprache

- Reihungsstil, extreme sprachliche Antithesen, kühne Metaphern: Einsamkeit des lyrischen Ich; Spaltung zwischen Hoffnung und Verzweiflung
- freier Umgang mit Sprache, Gebrauch von Chiffren und Symbolen: Verarbeiten einer verrätselten Realität

Inhalt

- kritische Auseinandersetzung mit Grunderfahrungen der Moderne
- Konventionsbrüche durch „neue" sprachliche und formale Gestaltung
- ambivalente Auffassung und Wiedergabe der Wirklichkeit im Sinne von künstlerischen Gegenentwürfen
- Selbsterfahrung des Ich als bedrohte, gespaltene und schattenhafte Existenz
- Zuflucht zu religiösen und mythischen „Welten" als alternative Sinnstiftung

Deutsch kompakt: zum Nachschlagen

Literarische Begriffe und Textsorten

Anekdote

Der Begriff „Anekdote" kommt aus dem Griech. und bezeichnete ein nicht herausgegebenes Schriftwerk. Als Anekdote benannte man urspr. eine Form von Geschichtsschreibung, die Einblick in das (zum Teil als skandalös geschilderte) Leben einer Persönlichkeit gab, die aber nicht öffentlich publiziert bzw. heimlich überliefert wurde. Im 19. Jh. wandelte sich die Anekdote zu einer epischen Kleinform, die den Charakter der handelnden Personen und ihren historischen Hintergrund aufzeigen sollte, häufig dialoghaft aufgebaut war und mit einer Pointe endete. Insgesamt stellt die Anekdote eine literarisch offene Form dar, die sich strengen Regeln entzieht. Anekdoten wurden und werden auch mündlich erzählt. Im Mittelpunkt stehen dabei bekannte Persönlichkeiten aus Politik oder dem öffentlichen Leben in besonderen Situationen.

→ Kalendergeschichte
→ Kurzgeschichte
→ Novelle

Zu einer literarischen Form gestalteten die Anekdote **Johann Peter Hebel** (1760–1826, „Rheinisches Schatzkästlein") und **Heinrich von Kleist** (1777–1811).

Ankunftsliteratur

Der Begriff bezeichnet eine Literaturkonzeption der DDR, die auf der zweiten Bitterfelder Konferenz 1964 entwickelt wurde: Literatur sollte darstellen, wie der sozialistische Mensch sich in der DDR zum gebildeten, geistig und moralisch hoch stehenden Menschen entfaltet, der Natur, Technik, Wissenschaft und Produktion beherrscht. Die Formulierung rührt aus Brigitte Reimanns Erzählung „Ankunft im Alltag" von 1961 her.

Ästhetizismus

Der Ästhetizismus bezeichnet eine Strömung der Literatur der Moderne und meint eine Geisteshaltung, die dem Schönen einen absoluten Vorrang vor anderen Werten (z. B. Moral, Politik) einräumt und so oft einhergeht mit amoralischen, atheistischen oder nihilistischen Einstellungen. Der Ästhetizismus bevorzugt die künstliche Welt des schönen Scheins und die Kunst um der Kunst willen *(l'art pour l'art)*.

Autobiografie

(von *autós, bíos* und *gráphein*, griech.: selbst, Leben, schreiben) bezeichnet die literarische Darstellung des eigenen Lebens. Im Gegensatz zu Memoiren steht in der Autobiografie die vertiefte Darstellung des geistig-seelischen Entwicklungsprozesses im Vordergrund, gestaltet aus der Rückschau, von einem abgeklärten Standpunkt aus. Dabei handelt es sich um eine sehr subjektive Textart, deren Wahrheitsgehalt kaum überprüfbar ist. Eine der berühmtesten Autobiografien in der deutschen Literatur stellen Goethes Erinnerungen „Aus meinem Leben. Dichtung und Wahrheit" (1811–14 / 1833) dar; im 20. Jahrhundert gewann die Verknüpfung von Fiktionalem mit Autobiografischem bei Autoren wie z. B. Max Frisch („Montauk", 1979) oder Thomas Bernhard („Der Keller. Eine Entziehung", 1976) große Bedeutung.

Avantgarde-Literatur

Der Begriff bezeichnet grundsätzlich neue, mit revolutionärem Anspruch antretende Strömungen der Literatur der Moderne und umfasst damit alle progressiven Kunstrichtungen, die mit der herkömmlichen Dichtung brechen und Wegbereiter neuer, radikaler Entwicklungen in Literatur, Kunst und Gesellschaft sein wollen. Häufig wird die Avantgarde-Kunst Richtlinie des „Mainstreams".

Camouflage

(Aus dem Französischen, wörtl. „Irreführung, Täuschung, Tarnung", etwa zur Bezeichnung militärischer Tarnkleidung) Ganz generell meint Camouflage die „sprachliche Verhüllung einer Aussage, die v. a. von eingeweihten, mit dem Verfasser gesinnungsverwandten Lesern oder Hörern" im vom Verfasser „beabsichtigten Sinn verstanden werden kann […]. Der Begriff ‚Camouflage'" wurde vor allem „für die Schreibstrategien der gegen das ‚Dritte Reich' insgeheim opponierenden Publizistik", später aber „auch für die verschleiernde Schreibpraxis vieler DDR-Schriftsteller verwendet."

Sprachliche Mittel der Camouflage: „[S]ogenannte Sprachverstecke durch semantische Mehrsinnigkeit, Metaphorik, scheinbar naiv eingebrachte Zitate und v. a. die historische Einkleidung" der Aussage (oft mit anachronistischen Brechungen als versteckten Hinweisen auf das eigentlich Gemeinte), „kritische Stellungnahmen (in Rezensionen, Essays, Reiseberichten usw.) zu [entsprechenden] historischen oder zeitgenössischen ausländischen Zuständen." (Günther Schweikle)

Dadaismus

Der Begriff „Dada" stammt aus dem Französischen und ist in seiner Bedeutung umstritten (eine Vermutung: „Stecken- oder Holzpferdchen"). Er bezeichnet eine Strömung der Literatur der Moderne (1916–1924), die als Versuch, alte Weltordnungen zu widerlegen, und gleichzeitig als Ausdruck einer „Sehnsucht nach Glauben" (Hans Arp), nach einer neuen Ordnung, zu verstehen ist. Zur Bloßstellung der ausgezehrten Vokabel verfassten die Dadaisten reine Lautgedichte.

Drama

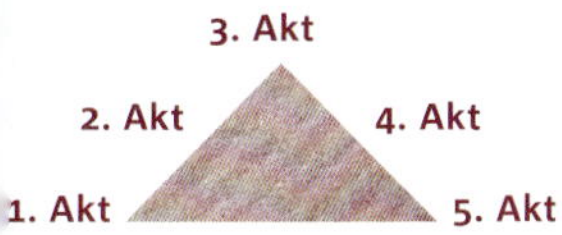

1. Akt: Exposition
2. Akt: steigende Handlung
3. Akt: Höhepunkt und Peripetie
4. Akt: fallende Handlung
5. Akt: Katastrophe oder glücklicher Ausgang

Merkmale und Aufbau eines klassischen Dramas

„Klassisch" bezeichnet eine Form des Dramas, die sich an der antiken Poetik bzw. einer sich auf Aristoteles berufenden Dramentheorie orientiert. Wichtige, von Aristoteles formulierte, zum Teil jedoch übertrieben streng beachtete **Merkmale**, sind die **Einheit der Handlung** (Beschränkung auf einen Handlungsstrang), die **Einheit des Ortes** (gleicher Schauplatz) und die **Einheit der Zeit** (an einem Tag ablaufendes Geschehen). Wesentliche Elemente im Aufbau des Dramas nach der Exposition sind nach Aristoteles Peripetien (griech. *peripeteia* = plötzliches Umschlagen; eine unerwartete Wendung im Schicksal des Helden von Glück zu Unglück oder umgekehrt) und die Katastrophe (entscheidender Wendepunkt, meist am Ende der Handlung, der die Lösung des Konflikts herbeiführt und das Schicksal des Helden – positiv oder negativ – bestimmt). Das von **Gustav Freytag** (1816–1895) entwickelte fünfstufige, pyramidenförmige Aufbauschema ist zwar nicht unumstritten und auch nicht allgemeingültig, es sei aber angeführt, da die von ihm verwendeten Begriffe im Zusammenhang mit dem klassischen Drama immer wieder Verwendung finden.

Fachbegriffe zum Drama

Akt / Aufzug: in sich geschlossener, der Gliederung des Handlungsablaufs entsprechender Abschnitt eines Dramas.
Anagnorisis: (griech. *Wiedererkennen*) nach Aristoteles einer der möglichen Grundzüge einer tragischen Fabel; lässt den Helden einen vorausgegangenen Irrtum als solchen erkennen und kann dadurch im letzten Augenblick ein Unglück / eine Untat verhüten oder eine bereits vollzogene Untat in ihrer Tragik noch steigern.
Botenbericht: Bericht, der das Publikum über schon geschehene Ereignisse aufklären soll, die auf der Bühne nicht darstellbar sind.
Deus ex machina: (lat. *Gott aus der Maschine*) Kran im griech. Theater, mit dem man über das Dach der Bühne einen Korb herausschwenkte, in dem Götter oder Helden erschienen.
Exodos: (griech. *Ausgang*) Lied, mit dem der Chor am Ende der Tragödie die Orchestra, den runden, später halbrunden Tanzplatz des Chores vor der Bühne (griech. *skene*), verlässt. Das „Tanzen“ des Chores war ein Schreiten in langsamen und feierlichen Rhythmen.
Mauerschau (Teichoskopie): mündlicher Bericht von erhöhter Warte über Dinge, die auf der Bühne nicht darstellbar sind, aber simultan zum Bühnengeschehen verlaufen.
Stichomythie: (griech. *stichos* = Zeile, *mythos* = Rede) „Zeilenrede“; mit jeder Zeile zwischen den Personen wechselnde Rede und Gegenrede in einem längeren Dialog eines Dramas.
Szene / Auftritt: meist bühnentechnisch bedingte Unterabteilung eines Akts, begrenzt durch das Auftreten einer neuen oder das Abtreten einer bisher anwesenden Figur.

Exposition

Erste wesentliche Phase eines Dramas ist die mit dem Fachbegriff **„Exposition“** (lat. *expositio*: Darlegung) bezeichnete **Einführung des Zuschauers in die Situation**, von der das Dramengeschehen ausgeht. Das schließt Informationen über die handelnden Personen und die Vorgeschichte ein. Im antiken Drama erfüllte diese Aufgabe weitgehend ein Prolog, ein der dramatischen Handlung vorgeschalteter, in erzählender (epischer) Form das nötige Vorwissen präsentierender Teil. In der weiteren Entwicklung des Dramas wurde die Exposition in die eigentliche Dramenhandlung einbezogen und war nun durch Dialoge und auch Monologe der Dramenfiguren in den ersten Szenen zu leisten. Die Exposition kann sich aber auch bis zum Ende des Dramas erstrecken, wenn wie beim **analytischen Drama** bereits Geschehenes schrittweise aufgedeckt wird und diese Aufdeckung den Helden ins Unglück stürzt (bekanntestes Beispiel: Ödipus, der Jahre danach erfährt, dass er seinen Vater erschlagen und seine Mutter geheiratet hat).

Bürgerliches Trauerspiel

Mit der Aufklärung etabliert sich eine neue Dramenform, die zeigen will, dass nun auch das **Bürgertum** „zur **Tragik** fähig ist“, und damit das Erstarken des dritten Standes dokumentiert. Bewusst wird Prosa verwendet, die den Vers als Sprache des Dramas ablöst, und die Ständeklausel durchbrochen. Vertreter des Bürgertums und des Adels werden konfrontiert. In Lessings (1729–1781) „Emilia Galotti“ (1772 in Braunschweig uraufgeführt) wehrt sich das bürgerliche Mädchen gegen Übergriffe des adeligen Fürsten unter Berufung auf ihre Moral, indem es den Vater bittet, sie zu töten, um ihre Reinheit zu retten. Verschärft wird die soziale Anklage im Sturm und Drang. So zeigt Schiller in „Kabale und Liebe“ (1784 in Frankfurt am Main uraufgeführt) die Standesgebundenheit von Adel und Bürgertum auf. Hebbel formt die Grundkonstellation der Gattung (bürgerliches Mädchen, adeliger Liebhaber) um und zeigt Konflikte innerhalb des Bürgertums, wodurch kleinbürgerliche Berechnung und enge Moral thematisiert werden.

Gattungswissen zum Drama im Überblick (18. / 19. Jahrhundert)

Begriff	– griech. *drama* = Handlung zu *dran* = tätig sein, handeln – eine der drei Grundformen der Dichtung (neben Lyrik und Epik)
Gattungskennzeichen	– durch Wort (Dialog, Monolog) und Darstellung auf der Bühne, unmittelbar gegenwärtige Handlung, immer wieder reproduzierbar

	geschlossene Form aristotelisch – klassisch – tektonisch	**offene Form** nicht aristotelisch – episch – atektonisch
– **Tradition**	Drama der griechischen Antike, französisches Theater in Absolutismus und Aufklärung	Moritaten und Bänkelsang; englisches Theater – Shakespeare
– **Zeit / Ort**	im griech. Drama: ein Tag und ein Ort; später auch ein überschaubarer Zeitraum von wenigen Tagen und wenige wechselnde Schauplätze an einem Ort	mehrere Tage oder Monate, später sogar Jahre und wechselnde Schauplätze
– **Figuren**	– traditionell: Ständeklausel, Protagonisten von hohem Stand („tragische Fallhöhe"); später: Auftreten von Bürgern, auch Kleinbürgern – Figuren, die sich ihrer Handlungsweise bewusst sind; in der Regel: Held und Gegenspieler	– keine Einschränkung bezüglich des Standes; Auswahl der Personen als exemplarische Vertreter ihres Standes / ihrer Klasse – Figuren in aller Regel ohne klares Bewusstsein ihrer Lage, getrieben durch die Mechanismen des Standes, der Ökonomie etc.
– **Sprache**	in Antike und Klassik: hoher Ton; sonst auch dem jeweiligen Stand angenäherte Sprache	für den Stand der Figuren typische Sprache
– **Konflikt**	ein zentraler, klar umrissener Konflikt zwischen Personen und Werten, dessen Verlauf linear fortgeführt wird; Einheit der Handlung – keine Nebenhandlung	Konflikt zwischen Personen und „der Welt"
	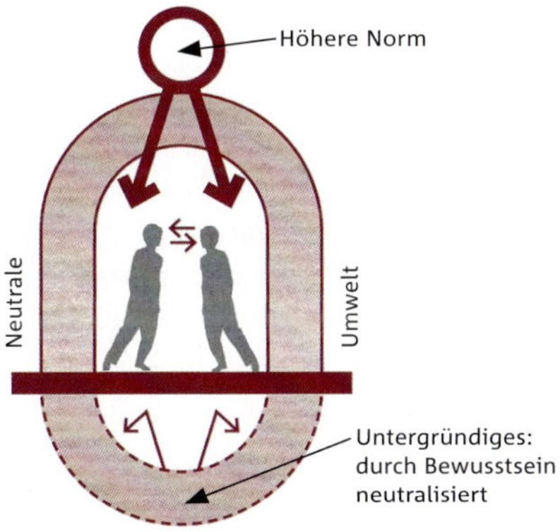	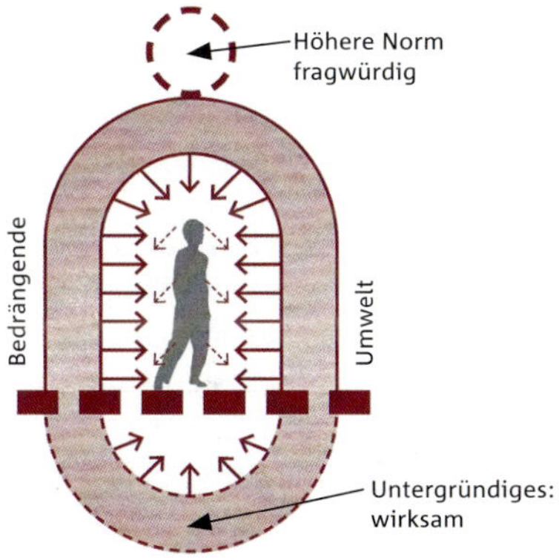
Einteilung / Aufbau	Gliederung in Akte, die wiederum in Szenen eingeteilt sind; Teile nicht selbstständig; festgelegter Aufbau: Exposition, „steigende" Handlung, Peripetie, „fallende" Handlung, Katastrophe / Lösung	in der Reinform: freie Abfolge von Szenen, beliebig umstellbar; Einzelszenen / Bilder selbstständig; Einteilung in Akte möglich Stationenfolge – Austauschbarkeit der Szenen / Bilder
– **wichtige Stationen der Gattungsgeschichte mit Vertretern und Werken**	– die Klassiker der griechischen Antike: Aischylos, Sophokles, Euripides – 16. / 17. Jh.: das Drama des elisabethanischen Zeitalters – Shakespeare – und der französischen Klassik – Corneille, Racine, Molière – Aufklärung: bürgerliches Trauerspiel; Lessing: „Emilia Galotti" (1772 uraufgeführt) – Sturm und Drang: bürgerliches Trauerspiel in radikalerer Form (Schiller: „Kabale und Liebe", 1784 uraufgeführt); „offene" Formen nach dem Vorbild Shakespeares (Goethe: „Götz von Berlichingen", 1771; Lenz: „Der Hofmeister", 1774, „Die Soldaten", 1776) – Klassik: „geschlossene" klassische Dramen Goethes („Iphigenie auf Tauris", 1786) und Schillers („Maria Stuart", 1800 uraufgeführt); „offene" Form von Goethes „Faust" (1808) – Vormärz, Realismus und Naturalismus: nach Büchner mit dem inhaltlich und formal vorausgreifenden „offenen" Drama „Woyzeck" (1836 / 37) und dem eher „geschlossenen" Drama „Dantons Tod" (1835), in der ansonsten durch die Epik dominierten Zeit des bürgerlichen Realismus: Fortführung des bürgerl. Trauerspiels bei Hebbel („Maria Magdalene", 1843) mit Figuren aus der kleinbürgerl. Schicht, während im Drama des Naturalismus der vierte Stand ins Zentrum rückt: Hauptmann: „Die Weber" (1893 uraufgeführt)	

Merkmale und Entwicklung des Dramas im 20. Jahrhundert

Das Drama des 20. Jahrhunderts entwickelt sich aus der Abgrenzung zu klassischen Formen des 19. Jahrhunderts („bürgerliches Trauerspiel") und vorangehender Strömungen (vor allem des Naturalismus). Programmatiker und Regisseure wie E. G. Craig, P. Behrens und G. Fuchs, die sich gegen das damalige Illusionstheater wandten, fasst man unter dem Stichwort „Theaterreform um 1900" zusammen. Von nun an rücken Fragen der **Theaterpraxis** (Gestaltung des Bühnenraums, Regie, Interaktion mit dem Publikum, Aspekt der Wirkung, Einsatz von Medien – vor allem des Films) gegenüber primär dramentheoretischen oder konzeptionellen Fragen (Handlungsführung, Aufbau des Dramas in Akte oder Szenen, Anlage der Figuren) stärker in den Vordergrund. Damit werden ästhetische Fragen nicht mehr unter dem Gesichtspunkt der Nachahmung (Stichwort „Illusionstheater") und der Umsetzung eines literarischen Textes in einem spezifischen Medium gesehen, sondern Theater insgesamt (d. h. Schauspieler, Regisseur, Dramaturg, Produzent) versteht sich als eigenständige künstlerische Gestaltung, die dem Zuschauer eine „Botschaft" vermitteln und ihn so beeinflussen möchte. Auch verschiebt sich der Anspruch, im Theater einzig das bürgerliche Publikum zu erreichen, hin zu allen Bevölkerungsschichten.

Gattungswissen zum Drama im Überblick (20. Jahrhundert)
Begriff / Kennzeichen, Vertreter und Werke

E. Piscator (1893–1966); E. Toller (1893–1939): „Hoppla, wir leben!" (1927); B. Brecht (1898–1956): „Die Maßnahme" (1929); „Die Ausnahme und die Regel" (1930)

Politisches Theater

Vor dem Hintergrund eines überzeugten Pazifismus tritt der Regisseur und Theaterdirektor Erwin Piscator nach dem Ersten Weltkrieg für ein Theater ein, das politisch denkt und daher für die Interessen der Arbeiterschaft Partei ergreifen soll. 1920 gründet er sein „Proletarisches Theater" in Berlin. Theoretisch legt er seine Ansichten in der Schrift „Das politische Theater" (1929) nieder. Auch „Neue Sachlichkeit" und Intermedialität kennzeichnen sein Theater. Piscator revolutionierte die Bühnentechnik, indem er Spruchbänder und Sprechchöre einsetzte, die neuen Medien nutzte (Dokumentarfilme, Fotografien) sowie Musikstücke und Revuen einbaute („Totaltheater"). Brecht übernimmt seine Vorstellungen in den sog. Lehrstücken. Damit steht er auch in der Tradition des Arbeiter-Laienspieltheaters Agitprop (= Agitation und Propaganda) der frühen Zwanzigerjahre.

B. Brecht (1898–1956): „Leben des Galilei" (1938/39), „Mutter Courage und ihre Kinder" (1939), „Der gute Mensch von Sezuan" (1941), „Der kaukasische Kreidekreis" (1944/45)

Episches Theater

Die Welt wird als verständlich und veränderbar begriffen. Im Gefolge klassischer Vorstellungen vom Theater als einer moralischen Anstalt hat ein Bühnenstück belehrende, aufklärende Funktion. Der Zuschauer darf sich nicht völlig der Illusion des Bühnengeschehens hingeben, sondern muss die Handlung kritisch reflektieren. Durch geeignete dramaturgische Mittel (Verfremdungseffekt) soll der Zuschauer dazu motiviert werden, die richtigen Schlüsse aus dem Bühnengeschehen zu ziehen.

P. Weiss (1916–82): „Die Ermittlung" (1965), H. Kipphardt (1922–82): „In der Sache J. R. Oppenheimer" (1964), R. Hochhuth (geb. 1931): „Der Stellvertreter"

Dokumentarisches Theater

Das dokumentarische Theater stellt mit authentischen Mitteln Realität als Schauspiel dar. Gearbeitet wird nur mit verbürgtem Material, das im Inhalt unverändert, in der Form bearbeitet, von der Bühne aus wiedergegeben wird. Obwohl keine Erfindung, ist es doch eine fiktive Darstellungsform, da die subjektive Auswahl und die Suggestivkraft der besonders aussagekräftigen ausgewählten Versatzstücke einer Quelle die bewusste Beeinflussung des Zuschauers intendieren. Das dokumentarische Theater ist ein Theater der Berichterstattung, Protokolle, Akten, Briefe, Zeitungs- und Rundfunkreportagen, Fotos und Journalfilme.

S. Beckett (1906–89): Warten auf Godot", E. Ionesco (1912–94): „Die Nashörner", W. Hildesheimer (1916–91): „Die Uhren"

Theater des Absurden

Als provokante Abkehr vom Konventionstheater und als Protest gegen bürgerliche Scheinwelten entsteht in den Fünfzigerjahren das absurde Theater. In der Tradition der Commedia dell' Arte, von Dadaismus und Surrealismus wird eine als absurd erfahrene Realität künstlerisch verarbeitet. Im absurden Theater fehlt ein psychologisch durchdachtes Handlungsschema. Die oft existenziell bedrohten Figuren finden sich wie Marionetten in einer sinnentleerten, alogisch erlebten Welt wieder. Kommunikationsstörungen und Belanglosigkeiten prägen die Dialoge. Selbst der Bühnenraum und die Requisiten sind auf das Einfachste reduziert. Das absurde Theater wurde zum Vorreiter des experimentellen Theaters der Sechzigerjahre.

F. Dürrenmatt (1921 bis 90): „Der Besuch der alten Dame" (1956), „Die Physiker" (1961/62); M. Frisch (1911-91): „Biedermann und die Brandstifter" (1958), „Andorra" (1961)

Theater der Groteske

Die beiden Schweizer Autoren Friedrich Dürrenmatt und Max Frisch grenzen sich schon früh von Brecht ab und schreiben Theaterstücke zwischen Absurdität und Engagement. Dürrenmatt entwirft das Theater der Modelle. Bühnenhandlungen ohne konkreten historischen Wirklichkeitsbezug gewähren so wie ein Modell Einblicke in die Mechanismen menschlicher Verhaltensweisen und ihre Folgen. Demnach ist für ihn die groteske Komödie die einzig adäquate Dramenform. Thema: Moral, Käuflichkeit, Identitätssuche, Vorurteile der Menschen, Beziehung zwischen Menschen u. Gesellschaft, Einfluss der Tradition.

Ö. von Horváth (1901–38): „Geschichten aus dem Wiener Wald" (1931); M. Fleißer (1901–74): „Die Pioniere in Ingolstadt" (1928); M. Sperr (geb. 1944): „Jagdszenen in Niederbayern" (1965); F. X. Kroetz (geb. 1946): „Der Stallerhof" (1971)

Volksstück

Seit Mitte des 19. Jh.s werden volkstümliche, durch einfache Handlungsführung, von Mundart geprägte und oft am bürgerlichen Trauerspiel sich anlehnende Stücke als Volksstück bezeichnet. In der Zeit der Weimarer Republik erlebt das Volksstück einen enormen Aufschwung und verarbeitet mit zeitkritischen Stücken von Horvath und Fleißer die sozialen Umbrüche – immer erlebt aus der Perspektive des „kleinen Mannes". Mit einer Horvath-/Fleißer-Renaissance auf bundesdeutschen Bühnen der Sechzigerjahre beginnt auch das zeitgenössische Volksstück vor allem in Bayern und Österreich aufzublühen. Meist geht es in den Stücken um Vergangenheitsbewältigung, die Auseinandersetzung mit gesellschaftlichen Problemstellungen oder die Verarbeitung von Alltagserfahrungen.

H. Müller (1919 bis 95): „Germania Tod in Berlin" (1956/71), „Die Hamletmaschine" (1977); P. Hacks (1928–2003): „Die Sorge und die Macht" (1962); V. Braun (geb. 1939): „Der Kipper" (1966)

Theater des sozialistischen Realismus

Anknüpfend an das politische Theater des frühen 20. Jahrhunderts (Agitprop), entwickelte sich in der DDR in der Nach-Brecht-Ära und unter der Maßgabe des „Bitterfelder Wegs" eine Theaterproduktion, die sich an der gesellschaftlichen Aufgabe von Kunst und Literatur zu orientieren hatte. Für viele kritische Autoren wie Hacks oder Braun, die zwar grundsätzlich am ideologischen Ziel des Kommunismus festhielten, jedoch nicht immer mit dem dahin einzuschlagenden Weg einverstanden waren, musste es daher zu ernsthaften Konflikten mit der offiziellen Kulturpolitik der SED kommen. Neben dem 1954 mit dem Berliner Ensemble Brechts fusionierten „Theater am Schiffbauerdamm" gehörte das „Deutsche Theater" zu den bedeutendsten Bühnen der DDR.

T. Dorst (geb. 1925): „Merlin oder Das wüste Land" (1981); B. Strauß (geb. 1944): „Der Park" (1983); I. Bauersima (geb. 1964): „norway. today" (2000)

„Postdramatisches" Theater

Seit den Achtzigerjahren nutzen junge Autoren vermehrt die Bühne für Experimente und Sprachspiele im Sinne postmoderner Kunst. In scheinbar unpolitischer Absicht werden Alltagssituationen gestaltet, die oft in einer Art Endzeitstimmung „Bilder der Trostlosigkeit" vermitteln. So fallen die Figuren aus ihren festen Ordnungsmustern heraus und werden von Verlustängsten und Kommunikationskrisen erschüttert.

Emigration

Im Jahr 1933, mit der Machtergreifung Hitlers, gingen viele Intellektuelleins Exil, entweder weil sie sich aufgrund ihrer Einstellung unmittelbar in Gefahr befanden oder aber sich ein Leben in einem von den Nationalsozialisten regierten Land nicht vorstellen konnten.

Die Emigration führte die meisten zuerst in europäische Nachbarländer. Als diese Länder keinen Schutz mehr boten, gingen viele in die USA, auch nach Mittel- oder Südamerika, einige nach Asien.

Daneben gab es auch literarischen Widerstand in Deutschland. Dabei handelt es sich um Autoren, die deutliche Kritik am System äußerten und sich damit in größte Gefahr begaben

→ Camouflage

oder die verdeckt auf die Missstände hinwiesen (Camouflagetechnik). Andere, die ebenfalls der Diktatur kritisch oder ablehnend gegenüberstanden, zogen sich zurück und verfassten thematisch apolitische Werke (z. B. Kinder- oder Filmdrehbücher).

Erst nach dem Krieg begann man, den Rückzug dieser Literaten als „innere Emigration" zu bezeichnen, im Gegensatz zur äußeren Emigration, dem tatsächlichen Exil vieler Schriftsteller.

Erzählformen und Erzählverhalten

Charakteristisches Merkmal epischer Texte ist die „strukturale Trias des Erzählens, d. h. die Vermittlung eines Geschehens durch einen Erzähler an einen Rezipienten" (Petersen). Da alles erzählbar ist, ist die Mittelbarkeit epischer Darstellung das entscheidende Kennzeichen der Gattung: Dem Erzähler, der diese Vermittlung leistet, kommt damit in epischen Texten eine entscheidende Rolle zu, weshalb die Erschließung eines epischen Textes auch immer die Auseinandersetzung mit dem jeweiligen Erzähler erfordert. Nach Jürgen H. Petersen sind die folgenden Kategorien für die Erschließung der Erzähltechnik besonders schlüssig und hilfreich:

Petersen unterscheidet drei **Erzählformen**: die Ich-Form (der Erzähler erzählt von sich, ist also „Person" und doppelt präsent als erlebendes Ich und als erzählendes Ich), die Du-Form (der Erzähler erzählt vom Angesprochenen, was selten ist, aber vorkommt) und die Er-Form (der Erzähler ist selbst nicht „Person", nur Medium, und erzählt von Dritten, die natürlich auch durch die Pronomina „sie" und „es" vertreten sein können).

Mit diesen drei Erzählformen sind folgende drei Arten von **Erzählverhalten** kombinierbar:

- das **auktoriale**: sich selbst ins Spiel bringender, eigene Meinungen, zusätzliche Kommentare äußernder Erzähler;
- das **personale**: die Figurenperspektive wählende epische Darbietung, ein Erzähler also, der die Blickrichtung einer Figur einnimmt und darstellt, was diese Figur wahrnimmt;
- das **neutrale**: ein Höchstmaß an Objektivität suggerierendes Erzählverhalten, das weder die Sicht einer Figur noch die des Erzählers in den Vordergrund rückt; im Gegensatz zum personalen Erzählverhalten auch Innensicht der dargestellten Figuren erlaubend.

Eine weitere Kategorie ist nach Petersen der **Standort des Erzählers**, nämlich das raumzeitliche Verhältnis des Erzählers gegenüber den dargestellten Personen und Vorgängen: Wie nahe oder wie weit entfernt (lokal und temporal) von ihnen ist der Erzähler? Hat er einen geringen oder einen großen Überblick über das Geschehen?

Dabei wird die **Sichtweise**, also zwischen Außen- und Innensicht unterschieden: „Allwissend" ist ein Erzähler, der einen „olympischen" Standort einnimmt (d. h. das gesamte Geschehen räumlich und zeitlich vollständig überblickt) und dem dabei auch der Blick in das Seelenleben der Figuren zur Verfügung steht.

Die **Erzählhaltung** ist die Kategorie, mit der die „wertende Einstellung des Erzählers zum erzählten Geschehen bzw. zu den Figuren" bezeichnet wird, wobei die Haltung, die der Erzähler dazu einnimmt, „affirmativ oder ablehnend, kritisch, skeptisch, schwankend sein, sich plakativ oder differenziert, eindeutig oder modifiziert artikulieren und dabei sehr unterschiedliche epische Mittel benutzen kann" (Petersen).

Schließlich sind noch die **Arten der Darbietung** anzuführen: Ein Erzähler kann ein Geschehen durch Erzählerbericht oder durch direkte Rede bzw. Dialog, indirekte Rede, erlebte Rede oder inneren Monolog wiedergeben. Einem auktorialen Erzähler stehen zudem erörternde Eingriffe zur Verfügung, wie etwa Reflexionen, Kommentare oder Kritiken.

Erzähltempo

Das Erzähltempo hat eine besondere Bedeutung in der erzählenden Literatur.
Erzählzeit: Zeitspanne, die zum Lesen oder Hören notwendig ist.
Erzählte Zeit: Zeitraum, über den sich die Handlung einer Geschichte erstreckt.
Zeitraffung: Erzählzeit ist viel kürzer als der Zeitraum, den die erzählte Handlung umfasst.
Zeitdehnung: Zeit, die man zum Lesen oder Hören des Textes benötigt, ist länger als der Zeitraum, über den erzählt wird.
Zeitdeckung: Erzählte Zeit entspricht genau der Erzählzeit.

Expressionismus (1910–1925)

Der Expressionismus war eine gesamteuropäische Bewegung, die Kulturschaffende in Malerei, Musik und Literatur gleichermaßen erfasste. Die Dichter des Expressionismus sahen sich in bewusstem Gegensatz zu der als oberflächlich und hohl empfundenen Literatur der Jahrhundertwende. In ihrem Streben nach radikaler Abkehr vom bürgerlichen Selbstverständnis des Wilhelminismus opponierten sie gegen herrschende gesellschaftliche Werte wie Bürokratismus und Militarismus. Gegenstand expressionistischer Dichtung war u. a. der Generationskonflikt, das Wachstum der Städte sowie die Folgen der technischen Entwicklung und der Industrialisierung. Verkündet wird immer wieder der Aufbruch in eine neue Zeit, das Entstehen eines neuen Menschengeschlechts. Im Mittelpunkt steht dabei der Ausdruck des individuellen Empfindens des Einzelnen. Kennzeichnend ist eine bildreiche, rauschhafte Sprache. Höhe- und Endpunkt des sogenannten expressionistischen Jahrzehnts bildet die von Kurt Pinthus herausgegebene Lyrik-Anthologie „Menschheitsdämmerung“ (1919).

Figurencharakterisierung

Das Wesen / der Charakter einer Figur setzt sich aus mehreren Gesichtspunkten zusammen: Äußeres Erscheinungsbild, besondere Merkmale – Lebensumstände (Herkunft, Stand, Vorgeschichte usw.) – Beziehung zu den Mitmenschen – Gedanken, Gefühle, Eigenschaften – Einstellungen, Motive. Die Figuren können direkt (durch Erzählerbericht, durch das, was andere Figuren oder sie über sich selbst aussagen) oder indirekt (durch ihr Äußeres, durch Darstellung ihres Verhaltens und ihrer Beziehung zu anderen) charakterisiert werden.

Fragment

Fragmente erscheinen im „Athenäum“ der Brüder Schlegel, erzählerische Fragmente verfassen z. B. F. Schlegel und Novalis.

Fragment (lat. *fragmentum* = Bruchstück): Bezeichnung für ein unvollendet vorliegendes Werk. Zu unterscheiden sind: unvollständig überlieferte Werke, unvollendet gebliebene oder aufgegebene Werke und die bewusst gewählte **literarische Form**, die sich als Fragment gibt und ihre Wirkung aus der vorgeblichen Unabgeschlossenheit oder Unfertigkeit gewinnt. Das Fragment wird besonders in der **Frühromantik** zum zentralen Ausdrucksmittel.

Historische Erzählung

Historische Erzählungen verfassten z. B. Gottfried Keller („Züricher Novellen", 1876/77), Reinhold Schneider („Las Casas vor Karl V.", 1938).

Der Begriff bezeichnet eine „[K]ürzere erzählende Dichtung [...] über historische (oder zumindest in historisch beglaubigter Umgebung angesiedelte) Gestalten und Vorfälle; meist auf ein zentrales Ereignis aus einem größeren Komplex von Geschehnissen (oder aus einem Lebenslauf) konzentriert und dadurch vom umfang- und figurenreicheren historischen Roman unterschieden. Von der loser gefügten historischen Erzählung unterscheidet sich die historische Novelle durch straffe Handlungs- und Gedankenführung." (Rainer Schönhaar)

Impressionismus

→ Realismus / Naturalismus

Der Impressionismus bezeichnet eine Strömung der Literatur der Moderne (1890–1920), der als Abkehr vom Naturalismus zu verstehen ist und die präzise und eindringliche Abbildung von Seelenzuständen sowie sinnlich-subjektiven Eindrücken und Stimmungen verfolgt.

Journalistische Darstellungsformen

Glosse

Die Glosse ist eine äußerst freie Textform, sie unterliegt letztlich keinen Strukturierungsvorgaben. Der Einstieg kann verrätselt sein. Das Thema der Glosse muss nicht in den ersten Sätzen deutlich werden. Der eigentliche Grund des Spottes kann auch erst mit einer Pointe am Schluss aufgedeckt werden. Die Gedankenführung darf einseitig sein, Gegenargumente oder andere Einschätzungen brauchen nicht berücksichtigt zu werden. Der Autor vertritt seine persönliche und subjektive Sicht der Dinge. Der Ausstieg sollte aber bewusst gesetzt sein (Schlusspointe, Rückgriff auf den Anfang ...).

Motive, Ziele	Unterhaltung, Kritik, Verwirrung ... Glossierte Situation soll auf die Spitze getrieben werden und so die Wahrheit aufdecken.
Gegenstände, „Angriffsziele"	weltgeschichtliche Ereignisse, Beobachtungen aus dem alltäglichen Leben ...
Mittel und Methoden	Zuspitzung, Widerspruch, Reibung, Ironie, Schockeffekte, Respektlosigkeit, Übertreibung, Witz ... Komik entsteht durch Widersprüchliches (Form–Inhalt, Kombination von Unpassendem, deplatzierte Archaismen oder Neologismen, wörtliche Übersetzung von Metaphern, Verfremdung von traditionellen – meist literarischen – Gegenständen, Wortspiele). Groteske Situationen und Szenen dürfen erfunden werden. Aufbau einer inhaltlichen „Fallhöhe", die angekündigt und trotzdem unerwartet zusammenbricht (hohe Erwartungshaltung – Signale für den Absturz – Pointe) ...

Kommentar

Der Kommentar als Meinungsbeitrag besitzt zwar eine wertende und beurteilende Funktion, grundsätzlich aber erfüllt er auch die Aufgabe, den Leser über einen bestimmten Sachverhalt zu informieren. Vor dem Verfassen des Kommentars müssen Sie demnach Informationen über den Sachverhalt sammeln, ordnen und entwickeln. Ein Kommentar wägt ab, begründet und reflektiert, baut eine Argumentation auf. Analyse und Erklärung dürfen also in Ihrem Beitrag nicht zu kurz kommen. Neben einer anschaulichen sprachlich-stilistischen Gestaltung müssen Sie deshalb ebenso eine konsequente und überzeugende Gliederung verfolgen.

Kalendergeschichte

Namhafte Autoren von Kalendergeschichten sind z. B. Hans Christoffel Grimmelshausen (1621–1667), Johann Peter Hebel, (1760–1826), Bertolt Brecht (1898–1956) und Oskar Maria Graf (1894–1967).

Seit Ende des Mittelalters wurden mit Erfindung des Buchdruckes (1450) einjährige Kalender verlegt, die neben den kalendarischen Angaben auch astronomische und astrologische Hinweise sowie epische Kleinformen, wie z. B. Fabeln, Anekdoten, Legenden, Erzählungen, Schwänke und Rätsel, enthielten. Innerhalb des Jahreskalendariums entwickelte sich die Kalendergeschichte als eine eigene Form, die aber relativ schwierig in Regeln zu fassen ist. Sie stellt als unterhaltende, populäre und relativ kurze Erzählung in ihrer Handlung einen Zusammenhang zwischen der privaten Geschichte der kleinen Leute und der großen Historie her; sie verfolgt dabei deutlich didaktisch-moralische Zielsetzungen.

Kunstmärchen

Im Gegensatz zum mündlich tradierten Volksmärchen hat das Kunstmärchen einen **von einem bestimmten Autor** fixierten Text. Dessen **Zugehörigkeit zu einer literarischen Strömung** und seine **Wirkungsabsicht** beeinflussen die Gestaltung des Märchens entscheidend.

Übernommen wird die **Fantasiewelt**; auch der **Aufbau** lehnt sich an die Grundstruktur von Aufbruch und Krise an, wobei ein **gutes Ende nicht mehr zwingend notwendig ist**. Die Veränderungen ermöglichen sowohl die Formulierung philosophischer Einsichten wie satirische Wendungen. Das Kunstmärchen hat daher sehr viel mehr Ähnlichkeit mit der Allegorie oder der Parabel, die eine **Deutung der Bildebene** verlangen.

Mit Vorläufern in Renaissance und Rokoko hat sich das Kunstmärchen in Deutschland seit der Romantik als eigenständige Gattung etabliert. International bekannte Vertreter sind der Däne Hans Christian Andersen (1805–1875, „Des Kaisers neue Kleider“), der Brite Charles Dickens (1812–1870, „Weihnachtsgeschichte“) und der Franzose Antoine de Saint-Exupéry (1900–1944, „Der kleine Prinz“).

→ Lyrik / rhetorische Figuren: Allegorie
→ Parabel

Elemente des Kunstmärchens finden sich in weltweit verbreiteten Romanen, die heute eher der Gattung „Fantasy“ zugerechnet werden (z. B. Joanne K. Rowling, „Harry Potter“).

Kurzgeschichte

Viel gelesene Kurzgeschichten stammen z. B. von Wolfgang Borchert (1921–1947), Peter Bichsel (geb. 1935, „San Salvador“), Gabriele Wohmann (geb. 1932, „Die Klavierstunde“).

Die Kurzgeschichte ist eine knappe, moderne Erzählung, die eine Momentaufnahme, einen krisenhaften Ausschnitt oder eine wichtige Episode aus dem Alltagsleben eines oder mehrerer Menschen zeigt. Weitere Merkmale: geringer Umfang, unmittelbarer Einstieg in das Geschehen, der schlagartig eine Situation aufreißt, zielstrebiger Handlungsverlauf hin zu einem Höhe- oder Wendepunkt, offener Schluss, der viele Deutungsmöglichkeiten zulässt, meist Alltagssprache mit einfachem Satzbau in der direkten Rede (passend zur alltäglichen Thematik der Kurzgeschichte).

Lyrik

Gedichte leben oft von Stimmungen, Gefühlen, Eindrücken, die die Dichterin oder der Dichter durch besondere – vor allem sprachliche – Gestaltungsmittel ausdrückt und mitteilt.

Reimschemata

Die folgenden Schemata beziehen sich auf Endreime, d. h., die Silben der letzten Worte der Verse reimen sich: Paarreim aabb Kreuzreim abab umarmender Reim abba	**Binnenreim:** Worte innerhalb eines Verses reimen sich. **Assonanz:** Der Gleichklang zweier Reimwörter ist nur auf die Vokale beschränkt, sog. unreiner Reim. **Alliteration:** Aufeinanderfolgende Wörter beginnen mit dem gleichen Anlaut. **Freie Verse:** Die Sprache eines Gedichts ist zwar rhythmisiert und in Versen angeordnet, aber es finden sich keine (regelmäßigen) Endreime.

Bestimmte Gedichtformen werden u. a. durch die Verwendung bestimmter Reimschemata definiert, so z. B. das Sonett, das sich aus zwei Quartetten und zwei Terzetten zusammensetzt, die folgende Reimschemata am häufigsten aufweisen:
abba, abba, cdc, dcd; abab, abab, cde, cde

Versmaße

Die Versmaße werden bestimmt durch die Abfolge von betonten (x́) und unbetonten (x) Silben:

Jambus x x́
Trochäus x́ x
Daktylus x́ x x
Anapäst x x x́

Meist wird in einem Gedicht ein Versmaß durchgehend verwendet, gelegentlich wird es an einer oder zwei Stellen durchbrochen.

Rhetorische Figuren

rhetorische Figuren	Beispiele
Allegorie: Ein abstrakter Begriff wird durch ein Bild dargestellt und veranschaulicht.	Justitia als Allegorie für Gerechtigkeit als Frau mit verbundenen Augen (Rechtsprechung ohne Ansehen der Person), mit Waage (Abwägen des Urteils) und Schwert (richterliche Gewalt)
Anachronismus: (griech. *anachronízein* = in eine andere Zeit verlegen): unfreiwilliger oder beabsichtigter Fehler in der zeitlichen Abfolge oder Überlagerung von Geschehnissen, Personen und Gegenständen. Die häufigste Form, der vorgreifende Anachronismus, verlegt Personen oder Gegenstände in Zeiten, zu denen sie noch gar nicht lebten bzw. erfunden waren, der rückgreifende Anachronismus erneuert längst überlebte Einrichtungen.	z. B. Betonung überzeitlicher Aktualität in Inszenierungen hist. Ereignisse, z. B. Schillers Räuber in modernen Uniformen
Anapher: Am Anfang aufeinanderfolgender Sätze, Satzteile, Verse oder Strophen wird ein Wort oder eine Wortgruppe wiederholt.	Wer nie sein Brot mit Tränen aß / Wer nie die kummervollen Nächte / Auf seinem Bette weinend saß *(J. W. Goethe: „Harfenspieler“)*
Antiklimax: Reihung in absteigender Folge	Doktoren, Magister, Schreiber und Pfaffen *(J. W. Goethe: „Faust I“, Nacht)*
Asyndeton: Wörter, Wortgruppen oder Sätze werden ohne verbindende Konjunktionen aneinandergereiht.	Alles rennet, rettet, flüchtet *(F. Schiller: „Das Lied von der Glocke“)*
Chiasmus: Überkreuzstellung zweier aufeinander bezogener Wortgruppen oder Sätze	Eng ist die Welt, und das Gehirn ist weit. *(F. Schiller: „Wallenstein“)*

rhetorische Figuren	Beispiele
Chiffre: Einfache, meist bildhafte Wörter oder Wortverbindungen übernehmen einen neuen Sinn, der vom Autor gesetzt ist und aus dem Zusammenhang erschlossen werden muss. Wichtig ist dabei der auch vom ursprünglichen Wortsinn her mögliche Assoziationsraum.	schwarze Milch der Frühe *(Paul Celan: „Todesfuge")*
Ellipse: Satzglieder, die zum Verständnis des Satzes nicht unbedingt notwendig sind, werden weggelassen.	Wohin so eilig? **Statt:** Wohin bist du so eilig unterwegs?
Enjambement: Ein Satz geht über das Ende eines Verses (oder einer Strophe) hinaus und wird im folgenden Vers (oder in der folgenden Strophe) weitergeführt.	Es war, als hätt der Himmel Die Erde still geküsst, Dass sie im Blütenschimmer Von ihm nun träumen müsst´. *(J. v. Eichendorff: „Mondnacht")*
Epipher: Am Ende aufeinanderfolgender Sätze, Satzteile, Verse oder Strophen wird ein Wort oder eine Wortgruppe wiederholt.	Doch alle Lust will Ewigkeit –, – will tiefe, tiefe Ewigkeit! *(F. Nietzsche: „Also sprach Zarathustra")*
Euphemismus: beschönigende Umschreibung	erblassen **statt:** sterben
Figura etymologica: Verbindung zweier Wörter desselben Wortstamms in einem Ausdruck oder Satz	Hast nicht einmal so viel Scham, dich dieser Streiche zu schämen? *(Schiller: „Die Räuber")*
Hyperbel: extreme Übertreibung	Da werden Weiber zu Hyänen *(F. Schiller: „Das Lied von der Glocke")*
Hypotaxe: Unterordnung, d. h., ein Satzgefüge wird mit einem Hauptsatz und verschiedenen, untergeordneten Nebensätzen konstruiert.	Wenn nicht mehr Zahlen und Figuren Sind Schlüssel aller Kreaturen, Wenn die, so singen oder küssen, Mehr als die Tiefgelehrten wissen, [...] Dann fliegt vor *einem* geheimen Wort Das ganze verkehrte Wesen fort. *(Novalis: „Wenn nicht mehr Zahlen und Figuren")*
Klimax: Steigerung	Er weint, er ist bezwungen, er ist unser. *(F. Schiller: „Die Jungfrau von Orleans", II, 10)*
Litotes: Mittel der untertreibenden Ausdrucksweise, wird durch Verneinung des Gegenteils erreicht, oft ironisch	Er war nicht gerade groß. **statt:** Er war klein.
Metapher: Übertragung eines Wortes auf einen anderen Sinnbereich, um diesen zu veranschaulichen.	ein Meer von Plagen
Oxymoron: bezeichnet die Verbindung zweier sich widersprechender Begriffe	traurigfroh *(Friedrich Hölderlin)*
Parallelismus: Zwei aufeinander bezogene Wortgruppen oder Sätze werden gleich konstruiert.	Es ist ein Stoppelfeld, in das ein schwarzer Regen fällt. Es ist ein brauner Baum, der einsam dasteht. *(G. Trakl: „De profundis")*
Parataxe: Beiordnung; bezeichnet die syntaktische Verknüpfung von (Teil)Sätzen durch Nebenordnung	Dem Bürger fliegt vom spitzen Kopf der Hut, In allen Lüften hallt es wie Geschrei, Dachdecker stürzen ab und gehn entzwei Und an den Küsten – liest man – steigt die Flut. *(J. van Hoddis: „Weltende")*
Personifikation: Darstellung von etwas Abstraktem als Person	Auf den Bergen hebt er schon zu tanzen an Und er schreit: Ihr Krieger alle, auf und an. Und es schallet, wenn das schwarze Haupt er schwenkt, Drum von tausend Schädeln laute Kette hängt. *(G. Heym: „Der Krieg")*
Polysyndeton: Wörter, Wortgruppen oder Sätze werden durch die gleiche Konjunktion verbunden.	und es wallet und siedet und brauset und zischt *(F. Schiller: „Der Taucher")*

rhetorische Figuren	Beispiele
Symbol: bildhaftes, über die eigentliche Bedeutung des Wortes hinausweisendes, mehrdeutiges Zeichen	Kreuz (Christentum; Hoffnung auf Erlösung; Tod, der aber nicht das Ende darstellt etc.)
Synästhesie: Ein Reiz wird mit einem anderen als dem ihm zugeordneten Sinnesorgan wahrgenommen.	Golden wehn die Töne nieder *(C. Brentano: „Abendständchen")*
Synekdoche: Der eigentliche Begriff wird durch einen zugehörigen engeren oder weiteren Begriff ersetzt.	Das Cello trinkt rasch mal. Die Flöte rülpst tief drei Takte lang: Das schöne Abendbrot. *(G. Benn: „Nachtcafé")*
Tautologie: gibt einen Sachverhalt doppelt wieder	immer und ewig, voll und ganz
Vergleich: Herstellung einer Gemeinsamkeit zwischen zwei Bereichen	weiß wie Schnee, kalt wie Eis

Ballade

Der Begriff „Ballade" kommt aus dem Italienischen und benennt ursprünglich ein „Tanzgedicht" mit Refrain. Handlungselemente traten erst im Lauf der Zeit dazu. Die Ballade gewann im deutschsprachigen Raum vor allem seit dem Sturm und Drang an Beliebtheit. Goethe bezeichnet die Ballade als **Ur-Ei aller poetischen Dichtung** und versteht damit die Verbindung von **epischen, lyrischen und dramatischen Elementen**.

→ Drama

Die Ballade ist im deutschsprachigen Raum ein nach den Gesetzen des Dramas strukturiertes Erzählgedicht, das aufgrund der komplexen Geschichte meist einen größeren Umfang besitzt. Im Mittelpunkt steht häufig ein außergewöhnliches Geschehen, das auch ein geheimnisvolles, nicht rational erklärbares Ereignis thematisieren kann. Als unterschiedliche Formen entwickeln sich die **numinose-schicksalsbezogene**, die **volkstümliche** und die **geschichtliche** Ballade, die dann auch sozialkritische Intentionen verfolgt.

Dinggedicht

Das Dinggedicht ist eine besondere Gedichtform, bei der ein sinnlich fassbarer Gegenstand, ein Ding, auf sachlich-distanzierte Weise dargestellt und symbolisch gedeutet wird. Das lyrische Ich tritt meist in den Hintergrund. Beispiele: Eduard Mörike, „Auf eine Lampe"; Conrad Ferdinand Meyer, „Der römische Brunnen"; Rainer Maria Rilke, „Der Panther", „Das Karussell".

Elegie

Johann Wolfgang Goethe: Elegie auf den Tod des Bruders meines Freundes [Anfang]

Im düstern Wald, auf der gespaltnen Eiche,
Die einst der Donner hingestreckt,
Sing ich um deines Bruders Leiche,
Die fern von uns ein fremdes Grab bedeckt. […]

In der Antike verstand man unter einer Elegie (griech. *élegos* = Trauergesang mit Flötenbegleitung) jedes Gedicht, das in Distichen geschrieben ist. Das Distichon (griech. Zweizeiler) ist ein **Verspaar** aus **Hexameter** und **Pentameter**:

Der **Hexameter** besteht aus sechs Daktylen (Versfuß aus einer betonten und zwei unbetonten Silben), wobei ein Daktylus wie im Griechischen durch einen Spondeus (x́x́) ersetzt werden kann, allerdings wird im Deutschen statt der zweiten Betonung eine unbetonte Silbe (x́x) gesetzt, d. h., dass der Spondeus im Deutschen wie ein Trochäus erscheint. Der **Pentameter** im Griechischen besteht aus fünf Versfüßen: 1. Daktylus 2. Daktylus 3. Spondeus 4. Anapäst 5. Anapäst (keine Alternative zu dem Spondeus und den beiden Anapästen). Im Deutschen macht man daraus Spondeus – Daktylus – Spondeus – Anapäst – Anapäst; hier muss nun ein „wirklicher" Spondeus stehen (x́x́ = zwei betonte Silben = Hebungsprall).

Neben dieses formale Merkmal tritt mit der Zeit ein inhaltliches, sodass Elegie allgemein zur Bezeichnung eines wehmütigen **Klagegedichts über Tod und Vergänglichkeit** wird, das nicht notwendig in Distichen steht.

Xenien

Xenien (eigentlich griech. *Gastgeschenke*): ein satirisches, zeitkritisches Distichon aus Hexameter und Pentameter; Goethe und Schiller verfassten gemeinsam einen „Xenien-Almanach", um ihre Positionen darzulegen und andere Auffassungen zu kritisieren bzw. lächerlich zu machen. Da die angegriffenen Personen oft nicht direkt genannt wurden, war die Auflösung dieser Xenien für die Leserschaft auch ein spannendes Gesellschaftsspiel.

Hermetische Lyrik

Zu dieser Form der Lyrik zählen Gedichte, deren semantische Ebene sich einem unmittelbaren Verständnis entzieht. Der Begriff leitet sich von dem engl. Wort *hermetic* „luftdicht“, „fest verschlossen“ ab. Im hermetischen Gedicht löst sich der Autor von herkömmlichen Sprachstrukturen. Er chiffriert die Sprache und formt sie zugleich nach Prinzipien der Lyrik.

Politische Lyrik

Gedichte, die politische und gesellschaftliche Zustände beschreiben, diese meist kritisch mit dem Wunsch nach Veränderung bewerten, zählen zur politischen Lyrik. Diese Form von Lyrik findet sich in der deutschen Literatur schon seit dem Mittelalter. Politische Dichtung oder politische Lyrik entsteht vor allem in politisch brisanten Zeiten, in Umbruch- oder Krisenzeiten, in der Umbruchzeit des Spätmittelalters (seit 1200), in der Zeit des Dreißigjährigen Krieges, während der Französischen Revolution, während der Zeit des Vormärz, dann auch in der Weimarer Republik, während des Nationalsozialismus als Exilliteratur, in der Umbruchsituation der Sechzigerjahre des 20. Jahrhunderts.

Merkmale von politischer Lyrik im engeren Sinne sind das Aufzeigen aktueller politischer und sozialer Zustände, meist der Missstände, somit ein enger Bezug zu den jeweiligen geschichtlichen Ereignissen, der Wille, auf die Zustände Einfluss zu nehmen, sie zu verändern oder sie auch zu bestätigen.

Zeitgenössische Lyrik

Die Gegenwartslyrik tritt nicht in einheitlicher Form auf. Es zeichnen sich jedoch einige spezifische Tendenzen zeitgenössischer Lyrik ab, ohne dass diese Phänomene eine völlige Neuheit bedeuten. Die Lyrik

- stellt Gegensätze einander gegenüber;
- thematisiert auch das Unangenehme, Problematische, Hässliche;
- verstößt dabei gegen Form- und Sprachästhetik: Abschnitte statt Strophen, Fehlen eines einheitlichen Metrums, harte Enjambements bis zur Zerstörung der Verszeilen-Einheit;
- greift auf verschiedene Sprachebenen und Soziolekte, auch auf die Umgangssprache zurück;
- thematisiert auch gesellschaftliche Erscheinungen, gesellschaftliche Probleme und Tabus;
- bildet ungewöhnliche grammatikalische Zusammensetzungen oder Formulierungen mit ungewöhnlicher Bedeutung;
- neigt zu Ellipsen und zum Aufbrechen verständlicher Satzkonstruktionen.

Montagetechnik

Bei diesem erzählerischen Verfahren werden Texte wie z. B. Zeitungsausschnitte, Werbesprüche oder Bekanntmachungen als „Wirklichkeitsfragmente“ ebenso unvermittelt in den Erzähltext eingebaut wie Bibelstellen, Liedtexte oder literarische Quellen. Unvermittelter Einbau bedeutet: Die Zitate werden weder angekündigt noch als solche gekennzeichnet und in der Regel auch nicht explizit mit dem Kontext verknüpft.

„Neue Sachlichkeit“

Die „Neue Sachlichkeit“ kennzeichnet die Abkehr vom Expressionismus und von einem klassisch-elitären Dichtungsbegriff hin zum Arbeitsleben und zur Alltagswelt, dargestellt in nüchterner Sprache und in ihrem Formenrepertoire beeinflusst durch die neue Alltagswelt: zur Kunstform erhobene journalistische Textsorten (Tucholsky, Kisch), der Einsatz von Filmszenen, Fotografien oder Dokumentarmaterialien auf der Bühne durch Piscator und Brecht und auch u. a. für das Kabarett verfasste Gebrauchslyrik wie Balladen, Couplets (politisches oder satirisches Lied mit markantem Refrain) oder Songs.

„Neue Subjektivität“

Der Begriff „Neue Subjektivität“ kennzeichnet eine Tendenzwende in der westdeutschen Literatur der Siebzigerjahre, die sowohl als Gegenbewegung zu kulturellen und politischen Positionen aus dem Umkreis der Studentenproteste der späten Sechzigerjahre verstanden werden kann als auch als deren Weiterentwicklung. Die „Neue Subjektivität“ ist geprägt vom Unbehagen an gesellschaftstheoretischen Abstraktionen und politischen Aktionismen, welche die Befindlichkeit des Einzelnen vernachlässigt.

Novelle

Gattungswissen im Überblick

Begriff	(ital.: *novella* = kleine Neuigkeit, zu lat. *novus*, *novellus* = neu) epische Klein- und Kurzform
Gattungskennzeichen Inhalt:	– gestaltet real vorstellbares, neuartiges und / oder ungewöhnliches, wahres bzw. wahrscheinliches Ereignis – (im Gegensatz zum Roman) Konzentration auf ein Ereignis oder wenige eng miteinander verknüpfte Ereignisse – Handlungsfolge läuft auf zentralen Konflikt zu und wird von diesem bestimmt – oft in erzählerischen Rahmen eingebunden (Rahmen- und Binnenhandlung, Zusammenstellung mehrerer Novellen zu einem Zyklus) – Bezugsrahmen, meist mit ausdrücklichem Aktualitätsbezug
Form:	– straffe, überwiegend einlinige Handlungsführung – (im Gegensatz zur Anekdote oder Kalendergeschichte) kunstvoller Aufbau – (im Gegensatz zur Kurzgeschichte) Tendenz zur geschlossenen Form – pointiertes Hervortreten von Höhe- und Wendepunkten – meist stark raffender Handlungsbericht – häufig Vorausdeutungen, Leitmotive (Gegenstand, Situation, Handlung, Figur oder Aussage, die an bedeutsamen Stellen wiederholt werden), Dingsymbole (Gegenstand, Tier oder Pflanze als Sinnbild)
Vertreter	– **J. W. Goethe, A. W. Schlegel, L. Tieck, F. Th. Vischer, P. Heyse**
Gattungsgeschichte	– **Boccaccio**: „Decamerone“ (Italien, 1348–53) – **Geoffrey Chaucer**: „Canterbury Tales“ (England, 1391–99; in Versform) – anonym: „Cent Nouvelles Nouvelles“ (Frankreich, 1440) – in Deutschland: Novelle wird erst im 18. Jahrhundert bekannt und beliebt – 19. Jahrhundert: breite Novellenproduktion in Romantik und (v. a.) im Realismus – 20. Jahrhundert: verstärktes Abweichen von literaturtheoretischen Vorgaben, Annäherung an andere epische Kleinformen (v. a. Kurzgeschichte, Anekdote) und den Roman – Gegenwartsliteratur: trotz immer wieder behaupteter Tendenzen von Stagnation und Verfall bis heute produktive Gattung

Parabel

Der Begriff „Parabel“ stammt aus dem Griechischen *(parabolé)* und bedeutet Gleichnis, Nebeneinanderstellen, Vergleich. Als literarische Kleinform ist damit eine kurze, lehrhafte Beispielerzählung gemeint, deren übertragene Bedeutung eine allgemeine Wahrheit oder

Weisheit ausspricht. In der abendländischen Literatur hat die Parabel ihren Ursprung in den neutestamentlichen Gleichnissen Jesu, wo etwa im Gleichnis vom verlorenen Sohn das Verhältnis des Sünders zu Gott verdeutlicht wird. In der modernen Literatur dienen Parabeln häufig zur Darstellung einer unerklärbaren, verrätselten Welt, so z. B. im Werk Kafkas.

Politisierung der Literatur

G. Grass: „Die Blechtrommel“ (1959), A. Andersch: „Der Vater eines Mörders“ (1980), H. Böll: „Ansichten eines Clowns“ (1963), S. Lenz: „Deutschstunde“ (1968) behandeln auch politische und gesellschaftskritische Fragen in ihren Werken.

Vor allem in der Zeit des wirtschaftlichen Aufschwungs der Bundesrepublik Deutschland kritisieren viele Schriftsteller und Intellektuelle, dass der geistige Aufschwung ausgeblieben sei, eine ernsthafte und ehrliche Auseinandersetzung mit der Vergangenheit nicht stattgefunden habe und teilweise die Schuldigen, Täter und Mitwisser aus der Zeit des Nationalsozialismus in neuen Funktionen weiterarbeiten dürften, ohne dass sie je zur Rechenschaft gezogen worden seien. Die Auseinandersetzung mit der sogenannten Vätergeneration beginnt. Die in diesem Zusammenhang entstehende Literatur will verhindern, dass es sich die Vätergeneration durch gegenseitiges Stillhalten und Schweigen in der neuen Bundesrepublik bequem machen kann.

Postmoderne

Die Postmoderne ist ein schwer zu fassender Begriff mit einer langen Entwicklung. Erstmals wurde er von John Watkins Chapman im Zusammenhang mit einem Malstil verwendet (1870), der im Gegensatz zum Impressionismus stand. I. Hassan (1971) hat Kategorien zusammengestellt, die bis heute zu den zentralen Merkmalen der Postmoderne zählen: Auflösung des Kanons, Fragmentarisierung, Pluralisierung, Ironie, Karnevalisierung, Verlust von „Ich“ und „Tiefe“ (nach Ralf Schnell).

Merkmale postmodernen Erzählens

- **Narrative Grundmuster:** Ein häufig detektivischer Ich-Erzähler oder eine Hauptfigur befindet sich auf der Suche nach der zu konstruierenden, aber letztendlich unauffindbaren Wahrheit.
- **Ironisierung als narratives Prinzip:** Die Handlung wird immer wieder ironisch gebrochen, z. B. Elias Elder, der Held in Robert Schneiders Roman „Schlafes Bruder“ (1992), besitzt das absolute Gehör, ohne dass er sein musikalisches Genie ausleben kann.
- **Spielcharakter der Handlung, auch als Ironie:** Die erzählte Handlung beansprucht, Geschichte zu erzählen, ohne dass dies zutrifft, z. B. die in vielen Teilen erfundene Doppelbiografie von Alexander v. Humboldt und Friedrich Gauß in Daniel Kehlmanns Roman „Die Vermessung der Welt“ (2005).
- **Verwendung der Mis-en-abyme-Struktur** (franz., urspr. aus dem Griech. „ohne Boden“, „unendlich“; in der Wappenkunde: Wappen im Wappen): Das Erzählte wird auf den verschiedenen Ebenen widergespiegelt, z.B. in Umberto Ecos Roman „Der Name der Rose“ (1982 / 84) ist die Aufklärung der Morde im Kloster ebenso verwickelt wie die Ergründung der labyrinthhaften Klosterbibliothek.
- **Aufgreifen verschiedener Motive und Anführen literarischer Zitate:** Postmoderne Literatur greift zahlreiche literarische Motive auf und präsentiert ein umfangreiches literarisches Wissen. Auch dieses Verfahren führt zur Ironisierung, z. B. werden in Patrick Süskinds Roman „Das Parfum“ (1986) Motive von Kleist und E. T. A. Hoffmann aufgegriffen.
- **Neuetablierung des Helden:** Die Romanhelden verfügen häufig einerseits über Schwächen, andererseits aber auch über außergewöhnliche Talente, z. B. ist die Figur des Grenouille in Süskinds „Parfum“ ein Genie des Geruchs.

- **Aufgreifen verschiedener Erzählstile:** Häufig werden verschiedene Erzählstile miteinander verbunden, z. B. wird in Robert Schneiders Roman „Schlafes Bruder“ (1992) die Dorfchronistik verbunden mit Kantaten, Schilderungen, Aufzählungen, Dialektworten und Synästhesien.

Realismus (1815–1900)

Die als Realismus bezeichnete Zeitspanne umfasst fast ein Jahrhundert. Im Zeitraum von 1815 bis 1900 vollzogen sich enorme politische, soziale, wirtschaftliche und geistige Veränderungen, die ihren Niederschlag in der Dichtung fanden. Die Literaturwissenschaft liefert daher verschiedene Untergliederungen:

Biedermeier (1815–1848)

Die Romantik hatte ihren Zenit bereits überschritten, da bildete sich in Deutschland eine neue Form des Schreibens heraus. Nach den Erschütterungen der Französischen Revolution und den schrecklichen Erfahrungen der napoleonischen Kriege richteten viele junge Dichter nun den Blick auf Themen aus der unmittelbaren Lebenswelt der Menschen. So wurden Familie, Natur, Heimat und Religion für die nächsten 30 Jahre die zentralen Motive in der Literatur. Ihren Namen verdankt die Epoche der parodistischen Textsammlung „Gedichte des schwäbischen Schulmeisters Gottlieb Biedermaier und seines Freundes Horatius Treuherz“ (1855) der beiden schwäbischen Dichter Ludwig Eichrodt (1827–92) und Adolf Kussmaul (1822–1902).

Abkürzungen:
Dr: Drama
En: Erzählung(en)
Ep: Epos
Flugschr.: Flugschrift
Frg: Fragment
G: Gedicht(e)
K: Komödie
Lsp: Lustspiel
N: Novelle
R: Roman
Tr: Trauerspiel
P: Posse

Vertreter und Werke

Jeremias Gotthelf (eig. Albert Bitzius, 1797–1854): „Uli der Knecht“ (R), „Uli der Pächter“ (R), „Geld und Geist“ (R), „Die schwarze Spinne“ (N) – **Annette von Droste-Hülshoff** (1797–1848): „Die Judenbuche“ (N), „Das geistliche Jahr“ (G) – **Eduard Mörike** (1804–75): „Maler Nolten“ (R), „Gedichte“, „Mozart auf der Reise nach Prag“ (N) – **Adalbert Stifter** (1805–68): „Studien“ (En), „Bunte Steine“ (En), „Der Nachsommer“ (R), „Witiko“ (R) – **Franz Grillparzer** (1791–1872): „Das goldene Vließ“ (Tr), „König Ottokar's Glück und Ende“ (Tr), „Weh' dem der lügt“ (Lsp), „Gedichte“, „Ein Bruderzwist im Hause Habsburg“ (Tr) – **Ferdinand Raimund** (eig. Raimann, 1790–1836): „Das Mädchen aus der Feenwelt oder Der Bauer als Millionär“ (K), „Der Alpenkönig und der Menschenfeind“ (K) – **Johann Nestroy** (1801–62): „Einen Jux will er sich machen“ (P), „Der Zerrissene“ (P)

Vormärz / Junges Deutschland (1815–1848)

In die politisch-soziale Umbruchzeit zwischen Wiener Kongress (1815) und Revolution (1848), die durch staatliche Restaurationsbestrebungen einerseits (Karlsbader Beschlüsse 1819) und erste bürgerliche Proteste andererseits (Hambacher Fest 1832) gekennzeichnet war, fiel das künstlerische wie gesellschaftliche Engagement einer Reihe junger Autoren, die man unter den Begriffen „Vormärz“ und „Junges Deutschland“ zusammenfassen kann. Gemeinsam ist beiden Gruppen die ablehnende Haltung gegenüber dem damaligen Kulturbetrieb, bürgerlichem Spießertum, überkommenen Moralvorstellungen und der Forderung einer stärkeren „Politisierung unserer Literatur“. Oft von der Zensur an der Propagierung ihrer Ideen wie individuelle Freiheit und Emanzipation gehindert, griffen sie zur Camouflage als Mittel versteckter Kritik. Da sie sich weder von der fortwirkenden Kraft der Goethezeit noch von der Gefühlskultur des Biedermeier in ihrem Anliegen vertreten sahen, setzten sie sich für das Hier und Jetzt ein und fühlten sich gar als „Trompeter der Revolution“.

→ Camouflage

Vertreter und Werke

Heinrich Heine (1797–1856): „Reisebilder“, „Buch der Lieder“ (G), „Deutschland. Ein Wintermärchen“ (G), „Atta Troll“ (Ep), „Die Harzreise“ (G) – **Georg Büchner** (1813–37): „Der Hessische Landbote“ (Flugschr.), „Dantons Tod (Dr), „Leonce und Lena“ (Lsp), „Woyzeck“ (Frg),

Abkürzungen:
Dr: Drama
En: Erzählung(en)
Ep: Epos
Flugschr.: Flugschrift
Frg: Fragment
G: Gedicht(e)
K: Komödie
Lsp: Lustspiel
N: Novelle
R: Roman
Tr: Trauerspiel
P: Posse

„Lenz (N) – **Ludwig Börne** (1786–1837): „Briefe aus Paris" – **Karl Gutzkow** (1811–78): „Wally, die Zweiflerin" (R) – **Hoffmann von Fallersleben** (1798–1874): „Deutsche Lieder" (G) – **Georg Weerth** (1822–1856): „Humoristische Skizzen aus dem deutschen Handelsleben" – **Georg Herwegh** (1817–75): „Gedichte eines Lebendigen"– **Ferdinand Freiligrath** (1810–1876): „Neuere politische und soziale Gedichte"

Bürgerlicher Realismus (1848–1890)

Nach der gescheiterten Revolution von 1848 propagierten Theoretiker wie Julian Schmidt (1818–86), Theodor Vischer (1807–87) oder Robert Prutz (1816–72) – in bewusster Abgrenzung zu Klassik, Romantik und Vormärz – eine Neuorientierung in Kunst und Literatur. Wurde die Forderung nach Darstellung der objektiven Realität vor allem mit dem Anspruch auf deren Verklärung verbunden, so galt wiederum der Humor als *das* zentrale Mittel verklärender Gestaltung. Bevorzugte Gattung war die Prosa (Roman, Novelle, Erzählung), die sich durch eine geschlossene Handlungsführung auszeichnete, in der eine idealisierte, humorvolle Wiedergabe bürgerlicher Werte im Mittelpunkt stand. Erst nach der Reichsgründung (1871) wandelte sich das geschlossene Bild des auf optimistisch zupackende Helden ausgerichteten Selbstverständnisses hin zu kritischer Reflexion der Wirklichkeit. Im Spannungsfeld der Themen „Besitz" und „Bildung" wurde das Bürgertum zum bevorzugten Gegenstand der Dichtung in Roman und Drama.

→ Romantik
→ Weimarer Klassik

Vertreter und Werke

Friedrich Hebbel (1813–63): „Maria Magdalene" (Tr), „Agnes Bernauer" (Tr) – **Gustav Freytag** (1816–95): „Soll und Haben" (R), „Die Ahnen" (R) – **Otto Ludwig** (1813–65): „Zwischen Himmel und Erde" (R) – **Gottfried Keller** (1819–90): „Der grüne Heinrich" (R), „Die Leute von Seldwyla" (En), „Züricher Novellen", „Gesammelte Gedichte" – **C. F. Meyer** (1825–98): „Jürg Jenatsch" (R), „Der Heilige" (N), „Die Hochzeit des Mönchs" (N), „Der römische Brunnen" (G) – **Theodor Storm** (1817–88): „Carsten Curator" (N), „Hans und Heinz Kirch" (N), „Der Schimmelreiter" (N) – **Wilhelm Busch** (1832–1908): „Max und Moritz", „Eduards Traum" (En), „Kritik des Herzens" (G) – **Wilhelm Raabe** (1831–1910): „Chronik der Sperlingsgasse" (R), „Pfisters Mühle" (En), „Stopfkuchen" (R) – **Theodor Fontane** (1819–98): „Irrungen, Wirrungen" (R), „Unterm Birnbaum" (N), „Effi Briest" (R), „Der Stechlin" (R), „Mathilde Möhring" (R)

Naturalismus (1880–1900)

Der Naturalismus verstand sich als Reaktion gegen die verklärende Darstellung der Wirklichkeit in den Romanen und Gesellschaftsstücken des bürgerlichen Realismus. Mit seinem Programm, das auf der Wissenschaftsgläubigkeit der Zeit basierte, thematisierte er Probleme der Zeit wie Alkoholismus, Geisteskrankheit und das Elend in den Großstädten. Dazu gehörte auch die Milieutheorie, nach der der Mensch durch seine Herkunft, sein soziales Umfeld und die Zeitumstände bestimmt sei. Unabhängig von solch gängiger naturwissenschaftlicher Denkweise blieb in der Kunst eine gewisse Subjektivität bestehen, was Arno Holz in die berühmte Formel „Kunst = Natur – x" brachte. Bevorzugte Gattung war das Drama, dessen Kennzeichen ausführliche Regieanweisungen, geringe Personenzahl, die Einhaltung der Einheiten des Ortes und der Zeit, die Auflösung der geschlossenen Form zu analytischen Stimmungsbildern und der „Sekundenstil" sind. Die z. T. skandalumwitterten Stücke konnten nur in privaten Theatervereinen wie der „Freien Bühne" – 1889 von Otto Brahm nach Pariser Vorbild des „Theatre Libre" gegründet – aufgeführt werden.

→ Drama

Vertreter und Werke

Arno Holz (1863–1929): „Die Familie Selicke" (Dr – zusammen mit J. Schlaf), „Papa Hamlet" (Dr – zusammen mit J. Schlaf), „Phantasus" (G) – **Johannes Schlaf** (1862–1941): „Die Familie Selicke" (Dr – zusammen mit A. Holz), „Papa Hamlet" (Dr – zusammen mit A. Holz) – **Hermann Sudermann** (1857–1928): „Frau Sorge" (R), „Die Ehre" (Dr), „Heimat" (Dr), „Der Katzensteg" (R), „Die Reise nach Tilsit" (En) – **Gerhart Hauptmann** (1862–1946): „Vor Sonnenaufgang" (Dr), „Die Weber" (Dr), „Der Biberpelz" (K), „Rose Bernd" (Dr), „Bahnwärter Thiel" (N) – **Max Halbe** (1865–1944): „Jugend" (Dr), „Ein Emporkömmling" (Dr)

Roman

Der **Roman** ist eine Großgattung der Erzähldichtung (Epik), die sich durch die Prosaform vom Epos oder dem Versroman, durch ihren Umfang und die komplexe Gestaltung der Handlung von epischen Kleinformen wie Novelle, Erzählung oder Kurzgeschichte unterscheidet. Der Begriff kommt aus Frankreich, wo man im 12. Jh. den im gelehrten Latein verfassten Schriften *(lingua latina)* die in der Volkssprache der *lingua romana* geschriebenen Texte entgegensetzte. Später bezeichnete das Wort „Roman" jegliche Art von Prosaschriften im Gegensatz zu Versdichtungen. Heute ist der Roman als die verbreitetste Gattung vielfach zum Synonym für Dichtung überhaupt geworden. Man kann den Roman als eine Weiterentwicklung des Epos in Prosa bezeichnen. Allerdings gibt es im Roman keine mythische Verankerung des Geschehens mehr, auch fehlt die einseitige Typisierung des Helden. Kennzeichnend ist vielmehr, dass die handelnden Personen – vorzüglich natürlich der Held – individuelle Charakterzüge annehmen und die Möglichkeit zur Persönlichkeitsentwicklung haben. War der Held im Epos noch eingebunden in unverrückbare Ordnungsmuster und in eine überschaubare Welt, so sieht sich der Romanheld – vor allem in der Moderne – mit einer komplexen und sich stetig wandelnden Wirklichkeit konfrontiert.

→ Kurzgeschichte
→ Novelle

Romantik (1795–1830)

„Romantik" umfasst als Epochenbegriff eine sehr vielgestaltige literarische Strömung, die im Zeitraum von **1795 bis 1830** wirksam war. In Deutschland gab es drei Zentren der Romantik: **Jena**, **Berlin** und **Heidelberg**.

Die Philosophie Fichtes (1762–1814) ist einer der zentralen „Auslöser" des romantischen Denkens und Schreibens: Das **Ich steht im Mittelpunkt**, die Welt wird aus einer radikal subjektiven Sicht heraus wahrgenommen, das Ich muss sich sogar die Welt erst „erschaffen". Vor dem Hintergrund der Zeitgeschichte, die von großen politischen Umbrüchen und gesellschaftlichen Veränderungen geprägt war (z. B. Folgen der Französischen Revolution, Napoleons Aufstieg und Sturz, Wiener Kongress, nationale Unabhängigkeitsbewegungen), ist die radikale Hinwendung zum Ich nachvollziehbar und sie wird vor allem in der frühen Phase der Romantik als nahezu unbegrenzte Freiheit erlebt. Dies spiegelt sich auch in **zentralen Motiven und Gedanken** wider: Personen werden in Schwellensituationen dargestellt, das Alte liegt bereits hinter ihnen, das Neue unmittelbar vor ihnen. Der **Aufbruch**, das **Wandern** in die Welt drücken das Lebensgefühl der frühen Romantiker aus.

Die Veränderung der Welt soll durch eine **Poetisierung des Lebens** erfolgen. In der Zeitschrift „Athenäum" wird das zentrale Programm der Verschmelzung von Kunst und Leben entworfen. Dabei begleitet das Ich – der Philosophie Fichtes folgend – seinen Schaffensprozess kritisch und reflektiert sich und seinen Realitätsbezug ständig im künstlerischen Prozess (romantische Ironie).

Zum ersten Mal treten in der Romantik **Frauen** als wichtige Vertreterinnen einer Epoche auf, die sich vor allem über Freundeskreise und Salons organisieren, in denen Männer und Frauen aus unterschiedlichen gesellschaftlichen Ständen ungezwungen miteinander umgehen.

Das **Gegenbild** zum Romantiker ist der **Philister**, der in den alten Konventionen verharrt und der Kunst – und damit dem eigentlichen Leben – gegenüber unzugänglich ist.

Über die Hinwendung zum **Idealbild des Mittelalters**, die **Beschäftigung mit Märchen und Volksliedern**, die schließlich zur Begründung der wissenschaftlichen Germanistik führt, werden genauere Konturen gezeichnet, wie das Neue, die Zukunft gestaltet werden sollte. Die Romantiker entwerfen in der Literatur **Gegenwelten**, in denen zentrale Anliegen der Epoche dargestellt werden – das **Motiv des Traumes** hat dabei eine wichtige Funktion.

Viele Vertreter der Romantik erleben jedoch ein **Scheitern ihrer Ideen** – sei es durch die tatsächlichen politischen und gesellschaftlichen Entwicklungen, sei es in der persönlichen Biografie. In der Literatur zeigt sich dies in **Motiven des Untergangs** und der Darstellung der **Gefährdung des Individuums** durch **Unbewusstes** und **Unterbewusstes**.

Abkürzungen:
Dr: Drama
En: Erzählung(en)
Ep: Epos
Flugschr.: Flugschrift
Frg: Fragment
G: Gedicht(e)
K: Komödie
Lsp: Lustspiel
N: Novelle
R: Roman
Tr: Trauerspiel
P: Posse

Vertreter und Werke

Novalis (1727–1801): „Heinrich von Ofterdingen" (R) – **Ludwig Tieck** (1773–1853): „Der blonde Eckbert" (N) – **Jacob Grimm** (1785–1863), **Wilhelm Grimm** (1786–1859): „Kinder- und Hausmärchen" – **Adelbert von Chamisso** (1781–1838): „Peter Schlemihls wundersame Geschichte" (N) – **E. T. A. Hoffmann** (1776–1822): „Die Elixiere des Teufels" (R), „Nachtstücke" (N), „Das Fräulein von Scudery" (N) – **Joseph von Eichendorff** (1788–1857): „Das Marmorbild" (R), „Aus dem Leben eines Taugenichts" (E); „Mondnacht", „Sehnsucht", „Die zwei Gesellen" (G) – **Achim von Arnim** (1781–1831) / **Clemens Brentano** (1788–1842): Volksliedsammlung „Des Knaben Wunderhorn" (G)

Sozialistischer Realismus und Aufbauliteratur

Die – zumeist jedoch schon vor 1945 entstandenen – Werke der Exilautoren bildeten den Grundstock der DDR-Literatur. Auf dieser Basis und unter dem direkten Einfluss der „Partei der Arbeiterklasse" sollte sich die „sozialistische Nationalliteratur der DDR" entwickeln. 1949 wurde die DDR gegründet, die Nationale Volksarmee (NVA) aufgebaut und der **Aufbau des Sozialismus** planmäßig in Angriff genommen. Gefordert wurde von der alleinherrschenden SED eine Literatur, die für die Ziele des Sozialismus und den Aufbau der sozialistischen Produktion Partei („Parteilichkeit") ergreift, keine modernistischen und formalistischen Experimente durchführt („Volkstümlichkeit") und den Lesern Identifikationsfiguren („proletarischer Held") liefert: Diese Forderungen der SED-Kulturpolitik wurden unter dem Begriff **„sozialistischer Realismus"** zusammengefasst – **als einzige Darstellungsform der Realität**.

Im Zentrum der staatlich geförderten Literatur dieser Jahre stand neben der antifaschistisch orientierten Literatur der Vergangenheitsbewältigung die Auseinandersetzung mit der neuen Gesellschaft, mit der sozialistischen Produktion. **„Aufbauliteratur" beschreibt den Kampf der Menschen für eine bessere Gesellschaft.** Sie zeigt Helden der Arbeit bei der Meisterung schwieriger Produktionsaufgaben, beim Wiederaufbau von Industrie und Landwirtschaft und bei der Entlarvung des Klassenfeindes. Die starke Durchdringung der Themen „Politik", „Arbeit" und „Literatur" wurde in der ersten Konferenz (1959) in Bitterfeld abgesteckt: der sogenannte **„Bitterfelder Weg"**.

Sprachskepsis und Literatur

Die neuen Erkenntnisse und Denkansätze in der Philosophie und Psychologie um 1900 veränderten die Vorstellung vom Menschen und seiner Identität, seiner (beschränkten) Erkenntnisfähigkeit und damit einhergehend die Antwort auf die Frage, ob der Mensch die Realität, die Wahrheit überhaupt erkennen könne. Für das Menschenbild im 20. Jahrhundert hatte dies weitreichende Folgen. Aber auch im Werk der Literaten jener Zeit – und hier im Besonderen der Wiener Moderne – spiegeln sich diese neuen Erkenntnisse. So werden zum Beispiel die Möglichkeiten und Grenzen der Sprache im Allgemeinen und des Erzählens im Speziellen thematisiert und ausgelotet. Während Hofmannsthals „Chandos-Brief" der allgemeinen Sprachskepsis am deutlichsten zum Ausdruck verhilft, versucht Schnitzler in der Erzählung „Leutnant Gustl", die Psyche des Protagonisten unmittelbar erfahrbar zu machen.

Trümmerliteratur

Die pessimistische, stark dem Expressionismus verpflichtete deutsche Literatur nach 1945 wird – zunächst abwertend – als „Trümmerliteratur" bezeichnet. So gegensätzlich und vielfältig die Lebenswege der einzelnen Autoren verliefen, so unterschiedlich waren auch ihre Reaktionen auf die sie umgebende Realität. Vor allem junge Autoren wie die Kriegsheimkehrer Borchert und Böll suchten im Angesicht von Ruinenlandschaften und Flüchtlingslagern den Aufbruch und Neubeginn in der „Stunde Null". In einer kargen, schmucklosen Sprache setzen sie sich gleichermaßen mit Krieg- und Naziherrschaft wie mit den Herausforderungen des Wiederaufbaus auseinander.

Weimarer Klassik (1786–1805)

Klassik als Epochenstil leitet sich ab vom Lateinischen *classicus* (= 1. Steuerklasse) und bezeichnet zunächst Schriftsteller, deren Werke als mustergültig galten und stilbildend wirkten; infolgedessen entstanden und entstehen immer wieder als „klassisch" bezeichnete Strömungen (Klassiker der Moderne wie Franz Kafka, Alfred Döblin oder Klassiker nach 1945 wie Heinrich Böll, Max Frisch oder Friedrich Dürrenmatt).

Weimarer Hochklassik bezeichnet den Zeitraum von **1786–1805**, d.h. von Goethes „Iphigenie" (letzte Fassung) bis zu Schillers Tod, und gilt nur für diesen zeitlich und persönlich begrenzten Kunststil.

Eine wesentliche Voraussetzung für das Entstehen der Weimarer Klassik war die Atmosphäre des Weimarer Hofes mit ihrer persönlichen, anregenden Konstellation. Die Herzoginwitwe Anna Amalia begünstigte einen Rückgriff auf das höfische Vorbild der frz. Klassik und auf das der Griechen (z.B. Euripides). *Klassik* ist also keine Fortsetzung des Sturm und Drang, sondern Synthese und Kulminationspunkt verschiedener Entwicklungslinien, die durch Jahrhunderte getrennt verliefen. Aus den gegensätzlichen Strömungen filterte sich durch Bändigung, Reifung und Harmonisierung eine Weltschau, ein neues Bildungsideal auf der Grundlage einerseits des idealisierten Griechenbildes, andererseits der Philosophie des deutschen Idealismus. Folgende Aspekte können dies erläutern:

Geniekult, Individualismus und Titanismus der Sturm- und Drang-Zeit wird eine Absage erteilt, vielmehr treten die dem Menschen gesetzten Möglichkeiten und Grenzen, die ihn umfassende Ordnung in den Vordergrund. Maß, Gleichgewicht, Harmonie, Ausgewogenheit sind Schlüsselbegriffe der Ästhetik dieser Epoche; all das wird im Symbol künstlerisch veranschaulicht. Kants Vernunftidealismus wird von Schiller weitergeführt, Herder trägt in seinen „Ideen zur Philosophie der Geschichte der Menschheit", Druck 1784/90, den Begriff des Organischen bei und formuliert das Ideal einer beständigen Entwicklung hin zum Humanen. Damit ist aber auch eine Verbindung von Kunst und Leben, Ästhetik und Gesellschaft angestrebt, die in der Kunst durch Erziehung und Bildung des Einzelnen wirken soll.

Auf dem Feld des Politischen erkennen Goethe und Schiller die durchschlagende Bedeutung der Französischen Revolution; Goethe, und bald auch Schiller, stehen den damit verbundenen radikalen Umwälzungen aber zunehmend skeptisch gegenüber. Politisch motivierter Nationalismus wird zugunsten einer deutschen Geistes- und Kulturbewegung zurückgewiesen; die sich ausbildende Literatursprache und die Werke der deutschen Klassik verschaffen dieser rasch Weltgeltung, wenn sich ihre Wirkung auch auf eine dünne Bildungsschicht beschränkte.

Abkürzungen:
Dr: Drama
En: Erzählung(en)
Ep: Epos
Flugschr.: Flugschrift
Frg: Fragment
G: Gedicht(e)
K: Komödie
Lsp: Lustspiel
N: Novelle
R: Roman
Tr: Trauerspiel
P: Posse

Vertreter und Werke

Johann Wolfgang von Goethe (1749–1832): „Iphigenie auf Tauris" (Tr), „Torquato Tasso" (Tr), Faust I" (Dr); „Wilhelm Meisters Lehrjahre" (R), „Die Wahlverwandtschaften" (R); **Friedrich Schiller** (1759–1806): „Die Jungfrau von Orleans" (Tr), „Don Karlos" (Tr), „Der Verbrecher aus verlorener Ehre" (E.); „Der Geisterseher" (R), „Maria Stuart" (Tr), Wallenstein-Trilogie (Tr)

Zeitgenössische Literatur

→ Drama
→ Lyrik
→ Postmoderne

Die Gegenwartsliteratur tritt nicht in einheitlicher Form auf. Es zeichnen sich jedoch einige spezifische Tendenzen zeitgenössischer Literatur ab, ohne dass diese Phänomene eine völlige Neuheit bedeuten.

Aufsatzerziehung

Analyse von Sachtexten (nicht fiktionale Texte)

Bei der Analyse von Sachtexten (nicht fiktionalen Texten) sind diese Aspekte zu beachten:

- Benennen der **Thematik** des Textes. Oft ist das Thema bereits im Titel enthalten.
  Es empfiehlt sich, schon an die Überschrift erste Assoziationen zu knüpfen, Vorwissen abzurufen. Achten Sie auf **textexterne Faktoren** (Autor / Redner – Publikation – Adressaten – Kontext), die auf eine mögliche Intention des Textes hinweisen.
- Erfassen der **Kernaussage** mit eigenen Worten. Suchen Sie nach dem Informationskern, bei argumentativen Texten nach der Problemstellung.
- Untersuchen der **Entfaltung der Thematik:**
  1. Nach **Inhalt und Aufbau**: Zerlegen Sie den Text in Sinneinheiten und erarbeiten Sie die Gedankenführung. Konzentrieren Sie sich auf zentrale Thesen und Schlüsselbegriffe. Zur Beschreibung der Gedankenführung eines Textes können Sie auf folgende Begriffe zurückgreifen: Behauptung, Begründung, Beispiel, Einschränkung, Analogie, Gegenbehauptung, Exkurs, Folgerung, Meinung. Bündeln Sie Nebenthemen / Beispiele, verdeutlichen Sie deren Funktion (Daten, Zitate, Vergleiche ...).
  2. Nach der **Art des Zugriffs auf die Thematik**: Typische Arten der Themenentfaltung sind: deskriptiv, narrativ, explikativ, argumentativ. Stilistische Ausprägungen können z. B. sein: wertend, ironisch, kontrastierend, reihend, schildernd, assoziativ.
  3. Nach **Form und Sprache**: Arbeiten Sie möglichst integrativ, indem Sie den funktionalen Zusammenhang von Inhalt und Sprache beschreiben. Überprüfen Sie, inwieweit der Text eine bestimmte Textsorte repräsentiert (z. B. wissenschaftlicher Text, philosophischer Text, Essay, Kommentar, Glosse, Reportage). Zu untersuchende Aspekte sind z. B.: Stilebene, Satzarten / Satzkonstruktionen, Aspekte der Wortwahl, Auffälligkeiten der Zeichensetzung, rhetorische Mittel. Je nach Aufgabenstellung kann auch eine **begründete eigene Bewertung** (z. B. hinsichtlich Überzeugungskraft, Ausgewogenheit ...) und / oder eine sich anschließende **Erörterung** gefordert sein.

→ Erörtern
→ Operatoren
→ **Literarische Begriffe und Textsorten:** Lyrik / rhetorische Figuren
→ **Sprachbetrachtung:** Satzbau

Erörtern

Argument (Behauptung, Begründung, Beispiel / Beleg) und Rückbezug

Das **Argument** erscheint als in sich geschlossener, mindestens **dreiteiliger Gedankengang**, der auf die zentrale Fragestellung ausgerichtet ist. **Behauptung**, **Begründung** und **Stützung** oder Veranschaulichung (Beispiel, Beleg), evtl. auch **Rückbezug** zur Behauptung oder zum Thema, stehen in einem strukturellen (inhaltlichen und sprachlichen) Zusammenhang.
Eine **Behauptung** beansprucht Geltungskraft (Urteile, Forderungen, Wertungen ...), muss aber begründet und abgesichert werden. Die Behauptung kann thesenartig formuliert sein, ist aber nicht unbedingt an eine bestimmte Satzart gebunden.

Beispiel: „Gerade auch öffentlich-rechtliche Sendeanstalten können in ihrer politischen Aufgabe durch parteipolitische Präferenzen beeinflusst oder behindert werden ..."

Die **Begründungen** überzeugen zur Annahme des behaupteten Geltungsanspruchs. Plausible Analogie, Autoritäten, praktische Erfahrung, Tatsachen und Normen sind unter anderem geeignet, um Kausalzusammenhänge nicht nur zu suggerieren, sondern auch sachlich folgerichtig herzustellen.

Beispiel: „… da die Aufsichtsgremien der Rundfunkanstalten, die den Intendanten wählen und Kontroll- und Beratungsfunktion ausüben, nicht mit unabhängigen Personen besetzt sind, sondern aus Politikern und Vertretern gesellschaftlicher Bereiche bestehen."

Beispiele und **Belege** veranschaulichen, konkretisieren und vertiefen den argumentativen Zusammenhang.

Beispiel: „Wenn zum Beispiel Bundes- oder Länderminister als Rundfunk- oder Verwaltungsräte personalpolitische oder programmkritische Entscheidungen herbeiführen können, besteht die Gefahr des Machtmissbrauchs für persönliche oder parteiliche Zwecke."

Durch einen **Rückbezug** zur Behauptung sichern Sie die Verständlichkeit des Arguments für den Zusammenhang und den strengen Problembezug.

Beispiel: „Denn das Medium, das sie mit kontrollieren, sollte (eigentlich) gleichzeitig die Amtsführung dieser Gremienmitglieder oder deren Kollegen und Freunde kritisch beurteilen."

In der **sprachlichen Ausarbeitung** sollte der inhaltliche Zusammenhang der Argumente unterstützt werden. Dies gelingt vor allem durch kausale und konsekutive Verknüpfungen (Konjunktionen, Adverbien, Partikel). Auch Konditionalstrukturen und finale Auflösungen, insgesamt gezielt (immer mit Augenmaß) eingesetzte hypotaktische Gefüge, wie auch bewusster Wechsel im Satzmodus, erzeugen eine argumentative Prägung der Darstellung.

Freie Erörterung

Eine freie Erörterung fordert die möglichst differenzierte, vieldimensionale Auseinandersetzung mit einem gesellschaftsrelevanten Problem. Neben argumentativen Fertigkeiten sind also vor allem Sachkunde, Allgemeinbildung und die Fähigkeit zur Perspektivenübernahme für ihr Gelingen entscheidend. Gefordert ist ein enger und exakter Zusammenhang zur strittigen Frage, der auch Gegenpositionen berücksichtigen kann (antithetische Erörterung).

Textgebundene Erörterung

Bei dieser Form bilden die Behauptungen einer Textvorlage, die Sie nach strukturellen (bisweilen auch sprachlichen) Anlagen zunächst analysieren müssen, die Grundlage Ihrer Erörterung. Achten Sie also bereits bei der ersten Lektüre auf Prämissen und Folgerungen, Behauptungen, Begründungen und Beispiele, Belege etc.

Das Verhältnis von Texterfassung und eigentlicher Erörterung kann dabei je nach Aufgabenstellung differieren, sodass sich für den Aufbau zwei grundsätzlich verschiedene Vorgehensweisen ergeben:

1. Das Gliederungskonzept erarbeitet in einem Nacheinander zunächst die wesentlichen Aussagen des vorgegebenen Textes und nimmt dann in einem zweiten Teil zu einigen oder zu allen dieser Aussagen begründet Stellung.
2. Die Gliederung ist methodisch differenziert und integrativ angelegt. Die kritische Auseinandersetzung mit der Argumentation des Textes und eigene Ansätze werden in einem entfaltet.

Literarische Erörterung

Jede literarische Erörterung kann als textgebundene oder textungebundene Erörterung angelegt sein. Die Erörterung ist eine Schreibform, die es ermöglicht, sich mit einem oder mehreren literarischen Werken oder Sachverhalten auseinanderzusetzen, Meinungen, Thesen und Standpunkte zu überprüfen und dabei ein Ergebnis zu erzielen. Dieses Ergebnis muss aufgrund von Argumenten in seiner Aussagekraft überprüfbar sein und die Auseinandersetzung mit dem Thema nachvollziehbar dokumentieren. Die Fragestellung kann als Wertungsfrage, Entscheidungsfrage oder als Sachfrage formuliert sein. Eine vollständig ausformulierte literarische Erörterung enthält Einleitung, Hauptteil und Schluss.

Die freie literarische Erörterung erfordert die Auseinandersetzung mit einer Sachfrage oder Wertungsfrage mit Bezug auf selbstgewählte literarische Werke, die die Argumentation stützen und durch geeignete Belege nachvollziehbar werden lassen.

Das literarische Erörtern anhand von Texten erfordert zunächst eine genaue Erschließung und Interpretation des vorliegenden fiktionalen Textes und in einem zweiten Schritt die kritische Auseinandersetzung mit einer These, einem Aspekt, einer Fragestellung zu diesem Text oder darüber hinausweisend. Hier ist eine Erörterung im Anschluss verlangt, die sich in ihrer Argumentation auf den literarischen Text bezieht.

Materialgestützte Erörterung

Die materialgestützte Erörterung greift auf angebotenes Zusatzmaterial (z. B. Interviews, Textauszüge, Tabellen, Statistiken, Bilder …) zurück, ohne aber dessen Argumentationslinien vollständig nachzuzeichnen oder zu analysieren. Hinzu kommt allerdings die Bedeutung der überzeugenden Integration der Materialien durch die Aufgabenstellung. Wie und wo Sie diese Inhalte einbauen, hängt von Ihrer argumentativen Strategie bzw. Ihrer eigenständigen Interpretation ab. Häufig werden sich die Informationen, die Ihnen in Form von Datenmaterial angeboten werden, als Beispiele und Belege für Ihre Argumente einsetzen lassen. Letztlich gibt es aber für die Verwendung keine engen Grenzen. Viel wichtiger ist die eigenständige und freie Integration – denkbar ist auch eine Überprüfung – in der Erörterung. Die durch das Material vermittelten Inhalte wie die Funktion und der Kontext müssen kritisch berücksichtigt werden.

Ob die materialgestützte Erörterung linear oder antithetisch angelegt werden soll, hängt von der jeweiligen Aufgabenstellung ab.

Themafrage klären, Stoffsammlung erstellen, Gliederung erarbeiten

Notwendige Vorarbeiten:
- Art der Themafrage klären
- Stoffsammlung übersichtlich anlegen:
  - Einzelne Stichworte, Einfälle, Argumente untereinander schreiben und
  - Zwischenraum für Ergänzungen lassen.

Die W-Fragen wer, was, wie, wann, wo, warum usw. können hilfreich sein.
- Überprüfung der Einfälle und Argumente im Hinblick auf die Themafrage
- ggf. Unbrauchbares streichen
- Rohgliederung erstellen:
  - Geeignete Punkte der Stoffsammlung unter einem übergeordneten Gesichtspunkt zusammenfassen; geeignete Oberbegriffe ermitteln,
  - Oberpunkte und zugehörige Unterpunkte steigernd anordnen.

→ Analyse von Sachtexten (nicht fiktionale Texte)
→ Operatoren
→ **Sprachbetrachtung:** Satzbau

Erarbeiten Sie eine – mehr oder weniger endgültige – Gliederung, die Sie als Schreibplan für Ihre Ausführungen nutzen können. Beachten Sie: In aller Regel werden Sie n a c h dem Verfassen Ihres Aufsatzes auch Ihre Gliederung nochmals zu überprüfen und anzupassen haben. Beachten Sie auch die verschiedenen Ordnungssysteme für eine Gliederung (traditionell oder nummerisch).

Essayistisches Schreiben

Inhalte und Themen

Ähnlich wie beim Erörtern literarischer Themen und Sachverhalte oder auch beim Erörtern von Problemen im ganz allgemeinen Sinne geht es beim essayistischen Schreiben darum,
- eine Thematik in ihren verschiedenen Aspekten und Zusammenhängen darzustellen,
- eine Frage, ein Problem zu diskutieren und zu erörtern,
- ggf. auch beide Aspekte, Darstellung und Erörterung eines Sachverhalts, miteinander zu verbinden.

Einen Essay verfassen

- Machen Sie sich klar, was Auftrag bzw. Fragestellung des Themas genau verlangen.
- Sammeln Sie Ideen, Einfälle, Aspekte.
- Erstellen Sie eine grobe, ungefähre Gliederung. An dieser Stelle, also bei der Konzeption des zu schreibenden Textes, ist es wichtig, die spezifischen Erfordernisse des Essays mitzubedenken: Es soll kein nach allen Seiten abgeschlossener Text entstehen; er darf Einseitigkeiten aufweisen; er darf mit gedanklichen Sprüngen, assoziativen Elementen arbeiten.
- Formulieren Sie Ihren Essay aus. Möglicherweise verlassen Sie beim Schreiben, der essayistischen „Unsystematik“ folgend, immer wieder auch das Konzept des Gliederungsentwurfs.
- Erstellen Sie eine endgültige und vollständige Gliederung.
- Korrigieren Sie Ihren Essay.

Inhaltsangabe

Die Inhaltsangabe informiert in knapper, sachlicher Form über den Inhalt und die Gliederung eines Textes.

Im Rahmen einer Erschließung und Interpretation (literarischer Texte) bzw. einer Textanalyse (nicht fiktionaler Texte) sollten Autor, Titel und Textart in der Regel in der Einleitung genannt werden, einleitend ist auch das Thema, das zentrale Problem bzw. der Kern des Geschehens zu erfassen.

Der Gliederung des Textes folgend und diese verdeutlichend, z. B. Stationen der Handlung bei erzählenden und handlungsintensiven Texten, Gedankengang oder Gesprächsverlauf bei handlungsärmeren oder etwa erörternden Texten – die Sinnabschnitte müssen dabei mit äußeren Abschnitten nicht identisch sein –, werden die wesentlichen inhaltlichen Punkte dargestellt und die für das Verständnis erforderlichen Zusammenhänge verdeutlicht.

Sprachliche Gestaltung

→ **Sprachbetrachtung:** Modi (Aussagearten): Indikativ – Konjunktiv – Imperativ; Satzbau

Tempus ist das Präsens, der Stil ist sachlich, ohne wertende oder ausschmückende Wendungen. Direkte Rede ist gegebenenfalls umzuformen in indirekte Rede, als Zitat erscheint allenfalls eine zentrale Aussage oder eine sprachliche Besonderheit, ansonsten ist der Inhalt mit eigenen Worten zu erfassen. Zu achten ist auf die sinngerechte, Bezüge verdeutlichende Verknüpfung von Aussagen (→ kausale, adversative, konzessive, konsekutive, temporale, lokale, konditionale, finale, modale Konjunktionen, Adverbien und Adverbiale).

Interpretation

Eine Interpretation schreiben

Entscheidend für die Beurteilung der Qualität einer Interpretation sind die drei Bereiche: Inhalt, Aufbau und sprachliche Gestaltung.

Inhalt

Eine inhaltlich gelungene Interpretation muss

- die gestellte Aufgabe erfüllen,
- zwischen Wesentlichem und Unwesentlichem unterscheiden,
- Wesentliches genau erfassen,
- auf alle relevanten Teile einer Erschließung einschließlich gattungsspezifischer Aspekte sowie die jeweils gesetzten Schwerpunkte eingehen,
- Aussagen am Text belegen,
- Zusammenhänge zwischen einzelnen Befunden und den verschiedenen Erschließungsbereichen herstellen und überzeugend ausführen.

Aufbau

Ein sinnvoller und der Aufgabe gerecht werdender Aufbau ist gekennzeichnet durch

- ein sachgerechtes Vorgehen, ausgehend von einem informierenden Einstieg über die Erschließung des Textes zu seiner Deutung, perspektivisch also vom Blick auf das Ganze in die Arbeit am Detail und auf einer höheren Ebene wieder zurück zum Ganzen;
- eine Gliederung, bei der die Erschließungsbereiche nicht einzeln nacheinander abgehandelt, sondern dem Text und der gestellten Aufgabe entsprechend verknüpft werden, sodass die Arbeit keine Sammlung von Details darstellt, sondern einen in sich geschlossenen Text mit dem klar erkennbaren Ziel: den vorgelegten literarischen Text unter bestimmten Schwerpunkten zu deuten;
- den Aufbau der schriftlichen Interpretation verdeutlichende Verknüpfungen, Überleitungen und Querverweise.

→ Inhaltsangabe
→ Operatoren
→ **Methoden:** Zitieren
→ **Literarische Begriffe und Textsorten:** Erzählformen und Erzählverhalten; Erzähltempo; Figurencharakterisierung; Lyrik / Versmaß, Reimschemata, rhetorische Figuren
→ **Sprachbetrachtung:** Satzbau

Sprache

Eine sprachlich gelungene Gestaltung der Interpretation erfordert

- sachlichen Stil und angemessenes Ausdrucksniveau,
- das Lösen vom Wortlaut des Textes beim Erfassen des Inhalts,
- einen anspruchsvollen, Zusammenhänge herstellenden Satzbau sowie das Einhalten der Regeln der Rechtschreibung und der Grammatik, korrektes Zitieren und das bruchlose Einfügen von Zitaten in den Kontext,
- eine differenzierte und klare Ausdrucksweise, die nur zu erreichen ist, wenn man auch genau weiß, was man sagen will.

Eine Gedichtinterpretation unter Berücksichtigung eines poetologischen Textes verfassen

Gehen Sie dabei folgendermaßen vor:

- Behandeln Sie Inhalt und Form des Gedichts sowie die Hauptthesen des Textes einzeln und führen Sie beides in einer Synthese zusammen. Oder:
- Erschließen Sie das Gedicht entlang der Kernthesen des poetologischen Textes.

→ Lyrik

Lexikonartikel

Ein Lexikon (von griech. „das Wort betreffend", Wörterbuch) ist ein meist alphabetisch geordnetes Nachschlagewerk. Lexika liegen als Buchmedien ebenso vor wie auf CD-ROM oder als Internetlexika. Die Themenbereiche von Lexika reichen von der universal angelegten Enzyklopädie (enkyklios paideía = „Kreis der Bildung") oder Rechtschreibwörterbüchern über Literatur-, Herkunfts- und Synonym- und anderen Fach-Lexika bis zu hoch spezialisierten Lexika wie z. B. dem Lexikon des deutschen Aberglaubens. Artikel von Lexika weisen mehrere Merkmale auf:

- Sie sollen verständlich und gut lesbar in eigenen Worten formuliert sein. Zitate sind als solche zu kennzeichnen.
- Die Darstellungsart ist häufig eher deskriptiv-feststellend, weniger argumentierend als erläuternd und erklärend. Erforderlich ist Präzision im Ausdruck.
- Ein Lexikonartikel muss eine rasche Orientierung der Leser ermöglichen: Infolgedessen können Schlüsselbegriffe hervorgehoben werden (z. B. durch Fettdruck oder Unterstreichungen). Die Gliederung in Absätze, bei denen gleich im ersten Satz formuliert wird, was der entsprechende Absatz thematisiert, erhöht den Lesekomfort beträchtlich.
- Die Verständlichkeit des Lexikonartikels für thematisch unkundige Leser muss von Anfang an gegeben sein: Fachbegriffe sind zu klären, der nur Schritt für Schritt stattfindende Wissenszuwachs, den die Leser durch den Lexikonartikel erhalten, ist zu bedenken. Die Diktion (Wortschatz / Wortwahl, Satzbau) ist immer wieder zu prüfen und auf die Adressaten abzustimmen.
- Der Umfang eines Lexikonbeitrags ist begrenzt.

Operatoren

Fachspezifische Beschreibung der Anforderungsbereiche nach den „Einheitlichen Prüfungsanforderungen in der Abiturprüfung“ (EPA)		
Anforderungsbereich I In diesem Anforderungsbereich werden die für die Lösung einer gestellten Aufgabe notwendigen Grundlagen an **Wissen / Kennen** der konkreten Einzelheiten, der für die Lösung notwendigen Arbeitstechniken und Methoden, aber auch der übergeordneten Theorien und Strukturen erfasst.	**Anforderungsbereich II** Im Zentrum dieses Anforderungsbereiches steht die **Organisation des Arbeitsprozesses** der Analyse / Interpretation / Erörterung / Gestaltung auf der Grundlage der Aufgabenstellung. Die Lösung der Aufgabe muss in einer miteinander verbundenen Darstellung formaler, sprachlicher und inhaltlicher Aspekte erfolgen. Sie setzt die Übertragung von Gelerntem auf neue Zusammenhänge voraus.	**Anforderungsbereich III** Im Mittelpunkt dieses Anforderungsbereiches steht die **Fähigkeit zur eigenständigen Urteilsbildung**, aber auch die Bewertung von Fragestellungen, die in der Aufgabenstellung gefordert wird oder aber sich aus der Analyse / Interpretation / Erörterung / Gestaltung des vorgegebenen Materials ergibt. Voraussetzung dafür ist zwingend die methodisch wie inhaltlich eigenständige Entfaltung und Gestaltung einer Aufgabe.
Der Anforderungsbereich I umfasst	**Der Anforderungsbereich II umfasst**	**Der Anforderungsbereich III umfasst**
– die Wiedergabe von Sachverhalten aus einem begrenzten Gebiet im gelernten Zusammenhang (Kenntnisse müssen immer aufgabenbezogen sein) – die Beschreibung und Verwendung gelernter und geübter Arbeitstechniken und Verfahrensweisen in einem begrenzten Gebiet und einem wiederholenden Zusammenhang – die sichere Beherrschung der standardsprachlichen Regelungen	– selbstständiges Auswählen, Anordnen, Verarbeiten und Darstellen bekannter Sachverhalte unter vorgegebenen Gesichtspunkten in einem durch Übung bekannten Zusammenhang – selbstständiges Übertragen des Gelernten auf vergleichbare neue Situationen, wobei es entweder um neue Fragestellungen oder um Sachzusammenhänge oder um abgewandelte Verfahrensweisen oder unbekannte Texte gehen kann	– Verarbeiten komplexer Gegebenheiten mit dem Ziel, zu einer eigenständig strukturierten Darstellung, zu selbstständigen Lösungen, Gestaltungen oder Deutungen, Folgerungen, Begründungen, Wertungen zu gelangen – reflektierte Auswahl oder Anpassung von Methoden oder Lösungsverfahren für neue, erweiterte Zusammenhänge, Problemstellungen
Der Anforderung entspricht die folgende Arbeitsanweisung	**Der Anforderung entspricht die folgende Arbeitsanweisung**	**Der Anforderung entspricht die folgende Arbeitsanweisung**
Erfassen Sie … Beschreiben Sie … Stellen Sie dar … Geben Sie wieder … Geben Sie den Argumentationsgang wieder … Benennen Sie …	Analysieren Sie … Untersuchen Sie … Vergleichen Sie mit … Ordnen Sie in den Zusammenhang ein … Setzen Sie in Beziehung zu … Erläutern Sie … Erklären Sie …	Interpretieren Sie … Beurteilen Sie … Nehmen Sie kritisch Stellung … Erörtern Sie … Setzen Sie sich mit … auseinander Begründen Sie … Erschließen Sie … (Über)Prüfen Sie … Bewerten Sie … Gestalten (Verfassen, Schreiben) Sie … Entwerfen Sie …

Methoden

Cluster

Brainstorming-Verfahren, das aus dem Bereich des kreativen Schreibens kommt;
Ziel: Ideen finden.

1. Ein Cluster-Kern (Wort / Thema) wird in die Mitte eines Blattes gesetzt und ein Kreis um diesen Anfang gezogen.
2. Ausgehend von diesem Kern notiert man Assoziationen, die ebenfalls umkreist und mit der vorangehenden Assoziation durch einen Strich verbunden werden.
3. Neue Assoziationsketten setzen immer wieder beim Cluster-Kern an.

Dieses Verfahren ist auch für die Arbeit in Gruppen geeignet; benötigt wird lediglich ein größerer Bogen Papier. Bei größeren Gruppen halten ein oder zwei an der Tafel oder auf einem Flipchart fest, was zugerufen wird.

Oder: Jeder schreibt seine Assoziationen auf Karten, die an einer Pinnwand „geclustert" werden.

Exzerpieren

Unter einem Exzerpt versteht man die knappe Zusammenfassung eines Textes. Die Genauigkeit der Zusammenfassung hängt vom Verwendungszweck ab. Manchmal genügen ein paar Stichpunkte, es kann aber auch notwendig sein, den Inhalt in Absätze zu gliedern und strukturiert wiederzugeben.

Exzerpierregeln

- Der Text wird so genau wie nötig und funktional zusammengefasst. Ein Stichwort hält den Aspekt bzw. das Interesse fest, unter dem der Text exzerpiert wird.
- Nur sehr Wichtiges wird als wörtliches Zitat festgehalten.
- Wird zitiert, muss das Zitat genau stimmen und vollständig sein.
- Wörtliches Zitat, eigene Zusammenfassung und Kommentar sind deutlich zu trennen und zu kennzeichnen.
- Wird ein Abschnitt aus einem umfangreicheren Text exzerpiert, so ist auch der Kontext mit einem Stichwort festzuhalten.
- Eine sog. Meinungsspalte kann eigene Anmerkungen, Fragen und Bezüge aufnehmen.

→ Zitieren

Mindmap

Zu vielen Zwecken einsetzbare Technik, u. a. auch für die Ideensammlung und die Planung von Vorhaben oder Projekten; Ähnlichkeit mit dem Clustern, aber eine vernetzte Struktur erzeugend: hierarchisierende Gliederung.

1. Das zu bearbeitende Thema steht in der Mitte des Blattes (Wort oder Bild).
2. Von der Mitte aus gehen Hauptäste, die mit einem Schlüsselwort / Oberbegriff beschriftet sind und die Hauptkapitel benennen.
3. Von den Hauptästen gehen Unteräste und von diesen weitere Unteräste aus, jeweils mit möglichst nur einem Wort beschriftet, wobei auf eine ranggerechte Darstellung zu achten ist.

→ Cluster

Mitschreiben

Was festhalten? – Inhalte einer Mitschrift

- nur die wichtigen Inhalte (nicht versuchen, möglichst wörtlich mitzuschreiben!)
- Aufbau / Gliederung (bei einem angemessenen Vortrag schriftlich fixiert und durch ausdrückliche Hinweise hervorgehoben – „... drei Möglichkeiten ...: Erstens ...“)
- Thesen, Zusammenfassungen, Schlussfolgerungen
- wichtige Namen, Daten, Zahlen

Wie mitschreiben?

- Stichpunkte, die aber auch später noch zu entschlüsseln sein müssen; nur in Ausnahmefällen Sätze (zentrale Thesen o. Ä.)
- Abkürzungen und Symbole verwenden:
  - offizielle Abkürzungen (z. B., u. a.) benutzen und auch
  - eigenes Repertoire von Symbolen und Abkürzungen entwickeln (+ für „mehr“ / „und“; → für „daraus folgt“, Lit. für „Literatur“),
  - Endungen weglassen oder kürzen (-g für -ung; -l. für -lich),
  - in einem Vortrag zentrale, häufig wiederkehrende Begriffe durch feste Abkürzungen ersetzen (z. B. bei einem Referat über „realistische Strömungen“ = r. Str.).
- Blätter durchnummerieren; in einer Kopfzeile Thema, Referent / -in, Datum festhalten
- Blätter locker beschreiben und Platz lassen für spätere Ergänzungen.

Paraphrasieren

Beim Paraphrasieren erfassen Sie knapp das Ausgesagte in eigenen Worten, um Inhalte für sich und andere leichter verständlich zu machen.

Portfolio

Man unterscheidet zwei Arten des Portfolio: Das sog. **Leistungsportfolio** dient eher der Präsentation von Ergebnissen. Das **Prozessportfolio** dokumentiert den Arbeitsprozess.

Das Portfolio dient außerdem der Dokumentation und der eigenen Reflexion: Belegen Sie Ihre Lektüreleistung. Sammeln Sie hier auch das, was Sie verwerfen. Kennzeichnen Sie besonders offene Fragen, die Sie an geeigneter Stelle klären werden.

Projekt

Ein Projekt lässt sich in der Regel in vier Phasen einteilen:

1. Motivations-Planungsphase:
Ziele, Methoden, Aufgabenverteilung, Zeitplan, Überblick über Informationsmöglichkeiten, Erörterung von Lösungswegen

2. Erarbeitungsphase: Gruppenarbeit (Stamm- / Expertengruppen), Einbeziehung von Spezialisten / Experten, Planung der Ergebnispräsentation

3. Realisierung / Präsentationsphase mit möglichst allen Mitarbeitern

4. Reflexionsphase mit Rückmeldung, Bewertung des Projekts

Zitieren

→ Sprachbetrachtung: Modi (Aussagearten): Indikativ – Konjunktiv – Imperativ

Regeln für das Zitieren

Das wörtliche Zitat: Es wird durch Anführungszeichen, Kursivdruck oder durch Einrücken kenntlich gemacht. Auslassungen im Zitat werden durch eckige Klammern gekennzeichnet.

Werden einzelne Begriffe oder Satzteile zitiert, sollten diese in den eigenen Text integriert werden. Auch sie werden durch Anführungszeichen kenntlich gemacht. Eine weitere Möglichkeit zu zitieren ist die indirekte Rede. Achten Sie hierbei auf die Verwendung des Konjunktivs.

Mündlichkeit

Debattieren

Im Gegensatz zur Diskussion, bei der es um die Klärung einer offenen Sachfrage geht („Wie lässt sich das Interesse am Lesen steigern?"), liegt einer Debatte eine **Entscheidungsfrage** („Sollen Gewaltspiele am Computer verboten werden?") zugrunde. Nach dem Austausch von Pro- und Kontra-Argumenten und einem Schlussplädoyer sollte darüber eine **Abstimmung** erfolgen. **Voraussetzung** für eine gewinnbringende Durchführung ist, dass alle Teilnehmer möglichst gut über das Thema und seine unterschiedlichen Sehweisen informiert sind.

Kommunizieren

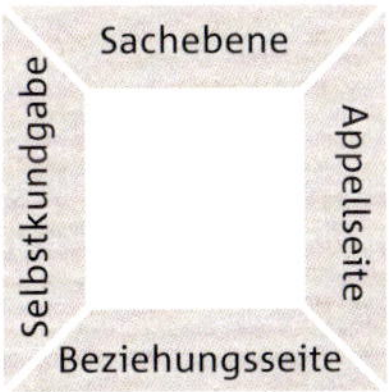

Der Kommunikationsvorgang lässt sich nach Schulz von Thun in einem Nachrichtenquadrat darstellen.

Sobald ich etwas sage, und das gilt natürlich auch bei jeder Form von Sprechen vor anderen, bin ich, ob ich will oder nicht, auf vier Ebenen wirksam:

- auf der **Sachebene** (Daten, Fakten, Sachverhalte; entscheidende Kriterien: wahr / unwahr; zutreffend / unzutreffend; wichtig / unwichtig; ausreichend / lückenhaft),
- auf der Ebene der **Selbstkundgabe** (implizite oder explizite, verbale oder körpersprachliche Hinweise auf das, was in mir vorgeht, wie ich meine Rolle auffasse, wie ich gestimmt bin),
- auf der **Appellebene** (offen oder verdeckt geäußerte Wünsche, Ratschläge, Handlungsanweisungen, Hinweise darauf, was der Sprecher beim Empfänger bewirken will),
- auf der **Beziehungsebene** (durch Formulierungen, Tonfall, Sprechtempo, Mimik und Gestik mitgeteilte Hinweise darauf, wie ich zum Adressaten / dem Publikum stehe, was ich von ihm halte, bezogen auf den aktuellen Gesprächsgegenstand; gerade das „Beziehungsohr" ist beim Empfänger oft besonders sensibel).

Rede

Eine Rede ist ein „zum mündlichen Vortrag bestimmter didaktischer [lehrhafter], je nach Situation und Zweck meist stilistisch entsprechend ausgearbeiteter Gebrauchstext suasorischen [der Überredung dienenden] oder appellativen Charakters.

Bei der Abfassung einer Rede ist zu beachten:

- Der Redner will seinen Hörer zur Übernahme eines Standpunkts bewegen.
- Dabei will der Redner nicht nur argumentativ überzeugen, er will auch überreden.

- Die Rede ist bezüglich ihres Aufbaus und ihrer Struktur dem Essay ähnlich: Ihre Gedankenführung braucht nicht streng logisch organisiert zu sein, sie kann vielmehr auch assoziativen Nebenwegen folgen.
- Für die Rede ist die gezielte rhetorische Ausgestaltung von zentraler Bedeutung. Von besonderer Wichtigkeit sind die rhetorischen Figuren Euphemismus, Hyperbel, Klimax, Litotes, Metapher, Oxymoron, Personifikation, Symbol, Tautologie und Vergleich.

→ rhetorische Figuren

Ein redentypisches Stilmittel ist die „Captatio benevolentiae“, wörtl. „Haschen nach Wohlwollen“. Gemeint ist eine Redewendung, durch die sich ein Redner am Beginn des Vortrags die Sympathie seines Publikums sichern will.

Referieren

Um ein Referat vorzubereiten und zu halten, sollten Sie in fünf Schritten vorgehen:
- Schritt 1: das Thema analysieren, Material sichten, erschließen und bewerten (→ Aufgabenstellung, ggf. Operatoren, Schlüsselbegriffe, Zielsetzung, Materialbedarf)
- Schritt 2: das Referat vorbereiten I (Material strukturieren, eine Gliederung erstellen)
- Schritt 3: das Referat vorbereiten II (das Referat organisieren, Medien einsetzen)
- Schritt 4: den Vortrag halten (Karteikarten / Stichwortzettel erstellen, Vortrag üben)
- Schritt 5: das Referat auswerten (Feedback der Zuhörer, Verbesserungsvorschläge etc.).

Sprachbetrachtung

Gegenwartssprache

Bedeutungswandel

Das Bedürfnis nach neuen Begriffen wird in einer Sprache nicht nur durch Wortneubildungen gedeckt, sondern auch, indem sich die Bedeutung bereits bestehender Wörter ausweitet (1), verschiebt (2) oder sich eine ganz neue Bedeutung entwickelt (3).

(1) So verwendet man „vernetzen“ längst nicht mehr nur in Bezug auf die Verknüpfung mehrerer Rechner. Das Wort ist somit ein Beispiel für eine Bedeutungserweiterung.

(2) Eine Bedeutungsverschiebung hat das Wort „Weib“ vollzogen. War das mittelhochdeutsche „wîp“ zunächst die unmarkierte, neutrale Bezeichnung für eine Frau, wird es zunehmend abwertend gebraucht. Seinen Platz nimmt das bis dahin für die adlige Herrin reservierte „frouwe“ ein.

(3) Beim heutigen Gebrauch des Wortes „hübsch“ ist ein Zusammenhang mit der ursprünglichen Bedeutung kaum mehr erkennbar. So wie „höflich“ bezog es sich auf etwas für einen Hof, also einen mittelalterlichen Herrschaftssitz, Typisches.

Standardsprache und Varietäten

Der Begriff Standardsprache ersetzt heute meist die als wertend empfundene Bezeichnung Hochsprache. Ihr Hauptmerkmal ist, dass sie als allgemein verbindlich angesehen wird und deshalb ihre Normen in Grammatiken und Wörterbüchern kodifiziert werden.

Häufig werden Veränderungen der Standardsprache von einer eingegrenzten Sprechergruppe vorgebildet. Diese Gruppe kann sich regional, über ihre Schichtzugehörigkeit oder ihre Lebenssituation definieren. Häufig werden für die jeweiligen Ausformungen der Sprache Bezeichnungen mit dem Grundwort „-lekt“ verwendet: So spricht man zum Beispiel vom **Dialekt** (regional bestimmte Gruppe) oder **Soziolekt** (über die Schichtzugehörigkeit bestimmte Gruppe).

Diese Sondersprachen bezeichnet man als „Varietäten“, zu denen auch die Fachsprachen gezählt werden. Sie grenzen sich durch neuartige Verwendung vorhandener Ausdrücke, durch Wortneubildung oder auch durch Unterschiede in der Aussprache von der Standardsprache ab, bringen aber andererseits diese Neuerungen immer wieder in den allgemeinen Sprachgebrauch ein und befruchten ihn dadurch.

Wortneubildungen

Auch heute werden neue Wörter gebildet, die schnell in den allgemeinen Sprachgebrauch übergehen. Meist handelt es sich dabei um

- Abkürzungen (z. B. „Prof" statt „Professor"),
- Ableitungen (z. B. „Rohling"),
- Komposita (z. B. „Flachbildschirm"),
- Entlehnungen aus einer Gebersprache, gegenwärtig häufig aus dem Amerikanischen. Bei einer lexikalischen Entlehnung wird ein Wort mit seiner Bedeutung übernommen, aber – im Unterschied zum Fremdwort – an Flexion, Aussprache- und Schreibgewohnheiten angepasst (z. B. „babysitten"). Dagegen wird bei der semantischen Entlehnung die Bedeutung eines bereits existierenden Wortes unter dem Einfluss einer anderen Sprache erweitert (z. B. „realisieren": urspr. im Sinne von „etwas in die Tat umsetzen", jetzt auch „etwas begreifen, registrieren"). Einen Sonderfall bilden Scheinentlehnungen wie „Handy" oder „Beamer", die in der Gebersprache mit dieser Bedeutung nicht existieren.

Modi (Aussagearten): Indikativ – Konjunktiv – Imperativ

Modus, Pl. die Modi; lat. „Maß, Art, Weise". Die verschiedenen Modi ermöglichen es einer Sprache, hinsichtlich ihres Realitätsgehalts unterschiedlich akzentuierte Aussagen zum Ausdruck zu bringen: Aussage über Reales (Indikativ), Referiertes, Mögliches, Irreales (Konjunktive); Wunsch, Befehl (Konjunktive, Imperativ).

Bedeutung (Verwendungsweise) des Konjunktivs I

Der Konjunktiv I ist ganz wesentlich der **Modus der mittelbaren, der indirekten Aussage**. Der aktuelle Sprecher (oder auch der nicht direkt in Erscheinung tretende Autor eines Textes) drückt durch den Konjunktiv I aus, dass er die **Äußerung eines anderen nur wiedergibt, nur referiert**. Daher begegnet der Konjunktiv I am häufigsten als Modus der **indirekten Rede**: (Ein Autor oder – im realen Gespräch – irgendjemand, der nicht Johannes ist, formuliert:) Johannes sagt, draußen **sei** es kalt.

Darüber, ob es draußen tatsächlich kalt ist, wird hier nichts mitgeteilt. Der Sprecher referiert nur Johannes' Aussage; zu deren Wahrheitsgehalt kann er nichts aussagen.

Der Konjunktiv I wird auch verwendet zur **Wiedergabe von Gedanken und Meinungen**: Im Mittelalter glaubte man, die Erde **sei** eine Scheibe. – Der Gedanke, sie **könne** sich nun ständig mit jemandem über Literatur austauschen, faszinierte Laura sofort.

Neben dem Meinungs- oder Aussagereferat kann der Konjunktiv I eine ganze Reihe weiterer Aufgaben übernehmen; in den folgenden vier Fällen nennt man den Konjunktiv I auch **Optativ: Aufforderung:** Man **nehme** vier Eier und **schlage** das Eiweiß steif. – **Wunsch:** Sie **lebe** hoch! – **Begehren:** Die Anwohner verlangten nachdrücklich, dass der Zebrastreifen durch eine Ampel sicherer **gemacht werde**. – **Gedankliche Setzung:** Das Dreieck ABC **sei** rechtwinklig. (Also: Annahme der Rechtwinkligkeit)

Bedeutung (Verwendungsweise) des Konjunktivs II

Der Konjunktiv II ist der **Modus der Erwägung**: Etwas wird als **möglich gedacht**. – Hierbei ist entscheidend: Das Vorhandensein dessen, was im Denken erwogen wird, ist auch in der Wirklichkeit möglich. – Der Konjunktiv II hat hier die Funktion des **Potenzialis**.

Überlegungen: Mark **könnte** seinen eigenen Schlüssel verloren haben. – Häufig in **Konditionalgefügen (Bedingungsgefügen):** Wenn Karl V. jetzt **erschiene**, **könnte** das für Las Casas' Anliegen sehr hilfreich sein. – **Zweifelnde Fragen: Hätte** Gabriela so etwas wirklich tun **können**? → Konjunktiv II Perfekt

Als **Irrealis** ist der Konjunktiv II der **Modus der Unwirklichkeit, der Irrealität, der Nicht-Möglichkeit.** – D. h.: Eine Aussage formuliert ausschließlich einen Gedankeninhalt; das, was der Gedanke denkt, **kann in der Realität nicht gegeben sein.**

Irrealer Aussagesatz: Petra **hätte** das anders **gemacht**. (Petra ist aber jetzt nicht hier.) → Konjunktiv II Perfekt – Uwe **machte** das anders. = Uwe **würde** das anders **machen**. (Aber er ist nicht hier.) → Konjunktiv II Präsens – **Irreales Konditionalgefüge (Bedingungsgefüge):** Wenn der Einfluss der spanischen Konquistadoren nicht so mächtig **gewesen wäre**, **hätte** Karl V. die „Neuen Gesetze" nicht wieder **aufgehoben**. – **Irrealer unerfüllbarer Wunsch:** Wenn doch schon Ferien **wären**! – Maren wünscht sich, dass ihre Freundin schon da **wäre**. – **Besonderer Fall: erfüllbarer Wunsch:** Wenn Lukas doch bald **käme**! (Er kann tatsächlich kommen (Möglichkeit gegeben!), aber noch ist das Gewünschte nicht Realität (Unwirklichkeit zum Wunschzeitpunkt).

Weitere Aufgaben des Konjunktivs II: v. a. Ausdruck der Höflichkeit:

Höflicher Wunsch: Ich **hätte** gerne eine Jeans. (Man hat diesen Wunsch tatsächlich, wirklich, spricht aber so, als wäre der Wunsch irreal.) – **Höfliche Aussage (höflicher Rat):** Ich **würde** Ihnen dieses Buch **empfehlen**. – **Höfliche Frage / höfliche Bitte: Würdest** du mir bitte die Butter **herübergeben**?

Infinitiv: **geben / rufen / sagen**

Formen bzw. Bildung des Konjunktivs I

Konjunktiv I (Präsens): *ich gebe* / **du gebest** / **er gebe** // *wir geben* / **ihr gebet** / *sie geben*
Die kursiven Formen sind mit den Präsens-Indikativformen der jeweiligen Person identisch. Sie werden daher durch die **Formen des Konjunktiv II** ersetzt:
Konjunktiv I (Präsens): ich gäbe / **du gebest** / **er gebe** // wir gäben / **ihr gebet** / sie gäben
Wenn auch die Konjunktiv-II-Formen nicht als Konjunktivformen erkennbar sind, werden sie durch Umschreibungsformen ersetzt **(„würde"-Umschreibung).**
Beispiel: wir rufen (Ind. Präs.) → wir rufen (Konjunktiv I Präs., als Konj. nicht erkennbar) → wir riefen (Konjunktiv II Präs., als Konj. nicht erkennbar) → wir würden rufen:
Konjunktiv I (Präsens): ich riefe / **du rufest** / **er rufe** // wir würden rufen / **ihr rufet** / sie würden rufen
Konjunktiv I (Präsens): ich würde sagen / **du sagest** / **er sage** / wir würden sagen / **ihr saget** / sie würden sagen

Konjunktiv I (Perfekt): ich hätte gegeben (Ersatz durch Konjunktiv II) / du habest gegeben / …
Konjunktiv I (Perfekt): ich sei gekommen / du seist gekommen / …
Konjunktiv I (Futur I): ich würde geben (Ersatz durch Konjunktiv II) / du werdest geben / …
Konjunktiv I (Futur I): ich würde kommen (Ersatz durch Konjunktiv II) / du werdest kommen / …
Konjunktiv I (Futur II): ich würde gegeben haben (Ersatz durch Konjunktiv II) / du werdest gegeben haben / …
Konjunktiv I (Futur II): ich würde gekommen sein (Ersatz durch Konjunktiv II) / du werdest gekommen sein / …

Präteritumsstamm: **gab / rief / sag(te)** → Bei starken Verben, die zur Konjunktivbildung umlautfähig sind (gab → gäbe, schob → schöbe, half → hülfe), sind alle Konjunktiv-II-Formen als Konjunktivformen erkennbar:

Formen bzw. Bildung des Konjunktivs II

Konjunktiv II (Präsens): **ich gäbe / du gäbest / er gäbe // wir gäben / ihr gäbet / sie gäben**
Bei starken Verben, die nicht umlautfähig sind (rief → riefe, blieb → bliebe, trieb → triebe), sind die Konjunktiv-II-Formen der 1. u. 3. Person Pl. nicht als Konjunktivformen erkennbar und müssen deshalb umschrieben werden **(„würde"):**
Konjunktiv II (Präsens): **ich riefe / du riefest / er riefe** // (*wir riefen* →) wir würden rufen / **ihr riefet** / (*sie riefen* →) sie würden rufen
Bei schwachen Verben (sie besitzen neben dem Präsensstamm keinen weiteren Präteritums-

stamm: sage → sagte, baue → baute, rechne → rechnete) sind die Konjunktiv-II-Formen durchgängig nicht als Konjunktivformen erkennbar und müssen deshalb umschrieben werden **(„würde“)**.
Konjunktiv II (Präsens): *(ich sagte / du sagtest / er sagte // wir sagten / ihr sagtet / sie sagten →)* ich würde sagen / du würdest sagen / er würde sagen // wir würden sagen / ihr würdet sagen / sie würden sagen

Präteritums- und Plusquamperfektformen bildet weder der Konjunktiv I noch der Konjunktiv II. Zum konjunktivischen Ausdruck von Vergangenem und auch von Vorvergangenem dient der Konjunktiv II des Perfekts.

Konjunktiv II (Perfekt): ich hätte gegeben / du hättest gegeben / …
Konjunktiv II (Perfekt): ich wäre gekommen / du wärest gekommen / …
Konjunktiv II (Futur I): ich würde geben / du würdest geben / …
Konjunktiv II (Futur I): ich würde kommen / du würdest kommen / …
Konjunktiv II (Futur II): ich würde gegeben haben / du würdest gegeben haben / …
Konjunktiv II (Futur II): ich würde gekommen sein / du würdest gekommen sein / …

Gebrauchsvarianten beim Konjunktiv II

Die **„würde“-Umschreibung sollte vermieden werden**, wenn **aus dem Kontext ersichtlich** ist, dass eine **Konjunktivform** vorliegen muss, obwohl diese klanggleich mit einer Indikativform des Präteritums ist:

Das Ziel **wäre** zu erreichen, wenn alle hart **arbeiteten**. (Konjunktiv II als Potenzialis (Erwägung), „arbeiteten“ als Ind. Prät. wäre sinnlos.)

Ich habe gesagt, ich **besuchte** ihn am Sonntag; darauf **könne** er sich verlassen. („besuchte“: Referat einer Äußerung, also Notwendigkeit von Konjunktiv I; Konjunktiv II hier als Ersatzform für Konjunktiv I; Verständnis als Ind. Prät. wäre sinnlos.)

Achtung: Manchmal werden **Konjuntiv-II-Formen verwendet, obwohl grammatisch Konjunktiv I gefordert** ist:
(falsch:) Sie sagte, so ginge das nicht. (statt korrekt:) Sie sagte, so **gehe** das nicht.

Rechtschreibung

Groß- und Kleinschreibung

Die Regeln der Groß- und Kleinschreibung sollten Ihnen bereits vertraut sein. Hier finden Sie Ergänzungen, auf die Sie besonders achten sollten.

Nominalisierungen

Im Deutschen können auch Wörter anderer Wortarten in einem Satz die Eigenschaften eines Nomens übernehmen. Sie werden also **nominalisiert** und demzufolge ebenfalls großgeschrieben. Häufig handelt es sich dabei um

- Adjektive bzw. Partizipien („Was auch Dichtende sinnen oder singen, es gilt meist den Engeln und ihm“, – Was auch diejenigen, die dichten, sinnen oder singen, es gilt meist den Engeln und ihm.);
- Verben im Infinitiv (Das Sinnen oder Singen der Dichtenden gilt meist den Engeln und ihm. – „Was auch Dichtende sinnen oder singen, es gilt meist den Engeln und ihm.“).

Denominalisierungen

Nomen können in andere Wortarten umgewandelt (denominalisiert) werden und müssen dann kleingeschrieben werden:

- Adverbien (Hölderlin fühlte sich anfangs in Hauptwil wohl.)
- bestimmte (mit „sein“ oder „werden“ verbundene) Adjektive (Hölderlin wusste nicht, welcher Umstand schuld an seiner Unruhe war.)
- unbestimmte Pronomen bzw. Zahlwörter (Hölderlin hoffte, wenigstens ein paar Jahre in Hauptwil tätig sein zu können.)

Großschreibung und Interpunktion

Heute markiert das **Ausrufezeichen** immer das Ende eines Ausrufs bzw. Ausrufesatzes und ist damit ein Satzschlusszeichen. Das nachfolgende Wort muss deshalb wie bei einem **Punkt** oder einem **Fragezeichen großgeschrieben** werden.

Das **Semikolon** hingegen wird gesetzt, wenn gleichrangige Sätze durch einen Punkt zu stark, durch ein Komma aber zu schwach getrennt würden. Es beendet damit den Satz noch nicht endgültig, sodass das folgende Wort **kleingeschrieben** wird.

Ein **Doppelpunkt** steht vor einem Satz, der das vorher Gesagte zusammenfasst oder eine Schlussfolgerung daraus zieht.

- Folgt ihm ein vollwertiger Satz, wird er als Satzschlusszeichen angesehen, sodass das folgende Wort **großgeschrieben** werden muss.
- Folgt ihm hingegen eine Aufzählung oder ein unvollständiger Satz, wird mit einem **kleingeschriebenen** Wort begonnen.

Getrennt- und Zusammenschreibung

Die Getrennt- und Zusammenschreibung betrifft Einheiten, die im Text unmittelbar benachbart und aufeinander bezogen sind. Handelt es sich um die Bestandteile von Wortgruppen, so schreibt man sie getrennt. Handelt es sich um Bestandteile von Zusammensetzungen, so schreibt man sie zusammen.

Unterscheidung von Wort und Wortgruppe

Wort und Wortgruppe lassen sich häufig phonologisch voneinander unterscheiden. Trägt bei einer Wortgruppe jedes Wort seinen **Wortakzent**, so verliert ihn häufig der zweite Bestandteil eines zusammengesetzten Wortes, z. B. „zusammenspielen“ (= „zusammenwirken“) – „zusammen spielen“ (= „gemeinsam, gleichzeitig spielen“).

Eng damit verbunden sind **grammatikalische Unterscheidungskriterien**, nämlich **morphologische** (der erste Bestandteil eines zusammengesetzten Wortes verliert seine Flexionsfähigkeit, vgl. „dunkelrot“) und **syntaktische** (bei einer Wortgruppe kann einer der beiden Bestandteile durch ein Attribut erweitert werden, bei einem zusammengesetzten Wort nicht, z. B. „nahekommen“ – „ganz nahe kommen“).

Ein weiteres Kriterium ist die sogenannte **Unterscheidungsschreibung**, d. h., es wird zwischen Wort und Wortgruppe differenziert, um einen semantischen Unterschied zu markieren. Entsteht durch eine Zusammensetzung eine im Vergleich zu ihren beiden Bestandteilen neue Bedeutung, so begreift man diese als Wort, z. B. „dabeisitzen“ (= „mit in der Runde sitzen“) – „dabei sitzen“ (= „während eines Vorgangs sitzen“).

Satzbau

Parataxe

Prägung durch **Reihenbildungen**: Nebeneinanderordnen von sprachlichen Einheiten gleicher Ordnung = **Parataxe**, parataktischer Satzbau, parataktischer Stil (griech. *pará* = bei, neben; *tássein/táttein* = stellen bzw. *táxis* = Ordnung)

(HS 1) Ich war mit dem Abendzug aus dem Welschland nach Hause gekommen. (HS 2) Damals arbeitete ich in Neuchâtel, (HS 3) aber zu Hause fühlte ich mich noch immer in meinem Dorf im Thurgau. (HS 4) Ich war zwanzig Jahre alt.

→ Nebenordnung von **Hauptsätzen**: HS 2: durch Temporaladverbial *(damals)* an HS 1 angeschlossen. HS 3: durch adversative, nebenordnende Konjunktion *(aber)* an HS 2 angeschlossen. HS 4: unverbunden an HS 3 angeschlossen.

Syndese, syndetische Reihung: einander nebengeordnete Glieder einer Reihe werden untereinander verbunden (durch Konjunktion, durch adverbiale Fügung).

Asyndese, asyndetische Reihung: Reihenglieder bleiben unverbunden.
Nicht nur vollständige Hauptsätze können parataktisch nebeneinandergestellt werden:
Irgendwo war ein Unglück geschehen, ein Brand ausgebrochen.

Hier Reihung („**Aufzählung**") der Subjekte und von Teilen der Prädikate. – Nächstes Beispiel: Aufzählung von Infinitivgruppen:
Wir Passagiere begannen bald, miteinander zu sprechen und die Fenster zu öffnen.

„Klassischer Fall": Reihung, **Aufzählung von Adjektiven** (hier: prädikativ eingesetzt):
Aber ist der Vergangenheitscharakter einer Geschichte nicht desto tiefer, vollkommener und märchenhafter, je dichter „vorher" sie spielt?

Hypotaxe

Prägung durch **Unterordnung**: Differenzierung der Aussage eines übergeordneten Satzteils durch den Einschub von der übergeordneten Struktur untergeordneten **Nebensätzen** = **Hypotaxe**, hypotaktischer Satzbau, hypotaktischer Stil (griech. *hýpo* = unter)

Um der Geschichte willen, (NS 1) die uns in hohem Grade erzählenswert scheint ((NS 2) wobei zu Hans Castorps Gunsten denn doch erinnert werden sollte, (NS 3a) dass es *seine* Geschichte ist, (NS 3b) und dass nicht jedem jede Geschichte passiert).

Komplexes System von Unterordnungen: Der relative NS 1 erläutert als Attributsatz den Terminus „Geschichte", der Bestandteil des übergeordneten Hauptsatzes ist; der wiederum relativ angefügte Modalsatz NS 2 stellt zusammen mit den Nebensätzen NS 3a und 3b eine einschränkende Modifizierung der soeben mit dem relativen Attributsatz getroffenen Gesamtaussage dar; NS 3a und NS 3b tragen das Subjekt zu NS 2 nach („Subjektsätze").

Einem HS untergeordneter NS: **NS 1. Grades**; diesem NS untergeordneter weiterer NS: **NS 2. Grades** usw.

Anhand von NS 3a und NS 3b zeigt das Beispiel auch, dass **auch Nebensätze** sich in Reihe, also **parataktisch nebeneinander** finden können, also keineswegs immer in hypotaktischem Verhältnis zueinander stehen.

Differenzierung und Erhöhung des Komplexitätsgrades eines Satzes kann nicht nur durch Nebensatz-Hypotaxe erreicht werden. **Einschübe**, Auffüllung des Satzes durch **attributive bzw. allgemein aufzählende Elemente** leisten Ähnliches:

Die Geschichte, die wir erzählen wollen, – (E 1) nicht um seinetwillen ((E 2) denn der Leser wird einen einfachen, (A 1) wenn auch ansprechenden jungen Menschen in ihm kennenlernen), sondern um der Geschichte willen, die uns in hohem Grade erzählenswert scheint ((E 3) wobei zu Hans Castorps Gunsten denn doch erinnert werden sollte, dass es *seine* Geschichte ist, (A 2) und dass nicht jedem jede Geschichte passiert).

Die Einschübe können – grammatisch gesehen – ganz unterschiedlicher Natur sein: E 2 stellt einen vollständigen Hauptsatz dar, E 3 ein ganzes Nebensatzgefüge. A 1 modifiziert die Aussage über den „einfachen jungen Menschen" durch ein zusätzliches Attribut, A 2 füllt aufzählend in der Form eines zweiten „dass"-Satzes den Erinnerungsgegenstand des „wobei"-Satzes reicher an, als es der erste „dass"-Satz allein zu leisten vermag.

Zur Verwendung von Parataxe und Hypotaxe

Ein von Elementen der **Hauptsatz-Parataxe** geprägtes Schreiben wird sicher nicht immer und nicht zwangsläufig, aber doch oft ein als **knapp, nüchtern, distanziert**, vielleicht sogar unterkühlt, lakonisch empfundenes Erzählen produzieren, das auch als stringent, geradlinig, nicht umwegig aufgefasst werden wird.

Hypotaktische Strukturen bewirken reiche inhaltliche Differenzierung; Aussagen werden modifiziert, abgeschattet, relativiert, erweitert, ergänzt. Entsprechendes Schreiben wird als breit, ausladend, langsam voranschreitend, möglicherweise sogar umwegig empfunden werden können. Subjektive Haltungen (der Erzählinstanz, der Figuren) können auf diese Art und Weise vielleicht leichter, direkter, unmittelbarer vermittelt werden. Im extremen Fall – in Bezug auf Thomas Manns Schreiben hört man diesen Vorwurf nicht selten – wird ein solcher Stil als manieriert (übertrieben gekünstelt, artifiziell) empfunden.

Textsortenverzeichnis

Personenregister

Sachregister

Bildquellenverzeichnis

Cover U1: (1) ullstein bild / ADN-Bildarchiv; (2) akg-images / Karel Bauer. © Christian Schad Stiftung Aschaffenburg / VG Bild-Kunst, Bonn 2016; (3) © Badische Landesbibliothek Karlsruhe K 2878,7-943, Foto: Beate Ehlig; (4 Hintergrund): akg-images / Archiv Klaus Wagenbach. **Cover U4:** Münchner Stadtmuseum / Fotomuseum.

akg-images: S. 1 (Archiv Klaus Wagenbach), 10 (1, 2), 12 (1 Erich Lessing), 12 (2), 13, 15, 17, 18, 20 (Rabatti Domingie), 21, 22, 23 (1 Bildarchiv Pisarek), 25, 27, 29 (2), 33 (1, 2 Archiv Klaus Wagenbach), 38 (Archiv Klaus Wagenbach), 48, 50 (Hansgeorg Schöner), 51 (Bildarchiv Pisarek), 54, 56 (2), 61, 70, 77, 84 (1, 2 Karl Bauer), 87, 88, 96, 101 (Bildarchiv Pisarek), 104 (Bildarchiv Pisarek), 108, 117 (1), 124 (2), 128 (Marion Kalter), 129, 135 (1), 137, 140 (2), 150, 154, 155, 165, 179, 182 (2), 204 (3), 204 (6 R. von Mangoldt), 217, 222 (R. von Mangoldt), 238 (1), 238 (7 ddrbildarchiv.de), 238 (8), 240, 245, 247, 306 (2, 3), 311, 313 (2), 316. – **Archiv Klaus Wagenbach, Berlin:** S. 30, 34. – **Artothek:** S. 308, 313 (1). – **Artur:** S. 294 (Klaus Frahm). – **Aufbau Media, Berlin:** S. 256 (Literaturzentrum Neubrandenburg). – **Badische Landesbibliothek, Karlsruhe:** S. 170 (1), 171 (K 2878,7-943. Foto: Beate Ehlig). – **Bildarchiv Preußischer Kulturbesitz:** S. 32 (Fritz Eschen), 95 (1 Nationalgalerie, SMB / Reinhard Saczewski), 143, 204 (1 Hilmar Pabel), 204 (2, 7 BSB / F. Timpe), 204 (10 K. Rohwedder), 206 (BSB / F. Timpe), 229 (BSB / F. Timpe), 232 (BSB / F. Timpe), 235 (BSB / F. Timpe), 238 (9 G. Kiesling), 255 (G. Kiesling), 309. – **Bauer Jürgen:** S. 170 (3), 190, 193. – **Böttcher Bas:** S. 60 Techn. Zeichnung: Scheßl / Weismüller Architekten nach Plänen von Bas Böttcher, Bearbeitung: Bas Böttcher, Quelle: „Die Poetry-Slam-Expedition – Ein Text-, Hör- und Filmbuch" (2009, Schroedel Verlag). – **Bundesarchiv Berlin:** S. 144. – **Caro Fotoagentur:** S. 95 (3). – **Cinetext:** S. 215 (Henschel Theaterarchiv), 218 (1), 238 (6 LB), 261 (2 LB). – **Deutscher Taschenbuch Verlag, München:**
S. 93 (© Gisela Zoch-Westphal), 102 (W. Müller, G. Vogel: dtv-Atlas zur Baukunst, Bd. 2. Tafeln: Entwurf G. Vogel, Ausführung Inge und István Szász. © 1981), 152 (H. D. Schlosser dtv-Atlas Deutsche Literatur. Grafische Gestaltung: U. Goede © 1983), 226. – **Deutscher Fernsehdienst:** S. 149 (Deutscher Fotodienst), 253, 259. – **Deutsches Literaturarchiv, Marbach:** S. 49. – **Drama, Berlin:** S. 157 (Barbara Braun). – **F1online:** S. 195. – **Fischer Verlag, Frankfurt a. M.:** S. 24 (2). – **Heidegger Hermann:** S. 75. – **Imago:** S. 59 (Gerhard Leber), 140 (1). – **Interfoto:** S. 23 (2), 29 (1), 31 (Lebrecht Music Collection), 56 (1), 151 (Lebrecht Music Collection), 156 (Mary Evans Picture Library / Sigmund Freud Copyrights), 182 (1 Brigitte Friedrich). – **Junges Theater, Göttingen:** S. 287. – **Keystone:** S. 194 (1 Thomas Mann Archiv / Maria Austria), (2 Photopress-Archiv STR). – **Kiepenheuer & Witsch Verlag, Köln:** S. 284. – **Kunsthaus Zürich:** S. 46 Dada-Archiv. – **Langen Müller Herbig Verlag, München:** S. 236. – **Landesarchiv Baden-Württemberg:** 114 (1 Staatsarchiv Freiburg, W 134 Nr. 863b). – **Malzkornfoto:** S. 58. – **Mauritius-images:** S. 95 (2), 317 (2 imagebroker). – **Münchner Stadtmuseum / Fotomuseum:** S. 238 (10). – **Museum der Dinge, Werkbundarchiv, Berlin:** S. 85 (Fotograf: Armin Herrmann). – **Ostkreuz:** S. 279 (J. Rötzsch). – **Picture-alliance:** S. 24 (1 dpa), 90 (dpa), 114 (2 dpa / dpaweb), 204 (5 dpa), 204 (8 akg-images), 204 (9 dpa), 208 (dpa), 209 (dpa), 214 (dpa), 220 (akg-images), 238 (5 KPA / Pflug), 243 (dpa-Bildarchiv), 282 (S. Simon), 292 (dpa). – **Random House Verlagsgruppe:** S. 191 Coverillustration nach Peter Stamm, Blitzeis, erschienen im btb Wilhelm Goldmann Verlag, München. – **Rowohlt Verlag, Reinbek:** S. 68, 296 (© billy & hells). – **Steidl Verlag, Göttingen 2002:** S. 218 (2). – **Suhrkamp Verlag, Frankfurt a. M.:** S. 211, 221. **SZ-Photo:** S. 107 (S. M.), 132 (AP), 146 (SV-Bilderdienst), 318 (Rue des Archives / PVDE). – **ullstein bild:** S. 14, 16 (1 Imagno), 79 (Granger Collection), 86 (Imagno), 91, 98 (Imagno), 105, 120 (bpk / Salomon), 124 (1 AP), 170 (2 Abraham Pisarek), 177 (Imagno), 204 (4 H. Tappe), 224 (H. Tappe), 238 (2 ADN-Bildarchiv), 238 (3 Andree), 238 (4 Probst), 238 (11 B. Friedrich), 242 (Probst), 244 (B. Friedrich), 252 (ADN-Bildarchiv), 258 (Andree), 261 (1 Lehnartz), 314, 317 (1 Bunk). – **VG Bild-Kunst, Bonn 2016:** S. 10 (3) Eberhard Spangenberg, 84 (1, 2 Christian Schad Stiftung Aschaffenburg), 87, 117 (1 Man Ray Trust, Paris; 2), 118 (1, 2), 154, 218 (2), 226. – **Wall, Jeff:** S.135 (2 Dead Troops Talk). – **Wegener, Manfred:** S. 286.

Trotz entsprechender Bemühungen ist es nicht in allen Fällen gelungen, den Rechtsinhaber ausfindig zu machen. Gegen Nachweis der Rechte zahlt der Verlag für die Abdruckerlaubnis die gesetzlich geschuldete Vergütung.

Textquellenverzeichnis

Hier nicht angeführte Texte sind Originalbeiträge der Verfasserinnen und Verfasser.

S. 11: Kafka im Gespräch mit Gustav Janouch. In: Gustav Janouch: Gespräche mit Kafka. Erinnerungen und Aufzeichnungen. Frankfurt / M.: S. Fischer 1951, S. 30, S. 35, S. 98, S. 107. – **S. 11:** Kralik, Richard von: Was ist modern? In: Wunberg, Gotthart / Braakenburg, Johannes J. (Hg.): Die Wiener Moderne. Literatur, Kunst und Musik zwischen 1890 und 1910. Stuttgart: Reclam 2000, S. 197 f. © 1981 Philipp Reclam jun. GmbH & Co., Stuttgart. – **S. 11:** Bahr, Hermann: Die Überwindung des Naturalismus. In: Wunberg / Braakenburg (Hg.), a. a. O., S. 199 ff. – **S. 11:** Altenberg, Peter: Kunst. In: Wunberg / Braakenburg (Hg.), a. a. O., S. 504 f. – **S. 11:** Mach, Ernst: Antimetaphysische Vorbereitungen. In: Wunberg / Braakenburg. (Hg.), a. a. O., S. 137 – 145. – **S. 11:** Freud, Sigmund: Die Traumdeutung. Gesammelte Werke. Chronologisch geordnet. Hg. v. Anna Freud u. a. Bd. 2 / 3. Frankfurt / M.: S. Fischer Verlag [4]1968, S. 100 – 138. Zit. nach: Wunberg / Braakenburg (Hg.), a. a. O., S. 158 – 170. – **S. 12:** Ubell, Hermann: Römische Villa. In: Wunberg / Braakenburg (Hg.), a. a. O., S.369 f. – **S. 12 f.:** Dörmann, Felix: Intérieur. In: Wunberg / Braakenburg (Hg.), a. a. O., S. 359 f. – **S. 13 f.:** Bahr, Hermann: Décadence. In: Wunberg / Braakenburg (Hg.), a. a. O., S. 225 – 232. – **S. 15 f.:** Schnitzler, Arthur: Leutnant Gustl. In: Ders.: Gesammelte Werke. Die erzählenden Schriften. 2 Bde. Bd. 1. Frankfurt / M.: S. Fischer 1961. S. 342 – 344. Zit. nach: Deutsche Literatur von Luther bis Tucholsky, Digitale Bibliothek Bd. 125. Berlin: Directmedia [2]2005.– **S. 17:** Sigmund Freud an Arthur Schnitzler. Zit. nach: Rattner, Josef: Arthur Schnitzler oder Freuds ‚Doppelgänger' in Wien. In: Österreichische Literatur und Psychoanalyse. Würzburg: Königshausen und Neumann 1998, S. 71. – **S. 17:** Arthur Schnitzler über die Psychoanalyse. Zit. nach: Rattner, Josef, a. a. O., S. 72. – **S. 18:** Mach, Ernst: Antimetaphysische Vorbereitungen. In: Wunberg / Braakenburg (Hg.), a. a. O., S. 140 – 142. – **S. 18 f.:** Rilke, Rainer Maria: Blaue Hortensie. In: Ders.: Sämtliche Werke. Hg. v. Rilke-Archiv / Ruth Sieber-Rilke / Ernst Zinn. 7 Bde. Bd. 1: Gedichte I. Neue Gedichte. Frankfurt / M.: Insel 1955 – 1966, S. 519. Zit. nach: Deutsche Literatur von Luther bis Tucholsky, a. a. O. – **S. 20:** Rilke, Rainer Maria: Archaïscher Torso Apollos. In: Ders.: Sämtliche Werke. Hg. v. Rilke-Archiv / Ruth Sieber-Rilke / Ernst Zinn. 7 Bde. Bd. 1: Gedichte I. Der neuen Gedichte anderer Teil. Frankfurt / M.: Insel 1955 – 1966, S. 557. Zit. nach: Deutsche Literatur von Luther bis Tucholsky, a. a. O. – **S. 20 f.:** George, Stefan: Mein garten bedarf nicht luft und nicht wärme. In: Ders.: Gesamt-Ausgabe der Werke. Endgültige Fassung. Bd. 2: Hymnen, Pilgerfahrten, Algabal. Berlin: Georg Bondi 1928, S. 96. Zit. nach: Deutsche Literatur von Luther bis Tucholsky, a. a. O. – **S. 21 f.:** George, Stefan: Der lezte der getreuen. In: Ders.: Gesamt-Ausgabe der Werke. Endgültige Fassung. Bd. 9: Das Neue Reich. Berlin: Georg Bondi 1928, S. 133. Zit. nach: Deutsche Literatur von Luther bis Tucholsky, a. a. O. – **S. 22:** Hoddis, Jakob van: Weltende. In: Pinthus, Kurt (Hg.) Menschheitsdämmerung. Ein Dokument des Expressionismus. Reinbek: Rowohlt 1995, S. 39. – **S. 22:** Johannes R. Becher über das Gedicht „Weltende". Zit. nach: Vietta, Silvio / Kemper, Hans-Georg: Expressionismus. München: Wilhelm Fink 51994, S. 30. – **S. 23:** Lichtenstein, Alfred: Die Dämmerung. In: Pinthus, Kurt (Hg.): Menschheitsdämmerung, a. a. O., S. 47. – **S. 23:** Heym, Georg: Die Stadt. In: Ders.: Dichtungen und Schriften. Gesamtausgabe. Hg. v. Karl Ludwig Schneider. 2 Bde. Hamburg / München: Ellermann 1960 ff. – **S. 24:** Kellermann, Bernhard: Der Tunnel. Frankfurt / M.: Suhrkamp 1980, S. 129 – 132. © Verlag Volk und Welt Berlin 1959. – **S. 25:** Hatvani, Paul: Versuch über den Expressionismus. In: Anz, Thomas / Stark, Michael (Hg.): Manifeste und Dokumente zur deutschen Literatur. Bd. 4: 1910 – 1920: Expressionismus. Stuttgart: Metzler 1982, S. 38 – 42. – **S. 26:** Heym, Georg: Tagebucheintrag. Zit. nach: Rinsum, Annemarie van / Rinsum, Wolfgang van: Interpretationen. Lyrik. München: Bayerischer Schulbuch-Verlag 1991, S. 241. – **S. 27:** Trakl, Georg: Grodek. In: Ders.: Das dichterische Werk. Auf Grund der historisch-kritischen Ausgabe von Walther Killy und Hans Szklenar bearbeitet von Friedrich Kur. München: Deutscher Taschenbuchverlag 1972, S. 94. Zit. nach: Deutsche Literatur von Luther bis Tucholsky, a. a. O. – **S. 27:** Stramm, August: Sturmangriff. In: Pinthus, Kurt (Hg.): Menschheitsdämmerung, a. a. O., S. 87. – **S. 28:** Johannes Urzidil über Prag. In: Ders.: Da geht

Kafka. München: Langen Müller 2004, S. 77. – **S. 28:** Meyrink, Gustav: Die Stadt mit dem heimlichen Herzschlag. In: Ders.: Das Haus zur letzten Latern. Nachgelassenes und Verstreutes. Hg. v. Eduard Frank. München / Wien: Langen Müller 1973, S. 157. – **S. 28 f.:** Meyrink, Gustav: Der Golem. München / Wien: Langen Müller 1972, S. 30 f. – **S. 29:** Leppin, Paul: Prag in seiner unzugänglichen Schönheit. In: Haasis, Hellmut (Hg.): Die unheimliche Stadt. Ein Prag-Lesebuch. München / Zürich: Piper 1992, S. 157. – **S. 30:** Kafka über das Prager Getto. In: Janouch, Gustav: Gespräche mit Kafka. Erinnerungen und Aufzeichnungen. Frankfurt / M.: S. Fischer 1951, S. 46 f. – **S. 31:** Salfellner, Harald: Zum soziokulturellen Hintergrund der deutschen Oberschicht im Prag der Jahrhundertwende. In: Ders.: Franz Kafka und Prag. Prag: Vitalis 2007, S. 22 f. – **S. 31 f., 35:** Jasper, Willi: Deutsch-jüdischer Parnass. Literaturgeschichte eines Mythos. München: Propyläen 2004, S. 215 f. – **S. 33:** Brod, Max: Persönliches. In: Ders.: Über Franz Kafka. Frankfurt / M.: Fischer 1966, S. 337 f. – **S. 34:** Binder, Hartmut: Kafkas Welt. Eine Lebenschronik in Bildern. Reinbek: Rowohlt 2008, S. 361. – **S. 34 f:** Kafka, Franz: Briefe an Felice und andere Korrespondenz aus der Verlobungszeit. Hg. v. Erich Heller / Jürgen Born. Frankfurt / M.: Fischer Taschenbuch Verlag 1976, S. 102, S. 117, S. 155, S. 163. – **S. 35 ff.:** Kafka, Franz: Die Verwandlung. In: Ders.: Kritische Ausgabe der Werke. Schriften, Tagebücher, Briefe. 15 Bde. Hg. v. Jürgen Born / Gerhard Neumann / Malcolm Pasley u. a. Bd. 5: Drucke zu Lebzeiten. Hg. v. Wolf Kittler / Hans-Gerd Koch / Gerhard Neumann u. a. Bd. 5.1: Textband. Frankfurt / M.: Fischer 1994, S. 115–123. – **S. 37 f.:** Žmegač, Viktor / Škreb, Zdenko / Seculic, Ljerka: Kleine Geschichte der deutschen Literatur. Von den Anfängen bis zur Gegenwart. Üs. v. Džambo, Jozo. Weinheim: Beltz / Athenäum ^{6}1997, S. 309 f. © Cornelsen Scriptor Berlin. – **S. 38 f.:** Kafka, Franz: Vor dem Gesetz. In: Ders.: Der Prozess. Kritische Ausgabe der Werke. Schriften, Tagebücher, Briefe. 15 Bde. Hg. v. Jürgen Born / Gerhard Neumann / Malcolm Pasley u. a. Bd. 5: Drucke zu Lebzeiten. Hg. v. Wolf Kittler / Hans-Gerd Koch / Gerhard Neumann u. a. Bd. 5.1: Textband. Frankfurt / M.: Fischer 1994, S. 267–269. – **S. 40:** Kafka, Franz: Kleine Fabel. In: Ders.: Die Erzählungen und andere ausgewählte Prosa. Frankfurt / M.: S. Fischer 2007, S. 382. – **S. 41:** Stadler, Ernst: Fahrt über die Kölner Rheinbrücke bei Nacht. In: Conrady, Karl Otto (Hg.): Der große Conrady. Das Buch deutscher Gedichte von den Anfängen bis zur Gegenwart. Düsseldorf: Artemis & Winkler 2008, S. 589. – **S. 43 f.:** Pander, Oswald: Revolution der Sprache. In: Anz, Thomas / Stark, Michael (Hg.): Manifeste und Dokumente zur deutschen Literatur Bd. 4: 1910–1920: Expressionismus. Stuttgart: Metzler 1982, S. 612 f. – **S. 47:** Hofmannsthal, Hugo von: Ein Brief. In: Ders.: Gesammelte Werke in zehn Einzelbänden. Erzählungen, Erfundene Gespräche und Briefe, Reisen. Hg. v. Bernd Schoeller / Rudolf Hirsch. Frankfurt / M.: S. Fischer 1979, S. 464. Zit. nach: Deutsche Literatur von Luther bis Tucholsky, a. a. O. – **S. 47:** Mauthner, Fritz: Beiträge zu einer Kritik der Sprache. Bd. 1: Zur Sprache und zur Psychologie. Frankfurt / M. / Berlin / Wien: Ullstein 1982, S. 86. – **S. 47:** Wittgenstein, Ludwig: Tractatus locigo-philosophicus. Logisch-philosophische Abhandlung. Frankfurt / M.: Suhrkamp 1978, S. 89. © Basil Blackwell Oxford 1959. Alle Rechte im deutschsprachigen Raum vorbehalten durch Suhrkamp Verlag, Frankfurt / M. – **S. 48 f.:** Hofmannsthal, Hugo von: Ein Brief. In: Ders.: Gesammelte Werke in zehn Einzelbänden. Erzählungen, Erfundene Gespräche und Briefe, Reisen. Hg. v. Bernd Schoeller / Rudolf Hirsch. Frankfurt / M.: S. Fischer 1979, S. 465 f. Zit. nach: Deutsche Literatur von Luther bis Tucholsky, a. a. O. – **S. 50:** Gustafsson / Lars: Die soziale Illusion. In: Ders.: Sprache und Lüge. Drei sprachphilosophische Extremisten: Friedrich Nietzsche, Alexander Bryan Johnson, Fritz Mauthner. Üs. v. Susanne Seul. Frankfurt / M.: Fischer Taschenbuch Verlag 1982, S. 15 f. © 1980 by Carl Hanser Verlag München Wien. – **S. 51 f.:** Mauthner, Fritz: Beiträge zu einer Kritik der Sprache. Bd. 1: Zur Sprache und zur Psychologie. Frankfurt / M. / Berlin / Wien: Ullstein 1982, S. 91–93. – **S. 52 f.:** Mauthner, Fritz: Beiträge zu einer Kritik der Sprache. Bd. 1: Zur Sprache und zur Psychologie. Frankfurt / M. / Berlin / Wien: Ullstein 1982, S. 86 f. – **S. 54:** Morgenstern, Christian: Das große Lalulä. In: Echtermeyer. Deutsche Gedichte. Von den Anfängen bis zur Gegenwart. Auswahl für Schulen. Hg. v. Elisabeth K. Paefgen / Peter Geist. Berlin: Cornelsen 2005, S. 442. – **S. 54:** Morgenstern, Christian: Fisches Nachtgesang. In: Echtermeyer. Deutsche Gedichte, a. a. O., S. 443. – **S. 55 f.:** Dadaistisches Manifest. In: Riha, Karl / Merte, Angela / Schäfer, Jörgen (Hg.): DADA total. Manifeste, Aktionen, Texte, Bilder. Stuttgart: Reclam 2005, S. 91–94. – **S. 56:** Ball, Hugo: Karawane. In: Riha, Karl / Merte, Angela / Schäfer, Jörgen (Hg.): DADA total. Manifeste, Aktionen, Texte, Bilder. Stuttgart: Reclam 2005, S. 55. – **S. 58:** Kistner, Anna: Der Wettstreit der Wortfechter. In: Die Tageszeitung v. 11. 11. 2004. Online unter: http://www.planetslam.de/magazin/mag02.html (28. 04. 2009). – **S. 58 f.:** Böttcher, Bas: Fühlothek. In: Der Deutschunterricht 6 / 2007: Gegenwartslyrik, S. 50. © Bas Böttcher. – **S. 60:** Krommer, Axel / Anders, Petra: Auszug aus einem Interview mit Bas Böttcher. In: Der Deutschunterricht 6 / 2007: Gegenwartslyrik, S. 49. – **S. 61:** Artikel „billig". In: Deutsches Wörterbuch von Jacob Grimm und Wilhelm Grimm. 16 Bde. in 32 Teilbänden. Leipzig: S. Hirzel 1854–1960. Bd. 2: Biermörder–D, Sp. 28 f. Online unter: http://germazope.uni-trier.de/Projects/DWB (28. 04. 2009). – **S. 62 f.:** Keller, Rudi / Kirschbaum, Ilja: Bedeutungswandel. In: Der Deutschunterricht 3 / 2000: Sprachwandel – vom Sprechen zur Sprache, S. 45 f. – **S. 65:** Debus, Friedhelm: Entwicklungen der deutschen Sprache in der Gegenwart – und in der Zukunft? (= Abhandlungen der Akademie der Wissenschaften und der Literatur 1999 / 2). Stuttgart: Steiner 1999, S. 37–44. – **S. 65 f.:** Bär, Jochen A.: Deutsch im Jahr 2000. Eine sprachhistorische Standortbestimmung. In: Die deutsche Sprache zur Jahrtausendwende. Sprachkultur oder Sprachverfall? Hg. v. Karin M. Eichoff-Cyrus / Rudolf Hoberg / Gesellschaft für deutsche Sprache Wiesbaden. Mannheim: Bibliographisches Institut & F.A.Brockhaus 2000, S. 26 f. – **S. 67 f.:** Kehlmann, Daniel: Ein Beitrag zur Debatte. In: Ders.: Ruhm. Ein Roman in neun Geschichten. Hamburg: Rowohlt 2009, S. 133 ff. – **S. 71:** Broos, Ben / Wheelock, Arthur K.: Das Mädchen mit dem Perlenohrgehänge. In: Wheelock, Arthur K. (Hg.): Vermeer. Das Gesamtwerk. Üs. v. Greta Bais u. a. Darmstadt: Wissenschaftliche Buchgesellschaft ^{2}1996, S. 166. – **S. 72 f.:** Lovenberg, Felicitas von: Fensterputzen für Vermeer: „Das Mädchen mit dem Perlenohrring". In: Frankfurter Allgemeine Zeitung v. 22. 09. 2004. – **S. 74 f.:** Heidegger, Martin: Vom Wesen der Wahrheit. Frankfurt / M.: Vittorio Klostermann ^{6}1976, S. 6–8. © 1954 by Vittorio Klostermann Frankfurt / M. – **S. 76 f.:** Kant, Immanuel: Kritik der reinen Vernunft. In: Ders.: Werkausgabe. Hg. v. Wilhelm Weischedel. 12 Bde. Bd. 3: Kritik der reinen Vernunft 1. Frankfurt / M.: Suhrkamp ^{3}1977, S. 25 f. © Insel Verlag Wiesbaden 1956. – **S. 79 f.:** Wittgenstein, Ludwig: Tractatus locigo-philosophicus. Logisch-philosophische Abhandlung. Frankfurt / M.: Suhrkamp 1978, S. 7, S. 89, S. 114 f. © Basil Blackwell Oxford 1959. Alle Rechte im deutschsprachigen Raum vorbehalten durch Suhrkamp Verlag, Frankfurt / M. – **S. 80:** Jaspers, Karl: Philosoph zu sein ist kein spezifischer Beruf. Zit nach: Peter Kunzmann / Franz-Peter Burkard / Franz Wiedmann: dtv-Atlas Philosophie. München: Deutscher Taschenbuch Verlag 1991, S. 11. – **S. 80:** Definition und Grundfragen der Philosophie. Nach: Kunzmann, Peter / Burkard, Franz-Peter / Wiedmann, Franz: dtv-Atlas Philosophie. München: Deutscher Taschenbuch Verlag 1991. – **S. 81:** Definition und Grundfragen der Philosophie. Nach: Kunzmann, Peter / Burkard, Franz-Peter / Wiedmann, Franz: dtv-Atlas Philosophie. München: Deutscher Taschenbuch Verlag 1991. – **S. 81:** Basiswissen Rede. Nach: Bantel, Otto / Schweikle Irmgard: Rede. In: Schweikle, Günther / Schweikle, Irmgard (Hg.): Metzler Literaturlexikon. Begriffe und Definitionen. Stuttgart: Metzler ^{2}1990. – **S. 85:** Keun, Irmgard: Das kunstseidene Mädchen. Berlin / Darmstadt / Wien: Deutsche Buch-Gemeinschaft C.A. Koch's Nachf., S. 90 f. © 1979 by Claassen Verlag GmbH Stuttgart. – **S. 86 f.:** Kästner, Erich: Ballgeflüster. In: Ders.: Gedichte. Hg. v. Volker Ladenthin. Stuttgart: Reclam 1987. © für die Texte Atrium Verlag, Zürich, und Thomas Kästner. – **S. 88 f.:** Tucholsky, Kurt: Dämmerung. In: Ders.: Ausgewählte Werke. Hg. v. Fritz J. Raddatz. Reinbek: Rowohlt 1965, S. 77–81. – **S. 90:** Brecht, Bertolt: Aus dem Lesebuch für Städtebewohner. In: Ders.: Ausgewählte Werke in sechs Bänden. Bd. 3: Gedichte I. Sammlungen. Frankfurt / M.: Suhrkamp 1997, S. 157. – **S. 91 f.:** Keun, Irmgard: Das kunstseidene Mädchen. Berlin / Darmstadt / Wien: Deutsche Buch-Gemeinschaft C.A. Koch's Nachf., S. 93–95. © 1979 by Claassen Verlag GmbH Stuttgart. – **S. 92 f.:** Brecht, Bertolt: Immer wieder ... In: Ders.: Ausgewählte Werke in sechs Bänden. Bd. 3: Gedichte I. Sammlungen. Frankfurt / M.: Suhrkamp 1997, S. 171 f. – **S. 93 f.:** Kaléko, Mascha: Großstadtliebe. In: Dies.: Das lyrische Stenogrammheft. Gedichte aus der Welt der Großstadt. Reinbek ^{3}2007, S. 28. © 1933 by Mascha Kaléko, © 1975 by Gisela Zoch-Westphal. – **S. 96 ff.:** Kisch, Egon Erwin: Elliptische Tretmühle. In: Ders.: Der rasende Reporter. Berlin: Aufbau Taschenbuch Verlag ^{4}2006, S. 263–268. © Aufbau-Verlag Berlin und Weimar 1972. – **S. 99:** Kracauer, Siegfried: Die Angestellten. Aus dem neuesten Deutschland. Frankfurt / M.: Suhrkamp ^{6}1993. Zit. nach: Luckas, Manfred: „So lange du stehen kannst, wirst du kämpfen." Die Mythen des Boxens und ihre literarische Inszenierung. Berlin: dissertation.de – Verlag im Internet GmbH www.dissertation.de, S. 51. – **S. 100:** Thieß, Frank: Die Geistigen und der Sport. In: Die Neue Rundschau 38 / 1 (1927), S. 293 ff. Zit. nach: Luckas, Manfred, a. a. O., S. 52 f. – **S. 100:** Fleißer, Marieluise: Sportgeist und Zeitkunst. Essay über den modernen Menschentyp. In: Dies.: Gesammelte Werke. 4 Bde. Bd. 2: Roman. Erzählende Prosa. Aufsätze. Hg. v. Günther Rühle. Frankfurt / M.: Suhrkamp 1972, S. 317. – **S. 100 f.:** Brecht, Bertolt: Die Dreigroschenoper. In: Ders.: Ausgewählte Werke in sechs Bänden. Bd. 1: Stücke I. Frankfurt / M.: Suhrkamp 1997, S. 246 f. – **S. 102 ff.:** Feuchtwanger, Lion: Erfolg. Drei Jahre Geschichte einer Provinz. Berlin: Aufbau Taschenbuch Verlag ^{4}2006, S. 391–395. © Aufbau-Verlag GmbH, Berlin 1993. – **S. 106 f.:** Klappentext. In: Döblin, Alfred: Berlin Alexanderplatz. Die Geschichte vom Franz Biberkopf. Frankfurt / M.: S. Fischer 2004 (1929). – S. 107 ff., 112 f.: Döblin, Alfred: Berlin Alexanderplatz. Die Geschichte vom Franz Biberkopf. Frankfurt / M.: S. Fischer 2008, S. 13–15, 211 f. – **S. 115:** Brecht, Bertolt: Durch Fotografie keine Einsicht. In: Der Dreigroschenprozeß. Ein soziologisches Experiment. In: Ders.: Große kommentierte Berliner und Frankfurter Ausgabe. Hg. v. Werner Hecht u. a. Bd. 21: Schriften I. Frankfurt / M.: Suhrkamp 1992, S. 448–515. Zit. nach: Bernd Stiegler: Bilder der Photographie. Ein Album photographischer Metaphern. Frankfurt / M.: Suhrkamp 2006. – **S. 115:** Barthes, Roland: Die helle Kammer. Bemerkung zur Photographie. Üs. v. Dietrich Laube. Frankfurt / M.: Suhrkamp 1989, S. 19. © 1980 Éditions de l'Étouile, Gallimard / Le Seuil, Paris, © der deutschen Ausgabe Suhrkamp Verlag, Frankfurt / M. 1985. – **S. 117:** Dali, Salvador: Die Fotografie, reine Schöpfung des Geistes. In: Kemp, Wolfgang / Amelunxen, Hubertus von (Hg.): Theorie der Fotografie I–IV. 1839–1995. Bd. 2: Theorie der Fotografie 1912–1945. München: Schirmer / Mosel 2006, S. 95–98. © des Textes beim Autor. – **S. 117:** Hausmann, Raoul: Fotomontage. In: Ders.: Am Anfang war Dada. Hg. v. Karl Riha / Günter Kämpf. Steinbach (Gießen): Anabas 1970. Zit. nach: Bernd Stiegler: Theoriegeschichte der Photographie. München: Wilhelm Fink 2006, S. 210. –

S. 118: Moholy-Nagy, László: Fotografie: Die objektive Sehform unserer Zeit. Üs. v. Heribert von Thierry. In: Passuth, Krisztina / Moholy-Nagy, László: Moholy-Nagy, Weingarten: Kunstverlag Weingarten, S. 342–344. – **S. 118:** Moholy-Nagy, László: Scharf oder unscharf. Üs. v. Heribert von Thierry. In: Passuth, Krisztina / Moholy-Nagy, László: Moholy–Nagy. a. a. O. 1986, S. 326. – **S. 119 f.:** Stiegler, Bernd: Die digitale Fotografie. In: Ders.: Theoriegeschichte der Fotographie. Paderborn: Wilhelm Fink 2006, S.412–415. – **S. 120 f.:** Salomon, Erich: Ohne Pose. Wenn die Großen nicht wissen, dass sie fotografiert werden. In: Uhu, 5. Jg., Nr. 4 (Januar 1929), S. 10–14. – **S. 121 f.:** Sontag, Susan: Über Fotografie. Üs. v. Mark W. Rien / Gertrud Baruch. Frankfurt / M.: Fischer Taschenbuch Verlag ^{17}2006. © Carl Hanser Verlag München Wien 1978. – **S. 123 f.:** Reiche, Jürgen: Macht der Bilder. In: Bilder, die Lügen. Begleitbuch zur Ausstellung der Stiftung Haus der Geschichte der Bundesrepublik Deutschland. Hg. v. Stiftung Haus der Geschichte der Bundesrepublik Deutschland. Bonn: Bouvier ^{3}2003, S. 10–19. – **S. 125:** Nach Knieper, Thomas: Vier Hauptgruppen der Manipulation. In: Ders.: Kommunikationswissenschaft. In: Sachs-Hombach, Klaus (Hg.): Bildwissenschaft. Disziplinen, Themen, Methoden. Frankfurt / M.: Suhrkamp ^{2}2005, S. 41–46. – **S. 127 ff.:** Sontag, Susan: Das Leiden anderer betrachten. Üs. v. Reinhard Kaiser. Frankfurt / M.: Fischer Taschenbuch Verlag 22008. © Susan Sontag 2003. Alle Rechte der deutschen Ausgabe: © Carl Hanser Verlag München Wien 2003. – **S. 131:** Meyn, Hermann: Kriegsberichterstattung. In: Ders.: Massenmedien in Deutschland. Hg. v. Landeszentrale für politische Bildungsarbeit Berlin. Konstanz: UVK Verlagsgesellschaft 2004. – **S. 131:** Schrag, Wolfram: Journalisten mit Soldaten („embedded journalism"). In: Ders.: Medienlandschaft Deutschland. Hg. v. Bayerische Landeszentrale für politische Bildungsarbeit München. Konstanz: UVK Verlagsgesellschaft 2007. – **S. 132:** Paul, Gerhard: Bilder des Krieges – Krieg der Bilder. Die Visualisierung des modernen Krieges. Paderborn: Ferdinand Schöningh 2004. – **S. 133 f.:** Sontag, Susan: Das Leiden anderer betrachten. Üs. v. Reinhard Kaiser. Frankfurt / M.: Fischer Taschenbuch Verlag ^{2}2008. © Susan Sontag 2003. Alle Rechte der deutschen Ausgabe: © Carl Hanser Verlag München Wien 2003. – **S. 135 f.:** Wagner, Frank: Fragen an Jeff Wall. Interview von 1994. In: Wall, Jeff: Szenarien im Bildraum der Wirklichkeit. Essays und Interviews. Hg. v. Gregor Stemmrich. Hamburg: Philo Fine Arts 2008. © Jeff Wall, © der deutschen Ausgabe 1997 OPA / G+B Fine Arts. – **S. 137:** Benjamin, Walter: Kleine Geschichte der Fotografie. Frankfurt / M.: Suhrkamp 1974. Zit. nach: Kemp, Wolfgang / Amelunxen, Hubertus von (Hg.): .Theorie der Fotografie I–IV. 1839–1995. Bd. 2: Theorie der Fotografie 1912–1945. München: Schirmer / Mosel 2006, S. 200–213. © des Textes beim Autor. – **S. 141:** Goebbels, Joseph: Rede zur Bücherverbrennung am 10. Mai 1933. In: „Das war ein Vorspiel nur …": Bücherverbrennung Deutschland 1933. Voraussetzungen und Folgen. Hg. v. Akademie der Künste / Hermann Haarmann. Berlin / Wien: Medusa Verlagsgesellschaft 1983, S. 197 f. – **S. 141:** Milton, John: Areopagitica. Eine Rede für die Preßfreiheit an das Parlament von England. 1644. Üs. v. Richard Roepell. Berlin: Verlag von Veit und Comp. 1851. – **S. 141:** Heine, Heinrich: Almansor. In: Ders.: Historisch-kritische Gesamtausgabe der Werke. Bd. 5: Almansor – William Ratcliff – Der Rabbi von Bacherach – Aus den Memoiren des Herrn Schnabelewopski – Florentinische Nächte. Bearb. v. Manfred Winfuhr. Hamburg: Hoffmann und Campe 1994. – **S. 142 f.:** Mann, Klaus: Der Wendepunkt. Ein Lebensbericht. Reinbek: Rowohlt 1999. © 1993 by Rowohlt Taschenbuch Verlag GmbH, Reinbek bei Hamburg – **S. 145:** Hitler wird die verbrannten Bücher nicht zum Schweigen bringen. In: Doppelte Gefahr für die Kultur. In: Blätter für Kunst und Kritik (1933), S. 286 / 287. – **S. 145 f.:** „Verbrennt mich!" Ein Protest von Oskar Maria Graf. In: Oskar Maria Graf in seinen Briefen. Hg. v. Gerhard Bauer / Helmut F. Pfanner. München: Süddeutscher Verlag 1984, S. 67 f. – **S. 147:** Brecht, Bertolt: Die Bücherverbrennung. In: Ders.: Gesammelte Werke in 20 Bänden. Bd. 9: Gedichte 2. Frankfurt / M.: Suhrkamp 1968, S. 694. © Suhrkamp Verlag, Frankfurt / M. 1967. – **S. 149:** Domin, Hilde: Mit leichtem Gepäck. In: Emmerich, Wolfgang / Heil, Susanne. Lyrik des Exils. Stuttgart: Reclam 1985. – **S. 150:** Schneider, Reinhold: Das Opfer. In: Ders.: Gesammelte Werke. Hg. v. Reinhold Schneider-Gesellschaft / Edwin Maria Landau. Bd. 5: Lyrik. Hg. v. Christoph Perels. Frankfurt / M.: Insel 1981, S. 78. – **S. 151 f.:** Mahler-Werfel, Alma: Mein Leben. Biografie. Frankfurt / M.: Fischer Taschenbuch Verlag 1963. © Alma Mahler-Werfel 1960. – **S. 154 f.:** Seghers, Anna: Das siebte Kreuz. Bearb.v. Bernhard Spies. In: Dies.: Werkausgabe. Bd. I / 4. Hg. v. Bernhard Spies / Helen Fehervary. Berlin: Aufbau-Verlag 2000. – **S. 155 f.:** Zweig, Stefan: Declaracão. In: Winkler, Michael: Deutsche Literatur im Exil 1933–1945. Texte und Dokumente. Stuttgart: Reclam 2003. – **S. 156 ff.:** Brecht, Bertolt: Schweyk im zweiten Weltkrieg. Frankfurt / M.: Suhrkamp 1965. © 1957 by Suhrkamp Verlag, Berlin. – **S. 160 f.:** Brecht, Bertolt: Die Straßenszene. Grundmodell einer Szene des epischen Theaters. In: Ders.: Schriften zum Theater. Über eine nicht-aristotelische Dramatik. Hg. v. Siegfried Unseld. Frankfurt / M.: Suhrkamp 1976, S. 90–93. © 1957 by Suhrkamp Verlag, Frankfurt / M. – **S. 162:** Brecht, Bertolt: Das moderne Theater ist das epische Theater. Anmerkungen zur Oper „Aufstieg und Fall der Stadt Mahagonny". In: Ders.: Schriften zum Theater. Über eine nicht-aristotelische Dramatik. Hg. v. Siegfried Unseld. Frankfurt / M.: Suhrkamp 1976, S. 19 f. © 1957 by Suhrkamp Verlag, Frankfurt / M. **S. 164:** Mann, Klaus: Brief an Gottfried Benn (9. 5. 1933). In: Benn, Gottfried: Sämtliche Werke. Stuttgarter Ausgabe. Hg. v. Gerhard Schuster / Ilse Benn. Bd. 4: Prosa 2. Stuttgart: Klett-Cotta 1986, S. 510–512. – **S. 165 f.:** Benn, Gottfried: Antwort an die literarischen Emigranten (24. 5. 1933). In: Ders.: Sämtliche Werke. Stuttgarter Ausgabe. Hg. v. Gerhard Schuster / Ilse Benn. Bd. 4: Prosa 2. Stuttgart: Klett-Cotta 1986, S. 24 ff. – **S. 166:** Molo, Walter von: Über äußere und innere Emigration. Offener Brief an Thomas Mann. In: Münchener Zeitung vom 18. 8. 1945. Zit. nach: Mann, Thomas / Thieß, Frank / Molo, Walter von: Ein Streitgespräch über äußere und innere Emigration. In: „Als der Krieg zu Ende war". Ausstellungskatalog 1973. Hg. v. Gerhard Hay u. a. Marbach / N.: Deutsche Schillergesellschaft 1986 (Nachdruck), S. 264 ff. – **S. 166 f.:** Mann, Thomas: Offener Brief für Deutschland. In: Augsburger Anzeiger vom 12. 10. 1945. Zit. nach: Mann, Thomas / Thieß, Frank / Molo, Walter von: Ein Streitgespräch über äußere und innere Emigration. In: „Als der Krieg zu Ende war"; a. a. O.; S. 264 ff. – **S. 172:** Schönhaar, Rainer: Historische Erzählung. In: Schweikle, Günther / Schweikle, Irmgard (Hg.): Metzler Literaturlexikon. Begriffe und Definitionen. Stuttgart: Metzler ^{2}1990. – S. 172 f., 175, 177 f., 179 f., 180 f.: Schneider, Reinhold: Las Casas vor Karl V. Szenen aus der Konquistadorenzeit. Frankfurt / M.: Suhrkamp 1990, S. 52 f., 80 f., 88 f., 93 f., 110 f. © Suhrkamp Verlag, Frankfurt / M. 1952. – **S. 174:** Camouflage. Nach: Schweikle, Günther: Camouflage. In: Schweikle, Günther / Schweikle, Irmgard (Hg.): Metzler Literaturlexikon. Begriffe und Definitionen. Stuttgart: Metzler ^{2}1990, S. 73. – **S. 181 f.:** Jandl, Ernst: wien: heldenplatz. In: Ders.: Gesammelte Werke. Hg. v. Klaus Siblewski. Bd. 1: Gedichte 1. Darmstadt / Neuwied: Luchterhand 1985, S. 124. – **S. 184 f.:** Herberg, Dieter: Getrennt- und Zusammenschreibung. In: Deutsche Orthografie. Hg. v. Dieter Nerius u. a. Hildesheim: Georg Olms Verlag 2007, S. 167–187. – **S. 185 f.:** Kranz, Florian: Eine Schifffahrt mit drei f. Positives zur Rechtschreibreform. Göttingen: Vandenhoeck & Ruprecht 1998, S. 97–99. – **S. 186 ff.:** Kunze, Reiner: Die Aura der Wörter. Denkschrift zur Rechtschreibreform. Neuausgabe mit Zwischenbilanz. Stuttgart: Radius Verlag 2004, S. 9–11; S. 30. – **S. 190 f.:** Stamm, Peter: Am Eisweiher. In: Ders.: Blitzeis. Erzählungen. München: btb 2001, S. 9–13. Lizenzausgabe der Arche Verlag AG, Zürich-Hamburg. © 1999 by Peter Stamm. – **S. 191 f.:** Greiner, Ulrich: Im Schnee. Was der Schweizer Schriftsteller Peter Stamm alles kann und weshalb er nicht darauf vertrauen sollte. In: DIE ZEIT 36 / 2001, 29. 08. 2001. © DIE ZEIT. – **S. 193 f.:** Mann, Thomas: Der Zauberberg. Lizenzausgabe mit Genehmigung des S. Fischer Verlages, Frankfurt / M. für Bertelsmann, Reinhard Mohn OHG, Gütersloh, S. 19 f. © 1924 by S. Fischer Verlag, Berlin. Copyright renewed 1952 by Thomas Mann. – **S. 198 ff.:** Verschiedene Kurzzitate aus Hermann Kurzke: Thomas Mann. Das Leben als Kunstwerk. München: Verlag C.H. Beck 1999, S. 17; S. 326–330. (z.T. bearbeitet von Michael Gollnau) – **S. 205:** Böll, Heinrich: Bekenntnis zur Trümmerliteratur. In: Ders.: Lesebuch. München: Deutscher Taschenbuch Verlag 1982, S. 96. – **S. 205:** Handke, Peter: Ich bin ein Bewohner des Elfenbeinturms. In: Ders.: Ich bin ein Bewohner des Elfenbeinturms. Frankfurt / M.: Suhrkamp 1972, S. 20. – **S. 205:** Arnold, Heinz Ludwig: Vorwort. In: Die deutsche Literatur seit 1945. Bd. 9: Letzte Welten 1984–1989. Hg. v. Heinz Ludwig Arnold. München: Deutscher Taschenbuch Verlag 1999, S. 14. – **S. 206 f.:** Böll, Heinrich: Bekenntnis zur Trümmerliteratur. In: Ders.: Lesebuch. München: Deutscher Taschenbuch Verlag 1982, S. 96 ff. – **S. 208:** Eich, Günter: Inventur. In: Ders.: Abgelegene Gehöfte. Gedichte. Frankfurt / M.: Suhrkamp 1968. – **S. 209:** Adorno, Theodor W.: Jene zwanziger Jahre. In: Ders.: Gesammelte Schriften in zwanzig Bänden. Bd. 10,2: Kulturkritik und Gesellschaft 2. Hg. v. Rolf Thiedemann unter Mitwirkung von Gretel Adorno / Susan Buck-Morss / Klaus Schultz. Frankfurt / M.: Suhrkamp 1977, S. 503–506. Zit. nach: Petra Kaidaisch: Lyrik nach Auschwitz. Adorno und die Dichter. Stuttgart: Reclam 1995, S. 53. – **S. 209:** Adorno, Theodor W.: Kulturkritik und Gesellschaft. In: Ders.: Gesammelte Schriften in zwanzig Bänden. Bd. 10,1: Kulturkritik und Gesellschaft 1. Hg. v. Rolf Thiedemann unter Mitwirkung von Gretel Adorno / Susan Buck-Morss / Klaus Schultz. Frankfurt / M.: Suhrkamp 1977, S. 11–30. Zit. nach: Petra Kaidaisch, a. a. O., S. 38, S. 49. – **S. 209 f.:** Adorno, Theodor W.: Engagement. In: Ders.: Gesammelte Schriften in zwanzig Bänden. Bd. 11: Noten zur Literatur. Hg. v. Rolf Thiedemann unter Mitwirkung von Gretel Adorno / Susan Buck-Morss / Klaus Schultz. Frankfurt / M.: Suhrkamp 1974, S. 422–424. Zit. nach: Petra Kaidaisch, a. a. O., S. 53. – **S. 210:** Adorno, Theodor W.: Negative Dialektik. In: Ders.: Gesammelte Schriften in zwanzig Bänden. Bd. 6: Negative Dialektik. Jargon der Eigentlichkeit. Hg. v. Rolf Thiedemann unter Mitwirkung von Gretel Adorno / Susan Buck-Morss / Klaus Schultz. Frankfurt / M.: Suhrkamp 1973, S. 354–361. Zit. nach: Petra Kaidaisch, a. a. O., S. 57. – **S. 210:** Enzensberger, Hans Magnus: Die Steine der Freiheit. In: Ders.: Einzelheiten. Frankfurt / M.: Suhrkamp 1962, S. 249–251. Zit. nach: Petra Kaidaisch, a. a. O., S. 73. – **S. 210 f.:** Celan, Paul: Todesfuge. In: Ders.: Mohn und Gedächtnis. Stuttgart: Deutsche Verlags-Anstalt 1952. Zit. nach: Brode, Hanspeter (Hg.): Deutsche Lyrik. Eine Anthologie. Frankfurt / M.: Suhrkamp 1990. – **S. 213 ff.:** Weiss, Peter: Die Ermittlung. Oratorium in 11 Gesängen. Frankfurt / M.: Suhrkamp ^{13}2006. – **S. 215:** Weiss, Peter: Notizen zum dokumentarischen Theater. In: Ders.: Werke in sechs Bänden. Frankfurt / M.: Suhrkamp 1991. – **S. 217 f.:** Grass, Günter: Die Blechtrommel. München: Deutscher Taschenbuch Verlag ^{18}2008. © 1993 Steidl Verlag, Göttingen, S. 9, S. 692 f. – **S. 218:** Grass, Günter: Beim Häuten der Zwiebel. Göttingen: Steidl ^{2}2006. © Steidl Verlag, Göttingen 2006, S. 8 f. – **S. 219 ff.:** Bachmann, Ingeborg: Malina. Frankfurt / M.: Suhrkamp 1980, S. 73– 78, S. 354–356. © Suhrkamp Verlag, Frankfurt / M. 1980. – **S. 223:** Zitat von Marcel Reich-Ranicki: In: Eine kleine Unsterblichkeit. In: Richter, Hans Werner (Hg.): Hans Werner Richter und die

Gruppe 47. München: LangenMüller 2007, S. 39. © 2007 LangenMüller in der F.A. Herbig Verlagsbuchhandlung GmbH, München. – **S. 223 f.:** Lesen auf dem elektrischen Stuhl. © ZEIT online 07. 09. 2007. – **S. 224 f.:** Richter, Hans Werner: Wie entstand und was war die Gruppe 47? In: Ders.: Hans Werner Richter und die Gruppe 47, a. a. O.; S. 54 f., S. 76 f., S. 178 f. – **S. 225:** Zitat von Heinz Ludwig Arnold: In: Ders.: Die Gruppe 47. Reinbek bei Hamburg: Rowohlt 2004, S. 54 f. – **S. 226 f.:** Grass, Günter: Das Treffen in Telgte. München: Deutscher Taschenbuch Verlag ^{3}1997, S. 170–173. © 1993 Steidl Verlag, Göttingen. – **S. 227:** Rolf Schneider über Günter Grass: „Das Treffen in Telgte": Ders.: Eine barocke Gruppe 47. In: Der Spiegel vom 2. 4. 1979. – **S. 228:** Frisch, Max: Tagebuch 1946–1949. Frankfurt / M.: Suhrkamp 1998, S. 141. – **S. 228 ff.:** Dürrenmatt, Friedrich: Theaterprobleme. In: Ders.: Theater. Essays, Gedichte und Reden. Zürich: Diogenes Verlag AG Zürich ^{10}1998, S. 59–64. – **S. 231:** Dürrenmatt, Friedrich: Das Modell Scott. In: Ders.: Die Wiedertäufer. Eine Komödie in zwei Teilen. Zürich: Diogenes Verlag AG Zürich ^{2}1998. – **S. 232 ff.:** Hildesheimer, Wolfgang: Erlanger Rede über das absurde Theater. In: Ders.: Das Ende der Fiktionen. Reden aus fünfundzwanzig Jahren. Frankfurt / M.: Suhrkamp 1984, S. 10–21. – **S. 235 ff.:** Rosendorfer, Herbert: Fort mit der Isolationsfolter. In: Ders.: Vorstadtminiaturen. München: Deutscher Taschenbuch Verlag 2006, S. 17–24. © Nymphenburger. – **S. 239:** Kunze, Reiner: Die mauer. In: Ders.: Ein Tag auf dieser Erde. Gedichte. Frankfurt / M.: Fischer Taschenbuch Verlag ^{2}2006. © S. Fischer Verlag GmbH, Frankfurt / M. 1998. – **S. 240 f.:** Hacks, Peter: An Bertolt Brecht. In: Ders.: Verehrter Kollege. Briefe an Schriftsteller. Eulenspiegel Verlag Berlin 2006, S. 8–11. – **S. 241:** Jentzsch, Bernd: Die Neugründung des Literaturinstituts war eine Steißgeburt. Bernd Jentzsch im Gespräch mit André Hille (20. 02. 2007) © Kulturmagazin Kunststoff. – **S. 241 ff.:** Jentzsch, Bernd: Zweiter Offener Brief an Erich Honecker. In: Von Abraham bis Zwerenz. Eine Anthologie als Beitrag zur geistig-kulturellen Einheit in Deutschland. Berlin: Cornelsen 1995, Bd. 2, S. 794–800. – **S. 243 f.:** Kunze, Reiner: Draht. In: Ders.: Die wunderbaren Jahre. Frankfurt / M.: S. Fischer ^{31}2005. © S. Fischer Verlag GmbH, Frankfurt / M. 1976. – **S. 245:** Bobrowski, Johannes: Die ersten beiden Sätze für ein Deutschlandbuch. In: Ders.: Gesammelte Werke. 6 Bde. Bd. 4: Die Erzählungen, vermischte Prosa und Selbstzeugnisse. Hg. v. Eberhard Haufe. Berlin: Aufbau Verlag ^{2}1999, S. 89 f. – **S. 246:** Brecht, Bertolt: Ein neues Haus. In: Ders.: Große kommentierte Berliner und Frankfurter Ausgabe. Bd. 15: Gedichte 5. Gedichte und Gedichtfragmente 1945–1956. Hg. v. Werner Hecht u. a. Bearb. v. Jan Knopf. Frankfurt / M.: Suhrkamp 1993, S. 205. – **S. 246 f.:** Brecht, Bertolt: Die Lösung. In: Ders.: Große kommentierte Berliner und Frankfurter Ausgabe. Bd. 12: Gedichte 2. Sammlungen 1938–1956. Hg. v. Werner Hecht u. a. Bearb. v. Jan Knopf. Frankfurt / M.: Suhrkamp 1992, S. 310. – **S. 247 f.:** Sozialistische Nationalkultur. Aus dem Programm der SED 1976. Abgedruckt in: Dokumente zur Kunst-, Literatur- und Kulturpolitik der SED 1975–1980. Hg. v. Peter Lübbe. Stuttgart: Seewald Verlag 1984, S. 267. – **S. 248 ff.:** Bräunig, Werner: Rummelplatz. Hg. v. Angela Drescher. Mit einem Vorwort von Christa Wolf. Berlin: Aufbau-Verlag 2007. – **S. 251 ff.:** Wolf, Christa: Der geteilte Himmel. Frankfurt / M.: Suhrkamp 2008. – **S. 255 f.:** Reimann, Brigitte: Franziska Linkerhand. Berlin: Aufbau-Verlag ^{11}2008, S. 389–392. © Aufbau-Verlag GmbH, Berlin 1998. – **S. 256 ff.:** Braun, Volker: Unvollendete Geschichte. Frankfurt / M.: Suhrkamp Taschenbuch Verlag 1989, S. 76–83. © Volker Braun 1977. – **S. 260 f.:** Kunert, Günter: Zivilisatorisches Gespräch. In: Ders.: Abötungsverfahren. München: Carl Hanser Verlag 1980, S. 40 f. – **S. 261 f.:** Kirsch, Sarah: Besinnung. In: Dies.: Katzenkopfpflaster. Gedichte. Deutscher Taschenbuch Verlag 1978, S. 64. – **S. 262 f.:** Hacks, Peter: Die Sorgen und die Macht. In: Bohn, Volker (Hg.): Deutsche Literatur seit 1945. Frankfurt / M.: Suhrkamp 1993, S. 201 f. – **S. 263:** Hager, Kurt: Parteilichkeit und Volksverbundenheit unserer Literatur und Kunst. Rede zur DDR-Kulturpolitik 1963. In: Bohn, Volker (Hg.), a. a. O., S. 195. – **S. 264 ff.:** Wolf, Christa: Was bleibt. Erzählung. München: Deutscher Taschenbuch Verlag 1994, S. 5–15. © Suhrkamp Verlag, Frankfurt / M. – **S. 267 f.:** Greiner, Ulrich: Mangel an Feingefühl. © DIE ZEIT 23 / 1990, 1. 6. 1990. – **S. 274:** Drawert, Kurt: Geld & Gedichte. In: Ders.: Frühjahrskollektion. Gedichte. Frankfurt / M.: Suhrkamp 2002. In: Echtermeyer. Deutsche Gedichte, a. a. O., S. 710. – **S. 278 ff.:** Strauß, Botho: Mikado. In: Ders.: Mikado. Erzählungen. München / Wien: Hanser Verlag 2006, S. 5–9. – **S. 281 ff.:** Timm, Uwe: Am Beispiel meines Bruders. München: Deutscher Taschenbuch Verlag 2005, S. 7–18. © 2003 Verlag Kiepenheuer & Witsch, Köln. – **S. 286 ff.:** Bauersima, Igor: norway.today. In: Ders.: norway.today. 3 Theaterstücke. Frankfurt / M.: S. Fischer Taschenbuch Verlag ^{5}2007. © 2003 Fischer Taschenbuch Verlag in der S. Fischer Verlag GmbH, Frankfurt / M. – **S. 291 ff.:** Zaimoglu, Feridun: Was ist normal in diesem Land? In: Ders.: Koppstoff. Kanaka Sprak vom Rande der Gesellschaft. Hamburg. Rotbuch Verlag ^{3}2000, S. 102–105. © Europäische Verlagsanstalt / Rotbuchverlag 1998. – **S. 295 ff.:** Kehlmann, Daniel: Die Vermessung der Welt. Reinbek: Rowohlt ^{26}2006. © 2005 by Rowohlt Verlag GmbH, Reinbek bei Hamburg. – **S. 301 f.:** Kessler, Florian: Lesen Sie, es ist herrlich! Pflichtlektüren: Gegenwartsliteratur im Deutschunterricht. In: Süddeutsche Zeitung vom 18. 01. 2008. – **S. 303 f.:** Greiner, Ulrich: Mittlere Bücher, mittlere Gefühle. © DIE ZEIT 42 / 2007, 11. 10. 2007. – **S. 308:** Goethe, Johann Wolfgang: Iphigenie auf Tauris. Ein Schauspiel. Mit Materialien hg. v. Bernhard Nagl. Stuttgart: Ernst Klett Verlag 1985. – **S. 310 f:** Novalis: Heinrich von Ofterdingen. In: Ders.: Gesammelte Werke. Hg. v. Hans Jürgen Balmes. Frankfurt / M.: S. Fischer Verlag 2008, S. 227 f. – **S. 312:** Novalis: Blütenstaub. In: Ders.: Das theoretische Werk. In: Ders.: Gesammelte Werke. Hg. v. Hans Jürgen Balmes. Frankfurt / M.: S. Fischer Verlag 2008, S. 359 f., S. 390. – **S. 314:** Hölderlin, Friedrich: Hälfte des Lebens. In: Ders.: Sämtliche Gedichte. Text und Kommentar. Hg. v. Jochen Schmidt. Frankfurt / M.: Deutscher Klassiker Verlag 2005, S. 320. – **S. 314 f.:** Schmidt, Jochen: Kommentar zu „Hälfte des Lebens.". In: Hölderlin, Friedrich: Sämtliche Gedichte. Text und Kommentar. Hg. v. Jochen Schmidt. Frankfurt / M.: Deutscher Klassiker Verlag 2005, S. 836 f. – **S. 316:** Mörike, Eduard: Mozart auf der Reise nach Prag. In: Ders.: Werke in zwei Bänden. Bd. 1. Stuttgart: Parkland 1964, S. 605 f. – **S. 317:** Storm, Theodor: Die Stadt. In: Echtermeyer. Deutsche Gedichte, a. a. O., S. 391. – **S. 318 f.:** Ehrenstein, Albert: Der Dichter und der Krieg. In: Pinthus, Kurt (Hg.): Menschheitsdämmerung. Ein Dokument des Expressionismus. Reinbek: Rowohlt 1995, S. 47. – **S. 319:** Benn, Gottfried: Ein Wort. In: Ders.: Statische Gedichte. Zürich: Arche 1983. In: Echtermeyer. Deutsche Gedichte, a. a. O., S. 509 f. – **S. 320:** Trakl, Georg: De profundis. In: Echtermeyer. Deutsche Gedichte, a. a. O., S. 492. – **S. 323:** Camouflage. Nach: Günther Schweikle: Camouflage. In: Schweikle, Günther / Schweikle, Irmgard (Hg.): Metzler Literaturlexikon. Begriffe und Definitionen. Stuttgart: Metzler ^{2}1990, S. 73. – **S. 330:** Historische Erzählung: Schönhaar, Rainer: Historische Erzählung. In: Schweikle, Günther / Schweikle, Irmgard (Hg.): Metzler Literaturlexikon. Begriffe und Definitionen. Stuttgart: Metzler 21990. – **S. 351 f.:** Rede. Nach: Bantel, Otto / Schweikle, Irmgard: Rede. In: Schweikle, Günther / Schweikle Irmgard (Hg.): Metzler Literaturlexikon. Begriffe und Definitionen. Stuttgart: Metzler ^{2}1990.

Zitat auf Cover: Kafka im Gespräch mit Gustav Janouch. In: Gustav Janouch: Gespräche mit Kafka. Erinnerungen und Aufzeichnungen. Frankfurt / M.: S. Fischer 1951, S. 30.